Wolfgang Gädeke
Anthroposophie und die Fortbildung der Religion

Unseren Eltern, die uns die irdischen und geistigen Wege bereiteten.

Wolfgang Gädeke

ANTHROPOSOPHIE UND DIE FORTBILDUNG DER RELIGION

FLENSBURGER HEFTE VERLAG

CIP-Titelaufnahme der Deutschen Bibliothek

Gädeke, Wolfgang:
Anthroposophie und die Fortbildung der Religion / Wolfgang Gädeke.–
Flensburg: Verl. Flensburger Hefte, 1990

ISBN 3-926841-24-9 kart.
ISBN 3-926841-23-0 Geb.

Umschlag: Gert Hagel
© 1990 Flensburger Hefte Verlagsgesellschaft
Wolfgang Weirauch & Partner GbR, Flensburg
Alle Rechte, auch die des auszugsweisen Nachdrucks und
der photomechanischen Wiedergabe, vorbehalten.
Satz: Flensburger Hefte
Druck: Schleswiger Druck- und Verlagshaus GmbH, Schleswig

Inhalt

Vorwort 9

Einführung: Rudolf Steiners Forschungsart und sein Religionsbegriff (Johannes Wilhelm Gädeke) 14
1. Der Ausgangspunkt der anthroposophischen Religionsforschung 14
2. Die Erlangung übersinnlicher Erkenntnis 16
3. Die Darstellung des Schulungsweges 25
4. Die Schilderung der anthroposophischen Forschungsergebnisse 29
5. Die Erneuerung der Mysterien 33
6. Das Wesen der Religion 40
7. Entstehung und Entwicklung der Religion 50
8. Die Zukunft der Religion 57

I. Anthroposophie und die Religionen (Wolfgang Gädeke) 64
1. Das Verständnis aller Religionen und Bekenntnisse 64
2. Die religiösen Überlieferungen und Urkunden 68
3. Anthroposophie stört niemandes religiöses Bekenntnis, vertieft vielmehr das religiöse Leben 72
4. Christus und das Mysterium von Golgatha als die entscheidende Mitte der Evolution 79
5. Das Christentum ist größer als alle Religionen und als alle Religion 84
6. Die Einseitigkeit und Vorläufigkeit der bisherigen Formen des Christentums 93
7. Die Notwendigkeit und die Bedingungen der weiteren Entwicklung des Christentums 107

II. Religiöses, Kultisches und Sakramentales in der Anthroposophie (Rudolf Gädeke) 119
1. Religiöse Vertiefung der anthroposophischen Erkenntnis 119
2. Erkenntnis als Kultus und Kommunion 123
3. Kultus als Demonstration übersinnlicher Inhalte 132
4. Kultus in der Freien Hochschule nach der Weihnachtstagung 137
5. Der Kultus in der Schulbewegung 141
6. Kultisches in der Esoterik anthroposophischer Berufe 147
7. Alle Arbeit soll Sakrament werden 156

III. Religiöse Übung und ihre Wirkungen (Wolfgang Gädeke) — 161
1. Die menschenkundlichen Grundlagen der Religion — 162
2. Das Gebet — 172
3. Kultus als Abbild geistiger Wesen und Vorgänge — 178
4. Die Bedeutung des Kultus für den Menschen und für das soziale Leben — 185
5. Die Bedeutung des Kultus für die Erde und für die geistigen Wesen — 196
6. Die Wirkung des religiösen Lebens auf den Ätherleib — 202
7. Die Wirkung des religiösen Lebens auf den Schlaf und im nachtodlichen Leben — 206
8. Weitere Wirkungen des religiösen Lebens — 217

IV. Der Weg zur Gründung der Christengemeinschaft (Rudolf Gädeke) — 224
1. Die Notwendigkeit einer neuen christlichen Kirche war Rudolf Steiner nicht von vornherein bewußt — 226
2. Der Beginn der Verkündigung dieser Notwendigkeit — 247
3. Rudolf Steiners Hinweise an Friedrich Rittelmeyer führen nicht zu der notwendigen Frage — 265
4. Die Frage der jungen Theologen – Rudolf Steiners Mahnungen zur Eile — 271
5. Rudolf Steiner als Rater und Helfer — 277
6. Die Anthroposophie und Rudolf Steiner bei der Gründung der Christengemeinschaft — 282

V. Die Monate nach der Gründung der Christengemeinschaft (Wolfgang Gädeke) — 292
1. Der "Urfehler" bei der beginnenden Gemeindegründung — 292
2. Die unterlassene Information der Anthroposophischen Gesellschaft — 295
3. Mißverständnisse in der anthroposophischen Mitgliedschaft — 297
4. Rudolf Steiners Eingreifen in die entstandenen Verhältnisse — 299
5. Die Ursachen für den Vortrag vom 30.12.1922 — 310
6. Das Mißverstehen des Vortrags vom 30.12.1922 und Rudolf Steiners spätere Ergänzungen zu diesem — 316

VI. Wie Rudolf Steiner das künftige Verhältnis von Anthroposophischer Gesellschaft und Christengemeinschaft veranlagte (Wolfgang Gädeke) — 324
1. Wie die Bewegungen innerlich zusammengehören und zusammenwirken sollten — 325

2. Warum die Bewegungen zunächst getrennt sein müssen 333
3. Die Stellung des einzelnen zu beiden Bewegungen 344
4. Die verschiedene Art der Gemeinschaftsbildung in Anthroposophischer Gesellschaft und Christengemeinschaft 354
5. Die Zusammenarbeit beider Bewegungen für den einzelnen Menschen 364
6. Rudolf Steiners Ausblicke in die Zukunft 367

VII. **Das Verhalten Rudolf Steiners 1923 und nach der Weihnachtstagung** (Wolfgang Gädeke) 370
1. Rudolf Steiners Empfehlungen an Anthroposophen, sich an die Christengemeinschaft zu wenden 371
2. Seine Mitwirkung bei Sakramenten 373
3. Seine Mitwirkung bei Bestattungen 374
4. Praktische Einrichtungen 376
5. Beispiele praktischer Zusammenarbeit von Anthroposophischer Gesellschaft und Christengemeinschaft 380
6. Berichte von der Christengemeinschaft im Nachrichtenblatt 382
7. Priester in Funktionen der Anthroposophischen Gesellschaft und ihre Aufnahme in die Erste Klasse der Freien Hochschule 388
8. Die Christengemeinschaft als wesentlicher Teil der erneuerten Mysterien 390

Epilog (Wolfgang Gädeke) 394

Zusammenfassung in Kernsätzen 403

Literaturverzeichnis 410

Personenregister 423

Ortsregister 425

Sachwortregister 426

Motto

"Religion kann aus künstlerisch belebtem Erkennen vertieft;
Kunst aus religiös geborenem Erkennen belebt;
Wissen aus kunstgetragener Religion durchleuchtet werden."

Rudolf Steiner, 18.06.1922

(GA 36/S.68)

Vorwort

Mit der vorliegenden Arbeit soll all denen gedient werden, welche überall dort Fragen erleben, wo ernsthaftes anthroposophisches Erkenntnisstreben und religiöses Leben sich berühren. Wir gehen davon aus, daß die Anthroposophie ein Erkenntnisweg ist, den zunächst Rudolf Steiner selber gegangen ist, und fassen als Anthroposophie in erster Linie das ins Auge, was in seinem Gesamtwerk zum Ausdruck gekommen ist.

Dabei wollen wir sehen, wie die Religion auf seinem Forschungsweg in Erscheinung tritt. In einer Zeit, in der wissenschaftliche Forschung das Absterben aller Religion zu fördern scheint und sich zugleich ein elementares Verlangen nach religiösem Leben – oft chaotisch – Bahn bricht, erscheint es uns hilfreich, die Erkenntnisse desjenigen zu vergegenwärtigen, der von den Grundfragen der Wissenschaft aus seine Geisteswege genommen hat und dabei u.a. dem Religionswesen die intensivste Forschung und Förderungsarbeit gewidmet hat. Dabei müssen wir jedoch von vornherein auf die Behandlung der Christus-Erkenntnis in der Anthroposophie verzichten, weil dieses Thema eine umfangreiche selbständige Arbeit erfordern würde.

Die Quellen unserer Studie sind zum einen die Gesamtausgabe der Werke Rudolf Steiners, die in der Bibliographie von Hella Wiesberger aufgeführt werden, zum anderen die Aufzeichnungen seiner Zeitgenossen, Schüler und Mitarbeiter. Das Gesamtwerk ist heute durch die Herausgabe im Rudolf Steiner Verlag, Dornach, jedermann allgemein zugänglich, mit wenigen Ausnahmen wie zum Beispiel den sogenannten Theologenzyklen, d.h. diejenigen Vorträge und Gespräche zur Gründung der Christengemeinschaft (1921 bis 1925), in denen sich für unser Thema unverzichtbare Äußerungen Rudolf Steiners finden, die aber nicht in der Gesamtausgabe erschienen sind. Diese Äußerungen können deshalb leider nicht wörtlich zitiert, sondern nur referiert werden. Diesen Mangel mußten wir in Kauf nehmen. Wir versichern aber, daß die referierten Textpassagen ihrem Sinngehalt nach korrekt und vollständig sind, und hoffen, daß ihre Bedeutung die Wiedergabe rechtfertigt und den Mangel an Nachprüfbarkeit kompensieren wird.

Eine gewisse Vollständigkeit streben wir deshalb an, weil gerade auf dem in Rede stehenden Gebiet jede Auswahl schon eine Einseitigkeit mit sich bringen müßte, die an den Berührungspunkten von anthroposophischem und religiösem Leben zu Schwierigkeiten führt. Wenn diese im Hinblick auf die Kulturzukunft als Unglück empfunden werden, so glauben wir, daß sie am sichersten durch eine vollständige Kenntnis dessen vermieden werden können, was Rudolf Steiner zum Thema geäußert hat.

Wir haben versucht, eine Dokumentation möglichst aller erreichbaren Aussagen Rudolf Steiners über das Verhältnis der Anthroposophie zur Religion vorzulegen. Sie ist zum einen nach dem chronologischen Gesichtspunkt geordnet, der es erlaubt, die lebendige Entwicklung der anthroposophischen Religionserkenntnis bei Rudolf Steiner zu verfolgen. Dabei soll besonders berücksichtigt werden, was er in seinem Vortrag vom 06.02.1923 in Stuttgart als die drei Phasen der anthroposophischen Arbeit bezeichnet hat (siehe GA 257/3/S.59 ff.). Ebenso haben wir uns zu unterscheiden bemüht, besonders in den drei letzten Kapiteln, ob eine Aussage vor oder nach dem Brand des ersten Goetheanum, vor oder nach der Weihnachtstagung zur Begründung der Allgemeinen Anthroposophischen Gesellschaft gemacht worden ist. Des weiteren haben wir den sozialen Anlaß berücksichtigt, aufgrund dessen Rudolf Steiner etwas gesagt, geschrieben oder getan hat. Dabei wird deutlich werden, was er zur Religion im allgemeinen vorgebracht, wie er über die historisch gewordenen Bekenntnisse und Kirchen gesprochen und was er endlich zur religiösen Erneuerungsbestrebung der Christengemeinschaft dargestellt hat.

Das Verhältnis von Anthroposophie und Christengemeinschaft ist einigen Mißverständnissen ausgesetzt, zum Beispiel wenn sich die Vorstellung von diesem Verhältnis lediglich an den Äußerungen Rudolf Steiners im Vortrag vom 30.12.1922 orientiert (GA 219/11/S.163 ff.). Deshalb nimmt auch die Bemühung, ein vollständiges Bild dieser Zusammenhänge zu geben, den breitesten Raum ein (Kap. IV bis VII).

Wie stark das Bedürfnis nach einem solchen Bild ist, zeigen Bemühungen anderer Autoren, das Problem geisteswissenschaftlich zu durchdringen. Eine kritische Auseinandersetzung mit ihnen ist in dieser Schrift nicht angestrebt, denn diese Bemühungen kranken alle daran, daß sie zu einer scheinbaren Lösung des Problems nur dadurch kommen, daß sie wesentliche Quellen und Tatsachen unberücksichtigt lassen.

Wir verfolgen in dieser Studie eine Methode, die nicht problemlos ist, weil wir die einzelnen Zitate aus Werken, Aufsätzen und Vorträgen herausnehmen und oft in einen neuen Sinnzusammenhang hineinstellen. Allein, es schien uns diese Methode berechtigt, weil heute jeder den ursprünglichen Zusammenhang der Zitate innerhalb der Gesamtausgabe der Werke und Vorträge Rudolf Steiners nachlesen kann. Daß der Leser dies – soweit möglich – selber vollbringt, müssen wir dabei voraussetzen. Uns schien diese Methode allerdings auch notwendig, weil ohne eine solche horizontale Zusammenschau eine Lösung unserer Aufgabe nicht möglich gewesen wäre. Rudolf Steiner selbst hat diese Methode oft empfohlen, zum Beispiel im Vortrag vom 03.11.1911:

"... damit die Anthroposophen sich daran gewöhnen, sich nicht an Worte zu halten, sondern an die Sache heranzutreten. ... Durch nichts weniger als durch Schwören auf die einmal gesprochenen Worte kommen wir der Sache näher, sondern nur, indem wir das, was in den aufeinanderfolgenden Zeiten gesagt wird, in eine Harmonie bringen ..." (GA 130/12/S.194 f.)

Um eine solche Harmonie wollen wir uns bemühen, um "der Sache näher zu kommen". Eine ähnliche Empfehlung findet sich in dem Aufsatz: "Wie die Leitsätze anzuwenden sind" (GA 26/S.54 ff.).

Wir haben uns bemüht, die Fülle des Quellenmaterials so zu ordnen, daß sich die Einzelheit aus dem Ganzen ergibt. Andererseits sollen die Wortlaute für sich sprechen. Die Interpretation einzelner Zitate lag uns fern. Sie kann auch leicht in die Irre führen, weil Rudolf Steiner sehr lebendig und je nach Situation verschieden scheinbar widersprüchlich formulierte (siehe zum Beispiel Kap. IV, 6). Deshalb kann eine goetheanistisch gedachte Methode, die allein vom einzelnen Zitat wie von einem Phänomen ausgehen möchte, nicht genügen. Weil man allzu leicht in die Einseitigkeit verfällt, auf die gesprochenen Worte zu schwören, scheint es uns berechtigt, von einem ganzheitlichen Verständnis der Anthroposophie und ihrem Verhältnis zur Religion auszugehen. Deshalb haben wir mit dem Einführungs-Kapitel den Versuch gemacht, die Religion in der Anthroposophie zu charakterisieren, bevor wir in den folgenden Kapiteln mit der Fülle der Zitate auf die einzelnen Gebiete des Themas eingehen. Auch der andere Stil dieser Einführung hat darin seinen Grund und ist durchaus beabsichtigt.

Die Zitate aus Schriften und Vorträgen Rudolf Steiners, die wir mit freundlicher Genehmigung der Rudolf Steiner-Nachlaßverwaltung, Dornach, abdrucken, werden – soweit sie in der Gesamtausgabe erschienen oder für einen bestimmten Band vorgesehen sind – durch in Klammern gesetzte Zahlen nachgewiesen. Dabei bedeutet die erste Zahl die Bandnummer der Gesamtausgabe, die zweite weist auf den Vortrag – Datum oder Vortragsnummer – in dem betreffenden Band, und als drittes wird die Seitenzahl in der benutzten Ausgabe angegeben. Handelt es sich nicht um einen Vortrag, wird die Seitenzahl an zweiter Stelle genannt oder auch, im Falle von Aufsätzen, Briefen usw., analog zu den Vortragsangaben verfahren. Im Quellenverzeichnis können die benutzten Ausgaben, nach GA-Nummern geordnet, aufgefunden werden. Zugleich kann man dort feststellen, welche Textstellen aus den Bänden der Gesamtausgabe in welchen Kapiteln und Unterkapiteln der Studie verwendet worden sind.

Noch nicht in der Gesamtausgabe erschienene bzw. keinem geplanten Band zuzuordnende Texte Rudolf Steiners werden unmittelbar nach dem Zitat nachgewiesen, ebenso wie Zitate aus früheren Ausgaben und aus Schriften anderer Autoren; Erscheinungsjahr und -ort sind immer im Literaturverzeichnis angegeben. Die referierten Texte aus den Theologenvorträgen und -gesprächen werden nur durch das Datum nachgewiesen, damit bei deren späterer Veröffentlichung ein Auffinden ihrer Originalwortlaute möglich ist.

Quellenverzeichnis, Personen-, Orts- und Sachwortregister dienen einer möglichst guten Benutzbarkeit der Studie, auch zum Nachschlagen. Um den Gedankengang der Kapitel und Abschnitte leichter nachvollziehen zu können, ist am Schluß eine Zusammenfassung des Inhaltes in Kernsätzen angefügt.

Die vorliegende Arbeit ist eine Studie. Sicher gibt es auch noch andere Ansätze zur Lösung der anstehenden Fragen. Die Fruchtbarkeit und Berechtigung aller möglichen Ansätze muß sich jedoch darin zeigen, ob es gelingt, sämtliche bekannten Äußerungen und Handlungen Rudolf Steiners, die sich auf das Verhältnis von Anthroposophie und Religion beziehen, in einen sinnvollen

Gesamtzusammenhang zu stellen. – Da wir möglichst keine Interpretation der Äußerungen Rudolf Steiners und keinen Kommentar zu denselben angestrebt, sondern versucht haben, sie einfach zu paraphrasieren, zusammen- und gelegentlich einander gegenüberzustellen, ergibt sich für manchen Leser möglicherweise ein Ungleichgewicht in der Behandlung der Themen, zum Beispiel zwischen Kapitel II einerseits und den Kapiteln IV bis VII andererseits. Darin kommt aber nicht eine Bewertung der jeweils dargestellten Tatsachen durch die Autoren zum Ausdruck, sondern lediglich die Tatsache, daß es im ersten Fall eben weniger Quellenmaterial gibt als im zweiten. Außerdem möchten wir ausdrücklich auf die beiden Bücher von Friedrich Benesch – "Das Religiöse der Anthroposophie" und "Ideen zur Kultusfrage" – verweisen, in denen einige Inhalte unseres Kapitels II ausführlich dargestellt werden.

Wir sind uns bewußt, daß es eine ganze Fülle von Themen gibt, die an das Dargestellte angrenzen, zum Beispiel der Mißbrauch von Kultus und Religion, die Hierarchien, die Widersacher, die Trinität. Aber es schien uns unumgänglich, uns auf das gewählte Thema zu beschränken und auch keine umfassende Darstellung des anthroposophischen Erkenntnisweges und der Mittel anthroposophischer Gemeinschaftsbildung zu versuchen. Diese Studie kann weder eine Einführung in die Anthroposophie noch eine solche in die Christengemeinschaft ersetzen, vielmehr muß sie die gründliche Kenntnis beider voraussetzen.

Wir hoffen, daß eine übersichtliche Gesamtdarlegung von Rudolf Steiners Verhältnis zur Religion auch für solche Arbeitszusammenhänge eine Bereicherung sein kann, in denen seine Geisteswissenschaft als Grundlage dient und in denen das Leben selber eine Hinwendung zum Religiösen verlangt. Wir denken dabei an den Religionsunterricht in den Waldorfschulen, an die Pflege eines religiösen Lebens in den Einrichtungen der Heilpädagogik, an die religiösen Fragen, die sich am Krankenbett und im Hintergrund vieler seelischer Erkrankungen für den anthroposophischen Arzt ergeben, an die Probleme, welche für anthroposophische Künstler entstehen, wenn sie Aufträge aus dem Bereich des religiösen Lebens zu erfüllen haben, und nicht zuletzt auch an die Bemühungen zur Religionserneuerung, welche in der Christengemeinschaft geleistet werden.

Wir sind dankbar für die Ermutigung zu dieser Arbeit, die wir von verschiedenen Seiten her erfahren haben, und wir werden ebenso dankbar jede künftige Hilfe zu ihrer Verbesserung und Vervollständigung entgegennehmen, die dem gleichen Ziel dienen möchte: das Verhalten des Initiatengeistes unserer Zeit zur Religionsübung von allen Seiten her bekannt und verständlich zu machen, im Hinblick auf ein kraftvolles und sicheres Zusammengehen von anthroposophischer und religiöser Arbeit inmitten der Zeiterfordernisse.

Angesichts der Größe der gestellten Aufgabe habe ich schon nach der Konzipierung der Studie meine Brüder Johannes Wilhelm und Rudolf Gädeke um Mitarbeit gebeten, die sie dann bereitwillig geleistet haben. Diese Mitarbeit betraf nicht nur die Übernahme einzelner Kapitel – wie im Inhaltsverzeichnis vermerkt –, sondern auch den Austausch von Quellen, die Beratung der Gesamtgliederung des Stoffes und die gegenseitige Hilfe in Einzelfragen. Dafür sei ihnen hier ein herzlicher Dank gesagt!

Ursprünglich hatten wir daran gedacht, weitere Personen aus der Leitung der Christengemeinschaft und dem Vorstand der Allgemeinen Anthroposophischen Gesellschaft an der Gestaltung der Studie und ihrer Herausgabe zu beteiligen, um mögliche Einseitigkeiten zu vermeiden. Die Bemühungen um diesen Vorgang zogen sich über zwei Jahre hin und führten leider zu keinem Ergebnis. Dem gleichen Ziel diente es, daß wir das Manuskript nach seiner Fertigstellung im Frühjahr 1982 über vierzig Anthroposophen und Pfarrern der Christengemeinschaft zur Prüfung vorgelegt haben, mit der Bitte um Ergänzungen, Korrekturen und Einwänden. Einige haben dieser Bitte entsprochen, wofür wir ihnen herzlich danken. Ihre Anregungen haben wir im Text berücksichtigt, soweit es uns möglich war.

Bei der sozialen Bedeutung des Themas dieser Studie ist es nicht überraschend, daß drei führende anthroposophische Verlage, denen das Manuskript im Laufe der Jahre vorgelegen hat, sich nicht zu einer Herausgabe entschließen konnten.

Um so mehr wissen wir es zu schätzen, daß der Flensburger Hefte Verlag zur Veröffentlichung der Studie bereit ist, und hoffen, daß damit – sieben Jahre nach ihrer Fertigstellung – ihr Grundanliegen in einer weiteren anthroposophischen Öffentlichkeit gefördert werden kann.

Kiel, im Oktober 1989
Wolfgang Gädeke

Einführung:
Rudolf Steiners Forschungsart und sein Religionsbegriff

1. Der Ausgangspunkt der anthroposophischen Religionsforschung

Rudolf Steiner hat ein Verhältnis zur Religion gehabt, das zunächst dem unzähliger Zeitgenossen ähnelt. Er wird in einen religiösen Zusammenhang hineingeboren, wächst mit kirchlichen Gebräuchen auf, bekommt in der Schulzeit Religionsunterricht und hat an alledem tiefe Erlebnisse. Aber diese Erlebnisse stehen isoliert neben den Erfahrungen in der Wirklichkeit, und die Fragen, die aus dem Leben in der Wirklichkeit aufsteigen, werden von seinen Religionslehrern nicht beantwortet.

Die Fragen nach dem Grunde der Welt, nach dem Wesen des Menschen, nach dem Sinn des Lebens führen Rudolf Steiner auf das Feld der Wissenschaft. Die Natur anschauen und den Fragen nachgehen, die sie im Menschen aufwirft, das erschien ihm in den Forschern und Denkern seiner Zeit vorgelebt. Nicht in erster Linie deren fertige Weltanschauungen und Gedankensysteme ziehen ihn an, sondern die Beobachtungskraft und die Begriffsschöpfung, die dahinter stehen, sowie die praktische Brauchbarkeit ihrer Erkenntnisse im Leben.

An der Religion seiner Zeit und in ihrer Umgebung erlebt er im Gegensatz dazu den Verzicht auf eigene Beobachtung und auf freie Gedankenbildung. Längst verflossene Offenbarungen und machtspruchartige Behauptungen sind an deren Stelle getreten. Fruchtbare Auswirkungen für die Allgemeinheit, vergleichbar denen der naturwissenschaftlichen Erkenntnisse, hatte die überlieferte Religion nicht mehr vorzuweisen.

So nimmt der junge Rudolf Steiner schon bald nach dem Beginn seiner Wiener Studienzeit eine Arbeit auf, die ihm die Gelegenheit bietet, sich lange und hingebungsvoll mit den Hauptfragen der Naturwissenschaft zu beschäftigen (siehe GA 1 und GA 2). Die Religion spielt in dieser Arbeit so gut wie keine Rolle. Zwar hat er weiterhin vielfältigen Umgang mit Trägern des Religionswesens und kennt sich in deren Glaubensvorstellungen und Lebensstimmungen aus, aber er selber lebt sich mit ganzer Intensität in die naturgegebene Welt und in die Grundfragen des Verstandesgebrauches ein.

Nur wo die Religion in der Begegnung mit Menschen lebendig an ihn herantritt, zeigt sich das ungebrochene Interesse an den Wirkungen, die sie in der Persönlichkeit hat, und an den Fragen, die sie in ihr aufwirft. Und wenn die Sprache der Religion die Möglichkeit gibt, Erkenntnisse darzulegen, für deren Beschreibung es sonst keinen Ausdruck gibt, bedient er sich manchmal ihrer Vokabeln. So etwa in dem viel zitierten Satz: "Das Gewahrwerden der Idee in der Wirklichkeit ist die wahre Kommunion des Menschen" (GA 1/S.126), oder in dem anderen: "Das mit dem Gedankeninhalt erfüllte Leben in der Wirklichkeit ist zugleich das Leben in Gott." (GA 4/S.250)

Bei genauerem Hinsehen auf Rudolf Steiners Geisteswege fällt allerdings auf, daß er den Blick *zuerst* auf den Verstandesgebrauch richtet und sich erst nach und nach zu der "naturgegebenen Welt" durcharbeitet (vgl. Johannes Hemleben: Rudolf Steiner, S.66 f.). *Wie* der menschliche Geist arbeitet, dem gilt sein vorzügliches Interesse. *Woran* der Geist sich betätigt, ob an der materiellen Welt, an Lebensformen, an psychologischen Erscheinungen, das interessiert ihn erst später. Zunächst richtet sich die Aufmerksamkeit ganz auf das Erkennen selber, und was der Zeitgenossenschaft nur Theorie über das Erkennen ist, wird für Rudolf Steiner das Feld intensiver Beobachtung, so daß sich hinter dem philosophischen Ausdruck "Erkenntnistheorie" bei ihm die Untersuchung des denkenden Menschen vollzieht, also eine Forschung an der Stelle, wo sich der Geist im wachen Gegenstandsbewußtsein betätigt und ohne eine spezifische Hellsichtigkeit ins Auge gefaßt werden kann.

Diese Untersuchung offenbart dann allerdings Tatsachen, die gewöhnlich als übersinnliche bezeichnet werden. Sie sind übersinnlich, solange der Verstand nicht selber als Sinn gebraucht wird. Bildet der Mensch den Verstand so weiter, daß er Sinnesfunktionen gegenüber sich und seinesgleichen ausüben kann, dann wird als erstes der denkende Geist "sinnliche" Erscheinung. Im folgenden wird dazu aus dem für GA 81 vorgesehenen öffentlichen Vortrag vom 10.03.1922 referiert und zitiert, der zuerst im 14. Jahrgang der "Blätter für Anthroposophie", Nr. 7/8, 1962, veröffentlicht wurde. Rudolf Steiner bezeichnet dort den also schauenden Verstand als den Ausgangspunkt für die gesamte Anthroposophie. Er nennt ihn den Keim, aus dessen weiterer Entwicklung alles das hervorgegangen sei, was er dann als die Fortbildungsstadien Imagination, Inspiration, Intuition beschrieben hat, denen die als Anthroposophie ausgebreiteten Anschauungen, Vorgänge und Wesenheiten zugänglich werden.

Und nur mit diesem, in innermenschlicher Entwicklung des Intellekts errungenen Sinn tritt die Anthroposophie unter anderem auch an die Religion heran. Was diesem Sinn erscheint, spricht sie aus, wo sie gefragt wird. Sie will aussprechen, was die geistige Anschauung findet, und vermeidet jede Diskussion mit überlieferten Glaubensmeinungen. Die religiösen Bekenntnisse haben die auf alte Offenbarungen und Dogmen gestützte Theologie entwickelt. Erst wo deren Aussagen dem Zeitbewußtsein nicht genügen und Menschen sich an die anthroposophische Forschung wenden, etwa mit den Fragen nach dem Wesen des Christus, will sie das tun, "was innerhalb der heutigen Zeitbedürfnisse notwendig ist und was die anderen *nicht* tun" (GA 81, in: Blätter für Anthroposophie, 1962, Nr. 7/8, S.245).

Denn was in bezug auf die Religion "die anderen *nicht* tun", das ist zum einen die Forschung auf dem Gebiet des Geistes mit ebensolchem Sinn für das Tatsächliche, wie er der neuzeitlichen Naturerkenntnis auf ihren jeweiligen Gebieten eigen ist. Zum anderen ist es die Entwicklung einer Sprache, die das

Erforschte und Gefundene exakt bezeichnet und deutlich von undurchschautem Überlieferungsgut abhebt. Wie sich die Naturerkenntnis der Neuzeit von den gegenstandslos gewordenen Überlieferungen der aristotelischen Autorität lossagen und an ihre Stelle die Eigenbeobachtung und die eigene Begriffsbildung setzen mußte, so will Anthroposophie unabhängig von den überlieferten Vorstellungen der Religion, für die ein realer Inhalt verlorengegangen ist, zum Wiedererkennen der Welten und Wesen hinführen, von denen die Religion zu allen Zeiten gesprochen hat.

In diesem Sinne sind die Ausführungen gehalten, die Rudolf Steiner am 10.03.1922 zur Einleitung eines "Tages der Theologie" während eines Hochschulkurses in Berlin gemacht hat. Er bezeichnet an diesem Tag die Anthroposophie als ein Arbeitsgebiet, das sich auftut, wenn man fähig wird, "die Verstandeskategorien weiterzubilden durch einen innerlichen seelisch-geistigen Prozeß", wenn versucht wird, "den menschlichen Verstand selbst als einen *Keim* zu betrachten, der innerlich wachsen kann" (GA 81, in: Blätter für Anthroposophie, 1962, Nr. 7/8, S.239). Aus diesem Keim sei die Summe aller anthroposophischen Aussagen – auch über die Religion – erwachsen.

Damit ist ein zwar unerwarteter, aber jederzeit aufsuchbarer Ausgangspunkt der anthroposophischen Religionsforschung angedeutet:

1. Verstehen des Verstandes (in einer Erkenntnistheorie);
2. Entwicklung des Verstandes im Verbund aller anderen Seelenkräfte zum Auffassungsorgan für Geist (Schulungsweg);
3. Beschreibung damit aufgefaßter geistiger Tatsachen (Geistesforschung);
4. Einführung des im Geiste Erkannten in die zeitgenössische Ideenwelt (Wissenschaft), in das allgemeine Empfindungsvermögen der Sinne (Kunst), in das Gemütsbedürfnis von Gemeinschaften (Religion) und in das individuelle Sozialvermögen oder die Sittlichkeit ("die liebevolle Hingabe an eine Persönlichkeit im Geiste"; GA 40/S.274; "Credo").

Für unsere Untersuchung müssen wir wenigstens in diesem Einführungskapitel die genannten Stadien skizzieren, wie sie sich in "Mein Lebensgang" (GA 28) von Rudolf Steiner auffinden lassen (Abschnitte 2 bis 5), und werden dann den von Rudolf Steiner präzisierten Religionsbegriff gewinnen, der für das Verständnis unserer späteren Darstellungen unerläßlich ist (Abschnitte 6 bis 8).

2. Die Erlangung übersinnlicher Erkenntnis

So einleuchtend es auf den ersten Blick erscheint, daß eine innermenschliche Entwicklung des Verstandes möglich ist, so überraschend sind die Erfahrungen, wenn der Mensch diese Entwicklung zu betreiben sucht. Er bemerkt sehr bald, was in dem Satze liegt, mit welchem Rudolf Steiner die ursprüngliche Vorrede seiner "Philosophie der Freiheit" schließt:

"Man muß sich der Idee erlebend gegenüberstellen können; sonst gerät man unter ihre Knechtschaft." (GA 4/S.271)

Eine der ersten Entdeckungen, die der nach dem Geist Forschende an sich macht, ist diese: Er sieht sich "unter" der Idee. Er folgt seinem Verstand wie einer höheren Macht, er setzt ihn als maßgebend voraus, er unterwirft sich dessen Machtsprüchen, kurz: er findet sich "unter seiner Knechtschaft"! Und er wird vom Verstand beherrscht – bis er sich entschließt, dem Beherrscher unabhängig gegenüberzutreten.

Dieses Gegenübertreten ist zunächst ungewohnt und nur durch geduldige Übung zu erreichen. Aber es gibt dafür eine wirksame Hilfe: Dem Verstand eines anderen Menschen tritt man leichter gegenüber als dem eigenen. Das Denken eines Andersdenkenden läßt sich eher aus kritischem Abstand ins Auge fassen als das eigene Denken, von dem man sein Selbstbewußtsein abhängig gemacht hat. Und so ist der praktische Einstieg in eine unbefangene Beobachtung des Geistes die Vertiefung in die Weltanschauung eines Mitmenschen – unter der Verwendung des eigenen Verstandes – zum Bewußtwerden nicht des eigenen, sondern des fremden Selbst.

Diesen Einstieg in die Geistesforschung unternimmt Rudolf Steiner an einem universellen Geist; nicht an einem beliebigen oder an einem sich aufdrängenden, sondern an einem unbeschränkt entfalteten, an Goethe. Und die Frucht seiner Forschung legt er in seinem ersten Buch dar: "Grundlinien einer Erkenntnistheorie der Goetheschen Weltanschauung" (GA 2) sowie in den Einleitungen zu "Goethes Naturwissenschaftlichen Schriften" (GA 1).

In der Wahl eines unbeschränkten, eines großen Geistes für die grundlegende Beobachtung liegt die Gewähr, daß der Geist des Beobachtenden seine eigenen Denkanlagen universell entwickelt und nichts in ihnen unbetätigt liegen läßt. Er ringt mit dem anderen und es stählen sich dadurch die Kräfte des eigenen Geistes. An einem kleinen Geist ist nicht viel Gelegenheit, sich zu üben, ein Riese im Geiste fordert dagegen alle verborgenen Möglichkeiten bei dem heraus, der ihn uneingeschränkt verstehen will.

Rudolf Steiner ringt zuerst und durch Jahre hindurch mit Goethe unter Hintanstellung seiner eigenen Philosophie. Wie eine Art methodischer Selbstverleugnung (Goethe gegenüber) nehmen sich zunächst seine Goethestudien aus. Aber das scheint nur so. In der Vorrede der nächsten Schrift, "Wahrheit und Wissenschaft" (GA 3), finden sich die Sätze:

"Ich habe meine philosophischen Anschauungen bisher immer anknüpfend an die Goethesche Weltanschauung dargelegt. ... Mit dieser Schrift hoffe ich aber gezeigt zu haben, daß mein Gedankengebäude eine in sich selbst begründete Ganzheit ist, die nicht aus der Goetheschen Weltanschauung abgeleitet zu werden braucht." (GA 3/S.13 f.)

Eine zweite Folge davon, daß man zum Objekt der Forschung einen großen und nicht einen durchschnittlichen Geist wählt, ist, was man als das Gewinnen eines Maßstabes bezeichnen kann. Denn vor dem Bild eines vielseitigen Geistes, das man sich erringt, zeichnet sich jede Einseitigkeit eines anderen Geistes deutlich ab, während die Absicht eines irgendwie beschränkten Geistes die Konturen jedes größeren im Ungewissen verschwimmen läßt.

Für Rudolf Steiner bringt das unter anderem die Entdeckung von bis dahin unbemerkten Befangenheiten bei einem zu seiner Zeit maßgeblichen "Riesen des Geistes", bei Immanuel Kant. Er sieht in der schier grenzenlosen Begriffsmasse der "Kritik der reinen Vernunft", welche er sich schon als Sechzehnjähriger dem Stoffe nach erobert hat, die stillschweigend untergelegten Vorurteile deutlich heraustreten und kann sich die Aufgabe stellen, sie aufzulösen. So beginnt er die Schrift "Wahrheit und Wissenschaft" mit den Sätzen:

"Die Philosophie der Gegenwart leidet an einem ungesunden Kant-Glauben. Die vorliegende Schrift soll ein Beitrag zu seiner Überwindung sein." (GA 3/ S.9)

Kant soll "überwunden" werden, weil sich herausstellt, daß er das Erkenntnisvermögen aufgrund von Vorurteilen beschränkt.

Ein anderer Großer unter den Denkern, Johann Gottlieb Fichte, erweist sich als von dem ins Auge gefaßten Quellpunkt des Verstandes, von dem Ich, so fasziniert, daß er das "Nicht-Ich", die übrige Welt, zu verlieren droht. Er muß, wie es heißt, korrigiert werden.

Es zeichnet sich in diesem grundlegenden Werk über die Verständigung des denkenden Bewußtseins mit sich selbst ab, was später als eine der großen Imaginationen der Geisteswissenschaft in Ideenform und in Bildgestalt hervorgetreten ist: Der Geistmensch, der seinen frei gewählten Weg zwischen dem die Erkenntnis einengenden und dem vom Eigensinn geblendeten Geiste nimmt. Durch Kants, Fichtes und Goethes Verstandesgebaren hindurch treten die drei geistigen Mächte in Rudolf Steiners Gesichtskreis, die er von da an lebenslang in ihren Intentionen erforscht und beschreibt. Er hat sie später als die ahrimanischen, die luziferischen und die in dem Christusnamen zusammengefaßten dargestellt.

Die Schrift "Wahrheit und Wissenschaft" kann heute demjenigen, der ihre Begriffsgestalt studiert, den Weg vom Verstehen zum Imaginieren zeigen und ihn damit selber für eine lebenslange "innermenschliche Entwicklung ihrer Kategorien" motivieren. Solcher Entwicklung, solchem innerseelischen Leben und Umgehen mit der zunächst abstrakt-philosophischen Gedankengestalt der Doktorarbeit Rudolf Steiners verdanken heute schon manche das bildhafte Verstehen der Gesamt-Anthroposophie, das inspirierende Schaffensvermögen auf künstlerischem Felde und sogar das intuitive Einswerden mit den göttlich vorwärtsführenden Mächten.

Aber von alledem spricht Rudolf Steiner in seiner philosophischen Zeit noch nicht. Er entwickelt dies in der Stille und wartet die Früchte ab, die ihm später zufallen. Seine Arbeit richtet sich zunächst auf die geistige Zentralwesenheit des Menschen, die sich in ihrem Denken zeigt, auf das Ich.

In der "Philosophie der Freiheit" (GA 4), zu der "Wahrheit und Wissenschaft" die Grundlage gegeben hat, wird die an Kant sichtbar gewordene Einengung des

Ich ausführlich zergliedert und aufgelöst. Diese Analyse und Freisetzung geschieht im ersten Teil des Buches, der mit "Wissenschaft der Freiheit" überschrieben ist. Die undurchschauten Selbstbeschränkungen des Denkmenschen und die von ihnen ausgehende Unfreiheit des handelnden Menschen kommen zur Anschauung und Überwindung.

Im zweiten Teil kommt das unbeschränkte Vermögen, die Schöpferpotenz des seine Freiheit begreifenden und betätigenden Menschen-Ich zur Sprache. Aber diese Freiheit wird als mit dem Wesen der Welt einig dargestellt. Nicht als Selbstzweck, nicht mehr als illusionäres Postulat tritt sie auf. Fichte ist "ins Rechte gedacht", um einen Goetheschen Ausdruck zu gebrauchen, und mit ihm alle noch träumenden Regungen des Freiheitsbewußtseins. Das Freiheitsbewußtsein erscheint im vollen Lichte des Verstehens, und seiner wachesten Betätigung, dem Denken, eröffnet sich die Aussicht auf seine mit dem Weltganzen in Harmonie vollzogene Entwicklung.

Wenn man an der "Philosophie der Freiheit" die beiden genannten Klärungsarbeiten sich vorstellen und üben lernt, dann nimmt man auch ihre Ergebnisse auf allen geistigen Wegen mit. Für den, der wissenschaftlichen Verstand in sein Verhältnis zum Geiste bringen will, gibt es keinen sicheren Fortschritt ohne diese Arbeiten. Vor allen geistigen Erscheinungen können sie geleistet werden, ebenso vor dem eigenen Ich wie vor den großen und kleinen Mit-Ichen; vor der Geistesart, in die wir hineingeboren und hineingebildet worden sind, wie vor derjenigen anderer Gegenden, anderer Zeiten; vor der Geistigkeit der naturgegebenen Welt wie vor der in der Kulturentwicklung waltenden; und damit auch vor der, die sich in der Religion auslebt.

Berücksichtigen wir das auf diese Weise Angedeutete, dann verstehen wir sowohl die kritischen Äußerungen Rudolf Steiners über die Religion – auch über das Christentum – als auch seine positiven Beschreibungen und Taten im Hinblick auf ihr unbegrenztes Vermögen.

Es ist dann ersichtlich, warum wir zuerst die scharfen Analysen der religiösen Vorurteile finden, die rücksichtslose Freilegung dessen, was unter der Hülle der Religion den Menschengeist beschränkt, und dann erst die Hinweise auf eine religiöse Erscheinung wie das Christentum als mystische Tatsache. Aber wir sehen die Kritik und die Positivität – das Zurückweisen von im Namen der Religion vorgebrachten Urteilen ebenso wie die Hilfe für Bestrebungen nach wahrhaftiger Religion – nicht nur chronologisch, etwa vor und nach der Jahrhundertwende auftreten, sondern abwechselnd gehandhabt bis zuletzt, auch im Kreise der eigenen Bewegungen, der anthroposophischen wie auch der für religiöse Erneuerung.

Doch bleiben wir noch in der Zeit, in der die kritischen Äußerungen Rudolf Steiners über die Religion im Vordergrund stehen. Nach der Veröffentlichung der "Philosophie der Freiheit" wendet sich Rudolf Steiner mit der darin dargestellten Methodik den verschiedensten Philosophen zu. Zunächst steht Nietzsches Werk im Vordergrund. 1895 erscheint die Schrift: "Friedrich Nietzsche, ein Kämpfer gegen seine Zeit" (GA 5). – Wir beschränken unsere Betrachtung darauf, wie Rudolf Steiner die Religion mit den Augen Nietzsches sieht und rigoros ausspricht, was vom Standpunkt der Freiheitswissenschaft das religiöse Verhalten in der Regel darstellt.

So wie Religion in ihren verschiedenen Formen geübt wird, sieht Rudolf Steiner ihr Kennzeichen in der Unterwerfung unter eine übermenschliche Macht. Solche Unterwerfung deutet ihm auf Schwäche. Er will die Stärke, die Macht des menschlichen Ich aufzeigen, die nach der sorgfältigen Abhebung der Fesseln, welche etwa Kant dem Ich angelegt hat, sichtbar wird. Schon Goethe hatte sich "erst unbewußt und aus innerem Trieb", dann immer bewußter von solchen Fesseln freigemacht, wie er in dem Aufsatz über die "Anschauende Urteilskraft" berichtet.

Rudolf Steiner will den Blick ungehindert von irgendwelcher Rücksicht auf menschliche Schwäche nach der freien Entfaltungsmöglichkeit des Ich hinlenken. In diesem Sinne will er Nietzsche verstehen. Mit einer Unbekümmertheit, die allem pedantischen Denken Alpträume verschaffen kann, spricht er mit Nietzsches "Übermenschen"-Zunge aus, was das freie Ich kann und darf, und was es nicht nötig hat, von anderen Seiten in Empfang zu nehmen.

Man muß zuerst die Wahrheit dessen aufsuchen, was da wie aus Nietzsches Geist heraus gegen die Ideale der Religion vorgebracht wird, ehe man es an den Platz rücken darf, auf dem die Aussicht später wieder frei wird. Es sind harte, unerbittliche Worte gegen ein Christentum, das die Schwäche des Ich herausstellt und jede Stärke desselben verdächtigt. Aber es sind immer Worte, die darauf dringen, daß sich der Mensch auf die in seinem Eigenwesen ruhenden Potenzen besinnt und nichts unterläßt, um sie zu entfalten. Und wenn sich einmal zeigt, daß Religion ihm dazu helfen kann und ihn nicht daran hindern muß, dann sieht alles anders aus. Aber 1895 ist das im Entwicklungsgang Rudolf Steiners noch nicht zu bemerken.

Rudolf Steiner geht jetzt den ganzen Zeitraum zwischen Goethe und Nietzsche durch und sucht bei den meisten Denkern des zu Ende gehenden Jahrhunderts auf, wie sie die Potenzen des Menschengeistes erlebt und dargestellt haben. Die Frucht dieser Umschau ist zunächst eine Darstellung von "Goethes Weltanschauung" (GA 6), vor dem Hintergrund der Denkgewohnheiten, die sich in der Wissenschaftsentwicklung des Abendlandes seit Plato erhalten haben.

Der Blick fällt hierbei auf ein schon bei Parmenides wirksames, von Plato zum System ausgebildetes Mißtrauen gegen die Sinne. Es zeigt sich als eine "Entwicklungskrankheit, ... an der die wissenschaftliche Bildung noch heute leidet" (GA 6/S.25). Rudolf Steiner beschreibt diese "Krankheit" in ihren verschiedenen Ausprägungen, etwa bei Bacon, Descartes, Spinoza und Hume, und findet sie in den wichtigsten Symptomen wiederum bei Kant ausgebreitet, auf den sich dann auch die Denker des 19. Jahrhunderts stützen. Nur tritt jetzt eine neue Beobachtung hinzu, die uns deutlich machen kann, warum all diese philosophischen Forschungen auf das Gebiet der Religion hinübergreifen müssen.

Kants philosophische Vor-Annahmen hatte Rudolf Steiner im zweiten Kapitel von "Wahrheit und Wissenschaft" herausgearbeitet. Aber "zu den philosophischen Vorurteilen Kants kamen seine religiösen" (GA 6/S.25), sagt er nun und zerlegt diese ebenso gründlich wie jene. Er hatte vorher schon geschrieben: "Das Christentum ... mit seinem Jenseitsglauben und seiner Verachtung der Sinnenwelt ist nur eine volkstümliche Form des Platonismus." (GA 6/S.13) Jedoch "was Plato nur gedacht hat, das haben die Kirchenväter dem Gemüte eingepflanzt. Was aber in dem Gemüte wurzelt, das ist viel schwerer auszurotten, als was bloß im Verstande ruht." (GA 6/S.14; alle drei Zitate aus der 1. Auflage, Weimar 1897)

Rudolf Steiner sieht bei Kant ein Musterbeispiel dafür, wie Vorurteile, welche für die Menschenentwicklung schädlich sind, der Erkenntnis entzogen und unter dem Schleier der religiösen Gefühle weiter genährt werden. Er nimmt ihnen den Schleier weg und stellt den Irrtum dar. Wir werden später (Einführung, 6) sehen, daß Rudolf Steiner das als Religion bezeichnet, was aus der Geisterkenntnis "dem Gemüte eingepflanzt" wird. Er findet aber, daß sich schon bei den frühen griechischen Denkern ein Irrtum in die Geisterkenntnis eingeschlichen hat, der zunächst die Philosophie und – durch Augustinus, Thomas von Aquino und andere – die christliche Religion ergriffen hat. Es zeichnet sich also eine zweifache Aufgabe ab: Zunächst muß der denkerische Fehlansatz aus der Gefühlsverwurzelung herausgelöst werden, und dann kann die durch ihn entstellte geistige Tatsache neu ins Auge gefaßt werden. Für das Christentum bedeutet das: Es muß alles das, was sich in der Zeitenwende in Palästina geistig zugetragen hat, aus der Überdeckung mit eingewurzelten Begriffsmängeln freigelegt werden. So richtet sich Rudolf Steiners frühe Kritik am Christentum eindeutig auf die Kirchenväter und die Bekenntnisse, und im wesentlichen nicht auf die Ereignisse in der ersten Hälfte des ersten Jahrhunderts.

Dasselbe gilt aber für alle Religionsformen, denen Rudolf Steiner forschend gegenübertritt. Nur weil das Christentum naheliegt und die anderen Religionsformen ferner, finden wir dessen kritische Analyse früh und ausgebreitet dargestellt, während die der anderen Religionen seltener vorgebracht, doch aber bei deren inhaltlicher Würdigung immer vorausgesetzt wird. Auch den späteren Vorträgen über die Schöpfungsgeschichte und die zehn Gebote des Moses, über den achtgliedrigen Pfad des Buddha und die Lehren des Krishna liegt die zum geistig Gegebenen, zu den übersinnlichen Tatsachen vordringende Kritik der überlieferten Wortlaute zugrunde. Er kann anerkennen, was in den verschiedenen Religionen lebendig ist, weil er sich dazu die übersinnliche Beobachtung kritisch freigelegt hat.

Als Rudolf Steiner 1897 seine Weimarer Goethestudien abrundete und ihr Ergebnis in der Schrift "Goethes Weltanschauung" niederlegte, konnte er einen Geist beschreiben, der das uralte Mißtrauen gegen die Sinne überwunden und eine Naturauffassung gewonnen hatte, die dem Menschengeiste gemäß war, die ihn nicht als das unsachliche Subjekt ausschloß, sondern ihn als Wesen seines

Wesens anmutete, als "Gottnatur". Goethe konnte sich mit dem Wesen der den Sinnen gegebenen Welt einig fühlen. Und den Verstand, mit dem er sie aufnahm, hielt er in stetiger Aufmerksamkeit und Regsamkeit ihr gemäß.

Eine Verständigung des tätigen Geistes mit sich selber hatte Goethe jedoch vermieden. Selbsterkenntnis war ihm ein problematisches Unterfangen. Er wäre gerne von anderen über sein Wesen aufgeklärt worden; sich ihm selber "erlebend gegenüberzustellen" wagte er nur in der Freiheit, die die Phantasie sich in der Mischung von "Dichtung und Wahrheit" nehmen darf.

So war bei Goethe die geistgemäße Naturwissenschaft wohl begründet, nicht aber eine naturgemäße Geisteswissenschaft. Um diese ringt Rudolf Steiner in den folgenden Jahren, und ein Zeugnis dieses Ringens kann die Widmung sein, die er für Johanna Mücke in eines der ersten Werke der Geisteswissenschaft eintrug:

"Der Verfasser dieses Buches war bemüht, die Natur des Geistes zu erforschen, wie der Naturforscher den Geist der Natur erforschen will." (GA 40/ S.201)

Rudolf Steiners Fragestellung wendet sich nach der Abrundung der Goethestudien solchen Persönlichkeiten zu, die gegenüber der Vielseitigkeit Goethes charaktervolle Einseitigkeiten darleben. Ihn interessieren die Prägungen, die das Ich sich selber gegeben hat. Er sucht dessen Selbstbestimmungen auf, insofern sie sich wie instinktive Willensdirektiven an der Individualität beobachten lassen. Er geht unter die Persönlichkeiten des Berliner literarischen und künstlerischen Lebens und studiert an ihnen die unwillkürlichen Strebungen und Abneigungen, die ihr Empfinden, ihr Urteil und ihr Handeln bestimmen. Er vertieft sich in eine ganze Reihe von Biographien, so daß ihm darin die einmalige Selbstausprägung des Ich erscheint.

Was Rudolf Steiner da vor sich hat als instinktähnliche Impulse aus dem Ich heraus, die den Lebenslauf von innen heraus formen, das veranlaßte ihn später, im zweiten Kapitel seiner "Theosophie" (GA 9) die Biographie des Menschen als den Ausdruck seiner Geistgestalt zu bezeichnen. In den Jahren um die Jahrhundertwende entsteht so eine Fülle von biographischen Beschreibungen verschiedener Geistgestalten. Sie füllen heute einen ganzen Band der Gesamtausgabe (GA 33) und bilden einen großen Teil der Aufsätze und Rezensionen im "Magazin für Literatur" (siehe GA 30 bis 32). Sie prägen auch den Stil seiner Philosophenportraits in dem zunächst so genannten Werk "Welt- und Lebensanschauungen im 19. Jahrhundert" (in: Die Rätsel der Philosophie, GA 18).

Aber *einem* Geiste wendet er sich mit besonderem Interesse zu, weil dieser eine Selbstdarstellung, ein philosophisches Bild seines Ich hinterlassen hat, das die stärkste Behauptung gegenüber aller Fremdbestimmung zum Ausdruck bringt. Er vertieft sich in das Erleben, aus dem heraus Max Stirner das Buch "Der Einzige und sein Eigentum" geschrieben und auch sein eigenes Leben geführt hat. Das Ich, gleichsam als Einsiedler sich herausstellend aus seiner gesamten geistigen Umwelt, das Ich für sich und mit sich und aus sich allein sich aussprechend: Dieses Phänomen beschreibt Rudolf Steiner aus dem freundschaftlichen Umgang mit dem Stirner-Biographen John Henry Mackay heraus in dem Aufsatz "Der Egoismus in der Philosophie" (GA 30/S.99 ff.). Größe und Tragik des "Ich an sich" stehen da in scharfen Konturen gezeichnet vor dem Geistesblick. Setzt man sich diesem Anblick voll erlebend aus, so geht auch heute noch eine starke Seelenprüfung davon aus. Es ist die Versuchung, Geisterkenntnis zu gewinnen, ohne das Denken mit der Naturgrundlage vereinigt zu halten. Ein solches Denken verliert den Boden derjenigen Welt, in der menschliche Entwicklung allein sich abspielen kann. Es flieht in Bereiche, in denen es nicht nötig erscheint, "das Wissen erst dadurch mit einer festen Grundlage zu versehen, daß die Ideenwelt in ihrem Wesen an der Natur geschaut wird, um dann in der befestigten Ideenwelt zu einer über die Sinneswelt hinausliegenden Erfahrung zu schreiten." (GA 6/S.44)

Ein Denken über höhere Welten, das der an der Erfahrung des Sinnlichen befestigten Ideenwelt entfliehen möchte, findet Rudolf Steiner bei den meisten Mystikern. Sofern der Mystiker aus Erlebnissen schöpft, die nach Ertötung von Beobachtung und Denken eintreten, kann er vermeinen, "in sich die helfende Geistigkeit sogar als Gottheit unmittelbar zu fühlen. Er glaubt in Augenblicken, in denen ihm das gelingt, Gott lebe in ihm" (GA 6/S.76). *Diese* Art von Mystik ist für Rudolf Steiner die *eine* Versuchung auf dem Wege zum Geist. Und die andere liegt in einer Naturwissenschaft, welche das Denken zwar verwendet, aber seinen Quell im menschlichen Ich von der Beobachtung ausschließt.

Diese beiden Versuchungen treten als Schicksale der Seele auf, die in der sinnlich-leiblichen Naturgrundlage den Weg zu ihrer ideell-geistigen Wesenheit und Umwelt sucht. In ihrer Geistigkeit muß sie den Grund ihres moralischen Daseins in der Natur finden; in ihrer Natürlichkeit muß sie den Träger ihres gesunden Daseins im Geiste bewahren. Mit ihrem sich selbst erfassenden Ich steht sie zwischen Sinnes- und Geisteswelt so darinnen, daß ihr die Denkrichtungen der Mystik einerseits, der Naturwissenschaft andererseits "nicht bloß der Anlaß zu abstrakter Verirrung sind" (GA 28/26/S.364). Hier wird etwas zu lebendiger Auseinandersetzung mit menschenfremdem Wesen, was nach außen hin nur wie die Überwindung von Irrtümern erscheint.

Rudolf Steiner hatte in den Goethestudien die Aussicht auf eine menschengemäße Naturwissenschaft und in dem ethischen Individualismus seiner Freiheitsphilosophie das Leben in einer erkenntnisgetragenen Mystik gewonnen. Aber er sagt auch, wodurch ihm dieser Gewinn möglich geworden ist. Es haben im inneren Erleben die Strebungen der Mystiker ebenso wie die Logik der Naturwissenschaft etwas Zwingendes, etwas Ausschließlich-Erscheinendes. Und mit diesen beiden seelischen Gewalten hat das Selbst zu ringen, das sich nicht von ihnen hinnehmen lassen will. Rudolf Steiners Umschau unter den Schicksalen seiner denkenden Zeitgenossen findet überall solches Hingenommensein. Und er sieht, daß sich dadurch Finsternis über das eigentliche Wesen des Menschen verbreitet.

Sein eigener Gesichtskreis aber war durch das erlebende Ringen mit den im Seelischen wirkenden Gewalten hinter der Ich-Mystik und der naturwissenschaftlichen Logik auf eine Erscheinung der Weltgeschichte erweitert, in der sich die kosmische Allseitigkeit eines Ich ungebrochen in einer leiblichen Menschennatur dargelebt und das unbeschränkte Bewußtsein davon ausgesprochen hatte. Unter der Vielzahl der menschlichen Geistgestalten trat diejenige hervor, von der das Christentum seinen Ausgang genommen hat.

"Ich fand das Christentum, das ich suchen mußte, nirgends in den Bekenntnissen vorhanden. Ich mußte mich, nachdem die Prüfungszeit mich harten Seelenkämpfen ausgesetzt hatte, selber in das Christentum versenken, und zwar in der Welt, in der das Geistige darüber spricht. ... In der Zeit, in der ich die dem Wort-Inhalt nach Späterem so widersprechenden Aussprüche über das Christentum tat, war es auch, daß dessen wahrer Inhalt in mir begann, keimhaft vor meiner Seele als innere Erkenntnis-Erscheinung sich zu entfalten." (GA 28/26/S.365 f.)

Eine "Erkenntnis-Erscheinung" zieht herauf, von der es seit der Zeit der Kirchenväter für ausgemacht galt, daß an ihrer Stelle nur eine Glaubens-Erscheinung möglich sei. – Allerdings tritt diese Erscheinung nur dort in den Gesichtskreis, wohin der Blick nicht dringen kann, wenn er sich nicht das Licht mitbringt, das ihm in der "befestigten Ideenwelt" (GA 6/S.44) durch die Selbsterkenntnis aufgeht. Die so verstandene, ideenklare Ich-Erkenntnis beschreibt Rudolf Steiner im Vokabular der abendländischen Mystik. Und wenn er die Reihe der Mystiker von Meister Eckart und Johannes Tauler bis zu Jakob Böhme und Angelus Silesius zu Worte kommen läßt, so tut er dies nicht ohne den Hinweis, daß deren Mystik verstummen mußte, weil sie ohne an der Naturwissenschaft befestigte Ideen zu ihrem Allgeist kommen wollte. Mit dieser Einschränkung aber kann er doch seine erste ausführliche Darstellung davon geben, was ihm als "neues geistiges Licht" (GA 28/27/S.367) um die Jahrhundertwende erschienen ist. Er trug es zunächst im kleinen Kreise vor und gab dann die schriftliche Darstellung 1901 unter dem Titel "Die Mystik im Aufgange des neuzeitlichen Geisteslebens und ihr Verhältnis zur modernen Weltanschauung" (GA 7) heraus.

Der Hinweis auf das Erfahrungsfeld, wo Mystik das Geistige als Tatsache und nicht lediglich als Vorstellung oder als Wort sichtbar macht, bringt es mit sich, daß auch von den Wegen gesprochen werden muß, die zu diesem Erfahrungsfelde hinführen. Es wird deutlich, daß andere Zeiten andere Wege dorthin gesucht haben, als sie für ein naturwissenschaftlich-intellektuell gebildetes Zeitalter gangbar sind. Das Mittelalter ging die Wege seiner Mystik auf dem Hintergrunde der platonisch-theologischen Abwendung von der Natur. Das griechische und das ägyptische Altertum sind noch andere Wege gegangen, von denen wir nur in der verhüllten Sprache des Mythos erfahren. Wege, die ferngerückt dem Blick der Zeitgenossen, in der Verschwiegenheit der Tempelstätten begangen wurden.

Die mythische Kunde von den Seelenwegen, von den Geistesabenteuern und den Götterbegegnungen alter Zeiten hellt sich für den auf, der die gegenwärtigen Seelenkämpfe und "Abenteuer der Vernunft" (Goethe im Aufsatz "Anschauende Urteilskraft") nicht scheut. Wer heute die Ausdauer entwickelt, die Lebensgründe und die Ziele seines Handelns jenseits von gewaltsam in Umlauf gebrachten Ideologien, Urteilsstimmungen und Sachzwängen zu suchen, der lernt alle die "finsteren Wälder", die "Drachenhöhlen", die Zauberer und Hexen, von denen noch unsere Märchen reden, als die Metaphern für Prüfungssituationen verstehen, in denen er sich bewähren oder seinen Weg vorzeitig beenden muß. Was heute zum inneren Drama jedes wachen Jugendlichen werden kann, spielte sich in alten Zeiten in der Verschwiegenheit von streng gehüteten Schulungsstätten ab. Und je gründlicher die heutigen Lebensrätsel aufgebrochen werden, je entschiedener den Wahrheitsspuren im Wörterchaos nachgegangen wird, desto weiter öffnen sich die Ausblicke in eine Antwort gebende, eine geistige Welt.

In der sinnlichen Welt etwas tun und pflegen, nach Maßgabe von Tatsachen und Gesetzmäßigkeiten, die in übersinnlichen Welten gefunden sind, das nannte man in alten Zeiten das Handeln eines Mysten. Und Mysterien waren sowohl die Wege, die der Myste gegangen war, wie auch alles, was er auf ihnen erfahren hatte (vgl. GA 8 und GA 34). In diesem genauen Sinne darf man die Seelenkämpfe und Geistentdeckungen Rudolf Steiners als zeitgemäße Mysterienereignisse auffassen. Nur mit dem Kennzeichen, daß diese nicht hinter Tempelmauern den Blicken ihrer Zeitgenossen entzogen sind und nur in mythischen Formen dem ahnenden Empfinden erscheinen dürfen, sondern daß sie jeder Seele zugänglich sind, welche die von ihr selbst aufgerichteten Mauern gegenüber einer geistigen Wirklichkeit durchbrechen will. Es sind also, um den Goetheschen Ausdruck zu gebrauchen, "offenbare Geheimnisse" oder zugängliche Mysterien.

Wie der Zugang gewonnen wird, was sich einer so gewonnenen Geheimwissenschaft offenbart und welche Lebensformen neue "Mysterien" annehmen können, das soll uns in den folgenden Abschnitten beschäftigen.

3. Die Darstellung des Schulungsweges

Jeder Mensch kann denken. Und wenn er schon als Schulkind naturwissenschaftlichen und mathematischen Unterricht genossen hat, kann er auch abstrakt denken. Das heißt, er kann den Verstand, abgezogen von allem sinnlich Gegebenen, rein in sich selber betätigen. Die Begriffe, die er dabei in sich selber ausbildet, kann er dann in der sinnlichen Welt anwenden, und es entstehen so in dieser Welt Gebilde und Vorgänge, die nicht die Natur, sondern der reine Verstand zuwege gebracht hat. Wir bezeichnen solche Gebilde und Vorgänge als Technik. Wer sich in die Technik einlebt – und das tun wir heute schon als Kinder –, der handhabt das abstrakte Denken auf Schritt und Tritt. Es ist in seine Lebensgewohnheiten eingegangen.

Wir haben am Beginn des vorigen Abschnittes die Möglichkeit berührt, dieses Denken seinem gewohnten Gang zu entreißen. Das geschieht in jedem Augenblick, in dem wir es in seiner "selbstverständlichen" Herrschaft beobachten und ihm die Frage entgegenhalten: *"Mußt du so verlaufen wie bisher? Kannst du auch* auf andere Gegenstände gerichtet werden als auf die sinnlich gegebenen?" Dann zeigt sich: Es muß *nicht* ausschließlich nach außen gerichtet sein. Es kann auch dem Wesen nachgehen, von dem es soeben beobachtet und befragt worden ist.

Dieses Wesen aber, das wir ein höheres Ich nennen können – im Unterschied zu demjenigen, das den Verstand in der Sinneswelt angewendet hat –, steht am Eingang einer Welt, die geradeso Tatsachen, Vorgänge und Wesen darbietet wie die sinnliche. Und es kann den Verstand auf deren Zusammenhänge anwenden und an ihren Rätseln üben, wie es zuvor an den Rätseln der Natur tätig war und sich bis zur Abstraktionsfähigkeit geübt hat.

Wir haben schon ausgeführt, daß es für diese ungewohnte Anwendung des Verstandes eine Hilfe gibt. Sie bestand zunächst in der Versenkung in die Denkungsart und Weltanschauung eines großen Geistes, etwa Goethe. Eine solche Versenkung wird früher oder später darauf stoßen, daß die Großen der Menschheit etwas wie eine "geheime Offenbarung" gegeben haben, eine zumeist auch in mythenähnlichen Formen ausgesprochene Mitteilung von den Wegen und Erfahrungen, die sie auf geistigem Gebiet durchgemacht haben.

Rudolf Steiner ist früh auf die "geheime Offenbarung" Goethes aufmerksam geworden. Er fand sie 1889 in der Gestalt des Märchens von der grünen Schlange und der schönen Lilie. Und er wendete sein sinnendes Denken und Fragen auf die Tatsachen, von denen dessen Gestalten und Vorgänge hergenommen sind. Dabei eröffnet sich eine Welt von neuen Einsichten in Menschenwesen und Schicksalsveränderungen, eine innere oder esoterisch erfahrene Welt.

An den Bildern dieses Märchens entwickelt Rudolf Steiner zunächst, unberührt von der im vorigen Abschnitt dargestellten exoterischen Tätigkeit der neunziger Jahre, den Verstand aus den keimartigen Anlagen heraus weiter, die er auf dem übersinnlichen Feld heute erst zeigt. Die Pflege der auf das Geistige gerichteten Anlagen des Verstandes nennt Rudolf Steiner Meditation. Und er beschreibt die Bedingungen, unter denen aus solchen Anlagen eine Geisteswissenschaft erwachsen kann.

Was er selbst an Goethes Geistesart herangebildet hat (vgl. GA 22), das kann fernerhin auch an den Mitteilungen der Geisteswissenschaft entwickelt werden. Auf diese das sinnende Denken und Fragen zu wenden, kann in Zukunft die innermenschlichen Anlagen aufwecken.

Und so beginnt die Schilderung vom "Pfad der Erkenntnis" in der "Theosophie" erst, nachdem sich der Leser ein Gedankenbild höherer Welten in den vorangehenden Teilen der Schrift erworben hat.

"Denn der Mensch ist ein Gedankenwesen. Und er kann seinen Erkenntnispfad nur finden, wenn er vom Denken ausgeht. Wird seinem Verstande ein Bild der höheren Welten gegeben, so ist dieses für ihn nicht unfruchtbar ... Denn die Gedanken, die ihm gegeben werden, stellen selbst eine Kraft dar, welche in seiner Gedankenwelt weiter wirkt ...; sie wird schlummernde Anlagen wecken." Wie der Gedanke "bei demjenigen, der Erkenntnis hat, als ein unmittelbarer Ausdruck vorhanden ist dessen, was im Geiste geschaut wird, so wirkt die

Mitteilung dieses Ausdruckes in dem, welchem er mitgeteilt wird, als *Keim*, der die Erkenntnisfrucht aus sich erzeugt." (GA 9/S.172) Wenn gegen diesen ersten Schritt zur Geisterkenntnis etwa eingewendet wird, er zwinge zum blinden Glauben, so kann man diesen Einwand verstehen. Nur ist der Weg in keiner Wissenschaft anders. Überall haben wir zuerst die Entdeckungen anderer erfahren, an ihnen die sachgemäßen Begriffe gebildet, und können uns damit den eigenen Beobachtungen zuwenden.

Wir haben oben das Sich-Hineindenken in die Gedankenwelten großer Persönlichkeiten als vorteilhaft für die Entwicklung des eigenen Geistes dargestellt. Aus dieser Erfahrung geht klar hervor, daß es sich um ein praktisches Vorgehen handelt und um gar nichts anderes. Es ist kein gläubiger Aufblick zu dem Mitteilenden, sondern es geht darum, an dem Größeren zu wachsen und nicht in den Grenzen der Eigenheit stehenzubleiben.

Beschreibt man die gleiche Sache nicht nur für das Denken, sondern für das Seelenganze, dann muß gesagt werden: Das Empfinden der Grenzen der Eigenheit gegenüber der Offenbarung eines Größeren, der Grenzen des eigenen Verstandes gegenüber der unendlichen Wahrheit ist Ehrfurcht. Und so beginnt die Schrift "Wie erlangt man Erkenntnisse der höheren Welten?" (GA 10), die als Lebensanleitung mit einer Fülle von Einzelratschlägen die Wege der Seelenentwicklung begleiten kann, mit dem Hinweis auf die Ausbildung der Ehrfurcht, der Devotion.

In der "Theosophie" wird der Pfad der Erkenntnis so beschrieben, wie er einer intellektgeschulten Menschheit gemäß ist. In dem zweiten genannten Buch ist dem, der auf diesem Pfade wandern will, die Beschreibung eines Wegekundigen in die Hand gegeben, der die Schönheiten wie die Gefahren, die Weiten und die Engpässe, die Tiefen und die Höhen kennt und die Ausrüstung vorschlägt, mit der man bis zum Ziel wanderfähig bleibt.

Eine dritte Darstellung bietet "Die Geheimwissenschaft im Umriß" (GA 13). Man könnte sie mit einem Atlas vergleichen. Seine Karten geben den Überblick, zeigen das einzelne im großen Zusammenhang, nennen die Ortschaften des ganzen Landes, bezeichnen das System der Wasserläufe, die Höhe der Berge und vor allem das Netz der Verkehrsverbindungen. Sie sagen nicht, welche Straße man nehmen soll, aber sie machen die Wahl der günstigsten möglich, die zu dem gewählten Ziel führt. – Eine Ergänzung zu diesem "Atlas" enthält die kleine Schrift "Die Stufen der höheren Erkenntnis" (GA 12). Sie wird gleich zu Beginn eine Erkenntnislehre der Geheimwissenschaft genannt, ist aber nur ein Fragment von dem geblieben, was sich als Fortsetzung an das Buch "Wie erlangt man Erkenntnisse der höheren Welten?" anschließen sollte.

Durch die drei genannten Hauptwerke der Anthroposophie liegt das vor, was man eine Wissenschaft von der Einweihung nennen kann. Ihre Kenntnis ist überall dort notwendig, wo Wege zum Geist in der Absicht gesucht werden, aus dem Geist heraus so in das Leben einzugreifen, daß der Eingriff eine ebenso zuverlässige Förderung dieses Lebens bedeutet wie der Bau einer tragfähigen

Brücke. Die Einweihungs- oder Initiationswissenschaft muß im Zeitalter der Intellektualität für den Geistesarbeiter ebensolche Berufsvoraussetzung sein wie es die Ingenieurwissenschaft etwa für den Brückenbauer, den Fahrzeugbauer ist. Es gab früher Handwerksmeister, die konnten zum Beispiel Schiffe oder Gewölbe ohne Ingenieurwissenschaft bauen. Gelegentlich kenterte ein Schiff, brach eine Wölbung zusammen, und die Geschädigten empfanden das Unglück als von außermenschlichen Mächten geschickt. Die Menschen der Moderne fragen unter den Sachverständigen nach, wer die Fehler in der Konstruktion zu verantworten hat. Wer für unzählige Passanten eine Brücke baut, hat die Pflicht, das Ganze wie jedes Einzelteil mit der neuesten Sachkenntnis, zum Beispiel in der Statik und in der Materialkunde, auszuführen.

Der Sachwalter der Religion heißt seit alten Zeiten "Pontifex", der Brückenbauer. Sein "Material" sind Worte, sein Arbeitswerkzeug sind Rituale, Symbole; seine Aufgabe ist es, den Verkehr zwischen Menschenwelt und Gotteswelt zu fördern. Wie nun, wenn er Worte verwendet, die hohl sind wie ein angefressener Balken, wenn er Handlungen vollzieht, ohne zu wissen, was sie bewirken? Wenn er gar für die, die sich seinem Wirken anvertrauen wollen, den Zugang versperrt, den diese suchen? Man sieht, daß es auf diesem Feld so wenig ein Tabu geben darf wie auf anderen Gebieten, wo es um die Sicherheit derer geht, für die wir wirken. Um die Sicherheit auf geistigen Wegen, um die Verläßlichkeit der Sprache, um die Verantwortbarkeit dessen, was aus geistigem Anspruch in das Leben eingreift, geht es, wenn wir überzeugt sind, daß die Initiationswissenschaft in der Zivilisation der Zukunft eine ebensolche Rolle spielen wird wie in der Gegenwart die Naturwissenschaft.

Wissenschaftliche Einsichten treten nicht irgendwo im luftleeren Raum auf. Sie werden von fragenden Menschen errungen. Und Fragen sind Erscheinungen im individuellen Bewußtsein. Das heißt aber: Der Weg zu den Einsichten der Initiationswissenschaft ist ein persönlicher. Wann, wonach und mit welcher Ausdauer gefragt wird, zeigt sich bei jedem Menschen anders. Der Zugang zur Initiation öffnet sich jedem in eigener Weise. So daß neben der wissenschaftlichen Beschreibung und Anleitung eine solche wünschenswert erscheint, in der an individuellen Beispielen die biographischen Entwicklungen einer Reihe von Persönlichkeiten vorgeführt werden.

Eine solche entstand in den vier Mysteriendramen Rudolf Steiners (GA 14). Ein ganz persönliches Werden auf dem Weg zu dem ganz überpersönlichen Geist wird dargestellt. Und nicht nur, wie das Studium der Geisteswissenschaft das einzelne Seelenleben verwandelt, wird sichtbar, sondern auch, wie es die Schicksale der Menschen untereinander in Bewegung bringt, wie Förderung und Hemmnis auf diesem Weg von dem einen dem anderen entgegengebracht werden. Man erlebt die Wahrheit der Worte aus Goethes Märchen: "Ein einzelner hilft nicht, sondern wer sich mit vielen zur rechten Stunde vereinigt."

Am Anfang aller Geisteswege wird die Aufgabe sichtbar, daß die Vorstellungen, die der Mensch von sich selbst hat, in meditativer Arbeit so ausgestaltet werden, daß sie einmal das Okular für die geistige Welt abgeben können. Dieser Aufgabe unterziehen sich die Hauptgestalten der Dramen, jede auf ihre Weise und nach ihren Kräften. Wie um den Zuschauer ebenfalls für diese Arbeit auszurüsten, gab Rudolf Steiner bei Gelegenheit der Dramenaufführung 1912 die kleine Schrift "Ein Weg zur Selbsterkenntnis des Menschen – In acht Meditationen" (GA 16) heraus.

Und wenn die Geisteswege energisch gegangen werden, führen sie früher oder später zu den Erfahrungen an der Schwelle, an der Schwelle von der *vorstellbaren* Welt hinüber zu der *wirklichen* Welt des Geistes. Von diesen Erfahrungen hat das Mysterienwesen immer mit großem Ernst gesprochen. Es hat alle die Gefahren in seiner mythischen Ausdrucksweise dargestellt, die der heutige Strebende in klaren Begriffen vor sich haben muß. Dabei gehen grundlegende Veränderungen in der Verteilung von Schein und Wirklichkeit vor sich, deren Gesetzmäßigkeit man kennen muß, um sich zurechtzufinden. Man muß zum Beispiel darauf vorbereitet sein, wenn sich in dem Bereich, in dem bisher dem Selbst gefügige Gedanken waren, eine geistige Wesenheit erscheint. Gegenüber einer solchen Wesenheit benötigt man die sichere Unterscheidungskraft. Das heißt, das Grundwissen der Geisteswissenschaft muß seelisches Werkzeug geworden sein, muß beweglich und sicher handhabbar zur Verfügung stehen, wenn die verschiedenen Arten geistiger Wesenheiten das Selbstbewußtsein nicht urteilslos in ihren Bann ziehen sollen. Eine spezielle Hilfe an dieser entscheidenden Wegstation kann die Schrift "Die Schwelle der geistigen Welt" (GA 17) werden.

Damit haben wir die verschiedenen Beschreibungen der Wege genannt, auf denen das erworben wird, was man dann als Forschungsergebnisse der Anthroposophie mitgeteilt findet.

4. Die Schilderung der anthroposophischen Forschungsergebnisse

Was auf übersinnlichen Gebieten erfahren und mit den diesen Gebieten angemessenen Begriffen erkannt worden ist, das will Anthroposophie mitteilen.

"Diese Anschauung der geistigen Welt versucht man in der Anthroposophie, so gut es geht nach dem heutigen Sprachgebrauch, in Worte zu kleiden." (GA 81/10.03.1922, in: Blätter für Anthroposophie, 1962, Nr. 7/8, S.239)

Der heutige Sprachgebrauch ist ein weites Feld. Die Wissenschaften versuchen, zur Mitteilung ihrer Ergebnisse einen eigenen präzisierten Gebrauch der Sprache zu entwickeln. Sie schaffen ihre genau definierten Terminologien und Nomenklaturen und achten darauf, daß diese sich deutlich von anderen, nichtwissenschaftlichen Ausdrucksweisen unterscheiden. Dadurch entsteht in ihrem Bereich eine hohe Zuverlässigkeit im Gebrauch der Worte, besonders da, wo sie Naturbeobachtungen einerseits, reine Begriffe, wie zum Beispiel die mathematischen, andererseits beschreiben.

Schon wenn man in das Gebiet des seelischen Lebens hinübergeht, also in das der Psychologie, stößt man auf eine weitreichende Sprachschwierigkeit. Je wirklichkeitsgemäßer die Psychologie zu forschen in der Lage war, desto stärker hat sie mit dieser Schwierigkeit zu kämpfen gehabt. Und schließlich mußte sie sich eingestehen, daß eine sachgemäße Verständigung über die von ihr gefundenen Tatsachen nur unter der Verwendung von Gleichnissen, von Metaphern, von Bildbegriffen möglich ist. Unter dem Einfluß echter Psychologie ist der heutige Sprachgebrauch dabei, seine Bildhaftigkeit neu zu gewinnen, die er unter der Autorität von Materiewissenschaft und Technik in vielen Lebensbereichen schon fast verloren hat.

Die anthroposophische Forschung findet durch seelische Beobachtung ein Geistiges in der Seele, das so über diese hinausweist, wie eine leibliche Geste über den Leib hinaus auf eine seelische Regung hinweist. Allerdings findet sie dieses Geistige nur als "psychologisch mögliche Tatsache" (GA 35/S.114), nicht als eine in jedem Fall von Natur aus gegebene. Aber das ist im Einklang mit der unbefangenen Beobachtung: Der Mensch *kann* denken, aber er kann es auch unterlassen. Er *kann* weltanschauliche, moralische, soziale, künstlerische, religiöse Ideen entwickeln, aber er *muß* es nicht von Natur aus, nicht als Glied der Gattung Mensch. Insofern ist sogar die Bezeichnung Homo sapiens nur der wissenschaftliche Begriff für eine Möglichkeit, nicht in jedem Falle für ein Faktum.

So ist die ganze Geistesforschung eine psychologische Möglichkeit, deren Verwirklichung noch selten anzutreffen ist. Bei Rudolf Steiner war sie eine von seinen Mitmenschen täglich beobachtete Tatsache.

Wie wir durch die Wissenschaftssprache in der Lage sind, natürliche Gegebenheiten, durch Bildbegriffe seelische Erfahrungen als Mitteilung aufzunehmen, so finden wir bei Rudolf Steiner eine dritte Art von Sprachformen vor, von ungewohnten Ausdrucksmitteln, die uns instand setzen, die Mitteilungen aus den geistigen Erfahrungsgebieten zu erfassen.

Das erste, was er ausgebildet und zur Mitteilung verwendet hat, ist eine Summe von Fachausdrücken. Er bezeichnet sie selber des öfteren als Terminus technicus, als notwendige Kurzbezeichnungen für immer wiederkehrende Begriffe. Er führt einen nach dem anderen in seinen Grundschriften ein, mit genauen Hinweisen darauf, was darunter verstanden werden soll und was nicht. So sind etwa die Ausdrücke für die notwendige Gliederung des Seelenwesens des Menschen immer wiederkehrende Wortbildungen: Empfindungsseele, Verstandesseele, Gemütsseele, Bewußtseinsseele.

Das zweite Ausdrucksmittel schafft er sich in dem Augenblick, in welchem es nötig wird, den Wahrnehmungscharakter des geistig Gefundenen fühlbar zu machen. Mit der Terminologie des ersten Kapitels der "Theosophie" wird dem *Verstand* ein Gedankenbild gegeben. Ein Gedankenbild noch ohne Farbe, ohne Leben, ein theoretischer Aufbau, "wie ein Skelett der übersinnlichen Erfahrung" (GA 35/S.136). Aber das Leben, die Seele alles dessen, was im Übersinnlichen gefunden wird, muß der *Empfindung* gegeben werden. Und unvermischt zur Empfindung spricht die Kunst (vgl. GA 286/12.12.1911/S.28 f.).

Um aber zu zeigen, wie in unserem Zeitalter, wo der Intellekt die dominierende und immer mehr dominierende Kraft ist, der Übergang zur künstlerischen Empfindung, zum künstlerischen Schaffen gefunden werden kann, greift Rudolf Steiner zu einer dritten Ausdrucksweise, zu der, die sich an das *Gemüt* wendet, zu der religiösen Sprache:

Nur der voll entfaltete Intellekt führt zu der unserer Zeit angemessenen *Bewußtheit*. Aber er tötet zunächst alles, was er ergreift, macht es zum Begriffsleichnam.

"Aber wie kommen wir über dieses Dilemma überhaupt hinweg? ... Nur durch ein einziges Mittel! Und dieses Mittel liegt darin, daß Geisteswissenschaft für uns ein Kreuz ist, daß Geisteswissenschaft für uns ein Opfer ist ..." Und wenn wir durch dieses Opfer, durch diesen Schmerz der Abstraktion als durch etwas Unvermeidliches hindurchgehen, "dann wird sie zu dem Leichnam, der sich aus dem Grabe erhebt, dann feiert sie die Auferstehung. ... Keiner wird eine Freude empfinden über die Entblätterung und Verödung des Weltengehaltes; doch keiner kann die Produktivität der Weltengeheimnisse empfinden wie der, welcher sich mit seiner Produktivität als eine Nachfolge des Christus empfindet, der das Kreuz zur Schädelstätte getragen hat, der durch den Tod gegangen ist. Das ist aber auch auf dem Erkenntnisgebiete das Kreuz der Erkenntnis, das die Geisteswissenschaft auf sich nimmt, um darinnen zu sterben – und aus dem Grabe zu erfahren, wie eine neue Welt aufsteigt, ein neues Lebendiges." (GA 286/12.12.1911/S.29)

Das ist in dem Augenblick gesagt, in dem aus Geistes*wissen* der Übergang zu einer das Geistes*leben* zur Empfindung bringenden Kunst gefunden werden sollte. Dieser Übergang ist für die Seele ein furchtbarer, ein nur zu gerne vermiedener Schmerz. Und es kommt zum Ausdruck, daß das menschliche Gemüt diesen Schmerz nur ertragen, diesen Übergang nur finden kann im fühlenden Erinnern des Mysteriums von Golgatha.

Es wäre nicht möglich geworden, in der Zeit der allgemein ausgebildeten und herrschenden Verstandesseele eine Sprache zu finden für die lebende, beseelte Geistigkeit der Welt und des Menschen, wenn nicht die Erkenntnis der Tat von Golgatha dort die Seelenstärke hervorgerufen hätte, wo ohne diese Erkenntnis nur gefürchtet und der Schmerz gemieden wird. Nur da, wo Verstandeserkenntnis des Geistes als Pflicht erlebt und der Schmerz an ihrer Totengestalt wirklich durchgemacht wird, entsteht die Kunst, die vom Geisterkannten zur Empfindungsseele sprechen kann, wie die Geisteswissenschaft zur Verstandesseele spricht.

Wir nennen solche Kunst nach dem Hauptwerk, das aus ihr hervorgegangen ist, "Goetheanumkunst", verstehen darunter aber nicht nur die Architektur, die Bauplastik und Skulptur, die Malerei aus der Farbe heraus, sondern ebenso die neue Sprachkunst, die Spruchdichtung, die Mysteriendramatik und die Eurythmie. Sie alle sind ihrem Ursprung nach Mittel zur Teilnahme an den Erlebnissen der Geistesforschung. Diese übersinnlichen Erlebnisse werden in den Künsten sinnlich zur Empfindung gebracht.

Wie ein Arbeitsprogramm für die allmähliche Entwicklung der Ausdrucksmittel kann der Brief empfunden werden, den Rudolf Steiner am 25.11.1905 an Marie von Sivers geschrieben hat (siehe GA 262/S.73 f.). Er zeichnet darin die Aufgabe vor, zuerst den Inhalt der übersinnlichen Erkenntnis ideell zu beschreiben – später nennt er das Geisteswissenschaft –, dann ihn in sinnlich-schöner Form darzustellen: wir nannten das Ergebnis Goetheanumkunst. An dieser Stelle schreibt er:

"Bevor der Mensch nicht ahnt, daß Geister im Feuer, in Luft, Wasser und Erde leben, wird er auch keine Kunst haben, welche diese Weisheiten in äußerer Form wiedergibt." (GA 262/S.74)

Und eine dritte, noch weiter gehende Aufgabe deutet er an, wenn er schreibt: "Und weil man größeren Menschenmassen gegenüber Formen vergeistigt doch nur durch das Medium der Religion zeigen kann, so muß die Arbeit nach der Zukunft dahin gehen: religiösen Geist in sinnlich-schöner Form zu gestalten." (GA 262/S.74)

Man könnte den Ausspruch über die Kunst im Blick auf die Religion weiterklingen hören: Bevor der Mensch nicht weiß und empfinden gelernt hat, daß in allen Elementen geistiges Wesen lebt, wird er auch keinen ins Große des öffentlichen Lebens hinauswirkenden Kultus haben, der ein "physiognomischer Abdruck" von dem wäre, was wesenhaft im Geisterland vorgeht.

Spätere Kapitel dieser Schrift werden von der Kultusgestaltung aus der Geistanschauung heraus zu berichten haben. Hier soll nur erst der Begriff von dem verschiedenartigen Sprachgebrauch gezeichnet werden, der für die Mitteilung des geistig Gefundenen ausgebildet werden mußte: der wissenschaftlich-terminologische für den Verstand, der künstlerisch-anschauliche für die Empfindung, der religiös zu pflegende für das Gemüt. Und in allen drei Ausdrucksformen muß spürbar werden, was das menschliche Ich auf Geistwegen, aus Seelenschmerzen und in Lebenswandlungen an Wachheit erworben, an Bewußtsein gewonnen hat. Dann wird eine jede Äußerung auf den drei Feldern der Seelenkultur zur Sprache der Bewußtseinsseele werden.

"Treibe Deine Meditation, so gut Du eben kannst. Der Glanz, der auf die intellektuelle Erfassung der okkulten Dinge fallen muß, geht ja doch von ihr aus", so ermutigt Rudolf Steiner seine tüchtigste Mitarbeiterin (Brief an Marie von Sivers; GA 262/11.04.1905/S.55). Und wie hier in der Anfangszeit der intellektuellen Erfassung der Lichtglanz des Wahrheitsbewußtseins meditativ hinzuerrungen werden soll, so wird er einmal auch der künstlerischen Arbeit zuteil werden müssen, ebenso wie dem Umgang mit den aus dem Geist erneuerten religiösen Kultushandlungen. Wissenschaft, Kunst und Religion empfangen in Zukunft ihren gemeinsamen Glanz aus der Quelle des meditativen Ringens um das Geistbewußtsein des Ich.

Damit ist auf die innermenschliche Arbeit hingewiesen, durch die in einer von der Außenwelt zunächst unbemerkten, "geheimen" Schülerschaft das eine Ich von dem anderen, ihm gegenüber vorgeschrittenen Ich lernen kann. Wir haben solche Geheimschülerschaft und ihre Arbeit immer da offen vor uns, wo im Sprechen, Leben und Wirken der Glanz der Wahrheit, Schönheit und Güte zu bemerken ist. Und wo immer wir selber an der Erneuerung dieses Glanzes mitwirken wollen, machen wir uns zu einem Teil der Neuen Mysterien.

5. Die Erneuerung der Mysterien

Als Neue Mysterien bezeichnet Rudolf Steiner in seiner letzten Schaffenszeit solche, in denen der Geheimschüler das Ich-Bewußtsein auf allen Entwicklungswegen, bei allen Geisterlebnissen mitnehmen muß. Ältere Mysterien-Methoden durften das Ich-Bewußtsein ihrer Schüler weitgehend außer Betracht lassen, haben es auch zu bestimmten Zwecken ganz ausgeschaltet. Das kann und darf heute nicht mehr geschehen. Und die Gewähr dafür, daß es nicht geschieht, ist in der Entwicklung des Verstandes zu sehen.

"Die wahre Geistesforschung nimmt den ganzen inneren Seelenapparat von Logik und Selbstbesonnenheit mit, wenn sie das Bewußtsein aus der sinnlichen in eine übersinnliche Sphäre zu verlegen sucht." (GA 35/S.136)

Wenn sie aber "das rationelle Element bei ihrem Hinausgehen aus der Sinnenwelt stets mitnimmt und ... wie ein Skelett der übersinnlichen Erfahrung in aller übersinnlichen Wahrnehmung als einen integrierenden Bestandteil stets beibehält" (GA 35/S.136), so ist das in der Sprache des vorigen Abschnittes "das Kreuz der Erkenntnis".

Ältere Mysterien haben ihre Schüler zu starken Gefühlserfahrungen, noch ältere zu tiefwirkenden Lebenserfahrungen am Tode gebracht. Die Neuen Mysterien werden am Kreuz der Erkenntnis, am Tot-Sein des Intellektes durchgemacht. Sie ergreifen das vollbewußte Ich und erschüttern es dadurch, daß ihm seine festeste Stütze, seine unumstößlich scheinenden Begriffe gegenüber dem Lebensgeheimnis versagen, das ihm aus diesen Mysterien entgegentritt. In aller Offenheit erscheint es in der Begegnung mit solchen Menschen, die an ihrer Persönlichkeit den Glanz der Wahrheit, der Schönheit, der Güte zeigen. Diese Menschen sind selbst das beunruhigende, das verunsichernde, das erschütternde Rätsel, an dem alle starren Gedanken zerschellen.

Ein weiteres Kennzeichen der Neuen Mysterien ist darum auch dieses. Man lernt sie kennen, man tritt in ihren Kreis nicht, weil man dazu berufen, auserwählt oder "wohlgeboren" ist, sondern aus Impulsen heraus, die im Selbstbewußtsein bemerkt werden. Wer an sich selbst den Trieb entdeckt, Tatsachen, Worte, Ideen, die ihm das Leben bringt, zu durchdringen, um ihr Wesen und ihren Geist zu fassen, wer nicht zufrieden ist mit Erklärungen, weil er ahnt, daß es auf Entwicklungen ankommt, und wer vor allem Menschen begegnet, Menschentaten sieht,

Menschenwerke trifft, die ihm zum Rätsel werden, dem er aus der Tiefe seines Inneren heraus nachgehen will, der findet den Eingang zu den erneuerten Mysterien. Während der Schüler der alten Tempelstätten nicht selber fragen, nicht versuchen durfte, hinter ihre Geheimnisse zu kommen, weil er eine selbsterrungene Wahrheit gar nicht ertragen hätte, muß der heutige Schüler sich jeden Schritt von Anfang an erfragen. Denn er könnte auch immer erklären, statt zu fragen. Und damit bliebe er draußen, dort wo er schon vorher war. Im Bilde tritt uns das in der Erzählung von dem Jüngling entgegen, der in dem alten Mysterientempel von Sais bei dem Versuch scheitert, den Schleier der Isis zu lüften. Und in der Sage von Parzival, in welcher dieser zu fragen versäumt und so lange draußen in der Welt herumirrt, bis in ihm die Fragefähigkeit gereift ist. Nichts ist im Zeitalter der Intellektualität leichter als "Antworten" zu geben. Aber wer an der Totheit der Antworten erwacht, wird nach dem Leben fragen.

Das ist ein individueller Vorgang. Es ist ein Schicksal von innen heraus, dem mit Notwendigkeit das Schicksal von außen, die weiterführende Begegnung, der glückliche Umstand, die zufällige Hilfe entgegenkommt. Anders gesagt: Die Neuen Mysterien werden auf den Wegen der karmischen Aufmerksamkeit gefunden.

Sind sie einmal gefunden, so muß alsbald ein verständlicher Irrtum korrigiert werden. Man ist gewohnt, am Ziel mit dem Laufen aufzuhören. Man hat als Kind die Märchen gehört, die mit der Hochzeit enden. Daß aber mit der Hochzeit ein neuer, ein ernsterer Lauf beginnt, lernt mancher erst, wenn er verheiratet ist. So geht es auch, wenn man in echte Mysterienentwicklungen aufgenommen ist. Da waltet nicht selige Ruhe, sondern gesteigerte Dramatik. Es vergeht einem das Gefühl "Es ist geschafft" vor der Erkenntnis dessen, was jetzt geschafft werden muß. Initiation heißt, daß man an einen Anfang gestellt wird.

Vor sich sieht man dann Menschheitsaufgaben. Man ahnt die Gemeinschaft derer, die vor uns diese Aufgaben gesehen und an ihnen gearbeitet haben. Man begreift, warum sie "Meister" genannt wurden, und fühlt sich als Lehrling.

Es stellt sich heraus, daß alle Menschheitskultur von der Arbeit solcher Meister stammt. Ihre Weisheit ist hinausgedrungen und Weisheit der Völker geworden. Ihr Schaffen hat das Schaffen von Generationen begeistert. Ihr Verhältnis zu der Geistwelt und ihren Wesen hat die Religionen hervorgebracht. Wissenschaft, Kunst und Religion haben ihren gemeinsamen Ursprung in den Taten der Initiierten.

Sehen wir, wie Rudolf Steiner sich über diese Verhältnisse äußert. Der erste Hinweis auf die Befruchtung der Kultur, der Religiosität insbesondere, durch einen Meister findet sich 1901 in dem Buch über die Mystik (GA 7) an der Stelle, wo Rudolf Steiner über die Unterweisung des Straßburger Predigers Johannes Tauler durch den "Laien aus dem Oberland" schreibt (siehe GA 7/S.61 ff.). Dieser "Laie" im Sinne der Kirche erweist sich gegenüber dem geweihten Priester als der Größere. Äußerlich ist Tauler der Meister, aber er wird unversehens zum Lehrling seines unscheinbaren "Beichtkindes". Er wird von einem der unbekannten "Meister der Weisheit und des Zusammenklanges der Empfindungen" unterwiesen. Und unter dessen Leitung verwandelt sich sein Geist aus einem feststellenden und fordernden in einen schaffenden.

"Nicht bloß zurückschauen auf die schon vorliegende Entwicklung darf der Mensch und das, was sich in seinem Geiste über diese Entwicklung *nachbildet*, als das Höchste ansprechen; sondern *vorschauen* muß er auf Ungeschaffenes; ein *Anfang* eines neuen Inhaltes muß seine Erkenntnis sein, nicht ein *Ende* des vor ihr liegenden Entwicklungsinhaltes. ... Er gibt sich einen Sinn in der Wirklichkeit; er bleibt nicht stehen bei dem Sinne, den er schon hat, und den ihm seine Betrachtung zeigt." (GA 7/S.64 f.)

Vom Beispiel der Wandlung Taulers durch die Begegnung mit dem "Gottesfreund vom Oberland" ausgehend beschreibt Rudolf Steiner den Umschwung im Leben der Persönlichkeit, der als Neuanfang, als Initiation bezeichnet werden kann. Es ist der Schritt von dem "Es gibt" zu dem "Ich will", von der Feststellung des bisher Wahren zur Mitwirkung an dem, was erst durch solches Mitwirken wahr wird. Es finden sich mancherlei Anzeichen dafür, daß Rudolf Steiner die alten Ausdrücke "exoterisch" und "esoterisch" für die Lebenstatsachen vor und nach diesem Umschwung gebraucht hat.

Die Initiation Johannes Taulers erscheint in der christlichen Geschichte wie eine Ausnahme. Rudolf Steiner deutet zunächst noch bei der Betrachtung der Mystiker auf eine Reihe solcher Ausnahmen hin. Aber er läßt keinen Zweifel daran, wie sie alle mit der Tatsache zu ringen hatten, daß das Christentum in seinen kirchlichen Formen entschieden und ausschließlich exoterisch war, daß es jegliche Beziehung zu dem, was wir oben Mysterien genannt haben, bereits abgestoßen hatte.

Und das bildet dann das weltgeschichtliche Rätsel, in dessen Darlegung das Buch "Das Christentum als mystische Tatsache und die Mysterien des Altertums" (GA 8) gipfelt: Was ist mit dem Mysterienwesen der Menschheit geschehen, als das größte Mysterium ihrer Geschichte bekannt wurde? Die Sätze, mit denen Steiner auf dieses Rätsel hindeutet, enthalten eine offene Frage. Er hat die Mysterien des Altertums – Ägyptens, Griechenlands, Vorderasiens – angedeutet. Er hat die Mysterienherkunft der Evangelien-Sprache, den Initiationscharakter des Lazarus-Wunders und der Apokalypse, die esoterischen Formen des Gemeinschaftslebens im Hintergrund von Jesu Wirken dargestellt, um dann in dem Kapitel "Vom Wesen des Christentums" dieses Problem aufzuwerfen.

Früher gab es die mannigfaltigsten Mysterien. Aus ihnen treten der Menschheit Eingeweihte von der verschiedensten Art und Vollkommenheit entgegen. "Man konnte die feinen, intimen Unterschiede im Geistesdasein der Persönlichkeiten beobachten und konnte sehen, in welchen Arten und Graden in den einzelnen Persönlichkeiten ... der Logos lebendig wurde." Aber dieses schaffende Geistige, "dieser sich wandelnde Logos ist durch das Christentum von der einzelnen Persönlichkeit abgeleitet worden auf die *einzige* Persönlichkeit Jesu. Was früher auf die ganze Welt verteilt war (auf die Initiierten der verschiedenen Völker und Kulturen; J.W.G.), das wurde nunmehr auf eine einzige Persönlichkeit vereinigt. Jesus ist der einzige Gottmensch geworden. ... In ihm wurde gesucht, was vorher nur in der eigenen Seele gesucht werden konnte. Man hatte der Persönlichkeit des Menschen das entrissen, was in ihr selbst immer als Göttliches, als Ewiges gefunden worden war. Und man hatte alles dieses Ewige auf Jesus abgelagert." (GA 8/S.150 f.)

Vorher konnte jeder die Einweihung suchen und in ihr soweit vordringen als er vermochte; und was er sich esoterisch errungen hatte, strahlte von seiner Persönlichkeit aus in das äußere Leben, wurde exoterische Kultur. Im Christentum gab es fortan nur *einen* Geweihten (Christos) für alle Suchenden. Andere wurden nur noch zu dessen Abgesandten oder Aposteln oder deren Nachfolgern geweiht. Christus ist das einzige Mysterium, und alle kommenden Geschlechter müssen ein exoterisches Verhältnis zu ihm finden: das wurde christliche Überzeugung. Diese jedermann mögliche exoterische Anknüpfung der Seele an den Menschengott Christus nannte man den Glauben. Ihn empfanden die Kirchenväter, allen voran Augustinus, als das fortan einzig Mögliche. Und sie wiesen zurück, ja sie bekämpften im weiteren alles, was den Versuch darstellte, sich dem höchsten Weiheziel auf eigenen, individuellen Initiationswegen zu nähern.

Mancherlei Seelenkämpfe mußten sich in den ersten christlichen Jahrhunderten bei denen abspielen, die im alten Mysterien-Prinzip zu Hause waren und es mit der heraufziehenden Religion der Kirchenväter zu vereinbaren suchten. Nach deren Sieg verstummt dieses Prinzip. Das alte individuelle Erkenntnisstreben gerät vor der abgeschlossenen und verwalteten Offenbarung, zu der sich der Glaube erheben darf, in Vergessenheit. Es scheint fast tausend Jahre lang zu schlafen. Und wie ein Traum steigt aus dem Schlaf die Sage von dem unzugänglichen christlichen Tempel auf, von dem Gral und seinen rätselhaften Hütern. Als es am Beginn der Neuzeit erwacht, findet es die alte Autorität des Augustinus vor. Dieser wird auch zum Kirchenvater der Reformation. Religion bleibt Glaubenssache. Und die erstarkte Erkenntniskraft muß sich ein anderes Feld suchen. Sie wendet sich der Natur zu und entwickelt aus ihr die Wissenschaft.

Wir haben gesehen, daß Rudolf Steiner als Denker über die Naturwissenschaft – außerhalb und unabhängig von aller Religion – auf das Mysterium von Golgatha als eine Erkenntnis-Erscheinung gestoßen ist. Es ist fern von allem Glaubensbekenntnis für seine geistige Erfahrung als Tatsache aufgetreten, und diese Tatsache ist, wenn auch der höchste, der heiligste, so doch immer der Gegenstand der Erkenntnis gewesen. Aber von dem Augenblick an, als die Erkenntnis des Mysteriums von Golgatha fragenden Zeitgenossen mitgeteilt werden mußte, begannen die Schwierigkeiten mit dem Sprachgebrauch des Kulturgebietes, das durch den Kampf des Glaubens gegen das Wissen auf religiösem Felde geprägt war.

Die religiösen Vorurteile, von denen wir oben bei der Betrachtung Kants gesprochen haben, waren diejenigen der Vertreter der ganzen abendländischen Religionsgeschichte. Sie wurzeln im Gemüt von unzähligen Gläubigen, und sie sind es, die den alten Kampf erneuern, der in den Seelen der ersten Christenheit zwischen der exoterischen Anerkennung des Christus im Glauben und der esoterischen Entwicklung des einzelnen Menschen in der Geisterkenntnis entbrannt war.

Man könnte sagen: Das Christentum der Kirchenväter hat die seelische Verbindung mit dem *einen Vollkommenen* durch den Verzicht auf die Vervollkommnung der einzelnen erkauft. Der Größe der urchristlichen Offenbarung gegenüber macht sich die Kleinheit des Ich in einem Mißtrauen gegen das Erkennen geltend. Strömungen wie die gnostische, die noch mit überkommenen Mysterienbegriffen die Christuserscheinung zu fassen versuchen, werden der Selbstüberschätzung angeklagt und bekämpft, und das gesamte Mittelalter hindurch sind andere als die kirchlichen Lehren über die sogenannte Wahrheit in der Religion Heidentum und Ketzerei. Im Schoß der Kirche wirkt das größte Mysterium, und alle anderen Mysterien treten in den Hintergrund.

In unserer Zeit haben die Kirchen selber das größte Mysterium unter der Kritik und den Erklärungen des Verstandes weitgehend verloren. Der alte Glaube ist unter der Forderung nach greifbaren Beweisen zunehmend zerronnen. Geistiges, Göttliches ist dem Verstand nicht gegeben, es sei denn, er macht selbst das Schicksal des Gottes durch, indem er seinen Tod und seine Auferstehung selber erlebt. Wo das Kreuz der Erkenntnis erlitten wird, da entfalten sich die Neuen Mysterien, in denen das größte Mysterium wiedergefunden, verstanden und verstehend dem Gemüt eingepflanzt werden kann.

Das Rätsel aus dem Buch "Das Christentum als mystische Tatsache", die offene Frage an seinem Schluß, kann nicht mit Worten, sondern nur mit der Entfaltung und dem Gedeihen der Neuen Mysterien gelöst und beantwortet werden. –

Aus der Initiation wächst seit 1902 die Geisteswissenschaft hervor. Einer ihrer ständigen Forschungsgegenstände ist die Geschichte der Mysterien selber. Ihre ältesten und alten Formen, ihre Wandlungen und verschiedenen Wirkungen, ihr Verfall und ihre Erneuerung für neue Zeiterfordernisse werden beschrieben. Da finden wir bei Rudolf Steiner einmal das folgende ausgeführt (vgl. GA 156/ 20.12.1914/S.138 bis S.142):

Es gab Zeiten, in denen waren die Mysterientempel nicht Hochschulen des damaligen Wissens allein, sondern zugleich Übungszentren des künstlerischen Schaffens, und sie waren selbstverständlich auch die Heiligtümer, die Opferstätten, in denen das Seelenleben größerer Menschenmassen seinen Halt hatte. Aus einer gemeinsamen Quelle nährten sich die drei großen Kulturbetätigungen Wissenschaft, Kunst und Religion.

Aber es kamen andere Zeiten, da war es notwendig und förderlich, daß die alte instinktive Einheit der Kultur verlassen wurde. Wie etwa ein Orgelspieler die Fähigkeiten seiner Glieder dadurch steigert, daß er vorübergehend nur die linke Hand, ein andermal die rechte für sich und einmal die Füße auf dem Pedal alleine übt, so wurden die Kräfte des Verstandes, der Sinnesempfindung, des Gemütslebens in der neueren Zeit getrennt gepflegt. Eine ausschließlich verstandesgemäße Wissenschaft hat die Denkfähigkeiten gesteigert, eine aus aller alten Einbindung emanzipierte Kunst hat die Feinfühligkeit der Sinne nach vielen Seiten erweitert, und eine von den wissenschaftlichen Sachfragen streng abgeteilte, rein innerlich gepflegte Religion hat die Gemüter unzähliger Menschen individuell vertieft.

Auf der anderen Seite haben die jeweils *nicht* betätigten Kräfte so etwas wie eine Erholung durchmachen können. Kunstsinn und fromme Gefühle durften schlafen, wo die Wissenschaft im Vordergrund stand, Erkenntnisbedürfnis und eigene Phantasie ruhten abseits, wo die Religion herrschte, und Verstandeslogik und religiöse Bindungen entsanken dem Bewußtsein, wo die reine Kunst, die Kunst als solche, ihre Schöpfungen hervorbrachte. Eines brauchte sich um das andere nicht zu kümmern – bis zu dem Augenblick, in dem die aus alten Zeiten herrührende, vergessene, aber lebensnotwendige gemeinsame Wurzel abzusterben beginnt und alle drei Kulturzweige Anzeichen des Verdorrens zeigen. Das ist im 20. Jahrhundert der Fall. Und aus dieser Beobachtung heraus machen sich die Neuen Mysterien die Wiederbelebung der absterbenden Kulturströme aus der einheitlichen Wurzel alles Seelenlebens zur Aufgabe.

Eines von vielen Zeugnissen für diesen Willen liegt in den Ansprachen vor, die Rudolf Steiner 1920 zum Beginn und zum Abschluß des ersten anthroposophischen Hochschulkurses am provisorisch eröffneten Goetheanum gehalten hat. Da wird als Aufgabe der Arbeit am Goetheanum die Wiederzusammenführung von Kunst, Wissenschaft und Religion für die Gesundung der menschlichen Kultur genannt. Und nachdem in einem ersten Versuch die Arbeit am Goetheanum durch drei Wochen sich dargestellt hatte, heißt es zum Schluß:

"Gesagt wurde, daß als ein notwendig von der Menschheitsentwickelung selber gefordertes Ziel uns hier im Goetheanum vorschwebt eine geistige Vertiefung, die führen kann zu einer Versöhnung, Vereinigung, gegenseitigen Befruchtung von Religion, Kunst und Wissenschaft. Denn in dieser Vereinigung von Religion, Kunst und Wissenschaft müssen wir sehen gerade von unserem geisteswissenschaftlichen Gesichtspunkte aus dasjenige, was auch zu einem Weiterentwickeln der Menschheit in heilsamer Art führen kann, was eingreifen kann in einer wirksamen Weise in das soziale Leben der Menschheit, so eingreifen kann, wie es notwendig ist, damit wir den deutlich wahrnehmbaren Abstieg in die Barbarei vermeiden können und nicht einer Abendröte, wie jetzt schon wissenschaftlich bewiesen werden soll, zustreben, sondern im Gegenteil, aus Not, Elend, Irrtum heraus *doch* einer neuen Morgenröte der Menschheit entgegengehen." (In: Die Kunst der Rezitation und Deklamation, Ausgabe 1928 im Philosophisch-Anthroposophischen Verlag, S.111 f.)

Not, Elend und Irrtum haben objektive Quellen, wie wir am Beispiel des Brückenbaus gesehen haben. Für die objektiven Quellen in sich selbst wird der Mensch in Zukunft keinen Gott mehr verantwortlich machen dürfen, sondern nur sich selber. Darum muß noch das Folgende gesagt werden: Mysterien haben es zu allen Zeiten zur Voraussetzung gehabt, daß die in ihrem Kreis gesuchten Einweihungen mehr oder weniger gelingen konnten. Es gab den Segen für ganze Völker und Kulturen, wenn sie einen "Meister der Weisheit und des Zusammenklanges der Empfindungen" hinaussenden konnten.

Es gab ernste Erschütterungen, wenn der Geheimschüler in den Prüfungen versagte. Weil in der früheren Menschheit eine individuelle Urteilskraft noch nicht ausgebildet war, durften im wesentlichen nur solche Eingeweihte unter ihnen wirken, welche die Prüfungen der Seele auf ihre Moralität, Wahrhaftigkeit und Selbstbeherrschung bestanden hatten. Andere wurden lebenslänglich im Tempeldienst zurückbehalten und konnten nicht nach draußen wirken. Strengste Absonderung der Weihestätten von dem Leben der Allgemeinheit war unerläßlich.

Das Zentralmysterium der Zeitenwende durchbricht diese Absonderung. Der Vorhang im Tempel zerriß, und von nun an spielen sich alle Entwicklungsprüfungen seiner Schüler im vollen Lichte der Öffentlichkeit ab. Unverhüllt und ungemildert werden die Fortschritte und das Versagen, die Erleuchtungen und Verfinsterungen derer offenbar, die die Sendboten des Zentralmysteriums sein sollten. Der Christ kennt die Genialität und die Schwächen des Petrus, den Zweifel und den Vertrauensgewinn des Thomas, den frühen Fanatismus, den Zusammenbruch und die neuerworbene Tatkraft des Paulus. Der Schutz der Verschwiegenheit ist weggenommen, und zugemutet wird fortan der ganzen Menschheit, Gelingen und Nichtgelingen auf Geisteswegen voll zu ertragen. Weil das größte Mysterium auf Golgatha vor aller Augen gelungen ist, hat die Menschheit die Aufgabe erhalten, die Urteilskraft für ihre eigenen Mängel und Fortschritte zu entwickeln. Das Mysterium von Golgatha hat ihr den "Geist der Wahrheit" gegeben, mit dem sie die auf ihren weiteren Wegen fälligen Entscheidungen und Beurteilungen von Aufstieg oder Verfall ihrer Geistgestalt selber bewältigen kann.

Was einst in Tempeldunkelheit gehüllt, von wenigen dazu Berufenen durchlebt, durchlitten und errungen wurde, das ist heute Schicksal, Leid und Hoffnung jedes suchenden Menschen. Aber er wird sich nur zurechtfinden, wenn er die Geister durchschaut, die seit der Zeitenwende den Anschluß an das Hauptmysterium verfehlt haben. Denn sie haben in aller geschichtlichen Öffentlichkeit gewirkt und werden bis zum Erdenende neben denen wirken, welche den Zusammenhang mit dem Christusmysterium bewahren.

Es wird in Zukunft dem Menschen auch kein Lehramt das Urteil darüber abnehmen, was weiterführt oder was hemmt oder zurückwirft. Der mündige Mensch wird die Wissenschaft nötig haben, die ihn die eigenen wie die kulturellen Ziele, die Abwege und die Berichtigungen finden läßt. In freier innerer Wahl wird er sich denjenigen anschließen, die ihm auf Wegen oder Irrwegen vorangehen, und er wird seinem individuellen Willensurteil zuschreiben müssen, wohin ihn diese Wege führen.

Darum haben wir weiter oben die kritische Analyse jeder geistigen Bestrebung, jeder Religion, Weltanschauung oder Meinung als den ersten Schritt einer

Geisteswissenschaft angeführt, der der Entdeckung dessen vorangehen muß, was eine geistige Strömung vermag, wohin sie geht und was sie bewirken wird.

Daß einer solchen Untersuchung manches anders erscheinen muß als es sich in herkömmlichen Dogmen oder zeitgenössischen Theorien findet, liegt auf der Hand. Man kann das Zurückfallen in die Zeit vor dem Menschheitsmysterium daran erkennen, daß der eine oder andere Bestandteil seiner Offenbarung verneint wird. So hat das Urchristentum unter Schmerzen den Sohn sichtbar gemacht. Man kann aber die Schmerzen selber meiden, und dann sieht man nicht den Sohn, sondern nur den Rabbi oder den Propheten aus Nazareth. Das Urchristentum hat unter Schmerzen durch den Sohn den Vater offenbart. Wiederum kann man selber diese Schmerzen umgehen, und dann sieht man nicht den Vater, sondern den einen, Unterwerfung fordernden Gott. Es hat auch unter Schmerzen den Geist der Wahrheit aufgeweckt. Man kann diese Schmerzen fliehen, so daß der Wahrheitssinn einschläft, und phantastische Ideen das Bewußtsein beherrschen.

So ist vieles, was durch das Mysterium von Golgatha schon einmal zugänglich geworden war, wieder in den Geheimniszustand zurückgetreten und muß zu jeder Zeit von neuem gesucht werden. Das Mittelalter sprach im Bilde der Gralssage von dieser Tatsache. Sie erzählt, wie Engel das heilige Gefäß gehütet und für Zeiten würdigen Trägern auf Erden anvertraut, dann aber wieder an sich genommen haben.

Wir haben in diesem Abschnitt gesehen, wie heute der Zugang zu dem Zentralmysterium aus den Bedingungen heraus gesucht werden muß, die mit der Entwicklung des Verstandes gegeben sind. Das wissenschaftlich herangebildete Denken selber muß einer Initiation unterzogen werden, Ohnmacht und Tod durchmachen und zur Auferstehung kommen. Das brauchten die alten Mysterien nicht. Das ist eine neue Art, eine entwicklungsträchtige Nachfolge Christi.

Denn "um das Mysterium von Golgatha zu erobern ist notwendig nicht eine Erneuerung des alten Mysterienwesens, sondern das Auffinden eines ganz neuen Mysterienwesens. *Das Auffinden der geistigen Welt in völlig neuer Form, das ist nötig.*" (GA 258/14.06.1923/S.106; Hervorhebung J.W.G.)

Die Anthroposophie hat die geistige Welt in völlig neuer Form aufgefunden und dargestellt und damit auch neue, weiterführende Bedingungen für ein Lebensverhältnis des Menschen zu dieser geistigen Welt geschaffen, wie es die Religion darstellt.

6. Das Wesen der Religion

Aus den vorangehenden Betrachtungen und Überlegungen geht mit aller Deutlichkeit derjenige Begriff vom Wesen der Religion hervor, den Rudolf Steiner in seiner Geisteswissenschaft verwendet. Dieser Begriff unterscheidet sich erheblich von dem aus der abendländischen Geschichte hervorgegangenen und besonders von dem aus der Kirchengeschichte heraus gewohnheitsmäßig vertretenen. Deshalb ist es nicht verwunderlich, wenn man dem gewohnten Begriff auf Schritt und Tritt begegnet, während der aus der anthroposophischen Menschenkunde heraus gebildete noch kaum aufgefaßt worden ist.

Den Unterschied zwischen der heute noch verbreiteten Idee von Religion und der in der Anthroposophie gewonnenen sehen wir von einer gewissen Seite her im Vortrag vom 05.01.1911 in Mannheim charakterisiert. Die Stelle, die wir im Auge haben, beginnt mit den Worten:

"Religion ist, nach der ganzen Art und Weise, wie man versucht hat, Religion in die Menschheitsströmungen hineinzubringen in den verflossenen Jahrhunderten, eine Verquickung von zwei Dingen, von denen das eine im strengen Sinne des Wortes nicht eigentlich Religion genannt werden darf; das andere *ist* Religion." (GA 127/1/S.23)

Im weiteren wird dann entwickelt, was Religion in Wirklichkeit ist. – Setzt sich der Mensch mit offener Seele einem unverfälschten Eindruck der Welterscheinungen aus, einer Blüte oder einer Landschaft, dem Sternenhimmel oder einem Kinderantlitz, so kann sein Inneres von einer Art freudiger Bewunderung erfüllt werden. Diese Stimmung ist noch keine Religion, aber sie kann zur Religion werden, wenn das Gefühl auftritt: Hinter der Herrlichkeit der Welt, durch ihren Anblick hindurch mich anrührend, waltet ein Geistiges, aus dem vergänglichen Erscheinungsbild spricht ein Unvergängliches, ein Ewiges. Mit diesem Ewigen kann ich mich eins fühlen.

Und "je mehr wir in uns diese Stimmung für das Ewige steigern können, desto mehr fördern wir die Religion in uns oder anderen Menschen." (GA 127/1/S.23)

Das *ist* Religion, was das Gemüt zu dem Gefühl für das Reich des Geistes hinaufstimmt. Nicht aber ist Religion, was uns bestimmte Ideen und Meinungen davon liefert, wie es im Reiche des Geistes aussieht, was es dort gibt oder nicht gibt, welche Gesetze da herrschen und so fort. Solche Aussagen kann in Wirklichkeit nur ein Wissen machen, das sich der Mensch auf den Wegen des Erkennens erworben hat. Es ist Wissenschaft, was rechtmäßig zu bestimmten Lehrsätzen über ein Tatsächliches kommen kann, aber keine Religion.

Da sich nun die verschiedenen Religionsgesellschaften seit anderthalb Jahrtausenden angewöhnt haben, ihren Bestand nicht in erster Linie auf die Pflege von Gemütsstimmungen, sondern hauptsächlich auf die Vertretung bestimmter Lehrmeinungen zu gründen, fühlen sie sich bis heute von jeder durch wissensbestrebte Forscher veranlaßten Korrektur des ideellen Weltbildes verunsichert oder gar angegriffen. Sie haben durch die beschriebene Verquickung mit dem, was unabhängig von ihnen gefunden und verstanden werden muß, Halt bei etwas gesucht, das seinem Wesen nach in Fluß ist: bei der Erkenntnis. Dadurch wird zwar das Sich-Klammern an starre Dogmen, das Behaupten einer strengen Orthodoxie oder Rechtgläubigkeit verständlich, aber ebenso die Auflehnung jedes fragefähigen Verstandes gegen ihre Behauptungen.

Die in unserer Zeit reif gewordene Verstandesseele läßt sich nicht mehr in ihrem Streben nach Bewußtheit zurückhalten, auch dann nicht, wenn sie der herkömmliche Seelsorger auf ihre Schwäche, ihre Gefährdung, ihre Unerfahrenheit im Geiste hinweisen möchte. Sie fühlt, wie wir an dem unglücklichen Pfarrerssohn Friedrich Nietzsche sehen können, ihre über ihre Jetztgestalt hinausweisenden Möglichkeiten und will sich in ihnen gefördert sehen, selbst auf die Gefahr hin, fürs erste zu scheitern.

Was will dagegen die ebenso in einer ganzen Kulturepoche ausgereifte Gemütsseele? Ihre ausgebildete Form nennen wir Innerlichkeit, und eben diese will sich auftun und etwas von ihrem Gefühlsinhalt, von dem Feuer ihres Empfindens, zu den ewigen Wesen der Welt hinsenden. Darum verlangt sie danach, daß ihr diese Wesen ohne Wenn und Aber als der positive Inhalt ihrer Verehrung nahegebracht werden. Anbetung der nahegefühlten Gottheit ist letztlich das Bedürfnis der Gemütsseele, selbst auf die Gefahr hin, daß sich zunächst vielleicht ein niederes Wesen in ihre Verehrung einschleicht.

Darum braucht der, der ihrem Bedürfnis dienen will, eine genaue Kenntnis der Mittel und Wege, die eine wahre Gottesnähe herbeiführen und dadurch vom Gemüte aus eine echte "Menschen-Weihe" vollziehen können. Er muß wissen, was er tut und welche Geistigkeit seine Worte und Handlungen herbeiziehen (siehe Einführung, 3). Dieses Wissen wird die Religion, die er pflegt, nur "ernster, würdiger, größer, umfangreicher" machen. Aber es wird selber als solches nicht Religion sein, obwohl es "zur Religion führen mag". (GA 104/17.06.1908/S.15)

Als es unter den Waldorflehrern einmal um die Frage ging, wie man die Kinder zur Religion hinführen könne, kam das hier zu Beschreibende sehr markant zur Sprache, indem gesagt wurde: Im Sinne der Anthroposophie sei Religiosität das, was wir aus einer Weltanschauung, die zunächst "Sache des Kopfes" ist, an Gefühlen für Welt, Geist und Leben aufnehmen. Und eine "Religion", welche sich allein auf ein lehrbares Bekenntnis aufbauen wollte, wäre "nicht wirklich religiös" (GA 300a/26.09.1919/S.102 f.). Wenn man bedenkt, daß die neuzeitlichen Religionsgesellschaften sich schlichtweg als "Konfessionen" bezeichnen, als "Bekenntnisse", so wird deutlich, daß deren Religionsbegriff mit dem in der Geisteswissenschaft gebrauchten nicht leicht zu vereinbaren ist.

Rudolf Steiner geht mit dieser Abgrenzung der eigentlichen Idee von Religion gegenüber dem Lehrinhalt noch weiter und betont, daß in der Religion der ganze Mensch – hauptsächlich mit Gefühl und Wille – leben soll. Der Vorstellungsinhalt sei nur "zum Exemplifizieren, zur Unterstützung, zur Vertiefung des Gefühls und zur Erstarkung des Willens" vonnöten (GA 300a/26.09.1919/S.102 f.). Religion soll den Menschen befähigen, über das, was ihm die vergänglichen, die irdischen Dinge in dieser Hinsicht geben können, durch eine Gemütsvertiefung und Willenserstarkung an dem Ewigen, an dem Universalen der Welt, hinauszuwachsen.

Ein ähnlicher Ton wird auch zu Beginn des auf späteren Seiten dieser Arbeit ausführlich betrachteten Vortrags vom 30.12.1922 (GA 219) angeschlagen. Dort wird von der Religion älterer Zeiten gesprochen, in der das geistig-göttliche

Wesen der Welt in drei Stufen angestrebt wurde: zuerst in der Erkenntnisform, dann, aus dem bildhaft (imaginativ) gewordenen Erkennen kommend, in künstlerischer Darstellung und zuletzt in der religiös-kultischen Offenbarung. Durch letztere habe sich der Mensch als Ganzer zu dem ewigen Weltengrund erhoben gefühlt, "nicht bloß in einer gedankenmäßigen Art, auch nicht bloß in einer gefühlsmäßigen Art wie durch die Kunst, sondern so, daß Gedanken und Gefühle und auch der innerste Willensimpuls sich an dieses Göttlich-Geistige hingaben." (GA 219/11/S.162)

In einem früheren öffentlichen Vortrag über "Geisteswissenschaft und religiöses Bekenntnis" vom 20.11.1913 wird der Blick zuerst auf dieses hingebungsvolle Leben in dem geistigen Kosmos gelenkt und beschrieben, wie es auf das Selbstbewußtsein des Menschen zurückwirkt. Er fühlt sich vom Universum her gehalten. In der materiellen Welt mit ihrem Werden und Vergehen wird das Selbstgefühl immer wieder in Frage gestellt. Der Tod offenbart, daß sie es nicht erhalten kann. Wird die Welt aber als Einheit im Geist gefühlt, strömt dem Selbst die ewige Haltekraft zu. In Verehrung und Anbetung nimmt es sie als Gnade, als ewiges Leben, im Gefühl entgegen. – Und von diesem Vorgang wird der andere unterschieden, durch den der Mensch die Idee davon bekommt, *was* er da empfängt, welche Vorgänge, Wesen und Gesetze es sind, die sich seinem Gefühl mitteilen: "Das enthüllt dann die Geisteswissenschaft." (GA 63/3/S.105 f.)

Ein anderes Mal wird der Grundgedanke bis dahin verfolgt, wo sich beobachten läßt, daß man die Frömmigkeit dort am kräftigsten ausbildet, wo überhaupt auf jede fixierte Meinung über die Geistwelt verzichtet wird.

"Die wahre Religiosität wird sich am besten entwickeln, wenn die Menschen Gedankenfreiheit haben, sich zu nähern durch ihre eigene Individualität der Erkenntnis der übersinnlichen Welt." (GA 332a/28.10.1919/S.131 f.)

Was also gefühlt wird, was *da* ist an geistigen Vorgängen und Wesenheiten, das war zu allen Zeiten der Inhalt der Lehre, der Erkenntnis und Erkenntnismitteilung. Es war gleichsam in den Bildern enthalten, in den Kultusformen der Religion, es stand hinter ihnen und gab dem religiösen Fühlen und Leben die festeste Stütze. Religion war auf das gebaut, was die Weisen in ihrer Zeit als die höchsten Geheimnisse des Daseins erkannt hatten. Insofern war sie immer auf geistiges Erkennen angewiesen. Aber immer war sie selber etwas über das Erkennen hinaus zu Betätigendes, etwas im Fühlen und Wollen sich Darlebendes.

Eine fast programmatisch anmutende Darstellung dieser Verhältnisse findet sich schon im August 1906 in einem Aufsatz der Zeitschrift "Lucifer-Gnosis" (GA 34/S.273 ff.). Die Zeitschrift will – schon ihr Name drückt das aus – Erkenntnislicht bringen. Sie bringt es in der strengen Sprache von begriffsdurchdrungener Sachkenntnis, nicht in der für das Fühlen zugerichteten Form und Einkleidung. Die Geisteswissenschaft, so haben wir gesehen, wendet sich mit ihren Forschungsergebnissen zunächst an den Verstand, damit sie ihm einleuchten. Das übrige Seelenleben kann die geisteswissenschaftlichen Forschungsergebnisse dann in dieser aufgehellten Gestalt aufnehmen.

In früheren Zeiten war das nicht in gleicher Art möglich. Die Verstandesseele war noch nicht in der neuzeitlichen Weise ausgebildet und freigeworden. Da wurde das übersinnliche Wissen gar nicht in Begriffsform, sondern vielmehr in empfindungs- und gefühlsgemäßen Bildern der Mehrzahl der Menschen übergeben. In Mythen, Sagen, Festgestaltungen und Bräuchen wurde es dem jeweiligen Charakter, dem Temperament, der Kulturstufe der Bevölkerungen und dem Zeitalter, für die es bestimmt war, angepaßt. Von alledem haben sich bis in die Gegenwart die Traditionen erhalten. Aber sie können ihr nicht mehr genügen.

Denn "die Menschheit ist gegenwärtig auf einer Entwicklungsstufe angelangt, auf der ein großer Teil von ihr alle Religion verlieren würde, wenn die ihr zugrunde liegenden höheren Wahrheiten nicht auch in einer Form verkündigt würden, so daß auch das schärfste Nachdenken sie als gültig ansehen kann. Die Religionen sind wahr, aber die Zeit ist für viele Menschen vorüber, in der Begreifen durch den bloßen Glauben möglich war. Und die Zahl der Menschen, für die das gilt, wird in der nächsten Zukunft mit ungeahnter Schnelligkeit zunehmen. Das wissen diejenigen, welche die Entwicklungsgesetze der Menschheit wirklich kennen. Wenn die den religiösen Vorstellungen zugrunde liegenden Weisheiten nicht in einer dem vollkommenen Denken standhaltenden Form in der Öffentlichkeit verkündet würden, so müßte alsbald der völlige Zweifel und Unglaube gegenüber der unsichtbaren Welt hereinbrechen. Und eine Zeit, in der das der Fall wäre, wäre trotz aller materiellen Kultur eine Zeit, schlimmer als eine solche der Barbarei. Wer die wirklichen Bedingungen des Menschenlebens kennt, der weiß, daß der Mensch ohne Verhältnis zum Unsichtbaren ebensowenig leben kann, wie eine Pflanze ohne nährende Säfte." (GA 34/14.08.1906/S.273 f.)

Damit ist das Wesentliche der Religion noch einmal klar von dem unterschieden, was das neuzeitliche Denkvermögen fordert. Aber es ist zugleich darauf hingewiesen, daß dieses Denkvermögen ohne die zureichende Pflege der Empfindungs- und Gemütskräfte den sicheren Grund verlieren und sich selbst zersetzen müßte. Glaube, auf griechisch "pistis", war einmal das Gefühl, im Ewigen gegründet zu sein; und daß Zweifel zersetzende Formen annehmen kann, im einzelnen Seelenleben und von diesem ausgehend auch im sozialen Zusammenhang, das muß man einem aufmerksamen Lebensbeobachter nicht erst beweisen.

Der Mensch ohne ein tragfähiges und zweifelsfreies seelisches Verhältnis zum geistigen All muß verfallen, wie die Pflanze ohne Sonnenlicht und nährende Säfte verfällt. Durch dieses Bild wird auf eine Eigentümlichkeit der wahren Religion hingedeutet, die noch näher betrachtet werden soll, nämlich ihre ernährende, ihre substanzgebende Wirkung.

In einem Dornacher Vortrag vom 01.11.1915 wird einmal von Rudolf Steiner gesagt, man sollte bei der Betrachtung der verschiedenen in der Welt vorkommenden Religionsformen vor allem darauf sehen, inwiefern sie Lebensnahrung für die Seelen sind, denen sie gegeben werden; ob sie geeignet sind, den mit ihnen lebenden Menschen durch das, was in ihrem Kultus enthalten ist, aufbauende Kraft zu geben. – Und als eine fortdauernde Versuchung für die Religionsvermittler wird es bezeichnet, wenn sie als solche, über ihre Aufgabe hinaus, Lebenssubstanz zu bringen, über Erkenntnisse befinden wollen. Nur so ist zu verstehen, daß sie über irgendwelche neuen Erkenntnisse der Wissenschaft mit dieser in Streit geraten können, "während die Frage der Erkenntnis eigentlich gar nicht in Betracht kommen kann zwischen Religion und Wissenschaft." (GA 254/12/S.232)

An dieser Stelle soll an die grundlegende Mitteilung über die Herkunft des religiösen Lebens erinnert werden, die in dem Buch "Theosophie" gemacht wird. Es ist das in Ideenform ausgebreitete Bild von dem "Wasser des Lebens", das aus dem Geisterland in das irdische Leben geholt werden kann. Alles, was in den Kapiteln über "das Geisterland" und über den "Geist im Geisterland nach dem Tode" als Beschreibung der "zweiten Region" dieses Gebietes zu finden ist, spricht in der schönsten Weise aus, worum es sich bei der Religion mit ihren innerlichen und äußerlichen Verrichtungen und Regungen objektiv handelt (siehe GA 9/S.135 ff.). –

Bis hierhin haben wir den anthroposophischen Religionsbegriff in seinem Umriß aufgesucht, in seiner Gestaltung gegenüber dem landläufigen Konfessionsbegriff. Jetzt zeigt sich aber, daß die anthroposophisch geübte Beobachtung nicht bei der Begriffsbestimmung im allgemeinen stehenbleiben kann. Sie führt früher oder später zu einer differenzierten Anschauung. Sie bemerkt zunächst, daß die Kräftigung, die Substantiierung den verschiedenen Wesensgliedern des Menschen zuströmen kann, zum Beispiel dem Ätherleib, dem Astralleib. Aber sie sieht auch: das letztlich auf diese Lebenssubstanz Angewiesene ist des Menschen Ich. – Und wenn sie ins Auge faßt, wie das Ich gegenüber allen anderen Wesensgliedern Stärke aus rein geistigen Quellen empfangen kann, dann wird sie von dem allgemeinen Religionsbegriff zu der heute auffindbaren individuellen Religionswirklichkeit geführt. Rudolf Steiner beschreibt eine solche Entdeckung zunächst wie hypothetisch. Sie ist seither in aller Stille aus einer Annahme zur lebensumwandelnden Wirklichkeit für viele Zeitgenossen geworden (vgl. GA 143/16.04.1912/S.129 f.).

Im Jahre 1912, noch lange vor der Abschaffung des obligaten Religionsunterrichts aus dem öffentlichen Unterricht, vor dem wirksamen Auftreten der atheistischen Bewegung, vor der weitgehenden Selbstauflösung der überlieferten Religionsformen, malt Rudolf Steiner seinen Hörern einmal das Bild eines Menschen, der auf einer einsamen Insel heranwächst und dort so erzogen wird, daß er nie von dem Evangelium, nie von dem Christentum etwas hört. Er lernt die Weltgeschichte kennen, ohne von dem Einfluß eines Christentums Wesentliches zu erfahren. Wirtschaftsgeschichte, Kriegsgeschichte, Kulturgeschichte lernt er, aber nicht das Ereignis von Golgatha und seine Auswirkung für die Menschheit.

Irgendwann einmal kann bei diesem Menschen das Bewußtsein auftreten: Du hast dich aus allem herausgezogen, was du ohne dein Zutun an dir hast. Dein Körper, dein gewöhnliches Leben, die Wogen deiner Empfindungen, die Masse deiner Vorstellungen – du warst einmal mit ihnen eins. Du bist es nicht mehr. Du bist ihnen gegenüber etwas anderes. Und dieses ganz andere, das muß auf irgendeine Weise gegenüber dem sonstigen Leben zu Kräften kommen, gegenüber dem Leibe, gegenüber den Gewohnheiten, den Launen, den Meinungen. – Dieser Mensch erlebt also sein Ich.

Und "wenn ein solcher Mensch nur stark empfinden kann, was der Mensch braucht", dann kann ihn etwas anwandeln, wodurch er Gewißheit bekommt, daß es Welten gibt, aus denen sein Ich gekräftigt wird. Er kennt sie nicht durch äußere Mitteilung. Einzig und allein die starke Empfindung davon, daß seinem Ich etwas fehlt, sagt ihm, daß es das geben muß, und führt ihn zu dem Augenblick, in dem aus zunächst unbekannten Geistesgründen ihm zuströmt, was sich als Kraft in sein Ich einlebt. "Er weiß nicht, daß das Christus heißt, er weiß aber, daß er sich in seinem Bewußtsein durchdringen kann davon, daß er das ... hegen kann in seinem Ich" (GA 143/7/S.129). – Und sagen kann er sich dann im Anblick alles anderen: "Nun ja, ich kann krank sein, ich kann schwach sein, ich kann sterben. Aber von meinem Ich aus kann ich mich stärker machen ..." (GA 143/7/S.129). Denn aus geistigen Welten kommt mir Kraft zu. – Diese Kraft ist Wesen des Christus, auch wenn sie aus Unkenntnis anders genannt wird oder wenn der Name irgendwo wegen Mißbrauch nicht verwendbar ist.

Da haben wir die Substantiierung, die Ernährung, nicht der allgemeinen Menschennatur durch ein allgemeines Göttliches, sondern des individuellen Ich durch die göttliche Individualität des Christus beschrieben.

Ein weiteres kommt hinzu. Kranksein, Schwachsein, Tod sind für das Ich noch etwas anderes als zum Beispiel für die naturwissenschaftliche Logik. Es kennt in mehr oder weniger deutlicher Bewußtheit seinen Anteil daran. Das Ich erinnert sich daran, wie es hier und da selber schwach geworden ist. Es hat das eine oder andere Mal gegen eine geahnte Gesamtwelt-Ordnung gesündigt und weiß in seiner Tiefe: die Krankheit, der Tod "geschieht mir recht". Man ist gewohnt, diese Empfindung das Sündenbewußtsein zu nennen.

Man kann es aber auch so sehen, daß die Mangelhaftigkeit des Ich, die da gefühlt wird, die Voraussetzung dafür ist, nach einem Mittel Ausschau zu halten, das diese beheben kann. Es kann unmittelbar in der Art dem Ich zuteil werden, die wir eben vorher gesehen haben. Es kann aber auch von einem Ich, das dieses Mittel empfangen hat, an ein anderes weitergegeben werden, das danach verlangt. Diesen Vorgang beschreibt Rudolf Steiner in dem Zyklus "Christus und die menschliche Seele" (GA 155/16.07.1914/S.208 f.).

Wenn das Ich die von Christus hinzuströmende Kraft auf die Dauer entbehren müßte, sähe es sich letztlich unter objektiver Sünde und Schuld begraben. Darin besteht die Last, das Bedrückende eines illusionslosen Anschauens unserer Ich-Mängel. Sie wird aufgehoben, wo aus dem Quell des Christuswesens Vergebung strömt. Diese Vergebung bringt die andere Seite der Substanz zur Offenbarung, die als das einheitliche Leben des Weltganzen in der zweiten Region des Geisterlandes strömt. Zum einen nährt sie, kräftigt sie. Zum anderen vermag sie zu heilen, wiederherzustellen, das Ich vor dem Mitsterben mit dem natürlichen Menschen zu retten. –

Es könnte scheinen, als wäre nun doch die Religion auf das Christentum eingeschränkt. Aber das Gegenteil ist der Fall. Sie ist zum wahren Christentum erweitert. Denn alle wirkliche Christuserfahrung zeigt, daß aus ihr heraus ein volles Anerkenntnis anderer Götter erwächst, ein wirkliches Verstehen der Lebensgaben, die aus dieser oder jener Religionsform beispielsweise für die Seelen, für die Lebensleiber hervorgehen. Das hat das geschichtliche, das konfessionelle Christentum bisher kaum wahrgenommen. Es meinte noch, gegen die anderen Götter kämpfen zu müssen. Das wirkliche Verbundensein mit dem Christus, aufgehellt in geistiger Erkenntnis, gibt den Blick auf die mannigfaltigsten, als Gottheit verehrten, ihre Gläubigen belebenden Wesenheiten frei. Das hat seinen ersten Ausdruck in der christlichen Engellehre gefunden, die genau genommen alle außerchristlichen Götter umfaßt und vereinigt. Wer sie ernst nimmt, der wird irgendwann einmal die in jeglicher Menschenseele waltenden Götter gewahr, und weil er diese Götter fassen lernt, versteht er mit ihnen die an sie hingegebenen Menschenseelen in ihrem überphysischen Teil. Wir möchten wegen des ganz Ungewöhnlichen einer solchen Aussicht hier Rudolf Steiner selber zu Worte kommen lassen:

"Wer den Umgang mit den Göttern scheut, dem kommt abhanden der Umgang mit dem überphysischen Menschen, mit den Menschen, die hier auf der Erde leben. Denn wer keinen Sinn hat für den Umgang mit den Göttern, der wird bei den Menschen auf der Erde nur den physischen Leib sehen und nicht das Geistig-Seelische, das heißt, er wird zu keiner Entfaltung des wirklich geistig-seelischen Lebens kommen. Wir brauchen einfach den Umgang mit den Göttern, um den Umgang mit den Menschen in der rechten Weise vollenden zu können, und wir brauchen den Umgang mit den Göttern so, daß sich unser Geistig-Seelisches nach diesen Göttern hinwendet – nicht bloß unsere Gedanken, da werden wir pantheistisch oder so etwas –, sondern es muß sich unser ganzer Mensch hinwenden." (GA 198/17.07.1920/S.278 f.)

Wenn sich einmal der *ganze* Mensch wieder den Göttern zuwenden soll, nicht nur der studierende oder der in Phantasie lebende, sondern auch der handelnde Mensch, dann wird er ihnen selbstverständlich auch wieder Kultushandlungen entgegenbringen wollen, in denen er die Verbindung seines Willens mit ihnen zum Ausdruck bringen und pflegen kann. – Aber er wird damit rechnen müssen, daß diejenigen geschichtlichen Gewalten, welche seinen Willen an *ihre* Ziele binden wollen, sich der freien Wahl von Kultushandlungen widersetzen werden. Sie werden ihn zu *ihren* Zeremonien zwingen wollen und seine frei gewählten zu verhindern suchen (zum Beispiel durch Nationalfeiern, Parteitagsaufmärsche, Personenkult und dergleichen). Und es entsteht das Bild von kommenden Zeiten, die nicht weniger dramatisch, vielleicht auch tragisch verlaufen mögen als die, in denen die Christusgläubigen zum Cäsarenkult gezwungen und am Christussakrament verhindert wurden.

Solche Überlegungen könnten die Überlieferung verständlich machen, daß Rudolf Steiners in streng geschlossenen Kreisen begonnene Kultus-Regenerationen, wenn sie veröffentlicht worden wären, zur Entstehung vieler Kulte in der Welt geführt hätten; andererseits aber, weil sie nicht veröffentlicht worden sind, Haß und Verrat der Sache an widersetzende Kräfte ergeben haben. In jüngster Zeit sind diese Regenerationsbemühungen nun vollständig veröffentlicht worden, und die Zukunft wird zeigen, wann es neben den in aller Welt auflebenden Satanskulten und Stammesriten einerseits und den in aller Öffentlichkeit erneuerten Sakramenten des Zentralmysteriums andererseits die von vielen ersehnten Kultushandlungen "an verschiedenen Altären" geben wird (vgl. GA 265/S.445 und S.455).

Wenn im Laufe der angedeuteten Weiterentwicklung außer dem regenerierten Zentralmysterium wieder verschiedene Pflegeformen des menschlichen Verhältnisses zu den Göttern entstehen werden – Rudolf Steiner deutete die Möglichkeit eines festlichen Raphaelkultus an, auch ein Michaelfest in Formen, die diesem Geist Ausdruck geben, sollte ins Auge gefaßt werden –, dann wird alles darauf ankommen, daß nicht ein Rückfall in Dekadenzzustände alter Zeit, sondern ein Fortschritt mit Bewahrung der am Zentralmysterium erwachsenen Kräfte stattfindet. Und diese Kräfte sind immer solche, die das Ich-Bewußtsein konstituieren, ernähren und, wo es nötig ist, heilen (vgl. GA 137/06.06.1912/S.70 f.).

In älteren Zeiten konnte dieses Ich-Bewußtsein noch kein eigenes Verhältnis zu einer Gottheit anknüpfen, so wenig, wie das Ich-Bewußtsein eines Kindes vermag, sich selber hinreichend zu führen. So wie das Kind erst lernen muß, um die Welt zu verstehen, damit es einmal in der Welt arbeiten kann, so brauchte die Gesamtmenschheit mit ihren im Schoße der Volksseelen erst heranwachsenden Ichen die großen Lehrer. Sie brauchte die Religionsstifter, welche den Vorstellungsinhalt für das religiöse Leben der Völker gegeben haben, damit den in ihnen lebenden Ichen ein gesundes Geistesband zu der Weltwirklichkeit geknüpft werden konnte.

Denn ohne die Hilfe der Religionsstifter hätte das Menschen-Ich, bloß aus seinem naturhaft auftretenden Selbstbewußtsein heraus, nur ein gebrochenes, ein verkrüppeltes, ein verwirrtes Verhältnis zu dem Weltengeiste ausbilden können, ebenso wie das autoritätslos heranwachsende Kind in der Regel ein gebrochenes, ein geschädigtes, ein ungeordnetes Verhältnis zu dem Geist seiner Mitwelt zeigt (vgl. GA 154/05.05.1914/S.56 f.).

Das Selbstbewußtsein in *der* Gestalt, die es ohne Erziehung, ohne Höherbildung von Natur aus hat, ist fähig, sich Vorstellungen über die sinnliche Welt zu bilden; und von allem, was über diese hinausgeht, kann es sich Phantasievorstellungen machen. Beide Vorstellungsarten reichen nicht aus, das Menschenwesen sinnvoll in den Weltenlauf zu stellen. Die sinnlichen Vorstellungen, wie sie etwa das materialistische Weltbild allein erzeugt, müßten das Menschenwesen geistig *verkrüppeln*. Die lediglich einer subjektiven Phantasie entsprungenen Vorstellungen von den sinngebenden Mächten der Welt müßten es geistig *blind* machen (vgl. GA 154/05.05.1914/S.57).

Ehemals brachten die großen Religionsstifter als universelle Lehrer die Vorstellungen in die Völker und Zeitalter, durch die sich die einzelne Seele in die geistige Wirklichkeit hineinfinden und ihr Leben und Arbeiten nach deren Tatsachen einrichten konnte. Das Sich-Hineinfinden in den sinnvollen Gang des Daseins, ungebrochen und klarsehend, ist durch die Tat von Golgatha dem Verstand des einzelnen Menschen anheimgegeben. Ihr Evangelium ist der Gesamtmenschheit zugänglich geworden, und die Verstandesseele mit ihrer das Gemüt verselbständigenden Wirkung ist allgemein ausgebildet. Damit ist ein neues Zeitalter angebrochen:

"Ob das Ich Verwirrung stiftet oder blind wird, der Mensch *dieses* Zeitalters muß mündig sein. Daß er als Mündiger den Weg finden kann in die geistige Welt, dazu hat sich vollzogen das Mysterium von Golgatha. Nicht mehr erscheint der Religionsstifter als solcher vor der Menschheit, wie er früher erschienen ist." (GA 154/05.05.1914/S.57)

Das heißt, kein autoritäres Seelenerziehungssystem darf den mündigen Einzelmenschen in seine gutgemeinten Riten hineinzwingen. Denn nur Selbsterziehung und eigene Wahl der wegweisenden Götter entsprechen der erreichten Entwicklungsstufe.

Damit beginnt sich die Religion in ihrer Gesamtevolution durch die Menschheitsgeschichte hindurch abzuzeichnen: Sie ist in jenen Zeiten notwendig, in denen sich das Ich, auf dem irdischen Schauplatz erwachend, von Götterwelten getrennt findet. Es wurde dem Menschen durch die Religion und ihre Stifter die Schule zuteil, durch die er seine Kräfte und seine Phantasie für kommende Zeiten ausgestalten konnte. Es entstanden die großen Religionskulturen im alten Indien, im alten Persien, die ägyptisch-chaldäische und die griechisch-lateinische Kultur bis an den Beginn der Neuzeit heran als "die Botschaft von der geistigen Welt für alle diejenigen, die nicht mehr die geistige Welt als Tatsache erleben konnten." (GA 102/13.04.1908/S.128)

Dann kam mit dem Mysterium von Golgatha die Quelle des Ich-Seins selber zur Erde und gab sich in die Verfügung des Erdenmenschen. Mit dem Beginn der Neuzeit schüttelt die Menschheit unter Berufung auf ihr jeweiliges Verständnis nach und nach alle bisherigen Formen belehrender Religionsautorität ab und schafft sich in der Wissenschaft und Forschung die Mittel zu aller künftigen Selbsterziehung.

Da diese Mittel zunächst nur Vorstellungen von der sinnlichen Welt hervorgebracht haben, sind sie in der Anthroposophie so erweitert worden, daß sie heute auch auf die Christologie und die im seelisch-geistigen Menschen waltenden Götter angewendet werden können (siehe Einführung, 1). Von nun an macht die Geisteswissenschaft die von dem Ich gesuchten Mitteilungen über die geistigen Wesen. Und die mit ihrer Hilfe erneuerte Religion kann dem Ich frei in Anspruch genommene Stärkung sein, Heilung von der möglichen Verkrüppelung und

Blindheit und fühlbare Ermutigung auf dem Wege dahin, wo einmal in Zukunft die Menschen nicht mehr an die Götter zu glauben brauchen, weil sie "sie wieder sehen werden, wenn sie gestärkt und gekräftigt mit dem, was aus dem Christentum zu gewinnen ist, unter diese Götter treten werden." (GA 102/13.04.1908/S.135)

Entstehen, Wirken und Verschwinden der Religion in der Menschheitsentwicklung sollen im nächsten Abschnitt noch ausführlicher betrachtet werden.

7. Entstehung und Entwicklung der Religion

Was im vorangehenden Abschnitt zuletzt über die Entwicklung der Religion angedeutet worden ist, soll jetzt genauer in Betracht gezogen werden. Zunächst soll die historische Entstehung von Religion aus anthroposophischer Sicht verfolgt werden. – Danach ist alle religiöse Betätigung, sofern sie auf Wahrheit beruht, durch ein reales Eingreifen göttlich-geistiger Welten in die physische Welt entstanden. Es kann nichts wahrhaft Religiöses in die Welt kommen, ohne daß ein Mensch oder eine Gruppe von Menschen mit geistigen Wesenheiten Verkehr haben (vgl. GA 36/26.10.1924/S.239).

Der Verkehr mit den verschiedenen Göttern war in weit zurückliegender Zeit von der Art, daß er für die damalige Menschheit eine ähnliche Wirklichkeit und Gewißheit hatte wie für die gegenwärtige der Umgang mit der materiellen Welt. Wie wir deren Verhältnisse, Kräfte und Wesen kennen, in einer Wissenschaft überschaubar machen und in einer Technik handhaben, so hatten ältere Zeiten ihr Wissen und ihren Umgang mit den geistigen Wesen, Kräften und Vorgängen. Und sie durften ebenso sicher von Erkenntnis der Götterwelten reden, wie wir von Naturerkenntnis sprechen.

Was von alter Göttererkenntnis und von der früheren Erkenntnis des Christentums gemütsmäßig bis in unsere Zeit hinübergetragen worden ist, bildet den Glaubensinhalt der heutigen Konfessionen. Was von Naturbeobachtungen bis zur Anthropologie hinauf verstandesmäßig in den ersten Jahrhunderten der Neuzeit zusammengetragen worden ist, bildet den Erkenntnisinhalt der herrschenden Wissenschaften. "Was man heute als Glaubensinhalte gelten läßt, sind ältere Wissensschichten mit geistigen Gehalten. Sie stehen nun der 'modernen' Wissenschaft gegenüber" (GA 36/20.11.1921/S.261), die als solche zunächst keine geistigen Gehalte zu verzeichnen hat – außer ihrem eigenen Intellekt.

Der anthroposophische Forscher bringt diesen an der zwingenden Naturgesetzlichkeit logisch disziplinierten Intellekt als solchen zu der bereits beschriebenen innermenschlichen Entwicklung (Einführung, 1) und findet mit den aus ihm herangebildeten Instrumenten der Imagination, Inspiration und Intuition die geistigen Gehalte der früheren Wissensschichten wieder.

"Gelangt er auf solche Art an das Geistige, so ist die religiöse Stimmung mit der Erkenntnis verbunden." (GA 36/S.261)

Wenn hier gesagt wird, daß jedes Glaubensbekenntnis auf ein vergangenes Wissen zurückgeht, so müssen wir uns vergegenwärtigen, woher diese "Wissenschaft" ihre Gegenstände empfangen hat. Man bezeichnet gewöhnlich die Herkunft des überlieferten Religionswissens als Offenbarung, und wir brauchen an dieser Stelle eine Aufklärung darüber, was anthroposophische Anschauung dazu sagt.

Diese Anschauung weist zuerst auf die Tatsache hin, daß das dem Erdenmenschen selbstverständliche Bewußtsein diskontinuierlich verläuft und dennoch als ein zusammenhängendes erlebt wird. Es kann als Tagesbewußtsein bezeichnet werden, weil es vom Aufwachen bis zum Einschlafen verläuft und dann durch den Schlaf unterbrochen wird. Im Schlaf weiß das Ich nichts von sich. Aber wenn es mit dem Tagesbewußtsein zugleich auch die Selbstempfindung wiedererlangt, erlebt es diese trotz der faktischen Unterbrechung zusammengehörig mit der vom Tage zuvor.

Täuscht man sich nicht mit materialistischen Scheinerklärungen über diese erstaunliche Doppelerfahrung hinweg, so entsteht die ganz sachliche Frage: Was in aller Welt gibt mir das ununterbrochene Selbstbewußtsein, wo mir doch der Leib in seiner Ermüdbarkeit das Selbstbewußtsein nur unterbrochen liefern kann? Dichtet man jetzt nicht dem schlafenden Leibe an, was er doch offensichtlich nur nach der Überwindung des Schlafes, nämlich im Tagesbewußtsein vermag, dann tritt empfindungsgemäß, aber auch logisch, die Notwendigkeit auf, einen völlig außerhalb des Tagesbewußtseins wirkenden Grund für die Erhaltung der Ich-Ganzheit anzunehmen und zu suchen.

Diesen Grund hat die frühere Menschheit immer gefunden. Sein Dasein war ihr durch das Erleben selbstverständlich. Aber wenn er dem fragenden Ich auch erkennbar werden sollte, dann mußte es Wege suchen aus dem Tagesbewußtsein hinaus in den Einheit gebenden Weltengrund hinein. Das geschah in der Einweihung, in der Initiation. Und was dem Tagesbewußtsein eine unerreichbare, eine hinter dem Schlaf verborgene, jenseitige Welt sein muß, das tut sich dem Initiatenbewußtsein Schritt für Schritt als eine erlangbare, erfahrbare göttliche Weltwesenheit auf.

Die früher genannten Religionsstifter waren alle in irgendeinem Grade Eingeweihte in diesem Sinne. Sie trugen aus dem jenseits des Tagesbewußtseins erfahrenen Reich des die Ich-Einheit gebenden Weltengrundes *das* in das Tagesbewußtsein ihrer Bekenner herunter, was diesen das oben angedeutete Rätsel gelöst hat. Sie empfingen die Vorstellungen, die Vertrauensgefühle, die Lebenssicherheit aus der jenseitigen Welt, die sie selber zunächst nicht erreichen konnten, durch die "Offenbarung" derjenigen, die "im Geiste" gewesen waren (siehe GA 137/06.06.1912/S.67 ff.).

Die Empfänger der Offenbarungen aus solchen Welten, die jenseits der Grenzen des Erdenbewußtseins liegen, waren die Initiierten. Sie verkündeten das Empfangene innerhalb dieser Grenzen, und ihre Verkündigung entfachte das religiöse Bewußtsein, d.h. das durch Vertrauen zur Offenbarung gewonnene Bewußtsein von dem tragenden und zusammenhaltenden "jenseitigen" Gotteswesen im getragenen und zusammengehaltenen "diesseitigen" Menschengemüt.

Erst das entwicklungsgeschichtlich bedingte Auftreten des Tagesbewußtseins und seiner Grenzen hat die Veranlassung gegeben, sich einer Kunde von jenseits desselben vertrauensvoll oder gläubig hinzugeben. Vor der Aufrichtung der Bewußtseinsschranken gegenüber der universalen Weltwesenheit kann man im eigentlichen Sinne nicht von Religion sprechen. Und so beschreibt Rudolf Steiner den Entstehungsmoment der Religion ausführlich als den Schritt, durch den der Mensch aus der früheren Bewußtseinsform eines traumartigen Einsseins mit der Welt der übersinnlichen Wesen in die andere Bewußtseinsform heruntergestiegen ist, in der er sich von seiner Umgebung wach unterscheiden und sich selbst finden kann; in einer Umgebung, in der außer ihm selbst nur sinnlich wahrnehmbare Gegenstände vorhanden sind (vgl. GA 104/17.06.1908/S.20 f.).

Der Schritt von der vorherigen in die heutige Bewußtseinsart, oder von der vorreligiösen Zeit in die Religionszeitalter, fällt erdgeschichtlich mit dem Beginn der nachatlantischen Entwicklungen zusammen.

Zunächst war das Vertrauen in die Kunde und zu der Leitung der Eingeweihten noch genährt durch einen erinnerungsartigen Nachklang des früheren, des atlantischen Bewußtseins. Die Seelen sagten sich: *Wir* können uns zwar nicht mehr zu den Göttern aufschwingen, aber die stärksten Seelen unter uns, oder die begnadeten, können es noch im Schutze ihrer Tempel, aus denen uns zufließt, was wir ohne sie nicht mehr finden würden. – Alles war auf die Heiligkeit der Vorgänge in den Einweihungstempeln gegründet.

Als diese Heiligkeit zerbrach, als die Tempelkulturen begannen, unglaubwürdig zu werden, da wurde es notwendig, daß ein Wesen aus dem Zusammenhang der jenseitigen Welt in einer diesseitigen Persönlichkeit erschien. Darum mußte Christus eine historische Gestalt werden, und die Blicke der Menschen mußten für zwei Jahrtausende auf diese Gestalt gelenkt werden. An die Stelle des Glaubens an die Initiierten-Offenbarungen, der zerbrach, trat der Glaube an den leibhaftig erschienenen Gott. Aus der Natur des nachatlantischen Menschen heraus, wie sie geworden ist, nachdem alles erinnerungsartige Gottgefühl verklungen war, wird ersichtlich, "warum eigentlich Christus für die sinnliche Wahrnehmung sich offenbaren mußte. ... Das geistige Selbst mußte auf sinnliche Art dasein, damit die Menschen einen Anhaltspunkt hatten, der sie verbinden konnte mit der übersinnlichen Welt." (GA 102/13.05.1908/S.157 f.)

Das Vertrauen zu der Kunde und der Leitung der Initiierten hat die vorchristlichen Religionen getragen. Die verschiedenen Religionen entstammten der einen Quelle, der Einweihung. In der Einweihung in die Tatsachen, Wesen und Impulse der übersinnlich-geistigen Welt lag der überreligiöse, der jeder Religion vorangehende Prozeß. Die aus den Einweihungstempeln entsendeten Religionsstifter schufen in den verschiedenen Rassen und Völkern, Zeitaltern und Erdgegenden die für diese angemessenen Kultusformen, Götterbilder und mythischen Lehren.

Die jeweiligen Völkerführer empfingen entweder von den Sendboten der Initiation Rat und Anleitung für die Einrichtung oder Weiterbildung ihrer spezifischen Religionskultur, oder sie waren selber bis zu einem gewissen Grade eingeweiht und befähigt, aus der allgemeinen Geistwelt das herauszuholen, was der ihnen anvertrauten Völkerschaft angemessen und förderlich war. Im letzteren Falle kann man von Priesterkönigen sprechen, im ersten Fall von Königen mit priesterlichen Ratgebern im Hintergrund.

"Die Religionen waren eben die Wege, um in die Menschheit einfließen zu lassen die Geheimnisse der Initiation in einer jeweilig einer Gruppe von Menschen angemessenen Art." (GA 143/17.04.1912/S.132; vgl. GA 34/S.273)

Die Religionen des Krishna, des Zarathustra, des Hermes Trismegistos, des Moses, des Buddha haben, nach Zeit und Erdteil, nach Rasse und Volkstum hin ausgestaltet, dem Erdenbewußtsein mitgeteilt, was dieses von der außerirdischen universalen Geistigkeit zu seiner Fortentwicklung brauchte. Mit der Erscheinung und der Tat des Christus trat die Quelle, der Mittelpunkt dieser Geistigkeit selber, in dem Horizont des Erdenbewußtseins auf.

Vor und in gewisser Beziehung auch nach diesem Auftreten hat man es mit Religionsformen zu tun, die für einen bestimmten Kulturkreis, ein Volk, eine Erdgegend zugerichtet sind. Die römisch-katholische Kirche ist noch auf den lateinischen Kulturkreis beschränkt, die griechisch-orthodoxe Kirche für den byzantinischen ausgebildet, die Landeskirchen für ein bestimmtes Volksleben, die anglikanische Kirche für England, die russisch-orthodoxe Kirche für das Russentum und so fort. Da ist das vorchristliche Prinzip der Zurichtung der Religion für bestimmte Völker, Rassen, Sprachen, Zeitalter und Lebensarten auch nach der Universaloffenbarung wieder zur Wirkung gekommen, ähnlich wie in der Geschichte des Mohammedanismus, im streng geschlossenen Religionswesen des Drusenvolkes oder in den Religionsgemeinschaften, welche auf die spezielle Mentalität des Amerikanertums zugeschnitten sind. In diese Reihe gehören auch die außerchristlichen Religionen Japans, Tibets, die national geprägten Formen des Buddhismus und vieles andere.

Ihnen allen ist die Einrichtung ihrer Lebens-, Kultus- und Vorstellungsweisen nach der Naturgegebenheit eines *Teiles* der Menschheit gemeinsam. Die Jahwe-Religion ist für das hebräische, das Christentum des Heliand für das germanische Volk zugeschnitten. Immer bleibt das Weltwesen, die aller Menschheit gemeinsame Gottheit, im Hintergrund. Nur als Sehnsucht oder auch als Anspruch auf Universalität oder Katholizität durchzieht sie die Seelen, ergreift sie das Tagesbewußtsein.

Standen hinter den Stammes- und Volksreligionen der alten Zeit die dem Tagesbewußtsein unzugänglichen Tempel der Initiation, so wirkte hinter dem in verschiedene Kirchen zerfallenen Christentum die dem persönlichen Begehren unauffindbare Tempelgemeinschaft des Gral. Hinter Abraham, dem Begründer der Jahwe-Religion des hebräischen Volkes, taucht der Priesterkönig Melchisedek auf, um ihn in seiner Mission zu bestärken. Und hinter dem katholischen

Volksprediger Johannes Tauler wird der vertiefende, vorantreibende "Gottesfreund vom Oberland" sichtbar.

Im vorkonstantinischen Christentum, in den Christengemeinden vor Augustinus, Eusebius und Hieronymus, lebte das universale Mysterium der Gottestat von Golgatha eingehüllt in die Sprache, die Vorstellungsweise und die Kultusordnung der hinter den Volksreligionen tätigen Mysterien.

Rudolf Steiner hat schon vor dem Ersten Weltkrieg dargestellt (siehe GA 265/ 16.12.1911/S.94 f. und 07.05.1912/S.147), was inzwischen durch die Auffindung eines Briefes des Clemens von Alexandrien historisch greifbar geworden ist: daß der Petrusschüler und spätere Evangelist Markus die alexandrinische Christengemeinde nach reinen Mysteriengesichtspunkten geordnet und durch die Anwendung einer "hierophantischen Lehre des Herrn" auf den Weg gebracht hat. Zusammen mit einem ägyptischen Eingeweihten mit Namen Ormus hat Markus das Gemeindeleben in Alexandria so aufgebaut, daß es einen jedermann zugänglichen Lehrinhalt und Ritus hatte, dann einen weiteren für die individuell Weiterstrebenden und endlich einen zur Einweihung, zu den "Großen Mysterien" hinführenden (vgl. S. Morton Smith: Auf der Suche nach dem historischen Jesus).

Mit der Anthroposophie ist der Initiationshintergrund des Urchristentums wieder aufgedeckt worden (siehe GA 8). Aber anstelle des damals noch selbstverständlichen Geheimnisschutzes für ihn stellt sie die Initiationswissenschaft für den inzwischen in der gesamten Menschheit entwickelten Verstand, für das allgemeine Ideenvermögen dar.

"Es ist Anthroposophie gewissermaßen dasjenige, was die Geheimnisse der Initiation allgemein menschlich heute auszubreiten hat." Und es zeigt sich, "daß durch Anthroposophie etwas gegeben sein soll, was einen höheren Standpunkt einnimmt als die religiösen Standpunkte waren und heute noch sind da, wo diese religiösen Standpunkte geltend gemacht werden." (GA 143/ 17.04.1912/S.133)

Der Gebrauch von Initiationskenntnissen für *Teile* der Menschheit wird hier der religiöse Standpunkt genannt. Eine Sprache für die Geistbedürfnisse der Gesamtmenschheit, insofern sie mit allgemeinem Menschenverstand begabt ist, hat die Anthroposophie entwickelt, und für diesen Verstand kann sie das vor den Augen der Völker geschehene Zentralmysterium begreiflich machen.

"Richtig wird das Christentum nur verstanden, wenn es so verstanden wird, daß es nur das Menschliche im Menschen berührt" ..., "ohne Unterschied des Glaubens, der Nationalität, des Stammes, der Rasse und alles dessen, was sonst die Menschen voneinander trennt." (GA 141/20.11.1912/S.44)

Es tritt also mit der Erscheinung des höchsten Inhaltes der Initiation in der Gestalt des Christus Jesus eine Realität, eine "mystische Tatsache" in das Leben der Gesamtmenschheit ein. Mit der Anthroposophie kommt eine ebenso gesamtmenschliche Verstehensmöglichkeit für diese Tatsache hinzu (vgl. GA 141/ 20.11.1912/S.42 f.). Daß und wieweit sie für das Fortwirken dieser Tatsache selbst in einer zeitgemäßen Religionsform ratend und helfend tätig geworden ist, sollen spätere Kapitel dieser Arbeit zeigen.

Ein anderes Bild von der Herkunft und dem Werdegang der Religionen gibt Rudolf Steiner am 27.11.1916 in der folgenden Weise (vgl. GA 172/10/S.200 ff.): Da ist in alter Zeit der sogenannte Ahnenkult, der Totenkultus für irgendwelche bedeutenden Vorfahren. Er ist daraus hervorgegangen, daß der einem wichtigen Ahnherrn verehrend nachschauende Seelenblick das, was dieser durch seine Taten und Wirkungen dem Zeitenlauf eingefügt hat, in das Walten der Zeitgeister, der Archai, übergehen sieht. Die Religionsformen des Ahnenkultes verbanden ihre Gläubigen durch das ätherische Gewebe der Schicksale des Vorfahren mit den Archai, die ja auch Geister der Persönlichkeit genannt werden.

In der Regel folgt auf die Zeiten des Ahnenkultus die Entfaltung des Polytheismus, des Aufblickes zu einer Vielheit von Göttern. In der ägyptischen, der mesopotamischen, in der griechischen und in der germanischen Götterverehrung liegt dieser Polytheismus zugrunde. Der Seelenblick erreicht eine Welt von geistigen Wesen, die die christliche Lehre Archangeloi oder Erzengel nennt. Wie die Archai im Gepräge von Zeitaltern und Geschichtsepochen "Anfänge" setzend tätig sind, so die Archangeloi im Charakter von Menschengruppen, Stämmen, Völkern. Sie sind die Gemeinschaftsgeister.

Der Fortschritt führt die Seelen dann vom Aufblick zu den Gemeinschaftsgeistern herunter zur Pflege der Beziehung des Einzelmenschen zu seinem Engel, seinem ihm allein zugeordneten Angeloswesen. Dieses allein wird sein Gott, und er nennt seine Religion mit dem Gefühl des Fortschritts den Monotheismus. Im Monotheismus schauen die Einzelmenschen zu ihrem Engel auf und erleben ihn als ihren Gott, als ihren Herrn, und immer seltener als den Boten hinter ihm stehender höherer Wesen.

Es ist ein Abstieg, ein Herabfallen des Verehrungsvermögens von der Höhe der Archai über die Ebene der Archangeloi bis zu der Stufe der Angeloi. Und dieser Abstieg wäre weitergegangen "von der Verehrung der Angeloi zu der Verehrung der nächst untergeordneten Hierarchie, des Menschen selber. ... In dieser Zeit mußte, um die Menschen davor zu retten, den Erdenmenschen anzubeten, der Gottmensch erscheinen." (GA 172/27.11.1916/S.203)

Denn wenn der Mensch in der religiösen Verehrung Gefühl und Willen auf den eben erst mit dem mangelhaften Ich begabten Menschen richtet, so müssen dessen "Verkrüppelung" und "Blindheit" auf ihn wirken (siehe Einführung, 6) und ihn unter seine veranlagte Menschlichkeit herunterziehen. Der Cäsarenkult und aller Personenkult bis in unsere Zeit herein hat diese Gefahr enthüllt. Auch das Christentum müßte ihr verfallen, wenn es nur den Aufblick zu der menschlichen Person des Jesus von Nazareth suchte.

Mit dem Mysterium von Golgatha tritt das verehrte Wesen aus der begrenzten Person Jesu heraus und erscheint "zwischen" den zurückbleibenden Personen. "Wo zwei oder drei von euch versammelt sind in meinem Namen, da bin ich mitten unter euch" (Mt. 18, 20). Darum erreicht die persönliche Innerlichkeit des einzelnen, etwa durch mystische Versenkung in sich selbst, nicht den Christus. Erst wo diese Innerlichkeit aus sich herausgeht, zum anderen Menschen, erscheint Er; und nicht in des Einzelmenschen mangelgezeichneter Person, sondern da, wo auch aus dieser das Ich sich "in Christi Namen" herausläßt. Christus ist bei den Zöllnern und Sündern, wo sie ihn – vielleicht ohne seinen Namen zu kennen – aus dem früher beschriebenen Bedürfnis ihres Ich heranbitten.

Dann ist er dem Menschen Engel, den Gemeinschaften Erzengel, und jeder für den Zeitenfortschritt ergriffenen Initiative der "Urbeginn". Aber er ist noch mehr. Über den Urbeginnen oder Archai stehen die Exusiai, die Götter von außerhalb dessen, was jetzt Welt ist, die Elohim vom Anfang der Bibel, aus deren Händen erst unsere Welt hervorgegangen ist. Und als Wesen von der Art der Exusiai wird der Christus nach dem Mysterium von Golgatha erkennbar. Der Schöpfer einer neuen Welt, eines neuen Himmels und einer neuen Erde kündigt sich an.

Das Feld aber, auf dem er sich ankündigt, ist nicht eine von allem Niederen abgehobene, ausschließlich geistige Welt. Es ist die Welt der durch Vererbung, Gruppenimpulse und Eigensinn heruntergekommenen einzelnen Menschen. Wo das einzelne unvollkommene Menschen-Ich sich seiner Mängel, sich des ihm Fehlenden bewußt wird und sich in den zwischenmenschlichen Schicksalen umschaut, da begegnet ihm dieser Schöpfer der künftigen Welt.

Wir haben gehört, daß der Mensch den überphysischen, den seelisch-geistigen Teil seiner Mitmenschen nur begreifen kann, wenn er sich nicht scheut, die in ihm waltenden Götter ins Auge zu fassen. Da handelte es sich zunächst um solche Götter, die im Christentum als Angeloi, Archangeloi und Archai bezeichnet werden. Sie bilden im Menschen das aus, was ihn von anderen Menschen verschieden macht, verschieden nach Herkunft, Bildung, Idealen usw. Sie bilden das aus, was Menschen unterscheidet und trennt. Sofern das Ich *daran* gebunden ist, lebt es in der Absonderung von anderen Ichen.

In Christus steht dem Menschen ein Wesen von jenseits der Archai zur Seite, aber ein solches, das ihn nicht den genannten Göttern und ihren Taten entziehen, sondern sein Ich mit einer ihnen gegenüber freien Kraft begaben will; einer Kraft, die durch Geschlecht, Alter, Herkunft, Sprache oder Bildung getrennte Menschen einigen kann, weil sie von jenseits aller individualisierenden geistigen Mächte den einenden Geist der Elohim zur Individualität hinzubringt. Diese Kraft in jedem Menschen vorauszusetzen, zu suchen und im rechten Augenblick zu erkennen, heißt, den Christus als den einigenden Gott der Erdenmenschheit zu fühlen und anzuerkennen.

"Vor dem, was man also sieht, versinken alle Begriffe und Vorstellungen, die die Menschen trennen, und etwas, was allen Menschen gemeinschaftlich ist, geht als eine Aura über die Erde hin, wenn man sich dazu bekennt, jetzt nicht bloß zu suchen bis zu dem Arché, sondern hinaufzusuchen, was über dem Arché steht, wenn man einem Menschen gegenübertritt." (GA 172/27.11.1916/S.206)

Ein großes Bild von den Ursprüngen und den Schicksalen der Religion ist es, das wir hier nur in wenigen Strichen nachzuzeichnen versucht haben, um zu erkennen, daß in dem Ereignis von Golgatha mehr liegt als in irgendeiner der differenzierten Religionen oder Konfessionen; daß in ihm die Religionsgeschichte der Menschheit im Ganzen ihren Mittel- und Wendepunkt gefunden hat. Von hier aus wird die Zukunft und das historische Ende aller spezifischen Religionsformen sichtbar, die wir im nächsten Abschnitt noch betrachten wollen.

8. Die Zukunft der Religion

"Dieses Mysterium von Golgatha gibt die letzte Synthesis des religiösen Lebens. Das gibt diejenige Religion, die der Abschluß der irdischen Religionsströmungen und -strebungen sein sollte. Und in religiöser Beziehung können eigentlich alle folgenden Zeiten nur auf dieses Mysterium von Golgatha zurückweisen." (GA 210/08.01.1922/S.45)

Was vor diesem Wendepunkt liegt, beschreibt Rudolf Steiner in dem angeführten Vortrag so: In der ersten nachatlantischen Kultur war *Religion* alles. Die Intensität des religiösen Lebens durchdrang alles Wissen, alle Bildung, das gesamte Lebensgefühl. – Aber das blieb nicht so. In der zweiten nachatlantischen Kultur war das Religionswesen schon abgeblaßt. Der Mensch begann, etwas neben der Religion Eigenes zu entwickeln. Die Eingeweihten des alten Persien pflegten neben der überlieferten Religion etwas Gedankenhaftes, eine Art *Philosophie*. Neben das hingenommene Offenbarungsgut trat das selbstschaute Gedankengut. – In der dritten Kulturepoche errangen sich die führenden Priesterweisen die Fähigkeit, in den Bewegungen und Stellungen des gestirnten Himmels zu lesen und sich eine *Kosmosophie* aufzubauen, während das eigentliche Religionsgefühl weiter zurückging und auch das schauende Gedankenbilden in den Hintergrund trat. – In der vierten Kulturepoche, der griechisch-lateinischen, treten die alten überlieferten Seeleninhalte der Religion, der Philosophie und der Kosmosophie nur noch schattenhaft gegenüber dem aktiven Erleben der durchgeistigten, durchseelten Erde auf. Etwas wie *Geosophie* erfüllte die Seelen und war so mächtig, daß es sich selbst nach der Zeitenwende, nach der Abwendung von allen vorchristlichen Göttern, noch geltend machte, zum Beispiel in dem mittelalterlichen Sprechen von der "Göttin Natura".

In den vier Kulturzeitaltern konnte sich die Religion trotz ihrer Abschwächung schöpferisch wandeln, konnte aus ihrem Urquell heraus die Kräfte umbilden und differenzieren. Aus allumfassender Hingabe an die Götter über das gedankenhafte Schauen der Götter und das die Himmelsschrift lesende Verstehen der Götter führte sie die Seelen bis zum Gewahrwerden der Götterwirkungen in der Natur der Erde und damit auch zum Gewahrwerden des Christus in der irdischen Natur des Jesus.

Mit dem Eintritt in die fünfte, die gegenwärtige Kulturepoche erlischt die schöpferische Potenz der ursprünglichen Religion, wie sie nach der atlantischen Katastrophe entstanden war. Denn diese Art von Religion war, wie wir gesehen haben, in dem Rückblick auf die vorzeitlichen Erlebnisse begründet.

Rudolf Steiner beschreibt den Nährboden der alten Religionen sogar einmal so, daß nicht nur ein unbestimmter Empfindungsnachklang aus der Zeit vor dem Untergang der Atlantis in Betracht kommt, sondern konkrete Nachwirkungen der ersten vier Erdzeitalter (vgl. GA 106/03.09.1908/S.34 f.): Da werden die Göttererlebnisse des alten Indien als Erinnerungen an die ältesten Erdzustände bezeichnet, die die polarischen genannt werden; diejenigen der persischen Religion als solche an die Erlebnisse der zweiten, der sogenannten hyperboräischen Erdepoche. Die Göttermythen Ägyptens werden als wiederaufsteigende Erinnerungen an das Götterwirken im alten Lemurien beschrieben und die Götterwelt der Griechen, Römer, Germanen als Bilder von den göttlichen Wesen, von welchen sich der atlantische Mensch umgeben sah. – Die vier ersten nachatlantischen Religionskulturen konnten alle aus uralten Erinnerungen schöpfen. Sie standen gewissermaßen auf dem Boden dessen, was es gab, was allem Erdenleben zugrunde lag. Sie zehrten von einer Wirklichkeit, welche das irdische Dasein begründet hatte, und hatten daher nicht nötig, ihr Gottvertrauen zu begründen. Es beruhte auf dem gesunden Empfinden der gewordenen, der vorhandenen Welt. Und selbst die Seelensicherheit, der Glaube gegenüber dem Christus bis zum Ende der vierten nachatlantischen Zeit war noch begründet auf tiefe ahnungsartige Erinnerung der Seelen an Götterereignisse in der Mitte der atlantischen Zeit.

Erst die Neuzeit, die fünfte nachatlantische Zivilisation, hat keine Erinnerungsquellen mehr für das Leben der Religion. Wenn sie zurückschaut, trifft sie nur auf die anderen nachatlantischen Kulturen, nicht mehr auf eine ganze götterdurchwirkte Erdepoche, welche das religiöse Empfinden unterbauen könnte. Darum muß sie sich ihren Glauben in zunehmendem Maße selbst begründen, weil sie aus der Überlieferung vorangegangener Zeiten solchen Grund nicht mehr hat. Sie kann aus einer wahrhaftigen Empfindung für das Nicht-mehr-da-Sein des früher erlebten Gottesgrundes die Idee des A-theismus im Verstande aufkommen lassen. Denn in der alten Gestalt ist "Gott" nicht mehr gegeben, von seiner früher erlebten Wirkung ist der Mensch verlassen.

Im fünften nachatlantischen Zeitraum trifft der göttersuchende Blick in die Vergangenheit auf kräfteleere Idole, auf wirklichkeitslos erklingende Namen. Wendet sich der Blick aber von der Vergangenheit weg auf die Zukunft, auf die keimhaften Möglichkeiten der vollentwickelten heutigen Menschenseele, dann trifft er auf Erfahrungen von der Art, wie sie dem hypothetischen Inselbewohner Rudolf Steiners zuteil werden (vgl. Einführung, 6 und GA 143/7/S.129 f.). Er findet von seinem Ich aus den Christus. – Und weil ihn der Christus hinüberweist in die Seelen der Mitmenschen, findet er in diesen die heute wirkenden Götter wieder, hohe und niedere, kleine und große, Christus geneigte Götter und ihm abgeneigte.

"Der fünfte Zeitraum muß in die Zukunft blicken, wo alle die Götter wieder auferstehen müssen. Diese Wiedervereinigung mit den Göttern wurde vorbereitet in der Zeit, wo die Christuskraft hereinbrach, die allein so stark wirkte, daß sie dem Menschen wieder ein göttliches Bewußtsein geben konnte." Die Götterbilder des fünften Zeitraumes können keine Erinnerungen mehr sein wie die früheren. "Vorausschauen müssen die Menschen des fünften Zeitraumes, dann wird erst wieder das Leben spirituell. Das Bewußtsein muß im fünften Zeitraum der nachatlantischen Epoche apokalyptisch werden." (GA 106/2/S.36)

Damit wird die Religion der Menschheit in einer vom Ende der Atlantis an absteigenden Entwicklung sichtbar, die sich innerhalb der vierten Kulturepoche erschöpft, und in einer aus der Mitte dieser Epoche, aus dem Christusereignis heraus aufsteigenden Entwicklung, die in den folgenden Kulturepochen zu ihrer Kulmination kommen soll. Und die Anthroposophie erscheint als die apokalyptische Vorauserkenntnis dessen, was von jetzt an errungen werden kann, wenn der Mensch als freigewordenes Wesen neuen Anschluß an das Götterwalten sucht.

Wir haben weiter oben ausgeführt, daß der heutige Mensch sich nicht mehr blind irgendwelchen geistigen Mächten überlassen darf, sondern daß er in alle Gebiete des Geisteswirkens den ihm gegebenen Menschenverstand mitnehmen muß, wenn er seine Schritte und Taten verantwortungsvoll in die Zukunft lenken will (siehe Einführung, 3). Darum muß die Geisteswissenschaft immer als erstes errungen werden und bis zu einem gewissen Grade verstanden sein, ehe sich der Mensch tätig, für andere wirkend, in die kommende Kultur hineinstellt. Entgegennehmen kann jeder unbefangene Zeitgenosse die Eindrücke, die er von der erneuerten Kultur als Ideen, als Kunstwerke oder als religiöse Erlebnisse bekommt. Aber als "tätig sein wollendes Mitglied" dieser Kulturbewegung hat er die Pflicht, seinen Verstand auf die Geistesströmungen seiner Zeit ebenso anzuwenden wie auf die konkrete Aufgabe der Anthroposophie (vgl. GA 260a/An die Mitglieder, IV/S.47 f.).

Ein schönes Übungsfeld für den an der Anthroposophie geschulten Verstand bieten die zwei Vorträge, in denen Rudolf Steiner die aus unserer Kulturepoche aufsteigenden Religionsbestrebungen differenziert beschreibt. Sie sind noch nicht, entsprechend den Religionen früherer Zeiten, mit altbekannten Namen zu bezeichnen. Man könnte sagen, daß sie erst provisorische Namen haben. So wie die alten wesenlos gewordenen Götternamen heute gelegentlich für Handelswaren in Anspruch genommen werden, so figurieren die neuen, erst langsam Wesen annehmenden Namen oft noch für allerlei wechselnde Ideen und Programme. Und doch weisen sie in die Richtung der aufsteigenden Religionsimpulse.

Man kann aber das, was in ihnen keimt, von dem, was in ihnen tobt oder spukt, nur durch eine stets geistesgegenwärtige Kritik unterscheiden. Diese vorausgesetzt, führt Rudolf Steiner in den zwei Vorträgen, wenige Tage vor dem Ende des Ersten Weltkriegs und dem sozialen Umbruch der Revolution, das vielschichtige Bild der sich neu formierenden religiösen Kräfte der fünften Kulturepoche aus (vgl. GA 185/02. und 03.11.1918/S.179 ff.): Im Einzelmenschen drängt die Bewußtseinsseele als Bestreben herauf, sich alles dumpf gefühlte undurchschaute Wesen klarzumachen, zu verstehen und erst im verstandenen Zustand anzunehmen. Rudolf Steiner nennt Goethe als Vorbild dieses Strebens nach Bewußtheit in allen Regungen der Seele.

Zum anderen erhebt sich aus den Menschen ein instinktives Streben zur Brüderlichkeit, zur Solidarität mit allen Mitmenschen, zur Einrichtung eines alle Bedürfnisse befriedigenden Zusammenlebens. Dieses Streben kommt vorläufig erst in der Empfindungsseele von Menschengruppen, Klassen, Völkern zum Vorschein.

Ihm bieten sich aus den Bewußtheitsbestrebungen einzelner Persönlichkeiten heraus allerlei Theorien an; Philosophien, Ideologien, Soziologien, die man von den empfundenen Keimkräften der Zukunft wohl unterscheiden muß, und deren förderliche oder fehlleitende Einflüsse auf die Geschichte man nicht mit dem auftauchenden Menschheitswillen verwechseln darf. Goethe wird auch da als Vorbild genannt. Er hütete sich wohl, Theorien, abstrakte Verstandesprogramme für das erstrebte Menschenleben auszudenken. Statt dessen bildete er sich lebenslang ein bewegliches, lebendiges Sensorium für die tieferen Sehnsüchte des neuzeitlichen Gemütes heran und sprach seine dadurch gewonnenen Einsichten zunächst nur in aufweckenden Dichtungen aus, etwa in seinem "Märchen" oder in dem Roman "Wilhelm Meisters Wanderjahre".

Nennt man nun, vielleicht provisorisch, den empfundenen Trieb zur Brüderlichkeit unter den Menschen Sozialismus und den vollmenschlichen Drang zur Bewußtheit aller Lebensschritte nach seinem Vorläufer Goetheanismus, so kann man sagen: Der echte Sozialismus kommt wie eine vitale Temperamentsorientierung in der Empfindungsseele der Menschheit herauf. Der Goetheanismus bildet sich als eine hellwache Geistesverfassung in der Bewußtseinsseele des einzelnen Menschen aus. Und diese beiden werden in der fortschreitenden fünften Kulturepoche auf die mannigfaltigste Weise miteinander in Wechselwirkung treten, sich aneinander reiben und schließlich verbinden müssen.

Verbinden werden sie sich dadurch, daß der Sozialismus immer mehr für das Wesen des vollentwickelten Menschen aufwacht, für dessen zusammenwirkende Wesensglieder, d.h. für den leiblichen, den seelischen und den geistigen Menschen und für deren jeweilige soziale Lebensbedingungen. Verbinden werden sie sich auf der anderen Seite dadurch, daß sich die Bewußtseinsseele ihre religiöse Richtung gibt, wie es an Goethe studiert werden kann. Sie vollzieht das frei und unabhängig von aller Fremdbestimmung und sucht sich selber die Mitmenschen, mit denen sie ihre frei gewollte Andacht pflegen kann. – Und so heißt es:

"Parallel diesem zum vollen Menschenbild erwachten Sozialismus muß gehen eine wirkliche Blüte des religiösen Lebens, das darauf gebaut ist, daß das religiöse Leben der Menschheit eine freie Angelegenheit der miteinander wirksamen Seelen ist. ... Innerhalb der Staatsorganisation darf das religiöse Leben überhaupt keine Rolle spielen, sondern nur innerhalb der als Seelen zusammenlebenden Menschen in völligster Unabhängigkeit von irgendeiner Organisation, wenn Sozialismus herrschen soll." (GA 185/03.11.1918/S.224)

Und dann wird noch gesagt, daß durch dieses freie Zusammenwirken des von Menschenerkenntnis durchgebildeten Sozialismus mit dem goetheanistisch gepflegten Religionsstreben ein Drittes zur Wirkung kommen wird. Aus der über die Erde hin gegliederten Menschheit wird der ganze Mensch in seiner Gliederung begriffen werden:
"Der Orient mit dem Russischen wird dafür sorgen, daß der Geist begriffen wird. Der Westen wird dafür sorgen, daß der Leib begriffen wird. Die Mitte wird dafür sorgen, daß die Seele begriffen wird." (GA 185/9/S.223)

Wenn dann im voll entfalteten Menschenwesen der universelle Menschengott in Tätigkeit erfahren wird, dann wird ihn der Westen als den Welt-Lehrer erkennen, der Osten als den Geist-Bringer und die Mitte als den königlichen Gestalter und Führer des menschlichen Zusammenlebens.

An der hier skizzierten Darstellung der beiden Vorträge fällt auf, daß eigentlich nur dort das volksseelenbedingte Verhältnis zu dem Göttlichen mit Namen aus der bisherigen Religionssprache bezeichnet wird, wo die Stimmung der östlichen Völker dem Christus gegenüber in die Formel "Christus ist der Geist" gefaßt wird, die der westlichen Völker in den Satz "Christus ist der Lehrer" und die der mitteleuropäischen Völker in das Wort "Christus ist der König". Aber die anderen, die individuellen wie die menschheitlichen Seelenimpulse werden mit den in der Religion ganz ungebräuchlichen Termini angesprochen: Goetheanismus, Individualismus und Sozialismus.

Da wird erlebbar, wie die wirkliche Entwicklung der Gefühls- und Willenskräfte der Seele weit über den Rahmen dessen hinausgeht, was bisher unter Religion verstanden worden ist, und daß man sich ihr gegenüber an die Sache und nicht an das Wort halten muß, an den Geist und nicht an Definitionen, wenn man an dieser Entwicklung mitarbeiten will.

Sehen wir in dem Entwicklungsbild der beiden herangezogenen Vorträge eine Art von Religionsgeschichte der kommenden Zeit, etwa bis zum Ende der fünften nachatlantischen Kulturperiode, so wird deutlich, daß Religion im alten Sinne, bloß auf Glauben gebaut, einmal nicht mehr da sein wird. Eine Religion im neuen Sinne, von dem im Verstandesgebrauch wachgewordenen Gemüte frei gesucht, aus seinem Verehrungsbedürfnis angenommen und in frei zugänglichen Weihehandlungen dargelebt – eine solche Religion wird es noch lange geben. Anthroposophie hat einer Fortbildung der Religion in diesem Sinne die größten Dienste geleistet; davon soll in den weiteren Teilen dieser Schrift gesprochen werden.

Das Christentum aber, die Christusauswirkung, wird immer mehr über eine allein religiöse Gestalt hinauswachsen. In der Wissenschaft und Forschung, in der künstlerischen Schöpfung, im kleinen und im großen Zusammenleben der Menschen wird es sich zeigen. Von der Zukunft heißt es:
"Keine andere Religion wird sein, die auf bloßen Glauben gebaut ist. Das Christentum wird bleiben. Denn das Christentum ist zwar in seinem Anfang

Religion gewesen, aber das Christentum ist größer als alle Religion." (GA 102/ 24.03.1908/S.115)

Wie der Gedanke und die Kraft des Zentralmysteriums einen Künstler ergreift und durch ihn in das allgemeine Kulturleben hinauswirkt, beschreibt Rudolf Steiner zum Beispiel am Werk Richard Wagners:

"Man möchte es förmlich in Richard Wagners Seele selbst erlauschen, wie die religiöse Idee des Christentums heraustritt, wie sie die religiösen Fesseln sprengt und etwas Umfassenderes wird." (GA 102/13.04.1908/S.119)

Sie wird etwas dem unbefangenen Anschauen und Hinhören Erreichbares, etwas im Sinnesreich übersinnlich Erlebbares, das jeder gesunde Mensch auffassen kann, wie er will. Das Kunstwerk ist nicht an eine Lehre oder ein Bekenntnis gebunden, denn es spricht zu nichts anderem als zum unmittelbaren *Erfahrungsvermögen*.

Wie der Geist und das Leben des Christentums im Entwicklungsgang des menschlichen *Verstandes* auftauchen können, haben wir in den ersten Abschnitten dieser Einführung darzustellen versucht. Jeder Mensch kann heute das "Kreuz der Erkenntnis", Tod und Auferstehung des Denkens selber kennenlernen. In jeder Wissenschaft, in jeder fachlichen oder populären Darstellung des neuesten Standes der Erkenntnis kann man das Leblosewerden der Begriffe erfahren und ebenso ihr Neuaufleben in frischen Fragestellungen, im Bewußtwerden geistiger Entwicklungsperspektiven, im Gewahrwerden des Geistes in der Wirklichkeit.

Wie sich schließlich das Wesen und der Impuls des Mysteriums von Golgatha in sozialen Initiativen ausbreiten will, das wird sichtbar, wenn das übersinnlich gedachte und gefühlte Menschenwesen den Pädagogen, den Heilpädagogen und Sozialtherapeuten, den Arzt und den Pfleger zu einer Hingabe an den Mitmenschen befähigt, die ihre Herkunft aus einer höheren Wirklichkeit augenscheinlich macht.

Auf diesen und auf vielen anderen Feldern kann das Aufleuchten des göttlichen Wesens der Menschheit in der ihm dargereichten menschlichen Arbeit erlebt werden, das zuerst im christlichen Sakrament gesucht worden ist. Wenn die Arbeitsstätte mit dem alten Namen "Laboratorium" bezeichnet wird, dann versteht man Rudolf Steiners Vorblick auf eine Zukunft, wo der Laboratoriumstisch zum Altar werden wird, auf welchem alle menschliche Arbeit sakramentale Züge annehmen kann.

Das heißt nicht unbedingt, daß dann das Handeln am Altar nicht mehr nötig sein wird. Es wird vielmehr als das namengebende Faktum neben alle anderen menschlichen Bemühungen hingestellt werden dürfen. Denn was würde zum Beispiel in Zukunft der Satz noch sagen: "Das Gewahrwerden der Idee in der Wirklichkeit ist die wahre Kommunion des Menschen" (GA 1/S.126), wenn niemand mehr wüßte, was eine Kommunion ist? *Eine* Erfahrungsweise neben anderen wird die Religionsbetätigung am Altar in Zukunft sein. Wer ihre Sprache in den Mund nimmt, wird wie auf anderen Arbeitsgebieten dem Kundigen zeigen, ob er weiß, wovon er redet.

Man kann, wie es Emil Bock getan hat, das Zusammenwirken aller von dem Christus-Impuls belebten Initiativen, das durch die Anthroposophie eingeleitet worden ist, eine Kulturkameradschaft nennen. Und um eine solche zu fördern und ihre Hindernisse abzubauen, wird diese Schrift vorgelegt. Denn es steht einer solchen auf das Menschheitsganze gerichteten Bestrebung alles das entgegen, was weiterhin nur Teilinteressen verfolgt, weil es an dem Zentralmysterium vorbeilebt. Solches Vorbeileben kann nicht anders wirken als die Taten der römischen Cäsaren gewirkt haben. Es kann nur in irgendeiner Form der Selbstanbetung seine Menschlichkeit verlieren und versuchen, die Menschheit auf seine Bahnen mitzureißen.

Die Kulturkameradschaft aller von der Anthroposophie inspirierten menschlichen Arbeit, der Erkenntnis und des Schaffens im Sinnesfeld, des sozialen und des Religionswirkens, hat auf diese Weise ihre Gegnerschaft. Die Geschichte verläuft aber nach Rudolf Steiners Darstellung so:

"Es muß immer zuerst entgegengearbeitet werden, damit dann wieder eine Zeitlang im Sinne der Evolution gearbeitet werden kann; dann kommt wiederum der Gegenschlag, und so weiter. Das habe ich Ihnen ja ... erörtert, daß alles da ist, damit es wiederum stirbt." (GA 185/03.11.1918/S.224)

Mitten in diesem Werden – Wirken – Sterben – Neuwerden der fortschreitenden Evolution findet die Anthroposophie die geistigen Mächte, die über der Evolution walten. Wer mit der Geisteswissenschaft lebt, der findet durch alle Verhüllungen und in allen Rückschlägen die Kraft, die von ihnen ausgeht, und weiß, daß die Schwäche, die dem Erleben das Göttliche raubt, geheilt, daß das Unglück, den Christus nicht zu finden, gewendet und daß die Bewußtseinstrübung, die den Geist verdunkelt hält, durchbrochen werden kann (vgl. GA 175/10.04.1917/S.218).

I. Anthroposophie und die Religionen

In der Einführung haben wir versucht, Wesen und Aufgabe der Anthroposophie einerseits und der Religion andererseits zu beschreiben. Nun wollen wir betrachten, wie sich die Anthroposophie zu den Religionen verhält: zunächst, ihrem Wesen gemäß, als Erkenntnishilfe (Abschnitte 1 und 2), dann fördernd (Abschnitt 3) und zuletzt klärend (Abschnitte 4 bis 7), indem sie das Einzigartige des Christentums erkennt und dessen Entwicklung in die Zukunft darstellt und mitzubewirken sucht.

Für dieses Kapitel muß eines der methodischen Ziele dieser Studie, die im Vorwort dargestellt sind, eingeschränkt werden: Eine vollständige Erfassung und Auswertung aller zu diesem Themenbereich gehörigen Quellen ist nicht möglich. Das liegt daran, daß Religionserkenntnis, wie dieses Kapitel auch genannt werden könnte, ohnehin ein Hauptgebiet der Anthroposophie ist, ebenso die Christologie. Wollte man alles zusammentragen, was aus der Anthroposophie über die Religionen und besonders über das Christentum zu sagen ist, so würde das eine gesonderte Arbeit erfordern. Deshalb ist, besonders für die ersten vier Abschnitte, eine Quellenauswahl getroffen worden. Manches, besonders im 2. Abschnitt, kann nur erwähnt und im weiteren muß auf Schriften und Vorträge Rudolf Steiners verwiesen werden. Wir hoffen dennoch, daß das Wesentliche des Verhältnisses der Anthroposophie zu den Religionen deutlich wird.

Für die letzten drei Abschnitte ist wieder eine größere Vollständigkeit der Quellen angestrebt, da diese Abschnitte die Erneuerung christlichen religiösen Lebens als notwendigen Bestandteil der Erneuerung der Mysterien darstellen.

1. Das Verständnis aller Religionen und Bekenntnisse

Es war einer der drei Grundsätze der Theosophischen Gesellschaft, deren Generalsekretär in Deutschland Rudolf Steiner von 1902 bis 1912 war, "die Erkenntnis des Wahrheitskernes aller Religionen aufzudecken" (GA 34/S.275). Über diesen Grundsatz schreibt Rudolf Steiner 1907:

"Es ist auch recht schön, wenn in der Gesellschaft, die sich die Theosophische nennt, das Studium der verschiedenen Religionen getrieben wird, um deren Wahrheitskern zu finden. Aber es kommt eben darauf an, daß man diesen *einen Wahrheitskern finde*, nicht darauf, daß man die *mannigfaltigen Religionen* kennenlerne; das letztere ist Sache der Gelehrsamkeit. Die theosophische Bewegung wird auch nach dieser Richtung am günstigsten wirken, wenn ihr die Pflege übersinnlicher Einsichten das erste ist, und ihre Arbeiter, je nach ihren Fähigkeiten, von dem Gesichtspunkte übersinnlicher Welterkenntnis aus Licht verbreiten über das, was die Wissenschaft über die verschiedenen Religionsbekenntnisse zu erforschen vermag." (GA 34/S.283)

Zwei Jahre zuvor führte Rudolf Steiner in dem öffentlichen Vortrag vom 16.11.1905, "Der Weisheitskern in den Religionen", aus:
"Das Bestreben der Geisteswissenschaft ist, den Wahrheitskern in unseren äußeren Religionsbekenntnissen zu suchen, auf die Quellen zurückzugehen, aus denen die heute existierenden Bücher hervorgegangen, geschaffen sind. Auf die Tatsachen zurückzugehen ist nötig, dann werden die Bücher besser verstanden werden, dann wird neues Leben in die Menschheit einströmen." (GA 54/7/S.177)

In demselben Vortrag ist viel über den Ursprung der Religionen gesagt (siehe auch Einführung, 7), ferner über die Aufgabe, die die Anthroposophie gegenüber der Religion hat, nämlich daß mit ihrer Hilfe wieder von individuellen Menschen aus eigener Erfahrung über diejenigen Gebiete der Welt gesprochen werden kann, von denen in früheren Zeiten in den verschiedenen Religionen gesprochen und geschrieben worden ist (siehe GA 54/7/S.155 ff.).

Anthroposophie zeigt, daß in allen Religionskulturen hinter den äußerlich erforschbaren Volksreligionen die Mysterien als Stätten standen, in denen Menschen eingeweiht wurden, um die Welt der Götter, der geistigen Wesen, unmittelbar selber zu erleben. Aus diesen Mysterienstätten sind die einzelnen Religionen, je nach Zeit und Volk verschieden, hervorgegangen. Auch das Christentum hat einen "Mysterienhintergrund". Diesen hat Rudolf Steiner in "Das Christentum als mystische Tatsache und die Mysterien des Altertums" (GA 8) dargestellt und von diesem Hintergrund her das Christentum beleuchtet.

Anschließend an Goethes Gedicht "Die Geheimnisse" führt Rudolf Steiner im öffentlichen Vortrag vom 20.11.1913 aus:
"Wie gleichsam ein wunderbarer Organismus über die Erde hin in den religiösen Bekenntnissen ausgegossen ist, die sich je nach Rassen und Epochen nuancieren, und wie mit dem Aufsteigen in die wirkliche geistige Welt das, was in den einzelnen religiösen Bekenntnissen lebt und sich nuanciert, in einem großen, zusammengehörigen Ganzen geschaut wird, das stellt in wunderbarer Weise Goethe dar. So nimmt er gleichsam voraus, was gerade durch die Geisteswissenschaft in bezug auf die religiösen Bekenntnisse geleistet werden soll: daß sie in ihrem inneren Wesenskern, in ihrer inneren Wahrheit erkannt werden sollen. Denn die Geisteswissenschaft erlebt das Geistige unmittelbar im Geiste." (GA 63/3/S.102 f.)

Da liegt der tiefere Grund, warum mit Hilfe der Anthroposophie alle Religionen und Bekenntnisse in ihrem tieferen Wesen und in ihrer speziellen Bedeutung erkannt werden können: weil durch sie die geistigen Tatsachen, von denen die religiösen Überlieferungen sprechen, unmittelbar erforscht und darüber hinaus das Spezifische einer Religion im Zusammenhang der Menschheitsentwicklung verstanden werden kann. Denn man kann mit ihr gewissermaßen vom geistigen Ursprungsort her auf die einzelne Religion schauen und deshalb erkennen, warum diese in einer bestimmten Zeit und für ein bestimmtes Volk so und nicht anders ausgestaltet ist.

Im Mitgliedervortrag vom 16.06.1907 sagt Rudolf Steiner:
"Eine neue Religion braucht nicht begründet zu werden, denn die Zeit dafür ist vorüber; aber eine neue Stellungnahme des Menschen zu ihr, ein neues Verständnis ist nötig geworden." (GA 100/1/S.13 f.)

In alten Religionen ist die geistige Wahrheit enthalten. Für unsere Zeit ist sie in einer Form gegeben, deren Grundlage von Christian Rosenkreutz geschaffen wurde. Seine Lehre ist die echte christliche Lehre.

"Man braucht nur das Christentum in seinem Kern zu verstehen, dann hat man die Theosophie der Rosenkreuzer. Man braucht keine neue Religion zu begründen, man muß vielmehr das Christentum so auffassen, wie es die ersten Christen aufgefaßt haben." (GA 100/1/S.17)

Anthroposophie will keine Religion sein und nicht religionsbegründend auftreten. Das hat Rudolf Steiner immer wieder betont, denn die Zeit der Religionsstifter ist vorbei. Es geht nur noch um ein neues Verständnis der bestehenden Religionen.

"Den Religionen gegenüber wird die Theosophie sich zu stellen haben auf den Standpunkt der Erklärung der religiösen Wahrheiten, auf den Standpunkt des Verständnisses derselben." (GA 137/02.06.1912/S.27)

In diesem Vortrag vom 02.06.1912 schildert Rudolf Steiner auch, wie durch die Anthroposophie die Bekenner verschiedener Religionen sich verstehen lernen können, und zwar am Beispiel eines Buddhisten und eines Christen, die beide Anthroposophen geworden sind (siehe GA 137/1/S.28 ff.). Entsprechendes finden wir im Vortrag vom 17.04.1912 (GA 143/8/S.134 ff.).

Anthroposophie führt also nicht nur zum Verständnis aller Religionen, sondern auch zu deren gegenseitiger Achtung und Anerkennung, denn:

"Wir lassen den Religionssystemen ihr volles Recht nebeneinander widerfahren. Wir sehen sie an als gleichberechtigte Offenbarungen der großen Initiationswahrheiten. – Und daraus folgt etwas ungeheuer Wichtiges für das praktische Gefühl und die praktische Betätigung. Und was ist dieses Wichtige? Daß aus der anthroposophischen Stimmung das volle Verständnis, die innige Achtung und die volle Anerkennung des Wahrheitskernes aller Religionen folgen wird ..." Anthroposophen werden respektieren "die Wahrheiten, die in den einzelnen Religionssystemen vorhanden sind. Es wird die höchste Achtung sich ergeben und der höchste Respekt wird Platz greifen. ... Man wird hingehen zu den Bekennern der einzelnen Religionssysteme der Erde und man wird nicht glauben, ihnen aufpfropfen, einimpfen zu können andere Bekenntnisse. Wir werden vielmehr zu ihnen gehen und aus unserem eigenen Religionsbekenntnisse heraus werden wir entwickeln, was in ihrem Bekenntnisse an Wahrheit ist. Und man wird, wenn man herausgeboren ist aus einer Gegend, wo eine bestimmte Religion herrscht, aus dieser Religion heraus nicht intolerant abweisen die anderen Religionen, sondern wird doch eingehen können auf das, was als Wahrheit in den verschiedenen Religionen enthalten ist." (GA 143/8/S.133 f.; siehe auch GA 133/4/S.76 ff.)

Diese aktive Toleranz ist durch Anthroposophie deshalb möglich, weil sie unmittelbar zu der Initiationsweisheit führt, die höher und umfassender ist als alle nach Völkern, Zeiten und Weltgegenden differenzierten Religionssysteme, und weil diese alle ursprünglich aus der Initiation, von Initiierten ausgegangen sind (vgl. GA 143/8/S.132 f.).

"Geisteswissenschaft, wie sie hier vertreten wird, steht wirklich auf dem Boden wahrhaftiger, aktiver Toleranz gegenüber allen bestehenden religiösen Offenbarungen. Geisteswissenschaft muß daher die relative Wahrheit der verschiedenen religiösen Bekenntnisse auch durchschauen können. Nicht als ob die Geisteswissenschaft sich mehr oder weniger sympathisch diesem oder jenem Bekenntnisse zuneigt, sondern sie will den Wahrheitsgehalt der verschiedenen Religionsbekenntnisse zutage fördern; sie wird daher sorgfältig abwägen, wird nicht einseitig sein. Es darf also von der Geisteswissenschaft nicht ausgesagt werden, daß sie zu diesem oder jenem Bekenntnisse hinneige; sie will Wissenschaft vom Geistigen sein." (GA 181/23.07.1918/S.370)

Hier ist, sechs Jahre später, von der "relativen Wahrheit der verschiedenen religiösen Bekenntnisse" die Rede. Denn trotz der aktiven Toleranz gegenüber allen Religionen wird durch anthroposophische Erkenntnis deutlich, daß das Christentum nicht einfach neben die anderen Religionen gestellt werden kann (siehe Kap. I, 4 und 5), denn:

"... wer die Entwickelung wirklich übersieht, von der geistigen Welt aus übersieht, der sieht dann auch, wie die einzelnen religiösen Bekenntnisse in ihren verschiedenen Kundgebungen hintendieren nach dem, was sich wie ein religiöses Ergreifen aller religiösen Bekenntnisse im Christentum darstellt". (GA 63/20.11.1913/S.105)

An anderer Stelle wird dieser Gedanke so ausgedrückt:

Man findet durch Anthroposophie, "daß gerade in den Religionsvorstellungen überall – und nicht nur in der alttestamentlichen Religionsvorstellung, sondern in allen Religionsvorstellungen – lebte die Hinneigung zu dem kommenden Christusgeist. ... Da entdeckt Anthroposophie, wie ... von dem Mysterium von Golgatha an dennoch eine andere Zeit auf der Erde eingetreten ist, vor allem die Zeit, in der alle alten religiösen Bekenntnisse in dem Einen synthetisch zusammengefaßt werden." (GA 81/10.03.1922, in: Blätter für Anthroposophie, 1962, Nr. 7/8, S.242 f.)

Daß alle Religionen in das Christentum einmünden, wird uns im 4. und 5. Abschnitt noch beschäftigen. Hier sei vorerst noch ein anderer Gedanke angefügt. Bisher war immer nur von dem *Lehrgehalt* der Religionen und Bekenntnisse die Rede, in denen die Anthroposophie die geistigen Wahrheiten in differenzierten Formen wiedererkennt. Schon auf dieser Ebene kann Anthroposophie dadurch zur aktiven Toleranz, zum Frieden zwischen den Religionen führen. Der viel wichtigere *Lebensgehalt* der Religionen ist bisher aber noch nicht zur Sprache gekommen. Von diesem Lebensbegriff ist im Vortrag vom 01.11.1915 die Rede:

"Und wenn wir von diesem Lebensstandpunkte aus die einzelnen Religionen der Welt betrachten, dann werden wir weit, weit entfernt sein davon, diese Religionen zu untersuchen darauf, ob sie mit unserer Weltanschauung übereinstimmen oder nicht. Nur den Erkenntnisbegriff auf sie anzuwenden, ist gar nicht unsere Aufgabe, sondern den Lebensbegriff.

In der Menschheit gibt es bestimmte Religionsformen. Sehen sollten wir nicht darauf, ob wir sie für wahr halten, sondern ob sie geeignet sind, den Menschen durch das, was in ihrem Kultus lebt, Seelennahrung zu bringen und ihre Seelen zu beleben. Und so kann selbstverständlich, da es verschiedene Menschenseelen gibt, es auch verschiedene Nahrung geben, die ihnen zum Leben dient. Wenn wir das begreifen, dann werden wir einsehen, daß wir uns niemals einlassen können darauf, irgendeine religiöse Form zu bekämpfen, sondern wir müssen uns bemühen, sie zu verstehen, insofern sie die Lebensnahrung ist für Seelen, denen sie gegeben ist als Leben; nicht nur zur Erkenntnis, sondern als Leben." (GA 254/12/S.231 f.)

Anthroposophie anerkennt daher nicht nur "die relative Wahrheit der religiösen Bekenntnisse", sondern auch die relative Berechtigung aller religiösen Lebensformen, da die verschiedenen Menschenseelen eben auch unterschiedliche Nahrung durch verschieden geartetes religiöses Leben benötigen.

2. Die religiösen Überlieferungen und Urkunden

Rudolf Steiner mußte oft der Unterstellung von Gegnern der Anthroposophie entgegentreten, die behaupteten, er habe deren Inhalte aus anderen Weltanschauungen und Religionen "entlehnt", so zum Beispiel die Idee der Reinkarnation aus dem Buddhismus. So schreibt er zum Beispiel im Mai 1908:

"Auch darf nicht geglaubt werden, daß die Geistesforschung ihr Wissen aus der Bibel schöpft. Sie hat ihre eigenen Methoden, findet unabhängig von allen Urkunden die Wahrheiten und erkennt sie dann wieder in diesen." (GA 34/S.306)

Diesen Gedanken hat Rudolf Steiner immer wieder in verschiedener Form ausgesprochen. Ob ein Mensch den dahinterstehenden Tatbestand anerkennen kann oder nicht, ist für seine Stellung zu anthroposophischer Religionserkenntnis von entscheidender Bedeutung.

Das Verhältnis Rudolf Steiners zur Religion vor der Jahrhundertwende müssen wir hier unberücksichtigt lassen (siehe dazu unsere Einführung und die Schrift von Christoph Lindenberg: Individualismus und offenbare Religion). In seiner Autobiographie "Mein Lebensgang" deutet er den inneren geistigen Vorgang an, durch den er um die Jahrhundertwende einen individuellen Zugang zum Christentum als Tatsache (und nicht als Lehre) erlangte (siehe GA 28/26/S.363 bis S.366; siehe auch Einführung, 2 und Kap. IV, Vorbemerkungen).

Von dieser Erkenntnis des "Christentums als mystische Tatsache" begann Rudolf Steiner im Oktober 1901 in der Theosophischen Bibliothek in Berlin zu sprechen. Seine Vorträge hat er selber zu dem Buch mit gleichem Titel umgearbeitet. Damit ist auch in seinem Gesamtwerk deutlich, daß seine Religionserkenntnis mit der geistigen Erforschung des Christentums begann. Von diesem Ausgangspunkt aus hat er dann seine Religionserkenntnis in den folgenden Jahren entfaltet. In den Vorträgen im Theosophischen Konservatorium 1902 und 1903 hat er wahrscheinlich auch über Religion gesprochen, und zwar unter dem Thema: "Anthroposophie oder die Verbindung von Moral, Religion und Wissenschaft", wie aus dem Brief an W. Hübbe-Schleiden vom 16.09.1902 hervorgeht (siehe GA 39/S.297 und Anm. S.426; siehe hierzu und zum folgenden die bibliographischen Angaben in: Hans Schmidt: Das Vortragswerk Rudolf Steiners).

Am 19.03.1903 hielt er in Berlin einen öffentlichen Vortrag über "Die Theosophie und die Fortbildung der Religionen". Leider ist von diesem Vortrag keine Nachschrift erhalten. Es ist einer der ersten der vielen öffentlichen Vorträge, die er im Architektenhaus in Berlin regelmäßig bis 1918 gehalten hat, um die Geisteswissenschaft einem breiten Publikum zugänglich zu machen. Der Titel dieses ersten Vortrags ist eine grundlegende Aussage über die Aufgabe der Anthroposophie gegenüber der Religion.

Dieser Vortrag wurde von Rudolf Steiner am 15.04.1903 in Weimar ein zweites Mal gehalten. In den Referaten der Weimarer Zeitungen, die diesen Vortrag rezensierten, kommt der im Vortragstitel angedeutete Gedanke nicht vor (siehe: Beiträge zur Rudolf Steiner Gesamtausgabe, Nr. 99/100, S.15 ff.).

Am 07.11.1903 folgt dann der öffentliche Vortrag in Berlin, "Der Gottesbegriff vom Gesichtspunkt der Theosophie" bzw. "Das Wesen der Gottheit vom theosophischen Standpunkt" (GA 52/3), in dem noch nicht auf bestimmte religiöse Überlieferungen und Urkunden eingegangen wird, ferner folgt ein Mitgliedervortrag am 23.11.1903 über den "Sündenfall" sowie ein Vortrag am 08.12.1903 über die Kosmologie nach der Genesis.

Zu dieser Zeit beginnt die Darstellung geisteswissenschaftlicher Inhalte anhand religiöser Urkunden; entsprechend tituliere Rudolf Steiner 1908 auch einen Vortragszyklus: "Die Theosophie an der Hand der Apokalypse" (heute GA 104).

Im Dezember desselben Jahres beginnt die lange Reihe der Weihnachtsbetrachtungen und -vorträge (11.12. und 21.12.1903).

Am 04.01.1904 folgt dann der öffentliche Vortrag "Theosophie und Christentum". In diesem Vortrag schildert Rudolf Steiner erstmals öffentlich die Aufgabe der Geisteswissenschaft gegenüber dem Christentum:

"Eine Dienerin, nichts anderes, will die theosophische Bewegung auch gegenüber dem Christentum sein. Dienen will sie dadurch, daß sie den tiefsten Kern, das eigentliche Wesen aus dem christlichen Religionsbekenntnisse herauszuschälen sucht." (GA 52/4/S.62 f.)

Anknüpfend an das Johannesevangelium stellt er dann zuerst die beiden Grundtatsachen des Christentums dar, die Inkarnation des Gottesgeistes Christus in dem Menschen Jesus von Nazareth und die Auferstehung. Im weiteren behandelt er mehrere zentrale Themen: das Sprechen Jesu in Gleichnissen, die Verklärung auf dem Berge, das Abendmahl und das Problem der Schuld. Dann heißt es:

"Nichts anderes als das, was die christlichen Lehrer in den ersten Jahrhunderten gelehrt haben, das will die Theosophie wieder an den Tag bringen. Dienen will sie der christlichen Botschaft, auslegen will sie sie im Geiste und in der Wahrheit. Das ist die Aufgabe der Theosophie gegenüber dem Christentum. Nicht das Christentum zu überwinden, sondern es in seiner Wahrheit zu erkennen, dazu ist die Theosophie da. – Und Sie brauchen nichts anderes, als das Christentum in seiner Wahrheit zu verstehen, dann haben Sie die Theosophie in ihrem vollen Umfange." (GA 52/4/S.83 f.)

Die Lehren der Geisteswissenschaft sind nur eine dem modernen Bewußtsein entsprechende Form dessen, was eigentlich in und hinter der christlichen Überlieferung liegt. Und es ist bezeichnend, daß Rudolf Steiner, so wie in diesem Vortrag, immer wieder von dem Johannesevangelium und der Apokalypse des Johannes ausgeht. Außer vielen Einzelvorträgen in den Jahren 1904 und 1905 hat er vom Februar 1906 bis zum Januar 1910 allein sieben Vortragszyklen über das Johannesevangelium und drei über die Apokalypse des Johannes gehalten. 1909 begann er mit dem Zyklus in Kassel, "Das Johannes-Evangelium im Verhältnis zu den drei anderen Evangelien, besonders zu dem Lukas-Evangelium" (GA 112), auch über die anderen Evangelien zusammenhängende Zyklen zu halten, was im September 1912 mit den Vorträgen über das Markusevangelium (GA 139) seinen Abschluß fand.

In diesen Vorträgen hat Rudolf Steiner nicht nur allgemein über das Christentum gesprochen, sondern auch über dessen Wurzeln in der hebräischen Religion, über das Verhältnis zu den anderen vorchristlichen Religionen und über viele Einzelheiten der Evangelien. So gibt es allein mindestens neunzehn Vortragspassagen, in denen Rudolf Steiner über die Hochzeit zu Kana spricht, jenes Ereignis, das sich im zweiten Kapitel des Johannesevangeliums findet.

Es geht Rudolf Steiner bei seinen Ausführungen über die religiösen Urkunden zunächst immer darum, die geistige Wirklichkeit dessen zu schildern, was in ihnen angedeutet ist, und dann immer mehr um das, was sich historisch-irdisch zugetragen hat, dadurch daß der Christus Jesus auf Erden lebte. Dieser letzte Aspekt findet einen gewissen Höhepunkt in den Zyklen "Von Jesus zu Christus" (GA 131) und "Aus der Akasha-Forschung. Das fünfte Evangelium" (GA 148).

Es gibt aber noch viele Vorträge und Zyklen, die sich mit dem Wesen des Christus, dem Mysterium von Golgatha, der Hierarchienlehre und anderen Inhalten des sogenannten esoterischen Christentums beschäftigen. Man braucht nur die Titel der Bände der Gesamtausgabe durchzusehen und wird die Fülle finden.

Obwohl, wie wir gesehen haben, die Erkenntnis des Christentums der Ausgangspunkt und die Hauptsache bei Rudolf Steiner ist, hält er ab 1904 auch Vorträge über andere Religionen und deren Überlieferungen: die Genesis im Alten Testament, die Kabbala – auch über Gestalten wie Moses, Elias, Kain und Abel –; über die germanische Mythologie, die Druiden, Siegfried und die Götterdämmerung; über Prometheus und die griechische Mythologie; über "Ägyptische Mythen und Mysterien" (GA 106); Zarathustra; "Der Orient im Lichte des Okzidents" (GA 113); und besonders über die indische Geheimlehre, die Bodhisattvas, "Buddha", "Von Buddha zu Christus" sowie "Die okkulten Grundlagen der Bhagavad Gita" (GA 146). An zwei Titeln von Zyklen ist abzulesen, mit welcher Tendenz Rudolf Steiner die orientalischen Religionen behandelt hat: "Die Bhagavad Gita und die Paulusbriefe" (GA 142), "Die Mysterien des Morgenlandes und des Christentums" (GA 144). Immer hat er die vorchristlichen Religionen so dargestellt, daß sie in das Christentum einmünden. Davon wird im 4. und 5. Abschnitt dieses ersten Kapitels noch die Rede sein.

Rudolf Steiner hat aber nicht nur die Urkunden und Überlieferungen der verschiedenen Religionen einem modernen geistigen Verständnis zugänglich gemacht, sondern er hat die Religionen selbst in ihrer besonderen Art charakterisiert.

Eine erste Orientierung darüber findet man in dem Vortrag vom 16.11.1905, "Der Weisheitskern in den Religionen". Dort wird die Tao-Religion der chinesischen Kultur als ein Rest atlantischer Geistigkeit beschrieben (GA 54/7/S.163 ff.), und dann von den Religionen der nachatlantischen Kulturen in Ur-Indien (S.167 ff.), Ur-Persien (S.171 f.) und Ägypten (S.172 f.) gesprochen. Zuletzt wird das Besondere des Christentums hervorgehoben (S.174 ff.).

Eine weitere Charakterisierung der verschiedenen Arten von Religionen findet sich im Vortrag vom 13.05.1908. Zuerst wird die Ahnenreligion charakterisiert (GA 102/9/S.152 f.), dann der Pantheismus (S.153) und schließlich das Christentum (S.156 ff.).

Im Vortrag vom 09.06.1912 hat Rudolf Steiner die Besonderheiten der Sonnen-, Monden- und Sternenreligionen herausgearbeitet (GA 137/7/S.130 ff.), in einem anderen, vom 12.06.1910, beleuchtet er den Gegensatz von Polytheismus und Monotheismus (GA 121/7/S.119 ff.), am 27.11.1916 charakterisiert er Ahnenkult, Polytheismus, Monotheismus und das Christentum (GA 172/10/S.200 ff.; siehe auch Einführung, 7).

Auffällig ist, daß es von Rudolf Steiner keine Auslegungen des Koran gibt. Es gibt überhaupt nur wenige Stellen, in denen sich etwas über Mohammed und den Islam als Religion findet (GA 124/13.03.1911/S.171 ff.; GA 137/10.06.1912/S.155; GA 167/16.05.1916/S.244 ff.; GA 182/16.10.1918/S.170; GA 300a/09.06.1920/ S.130; GA 353/19.03.1924/S.100 bis S.109). Erst in seinem letzten Lebensjahre, in den Karmavorträgen (GA 235 bis GA 240), hat Rudolf Steiner immer wieder auf den Mohammedanismus hingewiesen. Da der Islam die einzige Religion ist, die nach dem Erdenwandel Jesu Christi entstanden ist, die Göttlichkeit Christi in

Jesus von Nazareth ablehnt und nur den einen Gott Allah anerkennt, nicht aber die Dreieinigkeit, die Trinität, ist sie auch die einzige Religion, die nicht auf das Christentum hinführt, sondern von ihm weg.

Wer eine gründliche Studie über den Islam vom anthroposophischen Standpunkt aus sucht, findet sie in der Schrift von Rudolf Frieling: "Christentum und Islam".

Es ist aus der Fülle der Quellen, auf die in diesem Abschnitt hingewiesen wurde und die noch vermehrt werden könnte, erkennbar geworden, daß es ganz unmöglich ist, das Thema dieses Abschnittes entsprechend den anderen Kapiteln dieser Studie aus Zitaten zu entwickeln. So kann die Grundaussage dieses Kapitels, daß Anthroposophie die Inhalte und Überlieferungen, die Urkunden und die Art der verschiedenen Religionen dem modernen Bewußtsein verständlich macht, nur wie eine Behauptung dastehen, deren Nachweis jeder selber aus den angegebenen Quellen führen kann.

Wer ein Beispiel für diesen Nachweis sucht, sei auf das Hauptwerk von Emil Bock verwiesen: "Beiträge zur Geistesgeschichte der Menschheit". In sieben Bänden findet man in diesem Werk Erkenntnisse und Anregungen der Anthroposophie für ein Verständnis des Alten und Neuen Testamentes verarbeitet.

3. Anthroposophie stört niemandes religiöses Bekenntnis, vertieft vielmehr das religiöse Leben

Weil die Anthroposophie Aussagen über Gebiete des Daseins macht, von denen früher ausschließlich die Religionen und Kirchen gesprochen haben, ist Rudolf Steiner immer wieder der Vorwurf gemacht worden, er habe eine neue Religion begründen wollen. Dieser Vorwurf beruhte darauf, daß zwischen den Glaubensinhalten und Bekenntnissen einerseits und dem religiösen Leben und Handeln andererseits nicht genügend unterschieden wurde (siehe Einführung, 6). Auf erstere hat die Anthroposophie manch neues Erkenntnislicht geworfen, letzteres als die eigentliche Religion aber nicht beeinflußt oder verändert (siehe auch Kap. IV, 6).

Eine grundlegende Auseinandersetzung mit obigem Vorwurf findet sich in dem Aufsatz "Lebensfragen der theosophischen Bewegung" von 1906/07:

"Die Menschheit ist gegenwärtig auf einer Entwickelungsstufe angelangt, auf der ein großer Teil von ihr alle Religion verlieren würde, wenn die ihr zugrunde liegenden höheren Wahrheiten nicht auch in einer Form verkündigt würden, so daß auch das schärfste Nachdenken sie als gültig ansehen kann. Die Religionen sind wahr, aber die Zeit ist für viele Menschen vorüber, in der Begreifen durch den bloßen Glauben möglich war. Und die Zahl der Menschen, für die das gilt, wird in der nächsten Zukunft mit ungeahnter Schnelligkeit zunehmen. Das wissen diejenigen, welche die Entwickelungsgesetze der

Menschheit wirklich kennen. Wenn die den religiösen Vorstellungen zugrunde liegenden Weisheiten nicht in einer dem vollkommenen Denken standhaltenden Form in der Gegenwart öffentlich verkündet würden, so müßte alsbald der völlige Zweifel und Unglaube gegenüber der unsichtbaren Welt hereinbrechen. Und eine Zeit, in der das der Fall wäre, wäre trotz aller materiellen Kultur eine Zeit, schlimmer als eine solche der Barbarei. Wer die wirklichen Bedingungen des Menschenlebens kennt, der weiß, daß der Mensch ohne Verhältnis zum Unsichtbaren ebensowenig leben kann, wie eine Pflanze ohne nährende Säfte ...

Theosophie, richtig verstanden, ist keine neue Religion, auch keine religiöse Sekte, sondern das richtige Mittel der gegenwärtigen Zeit, die Weisheit der Religion so zu zeigen, wie das für den Menschen dieser Zeit notwendig ist. Theosophie gründet keine neue Religion, denn sie liefert gerade die Beweise für die Gültigkeit der alten, und wird so dieser zur festesten Stütze ..." (GA 34/ S.273 f.; siehe auch Einführung, 6)

Ähnlich wird der Gedanke im Vortrag vom 17.06.1908 ausgedrückt:

"Man würde die heutige Betrachtung mißverstehen, wenn man des Glaubens wäre, Anthroposophie oder Geisteswissenschaft sei in irgendeiner Beziehung eine neue Religion, wolle irgendein neues Religionsbekenntnis an die Stelle eines alten setzen. Man möchte sogar, um nur ja nicht mißverstanden zu werden, sagen: Wird einmal Geisteswissenschaft richtig verstanden werden, dann wird man sich klar sein darüber, daß sie als solche zwar die festeste, die sicherste Stütze des religiösen Lebens ist, daß sie selbst aber keine Religion ist, daß sie daher auch keiner Religion jemals als solcher widersprechen wird. Etwas anderes ist es aber, daß sie das Instrument sein kann, das Werkzeug, um die tiefsten Weistümer und Wahrheiten und die ernstesten und lebensvollsten Geheimnisse der Religionen zu erklären und zum Verständnis zu bringen." (GA 104/0/S.12)

Hier ist neben dem Verhältnis der Religionsinhalte zur Anthroposophie schon die Rede vom religiösen Leben. Das wird im weiteren Verlauf des Vortrags noch deutlicher unterschieden:

"Erkenntnis der Religion – das wollen wir festhalten – ist etwas, was man nur gewinnen kann, wenn man es mit Hilfe der auf geisteswissenschaftlichem Wege gewonnenen Erkenntnisse betrachtet, obwohl Anthroposophie nur ein Werkzeug des religiösen Lebens sein kann, niemals eine Religion selber." (GA 104/0/S.15)

Dann folgt die Charakterisierung dessen, was Religion ist (siehe Einführung, 6), und schließlich heißt es weiter:

"Der Inhalt des religiösen Lebens ist gewiß das, was wir die geistige, die übersinnliche Welt nennen. Aber ebensowenig wie ästhetisch-künstlerisches Empfinden dasselbe ist wie das, was wir nennen geistiges Erfassen der inneren künstlerischen Gesetze – obwohl das geistige Erfassen derselben das Kunstverständnis erhöhen wird –, ebensowenig ist jene Weisheit, jene Wissenschaft, welche in die geistigen Welten einführt, und Religion selber das gleiche. Diese Wissenschaft wird das religiöse Empfinden, das religiöse Fühlen ernster, würdiger, größer, umfangreicher machen, aber selber Religion will sie nicht sein, wenn sie im richtigen Sinne verstanden wird, obwohl sie zur Religion führen mag." (GA 104/0/S.15)

Anthroposophie kann also ein Werkzeug, eine Hilfe sein für Religion, für religiöses Leben, denn sie macht das Objekt dieses Lebens dem Bewußtsein verständlich. Man kann auch sagen: Weil sie den Gegenstand der religiösen Empfindung, des Glaubens zum bewußten Verständnis bringen kann, verstärkt sie dieselben. Denn an das, was ich weiß, glaube ich stärker als an das, was ich nicht verstehen kann.

Eine kleine Äußerung aus dem Jahr 1910 lassen wir aus (GA 118/14/S.194), da sie keinen neuen Gedanken bringt, und wenden uns gleich dem Vortrag "Geisteswissenschaft und religiöses Bekenntnis" vom 20.11.1913 zu. Dort heißt es:

"So stellen sich die religiösen Erlebnisse, wie aus dunklen, unbekannten Untergründen heraustauchend, hinein in das gewöhnliche Leben des Menschen, das in der Sinneswelt bei wachem Tageszustande abläuft. Dann aber, wenn der Geistesforscher die Seele so erkraftet, daß sie sich mit dem, was im normalen Leben während des Schlafes unbewußt bleibt, bewußt, wachend erlebt, unabhängig vom physischen Leibe, dann lebt sich diese geistesforscherisch zubereitete Seele in das hinein, was als religiöser Inhalt, als religiöses Erlebnis wie aus dunklen, unbekannten Untergründen der Seele beim gesund lebenden Menschen heraufleuchtet. Die religiösen Erlebnisse rechtfertigen sich dadurch gerade in der geistesforscherischen Anschauung. ... Der Geistesforscher erreicht in seinem geistigen Erleben die Anschauung derjenigen Wesen und Vorgänge des Geistigen, die für das religiöse Leben sonst unbekannt bleiben, die aber ihre Impulse in das religiöse Leben hineinsenden müssen und den Menschen durchdringen mit dem Gefühl seines Zusammenhanges mit der geistigen Welt." (GA 63/3/S.99 f.)

Anthroposophie vermag also nicht nur die religiösen Urkunden in ihrem Geistgehalt zu beleuchten und zu bestätigen und damit den Glauben an dieselben zu steigern, sondern sie rechtfertigt das Auftreten des religiösen Gefühls, des Gefühls eines Zusammenhanges mit der geistigen Welt durch ihre Erkenntnis von der Wirklichkeit, die hinter dem Auftreten dieses Gefühls steht (siehe Kap. III, 1), denn:

"Das gesamte religiöse Leben wird aus einem einheitlichen Urquell heraus sichtbar vor der geisteswissenschaftlichen Anschauung, wo sich diese zur Intuition erhebt. ... Daher kann für eine unbefangene Beurteilung die Geisteswissenschaft niemals eine Feindin irgendeines religiösen Bekenntnisses sein; denn sie zeigt gerade die Grundquelle, die Grundnatur der religiösen Bekenntnisse, und sie zeigt auch, wie diese Bekenntnisse alle aus einem einheitlichen geistigen Weltengrunde hervorquellen ..." (GA 63/3/S.104)

Noch ein wenig darüber hinaus geht das, was Rudolf Steiner im öffentlichen Vortrag vom 16.01.1916 in Liestal ausgesprochen und dann für den Druck bearbeitet hat:

"Nun, es wird auch gefragt – und diese Frage wird sogar als eine naheliegende bezeichnet –, wie Geisteswissenschaft oder Anthroposophie zu dem religiösen Leben des Menschen steht. Sie wird aber ihrer ganzen Wesenheit nach *nicht* in irgendein religiöses Bekenntnis, in das Gebiet irgendeines religiösen Lebens unmittelbar eingreifen. ... Religionen sind im geschichtlichen Leben der Menschheit Tatsachen. Geisteswissenschaft kann sich auch allerdings darauf erstrecken, die geistigen Erscheinungen, die im Laufe der Weltentwicklung als Religion auftraten, zu betrachten. Allein Geisteswissenschaft kann niemals eine Religion schaffen wollen, ebensowenig wie sich die Naturwissenschaft der Illusion hingibt, etwas in der Natur zu schaffen. Daher werden in dem Kreise der geisteswissenschaftlichen Weltanschauung in allertiefstem Frieden und in vollständiger Harmonie die verschiedensten Religionsbekenntnisse zusammenleben und nach der Erkenntnis des Geistigen streben können; – so streben können, daß dasjenige, was der einzelne als religiöse Überzeugung trägt, nicht dadurch in irgendeiner Weise beeinträchtigt wird. Auch nicht die Intensität in der Ausübung seines religiösen Bekenntnisses und seines religiösen Kultus braucht in irgendeiner Weise beeinträchtigt zu werden durch dasjenige, was der Mensch in der Geisteswissenschaft findet. Man muß vielmehr sogar sagen, Naturwissenschaft, so wie sie aufgetreten ist in der neueren Zeit, hat vielfach die Menschen weggeführt von einem religiösen Begreifen des Lebens, von innerer, wahrer Religiosität. Und gerade das ist eine Erfahrung, die wir mit der Geisteswissenschaft machen, daß diejenigen Menschen, die durch die naturwissenschaftlichen Halbwahrheiten allem religiösen Leben entfremdet werden, durch die Geisteswissenschaft gerade wieder zu diesem Leben hingeführt werden können. Niemand braucht irgendwie abgewendet zu werden von seinem religiösen Leben durch die Geisteswissenschaft. Daher kann man auch nicht davon sprechen, daß die Geisteswissenschaft als solche ein religiöses Bekenntnis sei. Weder will sie ein religiöses Bekenntnis schaffen, noch will sie den Menschen irgendwie verändern in bezug auf dasjenige, was er als sein religiöses Bekenntnis hat. Dennoch scheint es, als ob man sich Gedanken machte über die Religion der Anthroposophen. In Wahrheit kann man in solcher Art gar nicht sprechen, denn innerhalb der Anthroposophischen Gesellschaft sind alle Religionsbekenntnisse vertreten; und keiner wird durch sie gehindert werden, sein religiöses Bekenntnis auch praktisch in der vollsten, umfänglichsten und intensivsten Weise zu betätigen." (GA 35/S.197 ff.)

Diese Äußerungen wurden ausgesprochen, wenige Monate bevor Rudolf Steiner von der Notwendigkeit einer Erneuerung des christlich-religiösen Lebens zu sprechen begann (siehe Kap. IV, 2). Zwar wird schon von der Erfahrung gesprochen, daß Menschen durch Anthroposophie wieder zu einem religiösen Leben hingeführt werden können, aber noch liegt das Hauptgewicht auf der

Aussage, daß Anthroposophie niemanden an der intensivsten Ausübung seines Kultus, seiner praktischen religiösen Tätigkeit hindert. Damit ist über die bisherigen Aussagen in bezeichnender Weise hinausgeschritten. Denn zunächst war von den Inhalten und Bekenntnissen der Religionen die Rede, die durch Anthroposophie neu und tiefer verstanden werden können, dann von dem religiösen Gefühlserlebnis, das durch anthroposophische Erkenntnis gerechtfertigt erscheint, und nun wird vom religiösen Leben, von der religiösen Betätigung im Kultus gesprochen, zu der der Mensch durch Anthroposophie wieder hingeführt werden kann. Außerdem wird vorsichtig darauf hingewiesen, daß es damals schon Menschen aus verschiedensten Religionsgemeinschaften in der Anthroposophischen Gesellschaft gab, die eine Vertiefung ihres religiösen Lebens durch Anthroposophie erfuhren. Das bekannteste Beispiel ist Friedrich Rittelmeyer, der davon in seinem Buch "Meine Lebensbegegnung mit Rudolf Steiner" Zeugnis abgelegt hat. Es gab aber noch viele andere, für die das ebenfalls zutraf. Von einigen wird noch in Kapitel VI, 3 berichtet werden.

In dem öffentlichen Vortrag "Anthroposophie stört niemandes religiöses Bekenntnis" vom 19.10.1917 (siehe auch Kap. IV, 2) lesen wir:

"Neue Religionen entstehen nicht mehr. Daher ist Anthroposophie gerade geeignet, den absoluten Wert, die absolute Beständigkeit der Religionsbekenntnisse zu durchschauen, die sich gebildet haben, – in ihrem Zeitalter gebildet haben. Anthroposophie würde sich selber schlecht verstehen, wenn sie glauben würde, ein neues Religionsbekenntnis begründen zu können. Aber weil die Religionsbekenntnisse für Menschen, die noch nicht jene Impulse, jene Kräfte in sich hatten, die zur Anthroposophie hindrängen (was die Menschen der Gegenwart viel mehr haben als sie glauben), weil sie für Menschen, die das noch nicht hatten, Kundgebungen, Eindrücke aus der geistigen Welt bringen sollten, entstanden die Religionen, die ihren Wert behalten und die gerade verstanden werden können von der Anthroposophie, die nun auch auf ihre Art in die geistige Welt sich hinaufarbeitet.
So kommt es, daß, richtig verstanden, Religion und Anthroposophie sich begegnen können. ...
Das ist es, was man im tiefsten Sinne bedenken sollte, wenn man recht beurteilen will das Verhältnis von Religion und Anthroposophie. In älteren Zeiten war der Mensch nicht so veranlagt, nicht so geartet, daß er neben dem religiösen Weg in die geistige Welt hinauf noch einen anderen brauchte. Gerade so, wie der Mensch des Mittelalters das kopernikanische Weltanschauungssystem nicht brauchte, brauchte er keine Anthroposophie. Heute braucht er sie, weil die Menschheit in Entwicklung ist. Aber was einmal der Menschheit gegeben ist, was aus gewissen Kräften, die nur in gewissen Zeitaltern vorhanden waren, in die Menschheit eintrat, das behält seinen Wert." (GA 72, in: Gegenwart, 1950, Nr. 1/2, S.12 f.)

Anthroposophie vertieft nicht nur das religiöse Bekenntnis und Leben, sondern sie ist sogar notwendig, damit der gegenwärtige Mensch die Religion nicht vollständig durch die naturwissenschaftliche Erkenntnisart verliert. Sie ist ein zusätzlicher Weg in die geistige Welt, der den religiösen aber nicht überflüssig macht, denn dieser behält seinen Wert.

Am 05.02.1918 beginnt Rudolf Steiner dann von der "Vertiefung" des religiösen Lebens zu sprechen:
"Ich habe öfter gesagt: Geisteswissenschaft will nicht eine neue Religion gründen, will auch nicht etwas Sektiererisches in die Welt setzen, sonst verkennt man sie vollständig. Ich habe dagegen oft betont, daß sie das religiöse Leben der Menschen vertiefen kann, indem sie reale Grundlagen schafft." (GA 181/3/S.65)

Im weiteren wird auf die Notwendigkeit verschiedener Totenkulte für Kinder und Erwachsene hingewiesen (siehe Kap. III, 4), und dann heißt es weiter:
"Aber das ist ganz anders, wenn man ein lebendiges Bewußtsein, nicht nur von einem pantheistischen Zusammenleben mit einer Geisteswelt, sondern ein lebendiges Bewußtsein von einem konkreten Zusammenleben mit einer geistigen Welt hat. Man kann voraussehen ein Durchtränktwerden des religiösen Lebens mit konkreten Vorstellungen, wenn eben durch Geisteswissenschaft dieses religiöse Leben vertieft werden wird." (GA 181/3/S.65)

Hier wird deutlich, daß Rudolf Steiner nicht nur die Vertiefung der Religiosität des einzelnen Menschen durch Anthroposophie sah, sondern schon die Erneuerung und Vertiefung des religiösen Lebens als Ganzes vor Augen hatte. Das wird uns noch beschäftigen (siehe Kap. IV, 2 und 6). – Dasselbe gilt für den öffentlichen Vortrag vom 15.10.1918:
"So muß auf der anderen Seite gerade als Folge dieser Geist-Erkenntnis ein vertieftes religiöses Leben auftreten, denn tief in der Menschennatur ist es begründet, daß das Geistige nicht nur in seinem Leuchten, in seinem Weisheitsvollen angeschaut werde, sondern auch verehrt werde. ... Der Mensch wird, wenn er auf der einen Seite das Licht des Geistigen empfängt, hingehen und verehren dieses Geistige, suchen, wo er religiöses Leben, religiöse Vertiefung finden kann." (GA 73/7/S.324)

Auf der anderen Seite gilt aber auch: "Aus der bloßen Weisheit, aus der bloßen Religion *kann* nicht das Übersinnliche geschaut werden. Die Religion muß sich ergänzen durch die Anschauung des Übersinnlichen, sonst wird sie nur scheinbar einem naturwissenschaftlichen Zeitalter genügen können, indem sie alte Anschauungen fortpflanzt und sich gegen die neuen wendet. Religion, richtig erfaßt, braucht sich nicht zu fürchten vor dem Auftreten neuer, auch übersinnlicher Wahrheiten." (GA 73/7/S.325)

Wir haben damit in diesem Vortrag schon zwei mögliche Entwicklungswege des einzelnen Menschen vorgezeichnet: von der Anthroposophie zu religiösem Leben und von der Religion zur Geisterkenntnis. Auch dieses Motiv wird uns noch weiter beschäftigen (siehe Kap. VI, 1 bis 4).

Im öffentlichen Vortrag vom 25.11.1921 in Oslo sprach Rudolf Steiner von der Belebung und Befruchtung des religiösen Lebens durch anthroposophische

Geisterkenntnis und davon, daß wir eines solchen religiösen Lebens gar sehr bedürftig seien:

"Endlich aber hängt ja all dasjenige, was nun auf einem Forschungs-, nicht auf einem bloßen Glaubenswege, von anthroposophischer Geisteswissenschaft gesucht wird als Weg zu höheren Welten, zusammen mit dem tiefst Innersten, was der Mensch erstrebt, mit dem, was er erstrebt als seinen Zusammenhang mit dem göttlich-geistigen Weltengrunde, mit dem, was er erstrebt an Hingabe, an frommer Hingabe an diesen Weltengrund. Kurz, es hängt zusammen mit all dem, was der Mensch im tiefsten Inneren als seine religiösen Empfindungen, als sein ganzes religiöses Leben entfalten muß, wenn er zu seiner vollen Menschenwürde kommen will. Daher bedeutet anthroposophische Erkenntnis der übersinnlichen Welten zu gleicher Zeit eine Belebung, eine Durchfruchtung des religiösen Lebens, dessen wir heute, was jeder Unbefangene zugeben wird, gar sehr bedürftig sind. Daher kann ich es kaum begreifen, daß man gerade von theologischer Seite auch neuerdings wiederum eingewendet hat gegen anthroposophische Geistesforschung, sie ertöte das religiöse Leben. Der Satz ist zum Beispiel gefallen: Das Leben der Anthroposophie bedeute den Tod der Religion. – Nun, das Leben der Anthroposophie hängt zusammen mit demjenigen Leben der menschlichen Seele, das gerade die innigsten religiösen Kräfte entwickelt. Es kann dieses anthroposophische Forschen nach den übersinnlichen Wirklichkeiten nicht den Tod der Religion bedeuten, sondern höchstens den Tod von etwas, was man für Religion hält, und was dadurch schon ein Erstorbenes ist. Da würde Anthroposophie auf das schon Erstorbensein hinweisen können, würde gewissermaßen eine Art von Leichenschau sein. Ihrem Wesen nach aber muß sie, weil sie ein lebensvoller Weg in die übersinnlichen Wirklichkeiten ist, zu gleicher Zeit ein Mittel sein, die religiösen Empfindungen, das ganze religiöse Durchdrungensein des Menschen mit Hingabe an die übersinnlichen Welten zu erhöhen, zu beleben, zu durchwärmen." (GA 79/1/S.38 f.)

Im unmittelbaren zeitlichen Umkreis finden sich noch zwei Äußerungen über die Stellung der Anthroposophie gegenüber der Religion. Am 13.04.1922 in Den Haag sagt Rudolf Steiner in einem Vortrag folgendes: "Mancherlei Dienste – das ging ja aus den letzten Vorträgen hervor – hat Anthroposophie der Menschheit heute zu leisten. Ein wichtiger Dienst wird der religiöse Dienst sein" (GA 211/8/S.138). Dann spricht Rudolf Steiner von dem Verständnis, das Anthroposophie dem Menschen für das Christus-Wesen und das Mysterium von Golgatha eröffnen kann.

Im zweiten Vortrag des sogenannten Ost-West-Kongresses, am 02.06.1922 über "Anthroposophie und Psychologie", kommt Rudolf Steiner gegen Ende auch auf die Religion zu sprechen:

"Dann aber erhebt sich auf einem solchen Unterboden, der manchem noch abstrakt erscheinen mag, etwas, was nun Gewißheit wird, etwas, was aus der gegenwärtig uns als modernen Menschen angemessenen Erkenntnis heraus-

quillt und eine Erkenntnisgrundlage für eine wahre innere Frömmigkeit, für ein wahres inneres religiöses Leben bietet." (GA 83/2/S.76)
"Eine Erkenntnis, die noch abstrakt ausschauen mag in bezug auf wahre Psychologie, gipfelt in diesem religiösen Empfinden, in diesem religiösen Schauen, ohne daß diejenige Weltanschauung, von deren Boden aus ich hier spreche, irgendein Religionsbekenntnis antasten will. Sie kann tolerant sein, sie kann jedes einzelne Religionsbekenntnis in seinem Wert voll anerkennen, es auch praktisch ausüben; aber sie führt zu gleicher Zeit als eine Helferin des religiösen Lebens eine Erkenntnisgrundlage auch dieses religiösen Lebens herbei." (GA 83/2/S.77)
Eine Dienerin und Helferin des religiösen Lebens kann Anthroposophie sein. Das wurde in demselben Jahre 1922 noch eine ganz konkrete Wirklichkeit, indem die Anthroposophie einer neuen christlichen Kirche ins Dasein verhalf (siehe Kap. IV, 6).
Wir können, diesen Abschnitt überblickend, zusammenfassen: Der Dienst, die Hilfe, welche Anthroposophie der Religion leistet, hat drei Aspekte:
1. Anthroposophie erläutert dem modernen Bewußtsein den Wahrheitsgehalt der religiösen Urkunden. Dies geschieht vorwiegend in der ersten Phase anthroposophischer Arbeit von dem Buch "Das Christentum als mystische Tatsache" (1902) bis zum letzten Evangelien-Zyklus (1912).
2. Anthroposophie rechtfertigt das seelische, religiöse Erleben und gibt dadurch dem einzelnen Gläubigen Seelensicherheit. Deshalb kann Rudolf Steiner in der zweiten Phase anthroposophischer Arbeit (16.01.1916) von der Erfahrung sprechen, daß Menschen durch Anthroposophie wieder zum religiösen Leben hingeführt werden.
3. Anthroposophie ist in der Lage, bei der notwendigen Erneuerung des religiösen Lebens innerhalb der Kultur auch das religiöse Tun, den Kultus zu erneuern, wie es als Tatsache dann auch in der dritten Phase der anthroposophischen Arbeit ab 1917 geschah (siehe Kap. IV).
Warum das erste und zweite auch für die vorchristlichen Religionen gilt, das dritte aber nur in bezug auf das Christentum, dem wollen wir in den folgenden Abschnitten nachgehen.

4. Christus und das Mysterium von Golgatha als die entscheidende Mitte der Evolution

Wir haben schon in den vorigen Abschnitten dieses Kapitels gesehen, daß das Christentum in der Religionserkenntnis der Anthroposophie eindeutig ein Übergewicht hat. Nicht nur beginnt im Lebensgang Rudolf Steiners die Religionserkenntnis mit dem Christentum (wie im 2. Abschnitt dargestellt) und folgt die Erkenntnis der anderen Religionen zeitlich nach, sondern auch rein quantitativ betrachtet zeigt sich in der Menge der Vortragszyklen über christliche Inhalte dieses Übergewicht deutlich. Dieses im zeitlichen und quantitativen Aspekt sich offenbarende Übergewicht ist nur ein Zeichen dafür, daß für anthroposophische Religionserkenntnis das Christentum eine besondere, herausgehobene Stellung unter den Religionen hat. Warum dies so ist, soll in diesem und im nächsten Abschnitt gezeigt werden.

In "Das Christentum als mystische Tatsache" vergleicht Rudolf Steiner das Leben Jesu mit dem Leben Buddhas (GA 8/S.105 ff.) und zeigt deren Ähnlichkeit. Dann aber entwickelt er, wie das Leben des Christus Jesus über das des Buddha hinausgeht: Leiden, Tod und Auferstehung finden sich so bei Buddha nicht und sind doch gerade das Wichtigste an der Erscheinung Jesu Christi (GA 8/S.105 f.).

So wird schon mit der ersten öffentlichen Äußerung Rudolf Steiners deutlich, inwiefern das Christentum über die letztentstandene vorchristliche Religion und ihren Begründer hinausreicht. Aber die kosmische Bedeutung des Mysteriums von Golgatha wird in diesem Buch noch nicht dargestellt. Ja, es scheint, daß die Erforschung der Kosmologie für Rudolf Steiner zunächst vollständig getrennt von der Erforschung des Christentums verlief. In den Aufsätzen "Aus der Akasha-Chronik", die von 1904 bis 1908 in "Lucifer-Gnosis" erschienen (heute GA 11) und in denen Rudolf Steiner die Kosmologie, die Evolution von Erde und Mensch zuerst geschildert hat, findet sich noch nicht die Bedeutung des Mysteriums von Golgatha. Diese hat Rudolf Steiner erst von 1907 an hervorgehoben. Es gibt allerdings zwei "Vorläufer" aus dem Jahre 1906, die darauf hinführen; im öffentlichen Vortrag vom 01.02.1906, "Die Weisheitslehren des Christentums", finden wir den Satz:

"Es ist in der Tat wahr, daß durch die Erscheinung des Christus Jesus auf der Erde die Menschheitsentwickelung in zwei Teile gespalten worden ist ..." (GA 54/11/S.256)

Im Mitgliedervortrag vom 02.12.1906 heißt es:

"Das Geheimnis, das hinter dem Mysterium von Golgatha steht, gehört zu den tiefsten Geheimnissen der Weltentwickelung. Um es zu verstehen, werden wir durch die okkulte Weisheit Jahrtausende zurück hineinleuchten müssen in die Vergangenheit der Erdenevolution. ... Ein volles Verständnis für diese größte Erscheinung auf der Erde muß aus den Tiefen der Mysterienweisheit heraus geschöpft werden." (GA 97/6/S.56)

Ganz deutlich tritt dann die Bedeutung des Mysteriums von Golgatha für die Erden- und Menschheitsevolution in Äußerungen des Jahres 1907 hervor, und zwar im Zusammenhang mit Schilderungen der Kosmologie:

"Innerhalb unserer Zeit ist ein neues Element aufgetreten, das geradezu hineingepflanzt ist in das erste Drittel der nachatlantischen Zeit: es ist das Aufkommen des Christentums – der bedeutsamste Einschnitt in der Entwickelung der Erde überhaupt. Alles, was früher gewesen ist, ist für den Okkultismus nur Vorbereitung gewesen für das Christentum. Buddha, Hermes und so weiter, sind nur prophetische Hindeutungen auf das Christentum, das gerade

die Menschheit erheben soll aus der tiefsten Verstrickung in die Materie. Und es wird den Menschen wieder herausheben aus dieser Verstrickung. Jetzt beginnt wiederum der Aufstieg aus der Materie. Und die Aufgabe der Geisteswissenschaft ist, mitzuhelfen an diesem Aufstieg in die geistige Welt hinauf." (GA 100/26.06.1907/S.141)
Und am Schluß des Vortrags vom 18.11.1907 lesen wir:
"Das größte Ereignis für die Entwickelung des Kosmos und der Menschen ist das Ereignis von Golgatha." (GA 100/17/S.209)
Zwischenzeitlich tauchen im dritten sogenannten "Dokument von Barr" (autobiographische Aufzeichnung Rudolf Steiners für Edouard Schuré vom September 1907) eindeutige Formulierungen über die Bedeutung des Christentums für die Erdenentwicklung auf, eingebettet in eine kurze Schilderung der Entwicklung der theosophischen Bewegung von 1875 bis 1907:
"Ihre (der Theosophischen Gesellschaft; W.G.) gedeihliche Fortentwickelung in den westlichen Ländern hängt ganz davon ab, inwiefern sie sich fähig erweist, das Prinzip der westlichen Initiation unter ihre Einflüsse aufzunehmen. Denn die östlichen Initiationen müssen notwendig das *Christusprinzip* als zentralen *kosmischen* Faktor der Evolution unberührt lassen. Ohne dieses Prinzip müßte aber die theosophische Bewegung ohne bestimmende Wirkung auf die westlichen Kulturen bleiben, die an ihrem Ausgangspunkte das Christusleben haben. Die Offenbarungen der orientalischen Initiation müßten für sich selbst im Westen sich wie eine Sektiererei *neben* die lebendige Kultur hinstellen. Eine Hoffnung auf Erfolg in der Evolution könnten sie nur haben, wenn sie das Christusprinzip aus der westlichen Kultur vertilgten. Dies wäre aber identisch mit dem Auslöschen des eigentlichen *Sinnes der Erde*, der in der Erkenntnis und Realisierung der Intentionen des *lebendigen Christus* liegt. ... (Diese) zu enthüllen in voller Weisheits-, Schönheits- und Tatform ist aber das tiefste Ziel des Rosenkreuzertums. ... Über die *Einführung* der richtigen Esoterik im Westen sollte aber auch nur die Meinung bestehen, daß dies nur die rosenkreuzerisch-christliche sein kann, weil *diese* auch das westliche Leben geboren hat, und weil durch ihren Verlust die Menschheit der Erde ihren Sinn und ihre Bestimmung verleugnen würde. Allein in dieser Esoterik kann die Harmonie von Wissenschaft und Religion erblühen ..." (GA 262/S.17 f.)
In dem Christus-Ereignis, dem Mysterium von Golgatha, liegt der Sinn der ganzen Erdenentwicklung! Wie das konkret zu denken ist, schildert Rudolf Steiner im siebten Vortrag des Hamburger Zyklus über das Johannesevangelium am 26.05.1908: Der Mittelpunkt des Mysteriums von Golgatha ist das Ereignis, daß das Blut Christi vom Kreuz in die Erde floß. "Dieser physische Vorgang, das Ereignis von Golgatha, ist der Ausdruck, die Offenbarung für einen geistigen Vorgang, der im Mittelpunkte alles Erdengeschehens steht" (GA 103/7/S.126). Dieser geistige Vorgang wird folgendermaßen beschrieben:
"In dem Moment, da das Ereignis von Golgatha geschah, hat die Kraft, der Impuls, der früher nur von der Sonne zur Erde zuströmen konnte im Lichte,

angefangen, sich mit der Erde selbst zu vereinigen; und dadurch, daß der Logos angefangen hat, mit der Erde sich zu vereinigen, dadurch ist die Aura der Erde eine andere geworden." (GA 103/7/S.128)

In uralten Zeiten trennte sich die Sonne mit ihren Wesen von der Erde.

"Aber es wird eine Zeit kommen, da wird unsere Erde sich wieder vereinigen mit der Sonne und *einen* Körper mit ihr bilden. ... Wäre das Ereignis von Golgatha nicht vor sich gegangen, so würde niemals eintreten können, daß Erde und Sonne sich vereinigen. ... Seit dem Ereignis von Golgatha hat die Erde, geistig betrachtet, die Kraft wieder in sich, die sie mit der Sonne wieder zusammenführen wird. ... Was lebt seither in der Erde? Der Logos selber, der durch Golgatha der Geist der Erde wurde." (GA 103/7/S.129 f.)

Dieser Vorgang wird im Abendmahl fortgesetzt:

"Und welche gewaltigen Gefühle sind es, die durch unsere Seele ziehen können, wenn wir so in dem Abendmahl das größte Mysterium der Erde erblicken können: die Verbindung des Ereignisses von Golgatha mit der ganzen Evolution der Erde; wenn wir so lernen im Abendmahl zu fühlen, daß das Herausfließen des Blutes aus den Wunden des Erlösers nicht bloß eine menschliche, sondern eine kosmische Bedeutung hat, daß es nämlich der Erde die Kraft gibt, ihre Evolution weiterzubringen." (GA 103/7/S.131)

Aber nicht nur für die Erde, sondern auch für den Menschen ist das Mysterium von Golgatha ein Wendepunkt:

"Die Menschheit hat zur Zeit, als der Christus in Leibesgestalt auf der Erde wandelte, den großen, gewaltigen Impuls bekommen, hinaufzusteigen wiederum in die geistige Welt. ... Es ist ja des Menschen Dasein ein Heruntersteigen in die Materie. Immer tiefer und tiefer stieg der Mensch auch in den nachatlantischen Zeiten in die Materie herunter. Das Christus-Ereignis bedeutet den Kraftimpuls, wiederum heraufzusteigen." (GA 117/26.12.1909/S.210; siehe auch GA 127/03.05.1911/S.155 f.)

Dies sind nur zwei Beispiele dafür, wie Rudolf Steiner die Wirkung des Mysteriums von Golgatha für die Menschen- und Erdenentwicklung beschreibt. Man braucht nur in Adolf Arensons "Leitfaden" oder in dem zweiten Übersichtsband zur Rudolf Steiner Gesamtausgabe von Emil Mötteli unter den Stichworten "Mysterium von Golgatha", "Christus", "Christus-Impuls" etc. nachzuschlagen, und man wird viele Hinweise auf Textstellen finden, in denen Rudolf Steiner dieses Thema besprochen und weiter ausgeführt hat.

Während Rudolf Steiner in den Jahren 1907 und 1908 häufig vor den Mitgliedern über das Mysterium von Golgatha gesprochen hat, schrieb er dann auch 1909 in seinem Buch "Die Geheimwissenschaft im Umriß" über die Bedeutung des Christus in vorchristlicher Zeit (GA 13/S.258, S.261 f., S.264, S.270 ff., S.280 f.), die Prophezeiung des kommenden Christus in den Mysterien und im Volk Israel (GA 13/S.290 f.) und über sein Erscheinen in menschlicher Gestalt (GA 13/S.291).

"Nunmehr bekamen die Mysterien-Weistümer die Aufgabe, den Menschen fähig zu machen, den menschgewordenen Christus zu erkennen und von diesem Mittelpunkte aller Weisheit aus die natürliche und die geistige Welt zu verstehen. – ... Von diesem Augenblicke an war in die menschliche Erdenentwickelung die Anlage eingepflanzt, die Weisheit aufzunehmen, durch welche nach und nach das physische Erdenziel erreicht werden kann." (GA 13/S.292) Danach schildert Rudolf Steiner, welche Wirkung das Mysterium von Golgatha für das Leben nach dem Tode hat (siehe auch Kap. III, 7), und dann heißt es: "Was durch die Christus-Erscheinung der Menschheitsentwickelung zugeflossen ist, wirkte wie ein Same in derselben. Der Same kann nur allmählich reifen. Nur der allergeringste Teil der Tiefen der neuen Weistümer ist bis auf die Gegenwart herein in das physische Dasein eingeflossen. Dieses steht erst im Anfange der christlichen Entwickelung." (GA 13/S.293)

Man kann vielleicht sagen, daß die Inkarnation des Christus in die Erdenwelt im und durch den Menschen fortgesetzt werden muß, damit das physische Dasein der Erde von dem auf Golgatha gelegten Samen aus seiner Durchchristung entgegenwachsen kann. Von dem menschlichen Aspekt dieses Vorganges ist auch in der kleinen Schrift, "Die geistige Führung des Menschen und der Menschheit", von 1911 die Rede (GA 15/S.22 bis S.86).

In der Schilderung der Evolution im Vortrag vom 24.05.1912 kommt ein besonderer Aspekt des Mysteriums von Golgatha zum Ausdruck: Wir kennen aus anderen Schilderungen, daß im Laufe der Entwicklung ein Fortschritt nur möglich ist, weil bestimmte Wesen zurückbleiben, alte Fähigkeiten zugunsten neuer verlorengehen, Kulturen und Kulturkeime versinken.

"Von dem Stamme der menschlichen Entwickelung sehen wir Unzähliges hinuntersinken in einen Abgrund. Während Unzähliges hinuntersinkt in der äußeren Entwickelung der menschlichen Kultur, des menschlichen Lebens, entwickelt sich oben der Christus-Impuls. So wie im Menschen der befruchtende Keim sich für seine Umwelt entwickelt, so entwickelt sich für das, was im Menschen scheinbar zugrunde geht, der Christus-Impuls. Dann tritt das Mysterium von Golgatha ein. Das ist die Befruchtung dessen, was zugrunde gegangen ist, von oben herunter. Da tritt tatsächlich mit dem, was scheinbar von dem Göttlichen abgefallen und in den Abgrund gesunken ist, eine Veränderung ein. Der Christus-Impuls tritt ein und befruchtet es. Und von dem Mysterium von Golgatha an sehen wir im weiteren Verlaufe der Erdenentwickelung ein Wiederaufblühen und ein Sich-wieder-Fortsetzen durch die empfangene Befruchtung mit dem Christus-Impulse." (GA 155/2/S.56)

Es wird alles, was im Laufe der Evolution aus dieser herausgefallen ist, durch das Mysterium von Golgatha befruchtet und der Entwicklung wieder eingefügt. Das Neue Testament nennt diesen Vorgang die "Wiederbringung aller Dinge" (apokatastasis panton; Apg. 3, 21). Diese Tatsache klingt an im Hegelschen Begriff vom dreifachen "Aufgehobensein": Alles, was "aufgehoben" (beendet) ist, seine Gültigkeit verliert, wird "aufgehoben" (aufbewahrt) für eine spätere Zeit, in der es wieder "aufgehoben" (erhoben) wird in eine höhere Wirklichkeit, in eine neue Entwicklung.

Es könnte der Grundgedanke dieses Abschnittes noch durch viele einzelne Zitate konkretisiert und erweitert werden. Das ist aber im Rahmen dieser Schrift weder möglich noch notwendig. Deshalb wollen wir zum Schluß, als Zusammenfassung, nur noch etwas aus dem öffentlichen Vortrag vom 16.01.1916 anführen:
"Dieses ganze Erdensein hätte für das Weltall keinen Sinn, wenn sich innerhalb dieses Erdendaseins nicht das Mysterium von Golgatha zugetragen hätte. Ja, der Geistesforscher muß sagen: Wenn irgendwelche Bewohner ferner Welten herunterschauen könnten auf die Erde und könnten anschauen, was die Erde ist, sie würden keinen Sinn innerhalb der ganzen Entwickelung der Erde sehen, wenn nicht auf dieser Erde Christus gelebt hätte, gestorben und auferstanden wäre. Das Ereignis von Golgatha gibt dem Erdenleben Sinn und Inhalt für die ganze Welt." (GA 35/S.203)

Es ist auffällig, daß die Äußerungen über Christus und das Mysterium von Golgatha als die entscheidende Mitte der Evolution im wesentlichen aus der zweiten Phase der anthroposophischen Arbeit stammen, während der es auch – gerade wegen verschiedener Differenzen über die Auffassung dieser geistigen Tatsache – zur Loslösung von der Theosophischen Gesellschaft und zur Bildung einer selbständigen Anthroposophischen Gesellschaft gekommen ist.

5. Das Christentum ist größer als alle Religionen und als alle Religion

Es ergibt sich wie selbstverständlich aus dem im vorigen Abschnitt Dargestellten, daß das Christentum etwas Umfassenderes ist als alle anderen Religionen. Und so verwundert es nicht, daß Rudolf Steiner den in der Überschrift dieses Abschnittes ausgedrückten Gedanken kurze Zeit später, nachdem er von der kosmischen Bedeutung des Christus-Ereignisses zu sprechen begonnen hatte (1907), aussprach, nämlich am 24.03.1908:
"Blicken wir zurück in die vorchristlichen Zeiten. Da finden wir, wie die Religionen da sind als die Vorbereitung für das Christentum. Wir finden bei den Indern und Persern wohl Religionen, aber Religionen, die geeignet sind für das betreffende Volk, aus dem sie herausgeboren sind. Es sind nationale, Stammes-, Rassenreligionen, die mit dem Volk auftreten, aus dem sie entstanden sind, beschränkt in ihrem inneren Wesen, weil sie in einer gewissen Weise noch hervorgehen aus den Gruppenseelen und mit ihnen verbunden sind. Mit der Christus-Religion tritt in die Menschheitsentwickelung ein Element ein, das so recht das Element der Erdenentwickelung ist. ... So steht das Christentum da nicht als eine Religion, die eine Stammesreligion wäre, sondern es steht da als eine Menschheitsreligion, wenn es richtig verstanden wird. Indem der Christ sich eins fühlt mit dem 'Vater', steht Seele der Seele gegenüber, gleichgültig, welchem Stamme sie angehört. So werden alle Schranken fallen müssen unter den Einwirkungen des Christentums, und der Jupiterzustand

muß vorbereitet werden unter den Einwirkungen dieses Prinzips. Daher hat das Christentum begonnen als Religion, denn die Menschheit war auf Religion gebaut. Religion aber ist etwas, was im Laufe der Menschheitsentwickelung abgelöst werden muß durch Weisheit, durch Erkenntnis. Insofern Religion auf Glauben gebaut ist und nicht von der vollen Erkenntnis durchglüht ist, ist sie etwas, was im Laufe des Menschheitsfortschrittes abgelöst werden muß. Und während der Mensch früher glauben mußte, um zum Wissen zu kommen, wird in Zukunft volle Erkenntnis leuchten, und der Mensch wird wissen und von da aus aufsteigen zur Anerkennung der höchsten geistigen Welten. Von der Religion entwickelt sich die Menschheit zu der von der Liebe wieder durchglühten Weisheit. Erst Weisheit, dann Liebe, dann von der Liebe durchglühte Weisheit.

Nun können wir fragen: wenn aber Religion aufgehen wird in der Erkenntnis, wenn dem Menschen nicht mehr nach der alten Form Religion gegeben sein wird, daß er bloß dem Glauben nach auf die Weisheit hingewiesen sein wird, welche die Evolution leitet, wird dann auch das Christentum nicht mehr sein? Keine andere Religion wird sein, die auf bloßen Glauben gebaut ist. Das Christentum wird bleiben, denn das Christentum ist zwar in seinem Anfang Religion gewesen, aber das Christentum ist größer als alle Religion! Das ist die Rosenkreuzerweisheit. Umfassender war das religiöse Prinzip des Christentums in seinem Anfange als das religiöse Prinzip aller anderen Religionen. Aber das Christentum ist noch größer als das religiöse Prinzip selbst. Wenn die Glaubenshüllen fortfallen werden, wird es Weisheitsform sein. Es kann ganz und gar die Glaubenshüllen abstreifen und Weisheitsreligion werden, und dazu wird Geisteswissenschaft helfen, die Menschheit vorzubereiten. Die Menschen werden ohne die alten Religions- und Glaubensformen leben können, aber sie werden nicht leben können ohne das Christentum; denn das Christentum ist größer als alle Religion. Das Christentum ist dazu da, alle Religionsformen zu sprengen, und das, was als Christentum die Menschen erfüllt, das wird noch sein, wenn die Menschenseelen hinausgewachsen sind über alles bloße religiöse Leben." (GA 102/6/S.114 ff.; vgl. auch GA 102/ 13.05.1908/S.161, dort auch der Plural: "... größer als alle Religion*en*")

Das Christentum ist größer als alle Religionen, weil
1. alle vorchristlichen Religionen eine Vorbereitung sind auf das Christentum;
2. alle vorchristlichen Religionen nur für ein bestimmtes Volk, eine Rasse und Klimazone gegeben, also an eine Gruppenseele gebunden waren, das Christentum aber durch die Wesenheit des Christus, der der Menschheitsgeist ist, für alle Menschen da ist;
3. das Christentum allein die Fähigkeit hat, das Ende aller Glaubensreligionen zu überstehen und Weisheitsreligion zu werden, d.h. sich in eine Form zu wandeln, die auch dann gültig ist, wenn die Menschen die Welt der geistigen Wesen wieder schauen werden; ja, dieses neue Schauen wird die Folge eines spirituellen Christentums sein (siehe GA 102/13.05.1908/S.161).

Diese drei Gesichtspunkte finden sich in Rudolf Steiners Werk später immer wieder. Über den ersten spricht er in dem Vortrag "Geisteswissenschaft und religiöses Bekenntnis" vom 20.11.1913:
"Es ist selbstverständlich nur religionsphilosophischer Dilettantismus, von einer abstrakten Gleichheit aller Religionen zu sprechen; denn die Welt ist in Entwickelung begriffen. Und wer die Entwickelung wirklich übersieht, von der geistigen Welt aus übersieht, der sieht dann auch, wie die einzelnen religiösen Bekenntnisse in ihren verschiedenen Kundgebungen hintendieren nach dem, was sich wie ein religiöses Ergreifen aller religiösen Bekenntnisse im Christentum darstellt." (GA 63/3/S.105)

Den zweiten Gesichtspunkt finden wir schon im Vortrag vom 25.12.1907 ausgesprochen, allerdings noch in der Rückschau auf ein altes esoterisches Christentum:
"Der esoterische Christ empfand, daß er durch die Vertiefung in die christliche Esoterik immer mehr und mehr sich annäherte jener Kraft des inneren Schauens, durch die er sein Empfinden und Denken, seine Willensimpulse ganz erfüllen konnte im Hineinblicken in diese geistige Sonne. Und dann wurde der Mysterienschüler gebracht zu einer Vision, die eine höchst reale Bedeutung hatte: Solange die Erde undurchsichtig ist, erscheinen die einzelnen Teile der Erde bewohnt von Menschen, welche einzelne Glaubensbekenntnisse entfalten; aber das einigende Band ist nicht da. Zerstreut sind die Menschenrassen wie die Klimate, zerstreut sind die Meinungen der Menschen auf der Erde, aber ein verbindendes Glied ist nicht da. In dem Maße aber, wie die Menschen beginnen, durch die innere Kraft des Schauens durch die Erde hindurch in die Sonne zu schauen, in dem Maße als ihnen der Stern durch die Erde hindurch erscheint, einigen sich die Bekenntnisse der Menschen zur großen, einheitlichen Menschenbruderschaft. Und diejenigen, welche die getrennten großen Menschenmassen geleitet haben in der Wahrheit der höheren Plane zur Einweihung in die höheren Welten, sie wurden vorgestellt als die Magier. Drei waren sie, dieweil an den verschiedensten Orten der Erde die verschiedensten Kräfte zum Ausdruck kommen. In verschiedener Weise mußte daher die Menschheit geleitet werden. Als einigende Kraft aber erscheint der Stern, der hinter der Erde aufgeht. Er leitet die zerstreuten Menschen zusammen, und da opfern sie der physischen Verkörperung des Sonnensterns, der da erschienen war als Stern des Friedens. So hat man kosmisch-menschlich die Religion des Friedens, der Harmonie, des Weltenfriedens, der Menschenbruderschaft in Zusammenhang gebracht mit den alten Magiern, welche die besten Gaben, die sie für die Menschheit hatten, niederlegten an der Wiege des verkörperten Menschensohnes.

Die Sage hat das schön festgehalten, indem sie sagte: Jener dänische König habe sich erhoben zu der Erkenntnis der Magier, der drei Könige, und da er sich erhoben hat, haben sie ihm ihre drei Gaben zurückgelassen: erstens die Gabe der Weisheit in der Selbsterkenntnis, zweitens die Gabe der hingebungsvollen

Frömmigkeit in der Selbsthingabe, und drittens die Gabe des Sieges des Lebens über den Tod in der Kraft und Pflege des Ewigen in dem Selbst. Alle diejenigen, die so das Christentum verstanden haben, haben in ihm gesehen die tiefe geisteswissenschaftliche Idee der Vereinheitlichung der Religionen. Denn sie waren der Anschauung, ja, sie waren der festen Überzeugung, daß derjenige, der so erfaßt das Christentum, hinwandeln kann zu dem höchsten Entwickelungsgrad der Menschheit." (GA 98/4/S.63 f.)
Denselben Gesichtspunkt finden wir später wieder, zum Beispiel im Vortrag vom 20.11.1912, da allerdings auch für die Gegenwart gültig:
"Wenn wir die verschiedenen Religionsbekenntnisse wirklich innerlich verstehen, so finden wir einen charakteristischen Punkt, um die religiösen Bekenntnisse hervorzuheben. Das ist, daß doch für die ältere Erdentwickelung die einzelnen Bekenntnisse abgestimmt sind für die einzelnen Rassen, Stämme, für die einzelnen Volksgliederungen der Erde. Solche Dinge haben sich ja noch erhalten. Wir wissen, daß der Hindureligion wahrhaftig heute noch nur der angehören kann, der auch als Hindu geboren worden ist. In gewisser Beziehung sind die älteren Religionen Stammesreligionen, Volksreligionen. Nehmen Sie den Ausdruck nicht als eine Herabwürdigung, sondern nur als eine Charakterisierung. Die einzelnen Religionen, die den Völkern von den Initiierten gegeben worden sind, herausgenommen allerdings aus dem Urquell einer allgemeinen Weltenreligion, aber angepaßt den einzelnen Völkern, Stämmen und so weiter, diese einzelnen Religionen haben, man möchte sagen, etwas Religiös-Egoistisches. Immer haben die Völker das geliebt, was ihnen aus ihrem eigenen Fleisch und Blut religiös erwachsen ist. ... Aber innerhalb des Abendlandes ist das Religiös-Egoistische verschwunden, und angenommen wurde die Religion eines Stifters, die gar nicht in irgendeiner Volksgemeinschaft liegt, sondern die außerhalb derselben liegt. Diese Tatsache muß man ins Auge fassen. Was Blut zu Blute führte und mitwirkte bei der Begründung der alten Religionsgemeinschaften, das wirkte nicht mit bei der Verbreitung des Christentums. Das Seelische war es, was da im wesentlichen wirkte, und angenommen wurde eine Religion, die außerhalb der Volksgemeinschaft, zum Beispiel für das Abendland lag. Warum ist das? Es ist deshalb, weil das Christentum in seiner tiefsten Wurzel von allem Anfange an darauf zugeschnitten war, ein Bekenntnis zu sein für alle Menschen, ohne Unterschied des Glaubens, der Nationalität, des Stammes, der Rasse und alles dessen, was sonst die Menschen voneinander trennt. Richtig wird das Christentum nur verstanden, wenn es so verstanden wird, daß es nur das Menschliche im Menschen berührt, dasjenige Menschliche, das in allen Menschen ist. ... Indem Paulus das christliche Bekenntnis zu dem Christus Jesus dem bloßen Judentume entrissen hat und das Wort geprägt ist: 'Christus ist gestorben nicht bloß für die Juden, sondern auch für die Heiden', hat er etwas Ungeheures getan für die richtige Auffassung des Christentums. Denn es wäre durchaus falsch, wenn jemand behaupten wollte, das Mysterium von Golgatha hätte sich nur vollzo-

gen für die, welche sich Christen nennen. Es hat sich vollzogen für alle Menschen." (GA 141/2/S.42 ff.; siehe auch GA 140/26.11.1912/S.93 ff. und GA 140/18.11.1912/S.52 ff.)

Im Arbeitervortrag vom 09.05.1923 ist es etwas anders ausgedrückt. Alle alten Religionen waren an einen Ort oder einen Volksführer gebunden; im Christentum ist das anders:

"Nicht an einen Ort auf der Erde, nicht an einen Menschen auf der Erde ist dasjenige, was man verehren soll als Göttliches, gebunden, sondern an die Sonnenkraft, die Sonnenlebendigkeit, die der Christus in sich aufgenommen hat. Und die Sonne ist gerade allmenschlich. Denn kein Mensch kann sagen in Europa, wenn die Sonne auf seinen Scheitel scheint, daß das eine andere Sonne ist als die Sonne der Ägypter oder der Chinesen oder der Australier. Wer wirklich anerkennt, daß die Christuskraft von der Sonne kommt, der muß anerkennen die allgemeine Religion für alle Menschen." (GA 349/14/S.271)

Im Zyklus "Das Markus-Evangelium" (GA 139), am 16.09.1912, ist dies Motiv zum Bilde gewandelt: Christus und das Christentum sind gegenüber den Religionsstiftern und den anderen Religionen wie die Sonne gegenüber den Planeten. Es bedeutet keine Bevorzugung der Sonne gegenüber den Planeten, wenn man sie ihnen als etwas Besonderes gegenüberstellt, sondern es entspricht der Wirklichkeit.

"Und so ist es mit dem Christentum. Es ist lediglich eine Anerkennung der Wahrheit, einer solchen Wahrheit, die heute jede Religion auf der Erde annehmen kann, wenn sie nur will. Und wenn andere Religionen es ernst nehmen mit dem gleichmäßigen Geltenlassen aller Religionsbekenntnisse, wenn sie nicht dieses gleichmäßige Geltenlassen nur zu einem Aushängeschild benutzen, dann werden sie auch keinen Anstoß daran nehmen, daß das Abendland nicht einen Nationalgott angenommen hat, sondern einen Gott, der zunächst mit einer Nationalität gar nichts zu tun hat, der eine kosmische Wesenheit ist." (GA 139/2/S.47)

Der Christus ist eben gegenüber den Volksgöttern von höherem hierarchischen Rang und ist deshalb "die Sonne unter den Planeten".

Den dritten Gesichtspunkt aus dem zitierten Vortrag vom 24.03.1908 werden wir im 7. Abschnitt weiter verfolgen.

Es gibt aber noch andere Aspekte, unter denen das Christentum größer als alle anderen Religionen erscheint. In allen Religionen ist von geistigen Wesen, von Göttern, die Rede. Aber diese Götter verkörpern sich nicht in einem Menschenleib. Sie erscheinen den Eingeweihten in geistiger Schau und ragen mit ihrem Wesen in Volksführer und Religionsstifter hinein oder leben in gemeinsamen Gefühlen einer zusammengehörigen Gruppe von Menschen.

Am 17.06.1908, in einem öffentlichen Vortrag, der den Auftakt zum Zyklus über "Die Apokalypse des Johannes" (GA 104) bildet, heißt es:

"Diejenigen, die mit dem vollen Verständnis als seine intimen Schüler um den Christus Jesus waren, sie hatten das Bewußtsein, daß ein Wesen geistig-

göttlicher Natur für die äußeren Sinne in einer geschlossenen fleischlich-menschlichen Persönlichkeit vor ihnen stand. Als den ersten empfanden sie den Christus Jesus, als den ersten, der im einzelnen Menschen einen solchen Geist in sich hatte, wie ihn sonst nur zusammengehörige Menschenmassen in sich fühlten und wie er sonst nur in der geistigen Welt für die Eingeweihten zu schauen war. Der Erstling unter den Menschen war er." (GA 104/0/S.28)
"Wahr ist es, in jeder Religion ist die Wahrheit enthalten, aber indem sie sich von Form zu Form entwickelt, entwickelt sie sich zu höheren Formen. Der Wahrheit nach können Sie allerdings, wenn Sie tief genug forschen wollen, das, was das Christentum an Lehren enthält, in den anderen Religionen auch finden. Neue Lehren hat das Christentum nicht gebracht. Aber das Wesentliche im Christentum liegt nicht in den Lehren. Nehmen Sie die vorchristlichen Religionsstifter. Bei ihnen kommt es darauf an, was sie gelehrt haben. Denken Sie sich, diese Religionsstifter wären unbekannt geblieben; was sie gelehrt haben, das wäre geblieben. Damit hätte die Menschheit genug. Beim Christus Jesus aber kommt es nicht darauf an. Bei ihm kommt es darauf an, daß er da war, daß er im physischen Leibe hier auf dieser Erde gelebt hat. Nicht der Glaube an seine Lehre, sondern an seine Persönlichkeit ist das Ausschlaggebende ... Daß der Christus sichtbar in die Erscheinung, sichtbar in die Welt getreten ist als Mensch unter Menschen, das ist es, was den Unterschied des Christus-Evangeliums ausmacht gegenüber der göttlichen Verkündigung von anderen Religionen. Denn bei diesen war alle geistige Weisheit auf etwas gerichtet, was außerhalb der Welt war. Jetzt, mit Christus Jesus, kam etwas in die Welt, was als Sinneserscheinung selbst begriffen werden sollte." (GA 104/0/S.29 f.)
Diesen Gedanken, daß am Ausgangspunkt des Christentums nicht eine Lehre steht, wie in den anderen Religionen, sondern eine Tat – und zwar eine Göttertat –, hat Rudolf Steiner immer wieder ausgesprochen. Als Beispiel sei hier aus dem Vortrag vom 17.04.1912 zitiert:
"Das ist der Grundunterschied zwischen dem Christentum und den anderen Religionen: Dasjenige, was das Initiationsprinzip, das zum Christus führt, als Aufgabe hat in der Welt, ist verschieden von den Kulturen, die von den anderen Religionsprinzipien ausgegangen sind. Das, was das christliche Initiationsprinzip als Aufgabe innerhalb der Weltenmission hat, ging aus von einer Tatsache, von einem Geschehnis, nicht von einer Persönlichkeit. ... Man kann ja einen einzigen Satz hinstellen, eine einzige Angabe machen, dann hat man, obwohl äußerlich, charakterisiert den Ausgangspunkt des esoterischen Christentums, der christlichen Initiation: Es ist der Tod, der erlebt worden ist in der Vereinigung des Christus mit dem Jesus von Nazareth. Die Tatsache jenes Todes, die wir nennen das Mysterium von Golgatha, ist das, was verstanden werden soll aus dem Prinzip der christlichen Initiation." (GA 143/8/S.137 f.)
In demselben Vortrag sagt Rudolf Steiner auch, warum dieser Tod notwendig war: durch den Einfluß Luzifers auf den Menschen, den Sündenfall, war die

Evolution des Menschen gefährdet. Es bestand die Gefahr, "daß die Mission der Erde nicht an ihr Ziel gekommen wäre. Die Menschheit wäre vertrocknet, das menschliche Ich hätte sich losgelöst, wäre herausgebrochen aus der göttlich-geistigen Evolution." (GA 143/8/S.142)

"Wäre die Evolution so fortgegangen, wäre nichts geschehen in der Welt der Götter, so wäre die Absicht der Götter mit dem Menschen nicht erfüllt worden. Dann hätte Luzifer den Plan der Götter durchkreuzt. Es mußten die Götter ein Opfer bringen – das war ihre Angelegenheit –, sie mußten etwas erleben, das in ihre Sphäre so hineinspielte, daß es eigentlich Götter gar nicht erleben können, wenn sie in ihrer Sphäre bleiben. Sie mußten aus ihren Reihen ein Wesen auf den physischen Plan schicken, das etwas erlebte, was sonst Götter in den geistigen Welten gar nicht erleben können. Die Götter mußten den Christus auf die Erde herunterschicken zur Bekämpfung des luziferischen Prinzips. Im Laufe der Zeit, als die Zeit erfüllt war, da schickten die Götter, die man unter dem Namen der göttlichen Vaterwelt zusammenfaßt, den Christus herab, daß er kennenlernte die unendlichen Schmerzen der Menschen, die für einen Gott noch etwas ganz anderes bedeuten als für einen Menschen. Eingetreten sind damit Götter in die Erdensphäre zur Bekämpfung der luziferischen Geister. Erleiden mußte ein Gott den Tod am Kreuze, den schimpflichsten menschlichen Tod, wie Paulus besonders betont. Wir durften einmal in der Erdenentwickelung Zeugen werden, indem wir wie durch ein Fenster hineinschauten in die geistigen Welten, von einer Angelegenheit der Götter. ... Das ist das Wesentliche, daß einmal ein Gott durch den Tod gegangen ist, als Ausgleich für Luzifer, und die Menschen dabei haben zusehen dürfen. ... Dieser Tod war eine Saat, die von den Göttern ausgesät war, war etwas, was mit der Erde verbunden blieb und seitdem verbunden geblieben ist, so verbunden geblieben ist, daß jeder Mensch durch das Vertrauen, durch die Liebe zu den geistigen Welten es finden wird." (GA 143/8/S.143 ff.)

"Nicht von einer Persönlichkeit geht die christliche Initiation aus, sondern von einer Tatsache, einem unpersönlichen Götterakt, der sich abgespielt hat vor den Augen der Menschen." (GA 143/8/S.148; siehe auch GA 143/17.12.1912/S.211 und GA 154/05.05.1914/S.57 f.)

Eine weitere Besonderheit der christlichen Religion gegenüber den anderen Religionen leuchtet in dem Zyklus "Die Bhagavad Gita und die Paulusbriefe" (GA 142) auf, worin von dem unterschiedlichen Verhältnis des Menschen zu Krishna und Christus die Rede ist:

"Man kann im Christentum immer weiter und weiter kommen, zu den esoterischen Höhen kommen; aber man geht von etwas anderem aus als wovon man in der Krishna-Lehre ausgeht. In der Krishna-Lehre geht man von dem Standpunkt als Mensch aus, auf dem man ist, und erhebt die Seele als Individuum, als einzelner. Im Christentum geht man davon aus, daß man eine Beziehung gewinnt, bevor man überhaupt einen weiteren Weg antritt, zu dem Christus-Impuls, daß dieser zunächst allem übrigen vorausgeht.

Den geistigen Weg zum Krishna hin kann nur derjenige antreten, der die Anweisungen des Krishna einhält; den geistigen Weg zum Christus kann jeder antreten, denn der Christus hat das Mysterium für alle gebracht, die überhaupt Menschen sind und eine Beziehung zu dem Mysterium haben können. Das ist etwas Äußeres, auf dem physischen Plan Vollbrachtes. Der erste Schritt ist daher ein solcher, der auf dem physischen Plan geschieht. Das ist das Wesentliche." (GA 142/01.01.1913/S.115 f.)

Zu Krishna fand der Mensch den Weg durch das Beschreiten eines geistigen Pfades, und am Ende dieses Pfades entstand die Beziehung zu diesem Geistwesen. Da der Christus den Menschen in die physische Welt entgegenkam, bedurfte und bedarf es keines geistigen Schulungsweges mehr, um zu ihm eine Beziehung zu finden. Diese Beziehung kann dann der erste Schritt sein, um zu immer geistigeren Einsichten über den Christus und das Mysterium von Golgatha zu kommen. – Wichtig ist hier, daß sich in diesem Motiv schon ein weiteres ankündigt, durch das sich das Christentum von allen anderen Religionen unterscheidet: In den vorchristlichen Religionen lebte das Streben nach Erlösung, d.h. die Sehnsucht, den Fall in die Materie, in die Sinnenwelt rückgängig zu machen. Alles Streben war rückwärts gewandt auf das "verlorene Paradies", die Einheit mit der göttlichen Welt. Im Worte "Religion" ist dieses Streben ausgedrückt.

Dies aber wurde mit dem Christentum anders. Johannes der Täufer verkündete: "Ändert euren Sinn; das Reich des Geistes ist nahe herbeigekommen" (Mt. 3, 2 und 4, 17). Die ganze religiöse Strebensrichtung der Menschen mußte umgekehrt werden, um den auf dem physischen Plan im Menschen Jesus von Nazareth erschienenen Gott zu erleben und zu erkennen. Nicht mehr die Loslösung von der Erde, sondern das Erleben und Erkennen des Gottessohnes in der Erdenwelt, die er zu seinem Lebensort erkoren hatte, war die religiöse Aufgabe. Nicht mehr die Erlösung der menschlichen Seele aus den Banden der Sinneswelt ist das Ziel, sondern die Durchchristung des Menschen und der Sinneswelt. Rudolf Steiner führt dazu im Vortrag vom 24.09.1921 aus:

"Daher ist schon die wichtigste Vorstellung, die sich anknüpfen muß an das Mysterium von Golgatha, die des auferstandenen Christus, des Christus, der den Tod besiegt hat. Darauf kommt es an, einzusehen, daß die wichtigste Vorstellung die des durch den Tod gegangenen und auferstandenen Christus ist. Das Christentum ist eben nicht bloß eine Erlösungsreligion – das waren die orientalischen Religionen auch –, das Christentum ist eine Auferstehungsreligion, eine Wiedererweckungsreligion für dasjenige, was sonst eben die sich zerbröckelnde Materie ist." (GA 207/2/S.44)

Damit ist neben der Inkarnation und dem Tode des Christus in Jesus von Nazareth auf die dritte entscheidende Grundlage des Christentums gedeutet: die Überwindung der in der Materie wirkenden Kraft des Todes durch die Auferstehung.

Im vierten Vortrag des Zyklus "Christus und die menschliche Seele" (GA 155), vom 16.07.1914, ist davon die Rede, wie der Mensch durch den Sündenfall so auf

Erden lebt, daß er in die geistige Aura der Erde fortwährend erdgeistige Wesen ausstrahlt, die der Erde den Tod geben würden, wenn nicht das Mysterium von Golgatha geschehen wäre.

"Der Mensch hätte der Erde den Tod erteilt. Eine tote Erde hätte einen toten Jupiter geboren! ... Und indem sich, wenn wir den Christus aufnehmen in uns, erfüllt das 'Nicht ich, sondern der Christus in mir', belebt sich, indem wir zu dem Christus Beziehungen in uns entwickeln, dasjenige, was so von uns ausstrahlt, was sonst tot wäre. Weil wir den Tod in uns tragen, muß uns der lebendige Christus durchdringen, damit er das, was wir als geistiges Erdenwesen zurücklassen, belebe. In das, was sich von uns loslöst als objektive Sünde, als objektive Schuld, was wir nicht im Karma weitertragen, in das dringt der lebendige Logos, der Christus ein und belebt es, und indem er es belebt, wird eine lebendige Erde zu einem lebendigen Jupiter hinüber sich entwickeln. Das ist die Folge des Mysteriums von Golgatha". (GA 155/9/S.202)

Diese Verlebendigung und Auferstehung der Erde ist das Ziel des Christentums. Aber es kann nur dadurch erreicht werden, daß wir Menschen dem Christus in uns durch unser Verhältnis zu ihm diese Wirkung ermöglichen.

"Die einzelnen Inkarnationen lassen ihre Reste zurück bis zum Ende der Erdenzeiten. Sind diese Reste durchchristet, so drücken sie, pressen sie sich zusammen. Dadurch aber, daß sich das Dünne zusammenpreßt, wird es dicht – auch Geistiges wird dicht –, und unsere sämtlichen Erden-Inkarnationen, sie sind zu einem Geistesleib vereinigt. Der gehört uns, den brauchen wir, indem wir zum Jupiter hinüber uns entwickeln, denn er ist der Ausgangspunkt unserer Verkörperung auf dem Jupiter. Wir werden dastehen mit unserer Seele am Ende der Erdenzeit – mag sie mit ihrem Karma wie immer stehen –, wir werden dastehen vor unseren vom Christus gesammelten Erdenresten und werden uns mit ihnen zu vereinigen haben, um mit ihnen gemeinschaftlich zum Jupiter hinüberzugehen. – Auferstehen werden wir im Leibe, in dem aus den einzelnen Inkarnationen verdichteten Erdenleibe." (GA 155/9/S.206)

Die Auferstehung des Leibes ist die Voraussetzung für die Auferstehung der Erde. Zu beidem ist der Keim durch das Mysterium von Golgatha gelegt und beides kann nur Wirklichkeit werden, wenn Menschen sich mit ihrem ganzen Wesen mit dem Christus verbinden. – Damit ist deutlich, daß das Christentum nicht eine rückwärtsgewandte, das verlorene Paradies suchende Erlösungsreligion ist, sondern eine zukunftschaffende weltverwandelnde Auferstehungsreligion.

Zum Schluß dieses Abschnittes seien drei Äußerungen angeführt, die noch auf andere Weise die Einzigartigkeit des Christentums beleuchten. Im Vortrag vom 10.03.1922 heißt es:

"Da entdeckt Anthroposophie, wie – wenn auch in der Erdenentwickelung heute erst die Anfänge des Christentums gemacht sind – von jener Zeit an, von dem Mysterium von Golgatha an dennoch eine andere Zeit auf der Erde eingetreten ist, vor allem die Zeit, in der alle alten religiösen Bekenntnisse in dem

Einen synthetisch zusammengefaßt werden." (GA 81, in: Blätter für Anthroposophie, 1962, Nr. 7/8, S.243)
Die Wiederbringung aller Dinge, die zweite Schöpfung, die die Differenzierungen der ersten Schöpfung allmählich wieder synthetisch zusammenfaßt, ergreift auch alle Religionen und Bekenntnisse. Dadurch ist das Christentum größer als alle Religionen. Denn:
"Was auch noch immer, in irgendeiner Zukunft, an physischen oder geistigen Tatsachen wird entdeckt werden: die großen Wahrheiten des Christentums werden alles überleuchten." (GA 35/S.207; Die Aufgabe der Geisteswissenschaft und deren Bau in Dornach)
"Und dadurch wird wieder der reale Beweis geliefert werden, daß das Christentum größer ist als seine äußere Form. Denn der hat eine geringe Meinung über das Christentum, der da glaubt, daß es hinweggefegt würde, wenn die äußere Form des Christentums einer bestimmten Zeit hinweggefegt wird. Der nur hat die wahre Meinung von dem Christentum, der durchdrungen ist von der Überzeugung, daß alle Kirchen, die den Christus-Gedanken gepflegt haben, alle äußeren Gedanken, alle äußeren Formen zeitlich und daher vorübergehend sind, daß aber der Christus-Gedanke sich in immer neuen Formen hereinleben wird in die Herzen und Seelen der Menschen in der Zukunft, so wenig diese neuen Formen sich auch heute schon zeigen." (GA 131/13.10.1911/S.205)
Das Christentum ist also nicht nur größer als alle anderen Religionen, die – richtig verstanden – in es einmünden, sondern es ist auch größer als alle seine eigenen äußeren Ausprägungen, weil es fähig ist, immer neue Erscheinungsformen seiner selbst in der Menschheitskultur hervorzubringen. Eine solche neue Form zeigt sich zur Zeit jener zitierten Worte (1911) noch nicht, man kann sie hinter den Worten aber schon vermuten.

Wir wollen nun das Motiv der bisherigen Formen des Christentums untersuchen, um dann im letzten Abschnitt dieses Kapitels auf die Zukunftsentwicklung einzugehen, in deren Verlauf das Christentum sich sogar als größer erweist als die Lebensform Religion selbst. Denn "das Christentum hat begonnen als Religion, aber es ist größer als alle Religion."

6. Die Einseitigkeit und Vorläufigkeit der bisherigen Formen des Christentums

Vor der Jahrhundertwende äußerte sich Rudolf Steiner oftmals sehr kritisch über das Christentum. Warum er das tat, erklärt er in seiner Autobiographie "Mein Lebensgang" so:
"Ich hatte, wenn ich in dieser Zeit das Wort 'Christentum' schrieb, die Jenseitslehre im Sinne, die in den christlichen Bekenntnissen wirkte" (GA 28/26/S.363). "Vorher (vor dem Erscheinen seines Buches 'Das Christentum als

mystische Tatsache'; W.G.) deutete ich immer auf einen christlichen Inhalt, der in den vorhandenen Bekenntnissen lebte. ... Ich fand das Christentum, das ich suchen mußte, nirgends in den Bekenntnissen vorhanden." (GA 28/26/S.365)

Rudolf Steiner wandte sich zu dieser Zeit deshalb gegen das Christentum, weil es ihm nur in der Gestalt der vorhandenen Kirchen und Bekenntnisse entgegentrat. Diesen mußte er kritisch gegenüberstehen. Nachdem er um die Jahrhundertwende einen eigenen geistigen Zugang zu Christus und dem Ereignis von Golgatha gefunden hatte, begann er in der ersten Phase der anthroposophischen Arbeit die Tatsachen des Christentums positiv darzustellen. Die Äußerungen über die herausragende Stellung des Christentums gegenüber den anderen Religionen, die wir in den beiden vorigen Abschnitten betrachtet haben, stammen vorwiegend aus der zweiten Phase der anthroposophischen Arbeit. Die hier zitierten, wiederum kritischen Äußerungen über die bestehenden und vergangenen Formen des Christentums, die an Schärfe und Radikalität jenen vor der Jahrhundertwende in nichts nachstehen, fallen bis auf wenige Ausnahmen in die dritte Phase der anthroposophischen Arbeit, also in die Zeit nach 1916. Es ist der gleiche Zeitraum, in dem Rudolf Steiner von der Notwendigkeit einer Erneuerung des christlichen religiösen Lebens zu sprechen beginnt (siehe Kap. IV, 2).

Wie ein Vorspiel ist die Kritik an der kirchlichen Theologie in dem öffentlichen Vortrag vom 11.05.1905, "Die theologische Fakultät und die Theosophie". Die alte, urchristliche Lebendigkeit der Theologie als Quelle des religiösen Lebens ist verlorengegangen; die Theologie hat sich vom religiösen Leben entfernt, zum Beispiel hinsichtlich des Sechstage-Werkes der Schöpfung, in bezug auf Jesus als dem "schlichten Mann aus Nazareth" oder die Beurteilung der Evangelien in ihrem unterschiedlichen Charakter. Als Beispiel zitiert Rudolf Steiner auch aus Adolf Harnacks Buch, "Das Wesen des Christentums", das die Osterbotschaft der Auferstehung Christi nicht als Tatsache, sondern nur noch als subjektives Glaubenserlebnis der Zeitgenossen Jesu begreifen kann. Deshalb ist eine Erneuerung der Theologie durch Theosophie nötig:

"Wie das Wissen vom Glauben zum Schauen aufgestiegen ist, so werden wir auch aufsteigen vom Glauben zum Schauen auf dem geistigen Gebiet, und schauen in der Theosophie. Dann wird es keinen Buchstabenglauben, keine Theologie mehr geben, dann wird es lebendiges Leben geben. ... Der Geist wird vom Geiste sprechen. Leben wird da sein, und die Theologie wird die Seele dieses religiösen Lebens sein. ... Den Tag kann die Theosophie mit Freuden begrüßen, wo von den Stätten, von denen Religion verkündigt werden soll, die Weisheit gesprochen wird. Wenn so die Theologen die rechte Religion verkündigen, dann wird man keine Theosophie mehr brauchen." (GA 53/20/S.445 f.)

Noch deutlicher spricht sich Rudolf Steiner ein halbes Jahr später im Mitgliedervortrag vom 03.10.1905 aus:

"Hiermit hängt nun wiederum das tief Materialistische des (traditionellen) Christentums zusammen, das darin liegt, daß das Jenseits von einem physischen Dasein abhängig gemacht wurde. Diese materialistische Lehre des Christentums hat gleichsam ihre Früchte getragen. Heute hat man überhaupt kein Bewußtsein mehr vom Jenseits. ... Jetzt muß aber ein neuer Einschlag in die Welt kommen. Wenn ein Zyklus aufhört, kommt ein neuer Einschlag. Das Christentum hat dem nach und nach aufdämmernden materialistischen Zeitalter vorgearbeitet. Um die materialistische Kultur herbeizuführen, mußten die Menschen durch eintausenddreihundert Jahre hindurch eine solche Lehre haben, wie das Christentum sie brachte, daß der Mensch von dem *einen* Erdenleben die ganze Ewigkeit abhängig macht." (GA 93a/8/S.66)

In beiden Zitaten fällt auf, daß neben der Kritik an der materialistisch gewordenen Theologie auch der Ausblick auf eine zukünftige auftaucht.

Im Vortrag vom 27.10.1905 wird von Rudolf Steiner darauf hingewiesen, daß die alten exoterischen Formen des Christentums die kosmologische Erkenntnis ihres eigenen geistigen Hintergrundes verloren haben. Aber zugleich leuchtet auch eine neue Zukunft der Religionen auf, wenn sie die Geisterkenntnis aufnehmen und damit wieder das sein werden, was sie sein sollen:

"Wenn wir die aufeinanderfolgenden Planeten betrachten, so ist jeder solcher Planet ein Entwickelungszustand, der sieben Runden, sieben mal sieben Globen und sieben mal sieben Rassen hat. Jeder solcher Planet ist dazu da, einen Bewußtseinszustand durch alle Stadien hindurch zu leiten. Diese Stadien benennt man in den verschiedenen esoterischen Religionen in verschiedener Weise. In der christlichen Esoterik heißen:

　　ein　Bewußtseinszustand　　= Macht
　　eine　Runde　　　　　　　　 = Reich, Weisheit
　　ein　Globus　　　　　　　　 = Herrlichkeit, Gloria.

Wenn wir in der christlichen Esoterik von Macht sprechen, meinen wir den Durchgang durch einen Bewußtseinszustand. Der Durchgang durch eine Runde ist der Durchgang durch ein Reich. In den aufeinanderfolgenden Runden macht der Mensch sieben Reiche durch: erstes Elementarreich, zweites Elementarreich, drittes Elementarreich, Mineralreich, Pflanzenreich, Tierreich, Menschenreich. Den Durchgang durch die sieben Formzustände oder Globen nennt man Herrlichkeit. Herrlichkeit bedeutet das, was nach außen scheint, was Gestalt und Form annimmt. Das Vaterunser gibt uns in seinem Schlusse: 'Denn Dein ist das Reich, die Macht und die Herrlichkeit', einen Aufblick zum Weltgeschehen. Wenn das wiederum im Bewußtsein vorhanden sein wird, dann ist wieder eine Gotteserkenntnis möglich.

Zunächst sind alle, am meisten die exoterischen Religionen, abgefallen (von wahrer Gotteserkenntnis). Sie sind die Träger des Egoismus, da sie nicht bedacht sind auf die ganze Welt, auf die Macht, das Reich und die Herrlichkeit. Wenn diese Worte wieder lebendiges Bewußtsein werden, wenn sie wieder

Sinn bekommen, dann werden die Religionen wieder das sein, was sie sein sollen." (GA 93a/25/S.197)

Im ersten Vortrag des Hamburger Zyklus über das Johannesevangelium vom 18.05.1908 findet sich auch eine deutliche Charakterisierung der materialistisch gewordenen Theologie, zum Beispiel von der Auffassung Jesu als dem "schlichten Mann aus Nazareth". Später heißt es:

"Der Materialismus ist zuerst eingedrungen in das religiöse Leben. Viel, viel weniger gefährlich für die geistige Entwicklung der Menschheit ist der Materialismus in bezug auf die äußeren naturwissenschaftlichen Tatsachen als in bezug auf die Auffassung der religiösen Geheimnisse." (GA 103/1/S.22)

Dann ist von der Auffassung des Abendmahles die Rede:

"Die Menschen konnten sich bei den Worten: 'Dies ist mein Leib' – 'Dies ist mein Blut', nur vorstellen, daß ein materieller Vorgang, eine materielle Umwandlung von Brot und Wein in Fleisch und Blut geschehe. Was früher geistig vorgestellt wurde, fing man an, im grob materiellen Sinne sich vorzustellen. Hier schleicht sich der Materialismus, lange bevor der die Naturwissenschaft ergreift, ein in das religiöse Leben." (GA 103/1/S.23)

Als weiteres Beispiel wird wieder das Sechstage-Werk der Schöpfung angeführt und der erste Schlaf Adams. Im folgenden heißt es weiter:

"Erst wurde die Bibel materialistisch interpretiert. Hätte nie ein Mensch die Bibel materialistisch erklärt, so hätte auch nie in der äußeren Wissenschaft ein Haeckel die Natur materialistisch erklärt; und was im vierzehnten und fünfzehnten Jahrhundert als Grund gelegt worden ist in religiöser Beziehung, das ging als Frucht im neunzehnten Jahrhundert auf in der Naturwissenschaft ..." (GA 103/1/S.25)

Hier wird der Keim des modernen Materialismus nicht in der Naturwissenschaft gesehen, sondern in der Theologie der vergangenen Jahrhunderte. Durch eine solche rationalistische und materialistische Theologie geht das Christentum zugrunde. Diese Beurteilung ist auch enthalten in zwei Besprechungen theologischer Bücher, die Rudolf Steiner im Juli und August 1905 in "Lucifer-Gnosis" erscheinen ließ (siehe GA 34/S.476 ff.).

Bisher haben wir Äußerungen aus der ersten Phase der anthroposophischen Arbeit betrachtet, die sich alle darauf beziehen, daß die Gedankenart der neueren Zeit nicht an die Wirklichkeit heranreicht, von der in den religiösen Urkunden gesprochen wird. Das entspricht den positiven Schilderungen und Erläuterungen, die Rudolf Steiner vorwiegend in derselben Phase gegeben hat. In der zweiten Phase finden wir nun andere und weitergehende Charakterisierungen der Mängel in den alten Formen des Christentums. Im Vortrag vom 05.01.1911 ist viel von Religion die Rede. Es wird geschildert, was Religion eigentlich ist (siehe Einführung, 6) und daß sie in der neueren Zeit mit Anschauungen über die geistige Welt verquickt worden ist.

Das hat dazu geführt, "daß dasjenige, was so im Grunde genommen Impulse sein sollen, die das menschliche Empfinden und Fühlen von dem Vergänglichen auf das Unvergängliche hinlenken, verquickt worden ist mit gewissen Ideen und Anschauungen, wie es in dem Reiche des Übersinnlichen ausschaut, wie es darinnen beschaffen ist. Dadurch aber ist Religion in gewissem Sinne verknüpft worden mit dem, was eigentlich Geisteswissenschaft ist, mit dem, was eigentlich als Wissenschaft angesehen werden muß. Und wir sehen heute, wie in diesem Kirchenglauben dann Religion in dieser oder jener Form nur aufrechtzuerhalten ist, wenn gleichzeitig ganz bestimmte Lehrsätze aufrechterhalten bleiben. Dadurch wird aber das erzeugt, was man nennen kann das starre dogmatische Festhalten an gewissen Vorstellungen über die geistige Welt. Derartige Vorstellungen müßten natürlich fortschreiten, weil der menschliche Geist fortschreitet. Über ein solches Fortschreiten sollte sich das eigentlich richtige religiöse Gefühl am meisten freuen, weil dieses Fortschreiten die Herrlichkeiten der göttlich-geistigen Welt um so größer, bedeutungsvoller zeigt." (GA 127/1/S.24)

Da es keine echte Geisteswissenschaft gab, klammerten sich die religiösen Bekenntnisse an die überlieferten Vorstellungen und mußten sie festschreiben, dogmatisieren; und zwar immer in dem Augenblick, in dem ein lebendiges geistiges Verständnis für die religiöse Tatsache, um die es sich handelte, erlosch. Das Für-wahr-Halten dieser festgeschriebenen Vorstellungen von der geistigen Welt, der "Glaube" an die Dogmeninhalte, wurde der Maßstab der Religiosität anstelle des wirklichen religiösen Lebens (siehe Einführung, 6 und Kap. III, 1). Es ist eine ungute Verquickung zweier Bereiche des Geisteslebens, von Wissenschaft und Religion, die beide erst spiritualisiert werden müssen, um dann zusammenwirken zu können (siehe auch Kap. VI, 1 und 2). Das ist die Aufgabe der Anthroposophie, die sie durch das erfüllt, was in den vorigen Abschnitten dieses Kapitels und im Kapitel IV geschildert ist.

Weil es aber ein Fortschreiten des menschlichen Geistes gibt, können die Vorstellungen über die göttliche Welt zum Beispiel durch Anthroposophie bereichert werden. Denn die religiösen Vorstellungen kamen zu allen Zeiten von Menschen, die Wissenschaftler des Geistes waren, und nicht von solchen, die nur ein Erdenbewußtsein hatten.

"Dieses ist auch der Grund, warum die Theologie so sehr darauf hält, daß eigenes menschliches Wissen nicht einfließen soll in die religiösen Vorstellungen. Denn sobald eigenes menschliches Wissen in die religiösen Vorstellungen einfließt, ist es ein Wissen, das durch den Menschen in überphysischen Zuständen errungen sein muß durch ein Hinaufwachsen in die geistigen Welten. Es ist eine Art Eindringen in die Gebiete, die die Theologie, nicht die Religion als solche, durchaus ausschließen will von dem Einflusse auf die religiösen Vorstellungen der Menschheit." (GA 137/06.06.1912/S.69 f.)

Offenbarung wird von bestehenden Kirchen entweder für abgeschlossen erklärt oder in den eigenen Reihen institutionalisiert und für sich reklamiert. Diese Einschränkung führt dazu, daß sich das religiöse Gefühl nicht über die Bereicherung an Vorstellungen über die göttliche Welt freuen kann, wie dies mit

Hilfe der Anthroposophie möglich ist. Dieser Anspruch der Religionsgemeinschaften wird von Rudolf Steiner im Vortrag vom 28.10.1919 charakterisiert:
"Wie wird von seiten der Religionsgemeinschaften jeder solche Versuch, wie er auf geisteswissenschaftlichem Gebiete, wie es hier gemeint ist, unternommen wird, in den Geist einzudringen, mit Mißtrauen, mit abfälliger Kritik aufgenommen! Aus welchem Grunde? Ja, den Grund sehen die Leute heute durchaus nicht ein. Wir vernehmen von unseren offiziellen Stätten aus eine Wissenschaft, die sich an die bloße äußere Sinneswelt halten will, und wir hören, wie von diesen Stätten aus scheinbar objektiv gerechtfertigt wird, daß nur dadurch eine strenge, eine wahre Wissenschaft entstehen könne. Für den Kenner der geschichtlichen Entwickelung der Menschheit ist die Sache nicht so. Für ihn stellt sich die Sache vielmehr so heraus, daß im Laufe der neueren Zeit, eigentlich schon seit den letzten Jahrhunderten, immer mehr und mehr die Religionsgemeinschaften das Monopol in Anspruch genommen haben, über Geist und Seele Anschauungen zu entwickeln und nur diejenigen Anschauungen gelten zu lassen, welche von ihnen der Menschheit anzuerkennen gestattet werden. Und unter dem Einflusse dieser Monopolansprüche haben es die Wissenschaften unterlassen, sich mit etwas anderem als dem äußerlich Sinnlichen zu befassen. Höchstens mit einigen abstrakten Begriffen haben sie in das geistige Gebiet einzudringen versucht. Sie glauben, um der Objektivität der Wissenschaften willen das zu tun, und ahnen nicht, daß sie es tun unter der Wirkung des Monopols des Wissens, der Erkenntnis über Geist und Seele auf seiten der religiösen Bekenntnisse. Was durch Jahrhunderte den Wissenschaften verboten worden ist, das erklären heute die Wissenschaften als eine objektive Notwendigkeit für ihre Exaktheit, für ihre Objektivität. Und so kommt es, daß, weil die Religionsgemeinschaften die Einsicht in die geistige, die Einsicht in die seelische Welt nicht vorwärts entwickelt, sondern alte Traditionen bewahrt haben, daß man in dem Forschen mit neuen Vorstellungsarten, nach neuen Wegen zur Seele und zum Geist, den Feind des Religiösen sieht, während man in diesem Forschen, in diesen Wegen gerade den besten Freund des Religiösen sehen sollte." (GA 332a/4/S.118 f.)
Der Anspruch der Religionsgemeinschaften, allein etwas über die Wirklichkeit der Seele und des Geistes aussagen zu können, hat die Wissenschaft von diesen Bereichen ferngehalten und damit in einseitig materialistische Bahnen getrieben. Andererseits haben die Religionsgemeinschaften Wissenschaft, auch Geisteswissenschaft, aus der Religion ferngehalten. Wohin das führt, beschreibt Rudolf Steiner im Vortrag vom 15.05.1915:
"Auf der anderen Seite aber steht ein unberechtigter Impuls in dem Wenden der einseitigen Religion gegen die Wissenschaft. Diese einseitige religiöse Weltanschauung ist nämlich selbst beseelt, durchseelt möchte man sagen, besonders vom luziferischen Element. Denn nach religiöser Vertiefung streben und das wissenschaftliche Eindringen in geistige Welten hassen, das ist dasjenige, was Luzifer von dem Menschen will. Luzifer könnte nicht besser

sein Ziel erreichen, als wenn alle Menschen bloß religiös wären. Dieses Religiöse hat einen ungeheuer starken egoistischen Einschlag. Denken Sie nur, wie die Menschen, die nicht nach dem geistigen Wissen streben, ihre Religion auffassen. Aus Egoismus heraus wollen sie selig werden, aus Egoismus ein Leben, wie sie es sich ausmalen, nach dem Tode führen! Aus Egoismus wo!len sie nur einmal verkörpert sein in der Welt! In der einseitigen Religion ist der Egoismus auf die höchste Spitze getrieben: Ein Egoismus der Seele, nicht bloß des Leibes." (GA 159/160 /10/S.237 f.)

Religion ohne Geisterkenntnis ist luziferisch, treibt die Seele des Menschen in den Egoismus. Damit ist schon ein sehr deutlicher Ton innerhalb der Kritik der bisherigen Formen des Christentums angeschlagen. Diese hat Rudolf Steiner alle als einseitige Ausprägungen des Christentums angesehen:

"Es kommt jetzt in diesem Augenblicke nicht darauf an, die Frage zu behandeln, ob das Christentum in seiner bisherigen Entwickelung alle seine Ziele, alle seine Entwickelungsmöglichkeiten schon aus sich herausgesetzt habe. Es ist ja ganz selbstverständlich, daß das Christentum in seinen religiösen Bekenntnissen nur Einseitigkeiten des gesamtchristlichen Prinzipes herausgebildet hat und in Einzelheiten in seinen positiven Bekenntnissen durchaus zurücksteht gegenüber anderen Bekenntnissen." (GA 141/20.11.1912/S.42)

Damit haben wir die wesentlichen Äußerungen der zweiten Phase der anthroposophischen Arbeit vor uns, die schon stärker ausgefallen sind als die der ersten. Nun wenden wir uns den Zitaten aus der dritten Phase zu.

Im Vortrag vom 10.10.1916, also in den Tagen, als Rudolf Steiner begann, die Notwendigkeit religiöser Erneuerung zu verkünden (siehe Kap. IV, 2), charakterisiert er die alten christlichen Bekenntnisse in ihrem Verhältnis zur neueren Zeit:

"Ein weiteres muß eintreten in diesem fünften nachatlantischen Zeitraum, wenn die Bewußtseinsseele sich wirklich entfalten soll. Das ist, daß in den Menschen, insofern sie individueller und immer individueller werden, ein gewisses Veröden, ein richtiges Veröden des religiösen Lebens eintreten muß, wenn dieses religiöse Leben sich nicht anpassen will dem fünften nachatlantischen Zeitraum, sondern so bleiben will, wie es richtig war für den vierten nachatlantischen Zeitraum. Für den vierten nachatlantischen Zeitraum mußten, weil die Menschen noch mehr auf die Gruppenhaftigkeit angelegt waren, Gruppenreligionen entstehen. Es mußte gleichsam über Menschengruppen ausgegossen werden durch Macht Gemeinsames in Dogmen, Gemeinsames in religiösen Grundsätzen, in religiösen Gedanken. Weil aber der Drang nach Individualität durch die Bewußtseinsseele immer stärker und stärker werden wird im fünften nachatlantischen Zeitraum, wird es so sein, daß dasjenige, was so spricht aus den Gruppenreligionen heraus, nicht mehr zum Herzen, nicht mehr zur Individualität der einzelnen Seele dringen wird. Und die Menschen werden einfach nicht verstehen dasjenige, was aus den Gruppenreligionen heraus kommt. ...

Die Dogmenreligionen, die einzelnen festen Dogmen, Konfessionen, die werden im fünften nachatlantischen Zeitraum das religiöse Leben in Wahrheit ertöten. ...
Die Formen des Christentums sind noch begründet worden im vierten nachatlantischen Zeitraum aus dem Bedürfnisse der griechisch-römischen Kultur heraus. Sie sind als Kirchenformen ungeeignet jetzt schon und werden immer ungeeigneter und ungeeigneter werden, Gedankenfreiheit heraufkommen zu lassen, die immer mehr und mehr heraufkommen muß." (GA 168/4/S.102 ff.)
Dieses Motiv des Zwanges in den alten Bekenntnissen und der Notwendigkeit der Freiheit im religiösen Leben finden wir auch im Vortrag vom 16.10.1918:
"Alle freie Religiosität, die sich in der Zukunft innerhalb der Menschheit entwickeln wird, wird darauf beruhen, daß in jedem Menschen das Ebenbild der Gottheit wirklich in unmittelbarer Lebenspraxis, nicht bloß in der Theorie, anerkannt werde. Dann wird es keinen Relgionszwang geben können, dann wird es keinen Religionszwang zu geben brauchen, denn dann wird die Begegnung jedes Menschen mit jedem Menschen von vornherein eine religiöse Handlung, ein Sakrament sein, und niemand wird durch eine besondere Kirche, die äußere Einrichtungen auf dem physischen Plan hat, nötig haben, das religiöse Leben aufrechtzuerhalten. Die Kirche kann, wenn sie sich selber richtig versteht, nur die eine Absicht haben, sich unnötig zu machen auf dem physischen Plane, indem das ganze Leben zum Ausdruck des Übersinnlichen gemacht wird.
Das liegt wenigstens den Impulsen der Arbeit der Engel zugrunde: vollständige Freiheit des religiösen Lebens über die Menschen hin auszugießen." (GA 182/7/S.141 f.; siehe auch GA 185/03.11.1918/S.223 f. und S.227)
In diesem Zusammenhang interessieren uns nur die Sätze, die sich darauf beziehen, daß das religiöse Leben in älteren Religionsgemeinschaften durch äußere Einrichtungen und Zwang aufrechterhalten wird. Die anderen Aspekte dieses Zitates werden uns an anderer Stelle beschäftigen (siehe Kap. II, 7 und IV, 1).
Wir können die bisher formulierte Kritik an den alten Formen des Christentums vielleicht so zusammenfassen: Es gibt in ihnen keine lebendige fortentwickelte Anschauung der geistigen Welt, und sie rechnen nicht mit der menschlichen Individualisierung und Freiheit.
Im Vortrag vom 24.04.1921 spricht Rudolf Steiner von der alten christlichen Weisheit, die in die Formeln der Dogmen "erfroren" ist. Dann heißt es weiter:
"Da waren endlich Formeln, welche die verschiedenen Feste festsetzten, und alles das war im Grunde genommen das Gerippe, das Schattenbild einer wunderbaren uralten Weisheit. Und dieses Schattenbild, dieses Gerippe setzte sich durch die Jahrhunderte fort. Es konnte sich namentlich dadurch fortsetzen, daß es eine gewisse Form alter Kulte annahm, und dasjenige, was in Formeln, in die höchsten Formeln gekleidet war, wie zum Beispiel die Formel der Verwandlung des Brotes und Weines in den Leib und in das Blut des Christus, das konnte sich fortpflanzen, weil es gekleidet wurde in eine uralt heilige

Kultform wie das Meßopfer, das nur eben etwas umgestaltet wurde, aber sich als solches fortsetzte." (GA 204/9/S.148)

Hier klingen die Worte über den altehrwürdigen Kultus der christlichen Kirchen noch sehr positiv. Etwas deutlicher ist die Charakterisierung der alten christlichen Kultformen im Vortrag vom 29.09.1922:

"Heute können Sie überall herumfragen, wo man irgendeine von Ritualien getragene Handlung ausführt, in Logen oder auch in Kirchen, ob die Leute in solchen rituellen Handlungen noch geistige Wesenheiten sehen, die diese Handlungen durchströmen und durchpulsen. Es ist nicht der Fall. Es ist ebensowenig in diesen Handlungen heute geistiges Leben, wie in der ägyptischen Mumie das Leben dessen war, den man mumifiziert hatte. Diese Ritualien wurden nun bewahrt. Gewissermaßen wurden so, wie in der ägyptischen Mumie der menschliche Körper seiner Form nach mumifiziert worden ist, menschliche Handlungen, menschliche Verrichtungen traditionell aufbewahrt und werden, indem man sie nun vornimmt, gewissermaßen eben auch mumifiziert ..." (GA 216/6/S.94 f.; siehe auch GA 216/24.09.1922/S.76 ff.)

Damit ist auch der dritte Bereich des religiösen Lebens in den alten christlichen Bekenntnissen charakterisiert: die Kultusformen sind mumifiziert, in ihnen strömt kein geistiges Leben mehr.

Im Jahre 1918, in dem Rudolf Steiner die schärfsten Äußerungen über die bisherigen Formen des Christentums getan hat, findet sich ein vierter Punkt der Kritik, der sich auf die Wirksamkeit des religiösen Lebens für das soziale und politische Leben bezieht:

"Die Zeit muß aufhören, wo faule Pastoren- und Pfarrerwirtschaft den Leuten von den Kanzeln theoretisches, mit dem Leben nicht zusammenhängendes Zeug zur sogenannten Erwärmung der Seelen an jedem Sonntag vorgeredet haben. Das dagegen muß beginnen, daß jeder, der an dem geistigen Leben teilnehmen will, verpflichtet ist, in das Leben auch hineinzuschauen, mit dem Leben in unmittelbarer Verbindung zu stehen. Das ist nicht zum geringen Teil an dem Unglücke der Gegenwart schuld, daß seit langer Zeit gerade diejenigen, die die religiösen Gefühle der Menschheit verwaltet haben, von ihrem Orte, von ihren Kanzeln herunter Dinge geredet haben, die eigentlich mit gar keinem Leben in irgendeinem Zusammenhange standen, Reden gehalten haben, die nur gehalten worden sind, um den Leuten für ihre Herzen oder ihre Seelen lahmes Zeug zu bieten, das sie doch nur angenehm berührt hat, das aber nicht eingegriffen hat in das Leben. Daher ist das Leben gottlos, daher ist es geistlos geblieben und ist endlich in das Chaos gekommen. Suchen Sie die Ursache vieler Schulden, die heute bezahlt werden müssen, gerade in der törichten Rederei derjenigen, die zum Beispiel die religiösen Gefühle zu verwalten hatten und die mit dem Leben in gar keinem Zusammenhang standen. Was haben sie erreicht von dem, was zu geschehen hat in dem Zeitalter, in dem eine ganze neue Menschheit in Form des Proletariats sich heraufentwickelt hat, was haben sie erreicht, diese Leute, die unnötiges Zeug von den Kanzeln verkündet haben, solches Zeug, das die Leute nur begehrt haben, weil sie sich hinwegtäuschen wollten durch allerlei Illusionen über die wahren Realitäten des Lebens? Die Zeiten sind ernst, und die Dinge müssen ernst betrachtet werden." (GA 186/30.11.1918/S.44 f.)

Damit ist die soziale und politische Unwirksamkeit der bisherigen Religionsformen des Christentums gegeißelt und die Mitverantwortung ihrer Vertreter an den schwierigen sozialen Verhältnissen der Zeit charakterisiert. – Eine Steigerung dieses Gedankens findet sich im Vortrag vom 25.07.1920, in dem Rudolf Steiner im Zusammenhang mit dem Buch von Oswald Spengler, "Der Untergang des Abendlandes", sagt:

"Es kommen ja für den wirklichen Fortgang der Menschheitsentwickelung kaum die traditionellen Religionsbekenntnisse, so wie sie offiziell vertreten werden, heute noch in Betracht. Für die Förderung des weiteren Untergangs der abendländischen Kultur würden diese traditionellen Religionsbekenntnisse, so wie sie offiziell vertreten werden, allerdings in Betracht kommen." (GA 197/6/S.96)

Zusammenfassend können wir sagen:
1. Das Denken über die Religionsinhalte ist materialistisch geworden, und diese selber sind zu unverstandenen Dogmen erstarrt.
2. Das religiöse Gefühl ist egoistisch geworden, weil es nicht mehr von einer lebendigen spirituellen Wissenschaft geleitet wird.
3. Die religiösen Handlungen, Gottesdienstformen, sind zu Mumien erstorben, in denen keine geistigen Wesen mehr leben.
4. Das Reden von Religion hat nicht mehr die Kraft, aufbauend und förderlich in das soziale Leben einzugreifen.

Nachdem wir so die grundsätzlichen Anschauungen Rudolf Steiners über die bisherigen christlichen Bekenntnisse im allgemeinen kennengelernt haben, wenden wir uns noch einigen Äußerungen über die beiden großen Kirchen, die protestantische und die katholische, zu. – In bezug auf die protestantische Gottesvorstellung sagt Rudolf Steiner:

"Das zum Beispiel, was man heute den modernen protestantischen Gott nennt und über den gerade von protestantischer Seite so viel geredet wird, ist ein Angelos, ist nichts anderes. Denn nicht darauf kommt es an, ob man sich einbildet, man finde den Weg zu dem höchsten Gotte, sondern darauf kommt es an, wozu man wirklich den Weg findet. Und man findet auf diese Weise nur den Weg zu seinem Angelos. Ich sage: zu *seinem* Angelos, denn das ist wichtig." (GA 172/26.11.1916/S.179; siehe auch GA 174a/02.05.1918/S.244 ff.; GA 182/ 30.04.1918/S.84)

Gerade das, worauf der Protestant so viel Wert legt, daß er ein persönliches Verhältnis zu Gott habe, erweist sich durch eine wirkliche Geisterkenntnis als Illusion, denn in Wirklichkeit erlangt er nur eine Beziehung zu seinem Engel. – Den Glaubensbegriff charakterisiert Rudolf Steiner so:

"Und wer weiß, wie sich die Bekenner fast aller christlichen Anschauungen immer wieder von dem Wissen abwenden und zu dem Glauben hinwenden, der wird in diesem Glaubensbegriff, in dieser Glaubensvorstellung etwas fühlen vom Schlaf. Daher die Sehnsucht, ja sich nicht mit dem klaren Bewußtsein durchleuchten zu lassen dasjenige, was da aus solchen Regionen, in denen auch der Schlaf sich vollzieht, herein will in die menschlichen Seelen. In älteren Jahrhunderten ist daher dasjenige, was ich charakterisiert habe als Inhalt der alten Gnosis, abgestumpft worden in den ganz abstrakten Dogmen, die nun nicht begriffen, sondern nur angenommen werden sollen. Und im Protestantismus ist abgeschwächt worden das Wissen zum bloßen Glauben, zu einem bloßen subjektiven Fürwahrhalten, das seine besondere Eigentümlichkeit darin sieht, eben gerade auf dasjenige zu bauen, was nicht bewiesen werden kann, wo die Wissenschaft nicht mitzureden hat ..." (GA 187/ 28.12.1918/S.98)

Das protestantische Prinzip des Glaubens ist zu einem subjektiven Fürwahrhalten herabgesunken, das etwas wie Schlaf in der menschlichen Seele zur Folge hat.

Über den protestantischen Predigtgottesdienst hören wir in den Vorträgen über "Anthroposophische Gemeinschaftsbildung" (GA 257) im Zusammenhang mit der Schilderung der gemeinschaftsbildenden Wirkung des Kultus der Christengemeinschaft folgendes:

"... wie gerade die evangelischen Bekenntnisse in der neueren Zeit immer mehr und mehr hingeneigt haben zur besonderen Betonung des Predigthaften und abgekommen waren von dem Kultusartigen. Aber die Predigt atomisiert die Gemeinschaften. Die Predigt, durch die ja die Erkenntnis von der göttlichen Welt durchdringen soll, fordert die einzelnen Seelen dazu auf, sich ihre eigene Meinung zu bilden, was sich ja ausgedrückt hat dadurch, daß das Credo, das Glaubensbekenntnis am meisten angefochten worden ist in der neueren Zeit, daß gewissermaßen jeder sein eigenes Glaubensbekenntnis haben wollte. Ein Atomisieren, ein Zersprengen der Gemeinde und ein Hinlenken des Religiösen auf die einzelne Persönlichkeit ist eingetreten" (GA 257/ 03.03.1923/S.167). Aber "religiöses Leben kann nicht ohne Gemeindebildung bestehen." (GA 257/9/S.172)

"Die Predigt formt sich in den älteren Bekenntnissen aus der Weltanschauung des Verstandes- oder Gemütszeitalters heraus. Der moderne Mensch versteht das nicht mehr recht. Daher sind die evangelischen Bekenntnisse auch übergegangen zu der mehr auf die menschliche Meinung, auf die menschliche Bewußtseinserkenntnis gebauten Darstellung. Das ist auf der einen Seite etwas Vollberechtigtes. Auf der anderen Seite ist wiederum die Form dafür noch gar nicht richtig gefunden. ... Überall, bei Sonntagspredigten, bei Predigten für gewisse Anlässe, überall wird ein Bibeltextwort zugrunde gelegt, weil eben verleugnet wird die unmittelbare lebendige Offenbarung, die in der Gegenwart auch da sein kann. Aber es wird durchaus nur an das Historische angeknüpft. Also es wird zwar die individuelle Predigt gesucht, aber die Bedingung dafür ist nicht gefunden. Und so strömt eben die Predigt ein in die bloße menschliche Meinung, in die individuelle Meinung. Das aber atomisiert." (GA 257/9/S.172 f.)

Die Betonung der Predigt im Gottesdienst, ohne die Beziehung zu lebendiger Offenbarung, führt zum bloßen Menschenwort aus subjektiver Meinung und hat seinen Grund im Verlust des Kultus:

"Die Evangelienbekenntnisse, sie sind eben Kompromisse zwischen dem Intellekt und den alten Traditionen; sie haben den Zusammenschluß verloren. Der Kultus sagt ihnen nichts, daher hat der Kultus nach und nach ziemlich aufgehört innerhalb dieser Bekenntnisse. Bis zu abstrakten Vorstellungen ist es gekommen statt des lebendigen Erfassens von so etwas wie der Transsubstantiation." (GA 204/24.04.1921/S.161)

Damit haben wir, wenn auch nicht alle, so doch die wichtigsten kritischen Äußerungen Rudolf Steiners über den Protestantismus vor uns.

Die katholische Kirche sah Rudolf Steiner damals noch als eine reale geistige Macht an, vor allem, weil sie den Kultus und gewisse geistige Schulungselemente bewahrt hatte. Er hat voller Hochachtung von der Messe gesprochen, sah aber auch, daß sie keine zeitgemäße Form christlichen Gottesdienstes mehr war. Wir beschränken uns hier auf einige Äußerungen zum Thema Christentum und katholische Kirche, die vorwiegend aus dem Jahre 1918 stammen.

"Wir sehen den Schatten des Römischen Reiches im römischen Katholizismus heute. Dieser Schatten ist nicht das Christentum, es ist der Schatten des alten Römischen Reiches, in das hinein das Christentum geboren werden mußte, in dessen Formen noch immer fortlebt dasjenige, was dazumal als Struktur des Christentums sich herausbilden mußte. Aber wir müssen lernen, die Menschheit muß lernen zu unterscheiden den Schatten des alten Römischen Reiches von dem Christentum. In der Konstitution der katholischen Kirche hat man nicht dasjenige, was die Essenz des Christentums ist, das hat man überhaupt nicht in der Konstitution der christlichen Kirchen. In der Konstitution der christlichen Kirchen lebt das, was gelebt hat in dem Römischen Reiche von Romulus bis zum Kaiser Augustus, was sich da ausgebildet hat. Die Täuschung entsteht nur dadurch, daß in diesen Leib hineingeboren worden ist das Christentum." (GA 187/24.12.1918/S.37)

Hier wird besonders deutlich, wie Rudolf Steiner das Christentum von seiner jeweiligen Erscheinungsform, seiner "Konstitution", unterscheidet. Und er sieht diese Erscheinungsformen als notwendige und für eine bestimmte Zeit berechtigte "Leiber" des "Geistes" des Christentums an.

Im Vortrag vom 08.05.1920 schildert Rudolf Steiner, wie der Katholizismus, besonders durch die naturwissenschaftlichen Leistungen der Jesuiten, darauf bedacht ist, die Wissenschaften materialistisch zu halten, damit sie nichts über das Gebiet des Geistes aussagen können und auf diese Weise das Monopol der Kirche für ein Wissen auf geistigem Felde erhalten bleiben kann:

"Es steht heute tatsächlich eine materialistische Betrachtung des Himmels näher den religiösen Bekenntnissen, namentlich nach deren Meinung, als der Geisteswissenschafter. Denn vor allen Dingen ist es diesen Religionsbekenntnissen darum zu tun, die Welt nicht aufzuklären über das Verhältnis des Geistigen zum Materiellen. Das Geistige soll Inhalt eines selbständigen Glaubensbekenntnisses sein, in das nicht hineingeredet wird von der wissenschaftlichen Betrachtung der Welt, und die wissenschaftliche Betrachtung der Welt soll materialistisch bleiben; denn in dem Augenblicke, wo sie aufhört, materialistisch zu sein, muß sie hineinreden in dasjenige, was das Geistige betrifft, denn sie muß vom Geiste reden." (GA 201/12/S.174)

Die römische Kirche verhindert aber nicht nur Erkenntnisse über den Zusammenhang der geistigen Welt mit der physischen, sondern auch über die wahre Natur des Menschen. Darauf kommt Rudolf Steiner im Vortrag vom 23.10.1919 zu sprechen. Das religiöse Leben bekommt einen egoistischen Charakter, wenn nur vom nachtodlichen und nicht vom vorgeburtlichen Leben des Menschen gesprochen wird:

"... Es ist heute deshalb noch schwierig, über diese Dinge zu sprechen, weil es ja ein Dogma der katholischen Kirche ist, nicht an ein vorgeburtliches Leben zu glauben, ein Dogma, das auch andere christliche Bekenntnisse angenommen haben. So daß so ziemlich die meisten christlichen Bekenntnisse heute es als eine Ketzerei ansehen, von dem vorgeburtlichen Leben zu sprechen. Es ist aber etwas außerordentlich tief in die geistige Entwickelung der Menschheit Eingreifendes, wenn man dogmatisch verwehrt, auf das vorgeburtliche Leben hinzuschauen ... Denn die ganze Lebensanschauung über den Menschen wird dadurch verfälscht, daß man den Menschen vortäuscht das Irrtümliche, mit der bloßen Entstehung aus Vater und Mutter sei der Mensch überhaupt auf die Erde hingestellt. Die Kirche hat sich damit ein ungeheures Machtmittel geschaffen, daß sie den Menschen die Einsicht in das vorgeburtliche Leben vorenthalten hat. Deshalb wird die Kirche als solche in der furchtbarsten Weise kämpfen gegen alle jene Lehren, welche sich über das vorgeburtliche Leben ergehen. ... Es lag also im Interesse der Kirchenbekenntnisse, dem Menschen wichtige Aufklärung über sich selbst vorzuenthalten. Die Kirchenbekenntnisse haben es geradezu zu ihrer Mission gemacht, dem Menschen wichtige Wahrheiten über sich selbst vorzuenthalten. Diese kirchlichen Bekenntnisse haben damit ihr Mittel gefunden, die Menschen einzuhüllen in Dumpfheit, in Illusion." (GA 191/10/S.185 f.)

Falsch ist schon der Anspruch der Kirche, über etwas Aussagen zu machen, das nicht in das Gebiet der Religion, sondern in das der Geisteswissenschaft gehört: "Die Kirche als solche kann eigentlich nicht feindlich sein den geisteswissenschaftlichen Erkenntnissen; das ist ganz unmöglich, denn die Kirche als solche sollte es eigentlich nur zu tun haben mit dem Fühlen des Menschen, mit den Zeremonien, mit dem Kultus, aber nicht mit dem Gedankenleben. Der gebildete Orientale begreift die abendländischen Kirchenbekenntnisse überhaupt nicht, denn der gebildete Orientale weiß genau: er ist gebunden an den äußeren Kultus; denjenigen Zeremonien sich hinzugeben, denen man sich in seinem Bekenntnisse hingibt, das obliegt ihm. Denken kann er, was er will. Im orientalischen Bekenntnisse weiß man noch etwas von Gedankenfreiheit. Diese Gedankenfreiheit ist den Europäern ganz und gar verlorengegangen." (GA 191/10/S.187; siehe auch GA 95/03.09.1906/S.120 f.)

Weil Religion und Geisteswissenschaft bisher nicht ordentlich getrennt sind, ergeben sich in der katholischen Kirche Monopolansprüche auf das Wissen über das Geistige und den Menschen (siehe auch GA 332a/28.10.1919/S.118 f.). Aber wie bei jedem Monopol bleiben dabei bestimmte Wirklichkeiten und Bedürfnisse unberücksichtigt.

Eine Steigerung der kritischen Ansichten Rudolf Steiners über die katholische Kirche findet sich im Vortrag vom 23.07.1918. Nachdem er auf die Berechtigung und das Anregende des katholischen Kultus hingewiesen hat, fährt er fort:

"Was aber hatte die Kirche für eine Aufgabe? Sie hat die Aufgabe, die Seelen möglichst fernzuhalten von der Christus-Erkenntnis, möglichst zu bewirken, daß die Seelen dem Christus nicht sehr nahetreten. Und die Geschichte des kirchlichen Lebens vom 3., 4. Jahrhunderte an und dann weiterhin ist im wesentlichen eigentlich die Geschichte des Entfernens des menschlichen Gemütes von dem Verständnis des Mysteriums von Golgatha. Es liegt eine gewisse Gegnerschaft gegen das Christus-Verständnis in der kirchlichen Entwickelung. Diese negative Aufgabe der Kirche hat schon auch ihre Berechtigung. Sie hat die Berechtigung dadurch, daß die Menschen immer wieder von neuem danach streben mußten, durch die Kraft ihres eigenen Gemütes, durch die Kraft ihrer eigenen Seele zu dem Christus hinzukommen. Und im Grunde genommen ist das Kommen der Menschen zu dem Christus durch alle diese Jahrhunderte ein fortwährendes Sich-Aufbäumen gegen das Kirchliche. ... Der Weg zum Christus war eigentlich immer ein Wehren gegen die Kirche, und nur langsam und allmählich konnten sich die Menschen zu dem Christus hinarbeiten." (GA 181/19/S.371; siehe auch GA 181/30.07.1918/S.387 f.)

Es bedürfte einer ausführlichen geschichtlichen Darstellung, um die Berechtigung der negativen Aufgabe der Kirche, das Verständnis des Christus und des Mysteriums von Golgatha zu verhindern, wirklich einsichtig zu machen. Es sei hier nur zusammenfassend festgehalten, daß die katholische Kirche im wesentlichen dreierlei verhindert hat: den Zusammenhang von geistiger und irdischer Welt, das vorgeburtliche Leben des Menschen und das Mysterium von Golgatha zu verstehen.

Wie eine letzte Steigerung erscheint das, was Rudolf Steiner im Vortrag vom 17.01.1918 über die Aufgabe des Papsttums seit dem Mittelalter gesagt hat:

"... Die Mission des Papsttums seit diesen Jahrhunderten ... besteht in der katholischen Kirche überhaupt im wesentlichen darinnen, Europa davon abzuhalten zu erkennen, was eigentlich der Christus ist. Mehr oder weniger bewußt handelt es sich darum, eine Kirche zu begründen, welche vollständigstes

Verkennen des eigentlichen christlichen Impulses sich zur Aufgabe setzte, nicht unter die Leute kommen zu lassen, was der eigentliche Impuls des Christentums ist. Denn, wo immer versucht wird, irgendein Element in den Vordergrund zu stellen, das mehr an den christlichen Impuls heran will – sagen wir das Element des Franz von Assisi oder ähnliches –, da wird das zwar konsumiert, aber in die eigentliche Struktur der Kirchengewalt doch nicht aufgenommen. Die europäischen Verhältnisse haben sich eben so herausgebildet, daß die Menschen in Europa allmählich ein solches Christentum angenommen haben, das keines ist." (GA 180/16/S.322 f.)

Damit haben wir im wesentlichen vor uns, wie Rudolf Steiner auf die bisherigen kirchlichen Erscheinungsformen des Christentums hinschaute und daß er dieses sehr wohl von jenen unterschied. Er hat sich auch an einigen wenigen Stellen über andere christliche Religionsgemeinschaften geäußert, wie zum Beispiel über die Christian Science (zum Beispiel in GA 95/04.09.1906/S.134), aber das können wir hier unberücksichtigt lassen.

Zum Schluß dieses Abschnittes sei noch ein Zitat aus dem öffentlichen Vortrag vom 15.10.1918 angefügt:

"Immer mehr und mehr verstehen dasjenige, was der Menschheit an Religion gegeben ist, dazu wird wahre Geisteswissenschaft führen, dieses Religiöse auch zu erlösen aus den Banden derer, die es unter allerlei Macht- und sonstigen Gelüsten auf falsche Bahnen geführt haben." (GA 73/7/S.327)

Die bisherigen kirchlichen Erscheinungsformen des Christentums, besonders seit dem 4. Jahrhundert, waren zwar einseitig, aber doch berechtigt und auch in ihren negativen Aspekten notwendig. Welche Entwicklungsmöglichkeiten und -notwendigkeiten Rudolf Steiner für das Christentum in der Zukunft sah, werden wir im letzten Abschnitt dieses Kapitels herauszuarbeiten versuchen.

7. Die Notwendigkeit und die Bedingungen der weiteren Entwicklung des Christentums

Aus allem in den beiden vorigen Abschnitten Dargestellten geht schon hervor, daß das Christentum nicht am Ende, sondern erst am Anfang seiner Entwicklung steht. Im Vortrag vom 16.09.1912 drückt Rudolf Steiner diesen Gedanken so aus:

"... Mit der Zukunft der Erdenentwickelung werden erst die großen Impulse, die man dem Christentum zuschreiben kann, herauskommen. Es muß immer wieder und wieder betont werden: das Christentum steht erst am Anfang seiner großen Entwickelung." (GA 139/2/S.30)

Der negative Schatten dieser Tatsache liegt darin, daß die alte Religiosität und die alten Religionen aufhören werden.

"Denn was heute vielleicht noch möglich ist: daß eine Anzahl Menschen noch zurückgehalten werden auf dem Boden der alten Religionen, das wird in nicht allzuferner Zukunft nicht mehr möglich sein." (GA 100/16.06.1907/S.18)

"Insofern Religion auf Glauben gebaut ist und nicht von der vollen Erkenntnis durchglüht ist, ist sie etwas, was im Laufe des Menschheitsfortschrittes abgelöst werden muß. ... Keine andere Religion wird sein, die auf bloßen Glauben gebaut ist. Das Christentum wird bleiben, denn das Christentum ist zwar in seinem Anfang Religion gewesen, aber das Christentum ist größer als alle Religion! Das ist die Rosenkreuzerweisheit. Umfassender war das religiöse Prinzip des Christentums in seinem Anfange als das religiöse Prinzip aller anderen Religionen. Aber das Christentum ist noch größer als das religiöse Prinzip selbst. Wenn die Glaubenshüllen fortfallen werden, wird es Weisheitsform sein. Es kann ganz und gar die Glaubenshüllen abstreifen und Weisheitsreligion werden, und dazu wird Geisteswissenschaft helfen, die Menschen vorzubereiten. Die Menschen werden ohne die alten Religions- und Glaubensformen leben können, aber sie werden nicht leben können ohne das Christentum; denn das Christentum ist größer als alle Religion." (GA 102/24.03.1908/ S.115 f.)

Und die Zukunft des Christentums vorzubereiten ist die Aufgabe der Anthroposophie, die durch Erkenntnis der geistigen Tatsachen des Christentums dessen Fortentwicklung mitbewirkt:

"... Wir haben ein Recht, uns zu berufen auf Christi Ausspruch, daß er bei uns ist, daß er uns mit seinem Geiste erfüllt alle Tage. Wenn wir diesen Geist bei uns erfüllt fühlen, so dürfen wir uns berufen halten zu einer stetigen und nimmer aufhörenden Fortentwickelung des christlichen Geistes. Und gerade durch die anthroposophische Geistesentwickelung sind wir berufen, nicht ein totes, starres Christentum fortzupflanzen, sondern ein immer neues Christentum, das immer neue Weistümer und Erkenntnisse hervortreibt aus sich selber, in die Zukunft hinein zu entwickeln." (GA 117/21.12.1909/S.189)

Diese Fortentwicklung des Christentums durch Anthroposophie ist eine Verjüngung:

"Geisteswissenschaft will gewiß keine neue Religionsbegründung sein, ganz gewiß nicht; Geisteswissenschaft will eine Wissenschaft, eine Erkenntnis sein. Aber anerkennen sollte man dafür auch, daß sie die Grundlage abgeben kann für eine Verjüngung des religiösen Lebens der Menschheit selbst. Wie sie verjüngen kann das wissenschaftliche, das künstlerische Leben, so kann sie auch das religiöse Leben der Menschen verjüngen." (GA 332a/28.10.1919/S.133)

Unmittelbar gleichzeitig mit der Gründung der Christengemeinschaft, am 15.09.1922, sprach Rudolf Steiner von der Erneuerung des religiösen Bewußtseins und des religiösen Lebens und damit auch des Christentums durch Anthroposophie:

"Für die ganze Menschheit kann durch diese anthroposophische Vertiefung ein Gewinn auch in der Erneuerung des religiösen Bewußtseins erstehen, das dadurch erst ein vollbewußtes christliches Bewußtsein wird. Die richtige weitere Entwickelung des Christentums möchte die Anthroposophie mitbewirken, in dem Sinne, daß sie nicht eine neue Religion werden will, sondern

helfend dastehen will zur Ausgestaltung der durch das Mysterium von Golgatha in die Welt gekommenen christlichen Religion. Diese hat in sich die Kraft, sich weiter zu entwickeln, und Anthroposophie möchte das in der richtigen Weise verstehen und für diese Weiterentwickelung eine richtige Helferin sein". (GA 215/10/S.180 f.)
Zusammenfassend können wir sagen: alle Religionen hören in Zukunft auf, weil sie bloße Glaubensreligionen sind. Nur das Christentum bleibt als Religion erhalten, muß sich aber verwandeln, die überlebten alten Formen ablegen und durch Anthroposophie neue Formen schaffen. Was zu dieser Fortentwicklung des Christentums nötig ist und durch Anthroposophie geleistet werden kann, ergibt sich eigentlich schon aus dem im vorigen Abschnitt Dargestellten. Es soll hier aber unter dem neuen Gesichtspunkt und mit anderen Zitaten noch einmal deutlich gemacht werden.

In dem bereits zitierten Vortrag vom 10.10.1916 heißt es:
"Daher muß in diesem fünften nachatlantischen Zeitraum immer mehr und mehr Toleranz gerade in bezug auf die Gedanken des religiösen Lebens eintreten. Und während im vierten nachatlantischen Zeitraum die Sache noch so war, daß derjenige, der für die Religion gewirkt hat, so gewirkt hat, daß er seinen Mitmenschen eine gewisse Anzahl Dogmen, fester Sätze vermittelt hat, muß das im fünften nachatlantischen Zeitraum ganz, ganz anders werden. ... Da handelt es sich darum, daß eben, weil die Menschen immer individueller und individueller werden, versucht wird, vom Dogma ganz freizukommen und dogmenfrei dasjenige, was man mehr aus persönlichem inneren Erleben dem anderen Menschen erzählen, beschreiben kann, wirklich so vor ihn hinzubringen, daß sein eigenes, freies religiöses Gedankenleben individuell in ihm entwickelt werden kann. ... Daher beginnt man richtig für den fünften nachatlantischen Zeitraum, wenn man den Menschen immer mehr und mehr begreiflich macht: In den ersten Jahrhunderten des Christentums war *dieses* ganz besonders für die Menschen geeignet, wirkte *das*, in den folgenden Jahrhunderten ein *anderes*. Aber es gibt andere Religionen. Man versucht, das Wesen anderer Religionen verständlich zu machen; man versucht verschiedene Seiten der Christus-Auffassung verständlich zu machen. Dadurch bringt man vor jede Seele dasjenige, was diese Seele vertiefen kann. Aber man formt die Seele selber nicht, man läßt ihr, namentlich auf religiösem Gebiet, ihre Gedankenfreiheit, um diese Gedankenfreiheit zur Entfaltung zu bringen.
So wie soziales Verständnis in dem einen Punkte notwendig ist, den ich charakterisiert habe für die fünfte nachatlantische Periode, so ist zur Entwickelung der Bewußtseinsseele Gedankenfreiheit auf dem Gebiete der Religion die Grundbedingung: Soziales Verständnis auf dem Gebiete des menschlichen Zusammenlebens – Gedankenfreiheit auf dem Gebiete der Religion, des religiösen Lebens". (GA 168/4/S.103)
In den Tagen, als Rudolf Steiner von der Notwendigkeit einer Erneuerung des religiösen Lebens durch Anthroposophie zu sprechen begann (siehe Kap. IV, 2),

hat er so eindeutig von einer Grundbedingung eines zu erneuernden religiösen Lebens in der fünften Kulturepoche gesprochen.

Außer der Gedankenfreiheit für den einzelnen Menschen ist für ein christliches religiöses Leben der Gegenwart notwendig, daß das religiöse Gefühl, der Glaube, von der erneuerten Geisteswissenschaft, von einem klaren Denken geistiger Tatsachen geklärt und geführt wird (siehe auch Kap. III, 1). – Schon im Vortrag vom 30.05.1906 heißt es:

"Die Frömmigkeit ist eine schöne und notwendige Sache, aber sie hat nichts mit okkulter Übung zu tun. Frömmigkeit ohne Weisheit ist unschöpferisch". (GA 94/6/S.43)

Eindringlicher noch ist der Satz, der sich im Vortrag vom 13.04.1908 findet: "Es darf niemals der Anschluß vom religiösen Leben zum Leben in der Erkenntnis verloren werden." (GA 102/7/S.132)

Für die Fortentwicklung des Christentums ist es unabdingbar, daß der verhängnisvolle Abgrund zwischen Glauben und Wissen, religiösem Gefühl und Erkenntnis, der sich in den alten christlichen Kirchen in den letzten Jahrhunderten entwickelt hat, wenigstens grundsätzlich überwunden und damit der luziferische Zug des religiösen Lebens wieder beseitigt wird (vgl. GA 159/15.05.1915/ S.237 f.). Das kann nur durch eine wahrheitsgemäße Geisterkenntnis, also durch Anthroposophie geschehen.

An erster Stelle steht dabei die Notwendigkeit, das Zentralereignis des Christentums, das Mysterium von Golgatha, wirklich zu verstehen. Das kann von der Gegenwart an nicht mehr bloß ein Gefühlsverständnis sein:

"Sehen Sie, meine lieben Freunde, alle diese Betrachtungen, die wir angestellt haben, sie tendieren doch dahin, daß gefunden werden müssen in unseren Seelen die Elemente, die Kraftelemente, das Mysterium von Golgatha auf eine neue Weise aufzunehmen. Aber dieses Mysterium von Golgatha, nur derjenige kann es verstehen, der nicht mit den Kräften des physischen Leibes Verständnis sucht, sondern der mit dem verstehen kann, was unabhängig vom physischen Leibe ist. ... Aber die Zeit ist vorüber, in der die Menschen noch Verständnis werden haben können für das Mysterium von Golgatha und für das Christentum, ohne den Weg durch die Geisteswissenschaft zu gehen. Immer geringer und geringer wird die Zahl der Menschen werden, die, ohne durch die Geisteswissenschaft zu gehen, auch das Christentum werden verstehen können. Es wird ein immer mehr und mehr notwendiger Weg werden, um das Mysterium von Golgatha zu verstehen, denn das Mysterium von Golgatha muß man mit dem Ätherleibe verstehen. Alles andere kann man mit dem physischen Leibe verstehen. Aber zu dem Verständnis dessen, was mit dem Ätherleib verstanden werden soll, bereitet uns nur die Geisteswissenschaft vor. Daher wird entweder die Geisteswissenschaft Glück haben und durchkommen, oder es wird auch das Christentum nicht weiter bekanntwerden können, weil das Mysterium von Golgatha nicht wird verstanden werden können." (GA 169/11.07.1916/S.138 f.)

Wie das Mysterium von Golgatha für den heutigen Menschen verständlich gemacht werden kann, darauf haben wir im 2. und 4. Abschnitt dieses Kapitels hingewiesen. Aber wirklich erlebt werden kann ein solches Verständnis nur, wenn man sich die Mühe macht, auf die konkreten Einzelheiten einzugehen, die Rudolf Steiner in den Evangelienzyklen und den Vorträgen zur Christologie beschrieben hat.

Im Vortrag vom 09.07.1918 kommt Rudolf Steiner noch einmal auf die Zukunft der Religionen zu sprechen:

"Die Religionen werden den Menschen nur dann noch etwas sein können, wenn sie sich mit wirklichem Wissen von den geistigen Welten durchdringen werden. Dazu werden sie lernen müssen – das bezieht sich nicht auf ihren Inhalt, sondern auf die Art und Weise, wie sie allmählich Formen angenommen haben –, sie werden lernen müssen, daß diese Formen nicht geeignet sind, zu dem menschlichen Inneren wirklich zu sprechen, sondern daß sie zu dem menschlichen Inneren nur dann sprechen werden, wenn man an die realen Kräfte appellieren wird, die aus der geistigen Welt kommen." (GA 181/17/ S.337)

Aber nicht nur der Inhalt der Religion muß geistig real verstanden werden, sondern auch ihre Form, d.h. ihre praktische Ausbildung in Gebet und Kultus muß von spirituellem Verständnis durchdrungen sein. Auch das ist in der Gegenwart nur durch Anthroposophie möglich.

Mit der Form ist aber auch die soziale Gestalt der christlichen Kirche gemeint. Davon spricht Rudolf Steiner im Vortrag vom 02.01.1906:

"In der Form des Dreiecks drückte der mittelalterliche Okkultist das Symbol des Heiligen Grales aus, das Sinnbild für die Erweckung der Meisterschaft im Lebendigen. Dazu bedarf es keiner gemeinsamen Kirche, die in starrer Organisation sich um den Erdball schlingt; eine solche kann wohl der einzelnen Seele etwas geben; sollen aber alle Seelen zusammenklingen, so muß in jeder einzelnen die Kraft des Gral erweckt werden. ... Die erste Erfüllung dieses mittelalterlichen Okkultismus würde somit dasjenige sein, was sich in den mannigfaltigsten Bewegungen in Europa geltend macht: Das Streben nach Individualität in der Religion, das Loskommen von der starren, einheitlichen Kirchenorganisation." (GA 93/19/S.279)

Mit diesen Worten ist nicht nur eine Kritik an den alten Kirchen gegeben, sondern gleichzeitig ist die Bedingung für eine zukünftige Kirchenreform des Christentums genannt: Es muß alles auf dem Streben des Individuums zur göttlichen Welt aufgebaut sein. Das ist aber nur möglich, wenn der Abgrund zwischen Wissenschaft und Religion durch Anthroposophie geschlossen wird. Davon spricht Rudolf Steiner am 05.01.1911:

"Religion und Wissenschaft werden wiederum zusammenarbeiten im nächsten Zeitalter. Wissenschaft wird etwas werden, was für alle Menschen nach und nach gelten muß. Für jeden Menschen wird es verständlich werden. Daher wird dasjenige, was sich anbahnt als paralleler Verlauf von Religion und

Wissenschaft, im umfassendsten Sinn erzeugen, was man nennen könnte Individualismus in der Religion. Jedes einzelne Herz wird seinen Weg auf individuelle religiöse Art in die geistige Welt hinein finden. Das ist unserem Zeitalter vorgezeichnet, daß in individuellster, persönlichster Art dasjenige, was gemeinsame Wissenschaft im Geistigen sein kann, als Erklärer, als Führer auf religiösem Gebiet dienen wird." (GA 127/1/S.27)

Von der weltpolitischen Bedeutung dieser Verbindung von Wissenschaft und Religion, besonders für die Völker, die östlich des Rheins leben (siehe GA 186/3/ S.69 und S.75), ist im Vortrag vom 01.12.1918 die Rede:

"Ein besonders brauchbares Mittel, wenn man ins unrichtige Fahrwasser lenken will, was durch das westliche okkulte Wissen impulsiert werden kann, ist, den Osten so zu bearbeiten, daß er seinen alten Hang, bloße Religion ohne Wissenschaft zu entwickeln, auch in der Zukunft beibehält. Die Führer der westlichen Geheimzirkel werden dafür sorgen, daß es etwas, was weder bloße Religion noch bloße Wissenschaft ist, sondern die Synthese von beiden, das Zusammenwirken von Wissen und Glauben, dort nicht gibt. Aber sie werden auch dafür sorgen, daß jene Wissenschaft, die sonst auch auf den Inhalt der Religion übergeht, eben bloß im Geheimen wirkt, daß sie bloß die wichtigeren Angelegenheiten der Menschheit und die politische Führung der Erde beim Erringen der britischen Weltherrschaft durchdringt. Ungeheuer helfen wird es bei der Ausbreitung dieser Weltherrschaft, wenn der Osten möglichst die religiösen Vorstellungen nicht mit Wissenschaft durchdringt.

Nun denken Sie, wie gerade alles Russische diesem westlichen Streben entgegenkommt. Da ist auf der einen Seite in Rußland heute noch das Streben, fromm zu sein, aber nicht zu durchdringen den Inhalt der Frömmigkeit mit spiritueller Wissenschaft, gewissermaßen in einer unklaren Mystik zu bleiben. Diese unklare Mystik, die würde ein gutes Förderungsmittel sein für das, was der Westen als Oberherrschaft über den Osten will.

Auf der anderen Seite handelt es sich darum, die Wissenschaft, die für die Erde ist, womöglich atheistisch zu machen. Und darin hat gerade die Kultur der britisch sprechenden Bevölkerung in der neueren Zeit ungeheuer Fruchtbares geleistet. Diese britisch sprechende Bevölkerung kann sich wahrhaftig nicht beklagen. Sie hat Ungeheures erreicht, denn sie hat ihre wissenschaftliche Richtung, die religionslose Wissenschaft, die atheistische Wissenschaft im Grunde über die ganze Erde verbreitet. Die ist Herrscherin geworden über die ganze Erde. Der Goetheanismus, der ganz bewußt das Gegenteil davon ist, konnte ja selbst im Lande Goethes nicht aufkommen, ist selbst im Lande Goethes eine ziemlich unbekannte Sache! Dasjenige, was als Intellekt heute die Wissenschaft beherrscht, das ist durchaus im Sinne desjenigen gehalten, was offenbar werden soll als äußerlicher Ausdruck der von den Zirkeln im Geheimen gepflegten, aber dort wohl als Synthese zwischen Wissenschaft und Religion gepflegten Wissenschaft. Für die Außenwelt soll es nur die atheistische Wissenschaft geben; für die inneren Zirkel, welche den Gang der Welter-

eignisse leiten sollen, eine Wissenschaft, welche zu gleicher Zeit Religion, eine Religion, welche zu gleicher Zeit Wissenschaft ist.
Am besten in der Hand haben wird man den Osten, wenn man ihm eine wissenschaftslose Religion erhält. Am besten in der Hand haben wird man die Mittelländer, wenn man ihnen aufpfropft, weil sie sich eine Religion nicht aufpfropfen lassen, eine religionslose Wissenschaft. Diese Dinge werden von denjenigen, die als Wissende in den genannten Zirkeln stehen, ganz bewußt, von den andern instinktiv gefördert." (GA 186/3/S.79 f.)
Damit ist in negativer Form auf die positive Aufgabe einer durch Geisteswissenschaft erneuerten Religion hingewiesen. – Beim zweiten anthroposophischen Hochschulkurs, am 03.04.1921, wo sich unter anderem diejenigen trafen, die die Frage nach religiöser Erneuerung stellten (siehe Kap. IV, 4), hat Rudolf Steiner dieses Motiv in seiner Eröffnungsrede noch einmal aufgegriffen. Nachdem er das Streben der Anthroposophie charakterisiert hat, heißt es:
"Und frei von allem bloß Traditionellen, das an den Menschen als ein Äußeres, als ein Unfreies herantritt, soll das religiöse Erleben werden: frei ergreifend, was sich als das Göttliche im Inneren des Menschen selber enthüllt, frei im Inneren sich verbindend mit derjenigen Kraft, die sich ihrer wahren Wesenheit nach doch nur in Freiheit mit diesem menschlichen Inneren wahrhaftig verbinden will: der Christus-Kraft." (GA 76/S.20)
Dies alles, was sich auf den notwendigen Individualismus in der Religion der Zukunft bezieht, ist aber nur eine Seite. Sie wird ergänzt durch das, was im einzelnen in Kapitel IV zu besprechen ist, vor allem über Kultus und Sakramente. Deshalb seien hier schon einige Stellen angeführt, die wir später (Kap. IV, 2) erst ausführlich behandeln werden. Im Vortrag vom 03.09.1906 spricht Rudolf Steiner von der Bedeutung eines Weise und Unweise verbindenden, gemeinsam geübten Kultus für das soziale Leben (siehe auch Kap. III, 4). Dann heißt es:
"Das Innere muß äußerlich durch Formen ausgedrückt werden. Die moderne Kultur hat die Formen verloren; sie muß sie wieder gewinnen. Sie muß wieder lernen, auch äußerlich auszudrücken, was im Innern der Seele lebt. Die Form bedingt auf die Dauer das menschliche Zusammenleben. Das wußten die alten Weisen, und deswegen hielten sie fest an den religiösen Übungen." (GA 95/13/S.122)
Am 13.10.1918 sagt Rudolf Steiner:
"... Richtig kann man sich nur verhalten ... zu dem Meßopfer, das ein Abbild der höchsten Mysterien aller Zeiten ist, wenn man belebt dasjenige, was tot geworden ist ..., durch dasjenige, was in der neueren Zeit über das Mysterium von Golgatha die anthroposophisch orientierte Geisteswissenschaft wiederum zu sagen hat. Hineintragen kann man in das, was durch den Katholizismus vom Augusteischen konserviert worden ist, dasjenige, was wiedergefunden wird im normalen Entwickelungsgange der Menschheit durch geisteswissenschaftliche Forschung ...; in die sakramentalen Handlungen, welche die Menschen wiederfinden müssen, muß der Geist einziehen." (GA 184/15/S.308 f.)

Im Arbeitervortrag vom 11.09.1923 erscheint noch einmal das Motiv, daß das innerlich geistig Erlebte in den äußerlich sichtbaren Kultus übergehen muß:
"Da fängt man an, mit dem kleinen Hirn das Geistige wiederum wahrzunehmen, und in dem Geistigen eben wiederum Gesetze und so weiter wahrzunehmen. Die muß man heute in einen Kultus hineinbringen. Gerade das Allerinnerste im Menschen muß heute in einen Kultus hinein, weil der Mensch mit seinem Innern eben in seinem kleinen, von dem großen Hirn getrennten Hirn den Weg hat, das Organ hat, das in die geistige Welt hinausführt.

Heute kann man also höchstens wiederum am Anfang stehen, wie man einen Kultus vom Innern des Menschen aus aufbaut. Dann wird dieser Kultus, er wird innere Wahrheiten enthalten." (GA 350/15/S. 280 f.)

So können wir jetzt sagen: Für eine Fortentwicklung des Christentums in Gegenwart und Zukunft – und nur das Christentum ist unter allen Religionen zu dieser Fortentwicklung fähig – sind vier Dinge notwendig:

1. Der einzelne Mensch darf nicht durch Dogmen von einer Institution zur Anerkennung bestimmter geistiger Tatsachen gezwungen werden, sondern muß sich selber in Gedankenfreiheit die Wahrheiten des Christentums individuell aneignen.

2. Das religiöse Gefühl für die göttliche Welt, die Wirklichkeit des Geistes, muß durch Geisteswissenschaft geklärt, geleitet und gerechtfertigt werden, damit die menschliche Seele nicht in eine glaubende und eine wissende zerteilt wird. Auf diese Weise kann sich der Mensch in Zukunft eine religiöse Beziehung zur geistigen Welt erhalten.

3. Religion muß auch als religiöses Leben eine freie Tat des Individuums sein, das sich aus Freiheit – und nicht durch die Macht einer Kirche gedrängt – in Verehrung, Gebet und Kultus der göttlichen Welt zuwendet.

4. Trotzdem gehört zur Fortentwicklung des Christentums auch ein religiöses Leben in Gemeinschaft und ein damit zusammenhängender zeitgemäßer Kultus.

Bei der Schilderung der Gründung der Christengemeinschaft vom 03.03.1923 geht Rudolf Steiner besonders auf diesen letzten Punkt ein. Zunächst aber sagt er:

"Nun war natürlich für diese Bewegung für religiöse Erneuerung so mancherlei zu tun. Vor allen Dingen handelte es sich darum, in der Weise, wie das heute sein kann, den Christus-Impuls zu verlebendigen. Dazu war notwendig, ganz ernst zu machen mit dem, was ich ja oftmals betont habe, daß der Christus nicht nur am Ausgangspunkt der christlichen Entwickelung zu den Menschenseelen gesprochen hat, sondern daß er wahr gemacht hat dasjenige, was in dem Worte liegt: 'Ich bin bei euch alle Tage bis ans Ende der Erdenzeiten', das heißt, daß er jedesmal gehört werden kann, wenn eine Seele ihn hören will, daß also eine fortwährende Christus-Offenbarung stattfindet. Also von den aufgeschriebenen Evangelienoffenbarungen mußte zu den unmittelbar lebendigen Offenbarungen des Christus-Impulses geschritten werden. Das war ja die eine

Seite der Aufgabe für die religiöse Erneuerung. Die andere Seite war aber diejenige, die ich sogleich bezeichnen mußte dadurch, daß ich sagte: Aber eine religiöse Erneuerung muß herbeiführen Gemeindebildungen, religiöse Gemeindebildungen. Der Mensch kann seine Erkenntnis als einzelner pflegen, wenn er sie erst durch die Gemeinschaft erhalten hat. Aber jenes unmittelbare, nicht so sehr denkerische als empfindungsmäßige Erleben der geistigen Welt, das als Religiöses bezeichnet werden kann, das Erleben der geistigen Welt als einer göttlichen, das kann nur sich ausleben im Gemeinschaftsbilden. Und so, sagte ich, muß eine Gesundung des religiösen Lebens durch eine gesunde Gemeinschaftsbildung entstehen" (GA 257/9/S.166 f.). "Aber die wirkliche Gemeindebildung, sagte ich, ist nur in einem Kultus gegeben, der nun wirklich aus den heutigen Offenbarungen der geistigen Welt heraus gewonnen wird." (GA 257/9/S.167)

Hier sind die zwei Notwendigkeiten einer Fortentwicklung des Christentums zusammengefaßt: die fortwährende Christus-Offenbarung, wie sie durch Anthroposophie ermöglicht wird, und ein neu aus dem Geiste gegebener Kultus.

Im Vortrag vom 22.02.1923 sprach Rudolf Steiner über die großen Ideale der Menschheit in Religion, Kunst und Wissenschaft, wie diese Ideale in der alten orientalischen und in der griechischen Kultur lebten und wie sie durch die Anthroposophie für die Zukunft weiterentwickelt werden sollen. Rudolf Steiner bezieht sich dabei auf seine Einleitungsrede vom 26.09.1920 anläßlich der Eröffnung des ersten Goetheanum und des ersten anthroposophischen Hochschulkurses, aus der wir oben zitiert haben (siehe Einführung, 5).

Er sprach davon, "wie in einer neuen Art durch das, was durch Menschen im Goetheanum verwirklicht wird, ein wirklich weltgemäßes Zusammenwirken von Wissenschaft, Kunst und Religion erstrebt werden soll.

Was also im Goetheanum hätte erwachsen sollen, was hätte erwachsen sollen durch die Sprache seiner Formen und Farben, das war ein wissenschaftliches, das war ein künstlerisches, das war ein religiöses Ideal." (GA 257/5/S.88)

Es handelt sich also darum, daß durch Anthroposophie neue Ideale für die drei Bereiche des Geisteslebens gefunden werden sollen, und um die Tatsache, daß der Bau des ersten Goetheanum als Kunstwerk diese Ideale in den Menschenseelen anregen konnte. Für unseren Zusammenhang ist wichtig, daß Rudolf Steiner die Ideale *für* die Religion, *für* das religiöse Leben in den verschiedenen Kulturen darstellt, und daß das Adjektiv "religiös" nicht meint, daß das Ideal selber religiös wäre. Er schildert sowohl für die orientalische wie für die griechische Kultur die menschenkundlichen Voraussetzungen für die jeweilige Religion, nicht aber diese selber. So ist auch das Ideal für die Religion in unserer Zeit und in der Zukunft im Sinne einer Voraussetzung dafür zu verstehen, daß religiöses Leben überhaupt im guten Sinne möglich ist, nicht aber als Religion selber.

"Und man bekommt durch eine richtige Vertiefung in die Natur eine andere Anschauung, eine andere Totalauffassung von der Natur, als der Grieche sie hatte. Man möchte sagen, der Grieche sah die Natur an wie ein ausgewachsenes Wesen, das ihm die Herrlichkeit der göttlich-geistigen Welt offenbarte. Der moderne Mensch kann nicht mehr so die Natur anschauen. Wenn wir überall auf das hinschauen, was wir heute von den Naturwesen empfinden können, mit all unseren vorzüglichen Instrumenten, mit all unseren vorzüglichen Werkzeugen, dann erscheint uns die Natur samt dem natürlichen Menschen als etwas, was keimhaft ist, was in seinem Schoße etwas trägt, das erst in der Zukunft sich entfalten kann.

Der Grieche sah jede Pflanze als etwas an, was unmittelbar so, wie es sich darlebt, ein vollkommenes Dasein hatte, weil der Gott der Pflanze in der einzelnen Pflanze lebt. Wir sehen die Pflanze an als etwas, aus dem in der Natur ein Höheres werden muß; wir sehen in allem, wo wir hinblicken, heute ein Keimhaftes. Und uns erscheint in dem, was wir heute nicht in der fertigen, sondern ich möchte sagen in der zukunftsschwangeren, zukunftsträchtigen Natur sehen, in alledem schauen wir etwas, demgegenüber wir beginnen uns zu sagen: Ein Göttliches waltet in der Natur und muß walten, weil es die keimhafte Natur zu einer einstmals vollkommenen Gestaltung bringen wird.

Wir haben genauer hinsehen gelernt auf die Natur. Wenn der Grieche den Vogel gesehen hat, sehen wir in der Natur das Ei. Während der Grieche das fertige Wesen gesehen hat, sehen wir überall die Anlagen. Und eine richtige Naturanschauung hat heute derjenige, der hingerissen werden kann mit seiner ganzen Seele, mit seinem ganzen Herzen, mit seinem ganze Gemüte von der Keimhaftigkeit, von der Anlagehaftigkeit der Natur.

Das ist die andere Seite der heutigen Naturerkenntnis. Wenn man anfängt, religiös in das Mikroskop zu sehen, wenn man anfängt, religiös in das Teleskop zu sehen, so merkt man überall Keimzustände. Die Genauigkeit des Naturanschauens läßt uns die Natur im Embryonalzustand sehen, läßt uns die Natur sehen als überall schaffend, läßt uns die Natur sehen als überall der Zukunft zueilend. Das ergibt ein neues religiöses Ideal.

Dieses religiöse Ideal wird allerdings nur derjenige haben können, der auch in dem einzelnen Menschenleben erblickt – wie wir das oftmals dargestellt haben hier an diesem Orte –, was ihm als keimhaft erscheint für künftige andersgeartete menschliche Erden- und Weltenleben.

Der Grieche hat gewissermaßen in dem Menschen den Zusammenfluß des ganzen Kosmos gesehen, aber des gegenwärtigen Kosmos. Der alte Orientale hat in dem Menschen den Zusammenfluß der ganzen kosmischen Vergangenheit gesehen. Wir fühlen in dem Menschen den Keim des Zukünftigen. Das gibt dem neuen religiösen Ideal seine Färbung." (GA 257/5/S.97 f.)

Die Art und Weise, wie wir in die Natur schauen und wie wir auf unseren Mitmenschen blicken, indem wir in beiden das Keimhafte und Zukünftige sehen lernen, ist eine Voraussetzung dafür, daß wir als Menschen der fünften Kulturepoche ehrlich Religion leben können. Und man kann umgekehrt sagen: alle Religion der Gegenwart und Zukunft muß dahin führen, daß wir auf alles Naturgewordene so in Liebe blicken, daß sich seine Keimhaftigkeit offenbaren kann.

Nachdem wir so dem Motiv der Fortentwicklung des Christentums nachgegangen sind, können wir zurückblicken auf jene Äußerungen Rudolf Steiners aus den Jahren 1907 und 1908, in denen er auf die ferne Zukunft, auf die sechste Kulturepoche, vorausschaut und den Anteil des Christentums an derselben charakterisiert:
"Der nächste Zeitraum unserer nachatlantischen Kultur wird zwar noch mehr Entdeckungen bringen; aber der Mensch wird in der äußeren Welt immer mehr nur die Buchstaben sehen. Ein wahres Christentum wird von der Außenwelt so sprechen, wie wir von dem sprechen, was verdichteter Geist ist, und aus der Materie heraus wird uns der Geist wiederum aufgehen. Nicht werden wir von der Außenwelt sagen, sie sei Illusion, wir werden sie völlig haben und nichts verlieren, und dennoch hinaufsteigen zu geistig Höherem. Und zu dieser Entwickelung wird das Christentum den größten Beitrag zu liefern haben. Schon in dem sechsten Zeitraum wird das, was heute für wenige verkündet wird, imstande sein, große Menschenmassen zu ergreifen, und sie mit sich fortzureißen; und damit wird die Menschheit die Einsicht erlangen in die geistige Welt. Was heute Gedanke ist, wird in der Zukunft eine Kraft sein."
(GA 100/26.06.1907/S.141 f.)
"Dasjenige, was den Aufstieg bewirken soll, ist die Kraft des Christentums. In der Mitte der vierten Kulturepoche, noch lange bevor der tiefste Punkt der absteigenden Linie erreicht ist, geht der Stern des Christentums auf. Es erscheint der Christus Jesus als die hohe Persönlichkeit, die der Menschheit die Kraft bringt für den späteren Aufstieg in den Geist. Alle vorhergehenden Kulturepochen können auch als Vorbereitung des Christentums betrachtet werden. In der fünften Kulturepoche hat das Christentum die stärkste Belastungsprobe auszuhalten, da das materialistische Denken die spirituellen Wahrheiten des Christentums verdunkelt. Im sechsten Zeitalter wird das Christentum die Menschheit zum großen Bruderbunde vereinigen, und als Vorbote, als Verkünder dieser kommenden Zeit ist die Theosophie zu betrachten, welche die Spiritualisierung der Menschheit vorbereitet. Die im Christentum der Menschheit gegebenen Lehren sind so tief, so weisheitsvoll, daß keine kommende Religion imstande sein wird, das Christentum zu ersetzen oder zu verdrängen. Das Christentum hat die Fähigkeit in sich, sich allen Kulturformen der Zukunft anzupassen." (GA 100/21.11.1907/S.232 f.)
Das Christentum in seiner fortentwickelten Gestalt ist dazu berufen, einen großen Beitrag zu liefern für die Entwicklung der Menschheit in die sechste Kulturepoche hinein. Es wird in dieser sechsten Epoche mit der Anthroposophie zusammen große Menschengruppen erreichen und die Menschheit zu einem großen Bruderbund vereinigen. Seine Kraft wird so stark sein, daß sich die Leiber der Menschen unter seinem Einflusse verwandeln werden (vgl. GA 100/11/ S.142).
Das hängt damit zusammen, daß in der sechsten Kulturepoche der Christus dem Menschen den Lebensgeist einprägen wird:

"Unsere eigene Kultur bringt die Bewußtseinsseele zur Entwickelung. Im sechsten Zeitraum wird das Geistselbst sich entwickeln, das heute erst in der Keimanlage vorhanden ist. Es braucht die gewaltige Antriebskraft des Christus-Geistes, um diese Keimanlage zur Entwickelung zu bringen. Das wahre Christentum wird erst dann erblühen, wenn das Geistselbst entwickelt ist. Dann bereitet sich die Menschheit vor, die Buddhi, den Lebensgeist in sich aufzunehmen. Anfänglich wird nur eine kleine Schar von Menschen diese Kraft in sich entfalten, sie wird aber zu einem wunderbaren spirituellen Leben gelangen. Das Christentum steht heute erst am Anfange seiner Entwickelung. Die, welche sich heute vorbereiten auf die Ausbildung des Geistselbst, in ihrem Inneren, werden im nächsten Zeitraum dieses tiefere, geistige Christentum der Menschheit immer mehr zugänglich machen." (GA 100/20/S.234)

Am 13.04.1908 geht Rudolf Steiners Blick noch über die sechste Kulturepoche hinaus in die Zeit, in der die Form des religiösen Lebens, die an die nachatlantische Zeit gebunden ist (siehe Einführung, 8), nicht mehr bestehen wird:

"Das letzte Mal, als wir hier unsere Betrachtungen anstellten, konnte ich damit schließen, daß ich sagte, das Christentum sei weiter, umfassender als dasjenige, was innerhalb des religiösen Elementes eingeschlossen ist, und in jenen Zukünften, in denen die Menschheit hinausgewachsen sein wird über das, was man im Laufe der Zeit gewohnt geworden ist, Religion zu nennen, in jenen Zukünften, so wurde gesagt, werde der Inhalt des Christentums, befreit von dem im alten Sinne religiösen Element, ein geistiger Kulturfaktor für die Menschheit geworden sein. Das Christentum vermag also selbst diejenige Form zu überwinden, die wir nach den bisherigen Kulturentwickelungen als die Form des religiösen Lebens aufzufassen das Recht haben". (GA 102/7/S.117)

Für viele Jahrhunderte wird das Christentum noch in der Form der Religion bestehen und als solche die sechste Kulturepoche mitvorzubereiten und vorzugestalten haben. Es wird immer mehr Kulturfaktor werden und als solcher auch in der nächsten, der sechsten Wurzelrasse, wirksam sein.

Bevor wir im vierten Kapitel auf das Werden der neuen christlichen Kirche für die spezielle religiöse Form des Christentums eingehen, wollen wir im zweiten Kapitel das anschauen, was als Christentum schon von der Gegenwart an durch Anthroposophie Kulturfaktor werden soll – neben der speziellen religiösen Übung innerhalb einer christlichen Kirche –, um dann im dritten Kapitel die Wirkungen des religiösen Lebens zu betrachten.

II. Religiöses, Kultisches und Sakramentales in der Anthroposophie

1. Religiöse Vertiefung der anthroposophischen Erkenntnis

Aus dem 3. Abschnitt des vorigen Kapitels sehen wir deutlich: das religiöse Leben gehört zum gesunden Menschenleben; Anthroposophie will nicht Religion werden; die Religionsübung behält ihre Aufgabe; Anthroposophie ist keine Religion, aber ein Werkzeug für das religiöse Leben.

Der Eigenwert der beiden großen Felder des Geisteslebens – Wissenschaft, weitergeführt zur Geisteswissenschaft, und Religion – wurde im vorigen Kapitel deutlich umrissen, ebenfalls ihre Abgrenzung voneinander sowie ihr Verhältnis zueinander.

Um so mehr mag es erstaunen, wenn nun unter der Überschrift dieses Kapitels vom Religiösen in der Anthroposophie gesprochen werden soll. Hat man aber die notwendige Selbständigkeit der Gebiete des Geisteslebens erkannt und kann diese gedanklich unterscheiden, so wird es auch möglich, die Berührungen und Durchdringungen zu erfassen.

Eine wissenschaftliche Arbeit kann durchaus kunstvoll gestaltet sein und künstlerisch wirken, und ein Kunstwerk kann nach wissenschaftlich erkennbaren Gesetzen gebildet sein. Durch ersteres ist Wissenschaft nicht Kunst und durch letzteres ist Kunst nicht Wissenschaft. Das heißt, sie ersetzen sich nicht, sondern sie ergänzen und bereichern einander. Ein Kunstwerk kann ebenso religiös sein – etwa in der Musik oder der Malerei – wie ein Gebet kunstvoll-schön sein kann. Es ist deswegen weder die Kunst Religion noch die Religion etwa Kunst. Schließlich kann eine Erkenntnistat der Wissenschaft durchaus religiöse Empfindung erzeugen, aber sie ist deswegen nicht Religion, und religiöse Übung kann den Erkenntniswillen und die Denkbereitschaft wecken, ist deswegen aber keine Wissenschaft.

Aus diesen einleitenden Erwägungen mag der Inhalt des folgenden Abschnittes verständlicher werden. Rudolf Steiner hat zum Beispiel oft davon gesprochen, daß die anthroposophische Geisteswissenschaft religiös vertieft werden muß, aber das heißt eben nicht, daß sie Religion werden soll. In Wien sagte Rudolf Steiner am 31.03.1910:

"Geisteswissenschaft soll den ganzen Menschen in die höheren Welten führen. Zum ganzen Menschen gehört aber auch der fühlende und der wollende Mensch, nicht bloß der denkende Mensch. Wir können über die Welt nachdenken, indem wir kalt bleiben und uns gleichgültig fühlen gegenüber dem, worüber wir denken. Wir können aber die höheren Welten nicht erkennen, ohne den Blick hinaufzurichten. Sobald wir aber den Blick hinaufrichten, erwachen die Impulse unseres Fühlens, und wir werden gegenüber demjenigen, was wir erkennen, andächtig beten. ... So wird unser Fühlen andächtig, unser Wollen gottinnig gemacht. ... Das ist ein Prüfstein ... Geisteswissenschaft hat ihren Probierstein darin, daß sie ausklingt in andächtige Verehrung dessen, was erkannt wird, und in eine pflichtgemäße Erfüllung dessen, was im Sinne der geistigen Erkenntnis für unser menschliches Handeln lebt." (GA 119/11/ S.271 f.)

In diesen Worten ist der ganze Erkenntnisweg deutlich beschrieben. Die Wissenschaft vom Geiste, von den Geistwesen in den Geisteswelten bewirkt ihre andächtige Erweiterung und ihre gottesinnige Vertiefung im Fühlen und Handeln. Aber sie ist deswegen nicht Religion. Sie bleibt stets Erkenntnisbemühung, auch wenn sie die Bewußtseinsstufen über die Imagination und Inspiration zur Intuition erklommen hat. Aber sie führt zur Religion, also zum Gebet und dessen Pflege. Und so heißt es vor den eben zitierten Sätzen in diesem Wiener Vortrag:

"Das ist es ja auch, was sich ergibt aus der Geisteswissenschaft wie ein letztes Resultat, wie eine Rechtfertigung, daß sie ausklingt wie ein selbstverständliches Gebet." (GA 119/11/S.271)

Und Rudolf Steiner faßt dieses so entstehende "Resultat" sogar in die Gebetsworte "Gottes schützender, segnender Strahl ..." (GA 119/11/S.271)

Diese Äußerung Rudolf Steiners aus dem Jahre 1910 wird in späterer Zeit mehrfach von ihm bekräftigt und wiederholt. So heißt es in dem Aufsatz "Wie ist die Gegnerschaft gegen Anthroposophie oft geartet?", aus dem Jahre 1921:

"Anthroposophie erkennt, wie das Vorurteil, das Wissen hemme des Menschen vertrauensvolle Hingabe an das Geistige, zu überwinden ist. Sie fordert, daß der Mensch, bevor er an die Erforschung des Geistigen herantritt, durch die Entwicklung der übersinnlichen Erkenntniskräfte über sich hinauskomme. Gelangt er auf solche Art an das Geistige, so ist die religiöse Stimmung mit der Erkenntnis verbunden." (GA 36/S.261)

Religiöse Stimmung ist noch nicht Religion, ersetzt Religion nicht; aber sie ist etwas von dem, was entweder aus dem Gebiete der Religionsübung in das Erkenntnisstreben des wach wahrnehmenden, denkenden und urteilenden Individuums hereinstrahlt, oder was aus der Erkenntnisbemühung in die Richtung der Religion fruchtet.

Der Vortrag vom 30.12.1922 (GA 219/11/S.162 ff.), der an anderer Stelle ausführlich und zusammenhängend zu würdigen ist (siehe Kap. V, 4 bis 6), bringt in unserem Zusammenhang die Formulierung:

"Das Ideal des gegenwärtigen Geisteslebens muß dahin gehen, wiederum eine Erkenntnis zu gewinnen, welche das verwirklichen kann, was Goethe schon geahnt hat: daß sie sich erhebt zur Kunst – ... zum Schaffen und Formen in Tönen, in Worten –, daß sie sich aber auch vertieft zum unmittelbaren religiösen Erleben." (GA 219/11/S.162)

Der Dreischritt auf dem Erkenntniswege ist klar gezeigt. Die Erkenntnis ist zum künstlerischen Schaffen zu erheben und zum religiösen Erleben zu vertiefen. Die Bewußtseinsstufe der Inspiration *ist* aber nicht Kunst und diejenige der

Intuition *ist* nicht Religion. Was Goethe ahnte, konnte er noch nicht im anthroposophischen Sinn formulieren. Deswegen ist es nicht ausreichend zu sagen: "Wer Wissenschaft und Kunst besitzt, der hat auch Religion" (Goethe: Sämtliche Werke, Bd. II, S.404 unter "Zahme Xenien"). Denn in unserem Sinne kann man weder Wissenschaft und Kunst "besitzen" noch Religion "haben". Das wäre zu statisch angeschaut (vgl. Kap. IV, 1).

Die klassische Vortragsstelle zu diesem Thema finden wir dann am 30.01.1923, vier Wochen später:

"So beginnt Anthroposophie überall mit Wissenschaft, belebt ihre Vorstellungen künstlerisch und endet mit religiöser Vertiefung; beginnt mit dem, was der Kopf erfassen kann, geht heran an dasjenige, was im weitesten Umfange das Wort gestalten kann und endet mit dem, was das Herz mit Wärme durchtränkt und das Herz in die Sicherheit führt, auf daß des Menschen Seele sich finden kann zu allen Zeiten in seiner eigentlichen Heimat, im Geistesreich. So sollen wir auf dem Wege der Anthroposophie ausgehen lernen von der Erkenntnis, uns erheben zur Kunst und endigen in religiöser Innigkeit. Daß man das heute nicht will, das schafft der Anthroposophie ihre Gegner." (GA 257/2/S.46)

Künstlerisches Beleben der geisteswissenschaftlichen Vorstellungen, sie in das Wort zu gestalten, ist der notwendige zweite Schritt jedes strebenden Anthroposophen auf dem Erkenntnisweg, der drittens auch notwendig zu religiösen Vertiefungen führen soll. Der Erkenntnisweg endet dort, wo religiöse Innigkeit und die Sicherheit des Herzens über die Verbundenheit der eigenen Seele mit ihrer Geistesheimat (Intuition) erlebt wird. Aber das allein ist noch nicht Religion, sondern das Religiöse im Erkenntnisbemühen. Dieses kann als Resultat zu einem Gebet führen. Religion ist dann das Beten selber, das nicht vom Erkennen primär ausgeht, sondern getan werden will. Es geht vom Willen aus und reicht weit über das Erkannte hinaus.

Es wäre einseitig, wollte man das religiöse Erleben im Erkenntnisbemühen als Religionsübung, also sozusagen als ausreichend betrachten. Ebenso wäre es einseitig, in der Religionsübung – weil ihre Inhalte (Gebete) auch Erkenntnisse vermitteln können – das Erkenntnisstreben als unnötige eigenständige Bemühung zu betrachten.

Auf diese Tatsache geht Rudolf Steiner – aus gegebenem Anlaß – am 21.01.1923 (GA 220/9/S.143 bis S.145) ein. Das Wesen der anthroposophischen Sache hat die Anthroposophische Gesellschaft aus der Sektiererei der Theosophischen Gesellschaft befreit. "Nur haben viele Mitglieder das heute noch nicht bemerkt und lieben die Sektiererei" (GA 220/9/S.143). Deswegen seien sie zur religiösen Erneuerungsbewegung gegangen, die aus sich aber ebenso fern aller Sektiererei ist. (Das Sektiererische entsteht in diesem Sinne dann, wenn aus mangelnder Übersicht über die drei Felder des Geisteslebens ein Gebiet desselben mit deplacierten Elementen eines anderen vermischt wird.)

Es liegt also nicht an der "Sache", die in der Anthroposophischen Gesellschaft oder der Christengemeinschaft lebt, sondern am Bewußtsein des einzelnen, das nicht genügend geklärt und nicht genügend geweitet ist für die jeweilige Zielsetzung, das jeweils spezifische Gebiet des Geisteslebens.

"Man sieht also, wie ... der Mut, sich in die geistige Welt wiederum zu erheben, positiv gepflegt werden muß. Dann wird schon Kunst und Religion sprießen in der Anthroposophischen Gesellschaft." Durch Klarheit "wird nichts verloren gehen von der Wärme, von dem künstlerischen Sinn und der religiösen Innigkeit des anthroposophischen Strebens." (GA 220/9/S.144)

Die Anthroposophie will zur Erneuerung der drei großen Ideale der Menschheit beitragen, und Rudolf Steiner führt dazu am 22.02.1923 aus: "Wir fühlen in dem Menschen den Keim des Zukünftigen. Das gibt dem neuen religiösen Ideal seine Färbung" (GA 257/5/S.98). Durch die Genauigkeit im Naturbeobachten ist es möglich, überall nicht nur das Vergangene und Gegenwärtige zu sehen, sondern auch das Werdende. "Das ergibt ein neues religiöses Ideal" (GA 257/5/S.98). Dieses Ideal kann die Religion erneuern, ist aber als Ideal noch keine verwirklichte und praktizierte Religion.

Die Worte, die zum Beginn der Weihnachtstagung zur Gründung der Allgemeinen Anthroposophischen Gesellschaft gesprochen wurden, sind zu Herzen gehend:

"Diese anthroposophische Bewegung ist nicht ein Erdendienst, diese anthroposophische Bewegung ist in ihrer Ganzheit mit all ihren Einzelheiten ein Götter-, ein Gottesdienst. Und die richtige Stimmung für sie treffen wir, wenn wir sie ansehen in ihrer Gänze als einen solchen Gottesdienst." (GA 260/ 24.12.1923/S.30)

Wenn man hinzudenkt, daß "Bewegung" und "Gesellschaft" damals durch Rudolf Steiner zu einer Einheit wurden, ist dann seither alles in ihr – alle Einzelheiten – ein Götterdienst? Ist Anthroposophie also doch Religion, also das, was sie nicht sein will? Ist hier vielleicht darauf zu achten, daß "Götterdienst" auch heißen kann: Dienst der Götter am Menschen?

Man dient den Göttern mit allem, was liebevoll am Menschen und an den Naturwesen geleistet wird. Alle Menschentätigkeit kann immer mehr Gottesdienst und Sakrament werden (vgl. Kap. II, 7). Das spezielle Aufgabengebiet der Religionsübung ist damit aber nicht gemeint. Wie fließend dann auch wieder die Übergänge sind, zeigt sich in folgenden Sätzen:

"Jedes Wort in der Anthroposophie ist im Grunde genommen, wenn es in richtigem Sinne gesprochen wird, eine Bitte, eine andächtige Bitte: die Bitte, daß der Geist zu den Menschen herabkommen möge. Und aus solcher Andacht heraus ist der Bau in Dornach aufgeführt worden." (GA 257/1/S.13; vgl. auch GA 140/7/S.145)

Die Erkenntnisbemühung wird hier "andächtige Bitte" genannt. Ist das also doch Religion? Hierzu gehören auch die Ausführungen vor Schluß des nächsten Abschnittes (Kap. II, 2).

Es soll im weiteren gezeigt werden, wie Religion auch "in der Anthroposophischen Gesellschaft" gepflegt werden kann. Hier kam es zunächst darauf an, deutlich zu machen, daß das "Religiöse" im Aufgabenbereich der Anthroposophie nicht Religionsübung, nicht Gebet *ist*, sondern daß das Erringen der dritten, höchsten Bewußtseinsstufe, der Intuition, auf dem Erkenntniswege einen Charakter bekommt, der auch mit Begriffen zu bezeichnen ist, die aus dem Leben der Religion stammen, und daß Anthroposophie das religiöse Ideal, die Frömmigkeit, die Religiosität fördert. Das soll im nächsten Abschnitt noch weiter verdeutlicht werden.

2. Erkenntnis als Kultus und Kommunion

Die Tatsache, daß Rudolf Steiner religiöse Begriffe für bestimmte Schritte auf dem Erkenntnisweg benutzt, kann, wie wir gesehen haben, zu falschen Urteilen über das Wesen der Religion führen. Es ist also die Aufgabe, dies zu vermeiden und Rudolf Steiner in seinem Anliegen zu verstehen. Versuchen wir das anhand weiterer Äußerungen.

"Wer dem Denken seine über die Sinnesauffassung hinausgehende Wahrnehmungsfähigkeit zuerkennt, der muß ihm notgedrungen auch Objekte zuerkennen, die über die bloße sinnenfällige Wirklichkeit hinausliegen. Die Objekte des Denkens sind aber die Ideen. Indem sich das Denken der Idee bemächtigt, verschmilzt es mit dem Urgrunde des Weltendaseins; das, was außen wirkt, tritt in den Geist des Menschen ein: er wird mit der objektiven Wirklichkeit auf ihrer höchsten Potenz eins. *Das Gewahrwerden der Idee in der Wirklichkeit ist die wahre Kommunion des Menschen.*" (GA 1/S.126)

Gewiß könnte jedes Urteil, indem es nach Rudolf Steiner Wahrnehmung und Begriff vereinigt, auch Vereinigung (Kommunion) genannt werden. Im Kapitel VI der Einleitungen zu "Goethes Naturwissenschaftlichen Schriften" (GA 1), ist etwas Spezielleres gemeint. Es wird herausgearbeitet, daß das Denken selber auch "Organ der Auffassung", also Wahrnehmungsorgan sein kann. Die Inhalte *dieser* Wahrnehmungen sind dann die Ideen. Das Denken (= sich bemächtigen) der Ideen verschmilzt (Einswerden) mit dem "Urgrunde des Weltendaseins ..." Das wird Kommunion genannt. Es wird dieses Verschmelzen – etwa in der "Philosophie der Freiheit" – auch "Intuition" genannt. Der Weltgeist, der Ideen-Urgrund, verschmilzt bzw. eint sich mit dem Denken des Individuums. Das ist keine Religion, es vermittelt aber religiöses Erleben. Erst wenn das immer erneut geleistet, rhythmisch-lebend vollbracht wird, wird es zur Meditation. Zunächst ist es höchste bzw. tiefste Erkenntnis, also Ende und Abschluß der wissenschaftlichen Bemühung auf dem Erkenntnisweg.

In dem Karlsruher Zyklus "Von Jesus zu Christus" (GA 131) sagt Rudolf Steiner im neunten Vortrag:

Die Anthroposophie soll dazu wirken, "im Geiste selber etwas Konkretes, etwas Reales zu erfassen. Dadurch, daß zum Beispiel durch Meditationen, Konzentrationen und alles, was wir lernen als die Erkenntnisse höherer

Welten, die Menschen reif werden, ... sich in ihrem Inneren zu durchdringen mit dem Element des Geistes, dadurch werden sie die Kommunion im Geiste erleben ..." (GA 131/9/S.204)

Im weiteren wird sogar der Ausdruck "geistiges Abendmahl" benutzt, das neben der Kommunion der Kirchen, die auch in Zukunft bleiben wird, entstehen kann (vgl. GA 131/9/S.204 f.).

Damit ist ganz deutlich ausgeführt, was wir schon sagten. Auf dem esoterischen Erkenntnisweg werden Erlebnisse auftreten, die mit bestimmten religiösen Erfahrungen vergleichbar sind oder jedenfalls am besten mit religiösen Begriffen beschreibbar sind.

Am 27.11.1916 lautet die entsprechende Stelle:

"Und wenn wir versuchen, dasjenige, was wir unsere Erkenntnis nennen, so zu unserem Bewußtsein zu bringen, daß, indem unsere Seele sich mit Ideen über die geistige Welt anfüllt, wir das Bewußtsein haben: Das Geistige geht da in uns über, wir vereinigen uns mit dem Geistigen –, wenn wir das als eine Kommunion ansehen, wenn wir verwirklichen können wahre Erkenntnis ...: dann wird dasjenige, was das symbolische Altarsakrament war, zu einem allgemeinen sakramentalen Erleben der Erkenntnis." (GA 172/10/S.215)

Wieder wird hier, wie schon in den vorangehenden Aussagen, der Begriff der geistigen Kommunion benutzt. Der Ausdruck von einem "allgemeinen sakramentalen Erleben der Erkenntnis" kommt neu hinzu. In diesem Zusammenhang spricht Rudolf Steiner auch davon, daß es nötig sei, im "Erziehen und Unterrichten einen Gottesdienst" zu sehen (GA 172/10/S.215).

Wir werden dieses Motiv in unserer Betrachtung nochmals aufgreifen. Zunächst schauen wir darauf, daß übersinnliche Erkenntnis zur geistigen Kommunion, zu "einem allgemeinen sakramentalen Erleben der Erkenntnis" führen kann. Das ist auch keine Religion im eigentlichen Sinne, kann aber weitere Folgen haben, die wiederum am besten mit religiösen Ausdrücken beschrieben werden.

Am 17.07.1920 spricht Rudolf Steiner über das katholische Altarsakrament. Er verweist dann auf seine Schrift "Grundlinien einer Erkenntnistheorie der Goetheschen Weltanschauung" (GA 2) und seine Einleitungen zum zweiten Band von "Goethes Naturwissenschaftlichen Schriften" (GA 1), wo er für die Erkenntnis das Wort "Kommunion" gebraucht habe:

"Die Erkenntnis ist die geistige Kommunion der Menschheit. – Ich weiß nicht, wie viele die ganze kulturhistorische Bedeutung dieses Wortes ... verstanden haben. Denn in diesem Satze war gegeben die Hinlenkung der materialistischen Auffassung der Gottgemeinschaft zu einer spirituellen Auffassung der Gottgemeinschaft: die Umwandlung des Brotes in die Seelensubstanz des Erkennens." (GA 198/16/S.280)

Rudolf Steiner interpretiert hier die katholische Kommunions-Auffassung als eine "materialistische" und setzt ihr eine notwendige "spirituelle Auffassung der Gottgemeinschaft" (Kommunion) entgegen, die spirituelles Erkennen möglich macht. Lassen wir hier ruhig offen, wie der letzte Teil des zitierten Satzes zu verstehen ist, der von der Umwandlung des Brotes in die Seelensubstanz des Erkennens spricht. Sicherlich steckt in ihm nicht nur das Motiv der Vereinigung – religiös gesprochen: Kommunion –, sondern auch die Andeutung einer Verwandlung, einer Transsubstantiation. Durch Vereinigung mit dem Geiste im Erkennen kann als zweites eine Art Umwandlung geschehen. Transsubstantiation und Kommunion sind die beiden letzten Akte der christlichen Messe. So wie Rudolf Steiner diese Begriffe zur Schilderung geistiger Erkenntnisschritte verwendet, kann der Eindruck entstehen, als verliefe dieser Weg dem der Messe entgegengesetzt: zunächst Kommunion (Vereinigung des Denkens mit dem Geiste), dann mögliche Verwandlungen. Immer wird vom Denken, von der Erkenntnishaltung ausgegangen. Diese ist in zwei weiteren Schritten durch die Kunst zu verlebendigen und religiös zu vertiefen. Das geschieht vor allem durch das geistige Zusammenleben mit dem Weltenlauf:

"Das Zusammenleben mit dem Weltenlauf wird zum Kultus, und es entsteht der kosmische Kultus, in dem der Mensch in jedem Augenblicke seines Lebens darinnensteht. Von diesem kosmischen Kultus ist jeder Erdenkultus ein symbolisches Abbild. Dieser kosmische Kultus ist das Höhere gegenüber jedem Erdenkultus." (GA 219/10/S.161)

Hier wird schon vorbereitend für den Vortrag, den er zwei Tage später hält, vom kosmischen Kultus, nicht nur von kosmischer Kommunion, gesprochen. – Ehe wir darauf näher eingehen, sei noch eine letzte Vortragsstelle zum ersten Motiv genannt:

"Von diesen schöpferischen Gedanken konnte ich einstmals ... sagen: dieses Denken stellt dar die geistige Form des Kommunizierens der Menschheit. ... Indem er (der Mensch; R.G.) seine Gedanken selber belebt, verbindet er sich durch seine eigene Wesenheit, kommunizierend, die Kommunion empfangend, mit dem die Welt durchdringenden, ihre Zukunft sichernden Göttlich-Geistigen." (GA 219/12/S.190)

Vier Absätze weiter heißt es nochmals:

"Aber so, wie es im unmittelbaren Anblicke ist, ist das eine tote Welt (Fixsterne und Planeten; R.G.). Der Mensch wandelt sie von seinem eigenen Geistigen aus, wenn er von seinem Geistigen der Welt mitteilt, indem er die Gedanken belebt zur Imagination, Inspiration, Intuition, indem er die geistige Kommunion der Menschheit vollführt." (GA 219/12/S.191)

Dies ist unser letztes Zitat zum Thema Geist-Erkenntnis als Kommunion. Es verdeutlicht das vorher Gesagte wieder um eine weitere Nuance. Es kommt aber hinzu, daß in diesem letzten Vortrag, den Rudolf Steiner im ersten Goetheanumbau gehalten hat, während das vernichtende Feuer schon gelegt war, nicht nur Elemente und Begriffe der Religion benutzt werden, sondern der Erkenntnisweg selber als Kultus bezeichnet wird. Und so heißt es zwischen den beiden zuletzt angeführten Zitaten wörtlich:

"So ist spirituelle Erkenntnis eine wirkliche Kommunion, der Beginn eines der Menschheit der Gegenwart gemäßen kosmischen Kultus." (GA 219/12/S.191)

"Was sonst nur abstrakte Erkenntnis wäre, wird zu einem fühlenden und wollenden Verhältnis zur Welt. Die Welt wird zum Tempel, die Welt wird zum Gotteshaus. Der erkennende Mensch, sich aufraffend im Fühlen und Wollen, er wird zum opfernden Wesen. Das Grundverhältnis des Menschen zur Welt steigt auf vom Erkennen zum Weltenkultus, zum kosmischen Kultus. Daß all dasjenige, was unser Verhältnis zur Welt ist, zunächst sich als kosmischer Kultus erkennt im Menschen, das ist der erste Anfang dessen, was geschehen muß, wenn Anthroposophie ihre Mission in der Welt vollziehen soll." (GA 219/ 12/S.193)

Man muß diese grandiosen Schilderungen Rudolf Steiners über die Aufgabe der Anthroposophie und die Aufgabe des Anthroposophen, wie er sie in den letzten drei Tagen des Bestehens des ersten Goetheanum gibt, im ganzen Zusammenhang immer neu auf sich wirken lassen. Sie verweisen auf kosmische Dimensionen, die menschliches Tun annehmen soll. Das sich belebende Erkennen hat die Aufgabe, vom Menschen-Ich her Fixstern- und Planetenwelt zu verwandeln. Das darf kosmischer Kultus genannt werden. Religiös gesprochen heißt das, daß der heilende Geist durch das durchchristete Menschen-Ich die Vaterwelt erlösen will. Dieser Kultus bedarf bestimmter Schritte. Sie sind mit jenen Kultusteilen verwandt, die aus alten Mysterien den Messekultus bilden: Verkündigung, Opfer, Wandlung (Transsubstantiation) und Vereinigung (Kommunion).

Wenn nun Rudolf Steiner den höheren Erkenntnisweg als einen Kultus beschreibt, dann verstehen wir ihn anfänglich als einen Gottesdienst, einen Dienst an der Gottheit. Und wir beginnen zu begreifen, daß dieser Kultus auch seine Werdeschritte hat. Eigenartigerweise werden sie in der Reihenfolge Kommunion, Verwandlung, Opfer geschildert.

Zum Motiv der Verwandlung heißt es:
"Aber indem er in sie, in diese Formgebilde (des Weltenraumes; R.G.), einströmen läßt sein Geistig-Seelisches, *wandelt* er selber die Welt." (GA 219/ 12/S.190; Hervorhebung R.G.)

Zum Motiv des Opferns auf dem Erkenntnisweg dann:
"Hingegeben an das Allwalten des ihn umgebenden Weltendaseins, des kosmischen Daseins, kann er erleben dasjenige, was durch ihn ausgeführt wird in dem großen Tempel des Kosmos als Transsubstantiation, indem er *opfernd* darinnensteht in rein geistiger Art ..., er wird zum opfernden Wesen." (GA 219/ 12/S.193; Hervorhebung R.G.)

Das ist keine irdische Religionsübung. Im herkömmlichen Sinne würde man es sogar als heidnisch-gnostische Gesinnung, also als unchristlich verwerfen. Daß der Mensch aufgerufen ist, sich an der verwandelnden Erlösung der Welt – bis zu den Fixsternen – aktiv zu beteiligen, ist bei solcher Gesinnung zunächst nicht faßbar. Aber das Handeln, zu dem Geisterkenntnis werden möchte "in rein geistiger Art", ist als Aufgabe vorhanden, die im großen "Tempel des Kosmos" vollzogen werden soll. Das wird möglich, indem das "Grundverhältnis des

Menschen zur Welt aufsteigt vom Erkennen zum Weltenkultus", das heißt, vom rein Wissenschaftlich-Gedanklichen bis zum Religiös-willentlich-Tätigen, Opfernden, Wandelnden.

Erkenntnis kann zum Kultus werden, zum Gottesdienst. Sie kann es in dem Maße, in dem sie vom reinen Denken zum fühlenden und wollenden Denken aufsteigt. Das nennt Rudolf Steiner das Religiös-Werden. Das Erkennen nimmt neue Eigenschaften an. Es wird künstlerisch und religiös, aber versetzt deshalb nicht die selbständige Übung der Kunst und der Religion ins Sinnlose. Denn die menschliche Seele braucht auch in Zukunft verschiedene Wege zum Geiste (vgl. Kap. IV, 2). Aber die Geisteswissenschaft bildet die Grundvoraussetzung dafür, daß Erkennen und Religionsübung als erneuerte Gebiete des freien Geisteslebens ihren Beitrag zur Erneuerung der Mysterien leisten können; das erstere mehr vom Bewußtsein ausgehend, das letztere mehr von der Tat, vom Willen.

Hat man die Dinge soweit durchdacht, dann kann auch noch die bekannte Formulierung Rudolf Steiners zur Charakteristik der verschiedenen Arten der Gemeinschaftsbildung – anthroposophische Erkenntnis einerseits, Kultusübung andererseits – einbezogen werden (siehe Kap. VI, 4). Bei ersterer wird "die Menschenseele erhoben zur Geistgemeinschaft", bei letzterer "das Übersinnliche in Wort und Handlung heruntergeholt". Und dann heißt es: "Wenn dieses Bewußtsein vorhanden ist und solche Gruppen in der Anthroposophischen Gesellschaft auftreten, dann ist in diesem, wenn ich so sagen darf, umgekehrten Kultus, in dem anderen Pol des Kultus, etwas Gemeinschaftsbildendes im eminentesten Sinne vorhanden." (GA 257/9/S.179)

Wenn ein entsprechendes Bewußtsein vorhanden ist – das ist die Voraussetzung –, dann *kann* sich ein "umgekehrter Kultus" vollziehen. Er beinhaltet dann, wie wir sehen, die gleichen Schritte wie der Messekultus, nur eben in umgekehrter Reihenfolge, und er vollzieht sich völlig anders, nämlich "in rein geistiger Art", und ist dann auch in diesem Sinne der "andere Pol" des Messekultus. Das heißt, übersinnlicher Kultus und Messekultus gehören auch wieder zusammen.

Ein gewichtiger Unterschied ist hier aber auch zu bedenken: Das Erkenntnisbemühen geht immer vom einzelnen Menschen aus und wird auch in Gemeinschaften (Studienkreisen etc.) primär vom einzelnen getragen. Religion geht von der Gemeinschaft aus, ist ohne Gemeinschaft nicht denkbar. Insofern besteht ein großer Unterschied zwischen dem, was "kosmischer Kultus" und dem, was nur zweimal im gesamten Vortragswerk "umgekehrter Kultus" genannt wird.

Der "kosmische Kultus" wird so beschrieben, daß er vom einzelnen Erkennenden auf seinem Wege vollzogen wird. Der "umgekehrte Kultus" wird dagegen so charakterisiert, daß er im gemeinsamen Umgang (Zweigabend) mit einem geistigen Inhalt die Menschenseelen zur Geistgemeinschaft erhebt. Dieses wäre in unserem Sinne schon näher der Religionsübung als ersteres, weil es sich um gemeinsames Bemühen und um einen vorgegebenen geistigen Inhalt handelt. Gerade deswegen könnte hier der Grund liegen, warum es so schwierig ist, auf diesem Felde sauber zu unterscheiden (vgl. Kap. VI, 4).

Schließlich sei noch darauf hingewiesen, daß Rudolf Steiner, wie aus den Darstellungen in dieser Studie hervorgeht, von insgesamt sieben verschiedenen Kultusarten gesprochen hat: Demonstrationskultus, kosmischer Kultus, umgekehrter Kultus, Kultus der Christengemeinschaft, Schulhandlungen, Berufskultus, alle Arbeit soll Sakrament werden.

(Das Thema des Religiösen in der Anthroposophie wurde von Friedrich Benesch in einer ausführlichen Studie dargestellt. Auf sie soll hiermit verwiesen werden, da dieses Thema in dieser Breite hier nicht bearbeitet werden kann: "Das Religiöse in der Anthroposophie"; "Ideen zur Kultusfrage". Eine ganz anders geartete Darstellung zu diesem Thema findet sich in: Jørgen Smit: "Geistesschulung und Lebenspraxis".)

Wenn auch vorgreifend schon andere Themen in die Darstellung dieses Abschnittes mit hineinspielen (Gemeinschaftsbildung, Verhältnis von Anthroposophie zur Religionsübung), so gehören doch zunächst in unsere Betrachtung "Erkenntnis als Kommunion, als Kultus" zwei weitere Wortlaute Rudolf Steiners: Der erste ist überliefert in Friedrich Rittelmeyers "Meine Lebensbegegnung mit Rudolf Steiner" (S.148). Friedrich Rittelmeyer berichtet von einem Gespräch mit Rudolf Steiner, in dem er ihn fragt: "Ist es nicht auch möglich, Leib und Blut Christi zu empfangen ohne Brot und Wein, nur in der Meditation?" Rudolf Steiner antwortete: "Das ist möglich. Vom Rücken der Zunge an ist es dasselbe." Diese verblüffende Antwort kann einiges verdeutlichen. Zunächst sei festgehalten, daß die Frage auf die Kommunion hinzielte, auf die Vereinigung mit dem Christus. Es gibt ja außerdem mannigfaltige Geistwesen, mit denen sich der Mensch verbinden kann, aber hier geht es um "Leib" und "Blut" Christi, des Auferstandenen. Diese sind zumindest auf zwei Wegen zu empfangen, in Brot und Wein des Altarsakramentes und in der Meditation. "Vom Rücken der Zunge an ist es dasselbe". Wie ist das zu verstehen?

Es sei hier der Vollständigkeit halber hinzugefügt: Während einer Messe werden die vier Stufen von dem Gläubigen voll miterlebt – also auch die Kommunion mit dem Christus. Diese kann sich aber auch vollziehen, wenn das Abendmahl nicht in Gestalt von Brot und Wein empfangen wird. In der Messe gibt es also auch zwei Arten der Kommunion. Sie werden vielleicht verständlicher, wenn man bedenkt, welcher Sinneseindrücke sie sich bedienen. Darüber hat Rudolf Steiner leider nie gesprochen, aber es wäre die Darstellung dieses Themas wiederum eine eigene Studie wert.

Nun gibt es noch einige Äußerungen Rudolf Steiners, die zunächst seiner immer wiederholten Feststellung, Anthroposophie sei keine Religion, direkt zu widersprechen scheinen. – Im Vortrag vom 13.06.1916 schildert er, wie die anthroposophischen Gedanken und Erkenntnisse nicht bloß mit dem abstrakten Denken des Gehirnes erfaßt, sondern in das warme, enthusiastische Gefühl, das an das Blut gebunden ist, aufgenommen werden sollen. Und dann heißt es:

"Der Christus hat einmal gesagt: 'Ich bin bei euch bis ans Ende der Erdentage'. Und er ist nicht bloß als ein Toter, er ist als ein Lebender unter uns, und er offenbart sich immer. Und nur diejenigen, die so kurzsichtig sind, daß sie sich vor diesen Offenbarungen fürchten, sagen, man solle bei dem bleiben, was immer gegolten hat. Diejenigen aber, die nicht feige sind, wissen, daß der Christus sich immer offenbart. Deshalb dürfen wir dasjenige, was er als Anthroposophie offenbart, als eine wirkliche Christus-Offenbarung aufnehmen. – Oft, meine lieben Freunde, werde ich gefragt von unseren Mitgliedern: Wie setze ich mich in Verbindung mit dem Christus? – Es ist eine naive Frage! Denn alles, was wir anstreben können, jede Zeile, die wir lesen aus unserer anthroposophischen Wissenschaft, ist ein Sich-in-Beziehung-Setzen zu dem Christus. Wir tun gewissermaßen gar nichts anderes. Und derjenige, der nebenbei noch ein besonderes Sich-in-Beziehung-Setzen sucht, der drückt nur naiv aus, daß er eigentlich vermeiden möchte den etwas unbequemen Weg, etwas zu studieren oder etwas zu lesen." (GA 169/2/S.44)

Anthroposophie ist eine Christus-Offenbarung, und indem sich Menschen studierend und meditierend mit ihr beschäftigen, setzen sie sich erkenntnismäßig in Beziehung zu dem Christus. Wie nahe liegt es zu sagen: Die christliche Religion ist eine Offenbarung des Christus, und indem der Mensch sie durch Gebet und Kultus pflegt, setzt er sich in Beziehung zu dem Christus! Es geschieht also scheinbar gar nichts anderes in der rechten Pflege der Anthroposophie als in der christlichen Religion. Also wäre Anthroposophie Religion. Das aber hat Rudolf Steiner immer wieder ausdrücklich verneint.

Eine Lösung des Problems ergibt sich nur, wenn wir bedenken, daß die Mittel und die Vorgänge, durch die sich der Mensch mit dem Christus in Beziehung setzt, in beiden Fällen ganz verschiedene sind. In der anthroposophischen Erkenntnis beginnt der Weg mit dem verstehenden Gedanken und führt zum warmen Gefühl; in der christlichen Religion beginnt der Weg im Fühlen der Existenz des Christus und führt zur willentlichen Hingabe des ganzen Menschen an sein Wesen in Gebet und Kultus (siehe auch Kap. III, 1). So gesehen ist das eine Erkenntnis und das andere Religion und damit voneinander verschieden, obwohl sie ein gleiches Ziel anstreben.

Nach dem Brand des ersten Goetheanum, am 23.01.1923, sprach Rudolf Steiner zu den Mitgliedern der Gesellschaft in Stuttgart: "Ideen werden in der Anthroposophie nicht so gestaltet wie seit drei, vier, fünf Jahrhunderten auf dem Erkenntnisgebiete sonst Ideen gestaltet werden; Worte werden in ihr nicht so geprägt, wie heute auf andern Gebieten Worte geprägt werden. Ideen sind für Anthroposophie die aus Liebe gezimmerten Gefäße, in welche hereingeholt wird aus geistigen Welten auf geistige Art das menschliche Wesen. Von liebevoll geprägten Gedanken umhüllt soll leuchten durch Anthroposophie das Licht wahren Menschentums. Und Erkenntnis ist nur die Form, wie durch den Menschen die Möglichkeit gegeben werden soll, daß der wahre Geist aus Weltenweiten in menschlichen Herzen sich sammle, damit er von Menschenherzen aus die menschlichen Gedanken durchleuchten könne. Und weil wirklich Anthroposophie nur von der Liebe erfaßt werden kann, deshalb ist sie liebeschaffend, wenn sie in ihrer wahren Art von Menschen ergriffen wird. Deshalb konnte inmitten des wütenden Hasses eine Stätte der Liebe in Dornach gebaut werden. Und Worte, sie werden auf anthroposophischem Gebiet nicht so geprägt, wie sonst in der Gegenwart Worte geprägt werden, Worte werden geprägt, indem sie alle eigentlich Bitten sind. Jedes Wort in der Anthroposophie ist im Grunde genommen, wenn es in richtigem Sinne gesprochen wird, eine Bitte, eine andächtige Bitte: die Bitte, daß der Geist zu den Menschen herabkommen möge." (GA 257/1/S.13)

Auch diese Worte klingen so, als ob sie dem Satz, "Anthroposophie ist keine Religion", widersprechen würden. Was ist eine religiöse Handlung, ein Gebet, ein Kultus anderes, als "eine andächtige Bitte", "daß der Geist zu den Menschen herabkommen möge"? Also wären religiöses Kultuswort und anthroposophisches Erkenntniswort dasselbe! Auch diesen Trugschluß kann man nur vermeiden, wenn man zwischen den menschenkundlichen Voraussetzungen und den geistig-seelischen Vorgängen des religiösen Lebens sowie des Erkenntnislebens unterscheidet.

Wie eine großartige Steigerung klingen die Worte Rudolf Steiners vom 24.12.1923 aus dem Eröffnungsvortrag der Weihnachtstagung, die am stärksten der Aussage, "Anthroposophie ist keine Religion", zu widersprechen scheinen:

"Denn heute mehr als je können wir dessen eingedenk sein, daß eine solche geistige Bewegung, wie diejenige ist, die wir mit dem Namen der anthroposophischen umschließen, keine aus irdischer Willkür heraus geborene ist. Und damit möchte ich gleich im Anfange unserer Tagung beginnen, darauf aufmerksam zu machen, daß es eben das letzte Drittel des neunzehnten Jahrhunderts war, wo auf der einen Seite die Wogen des Materialismus hoch gingen, und wo in diese Wogen des Materialismus hineinschlug von der anderen Seite der Welt eine großartige Offenbarung: die Offenbarung eines Geistigen, die derjenige, der eine empfängliche Gemütsauffassung hat, empfangen kann von Mächten des Geisteslebens. Eröffnet hat sich die Offenbarung eines Geistigen für die Menschheit. Und nicht aus irdischer Willkür, sondern aus der Befolgung des Rufes, der aus der geistigen Welt heraus erklungen hat, nicht aus irdischer Willkür, sondern im Anblick der großartigen Bilder, die aus der geistigen Welt heraus sich als die neuzeitlichen Offenbarungen ergaben für das Geistesleben der Menschheit, daraus ist der Impuls für die anthroposophische Bewegung erflossen. Die anthroposophische Bewegung ist nicht ein Erdendienst, diese anthroposophische Bewegung ist in ihrer Ganzheit mit all ihren Einzelheiten ein Götter-, ein Gottesdienst. Und die richtige Stimmung für sie treffen wir, wenn wir sie ansehen in ihrer Gänze als einen solchen Gottesdienst. Und als einen solchen wollen wir sie in unsere Herzen aufnehmen im Beginne dieser unserer Tagung, wollen in unsere Herzen tief einschreiben, daß diese anthroposophische Bewegung die Seele eines jeden einzelnen, der sich ihr widmet, verbinden möchte mit den Urquellen alles Menschlichen in der geistigen Welt, daß diese anthroposophische Bewegung den Menschen hinführen möchte zu jener letzten, für ihn vorläufig in der Menschheitsentwickelung der Erde befriedigenden Erleuchtung, die sich über die begonnene Offenbarung kleiden kann in die Worte: Ja, das bin ich als Mensch, als gottgewollter Mensch auf Erden, als gottgewollter Mensch im Weltenall." (GA 260/1/S.29 f.)

Wie kann die anthroposophische Bewegung in ihrer Ganzheit und mit all ihren Einzelheiten ein Götter-, ein Gottesdienst sein, wenn andererseits gelten soll, daß Anthroposophie keine Religion ist?

Zunächst fällt auf, daß in diesen Worten von der anthroposophischen Bewegung und nicht von der Anthroposophie die Rede ist. Und diese Bewegung ist nicht "aus irdischer Willkür heraus geboren". Sie ist eine "Offenbarung eines Geistigen für die Menschheit". Ihr Impuls ist erflossen "aus der Befolgung des Rufes ... aus der geistigen Welt", "im Anblick der großartigen Bilder, die aus der geistigen Welt heraus sich als die neuzeitlichen Offenbarungen ergaben für das Geistesleben der Menschheit". Aus diesen Formulierungen wird deutlich, daß die Bewegung, die Tätigkeit von den geistigen Wesen der Welt, herunter auf die Erde zu den Menschen geht. Es ist ein Dienst der Götter für die Menschheit und damit "Götter- oder Gottesdienst". Etwas ganz anderes geschieht bei dem Vorgang, den wir gemeinhin als Gottesdienst bezeichnen, wo sich Menschen auf Erden vereinigen, um geistigen Wesen zu opfern, ihnen einen Dienst zu erweisen.

Das Wort "Gottesdienst" steht im normalen Sprachgebrauch für den religiösen Dienst, den Menschen in Gemeinschaft dem Gotte oder den Göttern leisten, sozusagen von der Erde zum Himmel. Grammatikalisch gesehen ist dieses Wort dann ein Genitivus obiectivus. Rudolf Steiner aber bezeichnet in dem zitierten Absatz mit demselben Wort "Gottesdienst" einen Vorgang, der von den Göttern zur Menschheit, vom Himmel zur Erde wirkt; grammatikalisch gesehen ist das Wort dann ein Genitivus subiectivus, d.h. ein Dienst der Götter für die Menschen.

Wenn man all das berücksichtigt, so kann man den scheinbar paradoxen Satz aussprechen: Anthroposophie ist Gottesdienst, aber nicht Religion. Das entspricht der Erziehung in der Waldorfschule, die auch Gottesdienst sein soll, aber dennoch keine Religion sein kann. So lösen sich die scheinbaren Widersprüche, wenn man jenseits der Worte (zum Beispiel Gottesdienst) auf die verschiedenen zugrunde liegenden Tatbestände schaut.

Am Schluß dieses Abschnittes mögen Worte Rudolf Steiners stehen, die er zu den Pfarrern der Christengemeinschaft gesagt hat:

Am 12.07.1923 äußerte er, er habe am 31.12.1922 von einer Art kosmischer Kommunion gesprochen, einer Kommunion für die Erkenntnis, was aber nicht ausschließe, daß derselbe Mensch die Kommunion auch auf andersartige Weise empfangen könne. Nicht die Unterschiede sollten betont werden, weil sich die Dinge ja nicht widersprächen. Beide Arten der Kommunion hätten denselben Boden, nur verschiedene Formen. –

Diese Aussage ist wohl der deutlichste Beleg dafür, daß sich verschiedenförmige Kommunionen im strebenden Menschen niemals ausschließen oder gar schädigend auswirken können.

An diese Stelle gehört auch noch die Äußerung Rudolf Steiners, die er im Gespräch mit Emil Bock und Gertrud Spörri nach dem Vortrag vom 30.12.1922 und nach dem Brand des ersten Goetheanum am 18.01.1923 machte. Er sagte damals, daß die Anthroposophen schon immer eine Art Surrogat für die Kommunion gehabt hätten. –

Surrogat ist im deutschen Sprachgebrauch ein Ausdruck für Ersatz. Man kann dieses Wort auf zweierlei Art hören: Eine Art Ersatz für die Kommunion (im Gottesdienst) haben die Anthroposophen durch die sogenannte geistige Kommunion, aber eben nur eine Art. Denn für das Abendmahl gibt es keinen wirklichen Ersatz, es ist inkommensurabel. Christi Leib ist nicht zu ersetzen. Die andere Art, den Satz zu hören, kann sein: Die geistige Kommunion ist eine Art Ersatz für das Abendmahl, aber eben nicht bloß ein Ersatz, weil sie viel mehr ist als ein Ersatz, sie ist selber eine mögliche geistige Wirklichkeit für den strebenden Anthroposophen. In jedem Fall aber sagt dieser Satz aus, daß die geistige Kommunion das Abendmahl eben nicht ersetzt, sondern daß beide Arten von Kommunion letztlich unvergleichlich verschieden sind und doch beide eine reale Vereinigung mit dem Geiste bewirken.

Es ist auf dem Arbeitsfelde der Anthroposophie möglich, Erfahrungen zu machen, die mit dem Ausdruck "Kommunion" am besten beschrieben werden, weil er mehr besagt als das dem Sinne nach gleiche Wort "Intuition". Diese Kommunion im Geiste kann individuell erreicht werden, sie wird dann "kosmische Kommunion" genannt. Sie kann in Gemeinschaft erstrebt werden und wäre dann "umgekehrter Kultus". Im Messekult sind auch zwei Arten der Kommunion zu unterscheiden, diejenige, die im Miterleben geschieht und diejenige, die zusätzlich im Aufnehmen von Brot und Wein erfahren wird.

Schließlich muß man deutlich unterscheiden, mit welcher Intention eine Kommunion vollzogen wird. Sie ist eine andere, wenn sie mir persönlich dienen soll, als wenn sie für andere Menschen oder andere Wesen vollzogen wird. Beides ist berechtigt und notwendig. Es widerspricht sich nicht, nur die Frage ist offen, wie jeder Mensch sich in Freiheit dazu stellt.

Vielleicht mag der einzelne Mensch bei solchen Gedankengängen Schwierigkeiten empfinden. Versucht man aber, unbefangen und mit Positivität auf die erwähnten Äußerungen Rudolf Steiners zu schauen, so wird man tief bewegt sein können über die Dimensionen und die Vielfalt der Mission der Anthroposophie.

3. Kultus als Demonstration übersinnlicher Inhalte

Rudolf Steiner wurde am 17. Januar 1902 Mitglied der Theosophischen Gesellschaft. Am 20. Oktober desselben Jahres bekam er von Annie Besant den "Charter", die Beurkundung, daß er als Generalsekretär der deutschen Sektion der Theosophischen Gesellschaft anerkannt sei. Am 8. Oktober hatte er sich öffentlich im Berliner Rathaus vor dem "Giordano Bruno-Bund" zur Theosophie bekannt. Er tat diesen damals sensationellen Schritt in einen in Deutschland nur gut hundert Mitglieder zählenden Verein in "Erfüllung eines klar eingesehenen Karmas" (GA 262/S.286). Zwei Jahre später war die Mitgliederzahl schon verdoppelt. Die Arbeit begann unter der Leitung Rudolf Steiners und Marie von Sivers aufzublühen. Es war ein Rahmen gefunden worden, ein Forum, in dem Menschen von Geisterkenntnis hören wollten. .

Nun gab es innerhalb der Theosophischen Gesellschaft damals schon lange die Einrichtung einer Esoterischen Schule, den Versuch, die Mitglieder anzuregen und anzuleiten, selber die Schulung ihrer Seelenfähigkeiten zu Organen höherer Erkenntnis zu betreiben. Rudolf Steiner war am 23. Oktober 1902 Mitglied dieser Esoterischen Schule, kurz E.S. genannt, geworden. Im Jahre 1904 hat er dann selbst eine solche Schule für seinen Tätigkeitsbereich gegründet. Einzelne E.S.-Unterweisungen hat er wohl schon früher gehalten (siehe GA 260a/S.89 f.).

Deutlicher ist dieser Bereich seiner Tätigkeit geworden, seit zu diesem Thema die Dokumentation "Zur Geschichte und aus den Inhalten der ersten Abteilung der Esoterischen Schule 1904 – 1914" (GA 264) erschienen ist. Zudem sind die Bände GA 93, GA 245, GA 260/S.89 f. und GA 262/S.73, S.120, S.122, S.123, S.208 bis S.211 wichtig; sie enthalten viele Quellen. Ebenso gehört zu diesem Thema ein nachgeschriebener Vortrag von Emil Bock, veröffentlicht in den "Mitteilungen aus der anthroposophischen Arbeit in Deutschland", 1953, Nr. 43. Er soll in die Neuauflage des Buches von Emil Bock "Rudolf Steiner – Studien zu seinem Lebensgang und Lebenswerk" aufgenommen werden und den Titel "Von der Verbreitung besonderer esoterischer Kreise in den Jahren 1904 – 1906" tragen. Außerdem muß zu unserem Thema ein Aufsatz von Erich Gabert in dem Nachrichtenblatt "Was in der Anthroposophischen Gesellschaft vorgeht" (1968, Nrn. 41 bis 44), "Kultisches im Lebensgang Rudolf Steiners", erwähnt werden. Auf der Grundlage des 36. Kapitels in Rudolf Steiners "Mein Lebensgang" bilden alle diese Veröffentlichungen die Quellen unserer Darstellung in diesem Abschnitt.

So wie Rudolf Steiner die Theosophische Gesellschaft als Rahmen nutzte, um seine Geisteswissenschaft zu den Menschen zu tragen, so benutzte er die E.S., um seine Intention der Schulung zu verwirklichen. Einzelne Mitglieder wurden aufgefordert, dieser Schule beizutreten.

Das geschah im Sommer 1904. Das Buch "Theosophie" war gerade erschienen. In der Zeitschrift "Lucifer-Gnosis" veröffentlichte Rudolf Steiner die Aufsätze zu dem Thema: "Wie erlangt man Erkenntnisse der höheren Welten?" Während die Mitglieder durch diese Aufsätze über den Schulungsgang orientiert wurden, bildete Rudolf Steiner eine erste Gruppierung von Mitgliedern, die schon der E.S. von früher angehörten (zum Beispiel Wilhelm Hübbe-Schleiden) oder die er nun aufforderte, seiner Schule beizutreten.

In dieser Schule wurden Übungen zum Teil allgemeiner, zum Teil individueller Art gepflegt. "Allgemeine Anforderungen" wurden beschrieben, in denen wir auch die sechs "Nebenübungen" finden, die deswegen so heißen, weil sie bei allem anderen Bemühen ständig nebenher zu vollziehen sind. Es sind Grundübungen des Verhaltens. Dann werden "Hauptübungen" gegeben und schließlich "Mantrische Sprüche", also ganz individuelle Übungsinhalte zur Schulung. All dieses findet sich in "Anweisungen für eine esoterische Schulung" (GA 245). Es geht daraus hervor, wie Rudolf Steiner jeden einzelnen Menschen förderte, ermunterte und korrigierte.

Hinzu treten aber die esoterischen Stunden dieser Schule, zu denen ihre Mitglieder in verschiedenen Städten mit Rudolf Steiner zusammenkommen und von ihm intensiv unterwiesen werden. Sehr viele solcher Stunden wurden anschließend von Mitgliedern aufnotiert. Diese Notizen harren noch weitgehend der Veröffentlichung. Nur sieben Proben finden sich in dem obengenannten Band. Diese sieben haben alle das Meditieren zum Inhalt. Darüber hinaus sind in dem unveröffentlichten Material intensive Unterweisungen zu vielen Themen der Geisterkenntnis zu finden. Zahlreiche Inhalte solcher E.S.-Stunden finden sich später in dem vor den Mitgliedern dargestellten Vortragswerk. Diese Stunden wurden oft mit einem Spruch eingeleitet oder gipfelten in einem Mantram, wodurch sie eine besondere Dichte und den Beginn einer festen Gestaltung bekamen, eine Art von anfänglichem Ritus.

Die Esoterische Schule war also eine intensive Anleitung zur Meditation und andererseits zum tieferen Begreifen der Anthroposophie. Rudolf Steiner vollzog beides, wie er betont, im unmittelbaren Auftrag der "Meister". Die E.S.-Stunden bildeten aber nur eine Erste Klasse einer Hochschule für Geisteswissenschaft, wie Rudolf Steiner zunächst das Goetheanum als Bauwerk und 1924 dann die Neubildung der Hochschule nennt, innerhalb der zu Weihnachten 1923 gegründeten Allgemeinen Anthroposophischen Gesellschaft.

Die Zweite und Dritte Klasse der Esoterischen Schule wird von Rudolf Steiner im 36. Kapitel des "Lebensganges" (GA 28, S.446 ff.) beschrieben. Allerdings ist von dorther eine Unterscheidung der beiden Klassen nicht gut möglich.

Dieses 36. Kapitel wird hier vorausgesetzt. Rudolf Steiner berichtet dort von der Bildung – "Einrichtung" – einer "symbolisch-kultischen Betätigung": "Man strebte neben der Verarbeitung der Ideen, in die gehüllt die Geist-Erkenntnis gegeben wurde, etwas an, das unmittelbar zur Anschauung, zum Gemüt spricht." – Es war "Demonstration der geistigen Erkenntnisse." (GA 28/S.447)

Diese "Kult-Symbolik ... war für viele Teilnehmer an der Anthroposophischen Gesellschaft eine Wohltat", besonders für die Persönlichkeiten in der Gesellschaft, die "mehr Religiöses" suchten (GA 28/S.451). – Gegenüber den Pfarrern der Christengemeinschaft heißt es später: die Anthroposophen hätten damals einen Ersatz für Religion gesucht (12.07.1923). –

Es ist für unser Thema nicht wichtig, wie diese "Kult-Symbolik" in die übernommene Berechtigung – ein Diplom vom 09.01.1906 – durch die Yarker-Strömung eingefügt wurde. Das Notwendige findet sich in "Mein Lebensgang" und GA 265. Für uns ist wichtig, daß es in den weiteren Klassen, also in den höheren Graden der Hochschule, Kultus gegeben hat.

Dieses Kultusüben wird, ebenso wie die E.S.-Stunden, mit Beginn des Ersten Weltkrieges eingestellt. Begonnen wurde es, indem Rudolf Steiner immer neu auf jene Tempellegende zu sprechen kam, die auch in manchen Freimaurer-Zusammenhängen wichtig ist (siehe GA 93 und GA 265). Rudolf Steiner interpretiert sie mit Hilfe der Anthroposophie und spricht auch über das Wesen der Freimaurerei im historischen Gang. Diese Vorträge liegen in dem Band "Die Tempellegende und die goldene Legende" (GA 93) vor und können, selbst in der unvollkommenen Überlieferung der Texte, einen Eindruck von dem Ernst und der dichten Stimmung vermitteln, die schon bei diesen vorbereitenden Stunden gewaltet haben müssen.

Viel intensiver muß dieses Arbeiten für Erkenntnis gewesen sein, wenn Rudolf Steiner Mitgliedern in den höheren Klassen sogenannte "Instruktionsstunden" gab, also ernst-feierliche Unterweisungen, die unmittelbar in das Erleben der Kult-Symbolik einführten oder sie im Nachhinein bewußter machen sollten.

Es gab verschiedene Kult-Formen, die im kleinen Kreise zelebriert wurden. Das Material dazu ist aus dem Nachlaß veröffentlicht worden (GA 265), so daß man sich jetzt über dieses Gebiet genauere Vorstellungen machen kann. Dadurch ist deutlich geworden, wie in der Steigerung erster ritueller Elemente in der E.S. Kult-Handlungen vollzogen wurden, also festliegende Wortlaute, feste Handlungsformen, bleibende räumliche Gestaltung wie auch Gewandungen und schließlich der Gebrauch von Werkzeugen und Substanzen. Alles wurde kunstvoll zur Vertiefung der Erkenntnis in Imaginations-, Inspirations- und Intuitionsfähigkeit gefügt. Es waren dies, wie sich zeigt, im wesentlichen Eröffnungs- und Schlußhandlungen, die die Instruktionsstunden einrahmten, sowie Aufnahmehandlungen in einen neuen Grad bzw. eine neue Klasse für die nach Erkenntnis Strebenden. Rudolf Steiner nennt all dieses Tun einen "Demonstrationskultus" (GA 28/S.447). Er hat diesen *nie* als Sakrament bezeichnet.

Es ist hier mit Recht, wie es Erich Gabert tut, auf die Übertragung dieser Kultusfeiern in die reinen Kunstformen innerhalb der Mysteriendramen zu verweisen. Dort zeigen sich wiederholt Tempelszenen als Höhepunkte der Dramen auf der Bühne. Vier bzw. drei Altäre stehen im Tempelraum; an ihnen wird gehandelt. Es geht um den unterirdischen Tempel (GA 14, 1. Drama, 5. Bild), den Sonnentempel (1. Drama, 11. Bild und 2. Drama, 13. Bild) und den Vorraum (3. Drama, 1. und 2. Bild). In gewisser Weise gehört auch die ägyptische Tempelszene hinzu (4. Drama, 7. und 8. Bild). Es muß wohl kaum extra gesagt werden, daß diese Szenen auf der Bühne Kunstwerke sein sollen und nicht Kult-Symbolik der Esoterischen Schule in ihren höheren Graden. Auch sind sie natürlich keine Religion. Sie sollen Erkenntnisinhalte künstlerisch-dramatisch verlebendigen helfen (vgl. GA 257/2/S.46).

Wer sich weiter mit dem Thema der Kult-Symbolik im obigen Sinne beschäftigen will, sei auf folgende Stellen aufmerksam gemacht: GA 167/4/S.81; GA 167/

5/S.105; GA 167/6/S.139; GA 173/8/S.223; GA 181/18/S.339; GA 187/2/S.28; GA 350/15/S.263; GA 353/16/S.264.

Aus den Gesprächen, die die Gründer der Christengemeinschaft mit Rudolf Steiner führten, seien hier die drei Stellen zum Thema Freimaurerei bzw. E.S. angeführt. Mindestens einer der Gründer war Freimaurer gewesen. Auf seine Fragen gehen wohl die Antworten Rudolf Steiners damals zurück.

Am 28.07.1922 spricht Rudolf Steiner darüber, daß im früheren anthroposophischen Kultus den Menschen Kultushandlungen bis zum 4. Grad gezeigt wurden. Der Kultus sei zwar messeähnlich gewesen, die Messe sei auch gewünscht worden, aber er habe sich nicht dazu entschließen können. – Aus den Veröffentlichungen in dem zweiten Band über die Esoterische Schule (GA 265) ist allerdings nicht zu ersehen, was an den dort erscheinenden Ritualen der Messe ähnlich gewesen sein soll. Wir erfahren aus dieser Gesprächsnotiz lediglich, daß unter den Kultformen in der F.M. eine der Messe ähnliche gepflegt worden sein soll, aber keine Messe selbst. Daran kann deutlich werden, warum man das als etwas "Religiöses" bezeichnen könnte, was dort auflebte; aber es war eben keine Religionsübung, keine Kunstpflege, sondern Demonstration übersinnlicher Tatsachen zur Vertiefung der Erkenntnis. – Es heißt an derselben Stelle, daß der Kultus in der Anthroposophischen Gesellschaft früher nur die Demonstration anthroposophischer Erkenntnisse zum Inhalt hatte. –

In Gesprächsnotizen, die Emil Bock am 04.04.1923 aufschrieb, heißt es, daß der Kultus früher rein demonstrativ gemeint war. Er war ein reiner Erkenntniskult mit Graden. Dabei brachte der erste Grad die Erkenntnisse vom Erdenmenschen und zeigte die Menschenentwicklung von der lemurischen Epoche bis zur Gegenwart in Imaginationen. Der zweite Grad brachte eine Beziehung zur geistigen Welt, der dritte Grad zeigte die Geheimnisse an der Todespforte. Dieser Kultus war ein überzeitlicher, überkonfessioneller und interreligiöser. Nur ein bestimmter Grad in ihm hatte christlichen Charakter. Später mußte die Feier dieses Kultus abgebrochen werden. Der Außenwelt gegenüber hätte der Demonstrationscharakter nicht mehr klargestellt bleiben können. –

Schließlich heißt es zu den Gründern der Christengemeinschaft: In der Freimaurerei sei im ersten Grad alles von der Konfiguration der Menschenwesenheit genommen. Im dritten Grad sei vor den Menschen hingestellt worden, wie er bedroht werde: drei widerspenstige Mächte bedrohen sein Leben. Ein Bewußtsein sollte dafür erzeugt werden, daß der Mensch ständig in Todesgefahr stehe (vgl. GA 265/S.293 f.). –

Gerade diese kurzen Erwähnungen der Kultus-Symbolik zeigen neben der Einsicht in ihren Sinn der Erkenntnisvertiefung, daß sie gar nicht im speziellen Sinne christlich oder religionskultisch sind, sondern zum Beispiel die Todesgefahr oder die Wesensglieder-Konfiguration des Menschen seit der Lemuris für das Erleben sichtbar machen. Nur einer dieser Grade hätte einen christlichen Charakter gehabt und sein Kult wäre der Messe ähnlich gewesen. Leider ist davon heute in GA 265 nichts zu finden.

Es sei ausdrücklich betont, daß es sich hierbei nicht um eine Wertung handeln kann, sondern nur um den Versuch, differenziert zu erkennen, was vorliegt. – Eine Aufführung der Mysteriendramen vermittelt tiefe künstlerische Eindrücke. Sie zitiert seelische und geistige Wesen durch ihre Kunstmittel. Entsprechend kann sich Bedeutsames ereignen, wenn ein Erkenntniskultus geistgerecht vollzogen wird, was in gleicher Weise auch für den Kultus einer Religionsgemeinschaft gilt. Die Unterschiede liegen vor allem in der Form, in den Mitteln und im Ansatz, also in dem "Wie", und in der gesamten Intention.

Wenn im demonstrationskultischen Bereich der Raum ein "Tempel" genannt wurde, wenn Altäre, Gewänder, Geräte, Substanzvorgänge und schließlich ein Kelch benutzt wurden (siehe GA 265/S.135 und S.196 u.a.), dann darf das nicht zu falschen Schlüssen führen, denn alles diente der Vertiefung der Erkenntnis.

Und wenn eine "Taufe" vollzogen wurde, so sollte sie Einführung in die Gemeinschaft der mit der Kult-Symbolik Arbeitenden sein (siehe GA 265/S.136, S.161 ff., S.208 ff., S.212 ff.).

Aber auch Erkenntnis will sich mit höheren Wesen verbinden, ja, sie kann als wahre Geisterkenntnis in Wirklichkeit nur aus dieser Vereinigung (Intuition/Kommunion) entstehen. Die Rituale und Kulte verbinden mit den "Meistern" (siehe GA 265/S.297, S.314). So wird verständlich, wie ein einziger Bestandteil des Demonstrationskultes, wie er vor dem Ersten Weltkrieg zelebriert wurde, ein Gebet sein konnte und auch so genannt wurde. Dies war das Gebet um Verbindung der eigenen Erkenntnisbemühung mit der Arbeit der Brüder der Vorzeit, der Gegenwart und der Zukunft (siehe GA 265/S.154, S.158, S.213, S.221, S.235). So vereint sich ein Religionselement, das Gebet, mit einer Erkenntnis-Symbolik, wie sich umgekehrt in eine Messe mit der Predigt und dem Credo ein Erkenntniselement einfügt.

Mit dem Beginn des Ersten Weltkrieges stellte Rudolf Steiner alle zeremoniellen Handlungen zur Versinnlichung der geistigen Erkenntnisse ein. Wie sie nach dem Krieg und der Weihnachtstagung 1923 in verwandelter, ganz neuer Form hätten wieder aufleben sollen, wird im nächsten Abschnitt besprochen.

4. Kultus in der Freien Hochschule nach der Weihnachtstagung

Die Einrichtung der Esoterischen Schule mit ihren Stunden und Zeremonien wurde mit Beginn des Ersten Weltkrieges eingestellt. – War Rudolf Steiner damals schon durch menschliche Unzulänglichkeiten enttäuscht worden (vgl. GA 262/S.120), so erlebte er dies auch bei den Versuchen, die E.S. nach dem Kriege neu zu beleben.

Erst nach der Katastrophe des Goetheanum-Brandes und dem schwersten Jahr in der Geschichte der damaligen Anthroposophischen Gesellschaft wurde durch die Weihnachtstagung die Allgemeine Anthroposophische Gesellschaft gegründet und in ihr die Freie Hochschule für Geisteswissenschaft gestiftet.

Diese Freie Hochschule sollte wieder in drei Klassen (Graden) eingerichtet werden. Rudolf Steiner begann mit der Bildung der Ersten Klasse. Man konnte sich zur Mitgliedschaft bewerben. Die erste Klassenstunde wurde am Freitag, dem 15.02.1924, in Dornach durch Rudolf Steiner gehalten. Selbstverständlich war der gesamte Vorstand anwesend. Später zog Rudolf Steiner Ita Wegman – besonders zur Aufnahme neuer Mitglieder in die Erste Klasse – stärker hinzu. Er wollte diese Erste Klasse, wenn er sie erst eingerichtet haben würde, durch Ita Wegman leiten. Später sollte die Zweite Klasse eingerichtet und von Rudolf Steiner durch Marie Steiner geleitet werden, während er sich Aufbau und Leitung der Dritten Klasse selber vorbehielt. Wahrscheinlich wußten aber damals weder Marie Steiner noch Ita Wegman, daß erstere für die Leitung der Zweiten Klasse vorgesehen war (vgl. Hans Peter van Manen: Christussucher und Michaeldiener, S.148). Nur daß die Hochschule in drei Klassen gegliedert sein sollte, hatte Rudolf Steiner den Mitgliedern bei der Weihnachtstagung gesagt, ferner, daß sie an das vor dem Krieg Gewesene anschließen sollte.

Mit der Tat hat er angeknüpft, indem er die Weihnachtstagung, also eine Mitgliederversammlung, mit kultischen Hammerschlägen eröffnete und in die Herzen der Anwesenden den "Grundstein", eine mächtige trinitarische Meditation, gesenkt wissen wollte. Handlung und Mantram gaben den esoterischen Charakter, den die Gesellschaft als Fundament, als Träger der Hochschule brauchte (vgl. GA 260a/S.89 f.).

Über Rudolf Steiners Plan der weiteren Einrichtung der Hochschule gibt es eine wichtige Quelle (vgl. auch GA 265/S.443 f.). Es handelt sich um die Tagebuchaufzeichnung des Grafen Polzer-Hoditz, die dieser nach einem langen Gespräch am Krankenlager Rudolf Steiners am 11.11.1924 gemacht hat. Sie ist teilweise in der "Konstitution" (GA 260a/S.667) abgedruckt und wird hier in dem Wortlaut wiedergegeben, der Emil Leinhas vorlag:

"Nach längerem Schweigen fragte ich Rudolf Steiner, ob er im Sinne der alten Esoterik auch eine entsprechend umgewandelte Meister-Klasse einzurichten gedenke. Da leuchteten seine Augen hell auf, und wie mit verwandelter Stimme gab er mir ungefähr folgende Antwort: Die Klasse I für die Mitglieder der Allgemeinen Anthroposophischen Gesellschaft soll nach der Einrichtung in die Hand von Ita Wegman gegeben werden. Eine Klasse II für Sektionsleiter und Sektionsmitglieder, sowie für Vortragende, Landesleiter, initiativ-tätige Mitglieder, welche also noch einzurichten sein wird, werde ich durch Frau Doktor (damit meinte er Marie Steiner) leiten lassen. Dann endlich als Abschluß eine Klasse III, die ich persönlich als eine Art Meister-Klasse einrichten und leiten werde. Er sprach dann über Einzelheiten und die Mitgliederzahl. I. Klasse = unbegrenzt. Die Texte werden, ähnlich wie die Wochensprüche, durch das Jahr leiten und über den jahreszeitlichen Rhythmus hinaus mehr zur geistigen Individualität unmittelbar zu sprechen haben, so daß aus dem 'Übe Geist-Besinnen' ein Erleben und Miterleben des menschheitlichen Schicksalsstromes in verantwortlicher Bewußtheit erfolgen kann.

Die II. = Sechsunddreißig. Hier wird nur aufgenommen werden können, der über entsprechende Erfahrungen als Mitglied der I. Klasse auf geistigem Felde verfügt. Hier werden moralische Qualitäten von entscheidender Bedeutung zu sein haben.

Die III. = Zwölf. Diese dann seien der esoterische Vorstand. Diese III., die sogenannte Meisterklasse, wird einen rein kultischen Charakter haben, wo an den drei Altären gleichzeitig zelebriert werden wird. Werden wir in der Klasse II uns an die entsprechenden Erzengel-Wesenheiten wenden, so in der Klasse III unmittelbar an den Geist der Erde, an die Christus-Wesenheit (36 + 12 = 48, in der 'Letzten Ansprache': 4 x 12, GA 238/11/S.173; R.G.). Wieder schwieg Herr Doktor längere Zeit in tiefem Sinnen. Dann wurde plötzlich sein Antlitz wie von einer dunklen Wolke überschattet und Rudolf Steiner seufzte schwer atmend. Wir sprachen über die Weihnachtstagung und die Konstitution der Hochschule. Ferner sprach er über die Aufgaben von Albert Steffen, Frl. Dr. Vreede und Dr. Wachsmuth, deren Aufgaben im rein Verwaltungsmäßigen der Gesellschaft liegen. Sie haben innerhalb ihrer Sektion und damit in der Gesellschaft als Persönlichkeiten den ihrem Schicksal gemäßen Platz. Dann sprachen wir über seine Geschwister und er dankte mir für meine Bemühungen. Zum Abschied küßte er mir wieder die Stirn." (Emil Leinhas: Einige Gesichtspunkte zum Verständnis der Vorgänge in der Anthroposophischen Gesellschaft und Bewegung nach Rudolf Steiners Tod, S.60 f.)

Die Hochschule ist nur anfänglich verwirklicht worden. Rudolf Steiner hat selbst von der Ersten Klasse inhaltlich nur einen ersten Abschnitt aufbauen können. Aber schon dabei läßt sich ein ritueller Charakter erkennen – wie in dem Vorhof der Weihnachtstagung –, indem die Klassenstunden in festliegendem Rahmen gehalten, vor allem aber jedem Teilnehmer der Inhalt einer Stunde in der Konzentration von Mantren zur ständigen Übung übergeben werden. Waltete in diesen Dingen auch Strenge – es wurden damals Mitglieder ausgeschlossen, weil sie die Ordnungen nicht einhielten –, so ist die Teilnehmerschaft in der Zahl doch unbegrenzt veranlagt.

Wesentlich exklusiver – äußerlich durch die Beschränkung auf sechsunddreißig Mitglieder, innerlich durch den Anspruch an moralische Qualifikation – ist die Zweite Klasse zu denken. Gewiß wäre die Strenge ihrer Formen in Wort und Handlung, aber auch in Ordnungen, gegenüber der Ersten Klasse noch wesentlich gesteigert worden. Das bleibt aber Vermutung.

Sicher ist die "absolute" Esoterik der dritten, der "Meisterklasse", in der im höchsten Sinne kultische Strenge geherrscht hätte. Dort wäre, bei nur zwölf zelebrierenden Teilnehmern, die nach außen als der esoterische Vorstand der Gesellschaft aufgetreten wären, an drei Altären gleichzeitig ein Kultus gefeiert worden.

Die verpflichtende Strenge der Ersten Klasse wendet des Teilnehmers ichhaftes Denken, Fühlen und Wollen dem eigenen Angelos zu, damit dieser ihm das höhere Ichwesen entgegenführe.

Die Bildung der bewußten, ichhaften Gruppenseele in der Zweiten Klasse, unter dreimal zwölf Menschen, öffnet sich den Erzengeln zum Segen für größere Menschengruppen.

Der Zwölferkreis der "Meister" in der Dritten Klasse bildet durch sein Kultus-Zelebrieren ein Organ, in dem und durch das sich die zwölffache Geistigkeit, die der Christus sendet, offenbaren will.

Diese drei Klassen der Hochschule, mit ihrem Zentrum im Goetheanum in Dornach, sollten zugleich der "Ort" sein, an dem die Wesenheiten der dritten Hierarchie – Angeloi, Archangeloi und Archai – unter Christi Führung die Neuen Mysterien stiften wollen.

Der Kultus einer Religionsgemeinschaft ist öffentlich und hat die gleiche Bedeutung für den einfachen Menschen wie für den höchsten Eingeweihten. Die rituellen Formen der Hochschule bis zum Kultus in der Dritten Klasse sind rein esoterisch, äußerlich exklusiv, zu denken. Sie sind nur einem begrenzten Personenkreis zugänglich, der sie voll verantwortlich trägt und ihnen völlig verpflichtet ist.

Der Vollständigkeit wegen muß hier etwas angefügt werden, was sonst in der Gliederung dieses Kapitels keinen Platz findet. Mit drei Ausnahmen benutzen wir in vorliegender Studie nur direkte Äußerungen Rudolf Steiners bzw. sofort nach dem Gespräch mit Rudolf Steiner aufgezeichnete Notizen seiner Gesprächsteilnehmer. Hier soll ein Gespräch zwischen Rudolf Steiner und René Maikowski erwähnt werden, von dem René Maikowski oft erzählt, es aber erst später, nach ca. 60 Jahren, aufgeschrieben hat (nach mündlicher Auskunft an den Verfasser). Es ist in dieser Form im Band GA 265, S.35, zu lesen und berichtet von der Anfrage René Maikowskis im Frühjahr 1923, also vor der Weihnachtstagung, ob nach der selbständigen Gründung der Christengemeinschaft auch "für die Gesellschaft ... einmal ein Kultus gegeben werden" könne. Rudolf Steiner habe diese Frage bejaht. Allerdings wird in diesem Zusammenhang von der "Bewegung" gesprochen, deren "kultische Arbeit" aus "demselben geistigen Strom" hervorgehen müsse, wie die Kultushandlungen in der Schule. Sie müßten eine inhaltliche und formale Fortsetzung dessen werden, was dort in der Opferfeier gegeben sei. –

Wie gesagt, das Referat dieses Gespräches, das keinen genaueren Wortlaut Rudolf Steiners in wörtlicher Rede übermittelt, wurde erst Jahrzehnte später schriftlich festgehalten. Deswegen seien hier nur einige Fragen aufgeworfen, die der Quellenlage nach wohl nicht mehr zu beantworten sind:

1. Wäre dieser Kultus identisch mit dem, der in der Hochschule vorgesehen war?

2. Was hieße hier "aus demselben geistigen Strom ... wie die Schulhandlungen"?

3. Wenn weder in den Demonstrationskulten, der Kult-Symbolik vor dem Ersten Weltkrieg, noch in den Gesprächsnotizen, die Hochschule betreffend, von Polzer-Hoditz eine Kultusform auftritt, die wirklich in "Inhalt und Form" der Messe oder der Opferfeier ähnlich ist, wie Rudolf Steiner mehrfach sagte, was sollte man sich hierunter vorstellen?

4. Die Herausgeberin des erwähnten Bandes GA 265, Hella Wiesberger, schließt an diese Aufzeichnung René Maikowskis den Satz an, daß es zu "dieser neuen Gestaltung des anthroposophischen Erkenntniskultus" nicht mehr gekommen sei (S.35). Ferner meint sie, daß Rudolf Steiner – wenn er nur länger gelebt hätte – auch einen "äußerlich zu vollziehenden Kultus" als Hilfe auf dem schweren Weg zum "kosmischen Kultus" gegeben hätte (GA 265/S.34).

Es muß aber offen bleiben, ob dasjenige, über das René Maikowski berichtet, ein "anthroposophischer Erkenntniskultus" genannt werden kann, ohne daß man näheres von ihm weiß, ohne daß man Vergleichbares in der alten Esoterischen Schule kennt. Denn die Opferfeier ist ganz offenkundig kein Demonstrationskultus, kein Erkenntniskultus, keine Kult-Symbolik, sondern ein Kultus, der die religiöse Unterweisung Heranwachsender ergänzen sollte.

5. Dennoch bleibt die Frage offen, ob es von Rudolf Steiner gemeint sein kann, daß es in der Anthroposophischen Gesellschaft– außerhalb oder vor der Hochschule – auch einen Kultus hätte geben sollen und ob dieser in der Richtung gedacht werden kann, in der Marie Steiner Versuche unternommen hat (siehe GA 265/S.35 und S.485).

Aus einer Äußerung Rudolf Steiners gegenüber dem ersten Kreis der späteren Gründer der Christengemeinschaft könnte diese Vorstellung genährt werden. Er sagte, es sei vor dem Krieg weniger Veranlassung gewesen, ein Ritual in der Richtung zum Kultus der Kirche auszubilden. Der andere Kultus sei ja gepflegt und 1914 dann eingestellt worden (14.06.1921). –

5. Der Kultus in der Schulbewegung

Seit der Gründung der ersten Freien Waldorfschule in Stuttgart am 7. September 1919 und dem Unterrichtsbeginn am 16. September wurde auch katholischer und evangelischer Religionsunterricht von Geistlichen der Kirchen gegeben. Da nicht alle Schulkinder bzw. ihre Eltern katholischer oder evangelischer Konfession waren, wurde bald für sogenannte Dissidentenkinder und Kinder von Mitgliedern der Anthroposophischen Gesellschaft ein "freier christlicher Religionsunterricht" begonnen. Da Rudolf Steiner der Leiter der Schule war, wurde auf seinen Rat dieser freie christliche Religionsunterricht von Herbert Hahn und Friedrich Oehlschlegel erteilt.

Eine Gruppe wurde aus den Kindern der Klassen 1 bis 4 zusammengestellt, eine zweite aus denen der Klassen 5 bis 8. Im ganzen waren es sechzig Kinder, davon sechsundfünfzig von Anthroposophen (siehe GA 300a/25.09.1919/S.79).

Im späteren Herbst des Jahres 1919 (3. November), also einige Schulwochen nach Beginn des freien Religionsunterrichtes, entstand während einer Elternversammlung zu diesem Unterricht die Frage nach einer sonntäglichen Andacht für diese Kinder, die besonders von dem Schulgründer Emil Molt gefördert wurde (vgl. Gisbert Husemann/Johannes Tautz, Hg.: Der Lehrerkreis um Rudolf Steiner, S.75).

Herbert Hahn und Friedrich Oehlschlegel besprachen daraufhin die mögliche Gestaltung solcher Andachten. Man dachte an eine Evangelienlesung, an die Wochensprüche des Seelenkalenders, an Musik und Gesang, auch an Eurythmie. Diese Erwägungen wurden Rudolf Steiner bei seinem nächsten Aufenthalt in Stuttgart in der Weihnachtszeit (21.12.1919) vorgetragen, der allerdings Teile dieser Überlegungen zurückwies:

"Sollte Eurythmie für so etwas in Frage kommen, so müßte ich schon eine besondere kultische Form von Eurythmie geben." (Aus einer Handschrift von Herbert Hahn, 1967)

In einer anderen Niederschrift von Herbert Hahn lautet dieser Satz:

"'Eurythmie?', sagte er langsam, 'aber das ist doch eine weltliche Kunst! Da müßte ich dann schon Formen für eine besondere Art kultischer Eurythmie geben.'" (Aus einer Handschrift von Herbert Hahn, 1954)

Wir erfahren hierdurch, was man durch jahrzehntelanges Üben heute in mancher Eurythmieaufführung vielleicht selber ahnen kann, daß diese Kunst durchaus kultischen Charakter bekommen kann. Rudolf Steiner sprach also diese Möglichkeit damals aus, fuhr dann aber in jenem Gespräch über die Sonntagsandacht fort: "Das muß dann schon ein Kultus sein." Wieder taucht hier das kultische Element auf. Gemeint ist damit aber nicht Kultus als Demonstration und Vertiefung der Erkenntnis, nicht als Verdichtung künstlerischen Tuns, sondern als religiöser Kultus, als Sonntagsandacht für die Kinder.

Von diesem Gespräch zwischen Herbert Hahn, Friedrich Oehlschlegel und Rudolf Steiner in den Vorweihnachtstagen 1919 heißt es noch in der ersten von Herbert Hahn niedergeschriebenen Fassung aus dem Jahre 1939:

"Wenn dieser Kultus gegeben werden kann, so würde das zugleich die erste Anknüpfung an gewisse esoterische Dinge sein, die während des Krieges unterbrochen waren." (Unveröffentlicht)

1954 berichtete Herbert Hahn von diesem Ausspruch Rudolf Steiners nur:

"Er schloß dann noch einige Worte an über den inneren Zusammenhang, in dem er einen solchen Kult sehen müsse." (Unveröffentlicht)

Von 1967 liegt schließlich eine Handschrift Herbert Hahns vor, deren Text immer weiter bis heute tradiert wurde. Er lautet:

"Könnte er gegeben werden, dann wäre er zugleich die erste Wiederanknüpfung an unsere durch den Krieg unterbrochene Esoterik." (GA 265/S.440)

Diese Studie beschäftigt sich immer mit den zeitgenössischen Quellen vom Beginn der zwanziger Jahre, zu Lebzeiten Rudolf Steiners. Wir machen nur dreimal eine Ausnahme von diesem Prinzip: die Berichte Maria Röschl-Lehrs' zur

Opferfeier (siehe unten), René Maikowskis über ein Gespräch mit Rudolf Steiner und die oben dargelegten Ausführungen Herbert Hahns, die erst später (1939, 1954, 1967) verfaßt wurden. Aber schon an diesem einen Beispiel können wir deutlich erkennen, wie verschieden – bei großem zeitlichen Abstand – ein und dasselbe Gespräch von demselben Menschen niedergeschrieben wird.

Nehmen wir den Kern der berichteten Aussage Rudolf Steiners, dann gibt es eine Beziehung der Sonntagshandlung zum Kultus in der alten Esoterischen Schule.

"Ein Kultus" – und das bezieht sich auf jeden wahren Kultus, ganz gleich welchem Anliegen er dient – "ist das Esoterischste, was man sich denken kann", sagte Rudolf Steiner zu den Lehrern (GA 300b/16.11.1921/S.56). Also ist auch der Kultus der Sonntagshandlung "esoterisch". Benutzt man diesen Ausdruck außerdem noch so, wie Rudolf Steiner es auch oft tat, kann man vielleicht sagen, die Sonntagshandlung der Schule sei esoterisch, insofern sie exklusiv nur für einen streng ausgewählten Teilnehmerkreis bestimmt und nicht öffentlich ist wie der Gottesdienst einer Kirchengemeinschaft. Jedenfalls wird wohl niemand auf die Idee kommen können, daß die den Religionsunterricht der Kinder im zweiten Lebensjahrsiebt ergänzende Sonntagsfeier mit der Kult-Symbolik, der Demonstration von Erkenntnissen auf geistigem Feld, vergleichbar sei.

Den Text der Sonntagshandlung und Angaben über den Vollzug wie über die Raumgestaltung erhielten Herbert Hahn und Friedrich Oehlschlegel noch um die Jahreswende 1919/20.

Friedrich Oehlschlegel verließ die Schule sehr plötzlich im Januar 1920 für eine Amerikareise. Er kehrte nie an die Schule zurück. So hielt Herbert Hahn nach den notwendigen Vorbereitungen am 01.02.1920 zum ersten Mal dieses Ritual. Zu Weihnachten desselben Jahres wurde am 25.12. die spezielle Weihnachtshandlung für die Kinder gehalten, der einzige Ritus für Kinder, der sich einer besonderen christlichen Festeszeit anschließt (siehe GA 300a/22.11.1920/ S.37 und S.252).

Im Frühjahr 1921 wurde dann am 20. März zum ersten Mal die Jugendfeier gehalten. Sie ist für Kinder der neunten und zehnten Klasse gedacht und es ist die nächste Kultusform der Feiern in der Schule (siehe GA 300a/S.37 und GA 300c/ S.178 f.). Die Ritualtexte der Sonntagshandlung und der Weihnachtshandlung für die Kinder sind auch in den Gebrauch der Christengemeinschaft gegeben worden – aber der Vollzug wurde ein anderer. Die Jugendfeier ist im Ritualtext zu der Konfirmation verändert worden, die außerdem nicht sonntäglich durch zwei Jahre, sondern einmalig an einem Sonntag der Osterzeit in Verbindung mit der Menschenweihehandlung innerhalb der Gemeinde gehalten wird.

Als diese Jugendfeier durch fast zwei Jahre gehalten worden war, stellte eine Schülerin aus einer der oberen Klassen, Johanna Wohlrab, im Frühjahr 1923 die Frage, ob für die zwei weiteren Schuljahre ein anderer Kultus möglich sei. Diese Frage wurde Rudolf Steiner überbracht. Er antwortete, er wolle das erwägen, eine Messe aber wolle er in die mit dem freien christlichen Religionsunterricht verbundenen Handlungen nicht hereinnehmen, "aber etwas Messe-Ähnliches können wir machen" (GA 265/S.37). Daraufhin übergab Rudolf Steiner den Lehrern am 13. März 1923 den Text der Opferfeier. Am 25. März wurde diese Opferfeier zum ersten Mal gehalten (siehe GA 300a/S.37).

Es war bei der Einrichtung des freien christlichen Religionsunterrichtes und der damit verbundenen kultischen Handlungen (Sonntagshandlung, Weihnachtshandlung, Jugendfeier, Opferfeier) von Rudolf Steiner klargestellt worden, daß diese von der Anthroposophischen Gesellschaft verantwortet werden:

"Die Anthroposophische Gesellschaft gibt eigentlich den Religionsunterricht und den Kultus." (GA 300c/05.02.1924/S.119)

Diese Gesellschaft wurde vor der Weihnachtstagung noch nicht von Rudolf Steiner geführt, er war nicht einmal Mitglied in ihr!

Es wurde verabredet, daß nur der Lehrer den Kultus hält, der auch den Religionsunterricht erteilt (siehe GA 300b/05.12.1922/S.198), weil Unterricht und Kultus für die Kinder zusammengehören (als "Ersatz" für einen Kirchenritus; GA 300a/06.03.1920/S.120). Die Teilnahme an den Kultusfeiern war ausschließlich auf diese Kinder, die Eltern dieser Kinder sowie die Lehrer und höchstens noch engste Erziehungsberechtigte beschränkt (siehe GA 300a/14.06.1920/S.137 f.). Die Auswahl der Religionslehrer war außerordentlich streng. Es gab ja keinerlei Vorbereitung und keine Weihe, so daß besonders menschlich-moralische Qualitäten von ihnen erwartet wurden (siehe GA 300a/31.07.1920/S.201, 15.11.1920/S.238 und 22.11.1920/S.251; GA 300b/16.06.1921/S.19, 22.06.1922/S.113, 28.10.1922/S.167 und 05.12.1922/S.197). Besonders betonte Rudolf Steiner die Notwendigkeit von Wärme in diesem Unterricht: "Wärme, Wärme" (GA 300a/15.11.1920/S.238).

Da Friedrich Oehlschlegel im Januar 1920 die Schule verlassen hatte, war Herbert Hahn für eine geraume Zeit alleiniger Träger des Religionsunterrichtes und der Sonntagshandlungen. Als zweiter wurde dann Ernst Uehli hinzugezogen (siehe GA 300a/31.07.1920/S.201), wahrscheinlich im September 1920. Für kurze Zeit erteilte auch Adolf Arenson von der Anthroposophischen Gesellschaft den Religionsunterricht (siehe GA 300a/22.11.1920/S.251). Im Frühjahr 1921 trat dann der evangelische Pastor Wilhelm Ruhtenberg in diesen Kreis ein (vgl.: Der Lehrerkreis um Rudolf Steiner, S.210). Für eineinhalb Jahre waren Herbert Hahn, Ernst Uehli und Wilhelm Ruhtenberg zu dritt das Religionslehrerkollegium, bis im Herbst 1922 Paul Baumann, Max Wolffhügel, Maria Röschl-Lehrs und Karl Schubert als weitere Lehrer hinzugezogen wurden.

Was wir bisher über die Kultushandlungen der Schule dargestellt haben, muß noch differenziert werden. Waren die drei ersten eindeutig für einen bestimmten Teilnehmerkreis vorbehalten, so tauchte mit dem Beginn des Zelebrierens der Opferfeier im Frühjahr 1923 die Frage auf, ob sie nicht auch ausschließlich für die Lehrer gehalten werden könne. Es geschah dies sicher auch im Anschluß an jene Frage nach einem Kultus nur für Lehrer, die schon am 16.11.1921 in einer Konferenz gestellt worden war (siehe GA 300b/S.55). Rudolf Steiner war damals

nicht näher darauf zugegangen. Jetzt, 1923, antwortete er, obwohl die Fragende (Maria Röschl-Lehrs) selber gegen eine positive Antwort eingestellt war: "Warum nicht? Diese Handlung kann überall gehalten werden, wo Menschen sind, die sie wünschen!" (GA 265/S.39)
(Diese Formulierung verwendete Maria Röschl-Lehrs 1964 gegenüber dem Verfasser persönlich und benutzte sie auch schriftlich. Bei ihrer Wertung muß bewußt bleiben, daß sie erst vier Jahrzehnte nach dem Gespräch aufgeschrieben worden ist. Unabhängig davon wurde aber ihre Aussage seit 1923 verwirklicht; siehe unten.)

Die Opferfeier wurde ursprünglich für die Kinder von 17 und 18 Jahren gegeben, auch Schüler der 9. Klasse konnten an ihr teilnehmen (GA 300b/ 08.03.1922/S.305). Sie wurde bald auch ohne diese Jugendlichen bei Lehrerzusammenkünften, bei Ehemaligentreffen oder auch als Gedenkfeier für verstorbene Lehrer gehalten. Sie ist aber nicht als Mittel zur Bildung einer Religionsgemeinschaft gedacht und wurde nie in diesem Sinne gehalten.

Daß die Opferfeier als vierte der Kultushandlungen des Religionsunterrichtes entstand, ist wichtig festzuhalten. Ihr Vollzug ist auch heute an strenge Verabredungen der Lehrerschaft untereinander und mit dem Vorstand der Anthroposophischen Gesellschaft am Goetheanum gebunden. Auch ist die Teilnahme an ihr bis heute zumeist nicht ohne weiteres möglich, da sie nicht öffentlich ist. Innerlich angeschaut erhält der Vollzug der Opferfeier dadurch mehr Verbindlichkeit, daß die Teilnahme an dem Messeteil, der der Kommunion entspricht, nicht freiwillig ist und an *jedem* einzelnen Anwesenden vollzogen werden soll. Dies ist anders als die freiwillige Aufnahme von Brot und Wein in der Messe. Damit zeigt sich die Verwandtschaft zur Sonntagshandlung und Jugendfeier, bei denen auch *jedes* Kind das empfängt, was der Kommunion entspricht. Auch für die Jugendlichen von der neunten und zehnten Klasse an aufwärts ist die Verbindlichkeit des Kultuserlebens vorgesehen.

Es ist zu beachten, daß die Opferfeier als einzige der vier Schulhandlungen nach der Gründung der Christengemeinschaft gegeben wurde. Auch kann es anregend sein zu bedenken, warum Rudolf Steiner diesen Kultus Opferfeier nannte, nachdem er den gleichen Namen für den Hauptkultus der Christengemeinschaft – von Friedrich Rittelmeyer so vorgeschlagen – nicht akzeptierte, sondern für ihn den Namen 'Menschenweihehandlung' fand. – Die Pfarrer der Christengemeinschaft haben alle Texte dieser Handlungen von Rudolf Steiner erhalten mit der Erlaubnis, sie auch zu vollziehen.

Am 04.04.1923 übermittelte Emil Bock den Pfarrern der Christengemeinschaft den Text dieser Opferfeier und fügte hinzu, was Rudolf Steiner gesagt hatte, als er ihm den Wortlaut übergab: Rudolf Steiner habe mit der Opferfeier versucht, etwas der Menschenweihehandlung Entsprechendes zu vermitteln, soweit es eben durch Laien gefeiert werden könne (siehe GA 265/S.42). –

Die Einführung aller vier Kultushandlungen in das Leben der heilpädagogischen Heime für seelenpflegebedürftige Kinder auf dem "Lauenstein" bei Jena und im "Sonnenhof" in Arlesheim geschah erst nach dem Tode Rudolf Steiners im Jahre 1925 auf besondere Initiative von Ita Wegman (Bericht von Siegfried Pickert, unveröffentlichtes Manuskript).

Im Laufe der Jahre wurde immer wieder versucht, die Unterschiede der Opferfeier zur Menschenweihehandlung zu charakterisieren. Das ist sicher wichtig, aber nicht einfach. Die Schulhandlungen schließen, wie Herbert Hahn einen Ausspruch Rudolf Steiners berichtete, an die Esoterik an, wie sie vor dem Ersten Weltkrieg in der Anthroposophischen Gesellschaft gepflegt wurde (siehe Kap. II, 3). Sie tun dies unter anderem insofern, als es sich um *Kultus* im allgemeinen handelt, und um christlichen Kultus, "Messe-Ähnliches", im besonderen. Die Opferfeier ist messeähnlich, wie einer der F.M.-Kulte es auch gewesen sein soll (vgl. Kap. II, 3). Sie ist aber auch der Menschenweihehandlung ähnlich, etwa durch ihre Viergliedrigkeit, ihre oft ähnlichen Wortlaute etc. Damit ist sie das der Menschenweihehandlung Entsprechende. Ganz gewiß soll sie nicht der Vertiefung geisteswissenschaftlicher Erkenntnis oder gar deren Demonstration dienen, sondern sie ist ein rein religiöser Kultus und keine Kunst- oder Erkenntnisbemühung. Insofern gilt für die Opferfeier gewiß auch fast alles von den Wirkungen religiöser Übungen, wie sie in Kapitel III dargestellt sind.

Noch ein Thema muß hier kurz berührt werden, das eigentlich einer ausführlichen Studie aus den Quellen des Gesamtwerkes Rudolf Steiners wert wäre: In dem Band über die symbolisch-kultische Betätigung wird an zwei Stellen berichtet, wie Rudolf Steiner das Wesen der Religionsübung in der Christengemeinschaft und der Erkenntnisbemühung in der anthroposophischen Bewegung durch die Beschreibung der Kain- und Abelströmung in der Geistesgeschichte der Menschheit charakterisierte (sihe GA 265/S.452 ff.). Er benutzte diese Ausdrücke in Anlehnung an die Tempellegende.

Rudolf Steiner hat sich die Versöhnung beider Strömungen vorgenommen (siehe GA 265/23.10.1905/S.53). Er war aus seinem Karma dazu berufen (siehe GA 265/S.485). In diesem Zusammenhang nennt er viele Polaritäten, zum Beispiel:

"Kain":	*"Abel":*
blaues Blut	rotes Blut (GA 265/S.399)
Mann	Frau (S.453)
Erdenweisheit	Himmelsweisheit (S.406)
Anthroposophie	Christengemeinschaft (S.452)
Wissen	Glauben (S.145)
Stärke	Weisheit (S.350)
Hiram	Salomo (S.419)
Ungeschlechtlich	Geschlechtlich (S.365)

Schon diese Aufstellung macht deutlich, daß man das jeweils Angeführte nicht einfach mit der Erkenntnisbemühung bzw. der Religionsübung gleichsetzen kann. Anthroposophie ist nicht nur an das venöse blaue Blut, an Männer und Erdenweisheit gebunden; die Christengemeinschaft mit ihrem Bemühen nicht ausschließlich an Frauen, rotes Blut, den Glauben, die Weisheit und die Himmelsweisheit. Das kann von Rudolf Steiner so nicht gemeint sein. – Wie aber dann?

Hier erwähnen wir dieses Gebiet nur, weil es uns vollkommen unsinnig erscheint, und weil es absolut jeder Quelle entbehrt, wenn der Versuch gemacht wird, den Unterschied der Kultushandlungen in der Schulbewegung und in der Christengemeinschaft mit den Begriffen der Kain- und Abelströmung charakterisieren zu wollen.

Seit der Zeit Melchisedeks, der die Kainsgabe Brot und Wein dem Abraham zutrug, seit Moses, der auf Jahves Geheiß Tier- und Pflanzenopfer einführte, seit Hiram und Salomo und dem Tempelkultus in Jerusalem ist schon vorchristlich an der Harmonisierung der Kain- und Abelströmung gearbeitet worden. Und erst recht durch das christliche Wirken der Hiram-Individualität ist diese Versöhnung weitergeführt worden, wenn sie auch noch nicht vollendet ist! (Siehe GA 265/ S.420, S.428 und S.459).

Die Kain- und Abelströmung sollen miteinander versöhnt und harmonisiert werden, denn sie gehören unabdingbar zusammen. Aber Kultushandlungen, die beide auf ihre Weise dem Auftrag der Religion dienen, bedürfen keiner Vereinigung oder Harmonisierung, weil sie nichts grundsätzlich trennt.

Sicher sind viele wesentliche Unterschiede festzustellen. Das ist aber nicht unser Thema. In diesem Zusammenhang soll nur noch gesagt sein, daß ja, wie wir sahen, alles Kultische der "alten Esoterik" in der Anthroposophischen Gesellschaft mit dem Jahr 1914 für immer aufhörte (siehe Kap. II, 3) und daß ein neuer Kultus für die Klassen der Hochschule bisher nicht gegeben werden konnte (siehe Kap. II, 4).

Die Kultushandlungen der Waldorfschule sind ein wichtiges Element der Erziehung, der Gemeinschafts- und Individualitätsbildung der Teilnehmenden. Auch ihre geistige Wirkung sollte nicht unterschätzt werden. Sie sind ein Segen, der aus den erneuerten Mysterien erfließt, und helfen all denen, die nicht einer Religionsgemeinschaft verbunden sein wollen, lebendig werdende Religion im Sinne des Schulgründungsimpulses zu verwirklichen.

6. Kultisches in der Esoterik anthroposophischer Berufe

Rudolf Steiner hat die Ausdrücke "Esoterik" und "esoterisch" in vielfältiger Weise gebraucht. Dieses darzustellen würde auch wieder eine eigene Studie erfordern. Er meint damit den einfachen Wortsinn, also das Innere, Verborgene, Geheime, ferner das geistig-seelische Arbeiten des Menschen an sich selber und damit für die Welt (Schulungsweg). Schließlich – besonders in der dritten Phase der Entwicklung der anthroposophischen Bewegung, etwa ab Weihnachten 1923 – ist Esoterik der Wille der geistigen Welt, der geistigen Wesen. So ist der

Vorstand der Allgemeinen Anthroposophischen Gesellschaft seit der Weihnachtstagung ein "esoterischer", weil er von der geistigen Welt gewollt wird.

Man kann als einzelner Mensch, ohne Mitglied der Gesellschaft zu sein, zum Beispiel mit den Sprüchen des Seelenkalenders intensiv leben. Man kann die mächtige Grundsteinmeditation der Weihnachtstagung beständig und regelmäßig als Seeleninhalt aufbauen und beleben. Damit macht man sich im inneren Sinne zum Mit-Glied der Anthroposophischen Gesellschaft als Organismus. Man kann die Mantren der Klassenstunden der Hochschule meditieren und sich dadurch auf den Weg zu einem Repräsentanten der Anthroposophie begeben. Das alles ist Esoterik, ist esoterisches Leben der einzelnen Menschen, das sich mit dem Bemühen anderer frei zusammenfindet und so bewußte Gruppenseelen schafft, in denen höhere Wesen wirken wollen (vgl. GA 265/S.455 und S.441; siehe auch GA 102/01.06.1908/S.195 f.).

Nimmt man hierzu das im vorletzten Abschnitt Ausgeführte (Kap. II, 4), so steigert sich das esoterische Leben – jedenfalls der Idee nach –, in der Hochschule immer intensiver werdend, zu rituellen und schließlich zu Kultusformen.

Die Freie Hochschule für Geisteswissenschaft ist so gedacht, daß man als Mitglied der Ersten Klasse gleichzeitig Mitglied der Allgemeinen Anthroposophischen Sektion ist. Hinzu kommt, daß man – in einem bestimmten Beruf stehend – außerdem einer besonderen Sektion zugehören kann. Nach der einen Seite heißt dieses immer, daß man sich mit Gleichgesinnten, Gleichstrebenden zusammentut, um wirksamer arbeiten zu können. Das bedingt aber nach innen, nach der anderen Seite, eine Steigerung des esoterischen Tuns.

So hat Rudolf Steiner für viele Berufsgruppen meditative Anweisungen gegeben. Wir nennen hier nur die Lehrer, Ärzte und Priester (vgl. die pädagogischen und medizinischen Vorträge). Für ihr Wirken als Lehrende, Heilende und Zelebrierende ist ein esoterisches Leben unerläßlich. Ihr Wirken ist nur in dem Maße heilsam für die ihnen anvertrauten Menschen, als sie deren höhere Ichwesenheit und die geistigen Wesen mitwirken lassen wollen. Dazu bedarf es ständiger esoterischer Arbeit. Die esoterische Arbeit des einzelnen erweckt immer den Willen, wenn sie richtig betrieben wird, sich mit gleichstrebenden Menschen zu verbinden. Von der anderen Seite gesehen wartet die geistige Welt auf Menschen, die sich freiwillig in esoterischem Tun zusammenfinden, denn nur dann kann sie im christlichen Sinne wirken. Man kann dabei an Ordensgemeinschaften verschiedener Prägung denken, wie sie im Laufe der Jahrhunderte gegründet wurden. Nur muß man hier das Prinzip der bewußten völligen Freiheit und Selbstverpflichtung des einzelnen berücksichtigen. Solche Gemeinschaften sind Keimorte des kulturellen Lebens der Menschheit der Zukunft.

Man kann auch folgenden Gedankengang hinzufügen: Wenn Rudolf Steiner die Aufgabe verfolgt, die Mysterien zu erneuern, so sollte man bedenken, daß die Mysterien immer jene Orte gewesen sind, an denen Menschen zur Pflege geistiger Wesen und Kräfte zusammengewirkt haben. Es waren immer Orte der Weisheitspflege, des Heilens und der Kultuspflege, des Zelebrierens. Gleichzeitig wurde dabei immer eine Weisheit gepflegt, die noch nicht öffentlich heilsam wirken konnte, sondern zukünftige Bewußtseinsart und Bewußtseinsinhalte vorbildete. Es wurde immer auch – neben der Wirkung nach außen – Heil für späteres öffentliches Wirken gepflegt. Also sowohl Lehre wie Heilkunst hatten exoterische und esoterische Gebiete zu verwalten. Schließlich gab es Kulte, die ständig zelebriert wurden: manche, die als Religionsübung öffentlich heilsam vor allen Menschen – andere wiederum, die streng esoterisch in engstem kleinen Kreis vollzogen wurden. Die öffentlichen Kulte wurden nach Artung der Menschengruppe – meist eines Volkes – von Eingeweihten gestaltet, und zwar im Sinne ihres Volksgeistes, ihrer Gruppengeistigkeit.

Will Rudolf Steiner *die* Mysterien erneuern, wird es dann nicht verschiedenste Kultusformen geben können und müssen?

Es gibt eine Esoterik des anthroposophischen Lehrerberufes. Ein Waldorflehrer bekommt – angefangen bei den Morgensprüchen mit den Kindern – vielfache Inhalte in Spruchform anvertraut, um sein pädagogisches Handeln zu vertiefen. Nun tauchte aus diesem esoterischen Bemühen aber bald die Frage nach einem gemeinsamen Kultus der Lehrer unter sich auf. Sie wird Rudolf Steiner als Leiter der Freien Waldorfschule am 16.11.1921 gestellt (siehe GA 300b/16.11.1921/S.55 und GA 265/S.37). Wir erinnern uns: Es gab schon die Kultusformen für die Kinder, die am freien christlichen Religionsunterricht teilnahmen. Rudolf Steiner wünschte sogar die intensive Teilnahme der Lehrer an diesen Kultushandlungen, aber er hat deswegen nicht etwa die Frage nach einem Lehrer-Kultus zurückgewiesen. Sie ist bis heute offen geblieben. Es könnte aber einmal einen Kultus geben, einen esoterischen Kultus – nur im Waldorflehrerkreis gepflegt –, der dem Wesen dienen dürfte, das sich im Sinne des Zeitgeistes die Impulsierung und Inspiration der Erziehungskunst des Bewußtseinsseelenzeitalters zur Aufgabe macht.

Man denke sich den Zusammenschluß von Lehrern zu einem Kollegium, von allen Kollegien zur Waldorfschulbewegung der Welt, und zwar nicht nur im Sinne äußerer Zweckmäßigkeit, sondern eben als esoterischen Kreis, der auch eine Aufgabe gegenüber den geistigen Wesen im Tun ergreift und pflegt. Man denke sich eine pädagogische Sektion als Glied der Freien Hochschule, die diese Verantwortung gegenüber der geistigen Welt als innerste Aufgabe, als Esoterik pflegt. – Gewiß, die Waldorfschule wurde einige Zeit vor der Hochschule für Geisteswissenschaft gegründet. Zur Zeit der Weihnachtstagung, 1923, gab es in Dornach – und damit einzig in der Schweiz – nur die sehr kleine Friedwartschule (siehe GA 260a/S.713) als "Fortbildungsschule am Goetheanum". Es wurde unter anderem deshalb damals noch keine selbständige pädagogische Sektion der Hochschule am Goetheanum eingerichtet. Sie wurde vorläufig der Allgemeinen Anthroposophischen Sektion eingegliedert, unter der Leitung von Rudolf Steiner (siehe GA 260a/S.714).

Durch die Erneuerung der Mysterien besteht die Möglichkeit, daß es einen esoterischen Kultus der Lehrerschaft geben kann. Rudolf Steiner spricht aber nur von den Voraussetzungen, die ein solcher Kultus hätte: die Einigkeit der Menschen, ihr gemeinsamer – freier – dauerhafter Wille, diesen Kultus zu pflegen. Der war offensichtlich damals noch nicht vorhanden, und er spricht vor allem von der Schwierigkeit, sich über die Menschen zu einigen, die diesen Kultus halten sollten (vgl. GA 300b/16.11.1921/S.55 bis S.58).

"Ein Kultus ist das Esoterischste, was man sich denken kann", heißt es in diesem Zusammenhang (GA 300b/S.56).

Wir sehen, er ist jeweils die Steigerung dessen, was auch Esoterik im Sinne von einzelner oder für Gruppen gepflegter Meditation usw. genannt werden kann. – Außerdem heißt es an dieser Stelle:

"Eine Kultushandlung ist nur in esoterischen Kreisen möglich, wenn sie etwas sein soll. Sonst muß man etwas Meßopferartiges haben." (GA 300b/S.57)

Fast jede Art des Kultus ist nur in beständiger rhythmischer Wiederholung sinnvoll. Er setzt also ständige Willensanstrengung, ständiges Tun-Wollen mehrerer Menschen in Gemeinschaft und Einigkeit voraus. Diese esoterische Form des Kultus kann sich nur innerhalb eines geschlossenen, einigen Menschenkreises vollziehen, denn sonst müßte der Kultus meßopferartig sein. Das trifft zum Beispiel für die Opferfeier zu, denn sie ist – wenn man so formulieren darf – halböffentlich. Jedenfalls muß unter ihren Teilnehmern nicht darüber Einigkeit bestehen, wer diese Opferfeier vollziehen soll.

Da nun in diesem Zusammenhang am 16.11.1921 auch von den Lehrern nach esoterischen Stunden, also intimeren Unterweisungen gefragt wurde, fühlte sich Rudolf Steiner zu sehr negativen Äußerungen veranlaßt. Durch Cliquenwesen in der Anthroposophischen Gesellschaft sei "die Esoterik in schändlicher Weise mißbraucht worden. ... Es ist alles Esoterische einfach hinausgetragen worden in die Welt und wird entstellt. In dieser Beziehung ist etwas so Schändliches nie vorgekommen, als gerade in unserer esoterischen Bewegung. ... Es ist die Esoterik ein schmerzliches Kapitel der anthroposophischen Bewegung." (GA 300b/S.57 f.)

Das sind harte Worte. Wenn man bedenkt, daß zum Beispiel die eleusinischen Mysterien unter der Leitung eines Priestergeschlechts weit über ein Jahrtausend die athenische Kultur impulsierten, daß Tausende und Abertausende in die kleinen und großen Eleusinien eingeweiht wurden und alle ihr Schweigegebot gehalten haben, so daß wir im direkten Sinne heute fast nichts über sie wissen – oder daß von den Mysterien in Ephesus nicht ein Wort in der antiken Literatur erhalten ist, dann sieht man die Tragik. Damals stand die Todesstrafe auf Mysterienverrat. Heute muß mit der freien Willigkeit des einzelnen Menschen gerechnet werden. Das erste Fazit der esoterischen Arbeit vor dem Ersten Weltkrieg mußte Rudolf Steiner deshalb 1921 so formulieren.

Wir sind mit den letzten Absätzen vom speziellen Thema dieses Abschnittes abgeschweift. Dennoch gehören sie dazu. Denn freiwilliger Anschluß an geschlossene esoterische Kreise, die einen Geistinhalt pflegen, erfordert Selbstlosigkeit. Das ist unser heutiges Problem. Kultus ist nur aufgrund solcher Selbstlosigkeit und solchen Gemeinschaftswillens möglich. Die geistige Welt und ihre Wesen verschließen sich nicht, wenn diese vorhanden sind.

Offensichtlich war der gemeinsame Wille zu einem Kultus und zu Menschen, die ihn halten sollen, in der damaligen Lehrerschaft der Waldorfschule noch nicht stark genug. Das "Esoterischste" eines Kultus extra für die Lehrerschaft konnte noch nicht gegeben werden. Das heißt aber nicht, daß er nicht möglich oder gar notwendig wäre. Es darf deswegen nicht die Meinung entstehen, daß heute keinerlei Esoterik im Lehrerkreis lebe, nur eben kein interner Kultus.

Wenden wir uns der zweiten genannten Berufsgruppe zu. Nachweislich hat Rudolf Steiner seit 1905 begonnen, seine geisteswissenschaftlichen Forschungen für die Medizin fruchtbar werden zu lassen (vgl. GA 260a/S.715 ff.). So segensreich dort gearbeitet wurde, so wenig kam es doch lange Zeit zu gemeinsamem Wirken. Das zeigte sich damals nach 1920 in der Stuttgarter Klinik. Erst in der Zusammenarbeit mit Ita Wegman entstand an ihrer Klinik in Arlesheim eine Ärzteschaft, die den Heilerwillen gemeinsam zu pflegen begann. Es entstand mit der Weihnachtstagung in der Freien Hochschule für Geisteswissenschaft die Medizinische Sektion, und Ita Wegman brachte die Klinik 1924 als eine der vier Unterabteilungen direkt in die Allgemeine Anthroposophische Gesellschaft ein (bis 1931). (Vgl. M.P. van Deventer: Die anthroposophisch-medizinische Bewegung in den verschiedenen Etappen ihrer Entwicklung; und Christoph Lindenberg: Rudolf Steiner. Eine Chronik).

Auch der Arzt kann im oben ausgeführten Sinne nur dann anthroposophisch wirken, wenn er sein Arztsein vertieft und durch esoterisches Üben weitet. Aber es entsteht auch da die Frage nach der Steigerung dieses Bemühens bis hin zum "Esoterischsten". Gerade weil wir von den Asklepios-Mysterien wissen, weil wir den Heiler-Erzengel mit Namen kennen, entsteht die Frage nach den Raphael-Mysterien, im tieferen Sinne nach dem Kultus, der im angedeuteten Sinne dem Erzengel Raphael dienen würde. Die Ärzteschaft als esoterischer Kreis, der der Träger eines Raphael-Kultus wäre: das ist das Bild, das man von der inneren Aufgabe der Medizinischen Sektion der Freien Hochschule entwerfen kann.

Es gibt diesen Kultus nicht. Wir wissen auch nicht, ob Rudolf Steiner nach ihm gefragt worden ist und können deshalb nur analog zu dem oben Ausgeführten sagen, daß dazu ein einheitlicher Wille vorhanden sein müßte. Das wäre die Voraussetzung. Rudolf Steiner nannte eine solche Willenserklärung vor den geistigen Wesen eine Angelobung. Eine solche freie Willensbekundung, allerdings nicht speziell zur Begründung eines Kultus – hat in einem kleinen Kreise noch gerade vor Rudolf Steiners Erkrankung stattgefunden (18.09.1924). Eine Notiz darüber findet sich in dem Nachruf für Ilse Knauer (Mitteilungen aus der anthroposophischen Arbeit in Deutschland, 1982, Nr. 139, S.68; und in: Heinz Herbert Schöffler, Hg.: Das Wirken Rudolf Steiners 1917 – 1925, S.246 ff.). Sieben Ärzte haben sich im Herbst 1924 zusammengefunden, um den esoterischen Kern der Medizinischen Sektion zu bilden (Sektionskollegium). Zu einem möglichen Raphael-Kultus ist es nicht gekommen (vgl.: Das Wirken Rudolf Steiners 1917 – 1925, S.246).

Als drittes Beispiel für die Vertiefung der Esoterik zum "Esoterischsten" des Kultus für eine Berufsgruppe sei von der Priesterschaft der Christengemeinschaft gesprochen. Sie hat sich 1921/22 zur Kultuspflege zusammengefunden (vgl. Kap. IV). Hier hat eine Angelobung als Voraussetzung für die Priesterweihe und alles Zelebrieren der Sakramente und Rituale stattgefunden.

Nun ist auch innerhalb der Priesterschaft, die einen gemeinsamen esoterischen Inhalt pflegt, damals bald die Frage nach einer Vertiefung dieser Esoterik durch einen Kultus aufgetaucht, der nur für die Priesterschaft abgehalten werden sollte. Rudolf Steiner hat das positiv aufgegriffen, schließlich aber gesagt, daß die Zeit dafür noch nicht da sei, allerdings ohne irgendwelche Gründe zu nennen.

Es waren damals, im Februar 1924, wenige Wochen nach der Weihnachtstagung vergangen und die Gründung der Christengemeinschaft lag siebzehn Monate zurück. Was sollte durch Rudolf Steiner noch alles geschehen, was sollte er noch vermitteln können? Die Zeit für einen esoterischen Priesterkultus war noch nicht gekommen, aber dieser Zeitpunkt wird eines Tages eintreten können.

Von allen drei genannten Berufsgruppen mußte berichtet werden, daß sie wohl für die Vertiefung ihrer Arbeit mit den Menschen vielfache esoterische Hilfen von Rudolf Steiner bekamen, daß es aber – wohl aus den verschiedensten Gründen – noch nicht an der Zeit war, diese jeweilige Esoterik durch einen Kultus zu steigern, zum "Esoterischsten" zu intensivieren. Dennoch gehören diese Erwähnungen in den Zusammenhang dieser Arbeit, weil schon an dieser dürftigen Überlieferung deutlich wird, wie nicht nur die Anthroposophie an der Hochschule für Geisteswissenschaft als Zentrum, sondern auch eine Anzahl von Berufsgruppen ihre Esoterik bis zu Kultushandlungen zu vertiefen hätten. Es sei nochmals betont, daß diese drei Berufsgruppen nur ausgewählt wurden, weil uns nur von ihnen diese wenigen Überlieferungen vorliegen. Es steht völlig offen, daß auch eine Vertiefung der Esoterik anderer Berufsgruppen, aber auch freier berufsunabhängiger Gruppen bis zu Kultusformen möglich ist.

Erwähnenswert ist es, daß bei der Gründung der Waldorfschule ein Kreis von zwölf Lehrern von Rudolf Steiner feierlich verpflichtet wurde, daß ferner der erwähnte Ärztekreis aus sieben Persönlichkeiten bestand und daß der Gründerkreis der Christengemeinschaft aus 45 Personen bestand (eigentlich waren es 48, aber drei von ihnen waren aus verschiedenen Gründen am 16./17.09.1922 in Dornach nicht anwesend, sondern wurden kurz darauf geweiht).

Eine einzige Stelle ist noch bekannt geworden, aus der eine Andeutung Rudolf Steiners hervorgeht, daß es zukünftig auch noch andere Kultusformen geben könne. Damit betreten wir zugleich das in dieser Arbeit sonst kaum erscheinende Gebiet der Künste. Wir meinen die Bemerkung Rudolf Steiners bei der ersten Frage Herbert Hahns bezüglich einer Sonntagshandlung für die Kinder (vgl. Kap. II, 5). Man hatte sich Gedanken über die Gestaltung einer sonntäglichen Feier gemacht und dabei auch an Eurythmie gedacht. Aber Rudolf Steiner erwiderte daraufhin, daß es dann eine "kultische Eurythmie" sein müsse.

Anhand dieser knappen Andeutung läßt sich erahnen, daß die Möglichkeit einer Vertiefung, einer Verdichtung der Kunst zu "kultischen" Formen möglich ist. Sicher ist auch darüber noch wieder anders zu denken als über die Vertiefung der Esoterik in der meditativen Übung. Dennoch ahnt man, durch dieses winzige Licht angeregt, eine ganze Fülle von Zukunftsmöglichkeiten der Eurythmie als darstellender Kunst und aller anderen Künste (vgl. hierzu auch GA 129/1/S.10 f. und S.24).

Daß Rudolf Steiner auch hier noch vieles vorschwebte, das zur künstlerischen Belebung der Anthroposophie im spezielleren – aber eigentlich der ganzen Kultur – verhelfen sollte, geht ganz eindeutig aus den Vorträgen "Das Miterleben des Jahreslaufes in vier kosmischen Imaginationen" (GA 229) hervor. Wir erwähnen hier daraus besonders den Schluß des Vortrags vom 7. Oktober 1923, der die Osterimagination entwirft. – An diesem Tag spricht Rudolf Steiner davon, in welcher Weise bestimmte Künste helfend die vier Jahresfeste erlebbar machen könnten. Die Malerei, die Plastik – besonders die Statue – und die Architektur des ersten Goetheanumbaues werden genannt, und dann heißt es:
"Aber ein lebendiges Gefühl von alledem wird man erlangen, wenn ... dann in der Zukunft auch noch einmal die Möglichkeit herbeigeführt werden kann, ein Lebendig-Dramatisches vor dieses Plastische hinzustellen gerade zur Osterzeit, ein Lebendig-Dramatisches, in dem namentlich zwei Hauptpersonen sein würden: der Mensch und Raphael. Es müßte sich als eine Art Mysterienspiel ... abspielen ...
Und so würde zum Beispiel unter vielem andern, was mit dem Ostergeheimnis verknüpft ist, in diesem Mysterienspiel zur Osterzeit ... das, was ... an Heilwirkungsweisen überliefert ist, in einer Weise, die durchaus unmittelbar lebendig künstlerisch-religiös sein könnte, seinen Abschluß finden." (GA 223/229 / 07.10.1923/S.209 ff.)

Künstlerische Festesgestaltungen sieht Rudolf Steiner durch die Malerei, Plastik, Architektur des ersten Goetheanumbaues mit "künstlerisch-religiös" wirkenden dramatischen Mysterienspielen zur Anschauung gebracht.

Die Künste vermögen dem Menschen religiöse Erlebnisse zu vermitteln: In Reichenau-Oberzell oder Fulda/St. Michael ist es die Architektur eines Krypten-Raumes, vor der Michelangelo-Madonna in Brügge ist es die Plastik, vor den Glasfenstern von Chartres oder dem Auferstehungsbild Grünewalds in Colmar die Malerei, die uns heute noch fromm machen bzw. religiös-spirituelle Erlebnisse vermitteln können. Aus alter Zeit sind sie uns aus früherer Geistigkeit als reifste Werke ihrer Meister erhalten.

Die Erneuerung der Künste, oder gar eine neue Kunst, ist aber tiefste Zeitnotwendigkeit; und alle Künste können durch die Anthroposophie eine Erneuerung erfahren. Vor allem geht dieses von der Wortkunst aus. Man denke an die Wahrspruchworte und die Mysteriendramen. Die Erneuerung der Wortkunst beginnt 1906 (vgl. Mitteilungen aus der anthroposophischen Arbeit in Deutschland, 1982, Nr. 139, S.10). Aber schon im Jahre 1907 beginnt mit dem Münchner

Kongreß die Erneuerung von Architektur, Plastik und Malerei aus dem Mysteriengrund des Rosenkreuzertums (vgl. GA 284). Der Malscher Modellbau entsteht, ebenfalls der untere Raum des Stuttgarter Zweighauses für die esoterischen Veranstaltungen. Im Jahre 1910 wird das erste Mysteriendrama aufgeführt. Ab 1912 wird die Eurythmie entfaltet. Am 20.09.1913 kann endlich in Dornach der Grundstein für das Gesamtkunstwerk des ersten Goetheanumbaues gelegt werden, der damals noch Johannesbau heißt.

In diesen Zusammenhang gehört die Erwähnung des Versuches Rudolf Steiners, im Auftrage geistiger Wesen einen Zusammenschluß von kunstübenden Menschen zu "stiften", um einen Ausdruck Rudolf Steiners zu wählen. Am 15.12.1911 tritt er damit vor einen kleinen ausgewählten Kreis (siehe GA 264/ S.421 ff.). Es soll, so sagt er, eine Arbeitsweise gestiftet werden, welche durch die Art und Weise der Stiftung diejenige Individualität zum direkten Ausgangspunkt hat, die wir "mit dem Namen Christian Rosenkreutz belegen" (S.427). Die Stiftung dieser Arbeitsweise nur für das spezielle Gebiet der Künste soll "die künstlerische Vertretung des rosenkreuzerischen Okkultismus" (S.427) zur Aufgabe haben. Sie soll den vorläufigen Namen "Gesellschaft für theosophische Art und Kunst" (S.428) tragen und einen von Rudolf Steiner unabhängigen, "in sich selbst begründeten Bestand" (S.429) haben. "Bei Ausschließung alles, alles Persönlichen" (S.431) soll die Stiftung dieser künstlerischen Arbeitsweise im rosenkreuzerischen Sinn auf den freien, individuellen Willen selbstloser Persönlichkeiten gestellt werden. "Lediglich darauf kommt es an, daß die Persönlichkeiten sich zusammenfinden, die so etwas wollen." (GA 264/S.433)

Die Verwirklichung dieser Stiftung konnte allerdings nicht erfolgen, weil nur eine der vorgeschlagenen Persönlichkeiten nicht in dem geforderten Sinne mitwirken wollte. Aber es kommt hier auf dem Gebiet der Künste durch diese Ansprache Rudolf Steiners deutlich zum Vorschein, daß ein selbstloser Willensentschluß, also eine Art Angelobung, von der geistigen Welt erwartet wird, damit sie intensiver und esoterischer wirken könne. Von irgendwelchen Kultusformen für die Vertiefung dieses geplanten Zusammenschlusses der Künstler ist nicht die Rede, lediglich von "Interpretationen" ihrer Aufgaben wird gesprochen.

Auch wenn es zur Verwirklichung dieses Zusammenschlusses nicht gekommen ist, wurde auf dem Gebiet der Künste manches geleistet. Dennoch soll nur vom Bauimpuls noch etwas näher gesprochen werden. Rudolf Steiner nennt den Malscher Modellbau den ersten Rosenkreuzertempel und legt für ihn in feierlicher Handlung einen Grundstein. Entsprechend wird beim Stuttgarter Haus eine Grundsteinlegung und eine Einweihungsfeier begangen. Beim Johannesbau in Dornach zeigt es sich noch deutlicher: Rudolf Steiner hält in der offenen Baugrube nicht nur die überlieferte Ansprache (GA 245/20.09.1913/S.125), sondern er vollzieht dazu eine rituelle Feier unter Anrufung der geistigen Wesen (vgl. Rudolf Grosse: Die Weihnachtstagung als Zeitenwende, S.21 ff.). Die Verwandlung der Erde zu einem "geisterfüllten Kunstwerk", wie er in Malsch sagt (GA 284/05./06.04.1909/S.113), ist auch die Aufgabe der Künste.

Die Wissenschaft vom Geiste, die Anthroposophie, erfährt ab 1904 eine esoterische Vertiefung – innerhalb einer Gruppe von Menschen, die dies wollen –, bis zum Vollzug kultischer Handlungen, und verlebendigt sich in der Kunst, beginnend mit dem Jahr 1906. Die Verdichtung in rituellen Kultusformen findet ihren gründenden Beginn im Demonstrationskultus (vgl. GA 265) und in den drei oben genannten Bau-Grundsteinlegungen. Auch wenn man diese Räume zum Beginn dieses Jahrhunderts "Tempel" nannte, waren sie nicht als Kirchen gedacht, sondern sollten eine Hülle für das Wirken der Anthroposophie sein, also Räume ihrer Verkündigung, ihrer Verlebendigung durch das Mittel aller Künste und Räume der Vertiefung durch rituell-kultische Handlungen.

Diese Drei-Einheit der Aufgaben liegt dem ersten Goetheanumbau zugrunde. Findet ein anthroposophischer Vortrag statt, so ist der Vorhang geschlossen. Die Zuhörer lauschen dem Wort des Vortragenden vom Rednerpult im Durchdringungsraum von großer und kleiner Kuppel. Findet eine Eurythmie-Aufführung statt oder – wie geplant – die Darstellung der Mysteriendramen, so ist der Vorhang geöffnet. Auf der Bühne des kleinen Kuppelraumes wird dargestellt, was der Zuschauer im großen Kuppelraum erleben will. Ersteres ist Auditorium – Vortragssaal der Hochschule für Geisteswissenschaft –, letzteres Theaterfunktion des Baues – Mysterienbühne –, der ja selber als Wahrzeichen der Anthroposophie nichts anderes ist als die künstlerische Offenbarung ihres dreistufigen Schulungsweges. Schließlich erhält der kleine Kuppelraum des ersten Goetheanumbaues bei geschlossenem Vorhang mit seinen zwölf Thronsitzen vor der Statue im Osten seinen Sinn, wenn man in ihn jenes kultische Geschehen an drei Altären im Zwölferkreis des eigentlichen esoterischen Vorstandes hineindenkt, welcher in der Inspiration und Impulsierung durch die Meister die Neuen Mysterien pflegen soll (vgl. Kap. II, 4).

Im ersten Goetheanum ist es zu dem eigentlichen Ziel der Verdichtung der Esoterik bis zum "Esoterischsten" des Kultus im Bau nicht gekommen. Der Bau wurde zwar benutzt, aber nicht eingeweiht, das heißt, er konnte seine eigentliche Bestimmung – Ort für die Wiederverbindung von erneuerter Wissenschafts-, Kunst- und Religionspflege zu sein – nicht aufnehmen. Es fehlten die Menschen. Der gute Wille der geistigen Welt und der Opferwille Rudolf Steiners waren da. Der Bau mußte sich opfern.

Für spirituelle Wissenschaft, spirituelle Künste und spirituelle Kultusformen war er gebildet und als wirkensmächtiger Keim der Verwandlung der ganzen Erde zu einem "geisterfüllten Kunstwerk" errichtet worden. Vor seiner Konzeption entstanden die Demonstrations-Kultushandlungen (vgl. Kap. II, 3 und GA 265). Für Vorträge und Kunstdarbietungen wurde er benutzt. Kulte haben im kleinen Kuppelraum nicht stattgefunden. Aber der Weg ist deutlich. Es ist die Anthroposophie, die sich in diesem Gesamtkunstwerk – lange bevor das "Bauhaus" 1920 davon sprach – die adäquate Raumhülle schuf. Die religiös-kultischen Motive sind in den Stilelementen des Baues als Verwandlung und seinem Schicksal als Opfer ebenso begeisternd wie tragisch deutlich.

7. Alle Arbeit soll Sakrament werden

Wenn wir aus den vorigen Abschnitten 5 und 6 die – bisher nur theoretische – Vorstellung einer kultischen Eurythmie und das bisher Dargestellte nochmals aufgreifen, dann kann uns daran deutlich werden, daß es seit der Weihnachtstagung neue Kultushandlungen in esoterischen Kreisen zur Vertiefung der Geisterkenntnis und zur Vertiefung der esoterischen Arbeit geben sollte, die unmittelbar einem Beruf zugute gekommen wären. Aber Rudolf Steiner hielt eben durchaus auch eine Vertiefung des künstlerischen Ausdruckes bis zu kultischen Formen, zum Beispiel mit Hilfe der Eurythmie, für möglich. Das wäre insofern etwas anderes, als die Ausübung des Berufes selber – hier der Eurythmie als Kunst – die Verdichtung zum Kultischen erführe.

Damit kommen wir unmittelbar zum Thema des letzten Abschnittes dieses zweiten Kapitels. Denn nun sollen jene Vortragsstellen aus dem Werk Rudolf Steiners herangezogen werden, die davon sprechen, daß das äußere Handeln des Menschen auf den verschiedensten Tätigkeitsgebieten eine esoterische Vertiefung – einen religiösen Duktus – bekommen soll.

Das muß zunächst völlig anders gedacht werden als alles im vorangehenden Berührte. Denn es führt zunächst in eine andere Richtung. Gewiß ist die Anthroposophie zur Spiritualisierung des Denkens und der Erkenntnis angetreten und setzt dort unmittelbar ein. Daß sie sogar bis zu einer Kommunion – auch einer kosmischen Kommunion, also zu einer Wesensberührung mit kosmischen Geistern – führen kann, haben wir gesehen (Kap. II, 1).

Sie will aber auch die normalen Naturwissenschaften durchgeisten und begeistern, sie will sie spiritualisieren. In dem Büchlein "Die geistige Führung des Menschen und der Menschheit" heißt es:

"Man wird den Christus bis in die Gesetze der Chemie und Physik hinein finden. Eine spirituelle Chemie, eine spirituelle Physik ist das, was in der Zukunft kommen wird." (GA 15/S.66)

Das Thema der Spiritualisierung der Naturwissenschaften zieht sich ja durch das Gesamtwerk Rudolf Steiners seit der Arbeit über die "Grundlinien einer Erkenntnistheorie der Goetheschen Weltanschauung" (GA 2) hindurch. Wir können hier nur darauf hindeuten. In der eben zitierten Stelle wird deutlich, daß diese Spiritualisierung eine Durchchristung im speziellen Sinne sein soll. Durchchristung der Naturwissenschaften: das ist die Aufgabe der Anthroposophie.

Aber diese Durchchristung soll nicht bei der menschlichen Erkenntnistat, der Wissenschaft stehenbleiben, sondern von dort in das menschliche Handeln und berufliche Tun einfließen. Alle Arbeit des Menschen soll in Zukunft – und nun kommt der Fachausdruck aus dem religiösen Bereich – "Sakrament", alles Handeln "Altardienst" werden. An anderer Stelle heißt es:

"Wenn uns die Arbeit ... zu einem echten Gebet wird." (GA 286/05.07.1914/S.97)

"Die Menschheit muß lernen, die Natur so zu behandeln, wie die Götter selber die Natur behandelt haben: nicht in uninteressierter Weise Maschinen bauen, sondern bei allen Verrichtungen einen Gottesdienst erfüllen, Sakramentalismus in alles bringen." (GA 172/27.11.1916/S.214)

Das ist natürlich ein Ideal. Die Geistigkeit des Christuswirkens soll nicht nur erkannt werden, sie muß gefühlt und schließlich in das eigene Handeln eingefügt werden. Auf diesem Wege kann der Mensch durch die Erkenntnis "Christ" werden. Davon geht Rudolf Steiner fast immer aus.

Das Erkennen auf jeder Stufe befreit nicht von der Notwendigkeit weiterer Forschung. Der Kunstgenuß befreit nicht vom künstlerischen Schaffen, auch das geschaffene Werk nicht von weiterem Tun. Der religiöse Impuls, der bis in jede Handlung fließen kann und soll, bedarf eines Quellortes und befreit ebenfalls nicht von der Notwendigkeit religiösen Lebens. – Früher wurde das gesamte soziale Leben, besonders das Geistesleben, mit Wissenschaft, Kunst und Religion den Menschen in ihren Volksgruppen von den Eingeweihten vorgeschrieben. Es gab "sozialen Sakramentalismus", eine ganze Kultur war "Religion" (vgl. GA 129/18.08.1911/S.10).

Als Beispiel nennt Rudolf Steiner die nordischen Hertha-Mysterien mit ihrem Zentrum in Jütland. Dort wurde der Rhythmus von Empfängnis und Geburt noch bis etwa 3000 v. Chr. nicht der individuellen Willkür überlassen, sondern im ganzen Volk gemeinsam vollzogen (ähnlich wie es Laurens van der Post in "Flamingofeder" aus dem heutigen Afrika noch schildert).

"In den dänischen Gebieten war das Zentralmysterium, welches jene Verhältnisse gewissermaßen anordnete und überwachte, die dann in der Regelung der Empfängnisse und Geburten zum Vorschein kamen. Da war es, wo ein allgemeines Bewußtsein entwickelt worden ist über einen Zusammenhang sozialer Natur in der Menschheit, über einen Zusammenhang, der zugleich sakramental war, der ein wirkliches soziales Sakramentum war. Das Jahr selber wurde angeordnet als ein Sakramentum, und der Mensch wußte sich hineingestellt in das Jahressakramentum." (GA 173/25.11.1916/S.271)

Auch die alte Druidenkultur "war eine Art Kultus, durch den tatsächlich das ganze Leben eine Art Gottesdienst war." (GA 223/30.09.1923/S.134)

Es gab früher die spirituelle Durchdringung menschlichen Handelns und sozialer Verhältnisse. Aber dies war noch keine Durchchristung, welche erst in der Zukunft kommen wird:

"Dann wird es keinen Religionszwang geben können, dann wird es keinen Religionszwang zu geben brauchen, denn dann wird die Begegnung jedes Menschen mit jedem Menschen von vornherein eine religiöse Handlung, ein Sakrament, sein ..." (GA 182/09.10.1918/S.141)

In Zukunft wird durch die Wirkung des Engels in unserem Astralleib auch die Begegnung von Mensch zu Mensch eine "heilige" Handlung, ein Sakrament sein können, wenn wir sie dementsprechend vorbereiten und ermöglichen. Das Wort Kultur hängt ja mit dem Wort Kultus zusammen und bedeutet eine sachgerechte, ordentliche Pflege. Jeder Besuch eines Gastes wird seit alten Zeiten bis heute kultiviert, ästhetisch, künstlerisch gestaltet. Wenn eines Tages der Christus im anderen Menschen mehr und mehr erfahren wird, dann wird diese Begegnung ein religiöses Erlebnis sein, ein Sakrament, wie es die Begegnung der Menschen mit dem christustragenden Jesus in Palästina urbildlich schon war.

Gehen wir mit den Zitaten wieder chronologisch weiter, dann heißt es bei Rudolf Steiner am 13.10.1918:

"Ja, man muß im Zeitalter der Bewußtseinsseele sehr bald zu einem Menschen werden, der die Möglichkeit hat, ... jene Naturwissenschaft (zu haben), die sich vertiefen kann zu einem betenden Anschauen desjenigen, was in heiligen Symbolen die Gottheit ausbreitet über die ganze Welt in all den Taten, die den Menschen befriedigen, aber auch in alldem, womit die Gottheit die Menschen prüft. Ist man wieder imstande, sakramental, auf höherer Stufe, das Laboratorium zu prüfen und die Klinik zum Altar zu machen, statt zur bloßen Schlachtbank ..., dann ist die Zeit gekommen, die gefordert wird durch die göttliche Entwickelung für unsere heutige Seele." (GA 184/13.10.1918/S.311 f.)

Dieses Motiv – daß der Labortisch (hier: die Klinik) zum Altar werden soll – hat Rudolf Steiner immer wieder gebraucht, auch vorher schon. Wieder ist das als Beispiel dafür gemeint, daß alles Handeln des Menschen in Zukunft auch von göttlichem Denken und Handeln durchkraftet sein soll zur bewußten Wandlung der Erde.

"Ich habe das bei früheren Gelegenheiten oftmals dadurch ausgesprochen, daß ich ein Bild gebraucht habe: Wir müssen wiederum gegenüber unserer bloßen Technik dahinkommen, daß uns der Laboratoriumstisch ein Altar wird, daß wir tatsächlich eine Art göttlichen Dienstes verrichten, indem wir im physikalischen, im chemischen Labor arbeiten, daß also der Laboratoriumstisch zum Altar wird, daß wir tatsächlich dahinein moralisieren und spiritualisieren." (GA 212/07.05.1922/S.101; vgl. auch GA 98/04.12.1907/S.139)

Geistige Willensintentionen und geistige Gedanken sollen in die Handlungen einfließen. Das meint hier "moralisieren" und "spiritualisieren". Und von diesem Ideal, das aber ja heute schon anfänglich verwirklicht werden kann, spricht Rudolf Steiner immer wieder. (Dazu gehören die Stellen: GA 93/19/S.286; GA 101/13/S.214; GA 104/10/S.199 f.; GA 118/5/S.88 f.; GA 178/9/S.226; GA 182/3/S.67).

Alles Handeln, auch das soziale Handeln, soll durchchristet werden. Die Kraft, die von Christus ausströmt und durch die anthroposophische "Geisteswissenschaftslehre" beleuchtet wird, "sie kann in die Handlungen, in den Willen des Menschen eingreifen, kann Impuls der Willenshandlungen werden und so in das soziale Leben einströmen. In das soziale Leben können einströmen die Christuskräfte ... Und die soziale Tätigkeit wird eine Opferweihehandlung, sie setzt das fort, was (früher; R.G.) die alte Kultushandlung war." (GA 218/18.11.1922/S.221)

Die soziale Tätigkeit wird Opferdienst, in Selbstlosigkeit und aus Christi Willen vollbracht und bewußt durch das Licht der Anthroposophie geleitet. Wie viele Einrichtungen – Schulen, Heime, Kliniken – arbeiten heute schon aus dieser

Kraft, in diesem Lichte, und so fällt noch einmal ein Blick auf das Heilen im besonderen. Noch bei Paracelsus war Heilung eine Opferhandlung (GA 216/ 20.09.1922/S.95 f.). Und im "Pastoral-Medizinischen Kurs" heißt es entsprechend, medizinisches Handeln ist "Gottesdienst" (GA 318/08.09.1924/S.10). Aber gerade da, wo dieser Ausdruck fällt, heißt es auch wieder: "Alles im Leben und Kunst und Religion verwandeln in Gottesdienst" ist gerade die Aufgabe der Ärzte und Pfarrer, denn sie müssen als "Genossen" zusammenwirken, weil die "Heilmission die andere Seite des Gottesdienstes" ist; sie soll einen "religiösen Zug" bekommen (GA 318/13.09.1924/S.93).

Ist hierdurch wesentlich vom Arzt und seinem Wirken am Patienten als Gottesdienst die Rede gewesen, so hat Rudolf Steiner auch das Wirken der Lehrer am Kinde mit eben jenen Ausdrücken charakterisiert. In der oben schon angeführten Vortragsstelle zum "Karma des Berufes" (GA 172) wird in zwei Beispielen davon gesprochen, daß man schon den Anfang dazu machen kann, alles Handeln in einen Sakramentalismus überzuführen. Dabei spricht Rudolf Steiner zuerst von der Erziehung, dann vom Erkennen. Letzteres erwähnten wir bereits in Abschnitt 2 dieses Kapitels. Von der Erziehung heißt es:
"... Wenn wir ein Sakramentales verwirklichen, wenn wir in dem Erziehen und Unterrichten einen Gottesdienst sehen, aber es auch zu einem Gottesdienst machen, dann beginnen wir dasjenige, was die Religionen Taufe nennen, zu spiritualisieren." (GA 172/27.11.1916/S.215)

Im November 1916 gab es weder eine Waldorfpädagogik noch eine Taufe der Christengemeinschaft. Für die zukünftige Pädagogik der Waldorfschulen sah Rudolf Steiner das Ideal der Spiritualisierung der Taufe der Kirchen durch eine Durchchristung des Unterrichtes. Die Kinder-Taufe der Konfessionen ist liturgiegeschichtlich eine verwandelte Form der Erwachsenentaufe. Sie bindet an die Konfession. Daß sie einer Spiritualisierung als Kultushandlung bedarf, ist durch die religiöse Erneuerung deutlich. Das Taufsakrament in der Christengemeinschaft ist eine völlige Neuschöpfung; ein Ritual der Taufe, sozusagen originär für das kleine Kind, hatte es vorher nicht gegeben. Es muß nun nicht mehr spiritualisiert werden, da es aus dem Geiste geoffenbart wurde.

Dennoch ist auch nach der Gründung der Waldorfschule und der Christengemeinschaft dieser Gedanke von 1916 gültig: Das Taufsakrament bedarf zum Heile des Kindes einer Ausführung durch alle Pädagogik, einer geistgemäßen Ausgestaltung in allem Unterricht. In der "Allgemeinen Menschenkunde" (GA 293) heißt es in der Eröffnungsansprache für die erste Waldorfschule am 07.09.1919: "Und ist es nicht schließlich eine höchste, heilige, religiöse Verpflichtung, das Göttlich-Geistige, das ja in jedem Menschen, der geboren wird, neu erscheint und sich offenbart, in der Erziehung zu pflegen? Ist dieser Erziehungsdienst nicht religiöser Kult im höchsten Sinne des Wortes? ...

      Lebendig werdende Wissenschaft!
      Lebendig werdende Kunst!
      Lebendig werdende Religion!

– das ist schließlich Erziehung", und Erziehung ist "Altardienst" (GA 293/ 07.09.1919/S.10), der "fast zur Kultushandlung wird" (GA 307/08.08.1923/ S.83).

Und dennoch bedarf der Unterricht der Waldorfschulen der besonderen religiösen Vertiefung durch Religionsunterricht und kultische Sonntagsfeiern (siehe GA 307/15.08.1923/S.209).

Und spezieller für die Erziehung im zweiten Lebensjahrsiebt heißt es später: "Daher kann alle Erziehung zwischen dem siebenten und dem vierzehnten Jahre nur dann ganz wirklich menschlich geleistet werden, wenn sie in der Atmosphäre des Religiösen geleistet wird, wenn sie fast zur Kultushandlung wird, allerdings nicht zur sentimentalen, sondern zur rein menschlichen Kultushandlung." (GA 307/08.08.1923/S.83)

Alles ärztliche und pädagogische Handeln, alle soziale Tätigkeit unter Menschen, alles Hantieren an Labortischen, alles Werken, schließlich jede menschliche Arbeit bis zum Maschinenbau soll von der Kraft Christi – das heißt, von der Selbstlosigkeit – durchdrungen und durch das Licht des Geistes, das die Anthroposophie vermittelt, bewußt getan werden. Dann kann man es auch einen Altardienst, eine Kultushandlung, einen Gottesdienst nennen.

Auch wenn die biologisch-dynamische Landwirtschaft nicht besonders so bezeichnet wird, so geht doch aus dem "Landwirtschaftlichen Kurs" (GA 327) in Koberwitz 1924 sinngemäß vollständig das gleiche hervor, sowohl praktisch als auch spirituell dargestellt. Landwirtschaft soll Dienst an der Erde, an den Elementen, an Pflanze und Tier sein, zum Segen der Menschen; auch das ist Gottes-Dienst. Die "Cultura" der Lateiner meinte auch den Landbau; und seine geist- und kosmosgemäße Pflege soll neu begründet werden. Geschieht das im Sinne dieses Kurses, so ist es auch eine sakramentale Handlung und dient den Göttern.

Ein Sakrament ist eine irdische Handlung, die zunächst im äußeren Sinne zwecklos ist, weil sie im wesentlichen dazu dient, Geistiges zu verkörpern. Man vollzieht sinnliche Prozesse, in die Spirituelles im Vollzuge hineinströmt. Das geistig Wesenhafte geschieht im Kultus auf sinnenfällige Weise, und dieses Üben eines Kultus soll seine Wirkung in alles Menschenhandeln hinaustragen.

Für uns kommt es an dieser Stelle vor allem auf den großen Blick für diese Zukunftsperspektive an. So muß kaum gesagt werden, daß das Religiöse in allen Berufen, in jedem Tun nicht Religion ist, so wie das Menschliche nicht ein Mensch ist. Was also im eigentlichen Sinne die Bedeutung der religiösen Übung ist, das soll im nächsten Kapitel geschildert werden.

III. Religiöse Übung und ihre Wirkungen

Nach allem, was im vorigen Kapitel beschrieben worden ist – mit Ausnahme dessen, was über den Kultus in der Schulbewegung gesagt wurde –, können wir fragen, ob dieses "Religiöse in der Anthroposophie" selber schon Religion ist oder ob Rudolf Steiner die Religion von dem "Religiösen der Anthroposophie" unterschieden hat. Manchmal gebraucht er für verschiedene Vorgänge dieselben Worte – zum Beispiel "Kommunion" –, so daß von daher die Meinung entstehen kann, die religiöse Vertiefung der Anthroposophie sei selber Religion und mache ein spezifisches religiöses Leben überflüssig. Bevor wir diese weitverbreitete Ansicht durch Beschreibung der menschenkundlichen Sachverhalte und Vorgänge des religiösen Lebens im Unterschied zum Erkenntnisweg prüfen, sollen einige Bemerkungen Rudolf Steiners, die er während des zweiten Theologenkurses Ende September 1921 in Dornach gemacht hat, zu dieser grundsätzlichen Frage referiert werden (siehe Vorwort), zunächst vom 26.09.1921:

Anthroposophie kann nicht direkt und unmittelbar religionsbildend wirken, sondern sie muß sich darauf beschränken, die gegenwärtige Zivilisation mit einer Wissenschaft vom Geiste zu befruchten. Dennoch ist sie in der Lage, aus ihren Quellen heraus zu geben, was für eine Vertiefung und Erneuerung des religiösen Lebens und Wirkens heute notwendig ist. –

Diese Ausführungen des ersten Kurstages fassen das zusammen, was wir in Kapitel I, 7 dargestellt haben. Schon am nächsten Tag, dem 27.09.1921, ging er deutlicher auf die Unterschiede zwischen Anthroposophie und Religion ein:

Anthroposophie kann nicht unmittelbar, sondern nur mittelbar in das religiöse Leben eingreifen, weil sie auf einer ganz anderen Voraussetzung beruht als dieses. Geisteswissenschaft muß, ebenso wie die Naturwissenschaft, voraussetzungslos und eine ganz freie Tat des menschlichen Geistes sein, während das religiöse Leben auf der Voraussetzung beruht, daß die Menschenseele das Dasein einer göttlichen Welt fühlt, mit der sie sich in Verbindung zu setzen sucht, weil sie sich von ihr abhängig fühlt. –

So besteht also ein tiefer Unterschied zwischen Anthroposophie und religiösem Leben, aber trotzdem kann das religiöse Leben von der Anthroposophie befruchtet werden. Am gleichen Tag hob Rudolf Steiner die Charakterisierung des Unterschiedes noch deutlicher hervor:

Anthroposophie begründet keine Religion und kein religiöses Bekenntnis, weil sie Erkenntnisziele verfolgt. Und sie ist auch selber keine Religion, weil sie gerade diejenigen Eigenschaften nicht hat, die eine Religion ausmachen. –

Daß Anthroposophie keine Religion ist und ihre Eigenschaften gerade nicht innehat, wird wohl sonst zu keiner Gelegenheit so deutlich von Rudolf Steiner ausgesprochen. Aber am dritten Tag, dem 28.09.1921, ging er auch darüber noch hinaus, indem er eine aus dem Kreis der Theologen gestellte Frage beantwortete:

Im anthroposophischen Erkenntnisstreben erlebt der Mensch etwas, was seinem religiösen Bedürfnis entgegenkommt. Daraus entstand die Frage, ob nicht die Religion als selbständiges Glied des Geisteslebens verschwinden werde, wenn die Wissenschaft, die Kunst und das soziale Leben durch Anthroposophie selber religiöse Formen annehmen würden. Wer so denkt, verkennt vollständig das Wesen der Religion, welches ganz andere innere Bedingungen hat als die Geisteswissenschaft. – In der Vergangenheit stand immer ein Wissen vom Geist hinter den Religionen, ohne daß dieses Wissen selber Religion gewesen ist. Denn Religion entsteht erst dadurch, daß sich der Mensch zu diesem Wissen vom Geist in ein Verhältnis setzt. – Für die Zukunft gilt dies gleichermaßen. Alle wissenschaftlichen, künstlerischen und sozialen Impulse aus der Anthroposophie würden nicht reales Leben werden, wenn nicht auch ein religiöses Leben von den Menschen gepflegt würde. – Wer einen Wertunterschied zwischen der anthroposophischen Geisteswissenschaft und der Religion feststellen will, der begibt sich in das Gebiet subjektiver Urteile. Denn in der Zukunft der Menschheit sind beide notwendig; nur muß das religiöse Leben auf der Grundlage der Anthroposophie erneuert werden, da sie allein die Hilfen dazu geben kann. –

Damit ist die Notwendigkeit religiösen Lebens neben der religiösen Vertiefung der Anthroposophie aus den inneren Lebensbedingungen der Religion und der Geisteswissenschaft begründet. Den menschenkundlichen Aspekten dieser Lebensbedingungen der Religion wollen wir im folgenden nachgehen.

Zuvor sei aber noch eine intime Schilderung vom vierten Tag jenes Kurses eingefügt, die beleuchtet, warum Geisteswissenschaft selber immer schon den Charakter des "Religiösen" hat. Am 29.09.1921 führt Rudolf Steiner dazu aus: Alles, was Anthroposophie dem Menschen für sein inneres Leben gibt, ist nicht Religion. Aber es hat einen religiösen Charakter und wirkt religiös auf den Menschen. Das hat seinen Grund in folgender Tatsache: Anthroposophie ist von einem höheren Gesichtspunkt aus gesehen ein Wesen wie ein Mensch. Und wie ein Mensch Religion hat, d.h. ein Verhältnis zur göttlichen Welt, so hat auch Anthroposophie ein Verhältnis zu Gott, d.h. Religion. –

1. Die menschenkundlichen Grundlagen der Religion

Wir haben in der Einführung, 6 gesehen, daß Religion ihren Ursprung menschenkundlich in dem Gefühl für das Geistig-Göttliche des Universums hat, und zwar in dem empfindenden Erleben der geistigen Welt als einer göttlichen. Aus diesem Erleben folgt der Wille zur Verehrung und Hingabe an diese Welt in Anbetung und im Kultus. Aus dem Gefühlserleben entspringt religiöses Tun. Alle geistgemäßen Weltanschauungen sowie die Geisteswissenschaft können dazu dienen, diesen Vorgang zu unterstützen und zu vertiefen. Religion hat ihr Zentrum in der Hingabe des ganzen Menschen durch Gebet und Kultus an die göttliche Welt und sollte nicht nach ihrem Ideengehalt beurteilt werden, sondern danach, ob sie dem Menschen Lebenselement, Seelennahrung und Ich-Erkraftung sein kann. – Wir wollen diesen ganzen Vorgang nun näher betrachten.

In dem Vortrag "Geisteswissenschaft und religiöses Bekenntnis" vom 20.11.1913 schildert Rudolf Steiner "den Grund der Religion in der menschlichen Natur". Es gibt vier Stufen des menschlichen Erlebens. Die erste ist das Erleben der materiellen Außenwelt durch die Sinne, das der physische Leib vermittelt. Die zweite ist das ästhetische, künstlerische Erleben, das Leben in der Phantasie, welches ein Schattenbild des übersinnlichen imaginativen Lebens ist und durch den Ätherleib vermittelt wird. Auf einer dritten Stufe kann die Seele, wenn sie sich von allem leer macht, was ihr von außen durch die Sinne entgegenkommt, erleben, wie ihr von einer anderen Seite her die geistige Welt innerlich entgegenkommt. Was ihr da zukommt, ist der religiöse Inhalt.

Dadurch kann der Mensch wissen, "daß es über die Sinneswelt hinaus eine Welt gibt, ... die ... in rein innerlicher Hingebung aus dem Unsichtbaren hereinströmen läßt, was nun die Seele von innen geistig trägt und hält ... Sich als ein Stück der außersinnlichen, geistigen Welt zu erfühlen, ist dem Menschen ebenso selbstverständlich, wie es ihm beim äußerlichen Farbenwahrnehmen selbstverständlich ist, daß er Gegenstände voraussetzt, wenn er solche Farben wahrnimmt ...

Für das gesamte menschliche Seelenleben ist es, wenn man so etwas fühlt, ebenso gesund zu sagen: da ragt eine geistige Welt in uns herein, wie es gesund ist, wenn uns etwas brennt, auf einen brennenden Gegenstand hinzuweisen." (GA 63/3/S.95 f.)

"Gesundes menschliches Seelenleben aber fühlt sich, wie es sich mit seinen Farbenwahrnehmungen in der materiellen Sinneswelt drinnenfühlt, so mit seinen Gefühlen in der Welt der Geistigkeit, in dem Strome des geistigen Erlebens drinnen. ... Und dieses gesunde Gefühl der Seele entspricht einem dritten Gliede der menschlichen Natur ... Wir haben dies den astralischen Leib des Menschen genannt. ... Unser astralischer Leib erlebt sich religiös. Er ist naturgemäß der Teil unserer Natur, der sich religiös erleben muß." (GA 63/3/S.97 f.)

Weil der Astralleib beim gewöhnlichen Menschen gerade dann, wenn er in der geistigen Welt lebt und nicht an den physischen Leib und die Sinne gebunden ist, im Schlaf also, unbewußt ist, "stellen sich die religiösen Erlebnisse, wie aus dunklen, unbekannten Untergründen heraustauchend, hinein in das gewöhnliche Leben des Menschen, das in der Sinneswelt bei wachem Tageszustande abläuft." (GA 63/3/S.99)

Derjenige Geistesforscher, der sein waches Bewußtsein auch dann aufrechterhalten kann, wenn alle aus dem Sinnlichen stammenden Inhalte geschwunden sind, der also die Stufe der Inspiration erreicht hat, erlebt bewußt, "was als religiöser Inhalt, als religiöses Erlebnis wie aus dunklen, unbekannten Untergründen der Seele beim gesund lebenden Menschen heraufleuchtet. Die religiösen Erlebnisse rechtfertigen sich dadurch gerade in der geistesforscherischen Anschauung." (GA 63/3/S.99)

"Der Geistesforscher erreicht in seinem geistigen Erleben die Anschauung derjenigen Wesen und Vorgänge des Geistigen, die für das religiöse Leben sonst unbekannt bleiben, die aber ihre Impulse in das religiöse Leben hineinsenden müssen und den Menschen durchdringen mit dem Gefühl seines Zusammenhanges mit der geistigen Welt." (GA 63/3/S.100)

Die vierte Stufe des Erlebens erreicht der Geistesforscher in der Intuition, die "das Leben im Ich ist, wie das religiöse Leben das Leben im Astralleibe ist, wie die künstlerische Anschauung das Leben im Ätherleibe ist und wie das sinnliche Wahrnehmen das Leben im Sinnesleibe ist. Und so wahr in dieser Klimax sich ausdrückt, wie die Menschennatur ist, so wahr gehört es zum gesamten Menschenleben, daß der Mensch ein religiöses Leben entfaltet ..." (GA 63/3/S.104)

Damit ist deutlich zum Ausdruck gebracht, daß das religiöse Leben nicht einfach ein Ersatz für Geisterkenntnis ist, wie es an anderer Stelle erscheinen könnte (siehe GA 131/9/S.202 bis S.205 und Einführung, 7), weil nicht das Bekenntnis zu bestimmten Aussagen über die geistige Welt das religiöse Leben ausmacht, sondern das Gefühl für die geistige Welt und die daraus folgende Anbetung und Verehrung der geistigen Wesen (vgl. GA 63/3/S.106).

Dieses Gefühl und diese Tätigkeit "wurzelt in der menschlichen Natur. Wahre Wissenschaft, die sich zum Geistigen erhebt, wird nimmermehr eine Feindin ... des wahren, des echten, des dem Menschen notwendigen religiösen Erlebens sein können." (GA 63/3/S.107)

Kein religiöses Leben zu führen heißt also nichts anderes, als dem Astralleib nicht das ihm natürliche Leben zu gewähren. Deshalb sagt Rudolf Steiner in der Einleitung zu Edouard Schurés Buch "Die großen Eingeweihten":

"Eine Seele, die vermeint, ohne Religion leben zu können, ist in einer schweren Selbsttäuschung befangen." (S.7)

Zu den Mitgliedern hatte Rudolf Steiner von einem etwas anderen Gesichtspunkt aus schon zwei Jahre vor dem öffentlichen Berliner Vortrag über "Geisteswissenschaft und religiöses Bekenntnis" von dem ganzen Zusammenhang gesprochen. In der zweiten Hälfte des Jahres 1911 sprach er in verschiedenen Städten vor Mitgliedern über "Glaube, Liebe, Hoffnung". Die Vorträge von Nürnberg sind überliefert. Dort heißt es am 02.12.1911 :

"Bedeutet denn die Tatsache des Glaubens als solche etwas für die Menschheit? Gehört es vielleicht nicht zur Menschennatur überhaupt zu glauben? Es könnte ja natürlich durchaus sein, daß durch das oder jenes die Menschen den Glauben ablegen, abwerfen wollen. Aber so, wie es den Menschen gestattet ist, auch manchmal auf eine kurze Zeit hindurch auf ihre äußere Gesundheit loszuwüten, ohne daß sich der Schaden gleich zeigt, so könnte es sehr wohl sein und es ist so: Die Menschen mögen den Glauben zu den abgetanen Gütern ihrer Väter legen, das ist aber gerade so, wie wenn die Menschen eine Weile wüst auf ihre Gesundheit losstürmten und die alten Kräfte verbrauchten. Wenn der Mensch heute den Glauben zu den überlebten Gütern seiner Väter legt, so zehrt er doch in bezug auf seine Lebenskräfte der Seele von den alten Glaubensgütern, die er mit den Traditionen und Überlieferungen ererbt hat. Es hängt gar nicht vom Menschen ab, den Glauben abzulegen oder nicht, denn der Glaube stellt in der Menschenseele eine Anzahl von Kräften dar, eine Summe von Kräften, die zu den Lebenskräften der Seele gehören. Es kommt gar nicht darauf an, ob wir glauben wollen oder nicht, sondern darauf, daß wir die Kräfte, die das Wort 'Glaube' ausdrückt, als Lebenskräfte der Seele haben müssen, daß die Seele verdorrt, verödet und vereinsamt, wenn sie nicht glauben kann." (GA 130/11/S.172 f.)

Kurz darauf fährt Rudolf Steiner fort, daß es gescheiter sei, nicht zu sagen: "Ich glaube, was ich nicht weiß, – sondern: Ich glaube das, was ich weiß, eben erst recht. – Das Wissen ist nur die Grundlage des Glaubens. Wir sollen wissen, damit wir uns immer mehr zu den Kräften erheben können, die die Glaubenskräfte der menschlichen Seele sind. Wir müssen in unserer Seele haben, was hinblicken kann auf eine übersinnliche Welt, was Hinlenkung aller unserer Gedanken und Vorstellungen ist auf eine übersinnliche Welt. Wenn wir diese Kräfte nicht haben, die also das Wort 'Glaube' ausdrückt, so verödet etwas an uns, wir werden dürr, trocknen ein wie das Laub im Herbst. Eine Weile kann es gehen für die Menschheit, aber dann geht es nicht mehr. Und wenn die Menschheit wirklich den Glauben verlieren würde, dann würde sie schon in den nächsten Jahrzehnten sehen, was das für die Entwickelung bedeuten würde. Dann würden durch die verlorenen Glaubenskräfte die Menschen herumgehen müssen so, daß keiner mehr recht weiß, was er mit sich anzufangen hat, um sich im Leben zurechtzufinden, daß keiner eigentlich bestehen kann in der Welt, weil er Furcht, Sorge und Ängstlichkeit hat vor dem und jenem. Kurz, jenes Leben, das in unserer Seele frisch quellen soll, kann uns nur durch die Glaubenskräfte gegeben werden." (GA 130/11/S.174)

Die Ursache dafür ist, daß unser Ich in einer Hülle ruht, die sich immer dann geltend macht, wenn wir sie nicht beleben.

"Das ist das, was wir nennen können jene menschliche Hülle, in welcher die Glaubenskräfte lebendig sind, was wir nennen können die Glaubensseele oder meinetwillen den Glaubensleib. Und das ist dasselbe, was wir bisher mehr abstrakt den astralischen Leib genannt haben. Die Glaubenskräfte sind die wichtigsten Kräfte des astralischen Leibes, und ebenso wie richtig ist der Ausdruck 'Astralleib', ebenso ist richtig der Ausdruck 'Glaubensleib'." (GA 130/11/S.174)

Auf andere Weise hat Rudolf Steiner im Vortrag vom 21.02.1912 den Zusammenhang des Glaubens mit dem Astralleib dargestellt:

"Da nimmt sich manches, worauf der Mensch in der gegenwärtigen Inkarnation stolz ist, sonderbar aus, wenn man es in dem Zusammenhang betrachtet, in der Art, wie es erworben worden ist in der vorhergehenden Inkarnation.

Wenn man es vom Standpunkt der Reinkarnation betrachtet, erscheint manches nicht so unglaublich. Man braucht am Menschen nur ins Auge zu fassen, wie er unter diesen inneren Seelenkräften in einer Inkarnation sich entwickelt. Man braucht nur die Seelenkraft des Glaubens zu betrachten, die Seelenkraft, die der Mensch haben kann im Glauben an etwas, was als Übersinnliches hinaushebt über die gewöhnlichen Sinneserscheinungen. Es mag ein moderner materialistischer Monist sich noch so sehr dagegen stemmen, er mag sagen: Nur das Wissen gilt, der Glaube hat kein sicheres Fundament, ihm gegenüber gilt eine andere Tatsache, die Tatsache, daß gerade das Seelenverhältnis des Glaubens belebend wirkt auf unseren Astralleib, während die Ungläubigkeit, das Nicht-glauben-Können den Astralleib ausdörrt, ihn vertrocknen läßt. Wie die Nahrung auf den physischen Leib, so wirkt der Glaube auf den Astralleib. Und ist es nicht von Wichtigkeit einzusehen, was der Glaube für den Menschen, für sein Heil, für seine Seelengesundheit und – weil diese auch das Wirksame für die körperliche Gesundheit ist – für diesen Körper wirkt? Ist es nicht sonderbar, wenn man auf der einen Seite den Glauben abschaffen und dem Wissen Platz machen will, und wenn auf der anderen Seite das gilt, daß ein Mensch, der nicht glauben kann, einen ausgetrockneten, verdorrten Astralleib bekommen muß? Wenn das wirklich ins Auge gefaßt werden soll, so kann das geschehen, wenn man nur das *eine* Leben betrachtet. Denn zu erkennen, daß ein glaubensloser Mensch einen ausgetrockneten Astralleib bekommt, dazu braucht man nicht aufeinanderfolgende Inkarnationen zu überblicken, es genügt, den Menschen in einer Inkarnation zu überblicken. Wir können also sagen: Glaubenslosigkeit verdorrt unseren Astralleib, wir machen uns arm durch Glaubenslosigkeit; in der nachfolgenden Inkarnation trocknen wir unsere Individualität aus. Wir werden durch die Glaubenslosigkeit stumpf für die nächste Inkarnation und unfähig, ein Wissen zu erwerben. Es ist eine eitle, trockene, nüchterne Logik, wenn man Wissen in Gegensatz bringt zum Glauben. Für denjenigen, der in die Dinge hineinsieht, haben all die Trivialitäten, die über Glauben und Wissen vorgebracht werden, ungefähr die Bedeutung, die eine Diskussion hätte zwischen zwei Menschen, von denen der eine behauptete, bis jetzt hätten für die menschliche Fortentwickelung größere Bedeutung die Männer gehabt, der andere sagen würde, die Frauen. Im Kindheitszeitalter der Menschheit habe also das eine Geschlecht Bedeutung gehabt, jetzt aber das andere. Für den Kenner der geistigen Tatsachen ist es klar: So wie im äußeren physischen Leben sich die beiden Geschlechter verhalten, so verhalten sich Glauben und Wissen." (GA 135/4/S.74 f.)

Weil jeder Mensch einen Astralleib hat, ist es für jeden Menschen im Grunde möglich, ein Gefühl für das Übersinnliche zu entwickeln und dieses Übersinnliche tätig zu verehren, sonst verödet der Astralleib. Besteht aber keine Möglichkeit, die Kräfte des Astralleibes dem Übersinnlichen zuzuwenden, also Religion zu üben, so wendet der Mensch diese Kräfte leicht auf das Irdisch-Materielle und setzt sein Vertrauen auf Vergängliches oder auf Illusionen. So entsteht zum

Beispiel Aberglaube, und die Seele wird auf die Dauer krank, weil sie ihrer eigentlichen Lebenskräfte beraubt ist. Angst und Sorge sind die Folge. Diesen ganzen krankhaften Vorgang erleben wir heute als Kulturerscheinung.

Auf der anderen Seite sollte der Mensch, der sich dem Inhalt der Anthroposophie öffnet, diese nicht mit den Kräften der "Glaubensseele" aufnehmen. Rudolf Steiner betont ja immer wieder, daß man das, was er schreibt und sagt, nicht glauben, sondern denkend verstehen und mit dem gesunden menschlichen Urteilsvermögen prüfen sollte. Ein ganz anderes Seelenglied sollte bei der Aufnahme der Anthroposophie tätig werden. Die Kräfte der Verstandesseele, die zunächst erdgerichtet den Bedürfnissen der Empfindungsseele dienen, sollen sich aus diesem Dienste freimachen und sich den rein aus dem Geiste stammenden Ideen und Gedanken der Anthroposophie zuwenden, um sich dadurch zu den Kräften der Bewußtseinsseele zu wandeln. Deshalb kann und will Anthroposophie keine Religion sein (siehe Kap. I, 3). Ihre Hauptaufgabe ist es, das Denken zu spiritualisieren. Das spiritualisierte Denken soll dann auch im Fühlen und Wollen vertieft werden (siehe Kap. II, 2 und VI, 4).

Das religiöse Leben wurzelt im Glauben, d.h. in einem Erfassen der geistigen Welt als einer göttlichen im Gemüte mit den Kräften des Astralleibes, und äußert sich in der Betätigung des Willens im Gebet, in der Verehrung und im Kultus. Dieser Vorgang aber muß, wie wir noch sehen werden, von der Geisterkenntnis erhellt und geführt werden. Wir sehen also, daß der Erkenntnisweg der Anthroposophie und der Weg des religiösen Lebens zwei ganz verschiedene Vorgänge sind, die sich weder zu stören brauchen, noch sich gegenseitig ersetzen können. Das wird bei der Betrachtung über Meditation und Gebet noch deutlicher werden.

Merkwürdig ist zunächst, daß Rudolf Steiner im zweiten Vortrag über "Glaube, Liebe, Hoffnung" (03.12.1911) unsere Zeit charakterisiert als eine, in der die Glaubenskraft besonders stark wirkt:

"Die Hülle, die wir gestern bezeichnet haben als die Glaubenshülle, die macht eine Spiegelung oder einen Reflex auf die menschlichen Seelen jetzt in unserem fünften Zeitraum. So daß wir in unserem Zeitraum die Eigentümlichkeit haben, daß in der Seele der Menschen etwas vorhanden ist, wie wenn sich in der Seele spiegelte der Glaubenscharakter des astralischen Leibes. ... Also, es ist im wesentlichen jetzt die Glaubenskraft des astralischen Leibes, die in die Seelen hereinscheint und unserer Zeit das Charakteristikum gibt." Wir finden, "daß im Grunde genommen in unserer Zeit unendlich viel von dem, was gerade das Bedeutendste ist, beruht auf jenem Reflex, den der astralische Leib in die Seele hineinwirft und der Seele dadurch einen geradezu inbrünstigen Glaubens-Charakter verleiht. ... Überall, wo wir Umschau halten in unserer Zeit, sind die Schatten- und Lichtseiten derselben aus dem heraus zu verstehen, was wir den Reflex des Glaubens in dem Ich oder der Ich-Seele des Menschen nennen können." (GA 130/12/S.194 f.)

Rudolf Steiner führt in diesem Zusammenhang als negatives Beispiel die materialistischen Monisten und als positives Richard Wagner an. – Aus dem geschilderten menschenkundlichen Tatbestand geht deutlich hervor, wie wichtig gerade in unserem Zeitalter eine zeitgemäße Betätigung des Glaubensleibes ist, d.h. eines zeitgemäßen religiösen Lebens, da sonst diese Kräfte leicht irregeleitet werden können.

Zwei Jahre vor den Vorträgen über "Glaube, Liebe, Hoffnung" schildert Rudolf Steiner den religiösen Prozeß, allerdings ohne ihn direkt so zu benennen. In dem öffentlichen Vortrag vom 28.10.1909 spricht er über die "Mission der Andacht".

Bevor der Mensch das Übersinnliche denkend erkennen kann, muß die Seele das Gefühl der Liebe zu dem Unbekannten, dem Übersinnlichen entwickeln.

Und außerdem muß die Seele entwickeln "diejenige Eigenschaft des Willens, durch welche der Mensch die Ziele und die Absichten des Unbekannten ausführen will in seinem Willen, bevor er dieses Unbekannte umfassen kann mit dem Lichte des Gedankens, das ist die Ergebenheit in dieses Übersinnliche. So kann der Wille entwickeln die Ergebenheit in das Unbekannte, das Gefühl kann entwickeln die Liebe zum Unbekannten; und wenn sich beide vereinigen, ... dann entsteht ... dasjenige, was wir im wahren Sinne des Wortes Andacht nennen." (GA 59/3/S.88 f.)

Die Andacht hat aber ihre Gefahren. Bei der Ergebenheit des Willens in das Unbekannte kann sich das Ich in seelische Ohnmacht verlieren.

"Nur das vom Ich durchglühte Ergebenheitsgefühl, die Ergebenheit, in die man sich hineinversenkt und das Ich mitnimmt, nur die kann zum Heile sein für die menschliche Seele ... Das Denken ist es, was einzig und allein das Ich vor einem Sichverlieren behüten kann, wenn es durch Ergebenheit hinausgeht in die Welt. ... Das Denken kann nicht von innen herausführen (zum Übersinnlichen; W.G.); das Herausführen geschieht durch die Ergebenheit; dann muß sogleich das Denken in Anwendung kommen und muß, sobald der Wille hinausgeführt hat, sich anstrengen, mit dem Lichte des Gedankens dasjenige zu durchdringen, dem die Seele ergeben ist. Es muß, mit anderen Worten, vorhanden sein der Wille zum Denken über dasjenige, dem man ergeben ist. ... Ein Wille, der von vornherein prinzipiell verzichten würde, über sein Objekt der Ergebung zu denken, könnte zu einem Extrem führen, zur bleibenden Ohnmacht der menschlichen Seele." (GA 59/3/S.92 f.)

Die andere Gefahr ist, daß die Liebe zum Unbekannten zur Schwärmerei ausartet, und zwar dann, wenn sich das Ich nicht gegenüber dem Übersinnlichen aufrechterhält, das in Liebe umfaßt werden soll.

"... Das führt dazu, daß eine solche Liebe zum Unbekannten, die nicht den Willen hat zum kräftigen Denken, es dazu bringt, daß die Seele immer mehr der Schwärmerei verfallen kann. ... Das hat seinen Grund darinnen, daß ein solches Schwärmen, welches in seiner Liebe zum Unbekannten nicht vom Ich durchglüht ist, sich scheut, volle Denkklarheit, volles helles Licht über das eigene Ich zu gewinnen, und daß es Abstand davon nimmt, das eigene Ich überall mitzunehmen im starken Denken, im starken Selbstbewußtsein. Je

schwächer das Selbstbewußtsein ist, desto leichter ist Schwärmerei möglich ..." (GA 59/3/S.94 f.)
Und die Schwärmerei führt zum Aberglauben, zum blinden Glauben. – Das selbstbewußte Denken muß also die Kräfte der Andacht begleiten, damit sie nicht in die Irre geführt werden, sondern ihre positiven Wirkungen auf den Menschen ausstrahlen können.

"Die richtige Andacht, in welcher Form sie auch immer die Seele durchsetzt und durchglüht – sei es in der Gebets- oder in anderer Form –, kann nie in die Irre gehen ..." (GA 59/3/S.96)

Damit sind die Gefahren der Andacht und des religiösen Lebens überhaupt charakterisiert: Ich-Verlust durch seelische Ohnmacht oder Schwärmerei bzw. durch ungeführte Ergebenheit oder Liebe ohne den Willen zum kräftigen Denken. Beiden Gefahren kann nur durch ein starkes, selbstbewußtes Denken begegnet werden, das die Liebe zum Übersinnlichen und die Ergebenheit in das Übersinnliche zu wahrer Andacht führt.

Wahre Andacht – in Gebets- oder anderer Form – drückt sich in Taten und Gesten aus. Deshalb bespricht Rudolf Steiner noch die Bedeutung der Andachtsgesten Händefalten, Kniebeugen und Kopfneigen (GA 59/3/S.98 f.). Auf die Wirkungen der Andacht kommen wir später zu sprechen (siehe Kap. III, 8).

Ausführlich hat Rudolf Steiner den menschenkundlichen Ursprung des religiösen Lebens im sogenannten "Französischen Kurs" ("Die Philosophie, Kosmologie und Religion in der Anthroposophie"; GA 215) am 10. und 11.09.1922 dargestellt, aus dem wir hier die wichtigsten Passagen zitieren:

"Es ist also, was während des wachen Tageslebens als religiöse Sehnsucht, als religiöses Bewußtsein auftritt, eine Nachwirkung des Sternenerlebens der Seele während der Nacht. Und es ist dieses, was ich eben geschildert habe, die Etappe des tiefsten menschlichen Schlafes. Der Mensch lebt also eigentlich aus seinem Schlafe heraus sein religiöses Tageserfühlen aus. Ebenso wie durch ein aus einem voll entwickelten Bewußtsein in Intuitionen gefaßtes, von Intuitionen durchzogenes Urmenschheitserleben erkenntnismäßig das religiöse Leben heute begründet werden kann, ebenso kann gesagt werden, daß diese religiöse Erkenntnis gewonnen werden kann, wenn die menschliche übersinnliche Intuition das Stadium des tiefsten Schlafes erkenntnismäßig beleuchtet; denn das, was in den Tiefen des Schlafes ruht, war zugleich auch die das Göttliche bewahrende Quelle. Und da unser Tagesbewußtsein nur ein Abglanz ist von den Bewußtseinsmöglichkeiten, die es für den Menschen gibt, so erscheint eben auch das, was der Mensch als natürliches religiöses Gefühl in sich trägt, als ein solcher Abglanz dessen, was in Glorie und Großartigkeit, wenn auch unbewußt, im dritten Stadium des Schlaflebens von der Seele durchgemacht wird. Der Mensch taucht ins Schlafleben unter nicht nur, um seinen ermüdeten Körper zu erholen, nicht nur, um sich die Reize aus dem Schlafe zu holen, die seine Atmung und seine Blutzirkulation brauchen, nicht nur, um die anderen Anregungen, die er braucht, sich aus der geistigen Welt zu erwerben; sondern auch das, was den Menschen religiös durchzieht, dringt hinauf an die Oberfläche der Seele, an die bewußte Tagesregion aus den tiefen Unterschichten, durch welche das menschliche Seelenleben zwischen dem Einschlafen und Aufwachen hindurchströmt." (GA 215/5/S.90; siehe auch GA 25/5/S.44)

"Wenn ich in der Art, wie ich im Zusammenhange mit der inspirierten und intuitiven Erkenntnis die Verhältnisse des totalen Menschenlebens in den vorangehenden Tagen charakterisiert habe, weitersprechen soll, so muß ich nun sagen: Was der Mensch in der heute zuerst charakterisierten Etappe seines vorirdischen Daseins im klaren, hellen Bewußtsein erlebt, das ist dasjenige, was dann im irdischen Dasein im Abbilde, im gefühls- und gemütsmäßigen Abbilde nacherlebt wird in der religiösen Anlage, in dem Fühlen eines Zusammenhanges des Menschen mit dem göttlichen Weltengrunde." (GA 215/6/S.101; siehe auch GA 25/6/S.52)

Im letzten Vortrag dieses Kurses heißt es noch einmal:
"So ist mit dem Eintritt des Christentums in die Menschheitsentwickelung das religiöse Bewußtsein ein anderes geworden, weil dieses religiöse Bewußtsein der irdische Nachklang dessen ist, was der Mensch in Gottdurchdrungenheit zwischen Tod und neuer Geburt in der geistigen Welt zu erleben hat. Überall werden wir gerade durch die moderne Initiationswissenschaft hingeführt zu einer tieferen Erfassung der Christologie. Von einer Erneuerung des religiösen Bewußtseins durch anthroposophische Vertiefung kann man daher ebenso reden, wie in den verflossenen Tagen hier geredet worden ist von einer Erneuerung der Philosophie zu einem lebendigen philosophischen Wissen, und wie gesprochen worden ist von einer Vertiefung der Kosmologie durch Aufnahme desjenigen, was nur in der Intuition und Inspiration aus den höheren Welten erfaßt werden kann." (GA 215/10/S.180)

Im Vortrag vom 18.05.1923 in Oslo findet sich der Gedanke vom Ursprung des religiösen Bedürfnisses der Menschenseele im Schlaferleben folgendermaßen ausgedrückt:
"Wenn sich der Mensch mit seiner Seele in den Schlaf hineinbegibt, ist der erste Zustand, den er durchmacht – das alles verläuft im Unbewußten, aber es ist durchaus lebensvoll da –, der, daß er sich wie in einem allgemeinen Weltenäther lebend fühlt. Ich sage 'fühlt', es ist ein unbewußtes Fühlen, aber man kann die Dinge nicht anders ausdrücken als dadurch, daß man Ausdrücke aus dem gewöhnlichen Bewußtsein gebraucht. Er fühlt sich gewissermaßen ausgedehnt in den ganzen Kosmos. Und die bestimmte Anschauung, die man gehabt hat, die ein Verbundensein mit den Dingen bedeutet, die in der Erdenumgebung um uns herum sind, diese bestimmten Wahrnehmungen hören auf. Ein allgemeines Miterleben mit dem Weben und Treiben des Kosmos tritt da zunächst ein. Das ist damit verbunden, daß man sich gewissermaßen als Seele im Bodenlosen erlebt. Bei diesem Erleben im Bodenlosen tritt ein starker Trieb der Seele ein, göttlich gestützt zu sein, so daß wir eigentlich jeden Tag

beim Einschlafen das religiöse Bedürfnis gerade während des Schlafzustandes erleben, die ganze Welt durchsetzt und durchwellt zu haben mit einem Göttlich-Geistigen, das überall ausgebreitet ist. Das erleben wir eigentlich im Einschlafen. Und wir bringen uns durch unsere ganze Menschheitskonstitution in den Wachzustand dieses Bedürfnis nach dem Göttlichen mit. Wir verdanken dem Schlaferlebnisse jeden Tag aufs neue die Auffrischung unseres religiösen Bedürfnisses." (GA 226/3/S.45)

Versuchen wir, das in diesen Vorträgen Dargestellte zusammenzufassen, so können wir sagen: Durch seinen Astralleib hat der Mensch ein Gefühlserlebnis der geistigen Welt als einer göttlichen als Nachklang des unbewußten Erlebens derselben im leibfreien Dasein. Dieses Gefühl erweckt den Glauben, das Vertrauen in die göttliche Welt und entzündet die Liebe zu ihr als einer zunächst unbekannten Wirklichkeit. Es regt sich im Astralleib, dem Glaubensleib, aber auch das Bedürfnis, mit dem Willen zu dieser göttlichen Welt in Beziehung zu treten, zunächst durch Ergebenheit in den Willen dieser unbekannten Welt und dann auch in Verehrung, im Gebet und Kultus, die dieser Welt dargebracht werden. Dieser ganze Vorgang, den man auch Andacht nennen kann, muß von einem selbstbewußten und starken Denken begleitet, geklärt und geführt werden, damit er heilsam sein kann. Dieses alles ist religiöse Übung oder religiöses Leben, wenn es als Erlebnis und Tätigkeit fortdauernd wiederholt wird (vgl. GA 13/S.74).

Wenn die folgenden Worte von Rudolf Steiner auch für die Lehrer der ersten Waldorfschule gesprochen worden sind, so ergeben sie doch einen wichtigen menschenkundlichen Aspekt in unserer Betrachtung. Denn das, was in der Andacht lebt, als Hingabegefühl an das Göttliche aus dem Astralleib heraus, ist im ersten Lebensjahrsiebt existentiell mit den unteren Wesensgliedern verbunden. Darum kommt Rudolf Steiner zu der paradoxen Formulierung vom 17.04.1923:

"Der Leib des Menschen, wenn er in das physische Leben hereintritt, ist nämlich ganz in religiöse Bedürfnisse getaucht, und die Liebe ist später eine Abschwächung desjenigen, was eigentlich religiöses Hingebungsgefühl ist. ... Das Kind lebt bis zum Zahnwechsel in leiblicher Religion." (GA 306/3/S.52)

Vorher heißt es:

"Das ganze sinnlich-physische Verhalten des Kindes ... strebt nach einem Durchlebtwerden mit solchen Gefühlen, wie sie später nur in der religiösen Hingebung oder in der Teilnahme an Kultushandlungen zum Ausdruck kommen." (GA 306/3/S.52)

Nachdem wir so den menschenkundlichen Ursprung der Religion dargestellt haben, wollen wir in den folgenden Abschnitten auf die wesentlichsten religiösen Tätigkeiten – Gebet und Kultus – hinschauen.

2. Das Gebet

Um Unklarheiten und Vermischungen zu vermeiden, ist es notwendig, daß wir zunächst den Unterschied des Gebetes zur Meditation ins Auge fassen.

Wir haben von Rudolf Steiner eine ganze Reihe von gedruckten Schilderungen, wie der Vorgang einer Meditation sein sollte, die man auf dem Wege der anthroposophischen Geisterkenntnis durchführen kann. Man denke nur an die Meditationen anhand von Kristallen, Tieren und Pflanzen oder an die Samenkornmeditation aus "Wie erlangt man Erkenntnisse der höheren Welten?" (GA 10/ S.53 f. und S.60 f.). Erwähnt seien ferner die Rosenkreuzmeditation aus dem Buch "Die Geheimwissenschaft im Umriß" (GA 13/S.309 bis S.313) und die Meditationen, die sich in den Büchern "Ein Weg zur Selbsterkenntnis des Menschen in acht Meditationen" (GA 16) und "Die Schwelle der geistigen Welt" (GA 17) finden.

Alle diese Meditationen haben ihren Ausgangspunkt in Wahrnehmungen, Vorstellungen und Gedanken, die dem normalen Wachbewußtsein des Menschen zugänglich sind. Sie haben nicht die Annahme einer geistigen Wirklichkeit oder gar geistiger Wesen zur Voraussetzung. Die Vorstellungen und Gedanken, an die sich Empfindungen und Gefühle anschließen sollen, münden schließlich in Sinnbilder oder mantrische Formeln, die im Bewußtsein möglichst lange, zusammen mit den Empfindungen, festgehalten werden sollen. Erst die Folge einer meditativen Arbeit, zusammen mit einer strengen moralischen Entwicklung, kann die Wahrnehmung der geistigen Wirklichkeit und Wesen in einem erhöhten wacheren Bewußtsein sein.

Demgegenüber wendet sich der betende Mensch, dem die Gewißheit geistiger Wesen als ein Nachklang leibfreien Daseins durch den Astralleib als Gefühl vermittelt wird, den göttlich-geistigen Wesen unmittelbar zu. Er setzt die Existenz eines Gottes voraus, ohne sie im Wachbewußtsein erleben zu können, und spricht das geistige Wesen unmittelbar an. Deshalb haben alle Gebetsformeln die charakteristische Anrede Gottes oder eines göttlich-geistigen Wesens. Das Gebet, welches im Mittelpunkt der Christenheit steht, beginnt entsprechend mit den Worten: "Vater unser ..."

Als ein weiteres Beispiel seien die Morgensprüche angeführt, die Rudolf Steiner für die Schüler der Waldorfschule gegeben hat (siehe GA 40/S.244 f.). Sie beginnen beide wie eine Meditation, gehen dann aber in ein Gebet über. In dem Spruch für die vier unteren Klassen lautet dieser Übergang: "Im Sonnen-Lichtes-Glanz / Verehre ich, o Gott, / Die Menschenkraft, die Du / In meine Seele mir / So gütig hast gepflanzt ..." In dem Spruch für die oberen Klassen lautet er: "Der Gottesgeist, er webt / Im Sonn'- und Seelenlicht, / Im Weltenraum, da draußen, / In Seelentiefen, drinnen. – / Zu Dir, o Gottesgeist, / Will bittend ich mich wenden ..." – Rudolf Steiner sah diese Wortlaute selbstverständlich als Gebete an, legte aber Wert darauf, daß dies nicht hinausposaunt werde, sondern daß man sie "Sprüche" nenne (GA 300a/S.81).

Unter den Wahrspruchworten (GA 40) findet man verhältnismäßig leicht heraus, welche Sprüche Gebete und welche Meditationsformeln sind. Zum Beispiel haben "Gottes schützender segnender Strahl ..." (S.78), "Waltender, weiser Willensgeist ..." (S.110) und "Der Wolkendurchleuchter ..." (S.121) deutlich Gebetscharakter. Andere, wie "Es sprechen zu den Menschensinnen ..." (S.88 und S.104), "Wenn in hellen Geisteskreisen ..." (S.112) oder "Es schläft der Erde Seele ..." (S.129), haben mehr meditativen Charakter.

Dann aber gibt es auch Sprüche, die als Meditationsformeln gegeben sind, in denen von der Gottheit die Rede ist, zum Beispiel "In den reinen Strahlen des Lichtes ..." (GA 245/S.35), in den anderen Hauptübungen (GA 245/S.48 ff.) oder in den verschiedenen Übersetzungen und Metamorphosen des Johannesprologes (GA 40/S.95 ff.). Aber in allen diesen Fällen wird das Göttliche nicht direkt angeredet. Nur in die Grundsteinmeditation kommt ganz deutlich auch ein Gebetscharakter hinein, wenn es heißt: "Ihr Kräfte-Geister, lasset ..."; "Ihr Lichtes-Geister, lasset ..."; "Ihr Seelen-Geister, lasset ..."

Der neue Gottesdienst der Christengemeinschaft trägt ganz deutlich Gebetscharakter. Seine vier Hauptteile sind durch immer wiederholte Anrufungen Christi oder des Vatergottes gegliedert. Ebenso haben die Rituale der in den Waldorfschulen und in den heilpädagogischen Einrichtungen für die Kinder des freichristlichen Religionsunterrichtes gehaltenen Kultushandlungen einen eindeutigen Gebetscharakter.

Aber so wie in der umfassendsten Meditationsformel der Anthroposophie, dem Grundsteinspruch, auch ein gebetsartiges Element vorkommt, so ist in den kultischen Gebetstexten der Christengemeinschaft mit dem Glaubensbekenntnis, dem Credo, ein Wortlaut eingefügt, der eher gedanklich-meditativen Charakter hat.

Gegenüber den Unterschieden zwischen Meditation und Gebet, die mehr im seelischen Ansatz und in der Form liegen, kann man auch auf die Gemeinsamkeit der beiden Seelentätigkeiten hinblicken, die in dem durch beide angestrebten Ziel liegen. Rudolf Steiner spricht davon in einem Vortrag vom 28.01.1907 über das Vaterunser:

Gegenüber dem christlichen Gebet ist die Meditation "eine andere Form der Erhebung des Menschen, der menschlichen Seele, zu den göttlich-geistigen Weltmächten ..." Meditation ist eine "Art, in sich einen geistigen Inhalt zu erleben, irgend etwas von dem, was uns gegeben ist, von den großen führenden Geistern der Menschheit oder von dem geistigen Inhalt der großen Kulturen, in die sich der Mensch versenkt, und was ihm die Mittel gibt, für eine kurze Zeit in seiner Seele mit den göttlich-geistigen Strömungen in der Welt zusammenzufließen. ... Wer meditiert und diese Formeln in seinem Herzen leben läßt, der durchlebt ein Zusammenfließen mit der höheren Geistigkeit, es durchströmt ihn eine höhere Kraft. ... Von der einfachsten moralischen Stärkung und Kräftigung bis zu den höchsten Gebieten des hellseherischen Vermögens gibt es alle möglichen Stufen, welche durch ein solches Meditieren erreicht werden können. ... Dieses Meditieren wird gewöhnlich als eine mehr morgenländische Art, sich zu seinem Gotte zu erheben, angesehen. Im Abendlande, namentlich innerhalb der christlichen Gemeinschaft, kennt man an seiner Stelle das Gebet, das Gebet, durch das sich der Christ zu seinem Gotte erhebt, durch das der Christ versucht, in seiner Art Eingang zu gewinnen in die höheren Welten." (GA 96/14/S.202 f.)

Das Gebet darf aber keine persönlich-egoistischen Wünsche enthalten, sondern soll von der Grundstimmung durchdrungen sein, die der Christus Jesus selber angegeben hat, indem er sprach: "Vater, laß diesen Kelch an mir vorüberziehen, doch nicht mein, sondern dein Wille geschehe." (Luk. 22, 42)

"Dies ist die christliche Grundstimmung des Gebetes. Was auch immer erfleht und erbetet wird, diese Grundstimmung muß als heller Zwischenton in der Seele des Betenden leben, wenn er christlich beten will. Dann wird dasjenige, was Gebetsformel ist, bloß ein Mittel für den Menschen, sich hinaufzuheben in höhere, geistige Gebiete, um den Gott in sich fühlen zu können. ... Wird dann diese Gemütsstimmung als die wirkliche Gebetsstimmung erreicht, dann ist das christliche Gebet genau dasselbe – nur mit einer mehr gefühlsmäßigen Färbung –, was die Meditation ist. Und nichts anderes war dieses christliche Gebet ursprünglich, als was die Meditation ist. Die Meditation ist nur mehr gedankenmäßig, und es wird durch sie versucht, durch die Gedanken der großen Führer der Menschheit den Zusammenklang mit den göttlichen Strömungen, die durch die Welt gehen, zu erreichen. Im Gebet wird dasselbe in einer mehr gefühlsmäßigen Art erreicht." (GA 96/14/S.204)

Das Ziel, die Vereinigung mit der Gottheit, die "unio mystica", ist für das Gebet und die Meditation das gleiche. Ihr Ausgangspunkt ist aber verschieden; bei der Meditation im Gedanken, beim Gebet im Gefühl. Und auch die Tätigkeit selber ist verschieden. Der Betende wird (in der Regel) mit seinen physischen Sprachorganen das Gebet mehr oder weniger laut sprechen. Der Meditierende wird nicht äußerlich sprechen, sondern die Vorstellungen und Gedanken, die er zum Aufbau der Meditation braucht, sowie die Empfindungen, die dann in das Sinnbild oder die mantrische Formel einfließen, als innere Vorgänge seines Bewußtseins erleben.

In einem öffentlichen Vortrag (18.04.1918) macht Rudolf Steiner darauf aufmerksam, daß vom religiösen Gefühl durchdrungene Vorstellungen für die geisteswissenschaftliche Meditation ungeeignet sind:

"Aber es ist natürlich gut, möglichst nicht das Gefühls- und Emotionsleben in Anspruch nehmende Vorstellungen für das Meditieren, für die übenden Vorbereitungen des Seelenlebens zu verwenden. Wer Vorstellungen, die ihn sehr stark erregen, zur Kontemplation, zur Meditation verwendet, der wird sehr leicht in die Täuschung kommen. Daher wird zur Vorbereitung namentlich zu vermeiden sein, daß religiöse Impulse in die Übungen hineingetragen werden. Religiöse Impulse, die den Menschen stark erregen, stark in sein Gefühls- und Interessenleben hineinwirken, müssen ausgeschlossen sein." (GA 67/9/S.316)

Die am besten geeigneten Vorstellungen sind solche aus der Geometrie und Mathematik oder aus der "Philosophie der Freiheit" (GA 4). Daran sieht man: es müssen vom normalen Bewußtsein überschaubare Vorstellungen sein, und dazu solche, die nicht sogleich mit einem starken Gefühlserlebnis verbunden sind. Religiöse Inhalte sind deshalb ungeeignet, weil sie mit den Gefühlen des Glaubensleibes erfaßt werden und meistens für unser irdisches Bewußtsein nicht voll überschaubar sind.

Wenn auch Gebet und Meditation vom Gesichtspunkt des Zieles her dasselbe sind, so zeigt sich doch an den Schicksalen der Menschen, daß manche eher eine Beziehung zum Gebet, andere eher die Möglichkeit zur Meditation haben. Das liegt an den unterschiedlichen Ausgangspunkten beider Tätigkeiten und den karmischen Voraussetzungen des einzelnen. – Es hat dies dann oft auch seine Folge in dem Verhältnis, das der einzelne Mensch zur Anthroposophischen Gesellschaft oder zur Christengemeinschaft oder zu beiden finden kann. Davon wird noch zu sprechen sein (siehe Kap. VI, 1 bis 3).

Man kann aus der Verschiedenheit von Meditation und Gebet nicht ableiten, daß beide Tätigkeiten einander ausschlössen und ein Mensch nur das eine oder das andere tun könne. Zwar wird man kaum beides gleichzeitig verrichten – obwohl es Übergangsformen gibt –, aber warum sollte ein Mensch nicht sowohl beten als auch meditieren? Es gibt unseres Wissens nach keine Äußerung Rudolf Steiners, die das ausschließt. Vor allem hat er selber nicht nur meditiert, sondern auch gebetet. Davon soll noch die Rede sein.

Eine Grundorientierung über das Gebet gibt Rudolf Steiner in dem öffentlichen Vortrag vom 17.02.1910 über "Das Wesen des Gebetes". In diesem Vortrag bezeichnet Rudolf Steiner das wahre Gebet als eine Vorbereitung, eine Vorstufe der mystischen Versenkung, wie sie der Mystiker des Mittelalters angestrebt habe, denn es erzeuge erst das göttliche "Fünkchen" in der Menschenseele und bringe dieses zum Aufleuchten. Sodann schildert er die beiden Stimmungen, die jedem Gebet zugrunde liegen sollten. Durch den Blick in die Vergangenheit erlebt die Seele, daß sie nicht so ist, wie sie sein könnte, und sie kann sich sagen: "O, es ist etwas in uns, was unendlich viel reicher, unendlich viel bedeutsamer ist als das, was wir durch unseren Willen, durch unser Bewußtsein, durch unsere individuellen Kräfte aus uns gemacht haben! Denn gäbe es nicht in uns etwas, was hinausragt über das, was wir aus uns gemacht haben, so könnten wir uns auch nicht selber tadeln, auch uns nicht selber erkennen. ... Kurz, wir werden etwas in uns ahnen, was über uns selber hinausragt, wenn wir jenen Strom ansehen, der aus der Vergangenheit in die Seele fließt. Und diese Ahnung eines Größeren in uns selber ist im Grunde das erste Aufleuchten des inneren Gottesgefühles in der Seele ..." (GA 58/7/S.221). "... Dann erzeugt sich das, was man nennen könnte die Andacht gegenüber dem Göttlichen, das uns aus der Vergangenheit anschaut. Und diese Andacht ... erzeugt die eine Gebetsstimmung ..., die wir bezeichnen können als diejenige, welche zur Gottheit führt." (GA 58/7/S.223)

Der Blick in die Zukunft kann die Seele leicht mit Angst und Furcht vor dem auf sie zukommenden Unbekannten erfüllen. Es gibt aber eine Kraft, die ihr Sicherheit gegenüber der Zukunft geben kann:
"Richtig wird es aber in der Seele nur wirken, wenn es als Gebetsstimmung auftritt. Und das ist das, was man nennen kann das Ergebenheitsgefühl gegenüber dem, was aus dem dunklen Schoß der Zukunft in unsere Seele eintritt." (GA 58/7/S.225)
"Dieses Ergebenheitsgefühl ist das Resultat dessen, was man die andere Gebetsstimmung nennen kann, jene Gebetsstimmung, welche sich richtet an die Zukunft und ihren von Weisheit durchdrungenen Lauf der Ereignisse. Hingabe an das, was man göttliche Weisheit in den Ereignissen nennt; hervorrufen in sich selber immer wieder den Gedanken, ... daß das, was da kommen werde, sein muß und daß es nach irgendeiner Richtung seine guten Wirkungen haben müsse: Das Hervorrufen dieser Stimmung in der Seele und das Ausleben dieser Stimmung in Worten, in Empfindungen, in Ideen, das ist die zweite Art der Gebetsstimmung, die Stimmung des Ergebenheitsgebetes." (GA 58/7/S.226)
"Wenn wir so die Stimmung des Gebetes erfassen und das Gebet als einen Ausdruck dieser Stimmung, dann werden wir in dem Gebete selber jene Kraft finden, die uns über uns selbst hinausführt" (GA 58/7/S.227 f.), d.h. zu unserem höheren Ich.

Als das Urbild des Gebetes führt Rudolf Steiner dann das Vaterunser an. Er zeigt zwar nicht, wie in den Sätzen des Vaterunsers die beiden Gebetsstimmungen mitschwingen, aber wir können leicht erkennen, daß in den vier ersten sogenannten "Bitten" mehr die Stimmung der Ergebenheit und in den drei letzten "Bitten" mehr die aus dem Betrachten der Vergangenheit entspringende Stimmung der Gotteinigkeit leben kann.

In solchen Gebeten wie dem Vaterunser ist die tiefste Weisheit enthalten, und deshalb wirkt es so stark, auch in den Seelen derer, die seine Weisheit zunächst nicht verstehen. Rudolf Steiner hat in seinen Vorträgen über dieses Gebet (28.01.1907, 04.02.1907, 17.02.1907, 18.02.1907, 06.03.1907, in GA 96 und GA 97) seine Weisheit vom Menschen entschlüsselt und gezeigt, wie sich die sieben "Bitten" auf die Wesensglieder des Menschen beziehen. Aber auch ohne daß der betende Mensch diese Weisheit erkennt, wirkt sie doch als Wärme und Licht in seiner Seele.

"Der Naivste, der vielleicht nichts weiter weiß als das Gebet selber, kann das Gebet auf die Seele wirken lassen. Das Gebet selber wird es sein, das Wirkungskräfte hervorrufen kann, welche ihn immer höher und höher bringen. Aber man ist nie fertig mit einem Gebet, wie hoch man auch steht; denn es kann immer noch die Seele um eine Stufe höher bringen, als sie schon ist." (GA 58/7/S.237)

So hat dieses Gebet "Bedeutung für Verständige und Unverständige", weil es "aus der Urweisheit hervorgegangen ist." (GA 96/28.01.1907/S.219)

"Das Vaterunser ist ein Gebet, das als solches kein Mantram ist. Es wird seine Bedeutung noch haben, wenn Tausende und Abertausende von Jahren vorübergegangen sind, denn es ist ein Gedankenmantram. In die Gedanken hineingegossen wurde die Wirkung des Vaterunsers ..., daß der, der das Vaterunser betet, die Wirkung des Vaterunsers verspürt, auch wenn er sich das nicht sagen läßt. Die Wirkung des Vaterunsers ist da, denn sie liegt in der Gewalt der Gedanken selbst." (GA 96/18.02.1907/S.234)

Das Vaterunser ist also ein "Gedankenmantram", es ist "ein Gebet, das nicht nur gebetet werden kann, sondern das auch mystische Stimmung hervorrufen kann und das auch der Gegenstand sein kann der höheren Meditation und Konzentration." (GA 58/7/S.237)

Nicht am Anfang des Erkenntnisweges, in der Vorbereitung, sollte der Meditierende religiös gefärbte Inhalte benutzen (siehe GA 67/9/S.316), aber auf höheren Stufen kann auch das Vaterunser als Gedankenmantram zum Meditieren verwandt werden.

Man hat "die Frucht des Vaterunsers auch ohne Erkenntnis, wenn auch der Höherwissende noch eine ganz andere Frucht davon hat" (GA 97/17.02.1907/ S.83). Das Vaterunser hat sein Ziel in der Vereinigung des Menschen in seiner Siebengliedrigkeit mit seinem göttlichen Ursprung, dem Vater. Deshalb ist es ein Gebet für alle Menschen, ob Wissende oder Unwissende. Rudolf Steiner setzte selbstverständlich voraus, daß auch meditierende Anthroposophen täglich das Vaterunser beten. "Wir sollen das Vaterunser beten, und täglich" (GA 97/06.03.1907/ S.114), sagte er in einem Mitgliedervortrag. Und so hat er es auch selber gehalten.

Rudolf Steiner konnte nur deshalb neue Gebetstexte geben, weil er selber auch ein Betender war. Er hat Gebete gegeben für Mütter, für Kinder, Abend- und Morgengebete, Fürbittegebete für Lebende und Verstorbene, für Kranke und für Augenblicke der Gefahr sowie Tischgebete. Denen, die an der Wirksamkeit des Gebetes zweifelten, hat er geraten, die Kraft des Gebetes zehn Jahre ihres Lebens zu üben und zu erproben (siehe GA 58/7/S.241 f.). Obendrein hat er nie etwas geraten, was er nicht selbst irgendwann einmal durchgeführt hat. Und wenn er Menschen dazu aufforderte, täglich das Vaterunser zu beten, so hat er es bestimmt auch getan.

Wir wissen, daß er während des Ersten Weltkrieges jeden Mitgliedervortrag mit dem Fürbittegebet für die im Felde Stehenden aller Nationen sowie für die Gefallenen begann: "Geister Eurer Seelen ..." (siehe zum Beispiel GA 157/S.11). Und während seiner letzten Lebensmonate hat er auf seinem Krankenlager jeden Tag das Vaterunser in lateinischer Sprache gebetet, und zwar so kräftig, daß es Menschen in der Schreinerei durch die Türen seines Ateliers gehört haben.

Für alles individuelle Beten gilt, was Rudolf Steiner zu den werdenden Pfarrern am 01.08.1922 gesagt hat, daß ein geistiges Wesen helfen muß, wenn ein Mensch ohne Kultus betet, damit dieses Beten eine volle geistige Realität werden kann. Damit können wir verstehen, warum erst der in Gemeinschaft vollzogene Kultus, von dem in den folgenden Abschnitten gesprochen werden soll, Religion, d.h. Gottesdienst, ist. Denn "religiöses Leben kann nicht ohne Gemeindebildung bestehen." (GA 257/03.03.1923/S.172)

3. Kultus als Abbild geistiger Wesen und Vorgänge

Nachdem wir das Gebet betrachtet haben, das jeder Mensch auch individuell für sich verrichten kann und "soll", wenden wir uns nun der Form des religiösen Lebens zu, die nur in Gemeinschaft möglich ist und gleichzeitig Gemeinschaft bildet (siehe Kap. VI, 4), dem Kultus.

Rudolf Steiner hat über den Kultus in zwei Perioden seiner Wirksamkeit geschrieben und gesprochen: in den Jahren 1905/06 und 1917 bis 1924, dazwischen so gut wie gar nicht. Die erste allgemeine und grundsätzliche Äußerung findet sich in dem Buch "Wie erlangt man Erkenntnisse der höheren Welten?" (GA 10), das zunächst in Aufsätzen in der Zeitschrift "Lucifer-Gnosis" erschien. Die entsprechende Textstelle stammt aus einem Abschnitt, der im Sommer 1905 geschrieben worden ist. Dort heißt es, nachdem von Wirkungen der Einweihung die Rede ist:

"Die Religionen haben in ihren Zeremonien, Sakramenten und Riten äußerlich sichtbare Abbilder höherer geistiger Vorgänge und Wesen gegeben. Nur wer die Tiefen der großen Religionen noch nicht durchschaut hat, kann diese verkennen. Wer aber in die geistige Wirklichkeit selbst hineinschaut, der wird auch die große Bedeutung jener äußerlich sichtbaren Handlungen verstehen. Und für ihn wird dann der religiöse Dienst selbst ein Abbild seines Verkehrs mit der geistig übergeordneten Welt." (GA 10/S.158)

Zweimal taucht der Begriff "Abbild" auf, was zunächst vermuten läßt, daß es sich dabei um eine Angelegenheit von geringerem Wirklichkeitsgrad handelt, als ihn die geistige Welt selbst besitzt. Dieser Abbildcharakter ist konkreter in einem bisher unveröffentlichten Vortrag vom 17.03.1905 in Köln über "die Bedeutung der Messe im Sinne der Mystik" dargestellt. Darin findet sich ausgeführt, wie die vier Teile der Messe Abbilder von vier Stufen der ägyptischen Einweihung sind. Erstens: die Botschaft von der Auflösung des Weltengeistes in der Natur; das verstandesmäßige Einsehen, wie die Welt geworden ist (Evangelium-Verkündigung, Botschaft). Zweitens: die Katharsis, die Reinigung von den Trieben, Begierden und Leidenschaften der niederen Natur (Opferung oder Ablatio). Drittens: der Einweihungsschlaf, durch den der Geheimschüler in seine astrale Gestalt verwandelt und ein "Konsekrierter" wurde (Wandlung). Viertens: die freiwillige Vereinigung mit dem physischen Leib; das erwachte Ich "trägt seinen Leib auf dem Rücken" (Kommunion, Vereinigung).

Eine ähnliche, aber kürzere Darstellung findet sich im Vortrag vom 04.11.1906 bei der Schilderung des indischen Geistweges:

"Ein solches Ritual ist zum Beispiel im christlichen Meßopfer mit seinen vier Teilen beschlossen. Dasselbe ist die Ausdrucksform für das alte Mysterium und besteht aus dem Evangelium (die Verkündigung), der Opferung des niederen Selbst, der Wandlung in das höhere Selbst, der Kommunion: Vereinigung mit dem Göttlichen. Was auf dem Astralplan wirklich geschieht, geschieht da im Bilde auf dem physischen Plan. Daß man das im Bilde anschaut, hat Bedeutung. Sie nehmen das Bild auf, und eines Nachts kann den Schüler die astralische Welt dann aufnehmen und sie wird eine Kraft in ihm." (GA 94/ 41/S.278)

Hier wird von dem Kultus schon gesprochen als von einem Bilde, das selber etwas bewirkt in demjenigen, der es erlebt: es fördert ihn auf dem Wege der Geisterkenntnis. Allerdings gilt das zunächst nur für die indische Schulung, in der das Kultuserleben ein notwendiger Bestandteil war.

In einem anderen Zusammenhang erwähnt Rudolf Steiner die Herkunft aller Riten und Kulte:

"Aus dieser Wahrheit sprießen die Riten und kultischen Zeremonien der Religionen hervor. Auf dem Grunde aller Riten und aller durch die Hellseher eingerichteten Kulte ist es die göttliche Weisheit, die spricht. Durch sie drückt sich die Astralwelt in der physischen Welt aus. Der Ritus repräsentiert wie in einem Reflex, was sich in den höheren Welten ereignet. Diese Tatsache findet sich im Ritus der Freimaurer ebenso wie in den Religionen Asiens. Bei der Geburt einer neuen Religion gibt ein Eingeweihter die Grundlagen, auf denen das Ritual des äußeren Kultus sich aufbaut." (GA 94/06.06.1906/S.69)

In diesem Wortlaut nennt Rudolf Steiner den Kultus einen "Reflex" der geistigen Vorgänge, und es ergibt sich eigentlich ganz selbstverständlich, daß nur ein Eingeweihter, der in beiden Welten lebt, diese Abbilder im Sinnlichen schaffen und einrichten kann. Ein Beispiel dafür aus der abendländischen Kultur ist die Einsetzung des jüdischen Kultus durch den Eingeweihten Moses (2. Moses, 25 bis 40).

Im Vortrag vom 04.11.1905 beschreibt Rudolf Steiner die Entwicklung der menschlichen Nahrung in bezug auf das von Christus eingesetzte Abendmahl. Er zeigt, daß Brot und Wein das Symbol für die Nahrung der vierten nachatlantischen Kulturepoche sind, in der die Menschen Tier und Pflanze töten und mineralisch behandeln mußten, um sie zur Nahrung aufzubereiten.

"Brot und Wein liegen da als Symbol der vierten Rasse. Was sich in Zukunft entwickeln soll, ist ein weiterer Aufstieg von der Pflanzen- zur mineralischen Nahrung. Brot und Wein müssen wieder geopfert, aufgegeben werden. Insofern also Christus in der vierten Unterrasse erscheint, weist er hin auf Brot und Wein: 'Dies ist mein Leib – dies ist mein Blut'. Damit wollte er einen Übergang schaffen von der Tiernahrung zur Pflanzennahrung, den Übergang zu etwas Höherem.

Es gab damals zwei Menschenklassen: Erstens die, die sich von Fleisch und Blut nährten; das sind die vorchristlichen Menschen, mit denen Christus gar nicht gerechnet hat. Zweitens diejenigen, die nur Pflanzen töten, der Pflanze das Blut abzapfen: die Wein trinken und Brot essen. Mit diesen rechnet er

noch; sie sind die Vorboten derjenigen Menschheit, die in der Zukunft sein wird.
Die Bedeutung des Abendmahles ist die, von der Ernährung vom toten Tier überzugehen zu der Ernährung von der toten Pflanze. Wenn unsere fünfte Unterrasse zu Ende gegangen sein wird, in der sechsten Unterrasse da wird man das Abendmahl verstehen. Da wird kein Tierisches mehr genossen werden." (GA 93a/30/S.246 f.)
In diesen fragmentarischen Notizen von Rudolf Steiners damaligen Vorträgen ist eine Doppelheit zu finden, die uns vorher schon begegnet ist: einerseits ist das Abendmahl ein "Symbol", hat eine "Bedeutung", andererseits sollte mit ihm ein Übergang "geschaffen" werden. Es ist also nicht ein "bloßes Bild", sondern ein "wirksames Bild".
Eine ähnliche Doppelheit findet sich im Kasseler Zyklus über das Johannesevangelium: Weil der Christus der Geist der Erde geworden ist, ist jedes irdische Atom durchdrungen von seinem Geist. Deswegen kann er zu Brot und Wein sagen: "Das ist mein Leib, das ist mein Blut".
"Und diejenigen Menschen, welche imstande sind, den richtigen Sinn dieser Worte des Christus zu fassen, die machen sich Gedankenbilder, die anziehen in dem Brot und in dem Rebensaft den Leib und das Blut Christi, die anziehen den Christus-Geist darinnen. Und sie vereinigen sich mit dem Christus-Geist. So wird aus dem Symbolum des Abendmahles eine Wirklichkeit.
Ohne den Gedanken, der an den Christus anknüpft im menschlichen Herzen, kann keine Anziehungskraft entwickelt werden zu dem Christus-Geist beim Abendmahl." (GA 112/07.07.1909/S.268)
Damit ist auf das hingewiesen, was vom Menschen selber geleistet werden muß, damit aus dem "Symbolum des Abendmahles eine Wirklichkeit" werden kann: das Verständnis des ganzen Vorganges in Herzensgedanken. In der Sprache der Menschenweihehandlung heißt es nach den Einsetzungsworten, daß wir es aufnehmen sollen in unser Denken.
Als letztes Beispiel aus der ersten Phase der anthroposophischen Arbeit sei aus einem Brief zitiert, den Rudolf Steiner im November 1905 an Marie von Sivers schrieb. Darin entwirft er eine Art gemeinsamen Arbeitsprogrammes, eine Skizzierung des Weges zur Überwindung des Materialismus:
"Dies sollte unser Ideal sein: *Formen* zu schaffen als Ausdruck des inneren Lebens." (GA 262/S.74)
Ohne solche Formen kann es im Bewußtsein der Menschen nur eine Abstraktion des Geistes geben, und die Wirklichkeit reduziert sich auf eine geistlose "Stoffaggregation". Und dann heißt es weiter:
"Und weil man größeren Menschenmassen gegenüber Formen vergeistigt doch nur durch das Medium der Religion zeigen kann, so muß die Arbeit nach der Zukunft dahingehen: religiösen Geist in sinnlich-schöner Form zu gestalten. Dazu aber bedarf es erst der Vertiefung im Inhalte. Theosophie muß zunächst *diese* Vertiefung bringen. Bevor der Mensch nicht ahnt, daß Geister im

Feuer, in Luft, Wasser und Erde leben, wird er auch keine Kunst haben, welche diese Weisheiten in äußerer Form wiedergibt." (GA 262/S.74) Damit ist schon der Weg der Anthroposophie in Kürze vorgezeichnet. Sie beginnt als Geisteskenntnis, vertieft sich zur Kunst und endet in Religion (vgl. GA 257/2/S.46).

Rudolf Steiner war zu dieser Zeit vorwiegend mit der "Vertiefung des Inhaltes" durch die Erringung der Geisteskenntnis beschäftigt. Aber schon ein Jahr später beginnt sein Schaffen von vergeistigten Formen, zuerst durch das Medium der Sprache in seiner Spruch-Dichtung ("Die Sonne schaue um mitternächtige Stunde ..."; GA 40/S.73). Eineinhalb Jahre später folgt der Keim in der darstellenden Kunst mit apokalyptischen Siegeln und den noch gemalten Säulen beim Münchener Kongreß 1907 (siehe GA 284); 1909 der Beginn der Bühnenkunst und der Architektur (Malsch) und 1912 der Anfang der neuen Bewegungskunst, der Eurythmie. In all diesen Künsten erfolgt in den folgenden Jahren eine großartige Entwicklung, allein das Zeigen der vergeistigten Formen für "größere Menschenmassen" durch das "Medium der Religion" läßt sich zunächst nicht erkennen. Wir werden noch sehen (Kap. IV, 2), wie dieses Motiv vom Herbst 1916 an wieder auftaucht und schließlich zu der Stiftung eines religiösen Kultus führt.

Wichtig ist in diesem Zusammenhang aber, daß Rudolf Steiner wieder von derselben Doppelheit in bezug auf religiöse Formen spricht: Auf den Abbildcharakter des Kultus deutet er, indem er ihn als "Ausdruck" des inneren geistigen Lebens bezeichnet; und die Bedeutung und Wirksamkeit klingt an, wenn er für "größere Menschenmassen" das Medium der religiösen Formen als Weg zum Geiste für notwendig erklärt.

Wir werden im nächsten Abschnitt dieses Motiv der Bedeutung und Wirksamkeit des Kultus noch weiter verfolgen und sehen, wie Rudolf Steiner später von der Notwendigkeit des Kultus für das soziale Leben, für das Zusammenleben "größerer Menschenmassen" gesprochen hat (vgl. GA 95/13/S.120 ff.).

Zunächst aber wollen wir nun betrachten, was Rudolf Steiner ab 1917 in der dritten Phase der anthroposophischen Arbeit über den Abbildcharakter des Kultus, der religiösen Formen, gesagt hat.

Nach der Schilderung der Mithras- und der eleusinischen Mysterien im Vortrag vom 24.04.1917 beschreibt Rudolf Steiner die Kulte dieser Mysterien mit folgenden Worten:

"Und diese alten Kulte, die gewissermaßen die äußeren Schriftzeichen, die wirklichen äußeren Schriftzeichen, die Symbole waren für dasjenige, was in den Mysterien vorgeht ..."

Und er fährt dann fort:

"Das Meßopfer mit alledem, was daran hängt, ist eine kontinuierliche Fortentwickelung der Mithras-Mysterien, die in gewisser Weise etwas kombiniert sind mit den eleusinischen Mysterien. Das Meßopfer und vieles, was an Zeremonien damit zusammenhängt, ist nichts anderes, als die Fortentwickelung der alten Kulte, nur eben fortentwickelt." (GA 175/15/S.318 f.)

Die alten Mysterienkulte waren "wirkliche äußere Schriftzeichen" (wieder die Doppelheit von Bild und Wirkung) der geistigen Vorgänge in den Mysterien, und die Messe ist deren Fortentwicklung.

Im Vortrag vom 13.10.1918, der uns im nächsten Kapitel (IV, 2) noch ausführlicher beschäftigen wird, wird das Meßopfer als "ein Abbild der höchsten Mysterien aller Zeiten" bezeichnet, weil es "etwas Heiliges, etwas Großes ..., das durch Urzeiten der Menschheit webt", zum Ausdruck bringt (GA 184/15/S.308 f.).

Etwas anders formuliert er dann im Vortrag vom 11.01.1919:

"Die Messe und auch andere Zeremonien der katholischen Kirche sind in ihrer Grandiosität, ihrer unvergleichlichen Größe eben doch entnommen den alten heidnischen Mysterien. Und sobald Sie auf das Ritual des Katholizismus hinschauen und es richtig verstehen, so haben Sie in diesem Ritual eine Wiedergabe des Weges der Einweihung in den alten heidnischen Mysterien. Die Hauptteile der Messe: Verkündigung, Opferung, Wandlung, Kommunion, stellen dar den Weg des Einzuweihenden aus den alten heidnischen Mysterien." (GA 188/5/S.113)

In der Folge wird darauf hingewiesen, daß in dem Mysterium von Golgatha die Geheimnisse der Einweihung zur historischen, äußeren Tatsache geworden sind (siehe: Das Christentum als mystische Tatsache und die Mysterien des Altertums, GA 8), und die Messe wird damit in Zusammenhang gebracht. Es wird aber noch nicht entwickelt, inwiefern die vier Teile der Messe auch eine Fortsetzung des Mysteriums von Golgatha sind. Das hat Rudolf Steiner erst vor den werdenden Priestern getan. Zunächst breitet sich das Geheimnis des Christentums in der Welt aus, "eingetaucht ... in heidnisches Ritual" (GA 188/5/S.113), das aus den Mysterien stammt.

Im Zusammenhang der drei Phasen irdischer Imperien spricht Rudolf Steiner dann am 09.03.1920 auch über den Kultus:

"Die Kultushandlungen (innerhalb der christlichen Kirche; W.G.) wurden so ausgestaltet, daß das, was durch sie geschah, Bilder darstellte von dem, was in den geistigen Reichen geschah. Kultushandlungen, die vollzogen wurden, waren geistiges Geschehen, das hineinragte in physisch-irdisches Geschehen. Man dachte sich durchaus, daß das geistige Reich neben dem irdischen sei, aber man dachte sich, daß es hineinragte in das irdische Reich, daß im irdischen Reich das Symbolum zu finden sei, das Zeichen für das geistige Reich." (GA 197/3/S.49)

Kultus ist also Bild eines geistigen Geschehens, das mit dem Kultusvollzug in Zeichen und Symbol in das Irdische "hineinragt". Da aber bei den Menschen im Verlauf der letzten Jahrhunderte das Bewußtsein des Zusammenhanges des Irdischen mit dem Geistigen dahinschwand, hat sich auch diese Tatsache in der Kultpraxis der Kirchen verändert:

"Und so sind geblieben die großen, weittragenden Symbole, die hinweisen in ein gewisses Zeitalter, auf den Zusammenhang der irdischen Kultushandlungen oder ähnlicher Dinge mit dem göttlich-geistigen Geschehen der Welt.

Diese Symbole haben sich verpflanzt in spätere Zeiten, wurden luziferisch konserviert ..., in gewisser Weise ... bewahrt, aber es ist das etwas, was einen Sinn eben nur für ein voriges Zeitalter hatte. Wir sehen aber auch in den Worten im Grunde genommen nur luziferisch bewahrt dasjenige, was für ältere Zeitalter eine Bedeutung hatte. ... Denn das Geistige entschwindet allmählich, das Wort wird zum leeren Symbol, zum leeren Zeichen." (GA 197/3/S.50)

In die Dekadenz gerät der Kultus, wird zur leeren Form, in die das Geistige nicht mehr "hineinragt" und sie erfüllt, wenn die Menschen durch ihr Bewußtsein nicht mehr in Gedanken die "Anziehungskraft" für den Christus-Geist entwickeln, daß er die "Form" erfülle (vgl. auch GA 112/14/S.268). Durch Anthroposophie kann der Mensch in bewußtem Denken diese Anziehungskraft wieder entwickeln, die einen Zusammenhang des Irdischen mit dem Geistigen im Kultus schafft.

Mit den nun folgenden Äußerungen Rudolf Steiners zu unserem Thema, die aus den Jahren 1921 bis 1924 stammen, kommen wir schon in den zeitlichen Umkreis der Gründung der Christengemeinschaft. – Am 21.03.1921 spricht Rudolf Steiner vom Ursprung der alten Kulthandlungen:

"... Man begreift, wie der alte Mensch nicht etwa aus Kinderei heraus, sondern aus seiner Art des Erkennens heraus dazu gekommen ist, Kultushandlungen zu vollziehen und in ihnen etwas Reales zu sehen, weil er wußte, dasjenige, was er der Handhabung seines Kultus einbildet, das ist von innen heraus gestaltet dasjenige, was im Grunde genommen entspringt einer Erkenntnis, wo der Mensch nicht mehr abgesondert dasteht, sondern mit der Wirklichkeit verbunden ist.

Er ... sagte ... sich: ... In der Kultushandlung ... vollziehe ich eine Handlung, stelle ich ein Objekt vor mich hin, das seine unmittelbare Beziehung zum geistigen Inhalt des Kosmos hat. So stand vor diesen Menschen der alten Kultur das äußere Kultusgerät in seiner symbolischen Art, so daß er in ihm empfand den Zusammenhang mit den geistigen Wesenhaftigkeiten des Kosmos, den er zuerst in seinem Erkennen erlebt hat. Und er wußte nun, wie konzentriert, in überschaubarer Weise konzentriert ist im Kultusgerät oder in der Kultushandlung etwas, was so geschieht, daß es sich nicht erschöpft in dem Äußerlichen, was ich da vor mir habe, sondern daß geistig-seelische Mächte, die sonst im Kosmos leben, in der sich vollziehenden Kultushandlung leben." (GA 324/5/S.92 f.)

Was an geistiger Erkenntnis im Innern der Menschen früherer Zeiten lebte, wurde in sinnliche Dinge und Vorgänge gestaltet und in ihnen abgebildet. Diese Vorgänge waren aber gleichzeitig selber eine volle Wirklichkeit, weil geistige Wesen in ihnen lebten.

Am 13.04.1922 ist Rudolf Steiners Vortragsthema die Messe und das Abendmahl: In den Kultus der Messe hüllte man ein "die ganze Struktur des Mysteriums der Offenbarung, des Opfers, der Transsubstantiation, der Kommunion", man hüllte ein "in diese Strukturformen das Mysterium von Golgatha ..." Die Messe war keine Fortsetzung des in der Bibel geschilderten Abendmahles, sondern "daß gerade das Meßopfer mit einem wunderbaren Kultus, seiner Nachahmung der vier Mysterienkapitel, eingesetzt worden ist, das geht eben durchaus auf das zurück, daß der auferstandene Christus auch der Lehrer war derjenigen, die diese Lehren in einem höheren esoterischen Sinn empfangen konnten." (GA 211/8/ S.136 f.)

Die Messe ist also nicht nur aus der Geisterkenntnis eines Eingeweihten entstanden, wie die alten Kulte, sondern vom auferstandenen Christus selber als eine "Nachahmung" der Mysterienstufen eingesetzt worden.

In den Vorträgen "Anthroposophische Gemeinschaftsbildung" (GA 257) vom Februar und März 1923 finden wir nun auch in bezug auf den Kultus der inzwischen begründeten Christengemeinschaft einiges ausgeführt, was hierher gehört:

"Dasjenige, was sich in den Kultformen ... ausspricht, das ist ein Abbild von wirklichen Erlebnissen ..., die der Mensch in seinem vorirdischen Dasein durchmacht, wenn er auf dem zweiten Teil des Weges zwischen dem Tode und einer neuen Geburt ist, aus jener Welt, die der Mensch durchschreitet von jenem Zeitpunkte, der da liegt in der Mitternachtsstunde des menschlichen Daseins zwischen dem Tode und einer neuen Geburt bis zum Herabsteigen zum Erdenleben. In dem Gebiet, das da der Mensch durchmacht, liegt die Welt, liegen die Ereignisse, liegen die Wesenhaftigkeiten, die ein wirkliches Abbild finden in den echten, wahren Kultformen." (GA 257/27.02.1923/S.113)

Das gleiche spricht er einige Tage später nochmals in ähnlicher Form aus (GA 257/03.03.1923/S.171 f.).

In diesen Äußerungen tritt nun ein neues Element auf. In dem vierteiligen Kultus der Christengemeinschaft ist nicht nur, wie in der Messe, ein Abbild des Mysterienweges gegeben, sondern gleichzeitig ein Abbild der Erlebnisse des vorgeburtlichen Lebens von der Mitternachtsstunde des Daseins bis zur leiblichen Geburt.

Nach der Weihnachtstagung, am 19.04.1924, sprach Rudolf Steiner über die Mysterien am Beispiel des Adoniskultes. Er zeigte, wie im Bilde dargestellt wurde der Tod des Adonis, dessen Statue für drei Tage im Meer versenkt und dann unter Jubelgesängen wieder heraufgeholt wurde. Das war ein Abbild der Vorgänge in den Mysterien.

"Wenn man dieses mit den Einzuweihenden in den Tiefen der Mysterien Veranstaltete verglich mit dem, was als Kultushandlungen draußen vollzogen war, dann war der Inhalt des Kultus bildhaft, aber in seiner ganzen Struktur ähnlich dem, was da geschah mit den auserlesenen Menschen innerhalb der Mysterien." (GA 233/16/S.252)

Hier klingt an, was wir als einen "Demonstrationskultus" kennengelernt haben (Kap. II, 3), der für die, die noch nicht die Einweihung selber erlangen können, im künstlerischen oder religiösen Abbild die Einweihungserlebnisse zeigt. Als letztes seien nun die Worte aus den Karmavorträgen zitiert, mit denen

Rudolf Steiner direkt auf einen Kultus der Christengemeinschaft eingeht (27.06.1924):
"Ein Kultus entsteht nicht dadurch, daß man ihn ausdenkt, denn dann ist er kein Kultus. Ein Kultus entsteht dadurch, daß er das Abbild ist von demjenigen, was in der geistigen Welt vorgeht."

Er spricht im weiteren von dem Bestattungskultus der Christengemeinschaft und fragt, was das eigentlich sei. Dann heißt es:
"Meine lieben Freunde, wenn hier ein Spiegel ist, hier irgendein Gegenstand oder ein Wesen, so sehen sie hier ein Spiegelbild darin. Sie haben zwei, das Wesenhafte und das Spiegelbild. So haben Sie zwei, wenn ein Totenkult sich abspielt. Dasjenige, was der Kult ist, der vor dem Sarge durch den Priester gehalten wird, das ist nur ein Spiegelbild. Das ist ein wirkliches Spiegelbild und wäre nicht eine Realität, wenn es nicht ein Spiegelbild wäre. Was spiegelt es? Dasjenige, was der Priester hier tut, indem er vor der Leiche steht, seinen Kultus verrichtet, das hat sein Ursprungsbild in der anstoßenden übersinnlichen Welt, wo, während wir hier vor dem physischen Leibe und dem eigentlich noch immer anwesenden Ätherleibe den irdischen Kultus verrichten, der himmlische Kultus verrichtet wird von der anderen Seite, von den Wesenheiten der anderen Seite des Daseins, – wo das Seelisch-Geistige empfangen wird mit dem Empfangs-Kultus, wie wir hier mit dem Abschieds-Kultus vor der Leiche stehen. Nur dann ist ein Kultus eine Wahrheit, wenn er diesen realen Ursprung hat." (GA 236/19/S.361 f.)

Damit haben wir noch einmal das Grundmotiv dieses Abschnittes, daß jeder rechtmäßige Kultus ein Abbild, ein wirkliches Spiegelbild von Vorgängen und Wesen der geistigen Welt ist. Wir haben uns bisher streng auf diesen Abbildcharakter des Kultus beschränkt. In den folgenden Abschnitten soll nun das dargestellt werden, was die Wirklichkeit und die Wirksamkeit des Kultus ausmacht. Wir gehen damit von der religiösen Tätigkeit allmählich über zu der Wirkung dieser Tätigkeit.

4. Die Bedeutung des Kultus für den Menschen und für das soziale Leben

Wenn ein Kultus vollzogen wird, dann geschehen in der sinnlichen Welt Vorgänge, die durch ihre Eigenart und Anordnung, durch ihre "Form", Abbild geistiger Vorgänge und Wesen sind. Diese Vorgänge sind aber nicht bloße Abbilder, sondern gleichzeitig Wirklichkeit, weil die geistigen Wesen selber mit ihren Kräften in dieselben hineinragen.

Außer den sinnlichen Formen und den hereinwirkenden geistigen Wesen gehört zu einem Kultus als drittes Element hinzu, daß Menschen sich mit ihrem Bewußtsein und ihren Seelenkräften in den Vorgang hineinstellen, ihn gemeinsam vollbringen. Wir können also in einem Kultus drei Wirklichkeitsbereiche unterscheiden: den äußerlich-sinnlichen, den menschlich-seelischen und den geistig-wesenhaften.

Entsprechend gibt es auch in diesen drei beteiligten Wirklichkeitsbereichen Kultuswirkungen. Es soll zunächst von der Bedeutung und Wirkung des Kultus im mittleren dieser drei Bereiche, also im Menschen, die Rede sein. Hier müssen wir noch zwischen den Wirkungen für den einzelnen Menschen und solchen für die Menschengemeinschaft unterscheiden. Wir beginnen mit den ersteren:

Über die Bedeutung des Kultus in seiner Wirkung auf den Menschen hat Rudolf Steiner weder in seinen Schriften noch in öffentlichen Vorträgen gesprochen. Da hat er sich nur allgemein über die Wirkung der religiösen Übung geäußert, wie es in den letzten Abschnitten dieses Kapitels dargestellt ist. In den Mitgliedervorträgen gibt es aus der ersten und zweiten Phase der anthroposophischen Arbeit im wesentlichen nur zwei Textbelege, und zwar aus dem November 1906 und aus dem Oktober 1911. In beiden Fällen wird vom Abendmahl gesprochen.

"Christus ist es, der wieder die Ätherentwickelung bringt. Der Christus-Impuls ist das Eindringen der Buddhi.

Manas ist also ein Durchgangspunkt, der stattfand, als in Lemurien der Ätherleib in den physischen Leib fuhr. Buddhi wird durch Christus in den Ätherleib, aber von innen, hineingebracht. Dieses Prinzip des Von-innen-heraus-Belebens bringt das Christentum. 'Ich bin das Brot des Lebens.' Solange in der Welt geherrscht hat die Gebundenheit an den physischen Leib, das Prinzip der Vererbung, hat der Mensch keine Möglichkeit, über den Tod hinauszublicken. Das geschieht aber in dem Augenblick, wo sein Lebensleib, sein Ätherleib von innen heraus durch Buddhi belebt werden kann, wo Manas die Buddhi aufnimmt. Moses ist also der Sendbote für Manas, Christus der Bringer der Buddhi. ...

Moses nimmt das Opferblut und sprengt es über das Volk. Dies ist das Zeichen für die Wahrheit des Bundes durch die Blutsverwandtschaft. Wenn Manas das Blut aufgenommen hat und die Buddhi auch, dann verstehen wir die Stelle, die im Johannes-Evangelium lautet: 'Wer mein Fleisch isset und mein Blut trinket, der bleibet in mir und ich in ihm.' Will Christus auf die Menschheit wirken können, so muß er durch sein Blut einen Bund mit ihr schließen. Es mußte der Mensch, wenn Christus die Buddhi ihm einpflanzen soll, Christi Blut im Abendmahl empfangen." (GA 94/03.11.1906/S.270)

Eine individuelle Wirkung des Kultus, des Abendmahles, ist es also, daß der Christ durch den Empfang von Leib und Blut Christi den Keim seines zweiten geistigen Wesensgliedes, den Lebensgeist, eingepflanzt bekommt. Damit ist ein Motiv angeschlagen, das uns noch besonders beschäftigen wird (siehe Kap. III, 6), daß das religiöse Leben insbesondere auf den Ätherleib läuternd und verwandelnd wirkt. Das hat Rudolf Steiner in seinen Schriften dargelegt und in öffentlichen Vorträgen ausgesprochen. In den voranstehenden Zitaten aus dem Mitgliedervortrag ist intim und geistig konkret ein spezieller christlicher Aspekt dieses Motives entwickelt.

In dem Zyklus "Von Jesus zu Christus" (GA 131) hat Rudolf Steiner im Vortrag vom 13.10.1911 auch über das Abendmahl und seine Wirkung auf den Menschen gesprochen: In der Zeit, in der das naturwissenschaftliche Weltbild und schließlich der Materialismus und das Maschinenzeitalter herauskamen, "war es unmöglich geworden, unmittelbar von der Erde den Weg zum Geistigen zu finden" (GA 131/9/S.202). Es mußten die Menschen aber einen exoterischen Weg zu Christus finden können, und das geschah durch die Evangelien und das Abendmahl.

"Auf zweierlei Wegen konnte exoterisch der geistige Anblick des Christus gefunden werden. Das eine konnte dadurch geschehen, daß dem Menschen die Möglichkeit vorgeführt wurde, daß es allerdings nicht wahr ist, daß alle Materie dem menschlichen Innern, dem Geistigen im eigenen Innern ein völlig Fremdes ist. Es mußte auf der einen Seite tatsächlich die Möglichkeit vorgeführt werden, daß es nicht richtig ist, daß überall im Raume, wo Materie erscheint, nur Materie vorhanden ist. Wodurch konnte das geschehen? Auf keinem anderen Wege konnte das geschehen, als daß man dem Menschen etwas vermittelte, was zugleich Geist und zugleich Materie ist, wovon er wissen mußte, daß es Geist ist, und wovon er sah, daß es Materie ist. Das mußte also lebendig bleiben: die Verwandlung, die ewig gültige Verwandlung von Geist in Materie, von Materie in Geist. Und das ist dadurch geschehen, daß sich das Abendmahl als eine christliche Einrichtung durch die Jahrhunderte herauf erhalten hat, daß es gepflegt worden ist." (GA 131/9/S.202 f.)

Es gab also eine Zeit vor dem Auftreten der Anthroposophie, in der es nur den exoterischen Weg zu Christus durch das Abendmahl gab. Nur durch das Abendmahl konnte das Bewußtsein aufrechterhalten werden, daß Materie niemals ohne Geist, Geist niemals ohne Materie sein kann. Und dieses Bewußtsein mußte lebendig bleiben. Durch die Anthroposophie kann dieses Bewußtsein auf andere Weise entstehen und lebendig werden. Deshalb haben der Kultus und das Abendmahl für den Anthroposophen nicht dieselbe Bedeutung wie für andere Menschen (siehe Kap. V, 4), denn *diese* Wirkung des Abendmahles, daß es "das Geistbewußtsein der Seele entfacht" (GA 175/20.02.1917/S.56), *braucht* der Anthroposoph eben nicht.

Diese Wirkung des Abendmahles ist aber an die Vorbedingung geknüpft, daß die Menschen von einer geistigen Wirklichkeit wissen:

"Solange vom Abendmahl gewußt wurde, daß es den lebendigen Beweis dafür bedeutet, daß Materie nicht bloß Materie ist, sondern daß es zeremonielle Handlungen gibt, durch die der Materie der Geist beigefügt werden kann, solange der Mensch wußte, daß diese Durchdringung der Materie mit dem Geist eine Durchchristung ist, wie sie im Abendmahl zum Ausdruck kommt, so lange wurde es hingenommen, ohne daß man sich stritt." (GA 131/9/S.203)

Mit der Durchchristung der Materie im Abendmahl haben wir nun schon eine Wirkung des Kultus kennengelernt, die weit über den Menschen hinaus in die Tiefen der Sinneswelt und damit in die erste Komponente jedes Kultus hineinwirkt. Für den Menschen hat das Abendmahl aber noch eine ganz wesentliche Wirkung, nämlich die Vereinigung mit dem Christus:

"Das Abendmahl war für die Menschen, die zu dem Christus hinkommen wollten, ein völliger Ersatz für den esoterischen Weg, wenn sie diesen nicht gehen konnten, so daß sie in dem Abendmahl eine wirkliche Vereinigung mit dem Christus finden konnten. Aber alle Dinge haben ihre Zeit. Freilich, so wahr es ist, daß in bezug auf das spirituelle Leben ein ganz neues Zeitalter anbricht, so wahr ist es auch, daß der Weg zum Christus, der für viele Jahrhunderte der richtige war, es auch für viele Jahrhunderte noch bleiben wird." (GA 131/9/S.204)

Obwohl es also durch Anthroposophie wieder einen esoterischen Weg zu Christus gibt, bleibt der Weg durch das Abendmahl noch für viele Jahrhunderte gültig. Wir werden auf diesen Aspekt noch im folgenden Kapitel (IV, 2) zu sprechen kommen. Wichtig ist im Zusammenhang dieses Kapitels die auch heute noch gültige Wirkung des Abendmahles, daß es den Menschen mit dem Christus vereinigt.

Alle weiteren Äußerungen über die Wirkung des Kultus auf den Menschen fallen in die dritte Phase der anthroposophischen Arbeit, genauer in die Jahre 1922 bis 1924, also in die Zeit, als ein neues Kultuswirken in der Christengemeinschaft begründet wurde.

Am 13.04.1922 – nachdem Rudolf Steiner sich intensiv mit der Messe beschäftigt, für Hugo Schuster eine deutsche Übersetzung der römischen Messe geschaffen und die Offenbarung der Menschenweihehandlung empfangen hatte – heißt es:

"... In jenen Mysterien, in die der auferstandene Christus hineingesprochen hat, da wußte man noch: Es war einmal vorhanden beim Menschen ein höchstes Stoffwissen, Stoffwechselwissen. ... Man wollte für eine gewisse Sache das alte Stoffeswissen auferwecken ... dadurch, daß man einhüllte in Kultus, in bestimmte mantrische Formeln einhüllte, vor allen Dingen in die ganze Struktur des Mysteriums der Offenbarung, des Opfers, der Transsubstantiation, der Kommunion, daß man einhüllte in diese Strukturformen das Mysterium von Golgatha, dem Menschen das Abendmahl reichte als Brot und Wein. Nicht indem man ihm Gift gab, aber indem man ihm das Abendmahl reichte und erst dieses Abendmahl einhüllte in dasjenige, was ausgeht von den mantrischen Formeln des Meßopfers und ausgeht von dem, was in der vierfachen Gliederung der Messe – Evangelium, Opferung, Wandlung und Kommunion – liegt. Denn nach der Kommunion, nachdem der vierte Teil des Meßopfers vorbei ist, sollte ja stattfinden die eigentliche Kommunion der Gläubigen, und man wollte wenigstens einen Anhaltspunkt geben dafür, daß wiedererlangt werden muß ein Wissen, welches hineinführt zu dem, wozu das alte Stoffwechselwissen in instinktiver Art hingeführt hat. ... Degenerierung desjenigen, was der Urmensch in seinem Stoffwechsel hatte, ist heute vorhanden. Aber das Altarsakrament ist eben durchaus als Hinlenkung gedacht, aus den ersten christlichen Lehren als Hinlenkung gedacht darauf, daß wieder zu erringen ist ein Wissen von dem Ewigen in der Menschenseele. Dazumal, als der durch den Tod gegangene Christus seine eingeweihten Schüler lehrte, da konnten die Menschen von sich selbst aus zu einem solchen Wissen nicht kommen. Er hat es sie aber gelehrt. Und in den vier ersten christlichen Jahrhunderten war dieses Wissen in einer gewissen Weise noch lebendig." (GA 211/8/S.135 f.)

Diese Vortragspassage schließt thematisch an die vorige aus dem Zyklus "Von Jesus zu Christus" an. In beiden Fällen handelt es sich um ein Bewußtsein, um ein Wissen in bezug auf das Stoffliche und seiner Beziehung zum Geiste, zum Ewigen, das durch das Abendmahl angeregt wird. Darüber hinaus kann das Abendmahl den Menschen wieder auf das Ewige, das Geistige in der Menschenseele, hinlenken. Unter diesem Aspekt der Wirksamkeit hat es keine Bedeutung für den Anthroposophen, dessen Bewußtsein durch Anthroposophie schon auf das Geistige im Menschen gerichtet ist.

Wir können aber vermuten, daß diese Wirkung des Abendmahles, dem Menschen eine Hinlenkung auf sein Ewiges, seinen Geistteil, zu geben, einer der Gründe ist, die Rudolf Steiner veranlaßt haben, vom Herbst 1916 an die Notwendigkeit einer neuen christlichen Kirche zu verkünden, als er, durch den Tod von Helmuth von Moltke angeregt, auf das Konzil von 869 und die "Abschaffung des Geistes", eben die Verdunkelung des Ewigen in der Menschenseele, immer stärker aufmerksam gemacht hat (siehe auch Kap. IV, 2 und 3).

Am 29.09.1922, unmittelbar nach den Gründungsereignissen der Christengemeinschaft, sprach Rudolf Steiner über religiöse Kulthandlungen: "Einstmals wird der Eingeweihte an den, allerdings nicht im heutigen Sinne verlaufenden, sondern an den wieder richtiggestellten Kultushandlungen seinen Schülern folgendes klarmachen können. Er wird ihnen sagen können: Wenn ihr eine Kultushandlung verrichtet, so ist das ein Appell an die geistigen Mächte des Universums, ein Appell an diejenigen Mächte, die gerade durch das, was der Mensch tut, sich mit der Erde verbinden sollen. ... Ich habe Ihnen das letztemal gezeigt, wie der Mensch, wenn die Kultushandlung in der richtigen Weise aufgefaßt wird, in die Möglichkeit kommt, mit anderen geistigen Wesenheiten verkehren zu können, mit Wesenheiten, die der Erde so nahestehen, wie die Geister, welche zu den Ägyptern aus den Mumien sprachen, dem Monde nahestanden. ... Durch die Kultushandlungen verkehrt man mit den geistig-elementarischen Mächten der Erde. Mit denjenigen Mächten der Erde verkehrt man, welche in die Zukunft hinweisen." (GA 216/ 6/S.97)

Über die Bedeutung des Kultus für diese geistigen Wesen werden wir im nächsten Abschnitt sprechen. Hier sei zunächst die Bedeutung für den Menschen festgehalten, daß er durch den Kultus mit geistigen Wesen verkehren kann. Anschließend kommt Rudolf Steiner auf die Einsetzung des Abendmahles zu sprechen:

"Dann aber kam das Wesen, das in dem Leibe des Jesus von Nazareth wohnte, versammelte seine intimsten Jünger um sich und sagte zu ihnen: Hier ist das Brot, hier ist der Wein. Seht jetzt nicht auf das, was eure äußeren Augen im Brote und Weine sehen, was eure Gaumen schmecken, was euer physischer Leib verdauen kann. Was auf der Erde ist, das trägt den Keim des Unterganges in sich. Aber wenn ihr in euch den rechten Impuls habt, könnt ihr es erfüllen mit dem, was Geist der Erde ist. Denn das ist dann nicht Brot, das ist nicht Wein, das ist, was als das Tiefste im Menschen selber leben kann, das ist, was im menschlichen Leibe lebt und west, was der Mensch vergeistigen kann und was hinübergetragen wird in die Zukunft, wenn alles das, was hier auf Erden lebt, vergangen ist." (GA 216/6/S.100)

"Stellen Sie sich vor, wie der Logos mit dem Christus eines ist; was sind dann Brot und Wein bei der Einsetzung des Abendmahles? Leib und Blut des Logos." (GA 216/6/S.102)

Mit dem Abendmahl nimmt der Mensch die Kraft des Logos bis in die Tiefen seines Leibes hinein auf, und sie bewirkt, daß er in den Zustand des Jupiters hinüberleben kann, wenn alles Irdische vergangen ist. Das ist der weiteste Aspekt der von Rudolf Steiner beschriebenen Kultuswirkungen für den einzelnen Menschen und zugleich die letzte diesbezügliche Äußerung, die er ohne Erwähnung des Kultus der Christengemeinschaft, aber im Augenblick seiner Einsetzung erstmals getan hat.

Im Vortrag vom 30.12.1922, der uns noch ausführlich beschäftigen wird (Kap. V und VI), spricht Rudolf Steiner gleich am Anfang von den drei Bereichen des Geisteslebens und führt dann im weiteren aus:

"Aber von dieser zweiten Stufe kam es dann zur dritten Stufe, zu der religiöskultischen Offenbarung des Wesens der Welt, durch die sich der ganze Mensch zu dem göttlich-geistigen Weltengrunde erhoben fühlte, nicht bloß in einer gedankenmäßigen Art, auch nicht bloß in einer gefühlsmäßigen Art wie durch die Kunst, sondern so, daß Gedanken und Gefühle und auch der innerste Willensimpuls sich an dieses Göttlich-Geistige hingaben. Und dasjenige, durch welches die äußeren Willenshandlungen des Menschen durchgeistigt werden sollten, waren die Opferhandlungen, die Kultushandlungen." (GA 219/11/S.162)

Obwohl hier in der Vergangenheitsform gesprochen ist, gilt dasselbe auch für die Gegenwart und Zukunft: daß durch den religiösen Kultus "die äußeren Willenshandlungen des Menschen durchgeistigt werden". Wir werden diesem Motiv im letzten Abschnitt dieses Kapitels noch einmal begegnen.

Im vorigen Abschnitt haben wir schon auf die Schilderung über den Abbildcharakter des Kultus in den Vorträgen "Anthroposophische Gemeinschaftsbildung" hingeschaut. Hier sei aus diesem Zusammenhang etwas ergänzt, was noch einen Schritt darüber hinausgeht. Im Blick auf den Kultus der Christengemeinschaft spricht Rudolf Steiner davon, daß der Kultus noch unmittelbarer als die Natur Abbild eines Geistigen ist:

"Darin besteht ja der Kultus, daß in der sinnlichen Welt Worte so gesprochen werden, daß die übersinnliche Welt unmittelbar in ihrer Wesenhaftigkeit anwesend ist, Handlungen so vollzogen werden, daß in diesen Handlungen die Kräfte der übersinnlichen Welt anwesend sind. Eine Kultzeremonie ist ja eine solche, wo etwas geschieht, was nicht bloß das bedeutet, was da zelebriert wird, wenn man es äußerlich mit den Augen anschaut, sondern es geht durch die gewöhnlichen physischen Kräfte etwas, was eben geistige Kräfte, übersinnliche Kräfte sind. Ein übersinnliches Geschehen vollzieht sich im sinnlichen Abbilde.

Der Mensch ist also im sinnlichen Sprechen und im sinnlichen Handeln unmittelbar mit der geistigen Welt vereint." (GA 257/03.03.1923/S.171)

Das ist eine der wichtigsten Wirkungen des Kultus für den Menschen, daß er ihn "unmittelbar mit der geistigen Welt vereint". Diese Grundtatsache kann und muß noch mehr konkretisiert werden. Als Beispiel hierfür sei angeführt, was Rudolf Steiner den Priestern der Christengemeinschaft am 18.09.1922 gesagt hat, daß nämlich jedem Menschen, indem er sich durch die Menschenweihehandlung mit dem Christus zu verbinden sucht, sein höheres Ich nahekommt, und dies um so mehr, je regelmäßiger der Vollzug des Sakramentes wiederholt wird. –

Zu den Bemerkungen über den Kultus in den Vorträgen über "Anthroposophische Gemeinschaftsbildung" findet sich Ergänzendes in dem Vortrag vom 12.07.1923, den Rudolf Steiner für die Priester hielt:

In dem Kultus der Christengemeinschaft ist unmittelbar ein geistiger Inhalt gegeben, er ist selber eine Sprache der geistigen Welt, so daß derjenige, der an diesem Kultus teilnimmt, ein positives geistiges Leben hat, auch wenn er nicht nach Geisterkenntnis strebt. –

Das heißt nicht, daß die Teilnehmer am Kultus nicht nach Geisterkenntnis streben sollten, sondern daß die Wirkung des Kultus auch dann eintritt, wenn der Teilnehmende zunächst kein Bedürfnis nach Geisterkenntnis aufbringen kann. Allerdings ruft der Kultus sogar dieses Bedürfnis hervor, weil er das Geistbewußtsein der Seele erweckt (vgl. GA 175/20.02.1917/S.56 f.). Er schafft selber die Voraussetzung für Geisterkenntnis, denn er stärkt die Kräfte des Denkens. Den Priestern sagte er dazu am 12.07.1923:

Es besteht für den heutigen Menschen die Gefahr, daß die Fähigkeit des Denkens versiegen kann. Ohne den Kultus hört die Denkfähigkeit der Menschen auf. Der Kultus aber regt die Denkkraft an, ruft sie wieder in die Menschenseele herein. –

Diese überraschende Äußerung können wir vielleicht so verstehen: Durch den Kultus pflanzt der Christus dem Menschen den Keim der Buddhi, des vergeistigten Ätherleibes, ein (siehe Beginn dieses Abschnittes). Der Ätherleib ist die Grundlage unserer Denkfähigkeit. Er wird durch die materialistische Zivilisation immer mehr an den physischen Leib gefesselt und verliert so die zum Denken notwendige Beweglichkeit. Diese leibfreie, geistwärts gerichtete Beweglichkeit wird dem Ätherleib durch den Christus im Kultus wiedergegeben.

An diesem konkreten Beispiel können wir sehen, was Rudolf Steiner gemeint hat, als er davon gesprochen hat, daß beide Bewegungen dem Michael dienen (siehe Kap. VI, 1). Die Rettung der menschlichen Intelligenz vor dem Zugriff Ahrimans ist eine Aufgabe der Anthroposophie im Dienste Michaels und gleichzeitig eine Wirkung des in der Christengemeinschaft geübten Kultus. Aber wir haben es bei dieser Wirkung des Kultus wieder mit etwas zu tun, wozu der Anthroposoph den Kultus für sich nicht *braucht*, weil er dasselbe Ziel auf anderem Wege erlangen kann.

In demselben Vortrag, am 12.07.1923 vor den Priestern, findet sich auch eine Ergänzung zu der Aussage aus dem Vortragszyklus "Anthroposophische Gemeinschaftsbildung", nämlich daß der Kultus eine Erinnerung an das vorgeburtliche Leben der Seele ist:

Die Wirkung des Kultus in der Christengemeinschaft hat zwei Seiten. Einerseits ist er eine Erinnerung an das vorgeburtliche Leben; auf der anderen Seite ergreift er die Menschenseele so, daß sie mit dem Christus den Weg durch den Tod findet. Weil der Kultus aus der Sphäre des Vorgeburtlichen stammt, hat er die Kraft, den teilnehmenden Menschen durch die Todespforte zu führen. –

Der Kultus, der ein Abbild der vorgeburtlichen Erlebnisse der Seele ist, bewirkt für die Menschenseele, die ihn im Erdenleben regelmäßig mitvollzieht, daß sie durch den Christus den Weg durch die Pforte des Todes hindurchfindet. Dies kann dem Anthroposophen auf anderen Wegen zuteil werden, wenn er die dazu notwendigen Seelen- und Geisteswege sucht und findet.

Als letztes seien nun zwei Zitate angeführt, in denen die Kultuswirkungen beschrieben werden, von denen man geneigt sein kann zu denken, daß sie nur durch den anthroposophischen Erkenntnisweg zu erzielen seien.

In dem Arbeitervortrag "Ursprung und Bedeutung der Kulte", vom 11.09.1923 spricht Rudolf Steiner auch von dem Anfang eines erneuerten Kultus in der Christengemeinschaft und erwähnt dann wie in einem Nebensatz eine ganz wichtige Kultuswirkung, nachdem er auch von der durch Anthroposophie zu entwickelnden geistigen Wahrnehmung mit Hilfe des Kleinhirns gesprochen hat:

"... So wird man wissen – gerade wenn man in dieser Weise einen Kultus einrichtet, der nun die geistige Wahrnehmung, die durch das Kleinhirn unterhalten wird, entwickelt –, was man zu tun hat im sozialen Menschenleben." (GA 350/15/S.281)

Der Kultus, wie er in der Christengemeinschaft vollzogen wird, trägt dazu bei, daß die geistige Wahrnehmung mit Hilfe des Kleinhirns entwickelt wird. Und durch solche geistige Wahrnehmung kann der Mensch wissen, was im sozialen Leben geschehen soll.

Im Karmavortrag vom 27.04.1924 spricht Rudolf Steiner davon, welche Wirkung der Kultus für die Selbsterkenntnis des Menschen haben kann:

"Die gegenwärtige Innenbeoachtung des Menschen, die kommt ja nicht dazu, wirklich in das menschliche Innere hereinzusteigen. Eigentlich sieht der Mensch, wenn er heute Selbsterkenntnis üben will, so ein Gebrodel von allen möglichen Empfindungen und äußeren Eindrücken. Es ist nichts irgendwie Klares da. Der Mensch kann sich im Innern gewissermaßen nicht erfangen. Er kommt nicht an sein Inneres heran, weil er nicht die Kraft hat, so geistig bildhaft innerlich zu greifen, wie er greifen müßte, wenn er wirklich real an sein Inneres herankommen wollte. Da wirkt der wirklich mit Inbrunst an den Menschen herankommende Kultus. Alles Kultusartige aber, nicht nur das äußere Kultusartige, sondern das Verstehen der Welt in Bildern, das wirkt so, daß der Mensch in sein Inneres hereinkommt." (GA 236/7/S.140)

Etwas Entsprechendes für die Selbsterkenntnis erstrebt der Anthroposoph auf andere Weise, nämlich durch das Meditieren in Bildern, auf das Rudolf Steiner im weiteren verweist.

Außer für den einzelnen Menschen hat der Kultus aber noch Wirkungen, die sich auf das Zusammenleben der Menschen beziehen.

Die erste der diesbezüglichen Angaben Rudolf Steiners findet sich in dem grundlegenden ersten Zyklus, "Vor dem Tore der Theosophie" (GA 95), vom November 1906. Im Verlaufe der Schilderung des indischen Schulungsweges spricht Rudolf Steiner über dessen zweite Stufe, Niyama, was in etwa die Einhaltung religiöser Gebräuche bedeutet:

"Der Hindu ... hält fest an den Ritualien seiner Religion; niemand darf daran rühren. Welche Meinung aber man sich darüber bildet, das steht in der Hindureligion jedem ganz frei. Es bestehen uralte heilige Riten, die etwas sehr Tiefes bedeuten. Ein Ungebildeter wird sich davon eine sehr elementare Vorstellung machen, ein Mensch mit größerer Bildung macht sich eine andere, bessere Vorstellung, aber keiner wird sagen, daß die Vorstellung des anderen falsch sei. Der Weise befolgt denselben Brauch wie der weniger Gebildete. Dogmen gibt es nicht, aber Riten. Auf diese Weise können die tief-religiösen Gebräuche vom Weisen und vom Unweisen befolgt werden, beide können sich im Ritus vereinigen. So sind die Riten ein Bindemittel für die Bevölkerung; niemand wird in seiner Meinung beengt dadurch, daß er sich in ein strenges Ritual einfügt." (GA 95/03.09.1906/S.120 f.)

Im Abendland ist das Dogma, die Lehrmeinung im Religiösen, entscheidender geworden als der Kultus. Die Folge davon ist, "daß in der neueren Zeit die Formlosigkeit in unserem sozialen Zusammenleben Gesetz geworden ist". Das "Bindemittel für die Bevölkerung" ist mit dem Verlust von Kultus und Brauchtum geschwunden.

Würde man nicht weiterlesen, so könnte man meinen, Rudolf Steiner beschreibe nur eine Stufe des indischen Schulungsweges, der heute nicht mehr für den westlichen Menschen gelten kann. Es sieht so aus, als handle es sich um eine historische Betrachtung. Aber Rudolf Steiner fährt fort:

"Der orientalische Joga-Lehrer fordert, nicht herauszutreten aus den Formen, die ein Bindeglied sind für Weise und Unweise, denn diese uralten heiligen

Formen sind die Bilder der höchsten Wahrheiten. Ohne Formen gibt es keine Kultur; es ist eine Täuschung, wenn man das Gegenteil glaubt. Nehmen wir zum Beispiel an, es gründe jemand eine Kolonie, ganz formlos, ohne Riten, ohne Gebräuche. Für den, der die Dinge durchschaut, ist klar, daß eine solche Kolonie ohne eine Kirche, ohne Kultus und ohne religiöse Gebräuche eine Zeitlang ganz gut bestehen kann, weil die Leute noch nach den alten Anlagen leben, die sie mitgebracht haben. Aber sobald sie diese Anlagen verlieren, geht die Kolonie zugrunde, denn jede Kultur muß aus der Form herausgeboren werden. Das Innere muß äußerlich durch Formen ausgedrückt werden. Die moderne Kultur hat die Formen verloren; sie muß sie wiedergewinnen. Sie muß wieder lernen, auch äußerlich auszudrücken, was im Innern der Seele lebt. Die Form bedingt auf die Dauer das menschliche Zusammenleben." (GA 95/13/S.121 f.)

Damit ist eine Wirkung des Kultus für das soziale Leben beschrieben, die der einzelne Anthroposoph durch sein individuelles geistiges Streben auf dem Erkenntniswege nicht hervorrufen kann, weil es gerade zu den Besonderheiten des anthroposophischen Schulungsweges gehört – im Gegensatz zum alten indischen –, daß ein religiöses Leben, die Einhaltung religiöser Bräuche, nicht Voraussetzung oder Bestandteil dieses Weges ist.

Diese Stelle, die uns im folgenden Kapitel (IV, 2) noch beschäftigen wird, können wir auch wie einen Keim für die Entstehung der Christengemeinschaft empfinden. Er wurde in die Seelen von Mitgliedern gelegt, aber es kam nicht zu der Frage nach einem erneuerten Kultus. In der gleichen Zeit legte Rudolf Steiner auch andere Keime, die ebenfalls zunächst nicht aufgingen: für die Dreigliederung des sozialen Organismus mit dem Aufsatz "Geisteswissenschaft und soziale Frage" vom Oktober 1905, 1906 (GA 34/S.191 ff.) und für eine erneuerte Pädagogik durch den Aufsatz "Die Erziehung des Kindes vom Gesichtspunkte der Geisteswissenschaft" aus dem Jahre 1907 (GA 34/S.309 ff.).

Nachdem Rudolf Steiner am Beginn der dritten Phase der anthroposophischen Arbeit die Notwendigkeit einer erneuerten christlichen Kirche aufgezeigt hatte (siehe Kap. IV, 2), kommt er am 05.02.1918 wie in einer beiläufigen Bemerkung wieder auf die Seite der Kultuswirkungen zu sprechen, die sich auf das soziale Leben bezieht:

"Ich habe öfter gesagt: Geisteswissenschaft will nicht eine neue Religion gründen, will auch nicht etwas Sektiererisches in die Welt setzen, sonst verkennt man sie vollständig. Ich habe dagegen oft betont, daß sie das religiöse Leben der Menschen vertiefen kann, indem sie reale Grundlagen schafft. Das Totenandenken, der Totenkult hat seine religiöse Seite. Auf dieser Seite des religiösen Lebens wird eine Grundlage geschaffen, wenn das Leben geisteswissenschaftlich beleuchtet wird. Aus dem Abstrakten werden die Dinge herausgehoben, indem das Richtige geschieht. Es ist zum Beispiel nicht gleichgültig für das Leben, ob einem jugendlichen Menschen oder einem älteren eine richtige Totenfeier gehalten wird. Denn diese Dinge, ob eine richtige oder eine falsche Totenfeier einem Verstorbenen gehalten wird, das heißt eine Feier, die nicht aus dem Bewußtsein heraus kommt, was ein jugendlich verstorbener Mensch ist und was ein älter verstorbener – diese Tatsache, ob eine Totenfeier richtig oder unrichtig gemacht wird, ist für das Zusammenleben der Menschen viel wichtiger als ein Gemeinderatsbeschluß oder ein Parlamentsbeschluß, so sonderbar es klingt. Denn die Impulse, die im Leben wirken, werden aus den Menschenindividuen selber herauskommen, wenn die Menschen im richtigen Verhältnis zu der Welt der Toten stehen. Heute möchten die Menschen alles durch abstrakte Struktur der sozialen Ordnung einrichten." (GA 181/3/S.65)

Das richtige Verhältnis der Menschen zu den Verstorbenen, wie es unter anderem durch einen richtigen Totenkultus geschaffen wird, gibt den Menschen von innen her die Impulse, die zu einem gesunden sozialen Leben führen können. Mit dieser Äußerung hat Rudolf Steiner im Worte vorweggenommen, was er dann Jahre später geschaffen hat, indem er der Christengemeinschaft ein anderes Bestattungsritual für Kinder als für Erwachsene übergeben hat.

Während des zweiten Theologenkurses, am 7. Oktober 1922, hat Rudolf Steiner die Bedeutung eines kultischen religiösen Lebens in Gemeinschaft für das soziale Leben so ausgesprochen:

Der Eingeweihte, der in den Verlauf der Menschheitsentwicklung tief hineinschauen kann, weiß, daß die soziale Frage, so wie sie sich heute darstellt, nicht anders gelöst werden kann als durch eine ernste, auf den Kultus gegründete religiöse Erneuerung. –

Man sollte nicht denken, Rudolf Steiner bezeichne damit die im Werden begriffene Christengemeinschaft als das einzige, durch das die sozialen Fragen und Nöte der Gegenwart überwunden werden können. Das wäre grotesk gegenüber dem umfassenden Charakter dieser Probleme. Wohl aber geht aus seinen Worten hervor, was wir schon in dem Zyklus von 1906 gefunden haben (GA 95/ 13/S.120 ff.), daß er auch für die Zukunft ein kultisch-religiöses Leben für das soziale Leben der Menschen für unverzichtbar hielt.

Eine letzte Äußerung zu diesem Thema findet sich in den Vorträgen über "Anthroposophische Gemeinschaftsbildung" vom März 1923, auf die wir noch öfter eingehen werden. Im Vortrag vom 03.03.1923 verweist Rudolf Steiner auf die gemeinschaftsbildende Kraft des Kultus, wie er in der Christengemeinschaft gepflegt wird, und schildert dann, wie ein bloßer Predigtgottesdienst vereinzelnd und atomisierend auf eine Gemeinde wirkt:

"Ein Atomisieren, ein Zersprengen der Gemeinde und ein Hinlenken des Religiösen auf die einzelne Persönlichkeit ist eingetreten.

Das würde aber nach und nach überhaupt zur Auflösung der sozialen Ordnung nach dem Seelischen hin führen, wenn nicht die Möglichkeit einer wirklichen Gemeinschaftsbildung wieder da wäre. Aber die wirkliche Gemeindebildung ... ist nur in einem Kultus gegeben, der nun wirklich aus den heutigen Offenbarungen der geistigen Welt heraus gewonnen wird. Und so ist denn jener Kultus auch eingezogen in die Bewegung für religiöse Erneuerung, der innerhalb derselben nun eben da ist." (GA 257/9/S.167)

Die Wirkung des Kultus liegt also nicht nur darin, daß er die Gemeinschaft der Menschen vereint, die an ihm teilnehmen, also die Kirchengemeinde, sondern über diese hinaus wirkt Kultus zur Schaffung und Belebung "der sozialen Ordnung". Damit schließt sich diese Äußerung mit der ersten dieser Art aus dem Jahre 1906 zusammen, daß die geistgemäße Form, der Kultus, auf die Dauer das menschliche Zusammenleben bedingt.

Im Herbst 1921 hatte Martha Heimeran, eine der ersten Priesterinnen der Christengemeinschaft, ein Gespräch mit Rudolf Steiner über ihre berufliche Zukunft. Sie konnte sich nicht vorstellen, Priesterin zu werden, obwohl sie am zweiten Theologenkurs teilnahm. Sie wollte an der Kulturerneuerung dadurch mitwirken, daß sie Fürsorgerin werden wollte. Rudolf Steiner sagte ihr:

"Wenn Sie Kultur im Großen erneuern wollen, müssen Sie mit Religion anfangen." (Von ihr selbst den Verfassern mitgeteilt)

Daraufhin entschloß sie sich, Priesterin zu werden. – Obwohl dies eine persönliche Äußerung zu einem bestimmten Menschen in einer ganz konkreten Situation ist, wirft sie doch ein Licht auf den Zusammenhang von Kultusübung und Religion mit dem Ganzen der Menschengemeinschaft.

Ein noch umfassenderer Aspekt der Wirkung eines echt religiösen Lebens für das soziale Leben findet sich im Vortrag vom 01.12.1918, den wir schon im Kapitel I, 7 angeführt haben: Eine christliche Religion, die mit der Wissenschaft in Einigkeit leben kann, ist nicht nur für die Völker Europas östlich des Rheins von großer Bedeutung, sondern auch für das rechte Gleichgewicht der Kulturen des Westens, des Ostens und der Mitte – und damit für die ganze Menschheit (siehe GA 186/3/S.64 ff., besonders S.79 f.).

Bisher haben wir auf die Wirkungen des Kultus hingeschaut, die er in seiner mittleren Wirklichkeitsebene hat: auf dem Felde des Seelisch-Menschlichen. Im folgenden sollen nun die Wirkungen betrachtet werden, die sich auf den beiden anderen Ebenen ergeben, der sinnlich-irdischen und der geistig-göttlichen.

5. Die Bedeutung des Kultus für die Erde und für die geistigen Wesen

Der Kultus in einer religiösen Gemeinschaft ist Gottesdienst, d.h. daß er nicht nur wegen seiner Wirkung für den Menschen vollzogen wird, sondern weil er ein Dienst für die geistig-göttlichen Wesen der Welt ist.

Wir haben schon gesehen (siehe Kap. III, 3), daß der Kultus nicht nur ein Abbild geistiger Vorgänge und Wesen ist, sondern eine Wirklichkeit, weil die geistigen Wesen selber real in dieses Abbild hineinwirken.

"Darin besteht ja der Kultus, daß in der sinnlichen Welt Worte so gesprochen werden, daß die übersinnliche Welt unmittelbar in ihrer Wesenhaftigkeit an-

wesend ist, Handlungen so vollzogen werden, daß in diesen Handlungen die Kräfte der übersinnlichen Welt anwesend sind." (GA 257/03.03.1923/S.171)
"Durch den Kultus wird das Übersinnliche in Wort und Handlung heruntergeholt in die physische Welt. ... Man möchte sagen, wenn man bildlich sprechen will: die Kultgemeinde versucht, die Engel des Himmels zu veranlassen, herunterzugehen in den Kultraum, damit sie unter den Menschen seien." (GA 257/03.03.1923/S.179)
Die Wesen der geistigen Welt verbinden sich im Kultus sowohl mit den Menschen als auch mit den physisch-sinnlichen Vorgängen.

Im Karmavortrag vom 27.06.1924 spricht Rudolf Steiner vom Bestattungsritual der Christengemeinschaft:
"Dasjenige, was der Priester hier tut, indem er vor der Leiche steht, seinen Kultus verrichtet, das hat sein Ursprungsbild in der anstoßenden übersinnlichen Welt, wo, während wir hier vor dem physischen Leibe und dem eigentlich noch immer anwesenden Ätherleibe den irdischen Kultus verrichten, der himmlische Kultus verrichtet wird von der anderen Seite, von den Wesenheiten der anderen Seite des Daseins, – wo das Seelisch-Geistige empfangen wird mit dem Empfangs-Kultus, wie wir hier mit dem Abschieds-Kultus vor der Leiche stehen. Nur dann ist ein Kultus eine Wahrheit, wenn er diesen realen Ursprung hat.

Und so sehen Sie, wie in das irdische Leben das überirdische Leben hereinspielt, das überirdische Leben überall da ist. Verrichten wir einen wahren Totenkult, so korrespondiert diesem Totenkult die übersinnliche Handlungsweise. Das wirkt zusammen. Und ist Andacht, Wahrheit, Würdigkeit in dem Totengebet, so klingen in dem Totengebet die Gebete der Wesenheiten der höheren Hierarchien in der übersinnlichen Welt mit. Sie vibrieren mit. Da spielt geistige Welt und physische Welt zusammen." (GA 236/19/S.362)

Wir haben hier ein Beispiel, wie ein Gemeindegebet, ein Kultus, bis in die Welt der Hierarchien, der Götter, seine Auswirkung hat. Im Vortrag "Das Wesen des Gebetes", vom 17.02.1910 hat Rudolf Steiner nur eine Andeutung von der Wirkung eines solchen Gemeindegebetes gemacht, über die man ansonsten nicht sprechen könne, weil die Zeit dazu noch nicht reif sei (siehe GA 58/17.02.1910/S.242). Es entspricht aber dem Verständnis von Gottesdienst in allen Religionen, daß die Menschen durch den Kultus, der immer auch Opferhandlungen einschloß, Wirkungen und Antworten in der Welt der Götter hervorrufen. Im Christentum ist dies in dem Wort des Christus Jesus nach der Einsetzung des Abendmahles ausgedrückt: "Tuet dies zu meiner Vergegenwärtigung" (Luk. 22, 19), sowie in dem anderen Wort: "Wo zwei oder drei in meinem Namen versammelt sind, da bin ich mitten unter ihnen." (Mt. 18, 20)

Es wäre sicher lohnend, diesem Motiv der Wirkungen des Kultus im Bereich der Hierarchien und der Trinität nachzugehen. Es ist ein großes Feld für eine künftige Theologie. Ein Beispiel für solche Wirkungen ist das, was Rudolf Steiner am 28.07.1922 zu den werdenden Priestern gesagt hat:

So wie der Mensch für das Leben auf der Erde die physisch-leibliche Form braucht, so notwendig braucht die geistige Wirklichkeit des Kultus eine physisch-sinnliche Form. Der Kultus führt die Entwicklung der Welt, die bis zum Menschen gekommen ist, weiter, weil er für geistige Wesen eine Leiblichkeit darstellt, die ihnen eine Wirksamkeit auf Erden ermöglicht, die sie ohne einen solchen Kultus nicht hätten. –

Diese Worte leiten zu den Wirkungen über, die der Kultus für die Erde und den Kosmos hat.

Am 30.10.1905 spricht Rudolf Steiner im Zusammenhang mit der Schilderung der Elementarwesen auch vom Kultus:

"Wir bevölkern den Astralplan fortwährend mit Wesenheiten, indem wir dies oder jenes tun. Denken wir uns diesen Gedanken klar aus, dann haben wir den Sinn der kirchlichen Zeremonie: nämlich nicht beliebige Dinge vorzunehmen auf dem physischen Plan, sondern solche, die sinnvoll sind, wodurch sinnvolle Wesenheiten auf dem Astralplan entstehen. Wenn man zum Beispiel mit Weihrauch räuchert, macht man etwas Planvolles; man verbrennt bestimmte Stoffe und schafft Wesenheiten von einer bestimmten Sorte. Wenn man ein Schwert nach vier Seiten durch die Luft führt, schafft man ein bestimmtes Wesen. Ebenso der Priester, wenn er bestimmte Handbewegungen macht bei bestimmten Lauten, wie zum Beispiel bei o, i, u, verstärkt durch die Wiederholung: Dominus vobiscum. Der Klang ist regelmäßig angeordnet, die Luft wird in bestimmte Erschütterungen gebracht, die dadurch verstärkt werden, daß man bestimmte Handbewegungen macht, und es wird eine Sylphe hervorgerufen. Auch Zeichen, Griff und Wort der Freimaurer bringen bestimmte Gebilde hervor, die eine Gesetzmäßigkeit in der physischen Welt ausdrücken. Durch planvolles Gebrauchen dieser Worte schafft man ein Band von einem zum andern, man hüllt sich ein in eine astrale Materie, die durch Zeichen, Griff und Wort geschaffen worden ist.

Der Mensch tut das alles natürlich auch im gewöhnlichen Leben fortwährend, aber da tut er es unsystematisch, er schafft sich widersprechende Wesenheiten. Die Kunst besteht darin, vom physischen Plan auf höhere harmonisch hinaufzuwirken. In den Kultuszeremonien sollen durch bestimmte Handlungen nicht widersprechende, sondern harmonische Wesenheiten erschaffen werden." (GA 93a/27/S.219 f.)

"Durch alles, was auf der Erde geschieht, wenn alle physische Materie umgearbeitet ist und die Erde sich auflöst, wird von selbst der nächste astrale Globus gebildet. Er ist einfach da als die astralen Wesenheiten, als die Wirkungen aller früheren physischen Vorgänge. Darum muß der Mensch fortwährend im Karma wirken. Er muß die grotesken astralen Wesenheiten, die er verpfuscht hat, im nächsten Leben wieder zurechtbringen, sonst wären diese als sinnlose Geschöpfe für den nächsten Globus da." (GA 93a/27/S.220 f.)

Durch den Kultus schaffen wir Menschen also sinnvolle, harmonische astrale Elementarwesen, die für den nächsten, den astralen Globus der Erde Bedeutung haben. Ja, dieser Globus besteht aus den astralen Wirkungen unserer physischen Handlungen. Durch den Kultus arbeiten wir also an der sinnvollen Gestaltung der folgenden astralen Form der planetarischen Entwicklung der Erde.

Am 01.06.1908 wird dieser Zusammenhang zwischen den Taten der Menschen, ihrer Wirkung auf geistige Wesen und der Erdenzukunft noch anders dargestellt: Früher wurden die Menschen durch Gruppenseelen zu Gemeinschaften zusammengeführt, die in Rassen, Völkern, Stämmen, Sippen etc. wirkten. In Zukunft werden die Wirkungen dieser Gruppenseelen aufhören. An deren Stelle müssen freiwillige Menschengemeinschaften treten, die auf gemeinsamer Einsicht in geistige Wahrheiten und auf den objektiven Gefühlen beruhen, die diese Wahrheiten hervorrufen:

"Dadurch, daß die Menschen freiwillig ihre Gefühle zusammenstrahlen lassen, wird wiederum etwas über den bloß emanzipierten Menschen hinaus gebildet. Der emanzipierte Mensch hat seine individuelle Seele; die geht niemals wieder verloren, wenn sie einmal errungen ist. Aber dadurch, daß die Menschen sich in freiwilligen Zusammenhängen zusammenfinden, gruppieren sie sich um Mittelpunkte herum. Die Gefühle, die so zu einem Mittelpunkt zusammenströmen, geben nun wiederum Wesenheiten Veranlassung, wie eine Art von Gruppenseele zu wirken, aber in einem ganz anderen Sinne als die alten Gruppenseelen. Alle früheren Gruppenseelen waren Wesenheiten, die den Menschen unfrei machten. Diese neuen Wesenheiten aber sind vereinbar mit der völligen Freiheit und Aufrechterhaltung der Individualität der Menschen. Ja, wir dürfen sagen, sie fristen in einer gewissen Beziehung ihr Dasein von der menschlichen Einigkeit; und es wird in den Seelen der Menschen selbst liegen, ob sie möglichst vielen solcher höheren Seelen Gelegenheit geben, herunterzusteigen zu den Menschen, oder ob sie es nicht tun. Je mehr sich die Menschen zersplittern werden, desto weniger erhabene Seelen werden heruntersteigen in das Gebiet der Menschen. Je mehr Zusammenhänge gebildet werden, und je mehr da Gemeinschaftsgefühle bei völliger Freiheit ausgebildet werden, desto mehr erhabene Wesenheiten werden zu den Menschen heruntersteigen und desto schneller wird der Erdenplanet vergeistigt werden." (GA 102/11/S.195 f.)

In diesen Worten ist zwar nicht ausdrücklich vom Kultus die Rede, aber eine den Kultus vollziehende Gemeinde tut genau das Beschriebene: sie läßt freiwillig ihre Seelenkräfte zu einem Mittelpunkt zusammenströmen und schafft dadurch die Voraussetzung dafür, daß eine neuartige, freilassende Gruppenseele, ein hierarchisches Gemeinschaftswesen, zu den Menschen herabsteigen kann. Und dieser Vorgang ist die Voraussetzung dafür, daß der Erdenplanet in der Zukunft vergeistigt werden kann.

In demselben Monat (Juni 1908) spricht Rudolf Steiner in dem Zyklus über die Apokalypse vom Erdenende. Dann wird eine endgültige Spaltung der Menschheit eintreten. Auf der einen Seite erscheint "die große Babylon", die Gemeinschaft der Menschen, die, vom Sonnendämon Sorat verführt, die spirituellen

Kräfte mißbraucht, indem sie schwarze Magie treibt, d.h. diese spirituellen Kräfte mit den herabgekommenen Kräften der Materie in unguter Weise vereinigt. Auf der anderen Seite steht die Menschheit, die sich in der weißen Magie dem Christus verbunden hat:
"Und wir sehen hinuntersinken in den Abgrund Babylon und aufsteigen zu der Handhabung der Kräfte der weißen Magie die Auserwählten, die Hochzeit gehalten haben mit dem Lamm. Und weil sie die geistigen Kräfte nicht nur erkennen, sondern auch diese geistigen Kräfte magisch zu handhaben verstehen, können sie vorbereiten das, was sie an der Erde haben, zu der nächsten planetarischen Verkörperung, zu dem Jupiter. Sie zeichnen sozusagen die großen Grundrisse, die der Jupiter haben soll. Wir sehen sich herausheben aus der Kraft der weißen Magier die vorbereitenden Gestalten, die hinüberleben sollen als die Gestalten der nächsten Erdenverkörperung des Jupiters: das neue Jerusalem sehen wir aus der weißen Magie sich erheben." (GA 104/ 29.06.1908/S.232)

Auch an dieser Stelle ist nicht unmittelbar vom Kultus die Rede. Aber es ist kein Zweifel, daß ein rechtmäßiger christlicher Kultus im Sinne dieser Ausführungen weiße Magie ist, d.h. die gute Handhabung der geistigen Kräfte in der materiellen Sphäre. In diesem Zusammenhang ist auch der schon erwähnte Satz (Kap. III, 4) aus dem Zyklus "Von Jesus zu Christus" zu betrachten, daß im Abendmahl "diese Durchdringung der Materie mit dem Geiste eine Durchchristung ist." (GA 131/13.10.1911/S.203; vgl. auch GA 103/26.05.1908/S.131)

Die in der Materie gebundenen Kräfte der ersten Hierarchie können ein Opfer der Widersacher – als "Babylon" eine Beute Sorats – werden und damit für den Jupiter verloren sein. Durch das kultische Abendmahl werden diese Kräfte durchchristet und zu einer neuen geistig-physischen Welt erlöst, wodurch sich die Wirkungen des Kultus nach unten, in die sinnlich-materielle Welt, mit denen nach oben, in die Welt der geistigen Wesen, zusammenschließen.

Der Auferstandene selber hat diesen Kultus gelehrt (siehe GA 211/13.04.1922/ S.136) und in unserem Jahrhundert erneuert, um damit einen Keim der neuen Welt zu legen, der durch uns Menschen gepflegt werden soll.

In dem schon erwähnten Vortrag vom 29.09.1922 taucht der Aspekt der Bedeutung des Kultus für die Verwandlung der Erde noch einmal auf:
"Die geistig-elementaren Wesenheiten, welche in die Gegenwart hereinberufen werden, wenn eine Kultushandlung ausgeführt wird, brauchen diese Kultushandlung, denn aus ihr ziehen sie ihre Nahrung, ihre Wachstumskräfte." (GA 216/6/S.97 f.)

Alles, was auf der Erde an Naturwesen, an Materie, an Maschinen vorhanden ist, wird am Erdenende zerstäuben.
"Das alles wird weg sein. Aber auf dieser Erde werden in der Zukunft solche Kultushandlungen vollzogen werden, welche aus einem richtigen Erfassen der geistigen Welt hervorgehen. In alledem, was dadrinnen ist, werden Kultushandlungen vollzogen. ... Dadurch, daß diese Kultushandlungen vollzogen

werden, werden in die Sphäre dieser Kultushandlungen elementar-geistige Wesenheiten hereingerufen. ... Sie sind unsichtbar für das äußere Auge. Aber eine Zeit wird kommen, in der alles, was an Stoffen heute die Mineralien, die Pflanzen, die Tiere, die Wolken ausfüllt, was da wirkt in Wind und Wetter, fort sein wird. Alles, was Pflanzendecke ist, wird fort sein, zerstäubt sein im Weltenall, selbstverständlich auch die Geräte, mit denen die Kultushandlungen verrichtet werden. Aber was an elementaren geistigen Wesenheiten in die Sphäre der Kultushandlungen gerufen worden ist, das wird darinnenstecken, das wird, wenn diese Erde ihrer Vollendung zugeht, in vollkommener Ausbildung ebenso innerhalb der Erde sein, wie im Herbst der Pflanzenkeim des nächsten Jahres verborgen in der Pflanze steckt. ... Und wie ein Same für die Zukunft werden die elementaren Wesen, die sich dann vervollkommnet haben, da sein, weiterlebend in das Jupiterdasein." (GA 216/6/S.99 f.)

Daran kann klar werden, "wie die Erde in ihrer Vernichtung auferstehen wird aus den elementarisch sich erlebenden Wesenheiten, die in dem richtig verstandenen Kultus sich in die Zukunft hinein entwickeln." (GA 216/6/S.100)

"Der Christus machte darauf aufmerksam, daß dasjenige, was der Mensch also im Worte leben läßt, eben in dem steckt, was sich mit der Ritualhandlung als eine Vervollkommnung elementarischer Geister ergibt, und er konnte sagen: 'Himmel und Erde werden vergehen, aber meine Worte werden nicht vergehen'." (GA 216/6/S.101 f.)

Der Kultus, wie er in der Christengemeinschaft vollzogen wird, hat seine weitesttragende, über das Menschliche hinausgehende Wirkung dadurch, daß er die Auferstehung der Erde, die rechte Vereinigung der geistigen und der irdischen Welt, die Verwandlung der Erde in den Jupiterzustand mitbewirkt.

Wir haben bisher die Wirkungen des Kultus auf den Menschen, für die Erde und die geistigen Wesen zum Zwecke der Erkenntnis voneinander unterschieden. In der Wirklichkeit gehört natürlich alles drei zusammen, so wie die drei Wirklichkeitsschichten des Kultus zusammengehören. Deshalb seien hier zum Schluß noch drei Auszüge aus dem "Pastoral-Medizinischen Kurs" (GA 318) angeführt, welche diesen Sachverhalt verdeutlichen.

"Der Sakramentalismus ist kein Symbolismus. Der Sakramentalismus – was ist er? Er besteht darin, daß äußere Vorgänge geschehen. Diese äußeren Vorgänge, die da geschehen, tragen etwas in sich, was nicht aufgeht in dem Chemischen oder Biologischen, was da geschieht, sondern was in sich schließt Orientierungen, Richtungen, die dem Physischen, Biologischen einverleibt werden und die im Spirituellen, im Geistigen ihren Urstand haben. Man vollzieht sinnliche Prozesse, in die Spirituelles hineinströmt im Sich-Vollziehen. Das geistig Wesenhafte geschieht im Kultus auf sinnenfällige Art. Und dasjenige, was sich da vor den Gläubigen vollzieht, vollzieht sich ja zunächst vor dem Bewußtsein, und es darf sich nichts anderes vollziehen als dasjenige, was vor dem Bewußtsein sich vollzieht. Sonst ist es kein Kultus, kein Sakrament, sondern Suggestion. Der Sakramentalismus, der Kultus im rechten Sinne darf niemals etwas von Suggestion an sich haben, aber er hat um so mehr das Spirituelle. Er spielt sich vor dem Bewußtsein ab, wirkt aber hinein in das Leben.

Der Mensch ißt nicht bloß beim Abendmahl die Substanz, die ihm gereicht wird; dann hätte man es nicht mit einem Sakrament zu tun. Es handelt sich auch nicht um ein Symbol, sondern es handelt sich um etwas, was in sein Leben eingreift, weil das Sakrament aus der Orientierung der geistigen Welt heraus vollzogen wird ..." (GA 318/08.09.1924/S.17)

Am Ende des achten Vortrags schildert Rudolf Steiner die einzelnen Sakramente als Handlungen, durch die in differenzierter Weise die geistig-seelischen Kräfte der Sonne und der Planeten dem Menschen eingepflanzt werden:

"Wenn diese Dinge in volle Bewußtheit eingetaucht sind, lebt der die Sakramente Empfangende in voller Bewußtheit über dieselben, dann wird der Mensch durch die Sakramente fortdauernd geheilt von der allgemeinen Krankheit, in die er versinkt oder fortdauernd im Status nascendi zu versinken droht, indem man hinuntertaucht in die physische materielle Welt." (GA 318/05.09.1924/S.118)

"Dieses ist dasjenige, was als Gesinnung der Priester begleiten lassen kann das Sakrament, wo er zurückträgt die geistige Welt, denn die geistige Welt haftet an dem Sakrament durch die Einrichtung des Kultus. Der Kultus verbindet mit der physischen Substanz das Geistige eben kraft der inneren Einsichten, wie das Geistige zusammenhängt mit der Materie. Physische durchgeistigte Wesenheit wird in den Menschen zurückgeführt und die Beziehung wird in dem Menschen hergestellt, die seinen astralischen Leib innerhalb des physischen Leibes und des Ätherleibes, sein Ich innerhalb des physischen und Ätherleibes mit dem göttlich-geistigen Dasein der Welt verbindet." (GA 318/9/S.128 f.)

Zwar steht in diesen Äußerungen der Mensch im Vordergrund, aber die beiden anderen Wirklichkeits- und Wirkensebenen des Kultus vom äußeren, sinnlichen Vorgang bis zu den geistigen Kräften und Wesen der Planeten klingen deutlich mit an. Der Mensch steht auch mit Recht im Vordergrund, weil allein durch seine Tätigkeit und sein Bewußtsein die beiden anderen Bereiche des Kultus zu einem Ganzen verbunden werden.

So sollen nun in den folgenden Abschnitten die Wirkungen der Religion auf den Menschen weiter betrachtet werden.

6. Die Wirkung des religiösen Lebens auf den Ätherleib

Wir haben in den beiden letzten Abschnitten die Bedeutung und die Wirkung des religiösen Kultus betrachtet und kommen nun zu den Darstellungen Rudolf Steiners, in denen er mehr allgemein von den Wirkungen der Religion spricht, ohne im einzelnen zu sagen, ob er die Wirkung des Gebetes, des Kultus oder beide meint.

In "Die Erziehung des Kindes vom Gesichtspunkte der Geisteswissenschaft" (1907) ist von der Verwandlung des Menschen die Rede. Dort heißt es: "Die Versenkung in die Werke der Kunst wirkt auf den Ätherleib. Indem der Mensch durch das Kunstwerk die Ahnung eines Höheren, Edleren erhält als das ist, was die Sinnesumgebung darbietet, gestaltet er seinen Lebensleib um. Ein mächtiges Mittel zur Läuterung und Veredelung des Ätherleibes ist die Religion. Die religiösen Impulse haben dadurch ihre großartige Mission in der Menschheitsentwickelung." (GA 34/S.318)

Noch etwas deutlicher und ausführlicher ist die Beschreibung desselben Vorgangs in dem Buch "Die Geheimwissenschaft im Umriß": "Und ebenso erstreckt sich die Arbeit auf den Ätherleib, wenn das Ich seine Tätigkeit an eine Änderung seiner Charaktereigenschaften, seiner Temperamente usw. wendet. Auch an dieser letzten Änderung arbeitet jeder Mensch: er mag sich dessen bewußt sein oder nicht. Die stärksten Impulse, welche im gewöhnlichen Leben auf diese Änderung hinarbeiten, sind die religiösen. Wenn das Ich die Antriebe, die aus der Religion fließen, immer wieder und wieder auf sich wirken läßt, so bilden diese in ihm eine Macht, welche bis in den Ätherleib hineinwirkt und diesen ebenso wandelt, wie geringere Antriebe des Lebens die Verwandlung des Astralleibes bewirken. Diese geringeren Antriebe des Lebens, welche durch Lernen, Nachdenken, Veredelung der Gefühle usw. an den Menschen herankommen, unterliegen dem mannigfaltig wechselnden Dasein; die religiösen Empfindungen drücken aber allem Denken, Fühlen und Wollen etwas Einheitliches auf. Sie breiten gleichsam ein gemeinsames, einheitliches Licht über das ganze Seelenleben aus. Der Mensch denkt und fühlt heute dies, morgen jenes. Dazu führen die verschiedensten Veranlassungen. Wer aber durch sein wie immer geartetes religiöses Empfinden etwa ahnt, das sich durch allen Wechsel hindurchzieht, der wird, was er heute denkt und fühlt, ebenso auf diese Grundempfindung beziehen wie die morgigen Erlebnisse seiner Seele. Das religiöse Bekenntnis hat dadurch etwas Durchgreifendes im Seelenleben; seine Einflüsse verstärken sich im Laufe der Zeit immer mehr, weil sie in fortdauernder Wiederholung wirken. Deshalb erlangen sie die Macht, auf den Ätherleib zu wirken. – In ähnlicher Art wirken die Einflüsse der wahren Kunst auf den Menschen." (GA 13/S.73 f.)

Es gibt sehr verschiedene Mittel zur Läuterung und Verwandlung des Ätherleibes. Im "gewöhnlichen Leben", d.h. doch wohl außerhalb eines esoterischen Schulungsweges, gibt es im wesentlichen zwei solcher Mittel, nämlich die Kunst und die Religion. Und die Religion ist deshalb das stärkste, mächtigste Mittel zur Läuterung des Ätherleibes, weil ihre Einflüsse "in fortdauernder Wiederholung wirken". Gebet und Kultus sind als einzelne Erlebnisse und Tätigkeiten von vergleichsweise geringem Wert. Erst ihre rhythmische Wiederholung wird eine Wirkung zeigen können, d.h. das religiöse Leben hat die den Ätherleib verwandelnde Wirkung. Damit ist zugleich deutlich, daß Religion gar nicht eine Frage des seelischen "Bedürfnisses" sein kann; sie muß von ihrer fruchtbaren Wirkung auf das Leben des Ätherleibes her beurteilt werden (siehe auch Einführung, 6 und GA 254/01.11.1915/S.231 f.).

Im Vortrag vom 28.10.1906 schildert Rudolf Steiner die Umwandlung der niederen Wesensglieder in die höheren. Dort heißt es:
"Arbeitet aber wahre Religiosität in mir, so drückt sich diese stärkere Kraft durch den Astralleib hindurch und wirkt bis in den nächst niederen, den Ätherleib hinein. Das ist natürlich eine viel stärkere Leistung, wie wenn das Ich bloß Astralisches umarbeitet, denn das Rohmaterial des Ätherleibes ist ja viel gröber, widerstandsfähiger als der feinere astrale Leib. Das Ergebnis dieser Umwandlung nennen wir den Lebensgeist oder die Buddhi." (GA 94/37/S.240)

Das ist noch nicht die Arbeit, die der Geistesschüler auf dem Einweihungswege zur Umwandlung und Vergeistigung des Ätherleibes leisten muß, aber: "Für die Menschheit im allgemeinen sind das Vorbereitungsstufen." (GA 94/37/S.240)

Die Religion bewirkt aber nicht nur die Umwandlung von Ätherleib in Buddhi, sondern es gilt auch das Umgekehrte:
"Je mehr der Mensch in den Ätherleib hineinarbeitet, desto mehr wird er, was man so nennt, ein religiöser und weiser Mensch." (GA 94/05.07.1906/S.158)

Die Wirkung der Religion auf den Ätherleib wird in dem öffentlichen Vortrag über den "menschlichen Charakter", vom 14.03.1910, noch einmal von einer anderen Seite beleuchtet. Der Charakter des Menschen, der bleibende Grundzug seines Wesens, hängt stark mit dem Ätherleib zusammen. Und eine Änderung des Charakters durch das Ich ist im Leben des Erwachsenen nur möglich, wenn in der Kindheit und Jugend durch die Erziehung die drei Hüllen des Ich bildsam erhalten worden sind:
"Wenn das Nötige nicht geschehen ist, dann wird es schwierig, am Charakter zu arbeiten; da sind dann die stärksten Mittel notwendig. Dann wird es notwendig, daß der Mensch sich ganz bewußt hingibt einer tief innerlichen meditativen Betrachtung gewisser Eigenschaften und Gefühle, die er bewußt einprägt in das Seelenerleben. Solch ein Mensch muß versuchen, die Kulturströmungen, die als Bekenntnisse, zum Beispiel religiöser Art, nicht nur wie Theorien sprechen wollen, inhaltlich zu erleben. ... Wenn wir uns in solche Weltgeheimnisse vertiefen können, uns ihnen immer wieder gerne hingeben, wenn sie uns eingeprägt werden in Gebeten, die wir tagtäglich wiederholen, dann können wir selbst noch im späteren Leben durch das Spiel des Ich unseren Charakter umprägen." (GA 59/4/S.133 f.)

Wenn wir jetzt noch hinzunehmen, was wir schon betrachtet haben (Kap. III, 4), daß Christus als das Brot des Lebens dem Menschen die Buddhi einpflanzt, so finden wir den Übergang zu einer Äußerung im Kasseler Zyklus über das Johannesevangelium, in der zwar nicht direkt von Religionsübung die Rede ist, aber doch von einer Wirkung der Religion auf den Ätherleib: Ohne den Christus würde des Menschen Ätherleib in Zukunft immer weniger Kraft, Leben und

Weisheit haben, und der physische Leib des Menschen müßte allmählich vertrocknen und verfaulen, wenn der Ätherleib im Verlauf der Zukunftsentwicklung immer weiter aus dem physischen Leib herausrückt. Der physische Leib kann nur zum Auferstehungsleib verwandelt werden, wenn der Mensch in der irdischen Verkörperung den Christus in seinen Ätherleib aufnimmt:
"Und der Mensch, wenn er in die Zukunft hineinschaut, muß sich sagen: Wenn einst mein Ätherleib heraus sein wird aus dem physischen Leib, dann werde ich mich so entwickelt haben müssen, daß der Ätherleib ganz durchsetzt ist von dem Christus. Der Christus muß in mir leben. Ich muß nach und nach im Laufe meiner Erdenentwickelung mich ganz durchdringen in bezug auf meinen Ätherleib mit dem Christus!" (GA 112/05.07.1909/S.231; vgl. auch GA 113/29.08.1909/S.135 und GA 102/13.05.1908/S.160)

Gewiß dürfen wir sagen, daß mit dem Abendmahl der Mensch die Kraft des Christus bis in den Ätherleib und den physischen Leib hinein aufnimmt und dadurch der Auferstehungsleib veranlagt wird. Es soll damit aber nicht gesagt sein, daß der Kultus und das Abendmahl die einzige Möglichkeit für den Menschen ist, um seinen Ätherleib mit dem Christus zu durchdringen.

Zum Schluß sei noch auf drei Äußerungen aus späterer Zeit hingewiesen. Am 09.05.1916 heißt es:
"Mit den Symbolen, mit dem Sakramentalismus, mit der Kultushandlung wirkt man aber tiefer hinein, bis in den Ätherleib. Das heißt, man beeinflußt direkt die ganze Anlage der Denkrichtung des Menschen." (GA 167/9/S.209)

Zwar wird in diesem Vortrag von dem Mißbrauch dieser Wirkensmöglichkeit durch die Jesuiten gesprochen, aber wir haben ja schon gesehen (Kap. III, 4), daß Rudolf Steiner in bezug auf den Kultus der Christengemeinschaft ganz positiv von der Wirkung gesprochen hat, die dieser auf die Denkfähigkeit des Menschen hat.

Am 25.12.1921 schildert Rudolf Steiner im sogenannten Weihnachtskurs für Lehrer ein Symptom unserer Zeit, das mit der Religion zu tun hat: In alten Zeiten waren die religiösen Vorstellungen nicht bloße Glaubensvorstellungen wie heute, sondern sie waren zu gleicher Zeit Erkenntnis, Wissenschaft.

"... Wenn man die Art überblickt, wie das Übersinnliche in den alten Religionen gelebt hat, dann sieht man zugleich, daß diese Art des inneren Erfassens des Übersinnlichen eine Stärkung des Menschen bedeutet, daß im religiösen Leben erkenntnismäßig drinnenstehen den Menschen innerlich bis ins Physische mit Kraft durchtränkt ..." (GA 303/3/S.49 f.)

Die moderne Zivilisation mit ihrer bloß auf Glaubensvorstellungen gebauten Religion kann dem Menschen diese Kraft nicht mehr geben, denn:
"Die Religion hat die innerliche Kraft, das Physische des Menschen zu stärken, verloren." (GA 303/3/S.49 f.)

Dadurch ist im modernen Menschen instinktiv das Bedürfnis entstanden, diesen Verlust auf dem Felde der Religion äußerlich zu ersetzen durch eine Stärkung des physischen Leibes mit Hilfe des Sportes.

Für unseren Zusammenhang ist an dieser Äußerung nicht die Frage des Sportes interessant, sondern daß nur eine Religion, die mit Erkenntnis des Übersinnlichen verbunden ist, eine stärkende Wirkung bis in den physischen Leib des Menschen haben kann. Es wird aber zugleich auch deutlich, daß diese Qualität und Wirkung der Religion zum Wesen eines echten religiösen Lebens dazugehört.

Wie eine Zusammenfassung kann man empfinden, was Rudolf Steiner am 08.09.1924 im "Pastoral-Medizinischen Kurs" über den Kultus und das Sakrament gesagt hat:

"Der Sakramentalismus, der Kultus im rechten Sinne darf niemals etwas von Suggestion an sich haben, aber er hat um so mehr das Spirituelle. Er spielt sich vor dem Bewußtsein ab, wirkt aber hinein in das Leben.

Der Mensch ißt nicht bloß beim Abendmahl die Substanz, die ihm gereicht wird; dann hätte man es nicht mit einem Sakrament zu tun. Es handelt sich auch nicht um ein Symbol, sondern es handelt sich um etwas, was in sein Leben eingreift, weil das Sakrament aus der Orientierung der geistigen Welt heraus vollzogen wird ..." (GA 318/1/S.17)

7. Die Wirkung des religiösen Lebens auf den Schlaf und im nachtodlichen Leben

In dem vorigen Abschnitt haben wir auf Wirkungen des religiösen Lebens geblickt, die innerhalb des irdischen Lebens des Menschen in Erscheinung treten. Da aber alle Impulse, die der Mensch auf Erden aufnimmt, auch ihre Wirkungen im Schlaf und im nachtodlichen Leben haben, gilt das eben auch für die religiösen Impulse.

Am 10.09.1922 spricht Rudolf Steiner über einen Zustand im Verlaufe des Schlafens, in dem die Seele Angsterlebnisse durchzumachen hat, und spricht dann davon, wodurch diese Angst überwunden werden kann:

"In diesem Stadium des Schlafes zeigt sich nun das Hineinwirken von Vorkommnissen des Tageslebens in das Schlafleben. Für den modernen Menschen, der nach dem Mysterium von Golgatha lebt, zeigen sich da die Nachwirkungen dessen, was er während des Tageslebens durchmacht an religiöser innerer Hingabe zu dem Christus und zu dem Mysterium von Golgatha. Alles Hinblicken und Hinschauen, alle Verehrung und Anbetung, die man für den Christus und für das Mysterium von Golgatha im wachen Tagesleben entwickelt, sind von einer Nachwirkung in diese zweite Etappe des Schlaflebens hinein. Für diejenigen Menschen, die im Erdendasein vor dem Mysterium von Golgatha lebten, war das anders. Sie bekamen von ihren religiösen Führern entsprechende Mittel, religiöse Verrichtungen, deren Wirkungen sie hineinnehmen konnten in das Schlafleben und die so wirkten, daß diese Ängstlichkeit im Schlafzustande nach und nach überwunden wurde. Für den Menschen, der nach dem Mysterium von Golgatha lebt, ist es so, daß seine innere Verbindung mit dem Christus Jesus, sein Gefühl der Zugehörigkeit zu dem Christus Jesus, die religiösen Verrichtungen, die er an den Christus Jesus richtet, überhaupt sein ganzes Verhältnis zu dem Christus Jesus und das tatsächliche Ausleben dieses Verhältnisses, daß dies alles nun hineinwirkt in das Schlafleben und gewissermaßen jene Ängstlichkeit überwinden hilft, welche die Seele bedrückt.

Wie gesagt, schildere ich so, wie sich die Dinge vor dem inspirierten Bewußtsein ausnehmen, wie sie aber als real durchaus von der Seele erlebt werden. Daher stelle ich Begriffe auf, die eigentlich Begriffe des bewußten Lebens sind, aber die realen korrespondierenden Prozesse sind durchaus im Leben der Seele da. Wir begegnen in der Tat, wenn wir bei Tage ein Verhältnis zu dem Christus entwickelt haben, während dieser zweiten Etappe des Schlaflebens der führenden Macht des Christus. Diese führende Macht des Christus ist es, durch welche wir die die Seele bedrückende Ängstlichkeit überwinden. Und es entwickelt sich heraus aus dieser Ängstlichkeit ein kosmisches Verhältnis zur Welt." (GA 215/5/S.84 f.; vgl. auch GA 25/5/S.42)

Auf andere Weise erscheint dieses Motiv im Vortrag vom 18.05.1923 in Oslo: "Das ist ja das Merkwürdige, was sich mit dem Verlauf des Mysteriums von Golgatha für die Entwickelung der Menschheit abgespielt hat, daß die Menschen im Ich-Bewußtsein während des Tagwachens stark geworden sind, daß aber vollständige Finsternis sich nach und nach über dasjenige ausgebreitet hat, was früher aus dem Schlafbewußtsein herausgeleuchtet hat. Daher müssen die Menschen seit dem Mysterium von Golgatha bewußt während des Tagwachens ihr Verhältnis zu dem Christus Jesus herstellen, indem sie sich bewußt ein Verständnis erwerben, was durch das Mysterium von Golgatha eigentlich geschehen ist, wie durch das Mysterium von Golgatha auf die Erde der hohe Sonnengeist Christus heruntergestiegen ist, Mensch geworden ist in dem Leibe des Jesus von Nazareth, durch das Erdenleben und durch den Tod gegangen ist und den Jüngern, die ihn im ätherischen Leibe nach dem Tode schauen konnten, ein Lehrer noch war nach dem Tode.

Indem die Menschen in der Zeit nach dem Mysterium von Golgatha sich im Tagwachen ein Bewußtsein von ihrer Zusammengehörigkeit mit Christus erwerben, indem sie sich lebendige Vorstellungen erwerben von dem, was durch das Mysterium von Golgatha geschehen ist, tritt für die Menschen wiederum die Möglichkeit ein, daß der Christus-Impuls ihnen nun in seiner Nachwirkung aus dem Tagwachen während der Nacht hilft. Das ist der große Unterschied des Schlafzustandes der Menschen vor dem Mysterium von Golgatha und nach dem Mysterium von Golgatha. Vor dem Mysterium von Golgatha war es sozusagen immer während des Schlafens von selbst gekommen, daß die Christus-Hilfe da war, und der Mensch konnte sich sogar noch im Wachzustande erinnern, daß der Christus während des Nachtschlafes bei ihm war.

Ganz Christus-verlassen würde der Mensch nach dem Mysterium von Golgatha sein, wenn er nicht während des Tagwachens sein bewußtes Verhältnis zum Christus herstellte und dadurch den Nachklang, die Nachwirkung in den Schlaf hinübertrüge, so daß er während des Schlafens nun wiederum durch die Christus-Hilfe zusammengehalten werden kann zur Persönlichkeit.

Das ist als eine innere seelische Verpflichtung für den Menschen aufgetaucht nach dem Mysterium von Golgatha, daß dasjenige, was die Menschen vor dem Mysterium von Golgatha aus den Himmelsweiten herein unbewußt gehabt haben, die Hilfe des Christus, daß sie sich diese Hilfe des Christus nach und nach erwerben müssen durch Herstellung eines bewußten Verhältnisses zu dem Mysterium von Golgatha. Und schon können wir das Wesen des menschlichen Schlafes nicht richtig studieren, wenn wir nicht diesen großen, gewaltigen Unterschied des menschlichen Schlafes vor dem Mysterium von Golgatha und nach dem Mysterium von Golgatha ins Auge fassen." (GA 226/3/S.49 f.)

In der "Theosophie" stellt Rudolf Steiner den Weg des Menschengeistes durch das "Geisterland" in allen Einzelheiten dar. In der zweiten Region desselben befinden sich die Urbilder alles Lebendigen.

Das Leben "ist da die lebendige Einheit, die in allem vorhanden ist. Während des irdischen Lebens erscheint dem Menschen auch davon nur ein Abglanz. Und dieser spricht sich in jeder Form von Verehrung aus, die der Mensch dem Ganzen, der Einheit und Harmonie der Welt, entgegenbringt. Das *religiöse* Leben der Menschen schreibt sich von diesem Abglanz her. Der Mensch wird gewahr, inwiefern nicht im Vergänglichen, im einzelnen, der umfassende Sinn des Daseins liegt. Er betrachtet dieses Vergängliche als ein 'Gleichnis' und Abbild eines Ewigen, einer harmonischen Einheit. Er blickt in Verehrung und Anbetung zu dieser Einheit auf. Er bringt ihr religiöse Kultushandlungen dar. – Im 'Geisterland' erscheint nicht der Abglanz, sondern die wirkliche Gestalt als lebendige Gedankenwesenheit. Hier kann sich der Mensch mit der Einheit, die er auf Erden verehrt hat, wirklich vereinigen. Die Früchte des religiösen Lebens und alles dessen, was damit zusammenhängt, treten in dieser Region hervor. ... Die religiösen Empfindungen, alles, was schon im Leben nach einer reinen, edlen Moral gestrebt hat, wird während eines großen Teiles des geistigen Zwischenzustandes Kraft aus dieser Region schöpfen. Und der Mensch wird mit einer Erhöhung seiner Fähigkeiten nach dieser Richtung hin wiederverkörpert werden." (GA 9/S.136 f.)

Wir können also sagen: Das religiöse Leben auf Erden ist eine Wirkung, ein Abglanz der Erlebnisse, die der Geist in der zweiten Region des "Geisterlandes" durchgemacht hat; auf der anderen Seite reifen dort die auf Erden erworbenen Früchte des religiösen Lebens, d.h. der Geist wird in seinen religiösen Fähigkeiten gesteigert.

Derselbe Tatbestand lautet im Vortrag vom 17.11.1904:

"In dem Gebiete erlebt der Mensch, was ich als das 'all-eine Leben' beschrieben habe. Er erlebt das flüssige Element im Geisterlande. Da sehen wir, wenn wir als Seher einen Einblick gewinnen, wie langsam sich aufhellt derjenige, welcher auf dieser Erde schon einen Sinn entwickelt hat für das 'all-eine Leben', das webt und treibt in allen Wesen. Das heißt, religiöse Frömmigkeit entwickeln. Der fromme Mensch erhebt seinen Sinn zu dem 'all-einen Leben', das alles durchströmt. Den religiösen frommen Sinn lebt der Mensch frei aus in diesem zweiten Gebiete des Devachan. Gestärkt und gekräftigt kommt dieser Sinn bei der neuen Geburt zum Ausdruck. Hier sehen wir den Menschen sich erheben über die Schranken, die ihm in dieser Verkörperung im physischen Leben gesetzt sind. Wir sehen, wie der Hindu, der Christ auf ihre besondere Art das 'all-eine Leben' erleben im Devachan, wenn die Schranken gefallen sind und eine größere Einheit auf diesem Gebiete hergestellt ist." (GA 53/7/S.159)

In Mitgliedervorträgen hat Rudolf Steiner später noch differenzierter über die Wirkung des religiösen Lebens im Nachtodlichen gesprochen. Im Vortrag vom 05.11.1912 schildert Rudolf Steiner die Voraussetzungen, die erfüllt sein müssen, damit eine Seele nach dem Tode für die Wesen einer Region überhaupt erwachen kann und nicht einsam, ohne Verbindung zu den Wesen dieser Region, bleibt:

"Für die nächste Sphäre bleibt natürlich die moralische Stimmung der Seele noch maßgebend, aber es treten neue Bedingungen ein. Für die nächste Sphäre, die Venus-Sphäre, sind vor allen Dingen ausschlaggebend die religiösen Stimmungen der Seele. Menschen mit einem religiösen Innenleben werden in dieser Zeit gesellige Wesen werden, gleichgültig, welchem Bekenntnis sie angehörten. Dagegen Geister, welche keine religiöse Verfassung haben, verurteilt diese Sphäre wieder zu einem geistigen Beschränktsein auf sich selber, zu einem 'Sich-in-sich-selber-Verkriechenmüssen'." (GA 141/1/S.28)

Das gleiche findet sich im Vortrag vom 20.11.1912 und mündet dort in den Satz: "... In der Venus-Sphäre ... gliedern sich die Menschen so, daß einzig ihre religiösen Bekenntnisse, ihre Weltanschauungen maßgebend sind." (GA 141/2/S.38)

Im Vortrag vom 26.11.1912 heißt es:

"Und in dieser Venus-Sphäre ist es wiederum von etwas anderem abhängig, ob wir gesellige Geister sind oder einsam hinwandelnde Geister. Während es in der vorigen Sphäre nur möglich ist, ein geselliger Geist zu sein, wenn wir uns durch Moralität dazu vorbereitet haben auf der Erde, ist im wesentlichen die Kraft, die uns zur Geselligkeit, d.h. zu einem gewissen sozialen Leben in der Venus-Sphäre führt, das religiöse Leben, die religiöse Stimmung der Seele. Und wir können uns am ehesten zu Einsiedlern in dieser Venus-Sphäre verurteilen, wenn wir während des Erdenlebens keine religiöse Stimmung, kein Gefühl unserer Zusammengehörigkeit mit dem Unendlichen, mit dem Göttlichen, entwickelt haben." (GA 140/5/S.90)

"Wenn man auch ein Gefühl hat für das Geistige, für das Ewige, für das Göttliche, aber dieses Gefühl mit einer bestimmten Färbung dieses oder jenes Religionsbekenntnisses hat, bewirkt das wiederum, daß man nur ein geselliges

Wesen wird für die, welche sozusagen die gleichen Empfindungen haben, welche in demselben Religionsbekenntnis hier auf der Erde gelebt haben. Und daher können wir gerade in der Venus-Sphäre die Menschen abgetrennt finden nach ihren besonderen Religionsbekenntnissen. ... Weil eben dort die Menschen nur sich gliedern nach ihrem Verständnisse eines gewissen Religionsbekenntnisses. Dadurch schließen sich gleichsam die Menschen in bestimmte Grenzen, in Provinzen ein, daß sie nur Empfindung haben für ihre bestimmten Religionsbekenntnisse." (GA 140/5/S.91)

Der Mensch ist nicht bloß ein Einsiedler in den höheren Bereichen des Seelenlandes, sondern es verdunkelt sich auch sein Bewußtsein, wenn er auf Erden nicht die entsprechenden Voraussetzungen geschaffen hat. Für die Venussphäre gilt die Tatsache, "daß Menschen mit mangelnden religiösen Vorstellungen in einer gewissen Zeit nach dem Tode durch diesen Mangel an religiösen Vorstellungen eine Bewußtseinsverdunkelung erfahren." (GA 140/26.10.1912/S.15)

Weiteres zu diesem Thema findet sich in den verschiedensten Vorträgen der Jahre 1912/13, die in dem Sammelband "Okkulte Untersuchungen über das Leben zwischen Tod und neuer Geburt" (GA 140) enthalten sind.

Etwas Ähnliches gilt nun auch für das nachtodliche Leben in der Sonnensphäre, der Region des Seelenlebens. Dort lebt die Seele einsam und in einem Bewußtseinsdunkel, wenn sie kein Verständnis des Mysteriums von Golgatha, kein Verhältnis zu dem Christus auf Erden hat gewinnen können, denn nur dadurch gewinnen wir auch ein Verständnis für andere Religionen:

"Und in der Sonnen-Sphäre fühlen wir uns schon als Einsiedler, als Vereinsamte, wenn wir durch die Vorurteile irgendeines Religionsbekenntnisses eingeschnürt sind und nicht in der Lage sind, denjenigen zu verstehen, der von einem anderen Bekenntnisse seine Seele durchdrungen hat. ... In der Sonnen-Sphäre ... ist jede Trennung und jedes Nichtverstehen zugleich ein Quell furchtbaren Leidens. Ein Vorwurf, den wir nicht überbrücken können, weil wir uns auf der Erde nicht dazu erzogen haben, und der immerdar auf uns lastet, ist die Begegnung mit einem jeden Angehörigen eines anderen Bekenntnisses." (GA 141/20.11.1912/S.40)

Aber das Verständnis der anderen Religionsbekenntnisse reicht noch nicht aus: "Wir sind dort Einsiedler, wenn wir uns eingeschlossen in irgendein Religionsbekenntnis fühlen; wir sind gesellige Wesen in der Sonnen-Sphäre, wenn wir Verständnis haben für das Universelle des Mysteriums von Golgatha. Da finden wir die Möglichkeit, mit jedem Wesen etwas zu tun zu haben, das in der Sonnen-Sphäre an uns herankommt. Zu frei beweglichen Wesen in der Sonnen-Sphäre macht uns die Empfindung, die wir uns aneignen während der Erdenzeit für das Mysterium von Golgatha innerhalb unseres Menschheitszyklus." (GA 140/26.11.1912/S.96)

Aber auch ein *Verständnis* des Mysteriums von Golgatha reicht noch nicht aus: "Nun hängt aber allerdings unser Leben in der Sonnen-Sphäre davon ab, welches *Verhältnis* wir zu dem Mysterium von Golgatha gewonnen haben.

Es hängt unser Leben in der Sonnen-Sphäre so ab von diesem Verhältnis, daß das, was in der Sonnen-Sphäre verspürt werden kann – ein Verhältnis zu gewinnen zu allen Menschen –, nur möglich ist durch ein solches Verhältnis zum Mysterium von Golgatha, wie es eben jetzt charakterisiert worden ist: durch ein Verhältnis zum Mysterium von Golgatha, das uns auch nicht mehr einschnürt in eine noch unvollkommene Ausgestaltung des Christentums in diesem oder jenem Bekenntnis. Sonst machen wir uns unter allen Umständen in der Sonnen-Sphäre zu einsamen Menschen, die nicht die Seelen, die Gemüter anderer Menschen finden können." (GA 141/20.11.1912/S.45; Hervorhebung W.G.)

Noch stärker ist der Ausdruck im Vortrag vom 18.11.1912:
"Klar sein müssen wir uns, daß das Leben der Erde wirklich abhängt nicht von dem bloßen theoretischen Auffassen, sondern von einem gänzlichen Durchdrungensein von dem Ereignis von Golgatha." (GA 140/3/S.58)

Dieses Durchdrungensein von dem Ereignis von Golgatha, das in der irdischen Verkörperung errungen werden muß, ist nicht nur wichtig, damit die Seele in der Sonnensphäre ein lichtes Bewußtsein und die Möglichkeit des Verkehrs mit anderen Wesen hat, sondern es ist auch entscheidend für weiteres:

"Wir müßten nämlich während dieser Periode alles vergessen, was wir auf der Erde erlebt haben, wenn wir nicht an ein ganz Bestimmtes uns erinnern können: Haben wir auf unserer Erde ein Verständnis erlebt und ein Verhältnis gefunden zu dem Christus und dem Mysterium von Golgatha, so pflanzt das in uns hinein Gedanken und Kräfte, die uns das Bewußtsein aufrechterhalten in dieser Zeit nach dem Tode. ... Unser Bewußtsein muß dadurch, daß wir auf der Erde ein Verständnis erwerben für das Mysterium von Golgatha, nach dem Tode über einen gewissen Abgrund hinweggeführt werden. Wenn wir dieses Verständnis uns erworben haben, dann werden wir von dem betreffenden Zeitpunkte an in dieser dritten Periode mitwirken können, aus unserer Erinnerung heraus auszubessern die Fehler, die wir in unserer Seele aus unserem Karma heraus haben. Wenn wir uns aber kein Verständnis von dem Christus und dem Mysterium von Golgatha erworben haben, kein Verständnis von der ganzen Tiefe des Ausspruches: 'Nicht ich, sondern Christus in mir', dann erlischt in uns das Bewußtsein und damit die Möglichkeit, unser Karma auszubessern, und es muß übernommen werden von anderen Mächten die Arbeit an unseren Fehlern, die wir aus unserem Karma nun zu verbessern haben." (GA 140/ 26.10.1912/S.20 f.)

Aber auch hier ist es nicht nur das Verständnis des Christus:
"Würde einen der Christus nicht begleiten, so würde die Erinnerung an das Erdenleben schwinden; denn dasjenige, was uns über den geschilderten Zeitpunkt hinaus mit der Erde verbindet, ist tatsächlich das Erlebnis, daß wir uns mit dem Christus verbunden haben." (GA 140/27.10.1912/S.27)

Die Verbindung der Menschenseele mit dem Christus in der irdischen Verkörperung hat noch weitere Wirkungen in der Sonnensphäre:

"In der Sonnen-Sphäre begegnen wir zwei Thronen – dem Thron des Luzifer; da tönt uns verführerisch das Wort von unserer Göttlichkeit entgegen. Und dieser Thron ist immer besetzt. Der andere Thron erscheint uns, oder besser gesagt, er erscheint vielen Menschen noch recht leer, denn auf diesem anderen Throne in der Sonnen-Sphäre müssen wir in unserem Leben zwischen Tod und neuer Geburt dasjenige auffinden, was man nennen kann das Akasha-Bild von dem Christus. Und können wir dieses Akasha-Bild des Christus in dem Leben zwischen Tod und neuer Geburt in der Sonnen-Sphäre auffinden, so ist das ... zu unserem Heil." (GA 141/20.11.1912/S.47)

"Wir müssen von der Erde die Vorstellung von dem lebendigen Zusammenhang mit dem Christus mit hinaufbringen, damit wir durch das Akasha-Bild den lebendigen Zusammenhang mit dem Christus haben können. Dann finden wir die Möglichkeit, von der Sonne aus auch den Christus zu haben, die Möglichkeit, daß er alle Kräfte in uns erregt, die wir erregt haben müssen, wenn wir die Sonnen-Sphäre in der richtigen Weise durchwandern sollen." (GA 140/26.11.1912/S.97)

Welche Kräfte zu unserem Heil durch das Akasha-Bild des Christus in uns erregt werden müssen, spricht Rudolf Steiner an anderer Stelle aus:

"Nun finden wir für das, was wir während der Sonnen-Sphäre nötig haben, nur Verständnis, Anlehnung, wenn wir uns auf der Erde etwas angeeignet haben, was nicht nur in die astralen Kräfte hineinspielt, sondern auch in die Ätherkräfte. Verfolgen Sie, was ich dargestellt habe, so werden Sie wissen, daß die Religionen in die Ätherkräfte hineinspielen, den Ätherleib des Menschen bearbeiten. Es bleibt uns allen ein gutes geistiges Erbstück, indem in unserer Seele Kräfte aus der Sonnen-Sphäre hineingebracht sind, wenn wir ein Verständnis für das Mysterium von Golgatha gewonnen haben. Denn aus der Sonnen-Sphäre müssen wir diejenigen Kräfte herausziehen, die wir nötig haben, damit wir für die nächste Inkarnation unsern Ätherleib in der richtigen Weise wiederbekommen können." (GA 141/20.11.1912/S.48)

Rudolf Steiner verweist ausdrücklich auf dasjenige, was wir im letzten Abschnitt behandelt haben, daß die Religion als geübtes religiöses Leben bis in den Ätherleib wirkt. Und wir können in der Sonnensphäre die Kräfte für den Aufbau eines neuen Ätherleibes für das nächste Leben nur dann "herausziehen", wenn wir auf Erden ein Verhältnis zu Christus und dem Mysterium von Golgatha begründet haben:

"Nicht eine intolerante Behauptung soll getan werden, als ob sich der Mensch nur durch ein orthodoxes Christentum die Kräfte aneignen könne, um sich zu den Wesen der Sonnen-Sphäre in das richtige Verhältnis zu stellen, sondern eine Entwickelungstatsache soll ausgesprochen werden." (GA 141/20.11.1912/S.48)

Diese im November 1912 gesprochenen Worte zeigen, daß Rudolf Steiner nicht die bestehenden christlichen Kirchen propagieren wollte, deren Einseitigkeiten er kannte (siehe Kap. I, 6), sondern er wollte eine geistige Tatsache

darstellen und zeigte auch gleich, wie der Mensch ohne eine der alten Kirchen den Weg zu Christus finden kann:
"Wir müssen das Christliche in jeder Seele suchen. Wir müssen, wenn wir die Wurzel des Christentums verstehen wollen, bei jedem Menschen, dem wir gegenüberstehen, uns fragen: Wieviel ist in ihm Christliches?" (GA 141/2/S.49) Das ist ein Anfang des Weges zu Christus. Darüber hinaus braucht die Seele aber auch ein Verhältnis zum Mysterium von Golgatha:
"Wenn aber im weiteren Fortschritt der Menschheit die Menschen sich ausschließen und immer mehr und mehr bewußt das Mysterium von Golgatha ablehnen würden, so würde das verhindern, daß das auch an sie herankommt, was für sie geschehen ist. Geschehen ist die Wohltat des Mysteriums von Golgatha für alle Menschen. Frei steht es jedem Menschen, diese Wohltat auf sich wirken zu lassen. Davon aber, wie er es auf sich wirken läßt, wird es in der Zukunft immer mehr und mehr abhängen, wie weit er in der Lage ist, aus der Sonnen-Sphäre heraus die Kräfte zu suchen, die notwendig sind, damit sich seine ätherische Leiblichkeit in der nächsten Inkarnation in der rechten Weise herstellen kann." (GA 141/2/S.49 f.)
Noch eindringlicher ist die Äußerung aus dem Vortrag vom 18.11.1912, wo es heißt:
"Richtig nehmen wir Geisteswissenschaft erst auf, wenn wir ein tiefgehendes Verständnis der Aufnahme des Christus-Impulses entgegenbringen. Nur so wird unser Ätherleib beim Eintritt in eine neue Inkarnation stark und kräftig sein. Die Ätherleiber werden immer mehr und mehr verkommen, wenn die Menschen nichts wissen von dem Christus und seiner Mission für die ganze Erdenentwickelung. Durch Verständnis der Christus-Wesenheit werden wir diesem Verkommen des Ätherleibes entgehen, das macht uns sonnenfähig, sonnenhaft, das macht uns geeignet, daß wir aus dem Gebiete, aus dem der Christus gekommen ist, Kräfte aufzunehmen fähig werden. Seit er da ist, ... kann der Mensch die Kräfte mitnehmen von der Erde, die ihn in die Sonnen-Sphäre führen. Dann können wir zurückgehen auf die Erde und in der nächsten Inkarnation leben die Kräfte, die unseren Ätherleib stark machen. Wenn wir den Christus-Impuls nicht aufnehmen, dann werden die Ätherleiber immer unfähiger und unfähiger, sich ihre erhaltenden, aufbauenden Kräfte aus der Sonnen-Sphäre mitzunehmen, um hier auf der Erde richtig wirken zu können. Klar sein müssen wir uns, daß das Leben der Erde wirklich abhängt nicht von dem bloßen theoretischen Auffassen, sondern von einem gänzlichen Durchdrungensein von dem Ereignis von Golgatha. Das zeigt uns die wahre okkulte Forschung." (GA 140/3/S.58)
Diese letzten Sätze zeigen den ganzen Ernst, der auch mit dem religiösen Leben verbunden ist, denn "das Leben der Erde" hängt ab von dem "Durchdrungensein" der Menschen mit dem Mysterium von Golgatha. Damit ist aber nicht gesagt, daß der Mensch nur mit Hilfe des religiösen Lebens zu einem solchen Durchdrungensein kommen kann. Auch der Erkenntnisweg kann in seinen

höchsten Stufen zu einem Stehen "vor dem Mysterium von Golgatha in innerster ernstester Erkenntnis-Feier" führen (siehe GA 28/26/S.366 und Kap. II, 1 und 2).

Während des nachtodlichen Durchgangs des Menschen durch die Planetensphären hat dann noch einmal das religiöse Leben auf der Erde eine Bedeutung, und zwar in der Jupitersphäre. Sie entspricht der zweiten Region des Geisterlandes (GA 141/01.04.1913/S.180), von dem am Anfang dieses Abschnittes schon die Rede war. Im Vortrag vom 01.04.1913 wird das noch deutlicher:

"In der Jupiterregion werden dann die Verhältnisse gelöst, welche die Seele hineinzwingen in ein bestimmtes engeres religiöses Bekenntnis. ... In der Jupiterregion aber macht sich die Seele erst frei von dem Bekenntnis, dem sie während der letzten Inkarnation angehört hat." Die Seele kann "durch die Jupiterregion nur gehen, wenn sie in der Lage ist, sich loszulösen von dem Bekenntnis, das sie während des Lebens gehabt hat; nicht genügt es, daß sie nur die anderen verstehen kann. Denn da wird es dann entschieden, wenn sie durch die Jupiterregion geht, ob sie das nächste Mal noch durch dasselbe Bekenntnis gehen muß, oder ob sie alles durchlebt hat, was in einem bestimmten religiösen Bekenntnis erlebt werden kann. ... Wenn aber dann die Seele in die Jupiterregion gelangt, dann muß sie in der Lage sein, für das nächste Leben, das sie auf der Erde durchzumachen hat, sich ein neues religiöses Verhältnis zu begründen ..., dann sich so weit von dem letzten Bekenntnis losmachen, daß sie in ein anderes Bekenntnis wirklich übergehen kann. ... Und wir wissen, daß die Seele bei ihrem Zurückgehen durch diese Regionen noch einmal in die Jupiterregion kommt; da bereitet sie sich dann diejenigen Anlagen zu, welche sie braucht, um im nächsten Leben in einem anderen Bekenntnis zu leben. So werden langsam die Kräfte in die Seele hineingeprägt, welche der Seele notwendig sind, damit sie sich ein neues Leben zimmern kann." (GA 141/10/S.181 ff.)

Bemerkenswert ist an dieser Schilderung, daß es der Seele eigentlich gar nicht freisteht, *ob* sie ein religiöses Verhältnis begründen will: "... Dann muß sie in der Lage sein, für das nächste Leben ... sich ein neues religiöses Verhältnis zu begründen", denn nur "so werden langsam die Kräfte in die Seele hineingeprägt, welche der Seele notwendig sind, damit sie sich ein neues Leben zimmern kann."

Es ist deutlich, daß die Menschenseele ein religiöses Leben auf der Erde für den Durchgang durch die Venus-, Sonnen- und Jupitersphäre braucht, weil sie nur dann ihre nächste Inkarnation in gesunder, gedeihlicher Entwicklung durchmachen kann.

Fast zehn Jahre später hat Rudolf Steiner im sogenannten "Französischen Kurs" noch einmal einen wichtigen Aspekt der Bedeutung des religiösen Lebens für das nachtodliche Leben geschildert: Der physische Organismus würde verdorben werden, wenn die Seele nach dem Tode in der Seelenwelt verbleiben und nicht in das Geisterland übergehen würde. In vorchristlicher Zeit führte das hohe Sonnenwesen selber den Menschen in das Geisterland. Durch die Entwicklung

des irdischen Ich-Bewußtseins verdunkelte sich das nachtodliche Bewußtsein so sehr, daß die Seelen den geistigen Sonnenführer nicht mehr sehen konnten: "Deshalb ist das Sonnenwesen als Christus auf die Erde herabgestiegen und hat das Mysterium von Golgatha vollbracht." Und wenn sich der Mensch im Erdenleben mit dem lebendigen Gefühl des Zusammenhanges mit dem Mysterium von Golgatha durchdringt, "so wird dessen Sinn dem Erdenleben eingegliedert und wirkt in der Menschenwesenheit nach dem Tode fort." (GA 25/9/S.77 f.)
In der Vortragsnachschrift ist dieselbe Schilderung ausführlicher gegeben. Dort heißt es:
"Und wenn dann der Mensch auf der Erde ... in sein Fühlen ... aufnimmt die Anschauung des Mysteriums von Golgatha, dann übt das auf diesen astralischen Teil des Menschen ... auch diejenige Wirkung aus, die die Nachwirkung des Verhältnisses des Erdengeschehens zum Christus und zum Mysterium von Golgatha ist. Und durch diese Nachwirkung wird das sonst trübe und finster bleibende Bewußtsein für das Geisterland beim Übergang aus der Seelenwelt in dieses Geisterland nach dem Tode gestärkt und fähig gemacht, dasjenige in der geistigen Welt anzuschauen, was die Menschenseele zwischen dem Tode und einer neuen Geburt in die Lage bringt, den physischen Organismus in seinem Geistteile vorzubereiten." (GA 215/14.09.1922/S.158)
Dieses wußten die Initiierten in den ersten christlichen Jahrhunderten. Dann ging dieses Wissen verloren:
"Aber jetzt ist wieder die Zeit da, wo eine neue Initiationswissenschaft wiederum den Zusammenhang zwischen den Menschen und dem Christus Jesus enthüllen kann. Und diese neue Initiationswissenschaft muß wieder sagen: Derjenige, der das Geheimnis des Mysteriums von Golgatha während des Erdenlebens in sein Gefühlsleben aufnimmt, er verstärkt und erkraftet dadurch sein inneres Seelenwesen, so daß dieses beim Übergang von der Seelenwelt in das Geisterland mächtig werden kann, nicht einen solchen physischen Organismus zu bilden, wie er sonst entstehen müßte, wenn kein solcher Impuls durch ein erneuertes Christentum käme. Denn ohne diesen Impuls müßten solche Organismen in der künftigen Erdenorganisation entstehen, die krankhaft sind. Durch das erneuerte Christentum tauchen wir ein in jenen Impuls, durch den für den Rest des Erdenlebens gesunde, kraftvolle physische Organismen entstehen können." (GA 215/9/S.159)
Es ist bemerkenswert, wie Rudolf Steiner während der Gründung der Christengemeinschaft ganz selbstverständlich von dem erneuerten Christentum sprach. Er sprach dabei nicht nur von Religionserkenntnis, sondern die Schilderung selber zeigt, daß er Religionsübung, religiöses Leben meinte, denn dieses ist – wie wir gesehen haben – im Christentum nichts anderes, als den Christus und seine Tat, das Mysterium von Golgatha, in das Gefühlsleben aufzunehmen.
Wir können sagen, daß der Mensch ohne dieses Gefühlserleben des Christus, das ihm die Religion vermittelt, nicht über die Grenzen der Seelenwelt, d.h. der Sonnensphäre, in das Geisterland, in die Sternensphären, hinausgelangen kann.

Aber die Gefühlsbeziehung des Menschen zu dem Christus, die er hier auf Erden begründen muß, hat nicht nur eine Bedeutung für die Zukunft seines eigenen physischen Lebens, sondern für alle Organismen:

"Durch das erneuerte Christentum tauchen wir ein in jenen Impuls, durch den für den Rest des Erdenlebens gesunde, kraftvolle physische Organismen entstehen können." (GA 215/9/S.159)

Dieses Motiv ist uns schon einmal begegnet: "... daß das Leben der Erde wirklich abhängt ... von einem gänzlichen Durchdrungensein von dem Ereignis von Golgatha." (GA 140/3/S.58)

Damit ist eine der weitestreichenden Wirkungen des religiösen Lebens des Menschen angesprochen, die im erneuerten Glaubensbekenntnis der Christengemeinschaft so ausgedrückt wird: "Christus, durch den die Menschen die Wiederbelebung des ersterbenden Erdendaseins erlangen ..."

Im letzten Vortrag des "Französischen Kurses" wird der Gedanke noch einmal wiederholend erweitert. Es geht wieder um den Übergang der Menschenseele aus der Seelenwelt in das Geisterland, d.h. aus der Sonnensphäre in die Sternensphären, was gleichbedeutend mit der Loslösung der Seele von den Mondenkräften ist:

"Diese Loslösung aus dem Gebiet der geistigen Mondenkräfte kann der Mensch nicht durch die ihm eigenen geistig-seelischen Kräfte erreichen. Sie muß sich aber doch vollziehen." (GA 25/10/S.86)

"Im Aufnehmen der Kraft, welche für die Seele aus dem anschauenden und tätigen Gefühls-Miterleben des irdischen Christuslebens und des Mysteriums von Golgatha erwächst, erringt der Mensch schon auf der Erde, nicht erst durch das Sonnenwesen nach dem Tode, die Fähigkeit, sich in einem bestimmten Zeitpunkte des nachirdischen Daseins dem Mondeneinfluß zu entziehen und in die reine Sternensphäre einzutreten. Diese Fähigkeit ist das geistige, nach dem Tode erlebte *Gegenbild* der durch das Ichbewußtsein im Erdenleben herbeigeführten *Freiheit* ... Er trägt auch in Freiheit die irdische Nachwirkung seines zwischen Tod und Geburt durchlebten gottdurchdrungenen Daseins als religiöses Bewußtsein in sich." (GA 25/10/S.87; vgl. auch GA 215/15.09.1922/ S.177 f.)

Diese Vorträge enden darin, daß Anthroposophie zur Erneuerung des christlichen religiösen Lebens helfen will. Wir werden im nächsten Kapitel (IV, 2) darauf zu sprechen kommen.

Zum Schluß sei eine Darstellung aus den frühen Vorträgen wiedergegeben, die die Aspekte der beiden letzten Abschnitte zusammenfaßt, die Wirkung der Religion auf den Ätherleib und auf das nachtodliche Leben:

"Der Mensch kann bewußt nur Neigungen schaffen für künftige Inkarnationen, wenn er sich jetzt zur Imagination aufschwingt. Darin liegt das Geheimnis, wie die großen Religionsstifter über ihre Zeit hinaus gewirkt haben. Die Bilder, die sie den Menschen gegeben haben, haben Neigungen ausgelöst für folgende Inkarnationen. Jedes Bild, das sie in die Seele senken, tritt in der

ganzen Gefühlswelt des Menschen hervor. Entweder erwirbt sich der Mensch selber solche Imaginationen, oder er bekommt sie von einem Führer. Selbst haben wir sie, wenn wir unser ganzes Gefühlsleben in die Hand genommen haben; das ist beim Geheimschüler der Fall. Er fühlt so, wie er es sich vornimmt; für die übrige Menschheit wird gesorgt durch die Religionsstifter. Eine Religion ist die Gefühlswelt künftiger Rassen; sie kann daher äußerlich untergehen, denn sie lebt in den Neigungen nach." (GA 93a/12.10.1905/S.135)
Religiöse Bilder, also zum Beispiel die Bilder der Evangelien oder die des Kultus, wirken bis in die folgende Inkarnation Neigungen bildend. Das knüpft unmittelbar an die Wirkung des religiösen Lebens in der Sonnensphäre an, in welcher auch der neue Ätherleib gebildet wird (vgl. GA 141/2/S.48).

8. Weitere Wirkungen des religiösen Lebens

Wir haben bei der Besprechung der Mission der Andacht und des Gebetes noch nicht über deren Wirkung gesprochen. Das soll nun nachgeholt und außerdem noch auf einige andere Wirkungen der religiösen Übung eingegangen werden.
Da die beiden Vorträge "Die Mission der Andacht" und "Das Wesen des Gebetes" im Winterhalbjahr 1909/10 von Rudolf Steiner in zeitlicher Nähe gehalten worden sind – der erstere wurde sogar dreimal gehalten – und sich auch inhaltlich berühren, wollen wir hier beide zusammen behandeln. Das ist auch deshalb angemessen, weil Rudolf Steiner das Gebet als eine Form der Andachtsübung bezeichnet hat:
"Die richtige Andacht, in welcher Form sie auch immer die Seele durchsetzt und durchglüht – sei es in der Gebets- oder in anderer Form –, kann nie in die Irre gehen." (GA 59/28.10.1909/S.96)
Als erstes nennt Rudolf Steiner die Andacht die Erzieherin der Bewußtseinsseele:
"So sehen wir zu gleicher Zeit, daß wir etwas brauchen zur Selbsterziehung des Ich, das da immer mehr und mehr in die Bewußtseinsseele hinaufführt, welches Leiter der Seele ist bei Erziehung der Bewußtseinsseele, allem unbekannten Physischen und unbekannten Übersinnlichen gegenüber: Andacht, zusammengesetzt aus Liebe und Ergebenheit." (GA 59/3/S.96)
"So sind Liebe und Ergebenheit die richtigen Führer hinauf zum Unbekannten, und die Erzieher der Seele aus der Verstandesseele zur Bewußtseinsseele. ... Immer mehr und mehr Wissen, immer reichere und reichere Erkenntnis erlangt der Mensch durch die Erziehung der Bewußtseinsseele in der Andacht. Diese Andacht muß aber von dem Gesichtspunkte eines das Licht des Denkens nicht scheuenden Selbstbewußtseins geleitet und geführt sein." (GA 59/3/S.104)
Haben wir bisher im wesentlichen Wirkungen des religiösen Lebens kennengelernt, die von ihrem Ursprung im Astralleib "hinunter" in den Ätherleib wirken,

so ist hier eine Wirkung beschrieben, die "hinauf" in ein höheres Wesensglied geht. Die Entwicklung und Erziehung der Bewußtseinsseele geschieht durch die Andacht.

Wir können das noch genauer fassen: Die Entwicklung der Bewußtseinsseele kann mit einer Spiritualisierung des Denkens beginnen, d.h. dadurch, daß sich die Denkfähigkeit der Verstandesseele aus dem Dienste der Empfindungsseele befreit und sich, von deren Bedürfnissen frei, den rein geistigen Inhalten der geistigen Welt zuwendet und diese in sich leben läßt (vgl. GA 9/S.56 ff.).

Von den Wirkungen religiöser Vorstellungen bis in den Leib hinein hören wir im Vortrag vom 05.08.1908:

"Es liegen wieder ganz andere Gesundheitsbedingungen vor bei zwei Menschen, von denen der eine ein Atheist im schlimmsten Sinne und der andere ein tief religiös veranlagter Mensch ist. Wieder kann es geschehen, daß, wenn beide von derselben Krankheit befallen werden, Sie mit denselben Heilmitteln den Religiösen gesund machen und den anderen nicht." (GA 105/2/S.35 f.)

Die Andacht läutert die beiden anderen Seelenkräfte, Gefühl und Wille, in der Weise, daß diese Kräfte der Bewußtseinsseele werden:

"Durch diese Selbsterziehung durch die Andacht werden hinaufgehoben des Menschen dunkle Gefühle und Triebe, hinaufgehoben des Menschen Gefühle von Sympathie und Antipathie ..., die unbewußt oder unterbewußt in unsere Seele hereintreten, ohne daß wir ein Urteil darüber haben, ohne daß sie vom Licht durchleuchtet sind, gerade diese Gefühle werden heraufgeläutert dadurch, daß sich das Ich in der Andacht erzieht und immer mehr und mehr in die höheren Seelenglieder heraufdringt. Dadurch wird alles dasjenige, was Sympathie und Antipathie ist, was wie durch dunkle Gewalt wirkt, welche irren kann, von dem Lichte der Seele durchsetzt. Was früher unerleuchtete Sympathie und Antipathie war, wird Urteil, Gefühlsurteil, das wird entweder ästhetischer Geschmack oder richtig geleitetes moralisches Gefühl. Die Seele, die sich in Andacht erzogen hat, wird ihre dunklen Lust- und Unlust-Gefühle läutern zu dem, was man nennen kann: Gefühl für das Schöne und Gefühl für das Gute. Die Seele, die ihren Willen in der richtigen Weise zur Ergebenheit in der Andacht geläutert hat, die wird, wenn sie sich Selbstgefühl und Selbstbewußtsein dabei gerettet hat, jene dunklen Triebe und Instinkte, welche sonst die menschlichen Begierden und Willensimpulse durchsetzen, läutern und allmählich aus ihnen diejenigen inneren Impulse herausbilden, die wir moralische Ideen nennen. Andacht ist die Selbsterziehung der Seele von den dunklen Trieben und Instinkten, von den Begierden und Leidenschaften des Lebens zu den moralischen Idealen des Lebens. Andacht ist etwas, was wir wie einen Keim in die Seele hineinsäen: und er geht auf." (GA 59/3/S.100 f.)

Über diese Wirkung der Religion auf den Willen spricht Rudolf Steiner auch im Vortrag vom 18.05.1923:

"Der Mensch ... wurde angeregt für seinen Willen durch die religiösen Impulse, die in den Kultushandlungen gegeben wurden ..." (GA 276/7/S.111)
So wie das Denken objektiv geistig in der Entwicklung der Bewußtseinsseele wird, so werden das Gefühl und der Wille objektiv und durchgeistigt durch die Andacht. Das Gefühl wird zum richtigen ästhetischen Geschmack bzw. zum moralischen Gefühlsurteil, und der Wille wird zum moralischen Ideal. Damit wird aber klar, daß Andacht, daß das religiöse Leben einen notwendigen Anteil an der gegenwärtigen Fortentwicklung des Menschen, an der Entwicklung der Bewußtseinsseele haben muß. Denn durch eine Verwandlung des Denkens allein kann die Bewußtseinsseele nicht entwickelt werden, auch wenn es für viele Menschen heute der erste Schritt auf diesem Wege ist.
Wie eine Zusammenfassung der Wirkungen der religiösen Übung erscheinen folgende Sätze aus dem Vortrag "Das Wesen des Gebetes", vom 17.02.1910:
"So kann uns das Gebet im besten Sinne des Wortes eine Weisheit geben, zu der wir im gegebenen Augenblick noch nicht fähig sind; es kann uns die Möglichkeit geben zu einem Fühlen und Empfinden, das wir uns bisher noch nicht anerziehen konnten. Und wenn das Gebet unsere Selbsterziehung weiter führt, kann es uns eine Stärke des Wollens geben, zu der wir uns bisher nicht haben aufschwingen können." (GA 58/7/S.235)
Eine solche Steigerung der Seelenkräfte zur Bewußtseinsseele hat auch ihre Wirkung auf das Ich selber. Denn in der Bewußtseinsseele leuchtet das Ich auf, sie ist eine Hülle für dasselbe. So kann gesagt werden:
"... wie diese Andacht unser Ich ergreift und die Selbstkraft erhöht, und wie diese erhöhte Selbstkraft die Möglichkeit hat, hineinzudringen in die unbekannten Dinge. ... So sehen wir, daß das Ich nicht schwächer wird durch die Andacht, sondern daß es stärker und kräftiger wird." (GA 59/3/S.100)
"Wenn wir so die Stimmung des Gebets erfassen und das Gebet als einen Ausdruck dieser Stimmung, dann werden wir in dem Gebete selber jene Kraft finden, die uns über uns selbst hinausführt. Denn was ist denn das Gebet anderes, wenn es so in uns auftritt, als das Aufleuchten jener Kraft in uns, die hinaus will über das, was unser Ich in einem Augenblicke war! Und wenn das Ich nur erfaßt wird von diesem seinem Hinausstreben, dann lebt schon in ihm jene Kraft, die Entwicklungskraft ist. Wenn wir aus der Vergangenheit lernen: Wir haben mehr in uns, als wir benutzt haben! da ist unser Gebet ein Aufschreien zu dem Göttlichen: es möge da sein, es möge uns erfüllen mit seiner Gegenwart! Wenn wir zu dieser Erkenntnis gefühls- und empfindungsmäßig gekommen sind, dann ist das Gebet Ursache der Weiterentwickelung in uns. Und wir können das Gebet dann zählen zu den Entwickelungskräften unseres eigenen Ich." (GA 58/7/S.227 f.)
"Da haben wir das Gebet erfaßt, wie es eine wirkende Kraft in uns selbst ist. Daher sehen wir in dem Gebet eine Ursache in uns, die unmittelbare Wirkungen nach sich zieht, nämlich die Vergrößerung und Entwicklung unseres Ich." (GA 58/7/S.229)

Diese Wirkung des Gebetes hat zwei Seiten, eine erwärmende und eine erleuchtende:

"Die Gebetsstimmung, die uns aus dem Gefühl für die Vergangenheit kommt, erzeugt jene innere Seelenwärme, von der alle diejenigen zu erzählen wissen, welche das Gebet in seiner Wahrheit zu empfinden vermögen. Und die erleuchtende Wirkung zeigt sich bei denen, die das Ergebenheitsgefühl des Gebetes kennen." (GA 58/7/S.229)

"... So ist es die durch das Gebet erzeugte Seelenwärme, die aus einem Seelenwesen, das sich in der Außenwelt verliert, ein solches macht, das sich in sich selber zusammenschließt. Wir erwarmen in dem Gott-Gefühl in uns im Gebet; wir erwarmen nicht nur, wir finden uns intim in uns selber." (GA 58/7/S.230)

Das gilt für die Gebetsstimmung, die gegenüber der Vergangenheit entwickelt werden kann. In bezug auf die Zukunft gilt:

"Wenn wir aber das Ergebenheitsgefühl, die Gebetsstimmung entwickeln gegenüber dem, was aus dem dunklen Schoß der Zukunft uns entgegentritt, dann können wir erfahren, wie wir allen Wesen der Außenwelt gegenübertreten können mit dem Gefühl derselben Sicherheit und Hoffnung, das uns aus dem Ergebenheitsgefühl strömt. ... So können wir sagen: Es ist die Hoffnung auf Erleuchtung aus der ganzen Umwelt, die uns wird aus der Ergebenheitsstimmung des Gebetes." (GA 58/7/S.231)

Die Seelenwärme, die aus dem rechten Gebet entsteht, konsolidiert das Ich in sich, und das Seelenlicht, die erleuchtende Wirkung des Gebetes gibt der Seele die Möglichkeit, ihr Bestes in die Umwelt hinauszutragen.

"Wir haben ja gesehen, daß es zwei Gebetsströmungen gibt: die eine führt zur Erwärmung unseres Inneren, die andere führt im Ergebenheitsgefühl wiederum hinaus in die Welt und führt gerade zur Erleuchtung und zur wahren Erkenntnis." (GA 58/7/S.233 f.)

Wir können sagen: Das Gebet bewirkt nicht nur eine Ausweitung und Erkraftung des Ich, sondern bringt dieses auch in ein rechtes Verhältnis zu sich selbst und zur Außenwelt. Seelenwärme und Seelenlicht entstehen durch das Gebet. Und durch das Seelenlicht, durch die erleuchtende Wirkung des Gebetes wird die Seele zur wahren Erkenntnis hingeleitet.

"Wenn wir so das Wesen des Gebetes betrachten, werden wir uns nicht wundern, daß gerade die großen Mystiker in der Hingabe an das Gebet die beste Vorschule fanden für das, was sie in der mystischen Versenkung dann suchten." (GA 58/7/S.229)

"So angesehen ist das Gebet die Vorstufe der mystischen Versenkung, wie die mystische Versenkung selber die Vorstufe ist alles dessen, was wir Geistesforschung nennen können." (GA 58/7/S.233)

Dieses Motiv, daß die religiöse Übung zur Geisterkenntnis hinführt, findet sich noch in anderen Fällen:

"Diese Andacht kann insbesondere leiten, wenn wir die höchsten Fragen, die Rätsel des Daseins suchen wollen. Sie kann uns ein Führer sein, wenn wir diese wichtigsten Aufgaben der Seele zu lösen versuchen, suchen wollen nach dem, zu dem wir hinaufstreben und mit dem wir uns vereinigen wollen." (GA 59/3/S.98)

An anderer Stelle (GA 59/3/S.96 f.) zeigt Rudolf Steiner die Bedeutung von Verehrung und zu Andacht gesteigerter Verehrung für die Erziehung. Das Beispiel desjenigen Menschen, der voller Ehrfurcht das Zimmer eines verehrten Erwachsenen betritt, hat er immer wieder als Beispiel der Pflege der Devotion gebracht, die auch – als Ehrfurcht vor der Wahrheit – ihre notwendige Funktion auf dem höheren Erkenntniswege hat (vgl. GA 10/S.19 f.). So kann Andacht, religiöse Verehrung der göttlichen Welt, zu einem Impuls für die Geisterkenntnis werden.

Dieser Zusammenhang ist viele Jahre später, im Vortrag vom 20.02.1917, in jener "Einschaltung" ausgesprochen worden, die auf dem Wege zur Gründung der Christengemeinschaft eine wesentliche Rolle gespielt hat und auf die wir im nächsten Kapitel (IV, 2 und 3) noch zu sprechen kommen. Die für uns hier wichtigen Sätze lauten:

"... Man sollte sich klar sein darüber, daß Religion in ihrem lebendigen Leben, in ihrem lebendigen Geübtwerden innerhalb der menschlichen Gemeinschaft das Geistbewußtsein der Seele entfacht ...; und das Geistbewußtsein führt zu dem Drange, Geist-Erkenntnis sich zu erwerben. Subjektiv kann man sagen, daß gerade ein inniges religiöses Leben den heutigen Menschen zur Geisteswissenschaft treiben kann." (GA 175/3/S.56 f.)

Nachdem die Christengemeinschaft gegründet war und Anfang Januar 1924 eine Tagung in Kassel veranstaltet hatte, machte Rudolf Steiner darauf aufmerksam, daß bei dieser Tagung die Menschen durch die Teilnahme am religiösen Leben, am Kultus zu der Frage nach Geisterkenntnis, nach Anthroposophie angeregt worden seien (GA 300c/S.123 und GA 260a/S.120 ff.).

Das religiöse Leben, Andacht und Verehrung haben neben der Wirkung der Verehrung in der Jugend auf die Ehrfurchtsfähigkeit vor der Wahrheit im späteren Alter noch eine Bedeutung für die Entwicklung der Biographie:

"Wer das Leben wirklich beobachtet, der kann sehen, daß bei Kindern, die viel aufgenommen haben von gut geleiteter Andacht, diese Saat im Alter aufgeht. Eine solche Andacht erscheint im Alter als Kraft, im Leben zu wirken. Kraft ist dasjenige, was als das Gegenteil der Andacht, die in der Jugend gepflegt worden ist, im Alter erscheint. Eine andachtslose Jugend ... wird sich hinentwickeln zu einem Alter, das schwach und kraftlos ist." (GA 59/3/S.101 f.)

Rudolf Steiner hat unter Andacht aber nicht nur den oben beschriebenen inneren Vorgang verstanden, sondern auch eindrücklich von der Wirkung der äußeren, leiblichen Gesten der Andacht gesprochen:

"Versuche man einmal, sich aus dem äußeren Ausdruck der Andacht klarzumachen, wie gerade in der äußeren Geste des Menschen die Andacht wirkt. Sie wirkt gerade da, wo die bedeutendste Fähigkeit des Menschen sich entwickelt, als äußerer Ausdruck. Was tut der andächtige Mensch im äußeren

Ausdruck? Er beugt das Knie, faltet die Hände und bewegt das Haupt zu dem in Andacht verehrten Wesen oder Gegenstand.
Das sind diejenigen Organe des Menschen, durch die sich das Ich und vor allen Dingen dasjenige, was wir die höheren Seelenglieder des Menschen nennen, am intensivsten ausleben kann. Der Mensch steht physisch aufrecht im Leben durch seine stramm gehaltenen Beine. Der Mensch wird ein Segnender im Leben, das heißt er strahlt die Wesenheit seines eigenen Ich durch seine Hände aus; und er wird ein solcher, der Himmel und Erde beobachtet durch dasjenige, was in seinem Haupte ist durch Bewegung seines Hauptes. Die Beobachtung der Menschen aber lehrt uns ferner, daß in selbstbewußter Tatkraft unsere Beine am besten gestreckt werden, wenn sie sich zuerst dazu verstanden haben, gegenüber dem wirklich zu Verehrenden die Knie zu beugen. Denn in dem Knie-Beugen liegt die Aufnahme einer Kraft, die wie in unsern Organismus hineinstrebt. Diejenigen Knie, die sich strecken, ohne jemals gelernt zu haben, sich in Andacht in die Kniebeuge zu begeben, die spreizen nur dasjenige, was sie immer gehabt, die spreizen die eigene Nichtigkeit, zu der sie nichts hinzugefügt haben. Die Beine aber, die sich bequemt haben zum Kniebeugen, nehmen mit dem Strecken der Knie eine neue Kraft auf, und jetzt spreizt sich nicht die Nichtigkeit, sondern das, was neu aufgenommen wurde. Diejenigen Hände, die segnen wollen, trösten wollen, ohne daß sie vorher in Ehrfurcht und Andacht sich gefaltet haben, die können nicht viel hingeben von Liebe und Segen als ihre eigene Nichtigkeit. Die Hand aber, welche gelernt hat, sich zu falten, die hat mit dem Falten zur Andacht eine Kraft aufgenommen, die jetzt die Hand durchströmen kann; und sie ist eine mächtig vom Selbste durchzogene Hand geworden. Denn der Weg jener Kraft, die durch gefaltete Hände aufgenommen wird, der Weg geht, bevor er sich in die Hände ergießt, durch das menschliche Herz und entzündet die Liebe; und die Andacht der gefalteten Hände wird, indem sie geht durch das Herz und in die Hände fließt, zum Segen. Der Kopf, der die ganze Welt beschaut, der überall seine Augen hinrichtet und seine Ohren hineinspreizt, mag noch so viel durchmessen mit Augen und Ohren, er kann überall den Dingen nur seine eigene Leerheit gegenüberstellen. Jener Kopf aber, der sich in Andacht zu den Dingen hingeneigt hat, der wird wiederum aus der Andacht eine Kraft schöpfen, die ihn durchströmt; der wird nicht seine eigene Leerheit, sondern die Gefühle, die er durch die Andacht aufgenommen hat, den Dingen entgegenbringen." (GA 59/3/S.98 f.)
Über eine Wirkung der religiösen Übung hat Rudolf Steiner in jenem Winter 1909/10 allerdings nur eine Andeutung gemacht:
"Auf weitere Wirkungen des Gebetes einzugehen – das lassen Sie mich nur durchaus gestehen –, dazu ist die Gegenwart, wenn man sich auch noch so vorurteilslos in sie hineinstellt, noch gar nicht die rechte Zeit. Denn zum Begreifen dessen, daß ein Gemeindegebet, das heißt das Zusammenfließen jener Kräfte, die aus einer betenden Gemeinde sich ergeben, erhöhte Geisteskraft

und damit erhöhte Kraft der Wirklichkeit hat, um das zu begreifen, sind die Elemente in unserem Zeitverständnis noch nicht herbeigetragen." (GA 58/7/ S.242)

Es ist eine erste Andeutung von der Tatsache, die wir schon öfter berührt haben und die uns auch noch weiter beschäftigen wird (siehe Kap. VI, 4), daß Religion eigentlich erst recht möglich wird, wenn sie im Gemeindebilden sich auslebt (siehe GA 257/9/S.167).

Nach der Gründung der Christengemeinschaft, im ersten Vortrag des Ilkley-Kurses, hat dann Rudolf Steiner auf die Bedeutung des religiösen Lebens für Sittlichkeit und Moral und damit für das ganze soziale Leben aufmerksam gemacht, ohne die Christengemeinschaft zu nennen. Nachdem er von der Notwendigkeit einer Erneuerung des religiösen Lebens gesprochen hat, sagt er am 05.08.1923:

"Nur jene Intuition, welche über den Menschen kommt, wenn er durch das religiöse Leben sich in den Geist hineinstellt, kann ihn mit wirklicher, innerster menschlich-göttlicher Moralität erfüllen. ... So wird herunterführen das religiöse Dienen die übersinnlichen Höhen in das Erdendasein so, daß wir dieses Erdendasein wiederum mit einer elementaren, ursprünglichen, unmittelbaren vom Menschen erlebten Sittlichkeit impulsieren können. ... Dann wird durch ein modernes religiöses Leben der Mensch moderne sittliche Verhältnisse schaffen. ... Die soziale Frage wird erst in ihrer vollen Tiefe ergriffen werden, wenn sie als eine sittliche, als eine religiöse Frage erfaßt wird. Aber sie wird keine sittliche, religiöse Frage werden, ehe nicht die sittliche und religiöse Frage eine Angelegenheit der spirituellen Erkenntnis wird." (GA 307/1/S.27 f.)

Im zweiten Theologenkurs, am 17.10.1921, sprach Rudolf Steiner schon von der Bedeutung des religiösen Lebens für die soziale Frage:

Der Eingeweihte, der den Gang der Entwicklung der Menschheit geistig durchschaut, weiß, daß die soziale Frage durch nichts anderes gelöst werden kann als durch eine Erneuerung des religiösen Lebens. –

Wahre Sittlichkeit entsteht für das soziale Leben durch erneuertes religiöses Leben. Diese Wirkung der Religion kommt zu den Wirkungen auf den Ätherleib, für das nachtodliche Leben, für die Entwicklung der Bewußtseinsseele und die Stärkung und Erweiterung des Ich noch hinzu. Und wenn wir dann noch mit einbeziehen, was sich uns gezeigt hat als Wirkung des religiösen Lebens, die weit über den Menschen hinausreicht in die Welt der geistigen Wesen (Kap. III, 5), so können wir uns fragen: Hat Rudolf Steiner etwas dazu getan, daß sich all diese Wirksamkeiten der Religion auch in Zukunft zum Segen der Menschen und der Welt ausleben können? Das nächste Kapitel soll uns zeigen, inwieweit Rudolf Steiner selber etwas dazu beigetragen hat, um die Wirkungen der Religion auch in der Zukunft möglich zu machen, und inwiefern er darauf angewiesen war, daß andere die entscheidenden Fragen stellten und sich für die irdische Verwirklichung erneuerter religiöser Wirksamkeit zur Verfügung stellten.

IV. Der Weg zur Gründung der Christengemeinschaft

Vorbemerkungen

Im Jahre 1970 hat die Schrift von Christoph Lindenberg, "Individualismus und offenbare Religion – Rudolf Steiners Zugang zum Christentum", einige Erregung unter den Lesern erzeugt. Leider wurden heftige Kontroversen damals nicht ausgetragen, sondern in den "Mitteilungen aus der anthroposophischen Arbeit in Deutschland" von der Redaktion abgebrochen. – Brauchte Rudolf Steiner, der Eingeweihte, einen Zugang zum Christentum? Hatte er das nötig? Hatte Rudolf Steiner sich gewandelt, oder war er immer auf gleicher Entwicklungshöhe – unantastbar? Gibt es nicht seine eigene Aussage, er habe sich wenig gewandelt? – so lauten einige Fragen. Es wäre gut, die Diskussion über dieses Thema neu aufzugreifen.

Vielleicht könnte das unter dem Motto geschehen, das wir als Ausspruch Rudolf Steiners in dem Buch Friedrich Rittelmeyers, "Meine Lebensbegegnung mit Rudolf Steiner", finden:

"'Haben Sie denn', fragte ich damals (etwa 1915; R.G.) einmal, 'immer so über Christus gedacht, wie Sie heute denken, auch in Ihrer naturwissenschaftlichen Zeit?' 'Ich erinnere mich', gab er zur Antwort, 'daß ich schon in der Mitte meiner zwanziger Jahre in einem Gespräch über Christus so sprach. Dann ist es allerdings vorübergehend zurückgetreten. Ich mußte durch alles das hindurch. Es war eine karmische Notwendigkeit.'" (S.83)

Wir lernen aus der Anthroposophie, daß alle Wesen in Entwicklung sind, der Mensch, die Reiche unter ihm, die Wesen über ihm. Es ist schockierend, besonders für Theologen der großen Konfessionen, sich die Gottheit und alle Engelreiche – deren Existenz man sogar in Frage stellt – in Entwicklung, im Werden vorzustellen. Für die anthroposophische Erkenntnisbemühung ist diese Vorstellung eine Grundübung, die sogar fordert, sich den Begriff der Entwicklung in Entwicklung zu denken. Ebenso haben wir zu lernen, daß es zwölf berechtigte Weltanschauungsmöglichkeiten gibt, jede von ihnen sogar in sieben Nuancierungen. Wie oft müssen wir uns auf diese Grundtatsachen zurückbesinnen, wenn wir im Werke Rudolf Steiners "Widersprüche" finden, Aussagen, die sich im Licht der Alltagslogik einfach ausschließen.

Jeder von uns braucht als Mensch Stützen seiner Existenz, äußerlich wie innerlich. Grundwahrheiten sind nötig, auf die man sich verlassen können muß. Und doch ist der Zweifel selbst an ihnen notwendig, will man innerlich selbständig werden und dann weiter lebendig-beweglich bleiben, also Fortschritte machen. Rudolf Steiners Lebensgang und die gesamte Anthroposophie erzählen zur Genüge von seinem Ringen nach Wahrheiten, die keiner beweisenden Stütze bedürfen, sondern sich gegenseitig tragen.

Für unsere Betrachtung bedeutet dies: Rudolf Steiner *wußte nicht* zu allen Zeiten *alles*. Auch er entwickelte sich. Er wäre nicht Erforscher einer Wissenschaft, müßte er nicht die höheren Erkenntnisorgane immer weiter entwickeln und üben, die geistigen Wahrnehmungen durch Erringen angemessener Begriffe zu differenzieren und – was das Schwerste ist – das so Erkannte in irdische Sprache zu übertragen. Er *hat* nicht einen Hort von Wahrheiten, sondern nähert sich ihnen auf verschiedensten Wegen immer neu, und sie offenbaren sich ihm immer reicher. Sie können sich auch verhüllen, weil Störungen auftreten.

Das ist wohl unter Anthroposophen bekannt, aber was heißt das in bezug auf unsere Arbeit? Ohne einer späteren ausführlichen Studie über das hiermit angeschlagene Thema – Rudolf Steiners Verhältnis zur Religion und zum Christentum in seinen Entwicklungsschritten im Lebensgang – zu sehr vorzugreifen, darf man wohl sagen: Rudolf Steiner lebte als Kind – jedenfalls zeitweise – in den Kultusformen der katholischen Kirche in Neudörfl wie selbstverständlich mit. Als Heranwachsender hatte er – schon durch das weitgehend religionslose Elternhaus – auch durch die naturwissenschaftliche Ausbildung einigen Abstand zum religiösen Leben, sowohl in der Praxis wie in der Gesinnung, bekommen.

Im Jahre 1882, als 21jähriger, schreibt er aber an einen Freund:
"Ich lernte gerade durch sie (die Philosophie; R.G.) kennen, was mir noch vor kurzem ganz unverständlich war: die Bedeutung der religiösen Bewegungen. Ich muß gestehen, daß ich mir noch vor nicht langer Zeit, wenn Du von dem Altkatholizismus sprachst und wenn Du Deine großen Bemühungen um denselben anführtest, nichts Rechtes denken konnte. Jetzt ist mir das alles klar. Ich sehe ebensogut ein, warum es diese und gerade diese *Religions*form für unser Volk sein muß. Der Protestantismus würde selbst dann nicht ganz berechtigt sein – ich meine beim Volke –, wenn er den Traditionen des Landes entsprechen würde, denn aus Mangel am Formellen artet er sehr gerne in nüchternen gemüt- und geistlosen Rationalismus aus. Der Mensch muß ein Bild von seinem Gotte haben und ihn in sinnlichen Handlungen verehrt sehen, sonst verschwindet er seinem Geiste." (GA 38/S.50)

Wir sehen an diesem Zitat, wie jedenfalls der Erkenntnis nach dem jungen Rudolf Steiner die Bedeutung der Religionsübung klar vor der Seele stand. Das wird besonders deutlich durch den Satz: "Der Mensch muß ein Bild von seinem Gotte haben und ihn in sinnlichen Handlungen verehrt sehen, sonst verschwindet er seinem Geiste."

Aus karmischen Gründen (vgl. Friedrich Rittelmeyer: Meine Lebensbegegnung mit Rudolf Steiner, S.83) mußte diese Einsicht zurücktreten; sie ist erst nach dem tiefen Erfahren der Christuswesenheit selber kurz vor der Jahrhundertwende neu erwachsen und hat Blüten und Früchte im Gesamtwerk aller anthroposophischen Erkenntnis und der daraus entstehenden Kultur-Erneuerungsimpulse getragen.

Rudolf Steiner mußte sich aus karmischen Notwendigkeiten den Zugang zum Christentum später neu erringen, obwohl er als Student bereits einen Zugang hatte. Im Bilde ausgedrückt: Die Mächte der Versuchung mußten auch erfahren und erkannt werden, ehe das Stehen vor dem Wiederkommenden möglich wurde. Das war ein Prozeß von Jahren und findet erst in der Gestaltung der Statue für den ersten Goetheanumbau einen gewissen Höhepunkt (1915 bis 1917).

Dann aber, während dieser Entwicklung, wird es Rudolf Steiner deutlich: Seine Aufgabe, die Mysterien zu erneuern, um neue Kultur zu begründen, hat auch eine Erneuerung der christlichen Religion zum Inhalt. Zum erneuerten und zu befreienden Geistesleben gehören neben Geistes*wissenschaft* auch spirituelle *Kunst* und *Religion*, Religionsübung. Während bei der Grundsteinlegung zum ersten Goetheanum am 20.09.1913 in Dornach von der notwendigen Erneuerung von Wissenschaft, Kunst und Religion gesprochen wird, für die der Bau ein Wahrzeichen werden soll (siehe GA 245/20.09.1913/S.121 ff.), regt Rudolf Steiner erst 1917 Friedrich Rittelmeyer an, das Religiöse als seine Aufgabe aufzugreifen. Es war ihm nicht zu allen Zeiten klar, daß die Erneuerung der Religion auch zu einer Erneuerung der Religionsübung, des Kultus und der Gemeindebildung führen werde, und es wirft ein Licht auf diesen Werdevorgang, wenn Rudolf Steiner zum Beginn der Gründungsversammlung der Christengemeinschaft im September 1922 wie beiläufig äußerte, daß sich ihm diese Bewegung offenbart habe. – Es gab also eine Zeit, wo ihm die Bewegung und ihr Wesen noch nicht offenbar war. Und so soll der Weg zur Gründung der Christengemeinschaft in sechs Abschnitten geschildert werden anhand der Äußerungen, die in der Gesamtausgabe und anderswo vorliegen. Er ist deutlich in zwei zeitliche Abschnitte zu gliedern: vor und nach dem Jahre 1916/17. Zunächst war Rudolf Steiner die Notwendigkeit offensichtlich nicht deutlich. Dann ist sie ihm immer klarer vor die Seele getreten.

1. Die Notwendigkeit einer neuen christlichen Kirche war Rudolf Steiner nicht von vornherein bewußt

Eine bekannte Stelle zum Thema Religionsübung aus dem 14. Vortrag über das Johannesevangelium – in Kassel 1909 gehalten – lautet: "Die Vorschule für mystische Vereinigung mit dem Christus ist das Abendmahl – die Vorschule" (GA 112/S.268). Weil alles sich vom Physischen zum Geistigen hin entwickelt, ist der Weg des Menschen zum Geiste vorgezeichnet. Er bedarf der Kraft, ihn zu gehen. Diese Kraft kann das Abendmahl vermitteln für die, "welche das äußere Symbolum brauchen" (S.268). Durch richtige Gedankenformen, die neue Elementarwesen schaffen, wird eine solche Anziehungskraft entwickelt, daß die geistige Wirklichkeit der Gegenwart Christi entsteht. "So wird aus dem Symbolum des Abendmahles eine Wirklichkeit" (S.268), und so hat das Abendmahl auch in Zukunft seine Bedeutung als "Vorschule" für die mystische Vereinigung. Die Ausführungen schließen mit den Worten: "... Nur wenn sie aufgenommen werden in ihrer vollen heiligen Würde, werden sie im richtigen Sinne verstanden." (GA 112/07.07.1909/S.268)

Im Zusammenhang lautet die Aussage:
"Und diejenigen Menschen, welche imstande sind, den richtigen Sinn dieser Worte des Christus zu fassen, die machen sich Gedankenbilder, die anziehen in dem Brot und in dem Rebensaft den Leib und das Blut Christi, die anziehen den Christus-Geist darinnen. Und sie vereinigen sich mit dem Christus-Geist. – So wird aus dem Symbolum des Abendmahles eine Wirklichkeit. Ohne den Gedanken, der an den Christus anknüpft im menschlichen Herzen, kann keine Anziehungskraft entwickelt werden zu dem Christus-Geist beim Abendmahl. Aber durch diese Gedankenform wird solche Anziehungskraft entwickelt. Und so wird für alle diejenigen, welche das äußere Symbolum brauchen, um einen geistigen Actus zu vollziehen, nämlich die Vereinigung mit dem Christus, das Abendmahl der Weg sein, der Weg bis dahin, wo ihre innere Kraft so stark ist, wo sie so erfüllt sind von dem Christus, daß sie ohne die äußere physische Vermittlung sich mit dem Christus vereinigen können. Die Vorschule für die mystische Vereinigung mit dem Christus ist das Abendmahl – die Vorschule. So müssen wir diese Dinge verstehen. Und ebenso wie alles sich entwickelt vom Physischen zum Geistigen hinauf unter dem christlichen Einfluß, so müssen sich zuerst unter dem Christus-Einfluß heranentwickeln die Dinge, die zuerst da waren als eine Brücke: vom Physischen zum Geistigen muß sich das Abendmahl entwickeln, um hinzuführen zur wirklichen Vereinigung mit dem Christus. – Über diese Dinge kann man nur in Andeutungen sprechen, denn nur wenn sie aufgenommen werden in ihrer vollen heiligen Würde, werden sie im richtigen Sinne verstanden." (GA 112/07.07.1909/S.268)

Die mystische Vereinigung mit dem Geiste – auch mit Christus – im Erkenntnisbemühen, die Rudolf Steiner seit 1886 mit dem religiösen Ausdruck "Kommunion" bezeichnet (GA 1/S.126; siehe Kap. II, 2), kann auch vor-geschult werden durch ein richtiges Abendmahl mit einer geistig-physischen Kommunion, die eine Kraft vermittelt. Diese "Vorschule" hat auch in Zukunft ihre Berechtigung. Wiederholt tritt die Zukunftsform "wird" in der Formulierung auf.

Aus dieser Vortragsstelle wurde bisher oft der Aspekt betont, der auch im Vortrag vom 30.12.1922 auftaucht: Kultus und Abendmahl seien für denjenigen gut, der sie auf seinem Wege noch "brauche". So verständlich das für manchen klingen mag, so wenig erreicht das darin liegende Werturteil die oben zitierte "volle heilige Würde", die den Sachverhalt erst "im richtigen Sinne" verstehen läßt. Es wird zum Beispiel oft übersehen, daß der Erkenntnisweg, der zur mystischen Vereinigung führen soll, die notwendige, aber gefährliche Phase des Egoismus durchläuft. Bei jedem Studium, als erste Stufe des Schulungsweges, muß täglich die Versuchung des Egoismus bewältigt werden. Durch die Entwicklung der Bewußtseinsseele wird noch auf Jahrhunderte der Egoismus gesteigert werden, bis er sich selbst in einer Katastrophe ad absurdum führen wird. Außerdem ist der Satz zu bedenken:

"Auch das höchste Erkenntnisstreben ist ja ein egoistisches und kein selbstloses Streben." (GA 264/02.01.1905/S.357)

Religionsübung im christlichen Sinn geht demgegenüber immer von der Gemeinschaft aus: Oremus – lasset *uns* beten; Vater *unser*. Erst mit der Reformation tritt der persönlich-egoistische Zug auch in der Religion auf: Wie bekomme *ich* einen gnädigen Gott? So notwendig sie war, christlich erscheint diese Haltung nicht. Christlicher wäre zu fragen: Wie bekommt mein Mitmensch einen Zugang zu Christus? Wie kann ich ihm dazu verhelfen? Im Rahmen der Anthroposophie kann also die entsprechende Haltung nur sein: "Anthroposophen sollen Rater und Helfer" (GA 219/30.12.1922/S.170 und S.174) für die Religionserneuerung und den dafür vorgesehenen Kultus sein, der für Jahrhunderte von Menschen, von Engeln und Erzengeln, von allen Hierarchien gebraucht wird.

Trotz dieser Ausblicke, die sich einer etwas eingehenderen Betrachtung der oben zitierten Aussage Rudolf Steiners von 1909 ergeben können, liegt die Betonung dieser Vortragsstelle eindeutig auf der geisteswissenschaftlichen Schulung. Die Schilderung in diesem Vortrag wird auch in die Darstellung des christlichen Einweihungsweges weitergeführt. So darf man zusammenfassend sagen: Christliche Religionsübung mit ihrem Abendmahl dient nach Ansicht Rudolf Steiners 1909 jetzt und in Zukunft auch seinem ersten Anliegen, Menschen auf den Weg der anthroposophischen Schulung zu bringen. Von einer Anregung oder einem Willen, die Religionsübung in ihrem Kultus zu erneuern, ist noch nichts zu spüren.

Der Aspekt des Schulungsweges und der Geheimwissenschaft ist auch der wesentliche in der Aussage:

"Heute, wo der Blick sich auf den physischen Plan gesenkt hat, bedarf der Glaube einer Freistatt, einer Religion. Daher kommt die Trennung von Wissenschaft und Glauben. Die gläubige Verehrung der Person des Christus, des Menschengottes auf der Erde, ist für eine gewisse Zeit an die Stelle der Geheimwissenschaft und der Mysterien getreten." (GA 94/14.06.1906/S.122)

Ganz ähnlich lauten Worte Rudolf Steiners aus dem Karlsruher Zyklus "Von Jesus zu Christus":

"Es war in den vergangenen Jahrhunderten das Abendmahl ein völliger Ersatz für den esoterischen Weg. Dieser Weg zum Christus ... wird es auch noch viele Jahrhunderte bleiben. Aber dieser exoterische Weg wird sich wandeln, muß ergänzt werden durch einen neuen esoterischen Weg zum Geiste. Der Mensch wird sich im Innern durchdringen mit dem Element des Geistes und so die Kommunion im Geiste erleben." (GA 131/13.10.1911/S.204 f.)

Im Zusammenhang lauten diese Sätze:

"Zweierlei war notwendig, auf zweierlei Wegen konnte exoterisch der geistige Anblick des Christus gefunden werden. Das eine konnte dadurch geschehen, daß dem Menschen die Möglichkeit vorgeführt wurde, daß es allerdings nicht wahr ist, daß alle Materie dem menschlichen Innern, dem Geistigen im eigenen Innern ein völlig Fremdes ist. Es müßte auf der einen Seite tatsächlich die Möglichkeit vorgeführt werden, daß es nicht richtig ist, daß überall im Raume, wo Materie erscheint, nur Materie vorhanden ist. Wodurch konnte das geschehen? Auf keinem anderen Wege konnte das geschehen, als daß man dem Menschen etwas vermittelte, was zugleich Geist und zugleich Materie ist, wovon er wissen mußte, daß es Geist ist, und wovon er sah, daß es Materie ist. Das mußte also lebendig bleiben: die Verwandlung, die ewig gültige Verwandlung von Geist in Materie, von Materie in Geist. Und das ist dadurch geschehen, daß sich das Abendmahl als eine christliche Einrichtung durch die Jahrhunderte herauf erhalten hat, daß es gepflegt worden ist. Und je weiter wir, seit Einsetzung des Abendmahles, in die Jahrhunderte zurückgehen, desto mehr spüren wir, wie die älteren, noch weniger materialistischen Zeiten das Abendmahl auch besser noch verstanden haben. Denn gegenüber den höheren Dingen ist es in der Regel so, daß als Beweis dafür, daß man sie nicht mehr versteht, die Tatsache sich zeigt, daß man über sie zu diskutieren anfängt. Es gibt eben einfach Dinge, bei denen die Sache so liegt, daß man, solange sie verstanden werden, wenig über sie diskutiert, und daß man anfängt zu streiten, wenn man sie nicht mehr versteht; wie überhaupt Diskussionen ein Beweis dafür sind, daß die Mehrzahl derer, die über die Sache diskutieren, sie nicht verstehen. So war es auch mit dem Abendmahl! Solange vom Abendmahl gewußt wurde, daß es den lebendigen Beweis dafür bedeutet, daß Materie nicht bloß Materie ist, sondern daß es zeremonielle Handlungen gibt, durch die der Materie der Geist beigefügt werden kann, solange der Mensch wußte, daß diese Durchdringung der Materie mit dem Geist eine Durchchristung ist, wie sie im Abendmahl zum Ausdruck kommt, so lange wurde es hingenommen, ohne daß man sich stritt. Dann aber kam die Zeit, wo der Materialismus schon heraufkam, wo man dann nicht mehr verstand, was dem Abendmahl zugrunde liegt, wo man stritt, ob Brot und Wein bloße Sinnbilder des Göttlichen seien, oder ob da wirklich göttliche Kraft hineinfließe; kurz, wo alle die Streitigkeiten kamen, die eben im Beginne der neuen Zeit entstanden, die aber für den, der tiefer sieht, nichts anderes bedeuten, als daß das ursprüngliche Verständnis für die Sache verlorengegangen war. Das Abendmahl war für die Menschen, die zu dem Christus hinkommen wollten, ein völliger Ersatz für den esoterischen Weg, wenn sie diesen nicht gehen konnten, so daß sie in dem Abendmahl eine wirkliche Vereinigung mit dem Christus finden konnten. Aber alle Dingen haben ihre Zeit. Freilich, so wahr es ist, daß in bezug auf das spirituelle Leben ein ganz neues Zeitalter anbricht, so wahr ist es auch, daß der Weg zum Christus, der für viele Jahrhunderte der richtige war, es auch für viele Jahrhunderte noch bleiben wird. Die Dinge gehen nach und nach ineinander über, aber das, was früher richtig war, wird sich nach und nach in ein anderes verwandeln, wenn die Menschen dafür reif werden. Und dazu soll die Theosophie wirken: im Geiste selber etwas Konkretes, etwas Reales zu erfassen. Dadurch, daß zum Beispiel durch Meditationen, Konzentrationen und alles, was wir lernen als die Erkenntnisse höherer Welten, die Menschen reif werden, in ihrem Innern nicht bloß Gedankenwelten, nicht bloß abstrakte Gefühls- und Empfindungswelten zu leben, sondern sich in ihrem Innern zu durchdringen mit dem Element des Geistes, dadurch werden sie die Kommunion im Geiste erleben; dadurch werden Gedanken – als meditative Gedanken – im Menschen leben können, die ebendasselbe sein werden, nur von innen heraus, wie es das Zeichen des Abendmahles – das geweihte Brot – von außen gewesen ist. Und wie sich der unentwickelte Christ seinen Weg durch das Abendmahl zu dem Christus suchen konnte, so kann der entwickelte Christ, der durch die vorgeschrittene Wissenschaft des Geistes die Gestalt des Christus kennenlernt, sich im Geiste zu dem erheben, was ja auch in Zukunft ein exoterischer Weg für die Menschen werden soll. Das wird als die Kraft fließen, die dem Menschen eine Erweiterung des Christus-Impulses bringen soll. Aber dann werden sich auch alle Zeremonien ändern, und was früher durch die Attribute von Brot und Wein geschehen ist, das wird in Zukunft durch ein geistiges Abendmahl geschehen. Der Gedanke jedoch des Abendmahles, der Kommunion wird bleiben. Es muß nur einmal die Möglichkeit gegeben werden, daß gewisse Gedanken, die uns zufließen durch die Mitteilungen innerhalb der Bewegung für Geisteswissenschaft, daß gewisse innere Gedanken, innere Fühlungen ebenso weihevoll das Innere durchdringen und durchgeistigen, wie in dem besten Sinne der inneren christlichen Entwickelung das Abendmahl die Menschenseele durchgeistigt und durchchristet hat. Wenn das möglich wird – und es wird möglich –, dann sind wir wieder um eine Etappe in der Entwickelung weitergeschritten. Und dadurch wird wieder der reale Beweis geliefert werden, daß das Christentum größer ist als seine äußere Form. Denn der hat eine geringe Meinung über das Christentum, der da glaubt, daß es hinweggefegt würde, wenn die äußere Form des Christentums einer bestimmten Zeit hinweggefegt wird. Der nur hat die wahre Meinung von dem Christentum, der durchdrungen ist von der Überzeugung, daß alle Kirchen, die den Christus-Gedanken gepflegt haben, alle äußeren Gedanken, alle äußeren Formen zeitlich und daher vorübergehend sind, daß aber der Christus-Gedanke sich in immer neuen Formen hereinleben wird in die Herzen und Seelen der Menschen in der Zukunft, so wenig diese neuen Formen sich auch heute schon zeigen. So lehrt uns eigentlich erst die Geisteswissenschaft, wie auf dem exoterischen Wege das Abendmahl seine Bedeutung hatte in früheren Zeiten." (GA 131/13.10.1911/S.202 bis S.205)

Wiederum wird die Bedeutung und Notwendigkeit des Kultus auch für die Zukunft gewürdigt, aber das Gewicht liegt auf der nötigen Ergänzung und Verwandlung durch die Esoterik der Anthroposophie. Es taucht das Thema der geistigen Kommunion auf. Man wird kaum aus diesen Worten herauslesen können, daß Rudolf Steiner hier selber aktiv die Erneuerung des Abendmahlkultus vor sich gesehen habe.

Zeitlich zwischen den beiden Äußerungen finden wir Worte, die am 05.01.1911 in Mannheim gesprochen wurden. Religion, heißt es da, müsse immer die Stimmung für das Geistige bringen. Wenn die Wissenschaft zur Geisteswissenschaft (Pneumatologie) erweitert wird, kann sie die richtige Erklärerin des geistigen Lebens sein und die Stimmung unterstützen, die wiederum in der Religion leben sollte. Anthroposophie kann der Religion helfen. Dann heißt es:

"Und da Religion immer die Stimmung bringen muß für das Geistige, so können eigentlich im Grunde genommen nur in denjenigen Zeitaltern Wissenschaft und Religion in Einklang arbeiten, wo die Wissenschaft in der Pneumatologie den Geist hineinarbeitet. Da kann die Wissenschaft die richtige Erklärerin des geistigen Lebens sein und die Stimmung unterstützen, die wiederum in der Religion leben sollte.

Was beginnt, steht so in vollem Gegensatz zu dem, was abgelaufen ist. Nehmen wir zum Beispiel das, was abgelaufen ist in den verschiedenen evangelischen Religionsbekenntnissen: Wie hat man sich bemüht, ja nichts von wissenschaftlichem Denken hereinzulassen in das Gebiet, das dem Glauben gewidmet sein soll. Man denke an Luther und Kant. Kant sagt, er müsse das Wissen aufheben, damit er für den Glauben an Freiheit, Unsterblichkeit und Gott freie Bahn habe.

Da war die Wissenschaft auf das äußere, sinnlich Physische gerichtet, da kannte sie kein Interpretieren eines Übersinnlichen, Geistigen. Daher mußte man möglichst unverfälscht bewahren, was überliefert war an heiligen Urkunden. Das hatte seine gute Berechtigung. Jetzt stehen wir vor einem anderen Zeitalter, wo uns Theosophie hineinleitet in die geistige Welt, und jetzt werden wir sehen, wie nach und nach eine Zeit herannaht, wo dasjenige, was sich herausbildet, erreicht werden soll dadurch, daß gerade durch Theosophie Wissenschaft unterstützt und erleuchtet wird. Religion und Wissenschaft werden wiederum zusammenarbeiten im nächsten Zeitalter. Wissenschaft wird etwas werden, was für alle Menschen nach und nach gelten muß. Für jeden Menschen wird es verständlich werden. Daher wird dasjenige, was sich anbahnt als paralleler Verlauf von Religion und Wissenschaft, im umfassendsten Sinn erzeugen, was man nennen könnte Individualismus in der Religion: Jedes einzelne Herz wird seinen Weg auf individuelle religiöse Art in die geistige Welt hinein finden. Das ist unserem Zeitalter vorgezeichnet, daß in individuellster, persönlichster Art dasjenige, was gemeinsame Wissenschaft im Geistigen sein kann, als Erklärer, als Führer auf religiösem Gebiet dienen wird." (GA 127/ 05.01.1911/S.26 f.)

Erklärend und führend kann Anthroposophie auf religiösem Gebiet dienen. Diese Möglichkeit ist aufgezeigt, und vielleicht hoffte Rudolf Steiner bereits auf eine entsprechende Anfrage von Zuhörern, wie das denn geschehen könne. Aber es wird von einem parallelen Verlauf von Religion und Wissenschaft gesprochen, der Individualismus in der Religion erzeugt. (Ob mit diesem Individualismus Freiheit des Bekenntnisses gemeint ist?). Im nächsten, dem sechsten nachatlantischen Zeitalter werden beide wieder zusammenarbeiten. Wieder ist die Kulturnotwendigkeit der Religion auch für eine weite Zukunft bestätigt, aber man kann zweifeln, ob hier Religion als gemeinsam erlebter Kultus gesehen wird. Von Kultuserneuerung ist nicht die Rede.

Am 17.04.1912 heißt es in Stockholm:
"Es ist im Grunde genommen damit schon gesagt, daß die Initiation ein – gestatten Sie den Ausdruck – überreligiöser Weg ist ... Die Religionen waren eben die Wege, um in die Menschheit einfließen zu lassen die Geheimnisse der Initiation in einer jeweilig einer Gruppe von Menschen angemessenen Art ... Es ist Anthroposophie gewissermaßen dasjenige, was die Geheimnisse der Initiation allgemein menschlich heute auszubreiten hat." (GA 143/8/S.132)

Hier ist auf den Offenbarungs- und Initiationsgehalt der Religionslehren gewiesen, die eben spezielle sind. Anthroposophie möchte die geistigen Geheimnisse allgemein menschlich ausbreiten.

In dem öffentlichen Architektenhaus-Vortrag vom 20.11.1913, "Geisteswissenschaft und religiöses Bekenntnis", heißt es: "Daher ist das Eintreten in die geistige Welt auf dem Umwege des Religiösen nichts anderes also, als daß man auf dem Wege des Gefühles dahin gelangt. ... Das religiöse Bekenntnis wurzelt in der menschlichen Natur. Wahre Wissenschaft, die sich zum Geiste erhebt, wird nimmer eine Feindin ... des wahren, echten, des dem Menschen notwendigen religiösen Erlebens sein können." Wer Geisteswissenschaft und spirituelle Kunst "besitzt", der hat auch Religion, also Verehrung des Geistigen. Wer beide nicht hat, "der versuche in seiner Seele jene Sehnsucht anzufachen, durch die ihm zunächst religiöse Verehrung möglich wird, dann wird er durch den Umweg, durch die religiöse Stimmung seinen Eintritt in die geistige Welt halten können." (GA 63/3/S.106 f.)

Wissenschaft und Kunst im heutigen Sinne ersetzen nicht die notwendige Religion. Geisteswissenschaft und spirituelle Kunst aber umfassen auch die religiöse Stimmung der Verehrung dem Geist gegenüber. Religion ist ein direkter Weg zum Geist. Rudolf Steiner spricht aber vom wissenschaftlichen Standpunkt, der erhoben werden muß zum Geist, für *den* ist der religiöse Weg ein "Umweg". Auch jetzt, 1913, ist von religiöser Erneuerung im eigentlichen Sinn noch nicht die Rede.

Am 18.04.1914 spricht Rudolf Steiner in Berlin von den großen Religionsstiftern. Sie haben "dafür gesorgt, daß die Menschen Vorstellungen hatten, die nicht der physischen Welt entlehnt waren", um das Menschengeschlecht zu erziehen, damit "die Menschen nicht geistig blind und taub nach dem Tode in der geistigen Welt ankamen." Heute werden die Menschen mündig. Was damals dem notwendigen Glauben diente, soll heute die Anthroposophie zum Begreifen durch den einzelnen führen. "Da muß das, was die Religionsstifter für den Glauben geliefert haben, durch das ersetzt werden, was die neuere Geisteswissenschaft gibt. Diese neuere Geisteswissenschaft unterscheidet sich ja in ihrem ganzen Wesen von demjenigen, was die alten Religionsstifter überliefert haben. Dabei muß betont werden, damit kein Mißverständnis entsteht: Wenn von diesen alten Religionsstiftern gesprochen wird, so ist der Christus ausgenommen. Denn ich habe oft betont: Es kommt beim Christus nicht darauf an, was er gelehrt hat, sondern was durch ihn geschehen ist. Die alten Religionsstifter waren gewissermaßen Lehrer, der Christus hat aber hauptsächlich dadurch gewirkt, daß er durch das Mysterium von Golgatha seine eigene Kraft in die Menschheit hineingesenkt hat." (GA 154/1/S.17 ff.)

Der Christus hat eine gesonderte Stellung inne. Er ist nicht in diesem Sinne Religionsstifter, nicht in erster Linie Lehrer. Die Stifter der Religionen haben den Menschen – um ihnen für das nachtodliche Dasein zu helfen – im Leben durch Mythen, Kulte, Feste etc. Vorstellungen vermittelt. Diese Hilfe soll Menschen nun durch Geisteswissenschaft ermöglicht werden. Das schließt nicht aus, daß auch heute und in Zukunft eine erneuerte christliche Religionsübung Hilfen für das nachtodliche Menschendasein geben kann, davon ist in diesem Vortrag aber nicht die Rede.

Kurz vor Beginn des Ersten Weltkrieges weilt Rudolf Steiner in Schweden. Er hält in Norrköping den Vortragszyklus "Christus und die menschliche Seele" (GA 155). Dabei kommt er am letzten Tag auf die Beichte zu sprechen, nachdem er ausführte, daß die Seele des Menschen den innigen Bund mit Christus im Bewußtsein ständig erneuern müsse:

"Es werden diejenigen, die sich im echten Geiste die durchchristete Geisteswissenschaft aneignen – nicht bloß in einem äußeren Sinne, sondern im echten Geiste –, ganz gewiß auch ihre eigenen Beichtväter werden können. Ganz gewiß werden sie durch die Geisteswissenschaft den Christus immer mehr und mehr so intim kennenlernen, so intim sich mit ihm verbunden fühlen, daß sie unmittelbar seine geistige Gegenwart empfinden. Und sie werden, indem sie sich neuerdings ihm angeloben als dem kosmischen Prinzip, ihm im Geiste die Beichte verrichten und in ihrer stillen Meditation die Sündenvergebung von ihm erlangen können. Solange aber die Menschen sich nicht in diesem tiefen geistigen Sinne mit der Geisteswissenschaft durchdrungen haben, muß mit Verständnis hingewiesen werden auf dasjenige, was gleichsam in einem äußeren Zeichen in den verschiedenen Religionen der Welt als Sündenvergebung herrscht. Geistig freier und freier werden ja die Menschen ..." (GA 155/ 16.07.1914/S.209 ff.)

Von der Zukunft ist die Rede, in der Menschen die Kraft haben werden, ihr eigener Beichtvater zu sein, "mit sich selber fertig" zu werden. Schuld und Sünde werden dem kosmischen Sündenträger, Sündenvergeber sozusagen persönlich – rein geistig-seelisch – übergeben werden. Bis aber die Geisteswissenschaft dazu verhilft, "muß mit Verständnis hingewiesen werden auf dasjenige, was gleichsam in einem äußeren Zeichen in den verschiedenen Religionen der Welt als Sündenvergebung herrscht."

Die Anthroposophie zeigt den Erkenntnisweg zu Christus. Wer ihn geht, wird ihm begegnen und ihm selber die eigene Schuld übergeben können, soweit er sie nicht allein auszugleichen vermag. Eine gewaltige Zukunftsaussicht, eine heute aufkeimende Möglichkeit durch die Anthroposophie ist es, daß der mündige Mensch mithelfen kann, sein Karma zu ordnen. – Toleranz gegenüber den Religionen soll geübt werden; ihr Tun ist sinnvoll. Von einer Erneuerung, einer Neubegründung christlich-religiöser Beichtpraxis durch Anthroposophie, wie sie 1922 möglich geworden ist, ist hier noch keine Andeutung zu erkennen.

"Derjenige, der nebenbei noch ein besonderes Sich-in-Beziehung-Setzen (zu dem Christus; R.G.) sucht, der drückt nur naiv aus, daß er eigentlich vermeiden möchte den etwas unbequemen Weg, etwas zu studieren oder etwas zu lesen." (GA 169/13.06.1916/S.44)

Auch hier ist zu bemerken, wie das Gewicht auf den geisteswissenschaftlichen Aspekt gelegt wird. Aus anderen Textstellen geht zur Genüge hervor, daß Religionsübung als solche nicht mit dem Wort "nebenbei" abgetan werden kann.

"Was tut der Engel in unserem Astralleib?" ist Rudolf Steiners Vortragsthema am 09.10.1918. Er, der Engel, prägt die von den Elohim geschaffenen Bilder der Menschenseele ein. Diese Idealbilder, Zukunftsbilder in der Seele, bewirken erstens, daß in "Zukunft kein Mensch Ruhe haben soll im Genusse von Glück, wenn andere neben ihm unglücklich sind." Zweitens soll jeder Mensch in Zukunft "in jedem Menschen ein verborgenes Göttliches sehen". Schließlich heißt es von der Bildtätigkeit des Engels in der Seele, daß er dem Menschen die Möglichkeit gibt, "durch das Denken zum Geist zu gelangen".

Wieder sei der ganze Zusammenhang zitiert:

"Das wird einmal, wenn es verwirklicht wird, eine ganz bestimmte Folge haben. Alle freie Religiosität, die sich in der Zukunft innerhalb der Menschheit entwickeln wird, wird darauf beruhen, daß in jedem Menschen das Ebenbild der Gottheit wirklich in unmittelbarer Lebenspraxis, nicht bloß in der Theorie, anerkannt werde. Dann wird es keinen Religionszwang geben können, dann wird es keinen Religionszwang zu geben brauchen, denn dann wird die Begegnung jedes Menschen mit jedem Menschen von vornherein eine religiöse Handlung, ein Sakrament sein, und niemand wird durch eine besondere Kirche, die äußere Einrichtungen auf dem physischen Plan hat, nötig haben, das religiöse Leben aufrechtzuerhalten. Die Kirche kann, wenn sie sich selber richtig versteht, nur die eine Absicht haben, sich unnötig zu machen auf dem physischen Plane, indem das ganze Leben zum Ausdruck des Übersinnlichen gemacht wird." (GA 182/09.10.1918/S.141)

Mit dieser Äußerung erreichten die Formulierungen Rudolf Steiners über Religionen, Bekenntnisse, Kirchen einen gewissen Höhepunkt, der – wie einiges vorher – leicht mißverstanden werden kann. "Die Kirche kann, wenn sie sich selber richtig versteht, nur die eine Absicht haben, sich unnötig zu machen auf dem physischen Plan." Der Satz endet aber auch in der Aussage: "... indem das ganze Leben zum Ausdruck des Übersinnlichen gemacht wird." Das ist der Zukunftsimpuls der Anthroposophie, der jetzt als Keim in das Bewußtsein einer ersten aufnahmewilligen Menschenschar gelegt wird. Diese Aussage weist auf die Zukunft: Kirche soll das Bestreben haben, sich unnötig zu machen.

Und wenn die Kirche – die Religionsübung durch Kultus – für den einzelnen Menschen überflüssig geworden sein sollte, dann ist sie es noch lange nicht für die Engel, die Verstorbenen, die Elementarwesen, denn diese bedürfen der Hilfe, der Nahrung des Gottes-Dienstes, der bewußt und freiwillig geleistet wird.

Der Lehrer, der ein Kind unterrichtet, tut dies im Bestreben, sich selber, ja die ganze Schule für dieses Kind "unnötig" zu machen, denn das Kind soll sich selber alle Fertigkeit, alles Wissen, alle Fähigkeit aneignen. Damit ist die Schule aber noch nicht überflüssig. Ebenso wirkt der Arzt. Er will zur Heilung verhelfen. Ist der Patient gesund, ist der Arzt für ihn unnötig. Das Bestreben des Arztes und des Krankenhauses kann nur sein, sich unnötig zu machen. Sie sind deshalb nicht überflüssig (vgl. auch Ludwig Kleeberg: Wege und Worte, S.156).

Ganz in derselben Art sollte der Pfarrer, sollte die Kirche sich unnötig machen, sie sind deswegen aber nicht überflüssig. In dieser Vortragsstelle bedeutet Kirche sicher auch Konfession, Glaubensgemeinschaft mit Glaubenszwang. Mit der Religionserneuerung in der Christengemeinschaft wurde inzwischen der erste Schritt zur Bekenntnisfreiheit vollzogen, die Lehrfreiheit ist erreicht. Aber für lange Zeiten wird freie Religions*übung* mit dem Kultus notwendig sein, denn es wird noch lange dauern, bis "die Begegnung jedes Menschen mit jedem Menschen von vornherein eine religiöse Handlung, ein Sakrament" ist, und selbst dann wird Religion noch von überragender Bedeutung sein. Wenn dieser zwischenmenschliche Zustand erreicht sein wird, wird ein religiöses Leben in äußeren Einrichtungen vielleicht nicht mehr nötig sein. Darf man hier die Perspektive sehen: zuerst Bekenntnisfreiheit, dann selbständiges, freies Karmaordnen, schließlich vielfältiger Sakramentalismus in allen Lebensbereichen der sechsten Kulturepoche?

Mit dem Jahr 1916/17 beginnt Rudolf Steiner einen anderen Ton in bezug auf das religiöse Leben anzuschlagen, wie wir im nächsten Abschnitt (Kap. IV, 2) sehen werden. Hier überschneidet sich die Linie der Äußerungen über Religion, welche leicht mißverstanden werden können (Vorschule, exoterisch, Umweg etc.), mit der Linie der Anregung zur religiösen Erneuerung. In den oben zitierten Worten aus dem Vortrag "Was tut der Engel in unserem Astralleib?", von 1918, ist nicht die Spur aktiven Erneuerungswillens zu finden; aber es wird eine wesentliche Bedingung des religiösen Lebens ausgesprochen. Auch die beiden letzten noch folgenden Vortragsstellen haben diese Tingierung.

Am 26.11.1920 in Dornach heißt es:
"Gesucht wird hier am Goetheanum die Einheit von Wissenschaft, Kunst und Religion. Wie sagt doch derjenige, nach dem das Goetheanum seinen Namen hat:

> Wer Wissenschaft und Kunst besitzt,
> Hat auch Religion,
> Wer jene beiden nicht besitzt,
> Der habe Religion.

Das heißt, von außen! Aber von *innen* hat sie derjenige, der Wissenschaft und Kunst aus den Fundamenten heraus besitzt – das ist Goethesche Gesinnung. Wer Wissenschaft und Kunst besitzt, der hat auch Religion –, daher dürfen diejenigen, welche in der angedeuteten Art die Einheit von Religion, Kunst und Wissenschaft anstreben, die Institution, an der sie sie anstreben, wahrhaftig 'Goetheanum' nennen." (GA 202/26.11.1920/S.27)

Am Goetheanum wird die Einheit von Wissenschaft, Kunst und Religion gesucht, d.h. sie ist bisher nicht gefunden. Erst recht ist sie nicht erreicht. Aber sie wird gesucht werden müssen, weil sie eine Notwendigkeit für die nächste Kulturepoche ist.

Da man Geisteswissenschaft und spirituelle Kunst nicht wie einen Schatz im Tresor besitzen kann, sondern sie täglich neu erringen muß, ist in diesem Ringen auch ehrfürchtige Stimmung und Wille zur Durchgeistung von Mensch und Welt, also Religiosität, enthalten.

In einem Mißverständnis befangen, könnte man meinen, daß Religion nur für den nötig sei, der nicht in Erkenntnis und Kunst zu leben vermag, und daß Religion als selbständiges Gebiet eines freien Geisteslebens überflüssig sei. Die Einheit dreier Kulturgebiete entsteht aber nicht dadurch, daß man eines wegläßt, weil die beiden anderen auch dessen Elemente in sich tragen. Zwei Winkel eines Dreiecks "haben" auch den dritten.

Bis zum November 1920 waren schon viele Anregungen von Rudolf Steiner zur religiösen Erneuerung ausgegangen. Hier ist davon nicht die Rede, sondern wieder von der Zukunftsaufgabe der Anthroposophie.

Als schon gewichtige Schritte religiöser Erneuerung durch die Kultushandlungen in der Schule und zur Gründung der Christengemeinschaft getan waren (vgl. Kap. II, 5 und Kap. IV, 2), wurde wieder die Bedeutung der Geisteswissenschaft dargestellt. Jetzt, am 07.05.1922, heißt es:

"So also entstand der (alte; R.G.) religiöse Kultus, zu dem heute die Menschen, weil sie sich nicht aufringen können zu einer Aktivität in bezug auf das Geistige, wiederum zurückkehren. Es ist merkwürdig, wie gerade intelligente Menschen heute in großer Zahl in den Schoß der katholischen Kirche zurückkehren, aus dem einfachen Grunde, weil sie sich retten wollen zu dem, was von der Erde bleibt, aus demjenigen, was ja spurlos verschwinden muß durch Götterwillen selber. Dieses Hinströmen gerade gebildeter Menschen heute in den Katholizismus hinein wird von denjenigen, die nicht die Gegenwart aufmerksam betrachten, eben auch gar nicht beachtet. Das besteht darinnen, daß die Leute herauswollen aus dem, was vernichtet wird, in etwas hinein, was, wie die katholischen Zeremonien und Kultushandlungen, die auf sehr alten Einrichtungen beruhen, formen will wenigstens das, was da bleibt, weil den Leuten fehlt jene Aktivität, wodurch etwas Neues, etwas, was wir brauchen für die Zukunft, wirklich gefunden werden kann. Es fehlt den Leuten die innere Kraft. Die ist ihnen schon verlorengegangen innerhalb unseres technischen Zeitalters.

Man hätte sich eben in einem gewissen Momente energisch sagen müssen: Also wir stehen in der negativen Welt der Technik. Da drinnen lassen sich nicht mehr Impulse finden in der alten Art. Da muß zu der moralischen Phantasie, zu der Intuition geschritten werden. – Das hätte man sich sagen müssen. Diejenigen, die vorbeigehen an dieser Notwendigkeit der Zeit, die kehren eben zum Katholizismus zurück. Erklärlich ist die Sache durchaus aus der Schwäche der Zeit." (GA 212/5/S.101 f.)

Auch hier kann bei oberflächlichem Blick leicht die Meinung entstehen, Kultus sei etwas für die Kraftlosen, denn alte Kulte seien selber kraftlos und würden niemals den Ichwillen stärken.

Wir haben eine Linie von Äußerungen Rudolf Steiners, die sich noch weiter vervollständigen ließe, aufgezeigt. In ihr tritt keine Notwendigkeit religiöser Erneuerung zutage. Sie verfolgt streng die Aufgabe spiritueller Wissenschaft und weist oft in scharfer, leicht mißzuverstehender Formulierung auf die Religion hin. Dem unterscheidenden Verstehen wird die erklärte Bedeutung christlicher Religionsübung besonders in Gebet und Kultus nicht näher erläutert.

Vielleicht dürfen wir annehmen, daß Rudolf Steiner in der Zeit vor 1917 der Inhalt einer christlich-religiösen Erneuerung nicht vor dem Seherblick stand. Eine solche Bewegung hatte sich ihm noch nicht offenbart. Den verschiedenen Schritten dieser Offenbarung wollen wir im nächsten Abschnitt anhand entsprechender Wortlaute nachzugehen versuchen.

Vorher sei hier eine besondere Betrachtung über Rudolf Steiners Verwendung des Aphorismus von Goethe, "Wer Wissenschaft und Kunst besitzt, hat auch Religion ...", eingefügt.

Rudolf Steiners Äußerungen, die er an Goethes Aphorismus anknüpft, tragen einen besonderen Akzent. Bei Goethe stehen diese Worte ganz für sich, ohne Kontext, ohne Erklärung. Rudolf Steiner ließ öfter einen Vortrag in diese Worte ausklingen. Sie werden von manchen so verstanden, daß derjenige, der wirklich Wissenschaft und Kunst als geistigen Besitz in sich trägt, damit, sozusagen inklusive, auch Religion habe und deswegen auf ein zusätzliches religiöses Leben verzichten könne. Wir wollen hier zunächst Rudolf Steiners Erläuterungen im Zusammenhang mit dem Goetheschen Aphorismus betrachten.

Am 11.05.1905 sprach Rudolf Steiner öffentlich über "Die theologische Fakultät und die Theosophie". Der Schluß des Vortrags lautet:

"Das ist es, was die theosophische Weltanschauung bringen will. Sie will nicht Theologie sein, nicht Lehre von einem Buche und auch nicht die Interpretation eines Buches, sondern sie will Erfahrung von dem geistigen Leben, sie will Mitteilungen von den Erfahrungen dieses geistigen Lebens geben. Auch heute spricht dieselbe geistige Kraft zu uns, die einstmals bei der Verkündigung der Religionssysteme gesprochen hat. Und es muß die Aufgabe dessen sein, der etwas von der göttlichen Weltordnung lehren will, daß er den Aufstieg sucht, wo er wieder einsam im Herzen sprechen kann mit dem Geistherzen der

Welt. Der Umschwung wird sich dann vollziehen in unserer Fakultät, der sich vollzogen hat vom Mittelalter zur Neuzeit auf dem Gebiete der äußeren Naturwissenschaft. Dann wird es kommen, daß, wenn einer etwas verkündigt vom Geist und ihm einer entgegentritt mit den Worten: Es steht aber anders in den Schriften –, er ihn vielleicht überzeugen wird oder auch nicht. Vielleicht sagt der ihm auch: Ich glaube aber mehr den Schriften als dem, was mancher aus der unmittelbaren Erfahrung sagen kann. – Der Gang des Geisteslebens ist aber nicht aufzuhalten. Mag es viele Hemmungen geben, mögen die, welche heute im Sinne des erwähnten mittelalterlichen Aristoteles-Anhängers für die Theologie wirken, sich noch so sträuben, der Umschwung, der sich hier vollziehen muß, läßt sich nicht aufhalten. Wie das Wissen vom Glauben zum Schauen aufgestiegen ist, so werden wir auch aufsteigen vom Glauben zum Schauen auf dem geistigen Gebiet und schauen in der Theosophie. Dann wird es keinen Buchstabenglauben, keine Theologie mehr geben, dann wird es lebendiges Leben geben. Der Geist des Lebens wird sich mitteilen denen, die ihn hören können. Das Wort wird sich auf die Lippen drängen und in populärer Weise den Ausdruck finden. Der Geist wird vom Geiste sprechen. Leben wird da sein, und die Theologie wird die Seele dieses religiösen Lebens sein.

Diesen Beruf hat die Theosophie in bezug auf die theologische Fakultät. Wenn die Theosophie eine Bewegung darstellt, die lebensfähig sein will, die Leben und Lebenssaft hineinzuströmen vermag in den Buchstaben der Gelehrsamkeit, dann haben wir eine gewisse Mission. Wer die Sache so faßt, wird uns nicht als Feind auffassen gegenüber denjenigen, welche das Wort zu verkündigen haben. Würden diejenigen, welche Theologen sind, sich ernsthaft mit dem, was die theosophische Bewegung will, befassen, würden Theologen sich einlassen auf das, was wir wollen, sie würden in der Theosophie etwas sehen, was sie selbst beflügeln und beleben könnte. Sie würden darin etwas sehen, was sie beleben müßte. Nicht Zersplitterung, sondern der tiefste Friede könnte sein zwischen ehrlich theologisch und theosophisch Strebenden. Man wird das im Laufe der Zeit erkennen. Man wird über die Vorurteile gegenüber der theosophischen Bewegung hinauskommen und dann sehen, wie wahr es ist, was Goethe gesagt hat:

> Wer Wissenschaft und Kunst besitzt,
> Hat auch Religion;
> Wer jene beiden nicht besitzt,
> Der habe Religion.

Die Theosophie wird keine Religion in keiner Form bekämpfen. Der ist ein rechter Theosoph, der wünscht, daß einströmen kann die Weisheit in diejenigen, die berufen sind, zu der Menschheit zu sprechen, so daß nicht notwendig sein sollte, daß es Theosophen gibt, die etwas sagen über die unmittelbare religiöse Schau. Den Tag kann die Theosophie mit Freuden begrüßen, wo von den Stätten, von denen Religion verkündigt werden soll, die Weisheit gesprochen wird. Wenn so die Theologen die rechte Religion verkündigen, dann wird man keine Theosophie mehr brauchen." (GA 53/20/S.444 ff.)

Dieses Goethe-Zitat kann schwerlich so gedeutet werden, als ob durch Anthroposophie Religion überflüssig werden würde. Im Gegenteil, Rudolf Steiner spricht sogar davon, daß man keine Geisteswissenschaft mehr brauchen wird, wenn sie in der beschriebenen Weise in diejenigen Menschen eingezogen sein wird, die Verkünder im religiösen Leben sein sollen. Es ist eine bei Rudolf Steiner oftmals vorkommende "einseitige", d.h. von einem bestimmten Gesichtspunkt aus getane Äußerung. Denn niemand wird glauben, daß bei einer Aufnahme der Geisteswissenschaft durch Theologen jene selbst unnötig oder überflüssig würde.

Ein halbes Jahr später, am 16.11.1905, endet der Vortrag "Der Weisheitskern in den Religionen" folgendermaßen:
"Das Bestreben der Geisteswissenschaft ist, den Wahrheitskern in unseren äußeren Religionsbekenntnissen zu suchen, auf die Quellen zurückzugehen, aus denen die heute existierenden Bücher hervorgegangen, geschaffen sind. Auf die Tatsachen zurückzugehen ist nötig, dann werden die Bücher besser verstanden werden, dann wird neues Leben in die Menschheit einströmen. So ist das Christentum zu verstehen als eine Religion, welche die Menschheit vorzubereiten hat für die Zukunft, als die Religion des Sohnes, durch die man den Vater auf denselben Wegen findet. Diese Religion verständlich zu machen, ist zu gleicher Zeit eine der wichtigsten Aufgaben der Geisteswissenschaft. Sie sucht deshalb den Wahrheitskern in allen Religionen, um den Wahrheitskern in unserer eigenen zu finden. Wir erkannten, daß Religion nicht aus kindlichen Vorstellungen, sondern aus höchster Weisheit, aus der geistigen Forschung hervorgegangen ist. Wir lernten aber auch, daß man auf den Höhen der Wissenschaft stehen und doch ein religiöser Mensch sein kann. Wenn diese Erkenntnis, diese Forschung wieder Anklang finden wird, dann wird das lebendige Gefühl erwachen für das, was einer der Theosophen vor mehr als hundert Jahren, *Goethe*, in die Welt hinausgerufen hat wie eine Art Programm, als schönen und herrlichen Kernspruch für die Menschheit, mit dem wir heute abschließen wollen, dabei bekennend, daß es keine wahre Wissenschaft, keine tiefere menschliche Beobachtung geben kann, welche die religiösen Wahrheiten als kindlich darstellt; und daß alle Religionen als Kern unseres höchsten Zieles enthalten:

> Wer Wissenschaft und Kunst besitzt,
> Hat auch Religion;
> Wer jene beiden nicht besitzt,
> Der habe Religion!" (GA 54/7/S.177 f.)

Es geht hier nicht um das religiöse Leben, sondern um die Wahrheit und Weisheit in den Religionen. Von Unnötigkeit oder Notwendigkeit eines religiösen Lebens ist nicht die Rede. Der Vortrag hat vielmehr den Grundtenor, daß die

Aufgabe der Geisteswissenschaft darin besteht, die Religionen in ihrer ursprünglichen geistigen Wirklichkeit zu verstehen, wie wir es in Kapitel I, 1 bis 5 näher betrachtet haben.

Der Vortrag vom 29.04.1909, "Isis und Madonna", der dem Verständnis des "Faust" und der Madonnen-Darstellung gewidmet ist, endet so:

"Nur dadurch, daß der Mensch verlernt hat, das Geistige zu erkennen, ist auch die Kunst an die äußeren Sinne gebunden. Wenn aber die Menschheit wieder zurückfinden wird den Weg zu den geistigen Höhen und Erkenntnissen, dann wird sie auch wissen, daß wahre Realität in der geistigen Welt ist, und daß derjenige, der diese Realität schaut, lebensvoll schaffen wird, auch ohne sich sklavisch an sinnliche Modelle zu halten. Dann erst wird man Goethe verstehen, wenn in weiterem Umfang wieder miteinander gehen werden Kunst und Weisheit, wenn Kunst wiederum sein wird eine Darlegung des Geistigen. Dann wird Wissen und Kunst wieder eins sein, und dann werden sie in ihrer Vereinigung Religion sein. Denn das Geistige wird in seiner Form in den menschlichen Herzen wiederum als ein Göttliches wirken und die von Goethe so genannte wahre, echte Frömmigkeit erzeugen. 'Wer Wissenschaft und Kunst besitzt, der hat auch Religion', sagt Goethe, 'wer diese beiden nicht besitzt, der habe Religion.'

Wahrhaftig, wer Wissenschaft besitzt von den geistigen Geheimnissen der Welt und weiß, was durch die Isis-Madonna spricht, der sieht in ihnen etwas Urlebendiges, etwas viel Lebendigeres als in irgendeiner sklavischen Nachahmung äußerlich-physischer Menschenmodelle zum Ausdruck gebracht werden kann. Und ein solcher, der durch das Lebendige, das die Madonnen darstellen, wie durch einen Schleier hindurchschaut in das Geistige, der kann ohne alle Dogmatik, ohne jedes Vorurteil in vollständiger geistiger Freiheit wiederum fromm fühlen. Er wird Wissenschaft oder Weisheit und Kunst vereinigen in seiner Seele und wieder eine echte, freie Religiosität oder Frömmigkeit in sich gebären." (GA 57/16/S.388)

Das Thema dieses Vortrags ist zunächst die Verbindung zwischen Geisterkenntnis und wahrer Kunst, die "in ihrer Vereinigung Religion sein" werden. Das klingt zunächst so, als interpretiere Rudolf Steiner Goethes Aphorismus in der Weise, daß Religion nichts weiter sei als die Vereinigung von Geisteswissenschaft und wahrer Kunst. Der letzte Satz aber deutet darauf hin, daß Rudolf Steiner den Aphorismus nicht in den statischen Begriffen von "haben" und "besitzen" versteht, sondern dynamisch: Weisheit und Kunst werden eine "wahre, echte Frömmigkeit *erzeugen*"; wer sie in seiner Seele vereinigt, wird "wieder eine echte, freie Religiosität oder Frömmigkeit in sich *gebären*". Damit ist deutlich gesagt, daß Religion aus "vollständiger geistiger Freiheit" in der Seele als ein neues Drittes neben Weisheit und Kunst erzeugt werden kann.

Auch den Vortrag "Geisteswissenschaft und religiöses Bekenntnis", vom 20.11.1913, auf den wir besonders in den Kapiteln I und III eingegangen sind, läßt Rudolf Steiner in Goethes Aphorismus ausklingen:

"Goethe steht schon an dem Punkte, wo er das 'Abenteuer der Vernunft' mutig bestehen will. Aber er ist davon überzeugt, daß man in die geistige Welt nicht anders eintreten kann als verehrend, anbetend – das heißt mit religiöser Stimmung. Religion erschließt als wahre, echte Religion die Tore des Eintritts in die geistige Welt. Daher meint Goethe: wer schon, sei es wissenschaftlich, sei es künstlerisch erlebt, die religiöse Stimmung mitbringt, der bringt sich dadurch die Möglichkeit zum Erleben der geistigen Welt mit. Daher muß sich die Geisteswissenschaft mit Goethe im Einklange fühlen. Und zusammenfassend können wir gerade das Bekenntnis, das er mit wenigen Worten ausgesprochen hat, auch für die heutige Betrachtung anwenden, zusammenfassend das, was man 'geisteswissenschaftliches Glaubensbekenntnis' nennen kann: Wer wirkliche Wissenschaft, wer wirkliche Kunst hat, der steht in dem wirklichen Leben so drinnen, daß er die beste Vorbereitung für das Erleben einer geistigen Welt hat; wer aber weder Wissenschaft noch Kunst hat, der versuche in seiner Seele jene Sehnsucht anzufachen, durch die ihm zunächst religiöse Verehrung möglich wird, dann wird er durch den Umweg durch die religiöse Stimmung seinen Eintritt in die geistige Welt halten können. Das drückte Goethe präzise aus mit den Worten:

> Wer Wissenschaft und Kunst besitzt,
> Hat auch Religion;
> Wer jene beiden nicht besitzt,
> Der habe Religion!" (GA 63/3/S.110)

Dieser Vortrag beschreibt aus der Anschauung des Geistesforschers die Berechtigung und das Gesunde des religiösen Erlebens in der menschlichen Natur und schildert gerade, wie anders dieses Erleben gegenüber dem künstlerischen und wissenschaftlichen Leben der Seele ist. Auch hier ist der Aphorismus also nicht in dem oben dargestellten Sinne verwendet, denn es gibt beides: "Wahre, echte Religion" erschließt "die Tore des Eintritts in die geistige Welt", und: "Wirkliche Wissenschaft, ... wirkliche Kunst" sind "die beste Vorbereitung für das Erleben einer geistigen Welt".

Der Vortrag vom 19.10.1917 endet ebenfalls mit Goethes Aphorismus: "Goethe – anschauend, was Kunst, was Religion Menschen sein kann, was aber auch durch Wissenschaft aus dem Menschen gemacht wird – betrachtet dann den Menschen, der nicht eine Scheinwissenschaft, nicht eine falsche Religion, nicht eine falsche Kunst auf sich wirken läßt, sondern wahre Kunst, wahre Wissenschaft, wahre Religion, – er betrachtet den Menschen und sagt sich dann das tief bedeutsame Wort:

> Wer Wissenschaft und Kunst besitzt,
> Der hat auch Religion.
> Wer jene beiden nicht besitzt,
> Der habe Religion.

Auf den Fall der Anthroposophie angewendet, darf ich vielleicht dieses Goethesche Wort im Sinne der heutigen Zeit so fortsetzen: Wer Anthroposophie besitzt, Geisteswissenschaft, wie sie aus ihr erblüht, der hat auch Religion. Ich fürchte nur, daß diejenigen, die nicht Anthroposophie oder wenigstens ihren Geist und ihren Sinn besitzen wollen, in der Zukunft nicht mehr Religion haben werden." (GA 72, in: Gegenwart, 1950, Nr. 1/2, S.25 f.)

Hier scheint Rudolf Steiner zu meinen, daß derjenige, der Geisteswissenschaft "besitzt", auch Religion inklusive "hat", weil er die statischen Begriffe Goethes verwendet. Wenn man aber den ganzen Vortrag liest, den wir im nächsten Abschnitt näher betrachten werden, so sieht man, daß Rudolf Steiner das Verhältnis von Geisteswissenschaft und Religion viel dynamischer charakterisiert und beide als verschiedene Wege zum Geist darstellt.

Einen Monat später, am 15.11.1917, spricht Rudolf Steiner über "Die Erkenntnisse des Übersinnlichen und die menschlichen Seelenrätsel". Dieser öffentliche Vortrag ist eine Art Einführung in Anthroposophie und schließt:

"Dies wollte ich nur als ein paar Anregungen heute geben. Man kann von diesem Gesichtspunkte aus wenigstens immer nur anregen; denn wollte man ausführen dasjenige in allen Einzelheiten, müßte man viele Vorträge halten. Aber ich glaube, diese wenigen Ausführungen werden genügt haben, um zu zeigen, daß etwas herausgeholt werden soll aus dem Entwicklungsprozesse der Menschheit, das diese Seele des Menschen erst zum vollen Leben erweckt. Niemand braucht zu glauben, daß er die Seele verkümmert, daß er irgend etwas ersterben läßt in sich, auch das religiöse Leben nicht. Denn geradeso wie Goethe gesagt hat:

> Wer Wissenschaft und Kunst besitzt,
> Hat auch Religion,
> Wer jene beiden nicht besitzt,
> Der habe Religion!

– so darf man sagen, so wie sich die Denkweise der neueren Zeit entwickelt: Wer geisteswissenschaftliche Wege finden wird, wird den Weg zum wahren religiösen Leben auch finden; wer aber den geisteswissenschaftlichen Weg nicht findet, von dem kann befürchtet werden, daß er auch für die Zukunft den für die Menschheit so nötigen religiösen Weg verliert!" (GA 178/1/S.46)

Von Religion ist zuvor in diesem Vortrag nicht die Rede. Aber der letzte Satz zeigt durch die Unterscheidung von geisteswissenschaftlichem und religiösem Weg deutlich, daß dieser nicht schon in jenem beschlossen ist, sondern gesondert gesucht und gefunden werden muß.

Alle bisher angeführten Zitate des Goethe-Aphorismus stammten aus öffentlichen Vorträgen, mit Ausnahme des Mitgliedervortrags vom 26.11.1920, den wir bereits kurz zitierten. Er handelt von dem Zusammenhang des dreigliedrigen menschlichen Organismus mit dem Kosmos und schließt folgendermaßen:

"Es entsteht aus dieser Weisheit ein Gefühl des Göttlichen. Nur ein Wissen, das an der Oberfläche bleibt, kann irreligiös sein; ein Wissen, das bis in die Tiefe geht, kann nicht irreligiös sein. Sieht man wieder auf den Zusammenhang des Menschen mit dem Kosmos, bemerkt man vor allen Dingen in dem uns einhüllenden Sternenhimmel die Schönheit als einen Abdruck geistiger Entität, dann kommt man dazu, die Schönheit der Dinge wiederum einzuprägen in der Kunst. Dann lebt in der Kunst nicht bloß die äußere Natur, wie sie sinnlich geschaut wird. Dann wird tatsächlich das erreicht durch eine solche, zu den Fundamenten gehende Wissenschaft, wie es Geisteswissenschaft ist, es wird das erreicht, was ich im ersten einleitenden Eröffnungsvortrag zu unseren Kursen gesagt habe: Gesucht wird hier am Goetheanum die Einheit von Wissenschaft, Kunst und Religion.

Wie sagt doch derjenige, nach dem das Goetheanum seinen Namen hat:

> Wer Wissenschaft und Kunst besitzt,
> Hat auch Religion,
> Wer jene beiden nicht besitzt,
> Der habe Religion.

Das heißt, von außen! Aber von innen hat sie derjenige, der Wissenschaft und Kunst aus den Fundamenten heraus besitzt – das ist Goethesche Gesinnung. Wer Wissenschaft und Kunst besitzt, der hat auch Religion –, daher dürfen diejenigen, welche in der angedeuteten Art die Einheit von Religion, Kunst und Wissenschaft anstreben, die Institution, an der sie sie anstreben, wahrhaftig 'Goetheanum' nennen. Aber auch da ist das Einsehen desjenigen, was so begründet hier auftritt, eben, wie es scheint, keine Aufgabe für die Oberflächlichkeit unserer Zeit, die alles nur von oben herab, alles nippend betrachtet. Geisteswissenschaft fordert Entscheidungen. Entscheidungen sind nötig, weil dieser Geist in die Tiefen der Welt eindringen will. Deshalb muß das auch begriffen werden aus den Tiefen des menschlichen Herzens heraus." (GA 202/1/S.27)

Hier ist der wesentliche Gesichtspunkt die von der Anthroposophie angestrebte Einheit von Wissenschaft, Kunst und Religion. Wer Religion ohne Geisteswissenschaft und wahre Kunst "hat", der hat sie nur äußerlich. Von innen aber besitzt sie der, "der Wissenschaft und Kunst aus den Fundamenten heraus besitzt". Hier scheint die oben angeführte Interpretation nahezuliegen. Aber es wird ja in dem Vortrag nicht von Religion als solcher gesprochen, sondern von der Geisteswissenschaft, die alle drei Bereiche des Geisteslebens vereinigen kann, wie es in der Eröffnungsansprache des ersten Goetheanumbaues zwei Monate zuvor angeklungen war (siehe Einführung, 5), auf die Rudolf Steiner auch ausdrücklich verweist.

Wieder öffentlich ist der dritte beim sogenannten Ost-West-Kongreß in Wien am 03.06.1922 gehaltene Vortrag über "Anthroposophie und Weltorientierung".

Auch in diesem Vortrag geht es um die Einheit von Wissenschaft, Kunst und Religion. Er endet folgendermaßen:
"Wenn ich zum Schluß etwas Persönliches anführe, so soll es nur aus dem Grund geschehen, um Ihnen anzudeuten, wie man an einem einzelnen Symptom die Art und Weise finden kann, wie die mittlere Welt sich zwischen Ost und West hineinstellen kann. Dieses Symptom habe ich vor etwa vierzig Jahren hier in Wien erlebt. In meiner Jugend lernte ich kennen Karl Julius Schröer; er las dazumal über die Geschichte der deutschen Dichtung seit Goethes erstem Auftreten. In der Einleitungsvorlesung sagte er verschiedenes Bedeutungsvolles; aber er sprach dann ein Wort aus, das so recht charakteristisch ist für das mitteleuropäische Sehnen der besten Geister, aus dem heraus sie, mehr instinktiv, sprachen. Auch Schröer sprach mehr instinktiv. In der Tat aber drückte er die Sehnsucht nach einer Verbindung von Kunst und Wissenschaft aus, nach einer Verbindung des westlichen Wissenschaftsgedankens und des östlichen Religionsgedankens in dem künstlerischen Schauen, indem er zusammenfaßte, was er sagen wollte, in dem für mich bedeutungsvollen Worte: Der Deutsche hat ästhetisches Gewissen.
Damit ist ganz gewiß nicht eine unmittelbare allgemeine Realität ausgesprochen. Aber eine Sehnsucht ist ausgesprochen, die Sehnsucht danach, zusammenzuschauen Kunst und Wissenschaft. Und dann, wenn man das zusammenschauen kann, dann hat ja ein anderer Mitteleuropäer, den ich eben charakterisiert habe, die Empfindung gehabt, die er ausgesprochen hat in schönen Worten: daß man dann, wenn man zusammenschauen kann Wissenschaft und Kunst, sich auch zum religiösen Erleben erheben kann, wenn nur in diesem Goetheschen Sinn in Wissenschaft und Kunst wirkliche Geistigkeit gefunden wird. In diesem Sinn hat er das Wort gesprochen:

> Wer Wissenschaft und Kunst besitzt,
> Hat auch Religion;
> Wer jene beiden nicht besitzt,
> Der habe Religion.

Wer ästhetisches Gewissen hat, kommt auch zur wissenschaftlichen und religiösen Gewissenhaftigkeit. Und das kann uns zeigen, wo wir heute stehen. Heute, ich spreche nicht gern das oft angeführte Wort von der Übergangszeit aus, jede Zeit ist eine Übergangszeit, aber heute, in einer Übergangszeit, kommt es eben darauf an, worin der Übergang in der Zeit besteht. In unserer Zeit erlebten wir, bis zum höchsten Triumph entwickelt, die Trennung von Religion, Kunst und Wissenschaft. Das aber, was gesucht werden muß und was erst eine Verständigung finden lassen kann zwischen Ost und West, das ist die Harmonisierung, die innere Einheit von Religion, Kunst und Wissenschaft. Und zu dieser inneren Einheit möchte die Weltauffassung und Lebensanschauung, von der hier gesprochen worden ist und weiter gesprochen werden wird, führen." (GA 83/3/S.106 f.)

Diese Worte sind gesprochen, als die Gründung einer neuen christlichen Religionsgemeinschaft schon in Angriff genommen worden war, einen Tag bevor Friedrich Rittelmeyer, einer der maßgeblichen Persönlichkeiten dieser "Bewegung für religiöse Erneuerung", auf demselben Kongreß einen Vortrag mit dem Titel hielt: "Pfingstgeist und religiöse Erneuerung" (siehe GA 83/S.345). "Die innere Einheit von Religion, Kunst und Wissenschaft", zu der die Anthroposophie führen möchte – diese Formulierung zeigt neben der Situation, in der diese Worte gesprochen wurden, daß es ein eigenes, äußerlich selbständiges religiöses Leben durchaus auch geben kann und – wie wir im folgenden Abschnitt sehen werden — auch geben soll. Von einer Interpretation des Aphorismus in der oben angedeuteten Art fehlt jede Spur.

Ein Jahr später, am 03.06.1923, besprach Rudolf Steiner innerhalb eines Kunstvortrags den Aphorismus von Goethe:

"Goethe wollte nicht sagen: Die Götter leben. Ich mache eine mehr oder weniger symbolische Darstellung im Irdischen zum Beweise davon, wie ich glaube, daß die Götter leben. – Das wollte Goethe nicht. Solch eine Empfindung hatte er nicht. Er hatte vielmehr die Empfindung: Ich schaue die Steine, ich schaue die Pflanzen, ich schaue die Tiere an, ich nehme die Handlungen der Menschen wahr. Sie sind mir wie Gestaltungen, die vom Göttlich-Geistigen weggegangen sind; aber, wenn ich auch sehe, wie in der Form, die mir im Irdischen entgegentritt, wenn ich auch sehe, wie in der Farbe, die mir im Irdischen entgegentritt, überall ein Abfall vom Göttlich-Geistigen erscheint, ich muß doch diese Farbe, diese Form so behandeln können, daß ich sie hinaufbringe, so daß sie aus ihrer eigenen Wesenheit heraus das Göttlich-Geistige darstellen können. – Ich brauche, so fühlte Goethe, nicht untreu zu werden der Natur, sondern ich brauche bloß die abgefallene Natur in der künstlerischen Gestaltung zu läutern, so wird sie in ihrer eigenen Wesenheit ein Ausdruck des Göttlich-Geistigen sein. Das fühlte Goethe als Klassizität. Von dem glaubte er, daß es der Hauptimpuls der griechischen Kunst gewesen ist, daß es überhaupt die wahre Kunst ist.

Eine Gestalt wie Schiller konnte nicht mit dieser Ideenorientierung mitgehen, denn sein Blick war idealistisch in die göttlich-geistige Welt hinaufgerichtet. Er behandelte dasjenige, was in der sinnlich-physischen Welt war, nur wie eine Gelegenheit, andeutend das Göttlich-Geistige zum Ausdruck zu bringen. Daher war Schiller der Veranlasser zur romantischen Dichtung, die sich dann an Goethe anschloß. Es ist außerordentlich interessant, wie die entgegengesetzte Art, die, ich möchte sagen, daran verzweifelt, daß man das Irdisch-Sinnliche zum Göttlichen hinaufheben kann, die zufrieden ist damit, nur das Irdisch-physisch-Sinnliche zu benutzen, um damit mehr oder weniger andeutend das Göttlich-Geistige auszudrücken, wie gerade diese romantische Dichtung in Mitteleuropa sich anschloß an den erstrebten Klassizismus Goethes. Aber sehen wir uns diesen Klassizismus Goethes selber an. Goethe, der das schöne Wort geprägt hat:

Wer Wissenschaft und Kunst besitzt,
Hat auch Religion;
Wer jene beiden nicht besitzt,
Der habe Religion –

war so tief durchdrungen, daß es keinen Künstler geben kann, der nicht den religiösen Impuls in sich hat, Goethe, der von dem trivialen Religiösen nur deshalb so stark abgestoßen war, weil ein so tiefer religiöser Impuls in ihm selber vorhanden war, gab sich, wenn ich mich des fast pedantischen Ausdrucks bedienen darf, die allerredlichste Mühe, die sinnlich-physisch-irdische Form künstlerisch zu läutern, so daß sie wie ein Abbild des Göttlich-Geistigen erscheint." (GA 276/4/S.65 f.)

Dieser Vortrag stellt die wahre Kunst gleich zu Anfang zwischen "innerlich erlebte Erkenntnis" und "innerlich erlebte Religion". Die drei Gebiete des Geisteslebens werden in ihrem spezifischen Streben nach wahrem, geistigem Inhalt angeschaut, und es entsteht nicht der Eindruck, als könne eines der drei Gebiete von den beiden anderen ersetzt werden.

Zum Abschluß dieser Reihe von Zitaten schauen wir noch auf den "halböffentlichen" Vortrag vom 18.05.1923, "Anthroposophie und Kunst". Er beginnt mit der Rückschau auf die frühere Einheit von Wissenschaft, Kunst und Religion und charakterisiert diese Einheit anhand der alten religiösen Kulthandlungen. Im Hauptteil des Vortrags werden die einzelnen Künste besprochen, und zum Schluß heißt es:

"Ich wollte heute hauptsächlich das zur Andeutung bringen, wie anthroposophische Erkenntnis, im Gegensatz zur intellektualistisch-materialistischen Erkenntnis, einen nicht mit den Gedanken tot macht, so daß man zum Kommentator der Kunst wird, wodurch man die Kunst begräbt, sondern wie anthroposophische Erkenntnis den phantasievollen künstlerischen Quell sprudeln macht. Sie macht den Menschen selbst entweder zum künstlerischen Genießer oder zum künstlerisch Schöpfenden, bewahrheitet also auch heute wirklich das, was man immer wieder betonen muß, daß Kunst, Religion, Wissenschaft einstmals Schwestern waren, die sich nur entfremdet haben, die aber wiederum, wenn der Mensch als Vollmensch sich empfinden und fühlen will, in ihrem geschwisterlichen Verhältnis sich zusammenfinden müssen. So daß der Gelehrte nicht hochmütig das Kunstwerk erst dann anerkennt, wenn er es kommentieren kann, im übrigen eben trocken sich abwendet vom Kunstwerke, sondern daß der Gelehrte sich sagt: Dasjenige, was ich mit den Gedankengebärden deuten kann, führt gerade zu dem lebendigen Bedürfnis, es künstlerisch, architektonisch, plastisch, malerisch, musikalisch, dichterisch zu gestalten.

Das Goethesche Wort wird wahr: Die Kunst ist eine Art von Erkenntnis, – weil die andere Erkenntnis keine vollständige Welterkenntnis ist. Kunst muß erst hinzutreten zu dem abstrakt Erkannten, wenn wirkliche Welterkenntnis eintreten soll. Es bleibt doch wahr, daß dann, wenn solche Erkenntnis eintritt, die bis zum Gestalten vordringt, auch das so tief in die Menschenseele hereingeht, das diese Vereinigung von Kunst und Wissenschaft auch die religiöse Stimmung abgibt. Deshalb, weil das im Goetheanum erstrebt wurde, haben nicht deutsche, sondern gerade außerdeutsche Freunde die Forderung aufgestellt, den Dornacher Bau 'Goetheanum' zu nennen, denn Goethe hat eben gesagt:

> Wer Wissenschaft und Kunst besitzt,
> Hat auch Religion;
> Wer jene beiden nicht besitzt,
> Der habe Religion.

Denn aus wahrer Wissenschaft und wahrer Kunst, wenn sie in lebendiger Weise zusammenfließen, wird religiöses Leben. Wie auch religiöses Leben weder Wissenschaft noch Kunst zu verleugnen braucht, sondern nach beiden gerade mit aller Energie und aller Lebenswirklichkeit hinstrebt." (GA 276/7/S.130 f.)

Auch hier wird Goethes Aphorismus dynamisch verstanden: Religiöses Leben entsteht, wenn wahre Wissenschaft und wahre Kunst "in lebendiger Weise zusammenfließen". Sie geben sich dabei als Wissenschaft und Kunst nicht auf. Auch das religiöse Leben strebt "mit aller Energie und aller Lebenswirklichkeit" zu Wissenschaft und Kunst hin und gibt sich dabei nicht auf. Die drei Tätigkeitsfelder des Geisteslebens zu vereinen heißt nicht, sie zu vermischen. Ihre Besonderheit wird in der Vereinigung nicht aufgehoben. Sie bleiben eine Dreifaltigkeit in der Dreieinigkeit.

Wenn wir eventuell auch nicht alle Stellen aufgeführt haben, an denen Rudolf Steiner Goethes Aphorismus zitiert, so ist vielleicht doch aus der Zusammenstellung deutlich geworden, daß die statische Anschauung des Gedankens, Religion sei in wahrer Erkenntnis und Kunst so inbegriffen, daß man sie als selbständiges Tätigkeitsfeld des Geisteslebens entbehren könne, sich auf diesen Aphorismus nicht stützen kann, auch wenn er dies seinem Wortlaut nach nahelegt.

Andererseits wird man aber auch feststellen, daß die Zitate des Aphorismus durch Rudolf Steiner in ihrem Kontext nicht die Notwendigkeit einer neuen christlichen Religionsübung nahelegen.

2. Der Beginn der Verkündigung dieser Notwendigkeit

Es ist uns von der Inauguration der Eurythmie sowie der neuen Pädagogik her bekannt, wie die Idee und die Anregung zum Fragen und Handeln Jahre früher in den Vorträgen Rudolf Steiners auftreten, ehe die Menschen den Impuls aufgreifen. Als Rudolf Steiner 1908 die Vortragsreihe über das Johannesevangelium in Hamburg hielt, fragte er nach der Betrachtung des Prologes, "Im Anfang war das Wort ...", Margarita Woloschin: "Könnten Sie das tanzen?" Zwar war sie nicht überrascht, denn sie tanzte gerne, aber die Malerin sollte einen Evangelientext tanzen? Leider stellte sie nicht die entscheidende Frage (vgl. Margarita Woloschin: Die Grüne Schlange, S.200). Erst am 16.09.1912 findet die erste Eurythmiestunde für Lory Smits statt, nachdem ihre Mutter, Clara Smits, Rudolf Steiner um Rat für die Ausbildung ihrer Tochter gefragt hatte (vgl. GA 277). Dann entfaltete sich die neue Kunst in den folgenden Jahren.

Sicher hat Michael Bauer, der Volksschullehrer, der seit 1904 Vorstandsmitglied in der deutschen Sektion der Theosophischen Gesellschaft war, mindestens einmal den in vielen Städten gehaltenen öffentlichen Vortrag über "Die Erziehung des Kindes vom Gesichtspunkte der Geisteswissenschaft" (1906 bis 1907) gehört. Trotzdem hat es bis zum Frühjahr 1919 gedauert, bis die Arbeiter der Firma Waldorf-Astoria an Emil Molt eine entsprechende Bitte richteten und dieser die Frage nach einer aus der Anthroposophie entwickelten Pädagogik stellte, welche am 07.09.1919 zur Gründung der Waldorfschule führte, die ihren Unterricht dann am 16.09.1919 begann.

Wo liegt in diesem Sinne das erste Auftreten der Idee, die Anregung zu der Frage, die zur Gründung der Christengemeinschaft hätte führen können? Wann und wo spricht Rudolf Steiner über die Notwendigkeit, die christliche Religion zu erneuern? Wir schließen mit diesen Fragen an das in Kapitel I, 7 Gesagte an.

Eine Anregung, von einem Präludium abgesehen, findet man erst ab 1916/17. Rudolf Steiner tritt auch direkt an Friedrich Rittelmeyer heran, aber die angeregte Frage wird noch nicht gestellt. Das werden wir im nächsten Kapitel näher anschauen. Hier sei nur folgende Vermutung geäußert: Friedrich Rittelmeyer war 1916 schon jahrelang intimer Schüler Rudolf Steiners. Es wird mit seiner Berufung nach Berlin im Jahre 1916, aber auch mit der geistig-historischen Wende zusammenhängen, die das Jahr 1916/17 in unserem Jahrhundert markiert, daß jetzt die Notwendigkeit religiöser Erneuerung von Rudolf Steiner deutlich, besonders in öffentlichen Vorträgen, herausgestellt wird. Von da an sprudelt der Quell impulsierender Äußerungen.

Am 03.09.1906, im Zyklus "Vor dem Tore der Theosophie" (GA 95), charakterisiert Rudolf Steiner in Stuttgart den orientalischen Schulungsweg mit seinen acht Stufen. Niyama, die zweite Stufe, fordert unter der Führung des Guru die Einhaltung religiöser Gebräuche:

"Der orientalische Joga-Lehrer fordert, nicht herauszutreten aus den Formen, die ein Bindeglied sind für Weise und Unweise, denn diese uralten heiligen Formen sind die Bilder der höchsten Wahrheiten. Ohne Formen gibt es keine Kultur; es ist eine Täuschung, wenn man das Gegenteil glaubt. Nehmen wir zum Beispiel an, es gründe jemand eine Kolonie, ganz formlos, ohne Riten, ohne Gebräuche. Für den, der die Dinge durchschaut, ist es klar, daß eine solche Kolonie ohne eine Kirche, ohne Kultus und ohne religiöse Gebräuche eine Zeitlang ganz gut bestehen kann, weil die Leute noch nach den alten Anlagen leben, die sie mitgebracht haben. Aber sobald sie diese Anlagen verlieren, geht die Kolonie zugrunde, denn jede Kultur muß aus der Form herausgeboren werden. Das Innere muß äußerlich durch Formen ausgedrückt werden. Die moderne Kultur hat die Formen verloren; sie muß sie wieder gewinnen. Sie muß wieder lernen, auch äußerlich auszudrücken, was im Innern der Seele lebt. Die Form bedingt auf die Dauer das menschliche Zusammenleben. Das wußten die alten Weisen, und deswegen hielten sie fest an den religiösen Übungen." (GA 95/13/S.121)

Gebräuche, Riten, Rituale sind also "Formen", die in der Religion geübt werden. Es scheint, als sei dies nur als Erklärung für "Niyama" abgegeben, aber plötzlich heißt es: "Ohne Formen gibt es keine Kultur" usw. Im weiteren zeigt das Beispiel, daß es auch in Zukunft keine Kultur ohne Formen geben wird. (Hier benutzt Rudolf Steiner den Grundbegriff, den er in den frühen Jahren für die Trinität selber findet: die "drei Logoi" werden die Prinzipien Bewußtsein, Leben und Form genannt, wobei es auch heißen kann: Form – Leben – Bewußtsein; vgl. GA 93a/30.10.1905/S.212 ff.).

Wer findet in diesem "Beispiel" von 1906 die Anregung religiöser Erneuerung? Riten der Esoterischen Schule oder der Freimaurer können mit dem Beispiel nicht gemeint sein, denn sie waren esoterisch und nicht geeignet, als Bindemittel für die Bevölkerung "Weise und Unweise" zu vereinigen. Es mutet daher nur wie ein Präludium an.

Die Ansprache zur Grundsteinlegung des Johannesbaues am 20.09.1913 in Dornach, der später dann Goetheanum genannt wurde, endet mit den Worten, daß "die Wissenschaft vom Geiste ... wiederum vereinen will, was eine Weile getrennt durch die Menschheitsevolution gehen mußte: Religion, Kunst und Wissenschaft" (GA 245/20.09.1913/S.132). Man wird wohl nicht meinen können, daß hier mit Religion die Betätigungen in der katholischen oder protestantischen Kirche gemeint seien. Wie müssen denn die christliche Religion, wie die Kunst und die Wissenschaft aussehen, damit sie von der Geisteswissenschaft vereint werden können? Diese Frage tauchte 1913 noch nicht auf. Ein Keim war aber gelegt.

Wie zwei mächtige Glockenschläge klingen die ersten Worte, die wir zur Impulsierung religiöser Erneuerung entdeckt haben. Daß die Geisteswissenschaft für alle echten Religionsformen und -lehren tiefes Verständnis erregt, und daß sie dadurch Toleranz erzeugen will, ist lange vorher deutlich und gilt bis in die Prinzipien der Weihnachtstagung 1923.

Jetzt aber, am 06.10.1916 in Basel und am 09.10.1916 in Zürich, beginnt Rudolf Steiner öffentlich die Notwendigkeit und die Möglichkeit christlicher Religionserneuerung durch Anthroposophie zu verkünden. – Die beiden Stellen lauten: "Haben wir es nicht erlebt, wie die Menschen, die aufgeklärt sein wollten durch die neuere materialistische naturwissenschaftliche Weltanschauung, abkamen vom wirklichen religiösen Leben? Wie sie glaubten, die Aufklärung gerade darin suchen zu müssen, daß sie das wirkliche religiöse Leben aufgaben? An Geisteswissenschaft oder Anthroposophie wird man das Gegenteil erleben, trotzdem heute gerade viele Vertreter von Religionsgemeinschaften irrtümlicherweise glauben, daß Anthroposophie oder Geisteswissenschaft ihrem Religionsbekenntnis Eintrag tun könne. Das wird sie nicht. Sie wird das

Gegenteil bringen. Geisteswissenschaft oder Anthroposophie wird die Menschen zum Religiösen wieder hinführen, nicht bloß zu einer religiösen Anschauung, sondern zur praktischen Religionsübung hinführen, weil Geisteswissenschaft von einer ganz anderen Seite her dennoch das religiöse Leben und das religiöse Verständnis entzündet." (GA 71, in: Die Menschenschule, 1962, Nr. 8/9, S.233)

"Geisteswissenschaft widerspricht nicht dem Christentum, weil diese Geisteswissenschaft nicht zur Ertötung des religiösen Erlebens und Erschauens führt, sondern im Gegenteil zu dem, was sie wirklich tut: das ist, daß sie das religiöse Erleben und Erschauen anfeuert.

Und diejenigen, die wirklich heute noch glauben, daß ihr Christentum gefährdet werden könnte durch Geisteswissenschaft, die werden allmählich erkennen müssen: Während die falsch verstandene Naturwissenschaft bis jetzt immer mehr und mehr Seelen hinweggetrieben hat, äußerlich und auch innerlich, wird diese Anthroposophie oder Geisteswissenschaft, weil sie religiöses Leben entzündet, auch die Gebildeten wiederum zu den großen Geheimnissen nicht nur der christlichen Lehre, sondern auch des christlichen Werkes und Zeremoniendienstes wiederum zurückbringen. Doch das wird vielfach noch eine Arbeit der Zukunft sein, wenn auch einer verhältnismäßig kurzen Zukunft." (GA 71, in: Die Menschenschule, 1966, Nr. 10/11, S.298)

Weil Anthroposophie nicht nur Erkenntnislicht über religiöse Lehren breitet und so Verständnis und Empfinden für diese bildet, sondern auch religiöses Leben selber entzündet, wird sie in verhältnismäßig kurzer Zukunft Menschen, auch Gebildete, zum "Werk und Zeremoniendienst zurückbringen". Was sie tut, ist, "daß sie das religiöse Erleben und Erschauen anfeuert" und zur "praktischen Religionsübung hinführt".

Damit sind wirklich neue Saiten angeschlagen. Jetzt wird durch die Anthroposophie der religiöse Wille, die religiöse Tat (Gebet und Kultus) angeregt. – Obwohl Rudolf Steiner einzelnen Menschen durchaus geraten hat, in ihrer Kirche religiöses Leben weiter zu pflegen, wird man wieder nicht meinen können, daß mit dem "Zurückbringen" ein Untertauchen in überlebte alte Formen gemeint sei. Allerdings hat er noch bei der Gründung der Christengemeinschaft die Frage gestellt, ob diese Erneuerung nicht innerhalb der protestantischen Kirche geschehen könne.

Die angeschlagenen Grundtöne wachsen sich zum impulsierenden Thema einer Ouvertüre in der "Einschaltung" des Vortrags am 20.02.1917 in Berlin aus:

"Und ich glaube an dieser Stelle eine Einschaltung machen zu sollen, die wichtig ist und die gerade von den Freunden unserer Geisteswissenschaft recht gut verstanden werden sollte. Man sollte nicht die Sache so darstellen, als ob geisteswissenschaftliche Bestrebungen ein Ersatz sein sollten für die religiöse Übung und das religiöse Leben. Geisteswissenschaft kann im höchsten Maße und insbesondere auch mit Bezug auf das Christus-Mysterium eine Stütze, eine Unterbauung des religiösen Lebens und der religiösen Übung sein; aber man sollte Geisteswissenschaft nicht geradezu zur Religion machen, sondern man sollte sich klar sein darüber, daß Religion in ihrem lebendigen Leben, in ihrem lebendigen Geübtwerden innerhalb der menschlichen Gemeinschaft das Geistbewußtsein der Seele entfacht. Soll dieses Geistbewußtsein im Menschen lebendig werden, so kann der Mensch nicht bei abstrakten Vorstellungen von Gott oder Christus stehen bleiben, sondern er muß immer erneut in der religiösen Übung, in der religiösen Betätigung, die ja für die verschiedenen Menschen die verschiedensten Formen annehmen kann, darinnenstehen in etwas, was ihn als ein religiöses Milieu umgibt, was als ein religiöses Milieu zu ihm spricht. Und ist dieses religiöse Milieu tief genug, findet dieses religiöse Milieu die Mittel, die Seele genügend anzuregen, so wird diese Seele schon Sehnsucht empfinden, gerade dann Sehnsucht empfinden auch zu jenen Vorstellungen hin, welche in der Geisteswissenschaft entwickelt werden. Ist in objektiver Beziehung Geisteswissenschaft ganz sicherlich eine Stütze der religiösen Erbauung, so ist in subjektiver Beziehung heute die Zeit gekommen, von der wir sagen müssen, daß ein recht religiös empfindender Mensch gerade durch das religiöse Empfinden hingetrieben wird, auch zu erkennen. Denn im religiösen Empfinden wird das Geistbewußtsein, in der Geisteswissenschaft die Geist-Erkenntnis, so wie in der Naturwissenschaft die Naturerkenntnis, errungen; und das Geistbewußtsein führt zu dem Drange, Geist-Erkenntnis sich zu erwerben. Subjektiv kann man sagen, daß gerade ein inniges religiöses Leben den heutigen Menschen zur Geisteswissenschaft treiben kann." (GA 175/3/S.56 f.)

Es ist mit großer Wahrscheinlichkeit anzunehmen, daß Friedrich Rittelmeyer diesen Vortrag gehört hat. Wenn er irgend konnte, besuchte er alle öffentlichen und alle Zweigvorträge, die Rudolf Steiner in Berlin hielt. Eine Frage erfolgte auf diese Anregung hin zunächst nicht. Wie wir im nächsten Abschnitt sehen werden, diente sie vier Jahre später zur Formulierung der "Eingabe" (siehe Kap. IV, 4).

Inhaltlich neu ist in den eben zitierten Worten die deutliche Unterscheidung: Religionsübung entfacht das Geist*bewußtsein* im Menschen, die Geisteswissenschaft die *Erkenntnis* des Geistigen in der Welt. Wie ist das menschenkundlich und sozial zu verstehen? Im Grunde wäre es einer ausführlichen Darstellung wert. Vielleicht genügt es hier aber, darauf hinzuweisen, daß Geisterkenntnis ein Geist*bewußtsein* voraussetzt, aber ebenso auch schafft. Das hieße, daß Religionsübung sowohl Voraussetzung (zum Beispiel "Vorschule") als auch Ziel und Frucht der Geisterkenntnis sein kann.

Ein religiöser Mensch wird heute die Frage nach Geisterkenntnis stellen, was auch die Erfahrung innerhalb der Christengemeinschaft ist. Und die Anthroposophie ist sicherlich eine Stütze der religiösen Erbauung, was ebenfalls täglich erfahren wird. Immer erneut muß religiöse Übung und Betätigung gepflegt werden – so wird hier impulsiert –, wenn auch die Formen für die verschiedenen Menschen verschieden sein können. Neue Formen wurden von Rudolf Steiner einige Jahre später inauguriert! In den Worten der "Einschaltung" vom 20.02.

1917 wird die Anregung zum Fragen deutlich, aber sie wurde nicht sofort wahrgenommen.

Auf die direkte persönliche Anfrage an Friedrich Rittelmeyer, den Impuls aufzugreifen, werden wir im nächsten Abschnitt zu sprechen kommen. Im weiteren Verfolgen der Vortragsäußerungen gehört hierher als nächstes wieder ein öffentlich gesprochenes Wort vom 19.10.1917 in Basel:

"Anthroposophie stört niemandes religiöses Bekenntnis. – Man kann nicht die Anthroposophie unmittelbar zu einer Religion machen. Aber aus wirklich verstandener Anthroposophie wird auch ein wirkliches echtes, wahres, ungeheucheltes religiöses Bedürfnis entstehen. Denn die menschliche Seele ist nicht etwas einförmiges, sondern die menschliche Seele ist etwas vielförmiges; die menschliche Seele braucht verschiedene Wege, um auf der Bahn ihres Zieles heraufzusteigen. Die menschliche Seele braucht nicht nur den Weg durch die Erkenntniskräfte, die menschliche Seele braucht auch das Durchglüht- und Durchwärmtsein mit jener Art, sich zur geistigen Welt zu stellen, wie's in dem religiösen Bekenntnis, in wirklich religiösem Empfinden vorliegt. ... Dann aber findet man auf diesem Umweg (gemeint ist der anthroposophische Erkenntnisweg; R.G.) wiederum den Anschluß an das religiöse Bekenntnis."
(GA 72, in: Gegenwart, 1950, Nr. 1/2, S.15 und S.18)

Diese Worte werden durch die schon öfter dargestellte Tatsache eingeleitet, daß Anthroposophie von den Erkenntniskräften der ganzen Seele aus in die geistige Welt strebt, also vom Denken, Fühlen und Wollen aus. Die Religionsübung, der Kultus, schafft die seelisch-leiblichen Voraussetzungen zur "gnadenvollen Offenbarung" der Geistwelt. "Das aber wirkt anders in der Seele." Deswegen kann man nicht Anthroposophie zur Religion machen. Aber sie *wird* ein "echtes, wahres, ungeheucheltes religiöses Bedürfnis entstehen" lassen.

Weil die Menschenseele nicht einförmig, sondern etwas Vielförmiges ist, braucht sie – und das wird hier einmalig deutlich ausgesprochen – verschiedene Wege, um in die Geisteswelt heraufzusteigen. Immer handelt es sich um die ganze Seele mit ihrem Denken, Fühlen und Wollen. Da aber der Ansatz verschieden ist, bewirkt der "Weg" auch Verschiedenes.

Das *Denken* ist durch den "intellektuellen Sündenfall" (vgl. GA 220/ 21.01.1923/S.128 ff.) im 19. Jahrhundert am tiefsten gesunken, deswegen muß die Anthroposophie mit dem Denken und seiner Reinigung durch den einzelnen einsetzen und es bis zur Imagination steigern. Dann schreitet sie weiter zur Läuterung des Fühlens und Empfindens, sie verlebendigt sich in der Kunst bis zur Inspiration. Schließlich "endet" sie in religiöser Innigkeit, was der Intuition entspricht (vgl. GA 257/30.01.1923/S.46).

Die Kunst geht vom Empfinden aus, aber sie kann nicht ohne Wille und Erkenntnis leben. Sie muß getan, geübt werden und bedarf der erkannten Formen. Derjenige erlebt ein Orchesterwerk tiefer, der auf der einen Seite selber ausübender Musiker ist und auf der anderen Seite den Aufbau der Symphonie, der Fuge etc. durchschaut. Auch die Eurythmie geht vom Empfinden der Laute und Töne aus; aber sie wäre unmöglich ohne die immer tiefere Erkenntnis des Laut- und Tonwesens und ohne die beständig übende Verwirklichung. Die Religion schließlich setzt beim Willen, bei der Betätigung an, zum Beispiel mit dem Gebet und im Kultus. Aber sie wäre ohne die Erhellung im Erkennen, ohne geisteswissenschaftliche Begriffe, ohne Predigt unmöglich; wie auf der anderen Seite ohne die Kunst des Einfühlens in andere Schicksale während der Seelsorge und in der tätigen sozialen Hilfe.

Jeder dieser Wege ist auch ein Schulungsweg, jeder vermag auf seine ureigene Weise die Seele in die Geistwelt zu führen, aber die Wirkung ist für die Seele jedesmal eine andere. Bemerkenswert ist an diesen Äußerungen Rudolf Steiners noch das folgende: Im Vortrag vom 20.11.1913 (GA 63/3/S.106) heißt es, daß der Weg in die geistige Welt durch das Religiöse ein "Umweg" sei (siehe Kap. IV, 1). Das ist vom Gesichtspunkt der Geisterkenntnis aus gesprochen und kann leicht zu einer abwertenden Empfindung gegenüber der Religion führen. Hier, am 19.10.1917, spricht er demgegenüber von dem "Umweg" über die Geisterkenntnis zur Religion. Damit ist der andere mögliche karmische Ausgangspunkt und weitere Weg zu einem Wissenschaft und Religion umfassenden Geistesleben gekennzeichnet.

Nach dem jungen Rudolf Steiner gibt es sogar vier legitime Wege zum Geiste. Er beschreibt sie in seinem sehr an Fichte erinnernden "Credo – Der Einzelne und das All" (siehe Einführung, 1):

"Es gibt vier Sphären menschlicher Tätigkeit, in denen der Mensch sich voll hingibt an den Geist mit Ertötung alles Eigenlebens: die Erkenntnis, die Kunst, die Religion und die liebevolle Hingabe an eine Persönlichkeit im Geiste. Wer nicht wenigstens in einer dieser vier Sphären lebt, lebt überhaupt nicht. *Erkenntnis* ist Hingabe an das Universum in Gedanken, *Kunst* in der Anschauung, *Religion* im Gemüte, *Liebe* mit der Summe aller Geisteskräfte an etwas, was uns als ein für uns schätzenswertes Wesen des Weltganzen erscheint. Erkenntnis ist die geistigste, Liebe die schönste Form selbstloser Hingabe. Denn Liebe ist ein wahrhaftes Himmelslicht in dem Leben der Alltäglichkeit. Fromme, wahrhaft geistige Liebe veredelt unser Sein bis in seine innerste Faser, sie erhöht alles, was in uns lebt. Diese reine fromme Liebe verwandelt das ganze Seelenleben in ein anderes, das zum Weltgeiste Verwandtschaft hat. In diesem höchsten Sinne lieben, heißt den Hauch des Gotteslebens dahin tragen, wo zumeist nur der verabscheuungswürdigste Egoismus und die achtungslose Leidenschaft zu finden ist. Man muß etwas wissen von der Heiligkeit der Liebe, dann erst kann man von Frommsein sprechen." (GA 40/S.274 f.)

Die Liebe faßt die drei Wege, die drei Sphären von Wissenschaft, Kunst und Religion zusammen. Wahre geistige Liebe ist Religion, ist tiefstes Erkennen und ist höchste Kunst, inspiriert und schafft höchste wie tiefste Empfindung. Die Seele, jede Seele, braucht diese verschiedenen Wege, braucht diese vier Sphären, in denen sie sich dem Geiste hingibt.

Da diese beiden vorangehenden Vortragsstellen den Höhepunkt im Jahr 1917 bilden, haben wir sie etwas ausführlicher angesehen. Wir kommen noch auf sie zurück.

In Dornach am 13.10.1918 heißt es:

"Recht kann man sich heute nur verhalten zu diesem katholischen Kultus, der wirklich etwas Heiliges, etwas Großes ist, weil er das Heilige, das durch Urzeiten der Menschheit webt, ja bringt – alles hat seine großen, seine gewaltigen Seiten, es darf nur nicht einseitig ausgebildet werden –, richtig kann man sich nur verhalten zum Beispiel zu seinem Mittelpunkte, zu dem Meßopfer, das ein Abbild der höchsten Mysterien aller Zeiten ist, wenn man belebt dasjenige, was tot geworden ist und was bloß für die Empfindungsseele zugerichtet werden soll, durch dasjenige, was in der neueren Zeit über das Mysterium von Golgatha die anthroposophisch orientierte Geisteswissenschaft wiederum zu sagen hat. Hineintragen kann man in das, was durch den Katholizismus vom Augusteischen konserviert worden ist, dasjenige, was wiedergefunden wird im normalen Entwicklungsgange der Menschheit durch geisteswissenschaftliche Forschung; ebenso wie man hineintragen muß in das, was – ins Sinnliche abgestumpft – von dem Wollen der Akademie von Gondishapur geblieben ist, dasjenige, was Geisteswissenschaft aus den geistigen Welten herausholen kann. In die Naturwissenschaft muß der Geist einziehen; in die sakramentalen Handlungen, welche die Menschen wieder finden müssen, muß der Geist einziehen. Mit seinem ganzen schweren, bedeutungsvollen Inhalte wird das, was ich eben gesagt habe, nur derjenige nehmen, welcher fühlt – und wer längere Zeit sich mit der Geisteswissenschaft befaßt hat, kann das fühlen –, wie ähnlich unsere Zeit in dem, was zum großen Teil unbewußt in den Seelen lebt, der Zeit ist, in welcher das Mysterium von Golgatha sich herangenaht hat an die Menschheit." (GA 184/15/S.308 f.)

"Aber für solche Sachen muß man eben die Empfindung haben. Man muß fühlen an verschiedenen äußeren Erscheinungen, die sich abgespielt haben und die endlich in diese furchtbare Weltkatastrophe geführt haben, wie der Drang zum Kultischen wiederum in den Menschen vorhanden ist. Im Grunde ist er langsam herangekommen. Bedenken Sie nur, studieren Sie einmal – aber ich bitte Sie, mit wachen Sinnen –, wie gerade feinsinnige Geister seit mehr als einem Jahrhundert wiederum diesen Drang fühlen und aus dem nüchternen rationellen Verstandesprotestantismus heraus wiederum zum Kultus streben. Sehen Sie, wie gerade diejenigen Geister, die etwas empfinden konnten von der ganzen Bedeutung, die der Kultus in der Seele hat, in den Romantikern nach der Katholizität hinstrebten. Weil sie noch nicht fähig waren, geisteswissenschaftlich sich aufzuhellen dasjenige, was sakramental in die Welt hineinstrebt, deshalb strebten sie nach der Katholizität hin. Solche Geister wie Novalis – und er ist nur durch seine besonders tiefe Geistigkeit, die sich in verhältnismäßig früher Jugend aus ihm entwickelt hat, eine besonders charakteristische Persönlichkeit –, sie sind nicht zufrieden im nüchternen Protestantismus, sie streben nach den Formen des Katholizismus hin, aber sie sind natürlich gesund genug, um bewahrt zu bleiben vor dem Übertritt in den Katholizismus. Sie drücken gerade dasjenige aus, was die Zeit ausdrücken muß, wenn sie noch gesund sein will: das Streben, in der Welt wiederum etwas Sakramentales, Kultmäßiges zu fühlen, aber nicht etwas, was nur alten Kult hinüberschleppen will ..." (GA 184/15/S.310 f.)

"Dasjenige, was sich seit alten Zeiten erhalten hat, was zum Teil recht abgebraucht worden ist im Laufe des Menschenlebens, es tritt jetzt wiederum, aus den Gründen, die ich eben angeführt habe, auf: Bedürfnis der Menschen nach Sakramentalismus, Bedürfnis der Menschen nach Formung. Schauen in den Formen das Leben des Göttlichen in der Welt, aber begreifen die Formen ..." (GA 184/15/S.314)

Der Kultus der katholischen Kirche ist aus dem Zeitalter der Empfindungsseele herübergekommen. Wir bedürfen aber eines Kultus, der für die Bewußtseinsseelenzeit die rechten Formen hat, damit zeitgemäße Andacht wirklich zur Ernährung der Bewußtseinsseele dient (vgl. Kap. III, 4) und der Gottes-Dienst, der uns Menschen weiht, von den Göttern angenommen werden könne. Kultusformen sind notwendig für das Wirken Michaels und seiner Scharen heute und in der nächsten Zukunft. Denn:

"In die Naturwissenschaft muß der Geist einziehen, in die sakramentalen Handlungen, welche die Menschen wieder finden müssen, muß der Geist einziehen." (GA 184/15/S.309)

Wie deutlich sind jetzt die Hinweise Rudolf Steiners auf die Notwendigkeit religiöser Erneuerung und wie konsequent hat er gewartet, bis die Frage endlich – spät, aber noch nicht zu spät – kam! Auffallend oft finden wir die Äußerungen in öffentlichen Vorträgen. Die zeitlich nächste stammt vom 15.10.1918 in Zürich. Sie fügt sich an die vorangehende Betrachtung an:

"Je mehr man sich durchdringt mit diesem übersinnlichen Forschen, mit diesem das Unpersönliche fordernden übersinnlichen Forschen, desto mehr fühlt man, wie vom anderen Pol des Menschen aus, vom Willenspol, dasjenige ausströmt, was unmittelbare religiöse Empfindung ist. Denn dieses unmittelbare religiöse Empfinden, es will auch nach dem Übersinnlichen, aber es will nach dem Übersinnlichen so, daß dabei die Persönlichkeit nicht verloren ist, daß alles das, was unmittelbar mit dem Persönlichen zwischen Geburt und Tod zusammenhängt, sich vereinigen kann mit demjenigen, was übersinnlich ist." (GA 73/15.10.1918/S.323)

In diesen Worten ist der verschiedene Ansatz – Geisteswissenschaft geht vom Denken aus, Religion vom Willen – deutlich dargestellt. Beides strebt so nach dem Übersinnlichen, "daß dabei die Persönlichkeit nicht verloren ist". Dann heißt es weiter:

"Gerade wenn man im rechten Sinn den Gang ins Übersinnliche durch die Wissenschaft versteht, wird man hingewiesen durch eine innere Kraft, die sich insbesondere als Bedürfnis der Verehrung des Geistigen kundgibt, zum Reli-

giösen. Die wahre Entwickelung innerhalb des Weges in die geistige Welt hinein durch übersinnliches Erkennen ist diese, daß man immer mehr und mehr zu einer Vertiefung seines religiösen Lebens getrieben wird, daß man gerade verstehen lernt dasjenige, was man an religiösem Leben hat. Die Geisteswissenschaft führt notwendigerweise, weil das in der Entwickelung der Menschheit liegt, aus dem Persönlichen in das Unpersönliche, damit das Licht des Geistes wieder hereinleuchten kann in die sinnliche Welt.
So muß auf der anderen Seite gerade als Folge dieser Geist-Erkenntnis ein vertieftes religiöses Leben auftreten, denn tief in der Menschennatur ist es begründet, daß das Geistige nicht nur in seinem Leuchten, in seinem Weisheitsvollen angeschaut werde, sondern auch verehrt werde. Diese Verehrung aber muß aus der Persönlichkeit kommen. In diese Region des Menschenlebens kann nicht in unmittelbarer Gestalt dasjenige hinein, was geistig geschaut wird, sondern es muß sich erneuern, eine Metamorphose durchmachen, es muß sich verwandeln, es muß sich umsetzen in das Persönliche. Der Mensch wird, wenn er auf der einen Seite das Licht des Geistigen empfängt, hingehen und verehren dieses Geistige, suchen, wo er religiöses Leben, religiöse Vertiefung finden kann." (GA 73/7/S.323 f.)
Und etwas später:
"Denn die Geisteswissenschaft wird wieder zur wahren Religiosität zurückführen, während das bloß naturwissenschaftliche Zeitalter und die bloße positive Religion, welche nur Althergebrachtes bewahren will, von der wirklichen Religion hinwegführen muß." (GA 73/7/S.328)
Wiederholt tritt das Wort vom "Vertiefen des religiösen Lebens" auf – nicht etwa der Religionserkenntnis. Wie sollte das religiöse Leben ohne Kultus vertieft werden? Auf diese Frage kamen die meist protestantisch vorgeprägten Gemüter der Zuhörer noch nicht.
Wie dringlich diese Frage von der geistigen Welt erhofft wurde, geht aber schon aus der Fülle der Vortragsstellen hervor. Selbstverständlich ist immer der Erkenntnisweg und der Auftrag der Anthroposophie das Hauptthema. Aber immer wieder gibt es eine Art "Einschaltung". Am 11.12.1918 heißt es in Bern:
"... daß Geisteswissenschaft auch auf dem dritten Gebiet dieses Lebens finden will dasjenige, was gerade Ziel der Gegenwart auch auf dem religiösen Gebiete ist." (GA 72, in: Das Goetheanum, 1942, Nr. 38 bis 43, S.337)
Geisteswissenschaft will und kann keine neue Religion stiften. Schon seit der Tat des Mysteriums von Golgatha ist das nicht mehr möglich. Es kann sich nur um Erneuerung des Christentums handeln; um neue Denk- und Kunstformen:
"Aber der Mensch braucht in seinem vollen Menschtum stets, daß er zum Übersinnlichen ein unmittelbares individuelles Verhältnis habe, ein Verhältnis, das er unmittelbar subjektiv ausleben kann. Der Mensch braucht nicht nur den Zusammenhang mit der übersinnlichen Welt so, wie die Wissenschaft, die Geist-Wissenschaft ihn bieten kann; der Mensch braucht den Zusammen-

hang durch Kultus, Sakramentales usw. mit den Religionsstiftern und all der realen, äußeren sinnenfälligen Entwicklung durch die Jahrzehnte und Jahrhunderte hindurch, die sich an die Religionsstifter und an die äußeren Offenbarungen anhängen." (GA 72/11.12.1918, in: Das Goetheanum, 1942, Nr. 38 bis 43, S.337)
"Geisteswissenschaft wird dasjenige, was da lebt, was lebt im äußeren Kultus, was lebt in den äußeren Bekenntnisformen, geistig vertiefen, wird zeigen, wie das sich übersinnlich in der Sinnenwelt Offenbarende sich ausnimmt, wenn man es mit der übersinnlichen Erkenntnis durchdringt. Geisteswissenschaft wird so den Menschen in wahrhaft modernem Sinne vorbereiten, religiöse Bedürfnisse zu haben ... (Sie wird) die Menschen gerade im rechten, wahren Sinne wiederum zum religiösen Leben zurückführen ... Derjenige, der dieses religiöse Leben als Kirchenbekenntnis auf einer bestimmten Stufe zurückhalten will, der nicht will, daß hereindrängt das, was aus der neuen Seelenlage der Menschen notwendigerweise hereindrängen muß, der ist vielmehr ein Gegner der Religion, auch wenn er im Priesterkleide auftritt, als ein solcher, der sich fragt: Wie kann der Mensch bei seinem vertieften Inneren auch jenen Zug wiederum in seiner Seele entwickeln, der ihn zum Verständnis des religiösen Lebens hinführt? Geisteswissenschaft ist keine Religionsstiftung; sie ist Wissenschaft vom übersinnlichen Leben. Aber indem sie dieses ist, führt sie den Menschen auch zur Vertiefung derjenigen Instinkte, die gerade das religiöse Leben, das zurückgegangen ist unter der bloßen äußeren Naturerkenntnis, in den verschiedensten Formen wiederum in der Menschheit lebendig und fruchtbar machen wird." (GA 72, in: Das Goetheanum, 1942, Nr. 38 bis 43, S.337 f.)
Wieder klingen hier alle bekannten Motive deutlich an. Noch fehlen aber die menschlich-karmischen Voraussetzungen dafür, daß die notwendige religiöse Erneuerung erfragt und aus freiem Willen begonnen werden könnte.
Aus einer Zeit, in der bereits allererste Schritte zur Gründung der Christengemeinschaft gegangen worden waren, heißt es am 06.09.1921:
"Und wenn man bedenkt, wie die Art und Weise ist, wie da der Mensch mit seinem ewig Unsterblichen zusammengeführt wird mit jenen Kräften, die ihn selber eigentlich als Menschen aus der geistigen Welt heraus gestalten, dann wird man auch einsehen, wie zusammenhängt das, was der Mensch hat durch Anthroposophie an erlebter Erkenntnis, an erkennendem Erleben, mit religiöser Vertiefung. Wir brauchen in unserem religiös so gleichgültig gewordenen Zeitalter wiederum religiöse Elementarkräfte. Wir brauchen Wege hinein in diejenigen Stätten geistigen Erlebens, aus denen sich des Menschen Sittlichkeit, aus denen sich des Menschen künstlerisches Schaffen, aus denen sich alles dasjenige, was Menschenwert und Menschenwürde ist, als aus dem göttlichen Zentrum heraus befruchten läßt." (GA 78/8/S.166)
Hier wird wieder die Bedeutung lebendiger Religion für sittliches und soziales Leben sowie künstlerisches Tun betont.

Mit dem "Französischen Kurs" – "Die Philosophie, Kosmologie und Religion in der Anthroposophie" (GA 215) – sind wir zeitlich und örtlich unmittelbar bei der Gründung der Christengemeinschaft angekommen. Der erste Vortrag endet mit den Worten:

"Wir haben darum die Spaltung zwischen Wissen und Glauben, weil wir die lebendige, clairvoyante Anschauung des wahren Ich, des vierten Gliedes der menschlichen Wesenheit, verloren haben. Deshalb ist es auch die Aufgabe des neueren Geisteslebens, diese Erkenntnis des wahren Ich durch exakte Clairvoyance wiederum herbeizuführen. Dann wird sich wieder der Weg ergeben, aus der Welterkenntnis heraus zur Gotteserkenntnis weiterzuschreiten, aus der Weltauffassung heraus wieder zum religiösen Leben zu kommen und den Glauben nur zu betrachten als eine besondere höhere Art des Wissens, nicht als etwas spezifisch vom Wissen Verschiedenes.

Was wir also nötig haben, ist die Möglichkeit einer wirklichen Ich-Erkenntnis. Daraus ergibt sich dann auch die Möglichkeit eines neuen religiösen Erlebens. Diese Ich-Erkenntnis so herbeizuführen, daß sie dasteht innerhalb der spirituellen Wissenschaft wie die vorhin charakterisierte Erkenntnis des ätherischen Menschen, der nicht im physischen Menschenkörper wahrgenommen wird, wie die Erkenntnis des astralischen Menschen, der über Geburt und Tod erhaben ist, als der Hintergrund von Schlafen und Wachen, – diese Erkenntnis herbeizuführen und damit die Erneuerung des Lebens zu bewirken, das soll nun der dritte Schritt der Anthroposophie sein. Auf diese Weise soll sich organisch ergeben von dem Gesichtspunkt anthroposophischer Forschung aus:

– eine moderne Philosophie durch die exakte clairvoyante Erkenntnis des ätherischen Leibes,
– eine den Menschen umfassende Kosmologie durch eine klare Erfassung der astralischen Wesenheit des Menschen,
– eine Erneuerung des religiösen Lebens durch eine exakte clairvoyante Erfassung des wahren, über Schlaf und Wachen erhabenen menschlichen Ich."
(GA 215/06.09.1922/S.26)

Am 15.09.1922 heißt es während desselben Kurses:
Die christliche Religion "hat in sich die Kraft, sich weiter zu entwickeln, und Anthroposophie möchte das in der richtigen Weise verstehen und für diese Weiterentwickelung eine richtige Helferin sein.

So habe ich versucht, Ihnen in diesen Vorträgen zu schildern, wie aus der Anthroposophie heraus befruchtet werden sollen Philosophie, Kosmologie und Religionserkenntnis. Selbstverständlich ist Religionserkenntnis nicht Religion. Religion kann auch erlebt werden, wenn man bloß mit dem Gemüt in unbefangener Art an das sich hingibt, was die intuitive Erkenntnis liefert; aber verstehen kann man es im Gemüt. Und so kann von der Erneuerung einer Religionserkenntnis eine neue Vertiefung des religiösen Lebens ausgehen."
(GA 215/10/S.181; vgl. auch GA 215/09.09.1922/S.78)

Diesen Zyklus hat Rudolf Steiner zur Übersetzung ins Französische in Autoreferaten Jules Sauerwein schriftlich übergeben. Die Vorträge erschienen sofort im "Goetheanum" zur Unterrichtung der Mitglieder auch über das, was das Wesen religiöser Erneuerung durch Anthroposophie ist. (Das Nachrichtenblatt gab es noch nicht). Heute sind sie als Band 25 der Gesamtausgabe erschienen. Im Exposé für den ersten Vortrag heißt es:
"Religion im ursprünglichen Sinne ist auf dasjenige Erlebnis gebaut, durch das sich der Mensch sowohl unabhängig weiß von seiner physischen und ätherischen Wesenheit, durch die er sein Dasein zwischen Geburt und Tod hat, wie auch von dem Kosmos, insofern dieser an einem solchen Dasein mitwirkt. Der Inhalt dieses Erlebnisses bildet den eigentlichen *Geistmenschen*, dasjenige, worauf unser Wort 'Ich' nur noch hindeutet. Dem Menschen bedeutete einst dieses 'Ich' etwas, das sich unabhängig von aller Körperlichkeit und auch unabhängig von der astralischen Wesenheit wußte. Durch ein solches Erleben fühlte sich der Mensch in einer Welt, von der diejenige nur ein Abbild ist, die ihm Körper und Seele gibt. Er fühlte sich im Zusammenhange mit einer *göttlichen* Welt. Die Erkenntnis von dieser Welt bleibt der sinnengemäßen Beobachtung verborgen. Die Erkenntnis des ätherischen und des astralischen Menschen führt allmählich zu einer Anschauung dieser Welt hinüber. In der Sinnesanschauung muß sich der Mensch *getrennt* fühlen von der göttlichen Welt, der sein innerstes Wesen angehört. Durch die übersinnliche Erkenntnis *verbindet* er sich wieder mit dieser Welt. Dadurch mündet übersinnliche Erkenntnis in Religion ein." (GA 25/S.12 f.)

Rudolf Steiner benutzt weiter die Zukunftsform "wird sich – soll sich – ergeben"; oder: "einmünden wird Geisteswissenschaft in religiöses Leben. Ergeben wird anthroposophische Forschung Erneuerung des religiösen Lebens." Zur gleichen Zeit als der zunächst mächtigste Schritt zur Erneuerung des Kultus im selben Goetheanumbau vollzogen wird, werden diese Worte gesprochen. Die Teilnehmer am "Französischen Kurs" wußten vom gleichzeitigen Beisammensein der "Theologen". Diese nahmen ihrerseits auch teilweise am "Französischen Kurs" teil. Aber auch wenn die Neugründung religiösen Lebens in diesen Tagen anfänglich vollzogen wurde, so wurde sie doch in den folgenden 2.1/2 Jahren ständig erweitert und vertieft. Deshalb ist es von daher schon leicht zu verstehen, wenn in diesen Äußerungen Rudolf Steiner auch weiterhin die Zukunftsformen benutzt.

Die Vortragsreihe "Die Grundimpulse des weltgeschichtlichen Werdens der Menschheit" (GA 216) schließt sowohl zeitlich als auch inhaltlich unmittelbar an den "Französischen Kurs" an. Auch die Tage der Gründung des neuen religiösen Lebens der Christengemeinschaft dauern noch fort. Dann heißt es am 29.09.1922:
"Aber bei einer Handlung, die im Ritus ausgeführt wurde, bei einer Zeremonie, da sah er, wie in dem, was sich da vollzog, sogleich aus der umliegenden elementarischen Welt geistige Wesenhaftigkeiten heranrückten und durch all

die Formen durchgingen, welche sich in der ritusmäßigen Handlung vollzogen. Geistigkeit sah er in diesen Handlungen.
Heute können Sie überall herumfragen, wo man irgendeine von Ritualien getragene Handlung ausführt, in Logen oder auch in Kirchen, ob die Leute in solchen rituellen Handlungen noch geistige Wesenheiten sehen, die diese Handlungen durchströmen und durchpulsen. Es ist nicht der Fall. Es ist ebensowenig in diesen Handlungen heute geistiges Leben, wie in der ägyptischen Mumie das Leben dessen war, den man mumifiziert hatte. Diese Ritualien wurden nun bewahrt. Gewissermaßen wurden so, wie in der ägyptischen Mumie der menschliche Körper seiner Form nach mumifiziert worden ist, menschliche Handlungen, menschliche Verrichtungen traditionell aufbewahrt und werden, indem man sie nun vornimmt, gewissermaßen eben auch mumifiziert; wurde doch in ihnen etwas bewahrt, was wieder auferweckt werden kann und was auch wieder auferweckt werden wird, wenn man einmal den Weg gefunden haben wird, um die Kraft, die von dem Mysterium von Golgatha ausgeht, wiederum in alles menschliche Tun hineinzubringen.
Dieses Hineinbringen der Kraft des Mysteriums von Golgatha, das verstehen die Menschen eigentlich heute sehr wenig." (GA 216/6/S.94 f.)
"Um was es sich handelt, ist, daß die Zeit schon herankommen wird, in der eine vertiefte Auffassung alles Kultus, aller Kultushandlungen Platz greifen wird. Und dann werden die richtigen Lehrer den richtigen Schülern etwas Ähnliches klarmachen können, wie es der ägyptische Eingeweihte seinen Schülern an den Mumien klarmachen konnte. Wie dazumal der ägyptische Eingeweihte seinen Schülern hat klarmachen können, daß sie etwas an der Mumie sehen, was in alten Zeiten durch den zu einem Sinnesprozeß umgestalteten Atmungsprozeß innerlich erlebt wurde, so wird, wenn wiederum der Kultus in der richtigen Weise verstanden werden kann, der Eingeweihte seinen Schülern klarmachen können, daß die Kultushandlung etwas ist, was im Vergleiche zu den äußeren Taten, die sonst der Mensch mit Hilfe von Werkzeugen verrichtet – und auch bei den Kultushandlungen spielen Werkzeuge ja eine Rolle –, eine ungeheuer viel größere Bedeutung im Zusammenhang mit dem Kosmos, mit dem Universum hat. ... Durch die Kultushandlungen verkehrt man mit den geistig-elementarischen Mächten der Erde. Mit denjenigen Mächten der Erde verkehrt man, welche in die Zukunft hinweisen." (GA 216/6/S.96 f.)
"Dadurch, daß diese Kultushandlungen vollzogen werden, werden in die Sphäre dieser Kultushandlungen elementar-geistige Wesenheiten hereingerufen. ... Sie sind unsichtbar für das äußere Auge. Aber eine Zeit wird kommen, in der alles, was an Stoffen heute die Mineralien, die Pflanzen, die Tiere, die Wolken ausfüllt, was wirkt in Wind und Wetter, fort sein wird. Alles, was Pflanzendecke ist, wird fort sein, zerstäubt sein im Weltenall, selbstverständlich auch die Geräte, mit denen die Kultushandlungen verrichtet werden. Aber was an elementaren geistigen Wesenheiten in die Sphäre der Kultushandlungen gerufen worden ist, das wird darinnenstecken, das wird, wenn diese Erde

ihrer Vollendung zugeht, in vollkommener Ausbildung ebenso innerhalb der Erde sein, wie im Herbst der Pflanzenkeim des nächsten Jahres verborgen in der Pflanze steckt." (GA 216/6/S.99 f.)
"Es werden elementarische Geister, die in die Zukunft hinein sich vervollkommnen, in der Sphäre der Ritualhandlung gegenwärtig sein." (GA 216/6/S.101)
Wer die Formulierungen dieses Vortrags aufmerksam liest, wo fortwährend von Kultushandlungen, Ritualhandlungen, äußeren Handlungen, Werkzeugen etc. die Rede ist, wird kaum Zweifel haben, daß Rudolf Steiner bei dieser Schilderung nicht den kosmischen Kultus, die geistige Kommunion oder den umgekehrten Kultus im Auge gehabt hat, denn diese finden nicht im Sinnesbereich statt, sondern daß er damit im wesentlichen den gerade inaugurierten Kultus der Christengemeinschaft meinte.

Als die tragische Entwicklung der Anthroposophischen Gesellschaft sich zuspitzte – einen Tag vor der Katastrophe des Goetheanumbrandes –, wurden Rudolf Steiner durch die damaligen Verhältnisse bedingt die Worte "aus dem Munde gepreßt" (GA 257/23.01.1923/S.20), die den Vortrag vom 30.12.1922 bilden (vgl. Kap. V, 4).

Darinnen kommt als *ein* Gesichtspunkt zu unserem Thema die Stelle vor:
"... Es ist notwendig für die heutige Menschheitsentwickelung, daß die anthroposophische Bewegung immer mehr und mehr wachse, wachse aus ihren Bedingungen heraus, die namentlich darin bestehen, daß jene geistigen Wahrheiten, die einfach aus der geistigen Welt zu uns wollen, zunächst unmittelbar in die Herzen eindringen, so daß die Menschen durch diese geistigen Wahrheiten erstarken. Dann werden sie den Weg finden, der auf der einen Seite ein künstlerischer, auf der anderen Seite ein religiös-ethisch-sozialer sein wird."
(GA 219/11/S.166 f.)

Mit diesen Worten formuliert Rudolf Steiner das, was er auch den Gründern der Christengemeinschaft gesagt hatte. Wenn die geistigen Wahrheiten der Anthroposophie die Menschenherzen erstarken, werden sie auch den künstlerischen und den religiös-ethisch-sozialen Weg finden. Aus der anthroposophischen Bewegung geht auch erneuertes religiöses Leben hervor. Allerdings – das wird hier nicht gesagt – in verschiedenen Formen, d.h. keimhaften oder ausgestalteten Riten und Kulten.

Am 05.08.1923 heißt es gegen Schluß des ersten Ilkley-Vortrags:
"Und das fühlte dieser ursprüngliche Mensch: Habe ich den Kultus, habe ich den Gottesdienst, ist der Gottesdienst da in der Welt und ich in ihn verwoben, dann erfüllt sich mein Inneres so, daß ich auch im ganzen Leben, nicht nur an der Kultusstätte, den Gott in der Welt gegenwärtig machen kann.
Das aber ist die wahre Sittlichkeit: den Gott in der Welt gegenwärtig machen zu können. Keine Natur führt zur Sittlichkeit; allein das führt den Menschen zur Sittlichkeit, was seine Natur hinweghebt über die Natur, was seine Natur erfüllt mit göttlich-geistigem Dasein. Nur jene Intuition, welche über den

Menschen kommt, wenn er durch das religiöse Leben sich in den Geist hineinstellt, kann ihn mit wirklicher, innerster menschlich-göttlicher Moralität erfüllen.

Und so wird auch, wenn wir wieder zur Inspiration kommen, jene Brücke gebaut, die einstmals in der instinktiven Menschheitszivilisation gebaut war, jene Brücke von der Religion zur Sittlichkeit. Wie hinaufführt die Erkenntnis durch die Kunst zu den übersinnlichen Höhen, so wird herunterführen das religiöse Dienen die übersinnlichen Höhen in das Erdendasein so, daß wir dieses Erdendasein wiederum mit einer elementaren, ursprünglichen, unmittelbaren, von Menschen erlebten Sittlichkeit impulsieren können.

Dann wird der Mensch selber wiederum in Wahrheit individueller Träger eines sittlich durchpulsten Lebens sein können, eines gegenwärtig ihn impulsierenden sittlichen Lebens. Dann wird Moralität ein Geschöpf des einzelnen Menschen werden. Dann wird die Brücke aufgeschlagen über den letzten Abgrund hinüber, der da besteht zwischen Religion und Sittlichkeit. Dann wird in einer modernen Form jene Intuition geschaffen, in welcher der primitive Mensch darinnenstand, wenn er in einer Kultushandlung sich befand. Dann wird durch ein modernes religiöses Leben der Mensch moderne sittliche Verhältnisse schaffen." (GA 307/05.08.1923/S.26 f.)

Die Brücke wird gezeigt, wie durch "modernes religiöses Leben", "religiöses Dienen" eine "moderne Form von Intuition" und "moderne sittliche Verhältnisse" entstehen.

Schließlich sei noch ein Wort aus dem öffentlichen Vortrag, "Anthroposophie und die ethisch-religiöse Lebenshaltung des Menschen", vom Michaelstag 1923 in Wien genannt:

"Kein sittlicher und religiöser Inhalt, der nicht aus der Erkenntnis Wurzel entsprang! Heute ist aus der Erkenntnis Wurzel das naturwissenschaftliche Denken entsprungen, das aber nicht bis zum Geiste vordringen kann. Dafür haften viele Menschen in bezug auf die religiöse Lebenshaltung an den Traditionen, und sie glauben, was in den Traditionen lebt, das offenbare sich aus so etwas wie einem 'religiösen Genie' heraus. In Wahrheit sind es die atavistischen, die vererbten Traditionen. Sie sind aber heute so verblaßt, daß wir einen neuen Impuls der Erkenntnis brauchen, der nicht abstrakt wird, der für die Erkenntnis Kraft ist, damit durch das, was in der Erkenntnis liegt, dem Menschen der Impuls gegeben werde, nun auch in die Lebenshaltung des praktischen Lebens mit ethisch-religiösen Impulsen in aller Ursprünglichkeit wieder einzutreten.

Das brauchen wir. Und wenn auf der einen Seite behauptet wird – ganz gewiß auch mit einem gewissen Recht –, Erkenntnis als solche brauche der Mensch nicht, um eine ethisch-religiöse Lebenshaltung zu entwickeln, so muß aber auf der anderen Seite gesagt werden – das lehrt wieder die Geschichte –: Auch Erkenntnis darf den Menschen nicht beirren in seinem religiösen, in seinem ethischen Sinne. Der Mensch muß die Möglichkeit haben, die höchste Erkenntnisstufe zu erringen, aber mit dieser Erkenntnisstufe – die ihm natürlich zu erlangen möglich ist, denn es bleibt immer noch viel darüber – in derjenigen Heimat anzulangen, in welcher er gelebt hat gottgewollt, gottgeführt, als er noch nicht zur Erkenntnis gekommen war. Dasjenige, was ahnend war und als Ahnung sein Recht hatte, muß wiedergefunden werden, auch wenn nach dem höchsten Erkenntnislichte gestrebt wird. Dann kann Erkenntnis nicht etwas sein, was auf die sittliche Lebenshaltung auslöschend wirkt, sondern dann kann Erkenntnis nur dasjenige sein, was, anfeuernd und recht sie durchströmend, auf alle moralisch-religiöse Lebenshaltung wirken wird." (GA 84/ 29.09.1923/S.265)

Die hier zitierten Wortlaute stammen alle aus der dritten Phase der Entwicklung der Anthroposophie, wie wir sie oben unterschieden haben, also von 1916/17 bis September 1922 und schließlich bis zum September 1923. Die deutlichsten Aussagen bzw. Höhepunkte liegen im Jahre 1917 und im September 1922, und es ist bemerkenswert, daß von diesem Motiv, Anthroposophie führt zur Religionsübung, nach der Weihnachtstagung nicht mehr die Rede ist. Religiöse Kulthandlungen waren entstanden und wurden noch vervollständigt. Esoterische Riten und Kulte sollten im Rahmen der Freien Hochschule für Geisteswissenschaft bald entstehen. Daß in den genannten Wortlauten ab 1916/17 Impulsierendes lebt und Fragen angeregt wurden, ist deutlich. Aber ehe wir dem Motiv der Frage zur rechten Zeit nachgehen, wollen wir doch den Erkenntnisgehalt der Zitate in kurzen Sätzen festhalten:

"Das Bedürfnis nach Religion ist allgemein-menschlich. Eine Seele, die vermeint, ohne Religion leben zu können, ist in einer schweren Selbsttäuschung befangen."

So schreibt Rudolf Steiner 1909 im Vorwort zu Edouard Schurés "Die großen Eingeweihten" (S.7). Hier sei dieser Satz – der zeitlich in das vorige Kapitel gehört – als Grundlage der Verkündigung notwendiger religiöser Erneuerung zitiert.

Die Kernsätze aus den angeführten Vortragsstellen lauten:
1. Die moderne Kultur muß wieder Kultusformen finden, denn ohne Formen gibt es keine Kultur (GA 95/03.09.1906).
2. Die Geisteswissenschaft will Religion, Kunst und Wissenschaft wieder vereinigen, wenn sie erneuert sind (GA 245/20.09.1913).
3. Anthroposophie wird die Menschen wieder zum Religiösen hinführen, zur praktischen Religionsübung. Was sie tut, ist, daß sie das religiöse Erleben und Erschauen anfeuert. Sie wird die Menschen – auch Gebildete – wieder zum Zeremoniendienst zurückbringen, weil sie religiöses Leben entzündet (GA 71/06.10.1916, in: Die Menschenschule, 1966, Nr. 10/11, S.298).
4. Anthroposophie wird eine Stütze, eine Unterbauung des religiösen Lebens, der religiösen Übung sein (GA 175/20.02.1917).
5. Aus wirklich verstandener Anthroposophie wird auch ein echtes, wahres, ungeheucheltes religiöses Bedürfnis entstehen, denn die menschliche Seele

braucht verschiedene Wege zum Geist (GA 72/19.10.1917, in: Gegenwart, 1950, Nr. 1/2, S.15 und S.18).

6. Im "Credo" heißt es: Es gibt vier Sphären menschlicher Tätigkeit, in denen der Mensch sich voll an den Geist hingibt, und zwar durch die Erkenntnis, die Kunst, die Religion und die geistige Liebe (GA 40/S.274 f.).

7. In die sakramentalen Handlungen, welche die Menschen wieder finden müssen, muß der Geist einziehen (GA 184/13.10.1918).

8. Der Mensch wird, wenn er auf der einen Seite das Licht des Geistigen empfängt, hingehen und dieses Geistige verehren und suchen, wo er religiöses Leben, religiöse Vertiefung finden kann (GA 73/15.10.1918).

9. Geisteswissenschaft wird so den Menschen in wahrhaft modernem Sinne vorbereiten, religiöse Bedürfnisse zu haben. Sie wird die Menschen gerade im rechten, wahren Sinne wiederum zum religiösen Leben zurückführen (11.12.1918, in: Das Goetheanum, 1942, S.337).

10. Wir brauchen in unserem religiös so gleichgültig gewordenen Zeitalter wiederum religiöse Elementarkräfte (GA 78/06.09.1921).

11. Es soll sich aus anthroposophischer Forschung organisch eine Erneuerung des religiösen Lebens durch eine exakte Erfassung des menschlichen Ich ergeben (GA 215/06.09.1922).

12. Die Anthroposophie möchte eine richtige Helferin zur Weiterentwicklung der Religion sein (GA 215/15.09.1922).

13. Durch die übersinnliche Erkenntnis verbindet der Mensch sich wieder mit der göttlichen Welt. Dadurch mündet übersinnliche Erkenntnis in Religion ein (GA 25, 1. Autoreferat, für Vortrag 06.09.1922).

14. Es wurde in alten Riten etwas bewahrt, was wieder auferweckt werden kann und was auch wieder auferweckt werden wird. Dadurch, daß diese neuen Kultushandlungen vollzogen werden, werden in die Sphäre dieser Kultushandlungen elementargeistige Wesenheiten hereingerufen (GA 216/29.09.1922).

15. Die Menschen werden durch Anthroposophie den Weg finden, der auf der einen Seite ein künstlerischer, auf der anderen ein religiös-ethisch-sozialer sein wird (GA 219/30.12.1922).

16. Wie die Erkenntnis durch die Kunst zu den übersinnlichen Höhen hinaufführt, so wird das religiöse Dienen die übersinnlichen Höhen in das Erdendasein herunterführen (GA 307/05.08.1923).

17. Geisterkenntnis kann nur sein, was, anfeuernd und sie durchströmend, auf alle moralisch-religiöse Lebenshaltung wirken wird (GA 84/29.09.1923).

Man muß die entscheidenden Sätze, die sich auf unser Thema beziehen, einmal in einer derart gerafften Form zusammenstellen, um zu bemerken, wie klar das Anliegen Rudolf Steiners, zur religiösen Erneuerung zu helfen, erscheint. Der Ansatz liegt für Rudolf Steiner immer in der Spiritualisierung der Erkenntnisbemühung. Von 1916/17 an, also in der dritten Phase der Entwicklung der

Anthroposophie (vgl. GA 257/3), geht daraus dann der notwendige Schritt hervor: das religiöse Leben, die religiöse Übung, der Kultus, muß und wird durch Anthroposophie erneuert werden. Wann und wie und durch wen das zu geschehen habe, das muß erfragt werden. Um die Freiheit zu wahren, muß Rudolf Steiner warten. Er regt die Fragen an, so weitgehend wie das geschehen darf. Die Saat seiner Worte muß erst ruhen, ehe sie aufgehen kann, obwohl eigentlich keine Zeit zu verlieren ist.

Im nächsten Abschnitt soll von der Bedeutung Friedrich Rittelmeyers für die Erneuerung der christlichen Religion durch die Anthroposophie Rudolf Steiners gesprochen werden.

3. Rudolf Steiners Hinweise an Friedrich Rittelmeyer führen nicht zu der notwendigen Frage

Weil Friedrich Rittelmeyer 1910 in Bremen einen Vortrag über neuere religiöse Strömungen halten sollte, nahm er sich auch vor, die Theosophische Gesellschaft und ihre Lehren zu studieren. So stieß er in Nürnberg auf die Schriften Rudolf Steiners und lernte Michael Bauer kennen. Als er sich schon durch Monate intensiv mit den erreichbaren Büchern Rudolf Steiners beschäftigt hatte, traf er ihn persönlich am 28.08.1911 in München anläßlich eines Vortrags.

Friedrich Rittelmeyers Erinnerungen, "Aus meinem Leben" und "Meine Lebensbegegnung mit Rudolf Steiner", sowie Erwin Schühles Buch, "Entscheidung für das Christentum der Zukunft – Friedrich Rittelmeyer, Leben und Werk", geben ausführliche und tiefe Einblicke in das beginnende Schülerverhältnis. Besonders in "Meine Lebensbegegnung mit Rudolf Steiner" schildert Friedrich Rittelmeyer seine jahrelange intensive und kritische Einarbeitung in die Anthroposophie.

Es war im Jahre 1913, als Friedrich Rittelmeyer mit seinem Freund Christian Geyer die kleine Schrift "Warum bleiben wir in der Kirche?" herausgab. "Ich habe es gelesen; aber ich glaube doch nicht, daß es auf diese Weise geht", sagte Rudolf Steiner dazu. Und Friedrich Rittelmeyer fährt fort: "Da hätte ich fragen sollen: Warum nicht? Doch dazu steckte ich viel zu sehr in den kirchlichen Kämpfen und Hoffnungen des Augenblicks drinnen ... So versäumte ich die Stunde." (Friedrich Rittelmeyer: Meine Lebensbegegnung mit Rudolf Steiner, S.54)

Also schon drei Jahre bevor Rudolf Steiner von sich aus mit der Anregung zur Frage nach einer umfassenden Religionserneuerung hervortrat, noch in der so sicher erscheinenden Vorkriegs- und Kaiserzeit, wurde die Möglichkeit zur Frage versäumt. Es war noch nicht an der Zeit. Vor allem waren noch nicht mehrere Menschen zur Stelle.

Als im Jahre 1917 die zweite uns bekannte Möglichkeit zur Frage eintrat, hatte sich vieles verändert. Es war Krieg. Friedrich Rittelmeyer war von Nürnberg nach Berlin berufen worden und hatte dort seit August 1916 eine aufblühende Predigttätigkeit entfaltet. Rudolf Steiner weilte in der Schweiz. Erst am 06.02.1917 spricht er wieder in Berlin. Wir kennen diese Vorträge heute unter dem Titel "Bausteine zu einer Erkenntnis des Mysteriums von Golgatha" (GA 175). Für Monate hält sich Rudolf Steiner mitten im Krieg fast ausschließlich in Berlin auf. Es war die Zeit der beginnenden "Memoranden-Aktion", die später zur Dreigliederungsbewegung anwuchs.

Es ist nun sehr eindrucksvoll zu verfolgen, wie viele der Vorträge jener Berliner Zeit wie zu Friedrich Rittelmeyer hin, für ihn gesprochen erscheinen. Nicht nur der Passus aus dem Vortrag vom 20.02.1917 (GA 175; siehe Kap. IV, 2), der im Mai 1921 dann zur Formulierung der schriftlichen Anfrage an Rudolf Steiner verwendet wurde, sondern viele Motive erscheinen heute, als seien sie zur Anregung Friedrich Rittelmeyers gesagt worden. Außerdem hat Rudolf Steiner Friedrich Rittelmeyer immer eingeladen, nach dem Vortrag noch zu einem persönlichen Gesprächsaustausch zu bleiben. Das Buch "Meine Lebensbegegnung mit Rudolf Steiner" gibt wohl nur einen Bruchteil dessen wieder, was damals ausgetauscht und besprochen wurde, von der ersten Begegnung an viele Jahre hindurch. Es ist die Phase des Zwiegesprächs zwischen dem Menschheitsführer und dem Repräsentanten des religiösen Lebens. Ob man die Vermutung haben darf, daß dieses von 1911 an geführte Gespräch mit dazu beitrug, daß Rudolf Steiner von 1916 an die Notwendigkeit der Erneuerung der Religionsübung zu verkünden und zu impulsieren begann?

Jetzt im Jahre 1917 – dem Schicksalsjahr der Weltgeschichte des 20. Jahrhunderts – sind schon die im Rahmen der Mitgliedschaft im Berliner Zweig gemachten Äußerungen sehr aufschlußreich, wenn man sie unter unserem Gesichtspunkt betrachtet. – Da heißt es gegen Ende des ersten Vortrags gleich am 06.02.1917: "Denn die Zeit wird kommen mit dem kommenden Christus, mit dem daseienden Christus, wo die Menschen lernen werden, nicht nur für ihre Seelen, sondern für das, was sie begründen wollen durch ihr unsterbliches Teil hier auf Erden, den Christus zu befragen." (GA 175/1/S.27)

Schon in der oben erwähnten Schrift Christian Geyers und Friedrich Rittelmeyers, "Warum bleiben wir in der Kirche?", vom Jahre 1913 hatte es geheißen: "Darum muß nach allen Gesetzen der Geschichte ... einfach gewartet werden ..., bis die Zeit gekommen ist, wo vielleicht das christliche Gefühl der Gegenwart so stark geworden ist, daß es sich aus einem unabweisbaren inneren Bedürfnis auch das heilige Recht nimmt, neue Gottesdienstformen aus sich heraus zu schaffen." (Friedrich Rittelmeyer: Warum bleiben wir in der Kirche? S.38)

Mindestens seit vier Jahren war es Friedrich Rittelmeyer im Jahre 1917 bereits deutlich, daß es "neue Gottesdienstformen" geben müsse. Er war lediglich der Meinung, daß man bis zu ihrer Ausgestaltung noch warten müsse, auch dann noch, als Rudolf Steiner gesagt hatte, daß man aus dem "unsterblichen Teil" des Menschen, aus dem Ich heraus, den Wiederkommenden für das fragen könne, was man begründen will (vgl. GA 175/06.02.1917/S.27).

Fragen aus dem freien Ich zu stellen, Neues aus dem freien Ich zu begründen, das war die Aufgabe im vierhundertsten Jahr der Reformation Luthers, um die christliche Religionspflege zu erneuern. Um aber den gegenwärtigen Christus fragen zu können, muß man seine Sprache lernen. Das ist durch die Geisteswissenschaft möglich. Man kann es lernen, die Fragen an ihn zu stellen: "Er wird antworten, ja er wird antworten" (GA 175/1/S.29). Es ist also auch möglich, eine Frage an den zu richten, der diese Sprache vermittelt: an Rudolf Steiner (vgl. GA 175/06.02.1917/S.29).

Vierzehn Tage später macht Rudolf Steiner in dem Zweigvortrag am 20.02.1917 die schon im vorigen Abschnitt zitierte Einschaltung. Das Vortragsthema behandelt die drei Begegnungen des Menschen mit den drei Wesenheiten der Trinität, ein Thema der Geisterkenntnis also. Aber diese Geisterkenntnis ersetzt nicht das Geist- oder Gottesbewußtsein, das "immer erneut in der religiösen Übung, in der religiösen Betätigung" entfacht werden muß (GA 175/20.02.1917/S.57). Es ist dies eine nächste Anregung an Friedrich Rittelmeyer, die Frage aus dem Ich zu stellen.

Wieder eine Woche darauf, am 27.02.1917, spricht Rudolf Steiner über die Keimkraft des Moralischen. Zwei Formen der christlichen Frömmigkeit wurden im Mittelalter ausgebildet: in der Mystik, gesteigert bis zur 'mystischen Hochzeit', und in demjenigen Streben, welches sich bis zur 'Chymischen Hochzeit' steigert. Es gab nicht nur den Innenweg der Seele, der auch Friedrich Rittelmeyer durch sein Studium Meister Eckarts und eigene Übungen vertraut war, sondern es gab schon früher den Willen der Alchemisten, den äußeren Naturprozeß zu durchgeistigen:

"Sagen wir: er räucherte. Und hatte er dann die Vorstellung oder sprach sie aus, so versuchte er, in diese Vorstellung eine solche Kraft hineinzubringen, daß die Räuchersubstanz wirklich Formen annahm. Er suchte solche Begriffe, die Macht haben, in die äußere Naturrealität einzugreifen, nicht bloß innerhalb des Egoistischen des Menschen zu bleiben ..." (GA 175/4/S.77)

War dies nicht wieder eine Anregung zu fragen? Aber wie sollte ein Protestant nach Gottesdienstformen fragen können, die ihn durch äußere "Symbole", wie zum Beispiel Weihrauch, sofort katholisch anmuten mußten? – Hatten diese Zweigvorträge ursprünglich den Titel "Kosmische und menschliche Metamorphose", so lautet das Thema vom 27.03.1917 an: "Bausteine zu einer Erkenntnis des Mysteriums von Golgatha". Dieser Zyklus ist eigentlich ein Theologenzyklus und erweckt den Eindruck, als ob er nur für Friedrich Rittelmeyer gehalten worden sei. Die palästinensischen Mysterien werden in diesem Vortragszyklus geschildert, ferner die verlorene Anschauung der menschlichen Trichotomie, das Antireligiöse als Krankheit, Unglück und Selbsttäuschung, und vieles mehr. Auch wird von Julian Apostata erzählt, wie es seine Aufgabe war, das höhere Ich, den Christus durch die Mysterien zu suchen (19.04.1917). – Kann heute durch die Mysterienhandlungen eines Kultus der gegenwärtige Christus, kann das höhere Ich im Gottesdienst erfahren werden? Das könnte man doch fragen!

Was mag alles durch die Seele Friedrich Rittelmeyers gezogen sein, wenn er solches hörte? Wir wissen leider nicht definitiv, welche Vorträge er hörte, aber wann immer er konnte, machte er sich aus seiner Tätigkeit frei. Er erhielt wie zum Dank für sein mutiges Eintreten für die Anthroposophie die Erlaubnis, Gäste seiner Wahl in diese internen Zweigvorträge mitzubringen. Die späteren Mitgründer der Christengemeinschaft – Rudolf von Koschützki, Emil Bock und Eberhard Kurras – sind so durch ihn Teilnehmer geworden.

Es war das Luthergedenkjahr 1917. Friedrich Rittelmeyer hielt vielerorts den Vortrag "Luther und Goethe"; auch Rudolf Steiner sprach über Luther. Im Pfingstvortrag vom 21.05.1918 erwähnte er ihn nochmals und sagte damals: "Wäre Luther etwa im 8. Jahrhundert geboren worden, er wäre nie zu seiner Bedeutung gelangt. Es muß der einzelne seine Tat einfügen in die objektive Geistesentwicklung. Daraus aber ersehen Sie, daß die Hauptsache ist, daß wir auf das Sachliche hinblicken, auf das, was aus der geistigen Welt heraus der Menschheit sich mitteilt, und daß wir lernen, in einem viel größeren Maße noch als es die Gegenwart überhaupt noch imstande ist, den Menschen als ein Instrument anzusehen, damit das Sachliche aus der geistigen Welt in das Erdenleben hereintritt." (GA 181/14/S.258 f.)

Auf die objektive Bedeutung einer religiösen Tat will Rudolf Steiner mit diesem Beispiel sowie mit der Erklärung des Räucherns hinweisen. Konstantin der Große hatte das Christentum zur Staatsreligion erklärt, woraufhin der Mysterienstrom versiegte. Julian Apostata versuchte, ihn wieder zu erwecken. Im neunten Jahrhundert wurde dem Menschen sein geistiger Wesensanteil abgesprochen. Rudolf Steiner weist auf diese tiefe Ursache für viele unserer Gegenwartsschicksale immer wieder hin. Sollte es nicht Aufgabe der Religionsübung sein, heute jenen Teil des Mysterienwesens zu erneuern, von dem sich die Entwicklung damals trennte?

An dieser Stelle sei eine Vermutung erlaubt, die näher zu erforschen sich wohl lohnen würde: Rudolf Steiner hat immer wieder auf die Bedeutung des Konzilsbeschlusses der "Abschaffung des Geistes" im Jahre 869/70 hingewiesen. Wir erfahren durch ihn auch die menschlich-karmische Beziehung des Papstes Nikolaus I. zu Helmuth von Moltke. Am 18. Juni 1916 stirbt Helmuth von Moltke in Berlin, wenige Wochen vor Friedrich Rittelmeyers Eintreffen. Rudolf Steiner hat den nachtodlichen Weg der Seele Helmuth von Moltkes verfolgt. Sollte aus diesem Erleben auch seine Einsicht erwachsen sein, daß es an der Zeit sei, die Religion zu erneuern? Denn im neunten Jahrhundert – so schildert er es am 01.10.1922 – wurden der Kultus und die Lehre "materialisiert". Heute ist es an der Zeit, die Geisteswissenschaft als Erlösung der Dogmen, aber auch die uraltheilige Messe in ihrer verjüngten, erneuerten Form lebendig zu pflegen (vgl. Emil Bock: Rudolf Steiner, Studien zu seinem Lebensgang, 17. Kap., S.293 ff.; und Johannes Tautz: Walter Johannes Stein, S.117 ff. und S.170 f.).

Da wir nicht wissen, welche Vorträge Friedrich Rittelmeyer persönlich hörte und von welchen er sich nur intensiv durch seine Freunde berichten ließ, bleibt dieses Feld weitgehend Vermutung, allerdings reich für eigene Anregungen. – Die entscheidende Tatsache ist aber völlig eindeutig, nämlich daß Rudolf Steiner noch einen Schritt weiter geht und Friedrich Rittelmeyer von sich aus (!) 1917 unmittelbar anspricht: "Ich muß mich in meiner Lebensaufgabe beschränken auf das Okkulte. Sonst komme ich nicht durch. Das Religiöse ist Ihre Aufgabe." (Friedrich Rittelmeyer: Meine Lebensbegegnung mit Rudolf Steiner, S.95) Was mag vorgefallen sein, daß er sagen mußte: "Ich muß mich beschränken"? Hatte er das Religiöse also auch zeitweise als seine Aufgabe gesehen? Sah er es vielleicht sogar weiterhin als seine Aufgabe an, die nun aber durch Friedrich Rittelmeyer als seinem Helfer zu leisten sei?

In bezug auf die Schrift 1913, "Warum bleiben wir in der Kirche?", hatte Rudolf Steiner zu Friedrich Rittelmeyer gesagt: "Ich glaube doch nicht, daß es auf diese Weise geht" (Friedrich Rittelmeyer: Meine Lebensbegegnung mit Rudolf Steiner, S.54). Friedrich Rittelmeyer wußte also 1917 bereits, daß es "neue Gottesdienstformen" geben müsse, und Rudolf Steiners Einwand richtete sich nicht dagegen, daß sie innerhalb der evangelischen Kirche aufleben könnten. Im Gegenteil, das hielt er sogar 1922 noch nach einer Frage an den Gründerkreis der Christengemeinschaft für möglich. Daß es auf diese Weise nicht gehe, kann sich nur darauf beziehen, daß Friedrich Rittelmeyer geschrieben hatte, man müsse "einfach abwarten".

Nun hatte Rudolf Steiner alles getan, was er – Friedrich Rittelmeyer freilassend – vermochte, um ihn zur michaelischen Tat der Frage aus dem Ich anzuregen. Im Zentrum all dessen, was Friedrich Rittelmeyer durch die Vorträge aufgenommen haben mag, steht der Anruf: "Das Religiöse ist Ihre Aufgabe." Weiter durfte Rudolf Steiner nicht gehen. "Heute freilich", schreibt Friedrich Rittelmeyer 1928, "rückschauend, sehe ich, daß da wieder eine Stunde gewesen wäre, wo ich hätte weiterfragen sollen" (Friedrich Rittelmeyer: Meine Lebensbegegnung mit Rudolf Steiner, S.95). Es ist eine historische Tatsache, daß sich Friedrich Rittelmeyer aus seinen Voraussetzungen heraus nicht zu der notwendigen Fragestellung durchringen konnte. Es ist im weiteren sein Schicksal, aus karmischen Notwendigkeiten heraus, daß er durch einen Sturz im Fränkischen Gebirge Verletzungen erleidet, deren Spätfolgen ihn zwingen, sich lange Monate aus der aktiven Gemeindearbeit herauszuhalten. Bei einer Wanderung am 1. August 1918 streift ihn ein Stein am Kopf, der sich vom Felsen gelöst hatte. Er stürzt einige Meter tief ab und bricht sich ein Bein. Zwar ist er bald wieder arbeitsfähig, aber ein Jahr später stellen sich die Spätfolgen des Steinschlags ein. Schwerste Kopfschmerzen quälen ihn bis zu seinem Tode immer wieder, und für die Zeit von 1919 bis Ende 1921 muß er alle berufliche Arbeit aussetzen. Die inneren seelischen Kämpfe haben ihn zu äußerer Ruhe genötigt. Es ist ergreifend zu lesen, wie Rudolf Steiner ihm "von Freund zu Freund" schreibt und auf die karmische Dimension hinweist:

"Darf ich Ihnen aufrichtig – von Freund zu Freund – meine Anschauung über Ihren Zustand schreiben, nachdem mir eben Dr. Boos Ihre an ihn gerichtete

Anfrage mitgeteilt hat. Es ist ja gewiß, daß Ihre jetzigen Übel zum Teil ihren Quell in dem Miteffekt Ihres Absturzes haben. Nun meine ich, daß Ihr hauptsächlichstes Heilmittel völlige Ruhe in innerem seelischen Gleichgewicht sein muß ... Was wir an Übungen besprochen haben, braucht nicht die geringste Unterbrechung zu erfahren; im Gegenteil, es wird die in innerlicher Ruhe vollzogene Übung zu Ihrer Gesundheit das Richtige beitragen.

Mein lieber Herr Doctor: ich habe viel an Sie gedacht und weiß, daß äußere Übel die Symptome innerer Entwicklung sind, auch wenn der Schein manchmal dagegen spricht. In Ruhe und mit Gleichgewicht durchmachen ist gut ... Ich sagte oben, daß *ein* Teil Ihrer Übel von dem Sturz mitbewirkt sind; der andere Teil ist aber, wie ich schon vor langer Zeit, durch Frau Doctor Ihnen schreiben ließ, seelischer Natur. Mein lieber Herr Doctor: Sie haben in demjenigen Teil Ihres Wesens, das bei Menschen, wie Sie einer sind, von Weltanschauungsfragen influenziert wird, in den letzten Jahren viel durchgemacht. Sie fragten mich wiederholt über Ihren Fortschritt. Ich durfte aus erfreutem Herzen heraus von einem gewichtigen Fortschritt sprechen. Und der ist vorhanden; *mehr* vorhanden, als er sich im Vollbewußtsein spiegelt. Auch mehr, als Sie jetzt schon ideell verfolgen. Verzeihen Sie mir diese Offenheit. Aber es gehen da auch in den Tiefen des Menschenwesens Kämpfe vor sich, die ihre Ausstrahlungen doch in der Physis haben. Das alles ist richtig und ganz unbedenklich. Aber wenn das Karma von außen so etwas bringt, wie Ihr Sturz war, dann kann leicht eine unbedenkliche, aber doch eben gesundheitlich bemerkbare Labilität des Physischen kommen. Da ist dann nichts anderes notwendig, als daß wir den inneren Mut zur Ruhe haben. Wir *erkämpfen* uns Entwicklungsetappen; aber wenn wir den rechten Weg finden, sie ruhig hinzunehmen, auch wenn das Karma sie uns mit Hindernissen bringt, dann *erobern* wir sie uns auch. Es ist mir recht leid, daß ich Sie jetzt so lange nicht sprechen kann. Manches Wort läßt sich eben nicht schreiben. Doch dies alles genommen, was ich in den obigen Zeilen aussprechen wollte, wird Ihnen sagen, daß ich nicht einem leichten Gedanken nachhänge, wenn ich von den Lumbalpunctionen und Quecksilbereinreibungen *bei Ihnen* nichts halte, sondern der Ansicht sein muß, daß die continuierliche, aber innerlich in vollem Gleichgewicht fortlaufende Seelenarbeit, die wir besprochen haben, Ihnen auch wieder die Heilung bringen wird. Nur vermeiden müßten Sie alle solche Geistesarbeit, die Ihnen von außen aufgedrängt wird, insofern diese ganz besondere Anstrengungen erfordert. Mit Ihrem anthroposophischen Weitergang wäre sie durchaus vereinbar; aber der Sturz kommt eben da als ein besonderer Zwischenfall hinein. Beste Grüße an Ihre Frau und Kinder; von Ihrem Töchterchen hörte ich vor einigen Tagen durch Frau Prof. Bürgi in Bern Gutes, was mich sehr erfreute.
Ganz herzlich Ihr Rudolf Steiner
Dornach, Canton Solothurn, Haus Hansi"
(Erwin Schühle: Entscheidung für das Christentum der Zukunft, S.116 ff.)
Das schrieb er am 14. Juli 1920.

Inzwischen waren die ersten Kultushandlungen innerhalb der Waldorfschule entstanden, und es war die erste Frage von anderer Seite an Rudolf Steiner gestellt worden, die zur Gründung der Christengemeinschaft führen sollte. Aber drei weitere Jahre waren vergangen. Sieben Jahre seit 1913, und Rudolf Steiner selber war es, der zur Eile antrieb. Von all dem wird im nächsten Abschnitt gesprochen.

Hier soll als Abschluß an jenen Wortlaut Rudolf Steiners über Friedrich Rittelmeyer aus dem Jahre 1924 erinnert werden, mit dem er dessen bleibende und entscheidende Rolle bei der Religionserneuerung charakterisiert, obwohl er zu der Anfrage nicht hatte finden können:

"Es gelang dann, an Dr. Rittelmeyer mit den Bestrebungen dieser Zöglinge eines geistig orientierten christlichen Priestertums heranzutreten. In ihm war eine Persönlichkeit vorhanden, die christlicher Priester und Anthroposoph im wahrsten Sinne des Wortes war. Er hatte, zwar ohne den Kultus, aber in weitem Sinne dem Geiste nach, die christliche Erneuerung in dem Wirken seiner Person dargelebt. Aus der Anthroposophischen Gesellschaft heraus für die christliche Erneuerung etwas darreichen, forderte wie selbstverständlich die praktische Frage heraus: Wie wird Rittelmeyer das Dargereichte aufnehmen? Wie wird er sich zu der Verwirklichung des Gewollten stellen? Denn die anthroposophische Bewegung mußte in Rittelmeyer das Vorbild einer Persönlichkeit sehen, die Christentum und Anthroposophie in der inneren Harmonie des Herzens und in der äußeren Harmonie des Wirkens vereint hatte.

Und Rittelmeyer sagte aus vollem Herzen heraus 'Ja'. Damit war für die selbständige Bewegung für christliche Erneuerung ein fester Ausgangspunkt gewonnen. Und es konnte, was geschehen sollte, hier im Goetheanum vor zwei Jahren inauguriert werden." (GA 260a/05.10.1924/S.397 f.)

4. Die Frage der jungen Theologen – Rudolf Steiners Mahnungen zur Eile

Die Gründungsgeschichte der Christengemeinschaft ist schon oft geschildert worden (vgl. Emil Bock in: Wir erlebten Rudolf Steiner, S.33 ff.; Gottfried Husemann in: Erinnerungen an Rudolf Steiner, S.297 ff.). Auch Rudolf Steiner hat sie ja im Vortrag vom 30.12.1922 skizziert. – Wir verfolgen hier das Parzivalmotiv des Fragen-Lernens. Friedrich Rittelmeyer hatte – wie wir sahen – die rechte Frage durch Jahre nicht stellen können. Dennoch kam es auch weiterhin entscheidend auf ihn an. Nur die Frage mußte wie stellvertretend von anderen gefunden werden. Wir schildern dieses besondere Geschehen hier ausführlicher nach einem mündlichen Bericht des Hauptbeteiligten und späteren Mitgründers Martin Borchart.

Er lebte als verheirateter Student mit Frau und Kind in Marburg und hatte dort einen anthroposophischen Zweig gegründet, den er leitete. Rudolf Steiner hatte ihm geraten, Theologie zu studieren. Zu diesem Zweig war von der Universität München ein Düsseldorfer Student gestoßen, der vom Theologiestudium zur Philosophie gewechselt hatte: Johannes Werner Klein.

Um das Goetheanum in Dornach zu sehen, fuhren Martin Borchart und seine Frau – die diese Reise angeregt hatte – mit Johannes Werner Klein und Fräulein Deussen, einem Zweigmitglied in Marburg, unter Schwierigkeiten in die Schweiz. Am 02.02.1920 wollten sie in Dornach sein; aber die Reise verzögerte sich. Am 06.02.1920 kamen sie schließlich in Dornach an. Abends hielt Rudolf Steiner einen Vortrag, in dem man lesen kann (GA 196/10/S.151 ff.), daß Anthroposophie heute "von einem neuen Verständnis des Christentums sprechen muß" (S.155), aber "ohne Menschenkenntnis ... gibt es auch keine Erneuerung des Christentums" (S.158); "wenn einer allein ist, dann ist der Christus nicht da" (S.157). Wenn aber zwei oder drei in seinem Namen vereinigt sind, ist er mitten unter ihnen (Mt. 18, 20). "Diese Dinge können Sie ja anregen zu der Frage: Was soll aber dann der einzelne tun?" (GA 196/10/S.164)

Johannes Werner Klein hatte sich von der Theologie abgewandt, weil er sich auf seine Weise gesagt hatte, daß die modernen Menschen – Arbeiter, Naturwissenschaftler – nicht mehr in die Kirche gehen. Und wer noch in die Kirche geht, der will nicht das hören, was durch die Anthroposophie möglich ist. – Zwar waren Martin Borchart und Johannes Werner Klein nicht nach Dornach gefahren, um eine Frage zu stellen, aber Johannes Werner Klein fühlte spontan nach diesem Vortrag, Rudolf Steiner sprechen zu wollen. Dieser ging aus der Menge heraus einen Schritt auf ihn zu, das ermutigte Johannes Werner Klein, einige Worte an Rudolf Steiner zu richten. Rudolf Steiner bestellte ihn auf den übernächsten Tag: Sonntag, den 08.02.1920.

Wir erwähnten im vorigen Abschnitt Julian Apostata. Durch die Karmavorträge Rudolf Steiners erfahren wir etwas über dessen Verhältnis zu Schelling. Es ist bemerkenswert, daß Johannes Werner Klein – der allein zu dem Gespräch gegangen war – im Anschluß an die Gedanken Schellings in seiner "Philosophie der Offenbarung" die Frage nach einer dritten, der johanneischen Kirche stellte.

Rudolf Steiner antwortete, es liege nicht in seiner Mission, religionsgründend aufzutreten. Aber wenn Klein das durchführe, was er vorhabe und sich dafür die Formen finden ließen, so bedeute das etwas ganz Großes für die Menschheit. Und er gab gleich Ratschläge für eine einheitliche Aktion einer derartigen Bewegung und fragte Johannes Werner Klein, der damals 21 Jahre alt war, ob er denn etwa 30 bis 40 Gleichgesinnte begeistern könne. Dieser bejahte die Frage.

Wie eindeutig liegt die Sache heute vor uns: Ein kleiner Kreis mußte sich finden, um eine gemeinsame Aufgabe zu übernehmen, nämlich die Formen in der Welt zu verwirklichen, die Rudolf Steiner für die zeitgemäße Religionsübung und Gemeindebildung gefunden hatte.

Aber Johannes Werner Klein hatte Rudolf Steiner so nicht verstanden, weil er der Ansicht war, daß er diese Kultusformen selber finden müsse. Sein Plan sah folgendermaßen aus: Studium sämtlicher Kulte der Menschheit, promovieren,

Versuch, neuen Kultus zu schaffen und Mitarbeiter zu suchen. Fünfzehn Jahre veranschlagte er für diesen Plan. 1935 wäre das geworden.

Rudolf Steiner bemerkte dieses Mißverständnis im Keime und fragte Klein, er sei doch nicht allein gekommen. Er möge Herrn Borchart sagen, wenn dieser etwas fragen wolle, dann sei er bereit, ihm eine Zeit zur Verfügung zu stellen. Martin Borchart wußte nichts von dem Inhalt des eben zu Ende gegangenen Gespräches. Er sah Rudolf Steiner hinter Johannes Werner Klein in der Schreinereitür erscheinen; bekam das Gesprächsangebot mitgeteilt, hatte aber keine Frage.

Der zweite Akt des Geschehens liegt im April 1920, etwa acht Wochen später. Damals bat eine Schweizer Theologiestudentin aus Basel, Gertrud Spörri, die auch Mitglied der Anthroposophischen Gesellschaft war, Rudolf Steiner um ein Gespräch. Sie studiere Theologie, um später für die Anthroposophie innerhalb der Kirche zu wirken; falls dieses nicht möglich sei, außerhalb der Kirche. Rudolf Steiner sagte ihr, es wäre wohl möglich, innerhalb der Kirche etwas zu erreichen, wenn sich eine größere Anzahl junger Theologen der Kanzeln bemächtigen würde. Er könne in einer noch viel intimeren Art, als es mit den Ärzten jetzt gerade möglich sei, in einem Kurs mit den jungen Leuten sprechen. Es waren die Tage des sogenannten ersten Ärztekursus (GA 312/21.03.bis 09.04.1920). Rudolf Steiner wies Gertrud Spörri auf die zwei Marburger Studenten hin, die sie auch selbst bemerkt hatte. Sie erkundigte sich aber nicht nach deren Namen und Anschriften im Sekretariat.

Im Herbst 1920 wurde das Goetheanum eröffnet. Martin Borchart fuhr ohne Johannes Werner Klein, der dazu nicht zu überreden war, nach Dornach. Er traf Gertrud Spörri, konnte ihr aber nichts von dem Gespräch Johannes Werner Kleins im Februar berichten, da er nichts von dessen Inhalt wußte. Nun wollte Gertrud Spörri in Deutschland weiterstudieren. Martin Borchart legte ihr Marburg nahe, aber sie schrieb nach Berlin. Der Winter 1920/21 verging, es nahte der zweite anthroposophische Hochschulkurs ("Die befruchtende Wirkung der Anthroposophie auf die Fachwissenschaften", Dornach, 03. bis 10.04.1921; heute GA 76). Er sollte wieder in Dornach stattfinden. Wieder versuchte Martin Borchart, Johannes Werner Klein zu bewegen, dorthin zu fahren. Schließlich bequemte sich dieser zu schreiben, war aber befriedigt, als er erfuhr, daß alle Freikarten verteilt seien, und reiste in die Ferien.

Martin Borchart hatte in Stuttgart als Zweigleiter und Dreigliederungsvertreter zu tun. Währenddessen traf er den Leiter des "Bundes für anthroposophische Hochschularbeit", und es wurde ihm eine Karte für Dornach angeboten, die er schnellstens an Johannes Werner Klein nach Düsseldorf schicken ließ. So fuhr Klein doch nach Dornach, und nun begegneten sich Johannes Werner Klein und Gertrud Spörri und tauschten die Inhalte ihrer Gespräche mit Rudolf Steiner aus. Sie bemerkten dabei, daß Rudolf Steiner die religiöse Erneuerung für sinnvoll hielt und gewillt war, zu raten und zu helfen. Es mußten nur Menschen dafür gefunden werden.

Quälend bewegte es Johannes Werner Klein, als er seinen Irrtum bemerkte und ihm deutlich wurde, daß ein volles Jahr dadurch verloren war. Beide, Gertrud Spörri und Johannes Werner Klein, entwarfen am 07.04.1921 eine schriftliche Anfrage an Rudolf Steiner. Man fragte nicht nach Theologie, sondern nach religiöser Tatmöglichkeit. Aber diese Anfrage gelangte nicht an ihr Ziel.

Gertrud Spörri ging zum Sommersemester 1921 nach Berlin. Dort traf sie Emil Bock. Erst als sie ihm von alledem erzählte, impulsierte er sie, doch weitere Schritte zu unternehmen. – Emil Bock kannte bereits die Anthroposophie, Friedrich Rittelmeyer seit August 1916. Durch ihn war er mit Eberhard Kurras, Rudolf von Koschützki, später auch Richard Gitzke, Johannes Frank sowie Otto Franke, zu den Mitgliedervorträgen Rudolf Steiners geladen worden. Diese Menschen suchten. Aber auch sie hatten zu der entscheidenden Frage nach religiöser Tatmöglichkeit noch nicht gefunden.

Jetzt, im Mai 1921, reiste Gertrud Spörri nach Stuttgart. Sie traf Martin Borchart, Johannes Werner Klein und zwei Tübinger Studenten: Ludwig Köhler, danach Gottfried Husemann. Letzterer hat oft geschildert, wie er zu den vier anderen im Hause Leinhas/Unger in der Werastraße 13 stieß, als sie um die Formulierung einer gemeinsamen Anfrage rangen. Den oben erwähnten Text einer Anfrage hatte Emil Bock für ungeeignet gehalten.

Zu dieser Zeit erschienen gerade die Vorträge "Kosmische und menschliche Metamorphose" im Druck (heute in GA 175). Martin Borchart hatte sie sich kaufen können und gleich in der Nacht drei Vorträge gelesen. So stieß er auf die Stelle der "Einschaltung" (GA 175/20.02.1917/S.56 f.; vgl. Kap. IV, 2). Was über fünf Jahre vorher wie zu Friedrich Rittelmeyer persönlich gesprochen war, warf jetzt ein klärendes Licht auf die Fragen der jungen Studenten und befeuerte ihren Willen. – Gottfried Husemann verwendete diese Worte Rudolf Steiners für die neuformulierte schriftliche Eingabe an ihn:

"Eingabe an Herrn Dr. Steiner

Da nach unserer Überzeugung die Entfaltung des Geistbewußtseins dasjenige ist, was die gegenwärtige Menschheit zunächst erwerben will, und da außerdem Religion in ihrem lebendigen Leben, in ihrem lebendigen Geübtwerden innerhalb der menschlichen Gesellschaft das Geistbewußtsein entfacht, sehen die unterzeichneten Studenten aus diesen Tatsachen eine Richtung sich ergeben für die Tätigkeit, die sie aus der anthroposophischen Bewegung heraus vielleicht auszuüben haben.

Da wir heute an den mit der Ausübung der Religion verbundenen Begriff des Priestertums nur mit einer gewissen Scheu herangehen können, solange einerseits derselbe nur abgeleitet wird von dem, was bis heute als priesterliche oder kirchliche Institution dagewesen ist, und da wir andererseits nicht wissen, ob überhaupt etwas ähnliches oder wie etwas anderes an dessen Stelle treten muß; da wir schließlich glauben, daß alle weiteren Fragen nach dem, was mit religiöser Übung und religiöser Betätigung umschrieben wurde, und nach dem, was als religiöses Milieu das menschliche Leben von der Geburt bis zum Tode zu umgehen habe, erst richtig gestellt werden können, nachdem auf diese erste Frage eingegangen worden ist, bitten wir Herrn Dr. Steiner, uns über diese Frage Auskunft zu geben.

Aus einer Antwort kann sich für den einzelnen ergeben, ob er in diesem Zusammenhang Aufgaben zu erfüllen imstande ist.

Stuttgart, den 22. Mai 1921 (muß heißen: 21. Mai; R.G.).

(unterzeichnet von: Werner Klein, stud. philos.; Gertrud Spörri, stud. theol.; Ludwig Köhler, stud. theol.; Gottfried Husemann, stud. chem., früher theol. – Weitere ca. 18 Unterschriften sind angefügt)." (Aus: Die Christengemeinschaft, 1986, S.220)

Diese wurde Rudolf Steiner in der Pfingstzeit am 21.05.1921 überreicht, und er empfing daraufhin am 23. Mai in dem Zweighaus Landhausstraße 70 Johannes Werner Klein und Gertrud Spörri zum Gespräch.

Wie prüfend stellte Rudolf Steiner zuerst die Frage, die Johannes Werner Klein zutiefst traf: ob das, was man da wolle, nicht zu früh sei. Johannes Werner Klein erwiderte auffahrend: "Herr Doktor, wir können nicht anders!" Vehement machte er deutlich, daß in einem Jahr alle befähigten Theologiestudenten in andere Fakultäten gewechselt hätten. Rudolf Steiner erwiderte, daß man dann freie Gemeinden gründen müsse; ob innerhalb oder außerhalb der Kirche, das bliebe offen. Vom notwendigen Kultus war auch die Rede, aber Rudolf Steiner gab zu verstehen, daß man über alles sehr viel ausführlicher sprechen müsse, und fragte, ob die Unterzeichner sich mit ihren Freunden in drei Wochen (mitten im Semester!) in Stuttgart versammeln könnten. Als dies auf Zustimmung traf, erkundigte sich Rudolf Steiner noch, ob Gertrud Spörri die einzige Frau sei. Es müsse von Anfang an klar sein, daß kein Unterschied zwischen Mann und Frau bei dieser Arbeit bestehen könne, weil die Frau heutzutage in ihrer Seelenverfassung so weit sei, daß sie, auch in einer derartigen religiösen Tätigkeit, voll gleichberechtigt neben dem Manne stehen könne. – Gegen Ende des einstündigen Gesprächs wurden organisatorische Fragen für den Kursus besprochen.

Johannes Werner Klein hat berichtet, wie Rudolf Steiners Rat und Hilfe jetzt den Charakter eines Sturmschrittes annahmen, der auch dem jugendlich Feurigsten unter ihnen schon mehrfach den Atem genommen hätte. Tatsächlich hat sich Rudolf Steiner später ganz eindeutig darüber geäußert, daß er den Kreis schon ein Jahr früher erwartet habe und daß er den Verlust dieses Jahres für sehr schwerwiegend halte.

Drei Wochen später versammelten sich 18 junge Menschen vom 12. bis 16.06.1921 um Rudolf Steiner. Dieser "Junikurs" zeichnet den Grundriß der gemeinsamen Aufgabe. Gegen Ende des Kurses betonte Rudolf Steiner dreimal, daß es nötig sei, keine Zeit zu verlieren.

Zur Fortsetzung lud Rudolf Steiner den ganzen Kreis für den Herbst 1921 drei Wochen nach Dornach ein, mit der Auflage, daß jeder möglichst zehn weitere

Mitarbeiter mitbringen solle. Finanziert wurde dieser Kurs, wie auch die beiden weiteren Aufenthalte der Gründer (im Herbst 1922 und 1924), mit Hilfe von Dornacher Mitgliedern. Elisabeth Vreede hat zum Beispiel mit einer bedeutenden Summe geholfen. Rudolf Steiner sorgte dafür, daß vom "Kommenden Tag" eine erste finanzielle Hilfe geleistet wurde.

Schließlich riet er dem Kreis – und man nahm seinen Rat an –, Hermann Heisler aus Tübingen, ein evangelischer Pfarrer und anthroposophischer Redner, dafür zu gewinnen, überall in Deutschland Gelder als Grundlage für den Beginn der Arbeit im ersten halben Jahr zu sammeln. Hermann Heisler hat sich dieser undankbaren Aufgabe mit größter Hingabe unterzogen und sein Erfolg war ansehnlich: über 700.000 Mark; aber der Wert des Geldes schmolz später durch die Inflation bis zur Bedeutungslosigkeit dahin.

Im zweiten Theologenkurs im Herbst 1921 versammelten sich 120 verschiedenste Menschen. Während 29 Zusammenkünften wurde der Gesamtumfang der zukünftigen Arbeit dargelegt. Im Laufe dieses Kurses traten erhebliche Schwierigkeiten zwischen den endlos theologisch Diskutierenden und den zu gemeinsamer Tat Entschlossenen auf. Er solle Geduld haben, sagte Rudolf Steiner zu Emil Bock, der die Versammlungen zu leiten hatte. Am Schluß der Tage verbanden sich durch eine Unterschrift diejenigen miteinander, die zur Gründung von Gemeinden entschlossen waren. Berlin wurde als Zentrale des Austausches und der Organisation gewählt.

Wieder vergingen Monate. Die Berliner dachten, es geschehe in Marburg und Tübingen nichts, dort war man entsprechend der Meinung, daß von Berlin aus nichts geschehe. Am 18.01.1922 trifft Hermann Heisler Rudolf Steiner zufällig in Frankfurt. Sie verabreden ein Gespräch in Mannheim zwischen dem 19. und 22.01.1922. Johannes Werner Klein und Martin Borchart reisen ebenfalls dorthin, und Rudolf Steiner rät, es solle doch von jedem Unterzeichner der Dornacher Erklärung zum Gründungswillen ein Memorandum verfaßt werden, dann werde man weitersehen. Im März 1922 trafen sich die Verfasser dieser Memoranden im Konfirmandensaal Friedrich Rittelmeyers nahe der Neuen Kirche in Berlin zur Zeit des dortigen Hochschulkurses (06. bis 12.03.1922). Bei dieser Begegnung am 07.03.1923 bedauert Rudolf Steiner zutiefst: es sei das Schlimmste, daß man schon soviel Zeit verloren habe. 1919 sei es bereits mit der Dreigliederungsbewegung zu spät gewesen, und man habe damit ein Beispiel in die Welt gestellt für das, was zu dem Schlimmsten gehört: mit einer Bewegung zu spät zu kommen. Deshalb müsse man nun so schnell wie möglich Gemeindegründungen in vielen Orten in Aussicht nehmen.

Viele der jungen Gründer trafen bei dieser Gelegenheit zum ersten Mal Friedrich Rittelmeyer. Die Schicksalswege kreuzten sich. Friedrich Rittelmeyer, der die beiden Kurse in Stuttgart und Dornach nicht hatte mitmachen können, sich nur ausführlich von ihnen berichten ließ, kündigte seine Stellung und trat in die Leitung des Gründerkreises ein (Sommer 1922). Das Meditieren des Textes der Menschenweihehandlung hatte ihm das Erlebnis der Notwendigkeit der

Gründung vermittelt (vgl. Friedrich Rittelmeyer: Meine Lebensbegegnung mit Rudolf Steiner, S.145).

Die auslösende Frage aber hatten andere gestellt. Durch Hindernisse, die verzögernd wirkten, war der Impuls bei einem kleinen Kreis gereift. Mit aller Kraft begann man nun in vielen Städten Gemeinden zu bilden, in deren Mitte dann zumeist ab Dezember 1922 der neue Gottesdienst gefeiert wurde.

Das alles ist bekannt. Hier sollte hervorgehoben werden, wie die rechte Frage heranreifte, der erste Schicksalskreis sich fand und den gemeinsamen freien Entschluß errang, dem Christus durch die Pflege der Sakramente zu dienen.

Vielleicht verdeutlicht dieses Bild noch die Tatsache, daß der obengenannte Hermann Heisler von sich aus zu Pfingsten 1920 eine Versammlung evangelischer Pfarrer plante. Die Versammlungsordnung, die er entwarf, ist erhalten, und es geht aus ihr hervor, daß man die verschiedensten Gebiete der Theologie im Verhältnis zur Anthroposophie durchdiskutieren wollte. Rudolf Steiner wurde auch dazu eingeladen, aber er hat überhaupt nicht reagiert. Die Versammlung hat nicht stattgefunden, es kam in dieser Gründungsphase nicht auf Diskussionen an, sondern auf die Erneuerungstat.

Auch sei daran erinnert, daß es einige protestantische Pfarrer in der Anthroposophischen Gesellschaft gab, etwa Paul Klein in Mannheim oder die Pastoren Wilhelm Ruhtenberg und Johannes Geyer, die dann beide Waldorflehrer wurden. Wilhelm Ruhtenberg schloß sich zwar dem Gründerkreis an, blieb aber Lehrer. In der Schweiz gab es altkatholische Pfarrer als Mitglieder: Hugo Schuster und Herr Neuhaus. Es gab sogar einen "Bund anthroposophischer Pfarrer", kurz "BaPf" genannt. Von ihnen allen aber ging nicht die Frage nach der Religionserneuerung aus.

Den Gründern kann man Mut, Initiative und Opferwilligkeit wahrhaftig nicht absprechen, aber was Rudolf Steiner erhoffte, geht am deutlichsten aus einem persönlichen und deshalb drastischen Wort an eine der aktivsten und deswegen nicht nur beliebten Persönlichkeiten, Herrmann Heisler, hervor, dem er sagte: "Was fehlt, ist mehr Feuer unter dem Hintern." (Unveröffentlicht)

So haben wir versucht, uns ein Bild davon zu machen, wie es zur Frage der jungen Theologen kam – die zumeist Mitglieder der Anthroposophischen Gesellschaft waren – und wie Rudolf Steiner sie zur Eile ermahnte.

5. Rudolf Steiner als Rater und Helfer

Haben wir im vorigen Abschnitt verfolgt, wie Rudolf Steiner unerbittlich auf die Frage wartete – dann aber die religiöse Erneuerung um so intensiver impulsierte –, so soll nun der Blick darauf gerichtet sein, wie er selber zum "Rater und Helfer" wurde, im Sinne einer Aufforderung an alle Anthroposophen (vgl. GA 219/30.12.1922/S.170 und S.174).

Wollten wir verfolgen, was der Ratende den werdenden Priestern damals im Juni 1921 in Stuttgart, dann im Herbst 1921 in Dornach gesagt hat, müßten wir inhaltlich diese beiden "Theologenkurse" durchgehen. Wir können aber an dieser Stelle darauf verzichten, weil fast die Gesamtheit der Inhalte der Anthroposophie heute vorliegt, von der Rudolf Steiner schon damals sagte, sie sei wie eine "lehrende Seele" der Christengemeinschaft, und das ist sicher ein treffenderer Ausdruck als wollte man sagen: ihre Theologie. –

Einer der Kenner dieses Themas, Gottfried Husemann, schreibt darüber: "Anthroposophische Freunde haben oft den Wunsch gehabt, den Inhalt dieser Vorträge im einzelnen kennenzulernen. Nach langjährigem Studium derselben darf ich sagen, daß das in diesen Vorträgen von Rudolf Steiner Gegebene dem Inhalte nach fast ausnahmslos in seinen übrigen anthroposophischen Vorträgen behandelt ist; dort aber eigentlich jedesmal ausführlicher und als in größeren Zusammenhängen stehend dargestellt. Wenn man die Fülle der Evangelien-Vorträge Dr. Steiners überdenkt – es gibt allein sieben Zyklen über das Johannes-Evangelium –, so ist von vornherein klar, daß Dr. Steiner über diese Dinge damals nur Andeutungen machen konnte." (Erika Beltle/ Kurt Vierl, Hg.: Erinnerungen an Rudolf Steiner, S.305)

Es sind also "Andeutungen" der gesamten Anthroposophie in den Theologenzyklen. Sie deuten auf die Sprache des Christus im 20. Jahrhundert. Und aller Rat Rudolf Steiners geht dahin, diese für die religiöse Erneuerung aufzunehmen, individuell umzuschmelzen und zu verkünden. Die Umschmelzung der materialistischen Gesinnung und Denkweise – die Umschmelzung der davon durch und durch gekränkten heutigen Theologie –, das ist die Aufgabe auf der einen Seite.

Wer damit anfängliche Versuche macht, wird bemerken, wie ihn das zum Seelsorger befähigen kann. Darüber hat Rudolf Steiner damals auch gesprochen.

Verkündigung ("Lehre") und Seelsorge sind Aufgabe des Priesters. Aber sie sind nur auf dem Grunde des Kultusdienstes möglich und finden nur in ihm ihre Erfüllung. Dieses dem Gründerkreis einsichtig zu machen und den Willen dafür zu erwecken, war die Tat des Helfers Rudolf Steiner. Wir haben gesehen, wie er sogleich auf die ersten Fragen antwortete, indem er von der Notwendigkeit neuer Kultusformen sprach.

In diesem Zusammenhang ist eine Stelle aus den Konferenzen mit den Lehrern der Waldorfschule überaus wichtig. Am 16.11.1921 wird die Frage behandelt, ob es eine besondere "Sonntagshandlung nur für Lehrer" geben könne. Die ganze Besprechung zeigt, wie Rudolf Steiner die Angelegenheit von der Willensseite angeht: "Da muß ein tief einheitlicher Wille vorhanden sein." (GA 300b/16.11.1921/S.55)

Und dann kommt Rudolf Steiner – nachdem es hieß: "Es ist die Esoterik ein schmerzliches Kapitel der Anthroposophischen Bewegung" – plötzlich auf die Theologen zu sprechen:

"Sie sehen, jetzt ist diese wunderbare Bewegung, die zum Theologenkurs geführt hat. Sie war sehr esoterisch gehalten. Sie schloß die Begründung des

Kultusartigen, Kultushaften im höchsten Sinne des Wortes in sich. Daran können Sie sehen, daß man einig war." (GA 300b/16.11.1921/S.58)

Sechs Wochen vorher war der zweite Theologenkurs in Dornach gewesen (Herbstkurs). Man war sich zunächst keineswegs einig. Es gab endlose Diskussionen, und erst gegen Schluß der Zusammenkunft sammelte man Unterschriften derer, die zu einer Gründung willens waren. Gegründet wurde der Kultus vorerst nicht nach außen. Das geschah erst ein volles Jahr später, nach schmerzlichen Zwischenstationen. Was meint also Rudolf Steiner, wenn er am 16.11.1921 den Lehrern gegenüber diese Bewegung dennoch "sehr esoterisch", also willensgetragen und geschlossen charakterisiert? Was heißt hier "Gründung des Kultusartigen im höchsten Sinne des Wortes"?

Trotz aller Geburtswehen war eben doch in Dornach im Herbst 1921 schon ein gewisser Kreis seit dem Pfingsttreffen im Mai fest entschlossen. Weitere Persönlichkeiten schlossen sich an, auch wenn von den knapp 120 Teilnehmern nur 67 die Unterschrift leisteten, von denen ebenfalls noch viele im Laufe des nächsten Jahres zurücktraten; aber schließlich kamen noch einige neue Freunde hinzu, so daß es letztendlich im Herbst 1922 45 Personen waren. "Die Begründung des Kultusartigen im höchsten Sinne des Wortes" geschah dadurch, daß zunächst der Grund für das Kultuswirken gelegt wurde: Rudolf Steiner gab den Organismus jener Meditationen, die das Brevier genannt werden. Ein weiterer Schritt der Gründung war, daß Rudolf Steiner während des Herbstkurses den Grundtext der Menschenweihehandlung gab. Ein volles Jahr wurde dieser zum Beispiel von Friedrich Rittelmeyer meditiert, wie er in "Meine Lebensbegegnung mit Rudolf Steiner" berichtet (S.145), ehe er ihn zu zelebrieren begann; aber nicht nur von ihm! – Der Grund des esoterischen Übens und der Grundtext des zentralen Sakramentes waren dem Kreis derer, die guten Willens waren, anvertraut. "Daran können Sie sehen, daß man einig war."

Daß es außer und vor dieser "Begründung" bereits Kultusformen gab, zeigte Rudolf Steiner dem Kreis schon im Juni 1921 in Stuttgart, dann ausführlicher im Herbst in Dornach. Aber es ist im höchsten Grade bemerkens- und bedenkenswert, daß diese Kultusoffenbarung im wesentlichen erst im Frühjahr 1920 beginnt, exakt zu der Zeit, da endlich die entscheidende Frage, wie in Stellvertretung für Friedrich Rittelmeyer, gestellt wurde.

In die Reihe der entstehenden Kultusformen für die Schule gehörte – wie wir sahen – die erste Weihnachtshandlung am 25.12.1920 und die erste Jugendfeier am 20.03.1921.

An jenem "Herbstkurs" nahm aber auch eine Gruppe Schweizer altkatholischer Priester teil, die Anthroposophen waren, unter Leitung des Pfarrers Hugo Schuster. Durch ihre Gegenwart ragte in die Gemeinschaft der Teilnehmer die Tatsache herein, daß Rudolf Steiner diesen Freunden auch schon Kultustexte vermittelt hatte. Das teilte er nun im Herbstkurs mit. – Es lag noch nicht lange zurück: am 20.04.1919 gab Rudolf Steiner einen Teil einer deutschen Übertragung der lateinischen Messe – die altkatholische Kirche allein zelebrierte damals in der Landessprache –, vorher auch ein Bestattungsritual in deutscher Sprache, an Pfarrer Hugo Schuster. Letzteres geschah zwischen September 1918 und Januar 1919. Die Bestattung von Marie Hahn fand noch nach altkatholischem Ritus (siehe GA 261/S.220), die von Marie Leyh am 14.01.1919 schon mit dem neuen Ritual statt (siehe GA 261/S.225). – Den übertragenen Messetext gab Rudolf Steiner den Kursteilnehmern zur Kenntnis. Das Bestattungsritual ging in die Verantwortung der Christengemeinschaft über, denn es war schon "ausgebildet im Sinne unserer Christengemeinschaft" (vgl. GA 236/27.06.1924/S.361).

Der evangelische Pfarrer und Waldorflehrer Wilhelm Ruhtenberg nahm auch an dem Kursus teil. Da er einige Taufen in Anthroposophenkreisen zu halten hatte, bat er Rudolf Steiner um ein neues Taufritual. Er bekam es in der Zeit zwischen dem Junikurs 1921, den er teilweise miterlebte, und dem Herbstkurs, bei dem es Rudolf Steiner von ihm wieder erbat, um es dem Kreis zur Kenntnis zu bringen.

Nur der Vollständigkeit halber sei hier erwähnt, daß Rudolf Steiner zwei weiteren evangelischen Pfarrern für ihr kirchliches Handeln Hilfen gegeben hat: Der Mannheimer Pfarrer Paul Klein erhielt einen Spruch zur Vertiefung der Predigt; der evangelische Pfarrer und Freimaurer, Johannes Geyer, der zum Gründungskollegium der Waldorfschule gehörte, erhielt einen kurzen lateinischen Taufspruch aus der Rosenkreuzertradition und später eine erweiterte deutsche Fassung.

Wichtig ist, in allen Fällen zu bemerken, wie Rudolf Steiner streng darauf achtete, daß nur ordinierte oder geweihte Pfarrer, also "Fachleute", solche Hilfen erhielten, so daß sie in jedem Falle einer religiösen Gemeinde zufließen konnten.

Zur Zeit des Herbstkursus gab es somit für die werdende Christengemeinschaft schon die Sonntagshandlung und die Weihnachtshandlung für die Kinder, die zuerst in der Verantwortung Rudolf Steiners den Lehrern des freien christlichen Religionsunterrichtes an der Waldorfschule zur Pflege anvertraut wurden, dazu die Jugendfeier – die später noch zur Konfirmation umgebildet wurde –, dann das Bestattungsritual und das neue Taufritual. Der Grundtext der Menschenweihehandlung kam neu hinzu, bis zum Mai 1922 dann noch das neue Trauritual. Im September 1922 kamen dann die Rituale für die Priesterweihe, die Letzte Ölung und die Beichte hinzu.

Damit waren alle sieben Sakramente ihrem Text nach gegeben sowie weitere Rituale. Erst im Laufe der Zeit kamen noch jene Wortlaute hinzu, die Episteln genannt werden, die Einsetzungsfeier für den Erzoberlenker, das Begräbnisritual für die Kinder und die Raumweiheworte.

Die eigentliche Tat des Helfers Rudolf Steiner für die religiöse Erneuerung war also die Übermittlung der Kultusformen. An ihnen bildete er von 1919 bis kurz vor seinem Tode 1925. Er hat sie nicht *gemacht*.

"Ein Kultus entsteht nicht dadurch, daß man ihn ausdenkt, denn damit ist er kein Kultus. Ein Kultus entsteht dadurch, daß er das Abbild ist von demjenigen, was in der geistigen Welt vorgeht." (GA 236/19/S.361)

Rudolf Steiner war wie Moses in der Lage, "auf den Berg" zu steigen (2. Moses 19, 3 und 24 ff.), also jenes hohe Bewußtsein zu erreichen, in dem der von Gott verordnete neue Kultus aufgenommen und in Menschenwort und Menschenhandeln gefaßt werden konnte. Dieses priesterliche Wort und Handeln verrichten zu können, vermittelte er dem Kreis in Dornach 1922, damit im ersten Goetheanum am 16.09.1922 die erste Menschenweihehandlung von Friedrich Rittelmeyer zelebriert werden konnte.

Auch in der folgenden Zeit stand Rudolf Steiner in zahllosen Einzelgesprächen sowie 1923 mit vier Vorträgen und im September 1924 mit dem Apokalypsekursus und dem Kursus über Pastoral-Medizin als Rater und Helfer zur Verfügung.

Wir haben hier von alledem nur die zeitliche Linie etwas näher verfolgt, auf der die Ritualtexte entstehen. Wir versuchten dabei zu zeigen, warum Rudolf Steiner in jener Lehrerkonferenz am 16.11.1921 schon sagen konnte, die Bewegung, die sehr esoterisch gehalten sei, "schloß die Begründung des Kultusartigen, Kultushaften im höchsten Sinne des Wortes in sich" (GA 300b/S.58). Nehmen wir hinzu, daß das Bestattungsritual am frühesten auftrat und Rudolf Steiner am 27.06.1924 von ihm sagen konnte, daß es "im Sinne unserer Christengemeinschaft" (GA 236/ S.361) ausgebildet sei, dann überschauen wir den gesamten Geburtsvorgang der "religiösen Erneuerung".

Eine zunächst ganz andere Linie trifft hier mit der beschriebenen zusammen. Wir meinen das im Kapitel I, 7 Dargestellte.

Rudolf Steiner ist Helfer und Ratender bei der Gründung der Christengemeinschaft. Aus der Anthroposophie geht alles hervor, was an Rat aufzunehmen ist. Das ist für eine Erneuerung der Religionsübung vor allen Dingen für unsere Zeit ein Vielfältiges: In einer Religionsgemeinschaft muß es Gedanken- und Glaubensfreiheit (Konfessionsfreiheit) geben. Es muß eine Verbindung zwischen Erkenntnis und Glauben möglich sein, ferner ein individuelles Verhältnis zu Christus, welches durch das gemeinsame Erleben gefördert wird, und das ist nur durch den Kultus möglich. – Diese im Kapitel I, 7 ausführlicher geschilderten Bedingungen einer weiteren Entwicklung des Christentums als Religion sind mit der Gründung der Christengemeinschaft erfüllt, so daß wir das in jenem Abschnitt Zusammengefaßte jetzt ergänzen können:

1. Der einzelne darf nicht durch Dogmen von einer Institution zur Anerkennung bestimmter geistiger Tatsachen gezwungen werden, sondern muß sich in Erkenntnis- und Gedankenfreiheit selber die Wahrheiten des Christentums individuell aneignen. – Deshalb gibt es in der Christengemeinschaft Glaubensfreiheit für alle Mitglieder und Lehrfreiheit für die Pfarrer. Das dem traditionellen Credo der Messe in der Menschenweihehandlung Entsprechende formuliert die Grundwahrheiten des Christentums, ist aber nicht verbindlicher Text einer Glaubensgemeinschaft (Konfession).

2. Das religiöse Gefühl für die göttliche Welt, die Wirklichkeit des Geistes, muß durch Geisteswissenschaft geklärt, geleitet und gerechtfertigt werden,

damit die menschliche Seele nicht in eine glaubende und eine wissende zerteilt wird. Auf diese Weise kann sich der Mensch in Zukunft eine religiöse Beziehung zur geistigen Welt erhalten. – Deshalb baut die Christengemeinschaft in ihrer Theologie und Verkündigung auf die Geisterkenntnis der Anthroposophie auf und schließt so den Abgrund zwischen Wissenschaft und Religion.

3. Religion muß auch als religiöses Leben eine freie Tat des Individuums sein, das aus Freiheit, und nicht durch die Macht einer Kirche gedrängt, sich in Verehrung, Gebet und Kultus der göttlichen Welt zuwendet. Deshalb wird in der Christengemeinschaft das Verhältnis der Menschenseele zu Christus nicht institutionalisiert, sondern individuell gefördert.

4. Trotzdem ist für eine Fortentwicklung des Christentums ein der Gegenwart und der Zukunft der Menschheit gemäßer Kultus notwendig, weil das Wesen des Christentums Inkarnation, Versinnlichung des Geistigen ist und weil außer dem individuellen Verhältnis der Seele zu Christus auch die Gemeindebildung notwendig ist, die nur von einem Kultus bewirkt werden kann. – Deshalb ist das Zentrum des in der Christengemeinschaft erneuerten religiösen Lebens der Kultus.

Hier trifft sich der Rat, der aus der ganzen Anthroposophie hervorgeht, mit der Inauguration des Kultus, von der wir weiter oben sprachen.

Rudolf Steiner hat, seit sich ihm diese Bewegung offenbarte und seit die nötige Frage gestellt war, als der Rater und Helfer, als impulsierender Vermittler der Christengemeinschaft zu ihrer Berufung verholfen. Wie er dieses tat, davon soll im nächsten, dem letzten Abschnitt dieses Kapitels berichtet werden.

6. Die Anthroposophie und Rudolf Steiner bei der Gründung der Christengemeinschaft

Es sei nicht anthroposophische Aufgabe, in die Realität der Gemeinde- und Kirchenbildung einzugreifen, aber die Anthroposophie bereite alles vor und trete dann völlig zurück. Die Anthroposophie sei dann ausgeschaltet. Die neue Bewegung müsse autonom sein. Aber die "Triviallinge" würden das nicht verstehen. So hatte es Rudolf Steiner am 29.07.1922 gegenüber den künftigen Oberlenkern geäußert. –

Schon oft ist uns die Aussage entgegengetreten – und auch Rudolf Steiner hat dergleichen mehrfach geäußert –, daß die Anthroposophie nicht religionsbildend, kirchen- oder gemeindebildend sein will. Das dürfte jetzt deutlich geworden sein. Andererseits ist es aber keineswegs so selbstverständlich, wenn es dann am 06.09. 1922 in dem Vorbereitungsgespräch zur Gründung der Christengemeinschaft heißt, "daß die Anthroposophie alles vorbereitet" (siehe: Erinnerungen an Rudolf Steiner, S.308). Auf diese Formulierung kommen wir noch zurück. Es ist aber auch klar, daß die neue Bewegung autonom sein muß. Aber ist es deutlich, warum das eigentlich sein muß? – Obwohl diese Frage nicht leicht zu beantworten ist, kann es doch erstaunen, daß Rudolf Steiner den sehr scharfen Ausspruch benutzt, die Triviallinge würden das nicht verstehen. Wir werden aus der Fülle der Darstellungen sehen, wie schwer es ist, wirklich zu verstehen, wie die Rolle der Anthroposophie und Rudolf Steiners bei der Gründung der Christengemeinschaft ist.

Gehen wir zunächst chronologisch weiter, so heißt es auch am Beginn der Gründungstage in Dornach vor den Theologen (06.09.1922), es sei besser, nicht anders als ratend auf die Konstitution einzuwirken, da es so für die Sache selbst das Beste sei. – Das ist deutlich. Rater und Helfer will Rudolf Steiner sein, aber nichts entscheiden. Der Entschluß, die Tat, muß von den Gründern selber ausgehen, aus Freiheit – also ichhaft – geleistet werden. Später wird das noch einmal bekräftigt.

Die Christengemeinschaft ist durch die vollzogene erste Weihehandlung als eingesetzt zu betrachten. Sie ist aus sich selber entstanden, sie ist aus der Tatsache entstanden, daß einige Menschen den ratenden Helfer Rudolf Steiner gebeten hatten. Da sich aber die Bewegung Rudolf Steiner offenbart hatte, ist auch zu sagen, daß die irdische Gründung – durch Rudolf Steiners vermittelnde Hilfe – aus dem geistigen Wesen dieser Gemeinschaft, aus einer geistigen Wirklichkeit stammt. Sie geht als Bewegung neben der anthroposophischen Bewegung nicht nur im Irdischen, sondern bis in hohe geistige Bereiche selbständig einher (vgl.: Erinnerungen an Rudolf Steiner, S.312). Erst auf der Stufe des Zeitgeistes Michael sind sie eine Einheit, denn ihm dienen beide Bewegungen. Michael aber ist der unmittelbare Bote Christi. Und jeder Zweig der Anthroposophischen Gesellschaft sowie jede Gemeinde erarbeiten sich im Zusammenklang ihrer Empfindungen das eigene Gefäß einer freilassenden bewußten Gruppenseele (vgl. GA 102/01.06.1908/S.195 f.).

Wir ahnen einen Grund dafür, warum die beiden Menschengemeinschaften getrennt *verkörpert* sein müssen. Ihr geistiger Ursprung ist von anderer Art, aber vor allem ihr Ziel und ihre Aufgabe sind zunächst grundverschieden. Demgegenüber ist die äußerliche Tatsache, daß die anthroposophische Bewegung im Beginn der zwanziger Jahre von klerikaler Seite mächtig bekämpft wurde und deswegen ein Zusammenhang mit einer Religionsgemeinschaft ungut wirken mußte, zweitrangig. Andere äußere Gründe werden später noch erwähnt (siehe Kap. VI, 2).

Es soll hier darauf aufmerksam gemacht werden, daß Rudolf Steiner am 15.12.1911 statt des Begriffes *Begründung* den der *Stiftung* verwendet (vgl. GA 264/ S.421 ff.). Aber auch gestiftet ist die Christengemeinschaft nicht aus der Erkenntnisbewegung, sondern von Christus selber.

Der Gründerkreis der Christengemeinschaft war orientiert. Was Rudolf Steiner den zwei Gästen bei den Gründungstatsachen, Albert Steffen und Ernst Uehli, persönlich vielleicht zusätzlich gesagt hat, entzieht sich unserer Kenntnis. Sie haben jedenfalls die oben erwähnten Wortlaute mitgehört und waren beauftragt, diese Orientierung weiterzugeben (siehe Kap. V, 2).

Die erste Orientierung gegenüber anthroposophischen Freunden gab Rudolf Steiner selber am 09.12.1922 den Lehrern des freien christlichen Religionsunterrichtes der Stuttgarter Waldorfschule. Dort heißt es:
"Meine Tätigkeit schließt, mit Ausnahme einiger Nachträge; meine Tätigkeit war eine beratende, keine konstituierende, keine einsetzende. Meine Aufgabe ist dort erledigt gewesen am letzten Tage des Aufenthaltes der geweihten Priester in Dornach. Ich habe keinen Priester geweiht, ich habe gezeigt, wie ein Priester geweiht wird. Das war eine Selbstweihe. Die andern hat er (Friedrich Rittelmeyer; R.G.) geweiht. Ich stehe in gar keiner Beziehung zur Christengemeinde. Das ist das Prinzipielle. Die Christengemeinde sollte sich aus sich selbst konstituieren und hat mit der Anthroposophischen Gesellschaft gar nichts Reales zu tun. Also der Standpunkt, die Sache an sich, ist so klar wie nur irgend etwas klar sein kann." (Unveröffentlicht)

Da die Religionslehrer selber kultische Feiern, die die Anthroposophische Gesellschaft verantwortete, für ihre Kinder von Rudolf Steiner vermittelt bekommen hatten, war ihr Interesse und ihr Bedarf an klaren Vorstellungen besonders stark. Wie scharf die prinzipielle Unterscheidung von Rudolf Steiner gemeint war, geht aus den unmittelbar vorher gesprochenen Worten hervor: "Der Pastor Ruhtenberg muß, wenn er hier ist, vollständig vergessen, daß er Priester ist." (Unveröffentlicht)

Die allgemeine Mitgliedschaft der Anthroposophischen Gesellschaft wurde aber nicht orientiert. Der Auftrag dazu wurde nicht erfüllt (siehe Kap. V, 2). Der Vorstand schwieg. So kam es unter anderem deswegen zum Vortrag vom 30.12.1922. Aus ihm sollen hier nur kurze Stellen zitiert sein, die unmittelbar die Rolle Rudolf Steiners, der Anthroposophie bzw. der Anthroposophischen Gesellschaft bei der Gründung drei Monate vorher charakterisieren. In GA 219 heißt es am 30.12.1922 von der Christengemeinschaft, daß sie die "religiös-kultische Bewegung (ist) ..., die mit der anthroposophischen Bewegung allerdings viel zu tun hat, aber nicht mit ihr verwechselt werden sollte" (GA 219/11/S.163). Im gleichen Vortrag etwas später: Sie "hat nichts zu tun mit der anthroposophischen Bewegung" (S.168). Im Verständnis dieses Widerspruches wird es schwer, kein "Trivialling" zu bleiben. Es folgt der Ausdruck, Rudolf Steiner habe alles als "Privatmann" (S.168) gegeben. Äußerlich war er weder im Vorstand, noch war er Mitglied der Anthroposophischen Gesellschaft in Stuttgart. Er war "Privatmann"; aber dieser Privatmann war eben der Eingeweihte unseres Zeitalters. Als solcher übermittelte er – durch Michael inspiriert –, was von dem Christus selber im Religionswesen im Zeitalter der Bewußtseinsseele als Sakramente leben soll.

"Die Bewegung ist also begründet worden, unabhängig von mir, unabhängig von der Anthroposophischen Gesellschaft. Dr. Rittelmeyer hat sie begründet im Kreis seiner Mitarbeiter." (GA 219/11/S.169)

Die Christengemeinschaft "betrachtet dasjenige, was innerhalb der anthroposophischen Bewegung ist, als dasjenige, was ihr den sicheren Boden gibt" (GA 219/11/S.170). Ohne Geisterkenntnis ist noch keine Religion möglich gewesen (vgl. Einführung, 6 und 7). In diesem Sinne ist auch das Bild von Blut und Nerv zu verstehen (GA 219/11/S.171), denn es handelt sich um das selbständige religiöse *Leben*, das aber ohne Geist-*Bewußtsein* unmöglich ist. "Denn dasjenige, was Kultusmäßiges ist, muß zuletzt sich auflösen, wenn das Rückgrat der Erkenntnis aufgehoben wird." (GA 219/11/S.172) "Von Anthroposophen muß gewußt werden, daß sie sich selbst aus sich begründet hat, daß sie zwar nicht den Inhalt ihres Kultus, aber die Tatsache ihres Kultus aus eigener Kraft heraus formiert; daß das Wesen der anthroposophischen Bewegung nichts zu tun hat mit der Bewegung für religiöse Erneuerung" (GA 219/11/S.172; vgl. hierzu GA 257/02.03.1923/S.148).Begründet hat sie sich selbst, der Inhalt dieser Tat ist nicht von ihr, sondern Christi Gabe. Das hohe Geistwesen der Anthroposophie will den Menschen Geisterkenntnis bringen. Das hohe Geistwesen, das die religiöse Erneuerung führt, will religiöses Leben entfachen und tragen.

Am 08.01.1923 heißt es in der zweiten Siebener-Sitzung: "Eines Tages traten Rittelmeyer und Bock auf und setzten diese Sache in die Welt" (GA 256/S.12). Es ist die nüchterne Sprache einer harten Konferenz in kleinem Kreis. Der Gesichtspunkt der Gründung durch den Gründerkreis ist deutlich.

"Diese Bewegung für religiöse Erneuerung werde ich doch ganz gewiß nicht in irgendeiner Weise kritisieren wollen, denn sie ist vor dreieinhalb Monaten in die Wirklichkeit getreten aus meinen eigenen Ratschlägen heraus, und es ist ja das Natürlichste, daß ich selber diese Bewegung so ansehen muß, daß ich die tiefste Befriedigung habe, wenn sie gedeiht", heißt es am 23.01.1923 (GA 257/1/S.20). Hier ist wieder das Motiv des Rates, der helfenden Vermittlung hervortretend. Es ist das gleiche, was am 06.02.1923 lautet: "... der von mir ja inaugurierten Bewegung für religiöse Erneuerung" (GA 257/3/S.67). Sie ist von ihm nicht begründet, aber inauguriert, das heißt wörtlich "eingeweiht". Man muß nicht nur auf die Worte sehen, sondern auf das, was sie ausdrücken möchten, sonst ist auch hier leicht ein Mißverständnis möglich.

Da es sich um das interne Problem der richtigen Auffassung und Gesinnung unter den Zuhörern Rudolf Steiners handelte, die als Mitglieder die schwere Krise der Anthroposophischen Gesellschaft miterlebten, muß immer auf den Zusammenhang geachtet werden. Keine dieser Äußerungen wurde damals in der Öffentlichkeit ausgesprochen.

Am 13.02.1923 stellt Rudolf Steiner innerhalb des Dreißiger-Kreises folgendes klar:

"Warum sollte nicht die Hauptsache als solche geltend gemacht werden: Daß man, in voller Anerkennung des Inhaltes der religiösen Bewegung, in den Vordergrund stellt, daß die anthroposophische Bewegung die Schöpferin der religiösen Erneuerungsbewegung ist? Warum sollte man nicht diesen Punkt, der doch die Hauptsache ist, in den Vordergrund stellen?" (GA 256/S.132)

Diese Worte stehen als positive Ergänzung zu den Sorgen, die Marie Steiner in jener Sitzung über ihre Erfahrung mit der Aktivität der jungen Theologen vortrug (siehe Kap. V, 1). Es ist erstaunlich, wie hier plötzlich "die anthroposophische Bewegung die Schöpferin der religiösen Erneuerungsbewegung" genannt wird. "Warum sollte man nicht darauf hinweisen, daß innerhalb der anthroposophischen Gesellschaft das geschaffen werden konnte, was die religiöse Bewegung braucht? Man braucht nicht die kleinlichen gegenseitigen Ranküne in den Vordergrund zu stellen. Es handelt sich darum, dieses Moment hinzustellen, daß die anthroposophische Bewegung in der Lage war, diese religiöse Bewegung zu schaffen." (GA 256/S.133)

Die anthroposophische Bewegung ist also die Schöpferin der religiösen Bewegung. "Es stand in der 'Anthroposophie' kein Artikel über die religiöse Bewegung. Ich weiß, daß die Zeitschrift 'Anthroposophie' nicht sehr bekannt ist in diesem Kreise hier. Das wichtigste Ereignis der anthroposophischen Geschichte fehlt in dem, was die anthroposophische Gesellschaft tat" (GA 256/S.133). Die Zeitschrift "Anthroposophie" war eine öffentliche, und Rudolf Steiner rügte demzufolge, daß in der Öffentlichkeit nicht "das wichtigste Ereignis der anthroposophischen Geschichte" gewürdigt wurde.

Was intern mit Deutlichkeit unterscheidend begriffen werden muß, sollte durchaus öffentlich gesagt werden. Und so klärt sich auch die rätselhaft-widersprüchliche Frage, wenn es im unmittelbar vorausgehenden Satz heißt:

"Daß etwas anthroposophisch sein kann und daß es nicht anthroposophisch zu sein braucht, das sind Dinge, die bei dieser Gelegenheit herauskommen müssen an eklatanten Beispielen." (GA 256/S.133)

Am Beispiel der Waldorfschule erläutert Rudolf Steiner diese scheinbare Paradoxie. Die Waldorfschule ist eine "allgemeine Menschheitsschule", aber keine "anthroposophische Weltanschauungsschule" (GA 256/S.133). Analog dazu – ungeachtet der völlig anderen Gründungssituation und der unterschiedlichen Rechtsverhältnisse der Waldorfschule – könnte man formulieren: die Christengemeinschaft ist eine allgemeine Menschheitskirche, aber keine Anthroposophenkirche. "Daß etwas anthroposophisch sein kann, und daß es nicht anthroposophisch zu sein braucht, das sind Dinge, die bei dieser Gelegenheit herauskommen müssen an eklatanten Beispielen"; diese Zusammenhänge und scheinbaren Widersprüche hätten damals schon öffentlich von der Anthroposophischen Gesellschaft dargestellt und erklärt werden sollen.

Mit statischen oder gar dogmatisierten Begriffen kann man die Anthroposophie und Rudolf Steiner niemals verstehen. Am 03.03.1923 sagt er: Es ist im September 1922 "dasjenige entstanden, was – ich möchte sagen – eingetreten ist als die jüngste Begründung durch unsere Anthroposophische Gesellschaft, die 'Bewegung für religiöse Erneuerung'" (GA 257/9/S.166). Hier wird sogar die Anthroposophische Gesellschaft als Begründerin bezeichnet, während es am 30.12.1922 im Mitgliedervortrag hieß:

"Und ich muß schon sagen, daß eigentlich jeder, der es ehrlich meint mit der anthroposophischen Bewegung überall so etwas zurückweisen müßte, wenn etwa gesagt würde: In Dornach ist im Goetheanum und durch das Goetheanum die Bewegung für religiöse Erneuerung begründet worden, – wenn geradezu die anthroposophische Bewegung als die Begründerin hingestellt würde. Denn das ist nicht der Fall." (GA 219/11/S.170)

Die meisten Gründer allerdings waren ja seit Jahren Mitglieder der Anthroposophischen Gesellschaft. Insofern ist durch die Anthroposophische Gesellschaft – ähnlich wie bei der Waldorfschule – eine Gründung geschehen.

Am Tage vorher, am 02.03.1923, lautet die Formulierung: "Eine der letzten Begründungen, die aus der anthroposophischen Bewegung herausgewachsen sind, ist ja die Bewegung für religiöse Erneuerung" (GA 257/8/S.148). Die Gründung ist also aus der Bewegung herausgewachsen.

In dem für die Öffentlichkeit geschriebenen Aufsatz in der Wochenschrift "Das Goetheanum", unter dem Titel "Das Goetheanum in seinen zehn Jahren", steht am 18.03.1923 über die Gründung:

"Hier konnte mit einer Reihe edelbegeisterter Menschen der Weg gegangen werden, der Geist-Erkenntnis in das religiöse Erleben hineinführt" (GA 36/S.332)

Das ist ganz öffentlich in kürzester Form gesagt; gemeint ist der Weg, den die Menschenseele wandelt, wenn sie spirituelle Erkenntnis in das Erleben des ganzen Menschen hineinführt. Das ist zu jeder Zeit das Wesen der Religion (vgl. Einführung, 6). Und weil Rudolf Steiner seine Geisterkenntnis, die Anthroposophie, so wirkenskräftig weiß und wirkend sehen möchte, kann er im vorangehenden Satz schreiben:

"Ich selbst muß, was ich mit diesen Theologen in dem kleinen Saale des Südflügels, in dem später der Brand zuerst entdeckt worden ist, im September 1922 erlebt habe, zu den Festen meines Lebens rechnen." (GA 36/S.332)

Diese Aussage, die Rudolf Steiner öffentlich schreibt, zeigt deutlich den inneren Duktus sowie die äußeren Umstände. Es war ein Lebens-Höhepunkt, ein Fest, was im Goetheanum als Gründung der Christengemeinschaft von Rudolf Steiner und dem Gründerkreis erlebt worden ist. Mit dieser schlichten Formulierung – "ein Fest" – ist das Mysterienereignis angedeutet, zugleich ist es die letzte Äußerung zur Gründung der Christengemeinschaft vor dem nächsten Mysterienereignis, das wir die Weihnachtstagung nennen.

Volle zehn Monate vergehen, ehe sich Rudolf Steiner wieder zu unserem speziellen Thema äußert. Vier Wochen nach der Weihnachtstagung, nachdem Anthroposophische Gesellschaft und anthroposophische Bewegung zur Einheit werden und die Freie Hochschule durch Rudolf Steiner gegründet werden soll, sagt er: "Da hat die religiöse Gemeinschaft für christliche Erneuerung, von der Sie ja wissen, daß sie von der anthroposophischen Sache aus ihre Impulse bekommen hat – sie arbeitet als selbständige Gemeinschaft, hat aber von der anthroposophischen Sache ihre Impulse bekommen –, vor ganz kurzer Zeit eine Versammlung abgehalten in Kassel" (GA 260a/30.01.1924/S.120). Die Impulse stammen also aus der anthroposophischen Sache, trotzdem arbeitet die Christengemeinschaft selbständig.

Während der Weihnachtstagung hatte Rudolf Steiner darum gebeten, weltweit aus den Zweigen der Anthroposophischen Gesellschaft Berichte an das sogenannte Nachrichtenblatt zu senden, um sie allen Mitgliedern zu vermitteln. So erschienen im Jahre 1924 in diesem Blatt – "Was in der anthroposophischen Gesellschaft vorgeht – Nachrichten für deren Mitglieder" genannt – auch eine Reihe von Berichten aus dem Leben der Christengemeinschaft. Das heißt, daß das Leben der Christengemeinschaft jetzt nach der Weihnachtstagung *in* der Anthroposophischen Gesellschaft vor sich ging, weil diese die anthroposophische Bewegung selber in sich barg. Deswegen benutzt Rudolf Steiner das Beispiel der Kasseler Tagung der Christengemeinschaft (02. bis 08.01.1924), von der ein Bericht von Albert Steffen im Mitteilungsblatt Nr. 5, vom 10. Februar 1924, erschien, schon elf Tage vorher, um deutlich zu machen, wie auch durch das Wirken der Christengemeinschaft Menschen den Weg zur Anthroposophie finden. In diesem Zusammenhang findet sich obiges Zitat (siehe auch Kap. VII, 6).

In dem Vortrag vom 16.04.1924 in Bern wird ein ausführlicher Absatz unserem Thema gewidmet:

"Ich habe dazumal betont, daß ich nicht aus der Anthroposophischen Gesellschaft heraus irgendwie als Begründer der Christengemeinschaft aufgefaßt werden kann, sondern daß diese Christengemeinschaft neben der Anthroposophischen Gesellschaft durch mich – ich brauchte dazumal den Ausdruck 'als Privatmann' – gebildet worden ist. An diesen Ausdruck 'Privatmann' knüpft nun dieser Brief an, nachdem gesagt wird, daß eine religiöse Erneuerung nicht durch einen Menschen geschehen könne, sondern einzig und allein dadurch, daß ein geistiger Impuls aus den oberen Sphären in die Erdenimpulse wieder einfließt: Nur von göttlich-geistigen Mächten selber kann eine religiöse Erneuerung erhofft werden. Das ist ganz richtig. Aber eines wird dabei vielleicht vergessen, – und notwendig ist, daß dieses eine vollständig begriffen werde in der Anthroposophischen Gesellschaft. Was begriffen werden muß, ist dieses: daß die anthroposophische Bewegung als solche – und in ihr liegen auch die Quellen für die christliche Erneuerungsbewegung – ja nicht einem bloß menschlichen Impulse ihren Ursprung verdankt, sondern daß sie eben gerade dasjenige ist, was unter dem Einfluß und aus dem Impuls von geistig-göttlichen Mächten heraus in die Welt gesetzt ist. Wenn man in der Anthroposophie selber ein geistig Eingesetztes sieht, das esoterisch durch die Zivilisation fließt, dann nur wird man auch, wenn aus den Quellen der Anthroposophie etwas anderes entsteht, die richtige Ansicht haben können, und ein solcher Einwand wie der in dem Brief kann sich nicht ergeben. Das Bewußtsein muß dasein, daß fernerhin vom Goetheanum aus die Anthroposophische Gesellschaft esoterisch geleitet wird." (GA 236/4/S.71 f.)

Die Christengemeinschaft ist von Rudolf Steiner – als "Privatmann" – "gebildet" worden. Ihre Quellen liegen in der anthroposophischen Bewegung. Beide aber müssen als von geistig-göttlichen Wesen eingesetzt angesehen werden. Wer den nötigen Verständniswillen aufbringt, wird deshalb auch nicht sagen können, daß die jungen Theologen Rudolf Steiner gedrängt hätten, oder gar, daß Rudolf Steiner Hilfe zur Gründung eines Fehlers gegeben habe. Was für ein Bild vom Wesen Rudolf Steiners liegt hinter derartigen Unterstellungen?! – Auf jeden Fall wird der gesamte Zusammenhang in diesem Zitat aus dem Berner Vortrag wesentlich deutlicher!

In der Lehrerkonferenz vom 19.06.1924 in Stuttgart sagt Rudolf Steiner: "Wir haben die Christengemeinschaft herauswachsen sehen aus der anthroposophischen Bewegung. Eine Diskrepanz zwischen beiden (beiden Arten von Religionsunterricht, dem freien christlichen und dem Religionsunterricht der Christengemeinschaft; R.G.) in inhaltlicher Beziehung kann es eigentlich nicht geben" (GA 300c/S.176). Weiter unten heißt es im selben Text: "Die Schule ist innerlich eine anthroposophische Gründung" (S.176). Wieder taucht das Motiv auf, daß etwas anthroposophisch sein kann und doch nicht anthroposophisch zu sein braucht, wie wir es oben schon kennenlernten.

Am 05.10.1924 erscheint im Nachrichtenblatt für die Mitglieder ein Bericht, den Rudolf Steiner unmittelbar nach dem kulminierenden Abschluß seiner Vortragstätigkeit, am Beginn der Zeit seines Krankenlagers, geschrieben haben muß. Er berichtet von seinem Vortragszyklus über die Apokalypse des Johannes vor den Priestern:

"Was als geistige Substanz durch die Priesterschaft der Christengemeinschaft strömt, ist ihr vor zwei Jahren innerhalb des seither abgebrannten Goetheanum aus der geistigen Welt durch meine Vermittlung gereicht worden. Dieses Darreichen war ein solches, daß die Christengemeinschaft gegenüber der Anthroposophischen Gesellschaft völlig *selbständig* dasteht. Es konnte bei der Begründung gar nichts anderes als eine solche Selbständigkeit angestrebt werden. Denn diese Bewegung für christliche Erneuerung ist *nicht* aus der Anthroposophie herausgewachsen. Sie hat ihren Ursprung bei Persönlichkeiten genommen, die vom Erleben im Christentum heraus, nicht vom Erleben in der Anthroposophie heraus einen neuen religiösen Weg suchten. Sie empfanden den Drang, in einem lebendigen Ergreifen des übersinnlichen Gehaltes des Christentums die Verbindung der Menschenseele mit ihrer ewigen Wesenswelt zu finden. Sie glaubten fest daran, daß es ein solches lebendiges Ergreifen geben müsse. Aber sie empfanden, daß die Wege, die sich ihnen gegenwärtig für die Erlangung des Priesteramtes öffnen, sie zu diesem Ergreifen *nicht* führen können. So kamen denn diese Zöglinge eines ehrlich und geistgemäß gemeinten Priestertums vertrauensvoll zu mir. Sie hatten Anthroposophie kennengelernt. Sie waren überzeugt, daß ihnen Anthroposophie vermitteln könne, was sie suchten. Aber sie suchten nicht den anthroposophischen Weg, sie suchten einen spezifisch religiösen." (GA 260a/S.397)

Die Unterscheidung des spezifisch religiösen Weges gegenüber dem Erkenntnisweg ist in den vorangehenden Kapiteln mit Rudolf Steiners Worten deutlich gemacht worden. Was aber an den zuletzt zitierten Sätzen auffällt, ist die nochmals gemachte Aussage, die anderen Wortlauten widerspricht: die Christengemeinschaft sei "nicht aus der Anthroposophie herausgewachsen". Im Juni (siehe oben) hieß es, sie sei "herausgewachsen ... aus der anthroposophischen Bewegung" (GA 300c/19.06.1924/S.176). So sind es im Gesamtzusammenhang dieser Zitate einige genau gegensätzliche Formulierungen, die es gemeinsam zu überschauen gilt.

Die letzte schriftliche Äußerung steht im "Goetheanum" am 26.10.1924 innerhalb einer Buchbesprechung:
"Es liegt mir ganz fern, in irgendeiner Art religionsstiftend aufzutreten oder in irgendein religiöses Bekenntnis einzugreifen. Ich habe kein anderes Bestreben als dieses: Was mir möglich ist, in übersinnlichen Welten zu erforschen, in Erkenntnisform mit dem rechten Verantwortungs-Sinn vor der heutigen Wissenschaft der gegenwärtigen Menschheit mitzuteilen. Ich bringe vor, wovon ich mir sagen darf, daß es entweder überhaupt der gegenwärtigen Menschheit bei ihrem geistigen Reifezustand angemessen ist; oder einiges andere, wofür sich einzelne Menschengruppen in einer (esoterischen) Vorschulung die Reife erst erwerben.

Wenn die Bewegung für christliche Erneuerung entstanden ist, so ist das *nicht* auf *meine* Initiative hin geschehen, sondern auf diejenige hin einer Anzahl christlicher Theologen, die einen neuen geistigen Impuls gerade aus ihrem echt christlichen Empfinden heraus suchten. *Sie* glaubten, denselben in den geistigen Erkenntnissen, namentlich denen, die auch über einen Kultus möglich sind, der Anthroposophie zu finden; und ich war verpflichtet, *dieser* Gruppe von Menschen aus meiner Erkenntnis heraus alles zu geben, was ich geben konnte. Ich blieb der die Erkenntnisse aus der übersinnlichen Welt Mitteilende; und die Empfangenden und in die Erkenntnis Eindringenden taten das Notwendige zur Begründung der Gemeinschaft für christliche Erneuerung." (GA 36/S.241 f.)

War und blieb Rudolf Steiner wirklich nur der Mitteilende? Er hat als "Mittelender" den Gründerkreis an geistigem Geschehen teilnehmen und mitwirken lassen und vermittelte Inauguration, d.h. Einweihung.

Zwei mündliche Äußerungen liegen noch vor, die zu unserem Thema gehören: Als die innere Ordnung der Priesterschaft mit der Einsetzung eines Erzoberlenkers vervollständigt werden sollte, wollte Rudolf Steiner eine Ausnahme machen und bei der internen Weihehandlung selber mitwirken. Das hatte er im September 1924 versprochen. (Auch hat er bei internen Regelungen beraten und Emil Bock als Nachfolger Friedrich Rittelmeyers bestätigt.) Deswegen wartete die Priesterschaft auf seine Genesung, mußte diese Feier dann aber doch ohne ihn im Februar 1925 vollziehen (vgl. Emil Bock in: M.J. Krück von Poturzyn, Hg.: Wir erlebten Rudolf Steiner, S.51 f.; und Guenther Wachsmuth: Rudolf Steiners Erdenleben, S.623 f.).

Diese das Verständnis immer lebendig haltenden vielfältigen Äußerungen werden damit abgerundet, daß Rudolf Steiner zu Friedrich Rittelmeyer persönlich im Zusammenhang seiner Einsetzung zum Erzoberlenker und im Rückblick vom September 1924 auf das Mysterienereignis im September 1922 sagte, er habe ihm ein Übergewicht geben wollen durch die Art, wie er die Weihe vollzog. Das war in Wahrheit die Tat des Raters und Helfers, der vermittelte, was in der Geisteswelt sich ihm als Wesen offenbarte und unter Menschen einen Lebensleib zu bilden suchte. Ein so umfassendes Geschehen ist mit den Begriffen, die geistiges Leben und religiöses Geschehen aus der dritten und vierten nachatlantischen Epoche dogmatisieren wollen, nicht zu fassen. Aber Rudolf Steiner benutzte dasselbe Wort "weihen", das so leer und eng geworden ist. Er hat in alles, was er riet, tat ("demonstrierte") und inaugurierte ("einweihte"), die geistige Wirksamkeit, ja die Christusgegenwart selber, hineingeleitet. Er hat in diesem Sinne Friedrich Rittelmeyer und den ganzen Kreis der 45 Begründer "geweiht". Auf geistigem Boden ist die Christengemeinschaft von Geistwesen gestiftet worden, und sie verwaltet als Menschengemeinschaft auf Erden den für die heutige Zeit von Gott verordneten Kultus. "Die Triviallinge werden das alles nicht verstehen" (siehe: Erinnerungen an Rudolf Steiner, S.305 und S.308). Irgendwie betrifft das jeden von uns. Es vermag sich aber auch jeder, der guten Willens ist, diesem Mysterium verstehend zu nähern. Die so widersprüchlich auftretenden Äußerungen können dazu anregen.

V. Die Monate nach der Gründung der Christengemeinschaft

Bisher haben wir vorwiegend von Rudolf Steiner und der Anthroposophie gesprochen. Um die weiteren Vorgänge darstellen zu können, müssen wir kurz auf die Anthroposophische Gesellschaft eingehen.

Seit der Trennung von der Theosophischen Gesellschaft und der Bildung der davon unabhängigen Form der Anthroposophischen Gesellschaft, 1912/13, für das Wirken der Anthroposophie auf Erden, war Rudolf Steiner nicht mehr leitend in dieser Gesellschaft tätig, er war nicht einmal ihr Mitglied. Darauf hat er oft hingewiesen und diese Tatsache auch begründet, besonders im Zusammenhang mit der Veränderung dieses Verhältnisses durch die Weihnachtstagung (vgl. u.a. GA 236/12.04.1924/S.51).

Die Anthroposophische Gesellschaft hatte sich nach dem Ersten Weltkrieg zunehmend als unfähig erwiesen, die neuen Aktivitäten Rudolf Steiners, seinen geänderten Arbeitsstil, die neuen Aufgaben in der Welt und eine neue Generation von Mitgliedern mit anderen Bedürfnissen und aus der Anthroposophie befruchteten Berufen zu tragen, zu fördern, zu gemeinsamem Bewußtsein und gemeinsamer Tätigkeit zu führen und der aufkommenden Gegnerschaft gegen Rudolf Steiner und die Anthroposophie wirksam zu begegnen. Menschliche Schwächen nahmen zuviel Kraft und Substanz. Die Unfähigkeit zur Zusammenarbeit nahm zu. Aber am schwersten wog die Unmöglichkeit, ein erneuertes esoterisches Leben in der Gesellschaft wieder aufzubauen. Der ureigene Impuls Rudolf Steiners, die Mitglieder durch intensive Schulung besonders zum Erkennen und Ordnen des Karmas zu führen, konnte nicht aufgegriffen werden. Der Goetheanumbau stand leer (vgl. Gerhard Wehr: Rudolf Steiner. Wirklichkeit, Erkenntnis und Kulturimpuls, S.336 ff.).

Die Gründung der Christengemeinschaft fiel nun in die Zeit, als diese Krise in der Anthroposophischen Gesellschaft ihrem Höhepunkt entgegenging. Und man muß wohl sagen, daß sie diesen Höhepunkt selber mit herbeigeführt hat: "... die Bewegung für religiöse Erneuerung, die insbesondere viel zu der Krisis der Anthroposophischen Gesellschaft in der letzten Zeit beigetragen hat" (GA 257/02.03.1923/S.148). Dies lag nicht in der Absicht der Träger dieser Bewegung, sondern geschah, weil in ihr die geistige Macht eines Kultus wirksam wurde und weil Fehler gemacht wurden, von denen nun gesprochen werden soll.

1. Der "Urfehler" bei der beginnenden Gemeindegründung

Rudolf Steiner hatte gleich im Juni 1921 den Theologen gesagt, sie sollten nicht aus den Zweigen heraus arbeiten. Es sei vielmehr richtig, sich zu einem späteren Zeitpunkt mit den Anthroposophen zusammenzuschließen. –

Er hat aber andererseits den Unternehmensverband "Der Kommende Tag" für eine Überbrückung in der schwierigen Frage der Finanzierung der Mitarbeiter und ihrer Aktivitäten gewonnen. Als sich deutlich abzeichnete, daß sich die Finanzierungspläne der für diesen Teil der Arbeit Verantwortlichen doch weitgehend auf die Zweige und die Mitglieder der Anthroposophischen Gesellschaft stützten ("die sind uns sicher" – so ein Theologe bei einer Besprechung am 15.06.1921), warnte er erneut: man solle sich nicht an die Zweige wenden, um Geld zu bekommen, sondern an Menschen, die keine Mitglieder der Anthroposophischen Gesellschaft seien. –

Auf der anderen Seite mußten die künftigen Priester die Worte, die Rudolf Steiner während des zweiten Theologenkurses am 28.09.1921 sprach, so auffassen, als wären sie doch zu einer großen Anzahl von Anthroposophen entsandt:
Bei vielen, ja den meisten Menschen, die sich heute für die Geisteswissenschaft intensiv interessieren, ist noch nicht ein solches wissendes Verständnis der Anthroposophie vorhanden, wie es für eine Wissenschaft notwendig ist. Viele Anthroposophen durchschauen die Anthroposophie noch nicht so, wie der Biologe die Biologie versteht und durchschaut. Ein solches Verständnis aber wird von der Anthroposophie eigentlich gefordert. Zu dieser Art des wissenschaftlichen Durchschauens und Verstehens sind aber viele Anthroposophen noch nicht in der Lage. Sie nehmen deshalb das, was sie von der Anthroposophie gelesen und gehört haben auf Treu und Glauben an. Solche gibt es unter den Anthroposophen in einer großen Anzahl, weil sie sich als religiöse Naturen angezogen fühlen von dem, was Anthroposophie gibt. Das ist zwar keine Religion, aber es ist so, daß das religiöse Gefühl mitgehen kann. –

Wenn man dies bedenkt und hinzunimmt, was Rudolf Steiner im ersten Theologenkurs über die Schwierigkeiten der anthroposophischen Zweigbildung gesagt hatte (siehe Kap. VI, 1), so kann man verstehen, warum sich die künftigen Priester nicht von den Anthroposophen fernhielten.

Als die Vorbereitungen der Gemeindegründung schon liefen, warnte Rudolf Steiner am 07.03.1922 in einem Gespräch mit Begründern der künftigen Bewegung erneut:
Es ist sehr bedenklich, wenn Sie in dem Plan für die Finanzierung der künftigen Bewegung in der Hauptsache nur mit den Anthroposophen rechnen. Es muß der Impuls für diese neue Kirche über die anthroposophischen Kreise hinausgehen, sonst lähmen wir den eigentlichen Impuls der religiösen Bewegung. Die finanziellen Mittel, die man für die neuen Gemeinden von Anthroposophen bekommen kann, sind nur gerechtfertigt, wenn zugleich weitere Menschenkreise gewonnen werden. Es hat etwas Bestürzendes zu denken, die neue Bewegung würde sich auf Anthroposophen beschränken. Denn es ist nicht gut, wenn Gemeinden gegründet werden, die nur aus Anthroposophen bestehen. –

Daran wird deutlich, was Rudolf Steiner erhoffte und den Priestern anzustreben nahelegen wollte: Es sollten außer den Anthroposophen, die ein religiöses

Bedürfnis hatten und von denen es in der Anthroposophischen Gesellschaft viele gab (vgl. GA 81/10.03.1922, in: Blätter für Anthroposophie, 1962, Nr. 7/8, S.245), möglichst zahlreiche neue Menschen für die Christengemeinschaft gewonnen werden, die zur Anthroposophie kein oder noch kein Verhältnis finden konnten. Diese Menschen zu finden, sollten die Priester als ihre Hauptaufgabe betrachten. Das von Rudolf Steiner Gesagte zeigt zugleich, daß er nicht meinte, es dürfe keine Anthroposophen in der Christengemeinschaft geben.

In bezug auf die Finanzierung sagte er in den gleichen Gesprächen am 11.03. 1922: Es ist eine Schwierigkeit, wenn Sie versuchen, die Gemeinden allein aus dem Kreis der Anthroposophen zu begründen. – Das zeigt die gleiche Tendenz.

Ein ausdrückliches Versprechen der Priester, keine Anthroposophen als Mitglieder der Gemeinden der Christengemeinschaft aufzunehmen, wie es Rudolf Steiner im Vortrag vom 30.12.1922 erwähnt, "daß sie versprochen hat, ihre Anhängerschaft außerhalb der Kreise der anthroposophischen Bewegung zu suchen ..." (GA 219/11/S.173), hat es so nicht gegeben und konnte in dieser einseitigen Weise auch nicht gemeint sein. Rudolf Steiner konnte aber von einem "implizite" gegebenen Versprechen der Priester ausgehen, die ja alle seine Hinweise und Ratschläge aufzunehmen und anzuwenden bestrebt waren.

Aus seinen Äußerungen an die Priester ging aber nicht hervor, daß Anthroposophen überhaupt nicht Mitglieder der Christengemeinschaft werden sollen (wie es die Äußerungen am 30.12.1922 nahezulegen scheinen; 219/11/S.171 f.). Hätte Rudolf Steiner das gemeint, so hätte er es auch gesagt.

Von Ende September bis Ende November 1922 arbeiteten die Priester an ihren Orten an der Vorbereitung der Gemeindegründung. Auf eindrucksvollen Schicksalswegen fanden sie Menschen, die eine neue christliche Kirche suchten. Aber es kamen auch Anthroposophen und mancherorts fast nur Anthroposophen. Viele Priester erkannten die sich dadurch bildenden Schwierigkeiten nicht, vielleicht sogar in der irrigen Annahme, Rudolf Steiner habe ja selber für diese Entwicklung die Richtung gewiesen, als er öffentlich am 10.03.1922 von Menschen sprach, "die mit ihren religiösen Bedürfnissen an die Anthroposophie herankommen" (GA 81, in: Blätter für Anthroposophie, 1962, Nr. 7/8, S.245). Und doch hatte es Rudolf Steiner in allen Zusammenkünften mit den Begründern niemals an Klarheit fehlen lassen, daß in keinem Augenblick die Existenz der Christengemeinschaft auf Kosten der anthroposophischen Bewegung gehen dürfe. Es kam da in Einzelfällen zu ausgesprochenen Mißständen: Es gab eine Gemeinde "nur von Anthroposophen" (GA 300b/S.199). In Leipzig waren Weihnachten 1922 etwa 100 Menschen in der Menschenweihehandlung, Weihnachten 1923 nur noch zwei oder drei (Bericht von Rudolf Frieling).

Die Tätigkeit der Priester war wohl manchmal wenig freilassend in ihrer ersten Begeisterung. Rudolf Steiner hat das intern ganz scharf charakterisiert: "Die wollen jeden haben" (09.12.1922; unveröffentlicht), "die grasen ab, ihrerseits" (GA 300b/S.227). Marie Steiner sagte sogar (auf der Sitzung des Dreißiger-Kreises am 13.02.1923): "Es ist ein furchtbar starkes Werben da, das autoritativ wirkt"

(GA 256/S.137); gemeint ist damit das Werben von Priestern der Christengemeinschaft bei den Mitgliedern der Anthroposophischen Gesellschaft. Es fiel sogar das Wort "Erpressung" (GA 300b/S.199), wenn auch nicht aus dem Munde Rudolf Steiners, sondern als Referat eines Berichtes an ihn.

Andererseits gab es auch Orte, in denen es umgekehrt war: In Frankfurt bat Alfred Heidenreich die Mitglieder des Zweiges darum, für zwei Jahre auf die Teilnahme am Wirken der Christengemeinschaft zu verzichten (siehe Alfred Heidenreich: Growing point, S.86 f.), und es entwickelten sich beide Bewegungen in erfreulicher Weise.

An den meisten Orten waren die Vorgänge wohl nicht so extrem, sondern es gab eben in den werdenden Gemeinden sowohl Mitglieder der Anthroposophischen Gesellschaft als auch ganz neu gefundene Menschen.

In Stuttgart trat das Problem am deutlichsten zutage. Rudolf Steiner selber sagte (Dreißiger-Kreis, 22.01.1923):

"... denn ich hatte ausdrücklich Stuttgart als den Ort bezeichnet, wo sich diese Dinge zugespitzt hatten." (GA 256/S.16)

Das lag nicht nur daran, daß dort Zweig und Gemeinde schon verhältnismäßig groß waren, sondern weil dort die Leiter der Christengemeinschaft und der Vorstand der deutschen Anthroposophischen Gesellschaft wirkten. Dadurch bekamen die Verhältnisse in Stuttgart exemplarische Bedeutung.

2. Die unterlassene Information der Anthroposophischen Gesellschaft

Rudolf Steiner hatte zu den Ereignissen, die bei der Gründung der Christengemeinschaft in Dornach im September 1922 stattfanden, zwei führende Anthroposophen – Albert Steffen aus der Schweizer Gesellschaft, Ernst Uehli aus dem Zentralvorstand der Gesellschaft in Deutschland aus Stuttgart – eingeladen. Sie nahmen an fast allen Geschehnissen teil, auch an der ersten begründenden Menschenweihehandlung am 16.09.1922. Rudolf Steiner tat dies, weil er erwartete, daß diese Persönlichkeiten die Mitgliedschaft der Anthroposophischen Gesellschaft in geeigneter Weise über die Tatsache der Gründung der Christengemeinschaft informieren würden:

"Selbstverständlich konnte ich verlangen, daß von maßgeblicher Seite, die dazu in der Lage war, gleich nach der Begründung der Bewegung für religiöse Erneuerung innerhalb der Anthroposophischen Gesellschaft die nötigen Aufschlüsse gegeben würden. Mir selbst fiel das nicht zu." (GA 257/30.01.1923/ S.35)

Dies ist nicht geschehen. Das, was Rudolf Steiner in den folgenden Monaten immer wieder ankündigte, daß er sich über die Köpfe des Zentralvorstandes hinweg an die Mitgliedschaft der Anthroposophischen Gesellschaft wenden müsse, wenn der Vorstand selbst nicht hinreichend aktiv werde, geschah bereits mit dem Vortrag vom 30.12.1922 (siehe unten). Dieses Versagen hat Rudolf Steiner in den internen Sitzungen des Siebener- und des Dreißiger-Kreises immer wieder besprochen:

08.01.1923: "... er kennt ganz genau alles, um was es sich handelt. Die anderen Kursteilnehmer (die Priester; W.G.) haben ihre Aktion begonnen, das Mitglied des Zentralvorstandes aber hat sich auf den kurulischen Stuhl gesetzt! ... Daraus entstand der Brei, den Sie jetzt auskochen müssen." (GA 256/S.12)

22.01.1923: "... geht er nicht nach Stuttgart, um die richtigen Maßnahmen zu treffen unter der Voraussetzung, daß etwas Wichtiges dadurch geschaffen worden ist, sondern er setzt sich auf seinen kurulischen Stuhl und tut nichts!" (GA 256/S.24)

06.02.1923: Die Anthroposophische Gesellschaft hätte durch ihre Organe klarmachen sollen, "daß außer allen übrigen Dingen auch noch eine religiöse Erneuerungsbewegung aus der Anthroposophischen Gesellschaft hervorgegangen ist" (GA 256/S.77). Damit wäre der richtige Standpunkt gewahrt worden.

13.02.1923: Es hätte in der Anthroposophischen Gesellschaft als die Hauptsache dargestellt werden müssen, "daß die anthroposophische Bewegung die Schöpferin der religiösen Erneuerungsbewegung ist, ... daß die anthroposophische Bewegung in der Lage war, diese religiöse Bewegung zu schaffen. ... Die Anthroposophische Gesellschaft hat aber alle Tatsachen verschlafen." ... "Es stand in der (Zeitschrift; W.G.) 'Anthroposophie' kein Artikel über die religiöse Bewegung. ... Das wichtigste Ereignis der anthroposophischen Geschichte fehlt in dem, was die Anthroposophische Gesellschaft tat." (GA 256/S.132 f.) "Die anthroposophische Bewegung ... hat es unterlassen, sich über die Sache zu informieren. Ich bin überzeugt, diese Information wird fehlen, wenn nicht ein eifriges Studium eintritt." (GA 256/S.137)

Einen Tag später, in der Jugendansprache vom 14.02.1923, sagte Rudolf Steiner:

"Das Interesse und die Aufmerksamkeit hat gefehlt (in der Anthroposophischen Gesellschaft; W.G.). Es zeigt dies die Tatsache, daß das Entstehen der religiösen Bewegung bis zum Momente ihres Auftretens nicht bemerkt worden ist." (GA 217a/S.114)

Aus all dem wird deutlich, welches Gewicht Rudolf Steiner in der Beurteilung der Lage der Anthroposophischen Gesellschaft nach dem Vortrag vom 30.12.1922 der Tatsache beimaß, daß die Mitglieder dieser Gesellschaft von ihrem Vorstand nicht rechtzeitig und sachgemäß über die Bewegung für religiöse Erneuerung unterrichtet worden waren. – Als dann der Zentralvorstand in seinen Mitteilungen an die Mitglieder Anfang Januar 1923 den Vortrag vom 30.12.1922 gekürzt und unter Auslassung wesentlicher Passagen abdruckte, war es bereits zu spät.

Zu den Lehrern der Waldorfschule sagte Rudolf Steiner, daß eben nicht die Anthroposophen geredet und den anthroposophischen Standpunkt gewahrt haben (GA 300b/S.227).

Ein Beispiel, wie in der Öffentlichkeit von der Gründung der Christengemeinschaft gesprochen werden konnte, gab Rudolf Steiner dann selber am 18.03.1923 in seinem Aufsatz "Das Goetheanum in seinen 10 Jahren". Er rechnete diese Gründungserlebnisse "zu den Festen seines Lebens". Wie weggeblasen erscheinen alle Disharmonien, wenn er schließt: "Hier konnte mit einer Reihe edel-begeisterter Menschen der Weg gegangen werden, der Geist-Erkenntnis in das religiöse Erleben hineinführt." (GA 36/ S.332)

3. Mißverständnisse in der anthroposophischen Mitgliedschaft

Das Zelebrieren der Menschenweihehandlung begann in vielen Städten am 1. Advent 1922. Das war der 3. Dezember. Vorher waren die inzwischen gefundenen Menschen durch Vorträge, Kurse und Gesprächsabende darauf vorbereitet worden. In Scharen strömten Anthroposophen, die von dem Vorstand ihrer Gesellschaft nicht informiert worden waren, sondern nur von den Priestern, in die Christengemeinschaft.

Johannes Hemleben, ab 1929 Pfarrer der Christengemeinschaft in Hamburg, hat übermittelt, daß von 100 Teilnehmern am Kultus nur drei keine Anthroposophen waren. Der Zweigleiter von Heidenheim berichtete nach Dornach, daß die Mitglieder geschlossen in die Christengemeinschaft eingetreten seien. In Bielefeld wurde am Haus der Anthroposophischen Gesellschaft das Namensschild von dieser abmontiert und durch "Die Christengemeinschaft" ersetzt (vgl. Alfred Heidenreich: Growing point, S.83). In Konstanz wurde die ehemalige Gruppe der Jugendbewegung, die inzwischen eine anthroposophische Arbeitsgruppe geworden war, zur Gemeinde der Christengemeinschaft (mitgeteilt von Karl Hublow, langjähriger Pfarrer in Konstanz, der selbst zu dieser Gruppe gehörte). In München war durch ein Mißverständnis die Parole in der Anthroposophischen Gesellschaft entstanden, "daß die Führung in Stuttgart die Münchener Arbeit schlafen schicken will und die religiöse Erneuerung an die Stelle der anthroposophischen Bewegung setzen will." (GA 256/08.02.1923/S.106)

Bereits vor dem 05.12.1922 erhielt Rudolf Steiner einen Bericht aus einer Stadt, daß die Gemeinde nur aus Anthroposophen bestehe, "von denen sektiererische Tendenzen vertreten werden" (GA 300b/S.199). Worin diese Tendenzen bestanden, wird nicht gesagt. Rudolf Steiner ging aber später darauf ein. Wovor er gewarnt hatte, daß eine Gemeinde *nur* aus Anthroposophen bestehen könnte, genau das war mancherorts eingetreten.

Am 21.01.1923 deckte Rudolf Steiner die Hintergründe auf. Er sprach von der wüsten Sektiererei, die von Anthroposophen in der Christengemeinschaft getrieben werde, weil sie es in der Anthroposophischen Gesellschaft nicht mehr könnten. Diese Sektiererei habe letztlich ihren Ursprung in der Angst, "in die Realität des Geistes hineinzudringen". Daraus entspringe der Hang zum mystischen Schwelgen, nebulöser Unbestimmtheit und der Abwehr des "Abstrakten" und "Intellektuellen" in der Anthroposophie. "Das konsequente Erleben eines geistigen Inhaltes" wolle der Sektierer vermeiden. Und da er damit in der Anthroposophischen Gesellschaft nicht mehr durchkäme, ginge er in die Christengemeinschaft, "weil man es leichter im sektiererischen Sinne gestalten kann". (GA 220/9/S.143 ff.)

Am 23.01.1923 wird noch eine andere Haltung von Mitgliedern der Anthroposophischen Gesellschaft gegenüber der Christengemeinschaft von Rudolf Steiner dargestellt, die zu den Verhältnissen geführt hatte, in die er dann mit dem Vortrag vom 30.12.1922 eingriff. Es handelte sich um die Auswirkung einer ganz bestimmten Gesinnung: Anthroposophen hatten sich von der anthroposophischen Bewegung ab- und der Christengemeinschaft zugewendet und sich gesagt: "Jetzt haben wir das Wahre, was wir innerhalb der Anthroposophie niemals haben finden können!" (GA 257/1/S.21)

Eine andere Charakterisierung dieser Gesinnung lautet, es haben Anthroposophen die Christengemeinschaft "als die Krone der Anthroposophie selber" angesehen (Erinnerungen an Rudolf Steiner, S.309). Diese Verkennung des Verhältnisses der Christengemeinschaft zur Anthroposophie mußte für Rudolf Steiner um so schmerzhafter und ein um so deutlicheres Warnzeichen für den Bewußtseinsstand über dieses Verhältnis in der Anthroposophischen Gesellschaft sein, als derjenige, der die genannte Äußerung getan hatte, einer seiner ersten und fortgeschrittensten esoterischen Schüler war und in früherer Zeit zum Vorstand der Gesellschaft gehört hatte: Michael Bauer. Durch derartige Mißverständnisse konnte es geschehen, "daß diejenigen, welche innerhalb der Bewegung für religiöse Erneuerung als Anthroposophen stehen, unzulängliche Mitglieder der Anthroposophischen Gesellschaft" wurden (GA 257/1/S.21). Das aber durfte nicht geschehen, wenn nicht die anthroposophische Sache selber Schaden leiden sollte. An anderer Stelle deutet Rudolf Steiner dasselbe in einem Nebensatz an, wenn er sagt, es müsse die Beziehung zwischen Anthroposophischer Gesellschaft und Christengemeinschaft "empfindungsmäßig richtig verstanden" werden (GA 257/27.02.1923/S.114).

Im Vortrag vom 30.12.1922 finden sich noch weitere Charakterisierungen der Mißverständnisse von Anthroposophen der Christengemeinschaft gegenüber: Der Anthroposoph solle sich so auffassen, "daß er ein Rater und Helfer sein kann dieser religiösen Bewegung, daß er aber nicht unmittelbar in ihr untertauchen kann" (GA 219/11/S.171). Mit diesem Wort "untertauchen" ist aber das bezeichnet, was in den Wochen vor dem 30.12.1922 tatsächlich vielerorts geschehen ist. Es war auch wohl gesagt worden: "Nun ging es mit der anthroposophischen Bewegung nicht; jetzt wurde die Bewegung für religiöse Erneuerung als das Richtige begründet." (GA 219/11/S.174)

"Es dürfen nicht etwa die anthroposophischen Zweige in Gemeinden für religiöse Erneuerung umgestaltet werden, weder in materieller noch in geistiger Beziehung." (GA 219/11/S.175)

Genau das aber war geschehen. Anthroposophen waren in der Christengemeinschaft untergetaucht, nur ihren religiösen Bedürfnissen folgend, und hatten sich nicht mit dem Bewußtsein, Helfer und Rater sein zu können, an den Kultushandlungen beteiligt. Es ist wichtig festzustellen, daß Rudolf Steiner nicht meinte, ein Anthroposoph dürfe sich am Kultus nicht beteiligen, sondern wenn er es tue ("diejenigen, welche innerhalb der Bewegung für religiöse Erneuerung als Anthroposophen stehen"; GA 257/1/S.21), solle er es in dem Bewußtsein tun, "diesen Kultushandlungen auf den Weg zu helfen." (GA 219/11/S.175)

Zu den Priestern sagte Rudolf Steiner am 12.07.1923 über die Verhältnisse vor dem 30.12.1922:

Viele Anthroposophen meinten, sie müßten sich prinzipiell für eine Teilnahme am Leben der Christengemeinschaft entscheiden. Die Mißverständnisse kamen daher, weil auf beiden Seiten Fehler in der Handhabung gemacht worden sind. –

Und Marie Steiner ergänzte:

Bei manchen Mitgliedern der Gesellschaft gehe sogar das Wort um, es sei der Wunsch von Rudolf Steiner gewesen, daß die Christengemeinschaft an die Stelle der Anthroposophie treten solle. Aufgrund dieser Haltung wurden sogar Bücher und Vortragszyklen, die beim Philosophisch-Anthroposophischen Verlag bestellt waren, wieder abbestellt. –

4. Rudolf Steiners Eingreifen in die entstandenen Verhältnisse

Man kann sich anhand des Dargestellten heute noch gut vorstellen, in welch desolatem Zustand sich die Anthroposophische Gesellschaft im Dezember 1922 befunden haben muß. Rudolf Steiner am 18.01.1923:

"... wir haben die Anthroposophische Gesellschaft ohne innere Festigkeit, auch mit etwas Ruinenhaftem in sich." (GA 257/1/S.27)

Die Christengemeinschaft war tatsächlich zu einer Gefahr für die anthroposophische Bewegung geworden, innerlich und äußerlich. Der Anthroposophischen Gesellschaft drohte durch die Haltung ihrer Mitglieder die sachliche, menschliche und finanzielle Auszehrung. Und weil es niemand von den in der Anthroposophischen Gesellschaft Verantwortlichen tat, mußte Rudolf Steiner selber eingreifen; zunächst tat er es intern und versuchte noch, andere zur Tat zu bewegen:

a) Zunächst in der Konferenz mit den Lehrern der Waldorfschule am 05.12.1922, zwei Tage nach der ersten öffentlich in Stuttgart gehaltenen Menschenweihehandlung:

"Die religiöse Erneuerung war für Außenstehende bestimmt. Sie müssen sich klar sein, ... daß vor allen Dingen auch diejenigen, die jetzt unsere anthroposophischen Freunde sind, innerhalb dieser Schule und außerhalb dieser Schule ihre Mission darin sehen müssen, ein wenig denen die Köpfe zurecht zu richten, die also da auf eine abschüssige Bahn kommen könnten." (GA 300b/ S.199)

Rudolf Steiner erwartete also von den Lehrern und anderen Anthroposophen, daß sie bei den sich anbahnenden Mißverständnissen ein klärendes Urteil gegenüber den Mitgliedern, die in der Christengemeinschaft nun "die Krone der Anthroposophie" erblickten, vertreten sollten.

Den Anteil, den die Priester der Christengemeinschaft an der Entstehung der Schwierigkeiten hatten, meinte er wohl, als er fortfuhr:

"Die Dinge, die mit dem Edelsten zusammenhängen, schließen auch die größten Gefahren in sich. Das darf nicht mit Unernst genommen werden. Bevor nicht diese religiöse Erneuerung die absolute Probe abgelegt hat, daß sie wahr und richtig ist, darf durchaus nicht so etwas geltend gemacht werden, als ob man weniger respektiert würde." (GA 300b/S.199)

Es hat für die Christengemeinschaft nichts Herabsetzendes, wenn Rudolf Steiner dies bemerkt, denn nach zwei Tagen öffentlichen Wirkens konnte ganz sicher die Probe, ob die neue christliche Kirche wahr und richtig ist, nicht abgelegt sein.

b) In einer Konferenz mit den Religionslehrern am 09.12.1922, von der es nur unvollständige Notizen gibt, spricht Rudolf Steiner auch über das Verhältnis von Anthroposophischer Gesellschaft zur Christengemeinschaft.

Dieses wird "in der Realität" in dem "Augenblick klar sein, wenn von Seiten der Anthroposophischen Gesellschaft zur Klarheit getrieben wird". Aber "hier (in Stuttgart; W.G.) herrscht das Prinzip ..., nun ja, die Anthroposophische Gesellschaft ist da, da läßt sich bequem sein. Man setzt sich auf die berühmten Stühle und ist dann bequem." (Siehe unten)

Indirekt fordert er wieder verantwortliche Anthroposophen auf, für Klarheit zu sorgen, und macht dann mit scharfen Formulierungen "das Prinzipielle" klar:

"Ich stehe in gar keiner Beziehung zur Christengemeinschaft. ... Die Christengemeinschaft sollte sich aus sich selbst konstituieren und hat mit der Anthroposophischen Gesellschaft nichts Reales zu tun. ... Die Christengemeinschaft ist etwas, was mit der Anthroposophischen Gesellschaft nicht das Geringste zu tun hat. Und auch nicht etwas, was mit der Anthroposophischen Gesellschaft zusammenhängt. Die Christengemeinschaft ist etwas für sich Bestehendes. Zur Anthroposophischen Gesellschaft steht die Christengemeinschaft in keinem anderen Verhältnis als der Katholizismus oder die Quäker." (Bisher in der Gesamtausgabe nicht veröffentlicht)

Es ist vielleicht von Bedeutung, daß Rudolf Steiner immer Anthroposophische *Gesellschaft* sagt. Er meint also die rechtlichen Körperschaften und nicht die geistigen Bewegungen in diesem Augenblick. Und als Institution hat die Christengemeinschaft tatsächlich kein anderes Verhältnis zur Anthroposophischen Gesellschaft als jede andere Kirche. Das mußte besonders gegenüber den Religionslehrern betont werden, weil ja in der Waldorfschule absolute Gleichberechtigung aller Konfessionen für den Religionsunterricht gelten sollte. Da darf keine, auch nicht die Christengemeinschaft, einen Vorrang haben. Auch insofern steht die Christengemeinschaft zur Anthroposophischen Gesellschaft, die ja an sich den freien christlichen Religionsunterricht verantwortet und erteilt, in keinem anderen Verhältnis als die anderen Kirchen.

c) Drei Wochen später, als von seiten der verantwortlichen Mitglieder der Anthroposophischen Gesellschaft nichts geschehen war, griff Rudolf Steiner selber mit dem Mitgliedervortrag vom 30.12.1922 ein, um die entstandene Situation zu klären, ja, man kann sagen, um die Anthroposophische Gesellschaft zu retten. Man kann diesen Vortrag nicht richtig verstehen, wenn man nicht die Verhältnisse und Umstände berücksichtigt, in denen er gesprochen worden ist. Denn mehr noch als für alle Mitgliedervorträge gilt für diesen, daß er aus der konkreten menschlichen Situation heraus gehalten ist. Wir werden noch sehen, welche Charakterisierungen Rudolf Steiner selber für das Zustandekommen dieses Vortrags gab.

Außerdem muß man gerade bei diesem Vortrag bedenken, daß Rudolf Steiner oft von einem einzigen Gesichtspunkt aus eine Sache eindeutig, vielleicht sogar scharf, charakterisiert, so daß man meint, dies gelte allgemein und absolut. Zu den wesentlichen Erfahrungen des anthroposophischen Studiums gehört aber die Überraschung, in ganz anderen Zusammenhängen auf zunächst ganz gegensätzliche Äußerungen zu stoßen. Als Beispiel sei auf den Zusammenhang der Individualitäten des Nikolaus von Kues und des Nikolaus Kopernikus verwiesen (vgl. GA 109/1/S.16 f.; GA 126/5/S.102; GA 130/20/S.319; GA 141/5/S.96). Ein weiteres Beispiel ist der Zusammenhang zwischen Elias und Johannes dem Täufer bzw. Johannes Lazarus (vgl. GA 238/11/S.174). Wäre nicht ein Anthroposoph auf den scheinbaren Widerspruch aufmerksam geworden und hätte Rudolf Steiner dazu befragt, so hätten wir bis heute keine Klärung dieses angeblichen Widerspruches.

So gilt es besonders gegenüber dem Vortrag vom 30.12.1922 über und zwischen den Äußerungen dieses Vortrags und anderen späteren Formulierungen, die sich dem Wortsinne nach zunächst widersprechen, die gemeinte geistige Wirklichkeit zu erarbeiten.

Als eine Art Motto für die Erkenntnisbemühungen auf diesem Felde kann vielleicht der Satz von Rudolf Steiner dienen, den er am 13.02.1923 im Dreißiger-Kreis im Zusammenhang der Fragen nach Anthroposophischer Gesellschaft und Christengemeinschaft gesprochen hat:

"... daß etwas anthroposophisch sein kann und daß es nicht anthroposophisch zu sein braucht ..." (GA 256/S.133)

Dieser Satz wurde im Hinblick auf die Waldorfschule gesprochen, die zwar von der anthroposophischen Bewegung begründet worden ist, aber dennoch keine anthroposophische Weltanschauungsschule ist. Er diente allerdings als Beispiel für das Verhältnis der Anthroposophie zur Christengemeinschaft (vgl. auch Kap. IV, 6).

Der Vortrag vom 30.12.1922 bringt in seiner *Einleitung* (Absatz 1 bis 5) zwei Gedanken:

1. Die Aufgabe der Anthroposophie als Geisteswissenschaft ist, diese zur Kunst zu erheben und zu religiösem Erleben zu vertiefen (siehe Kap. II, 1, 2 und 3). Dieser Impuls ist das wahre Wesen der Anthroposophie selber und soll von der anthroposophischen Bewegung in Geduld gepflegt werden.

2. Die anthroposophische Bewegung fällt 1923 nicht mehr mit der Anthroposophischen Gesellschaft zusammen, sie ist größer als diese geworden. Aber die Anthroposophische Gesellschaft muß sich als Kern der anthroposophischen Bewegung fühlen.

Im dem *ersten Hauptteil* (Absatz 6 bis 17) holt Rudolf Steiner die Information der Gesellschaft über die Gründung der Christengemeinschaft, die eigentlich die Aufgabe des Zentralvorstandes in Stuttgart gewesen wäre, nach.

Bei dieser Schilderung hebt Rudolf Steiner besonders hervor, für welche Menschen die Christengemeinschaft begründet wurde. Im Sinne einer Begrenzung des Wirkungskreises der Christengemeinschaft hatte er so nicht zu den Priestern gesprochen (siehe Kap. V, 1). Jetzt aber heißt es: Menschen "mit dem Charakter des reinen hingebungsvollen Bekenners" seien zu suchen, und: "daß zahlreiche Menschen heute in der Welt leben, die – mehr oder weniger dumpf – in ihrem Gemüt einen starken religiösen Trieb haben, und zwar einen spezifisch christlich-religiösen Trieb." (GA 219/11/S.165)

"Bevölkerungskreise ..., die nicht innerhalb der anthroposophischen Bewegung stehen, die auch zunächst keinen Weg finden aus der Verfassung ihrer Seele, aus der Verfassung ihres Herzens heraus zur anthroposophischen Bewegung hin" (S.166), Menschen, "die einfach dadurch, daß sie in gewissen Kulturzusammenhängen drinnenstehen, den Weg in die anthroposophische Bewegung nicht finden können. ... Für sie muß durch Gemeindebilden in herzlichem, seelischem und geistigem Zusammenwirken der Geistesweg gesucht werden, welcher heute der der menschlichen Entwicklung angemessene ist." (S.167) "Menschen ..., die den Weg in die anthroposophische Bewegung hinein selber nicht finden, die *später* mit ihr zusammenkommen können." (GA 219/11/S.170; Hervorhebung W.G.)

Die anthroposophische Bewegung hat demgegenüber die Aufgabe, zu den Menschen zu sprechen, welche eine Summe von geistigen Wahrheiten in ihre Herzen aufnehmen wollen und durch diese Wahrheiten erstarken; die dann einerseits die Wege zum Künstlerischen finden, andererseits zum Religiös-ethisch-Sozialen.

Soweit läßt sich noch alles als eine Zurechtrückung des "Urfehlers" verstehen, der von einigen Priestern begangen wurde (siehe Kap. V, 1). Trotzdem ist es bereits in diesen wenigen Vortragspassagen bemerkenswert, daß die scharfe Unterscheidung der beiden Wege als eigenständige, die die Menschen zum Geiste gehen können, nicht zu einer Unvereinbarkeit beider führen muß. Von den Anthroposophen heißt es, daß sie *dann* den Weg finden werden, der "ein religiös-ethisch-sozialer sein wird". Und von dem Weg, den die religiösen Menschen in der Christengemeinschaft gehen können, heißt es, daß er "mit dem anthroposophischen erst *später* zusammenführt". Ein "dann" und ein "später" zeigen an, daß es sich um Entwicklungen von verschiedenen Ausgangspunkten zu einem Ziele handelt, bei welchem Geisterkenntnis und religiöse Übung in einem Menschen vereint sein können (siehe auch Kap. VI, 3).

Ein weiteres Hauptmotiv dieses Vortrags über den Anteil Rudolf Steiners und der Anthroposophie an der Gründung der Christengemeinschaft wurde schon besprochen (siehe Kap. IV, 6.) und kann deshalb hier übergangen werden. Es ist nur insofern wichtig erwähnt zu werden, weil es zeigt, daß Rudolf Steiner zur Bereinigung der Situation großen Wert darauf legte, daß die Mitglieder der Anthroposophischen Gesellschaft ein klares eindeutiges Bewußtsein von diesem Anteil haben.

Es gibt nun aber auch ganz extreme Äußerungen in diesem Vortrag (im *zweiten Hauptteil*, ab dem 16. Absatz), die es nahezulegen scheinen, daß ein Anthroposoph, der es mit der Anthroposophischen Gesellschaft ernst meint, sich am Leben der Christengemeinschaft, am Kultus, nicht beteiligen dürfe:

"Nebenher, so meinte ich dazumal, könne eine solche Bewegung für religiöse Erneuerung gehen, die ganz selbstverständlich für diejenigen, die in die Anthroposophie hinein den Weg finden, keine Bedeutung hat, sondern für diejenigen, die ihn zunächst nicht finden können." (GA 219/11/S.169)

Eine solche Bemerkung findet sich in den Vorträgen für die Priester nicht. Aber sie steht nun da, und wir können uns fragen: Was meinte Rudolf Steiner mit dem Wort "Bedeutung"? Meinte er vielleicht, daß die Christengemeinschaft für Anthroposophen nicht dieselbe Bedeutung haben könne und solle wie für Nicht-Anthroposophen? Für diese hat sie die Bedeutung eines möglichen Zuganges zu einem dem modernen Menschen angemessenen Geistesleben. Für jene hat sie in diesem Sinne keine Bedeutung, weil die Anthroposophen durch Anthroposophie selber schon einen Zugang zur Wirklichkeit der geistigen Welt haben (siehe auch Kap. III, 4).

Mit den weiteren scharfen Äußerungen antwortet Rudolf Steiner indirekt auf die Mißverständnisse in der Mitgliedschaft der Anthroposophischen Gesellschaft über die Christengemeinschaft (siehe Kap. V, 3):

"Diejenigen, die den Weg einmal in die Anthroposophische Gesellschaft gefunden haben, brauchen keine religiöse Erneuerung. Denn was wäre die Anthroposophische Gesellschaft, wenn sie erst religiöse Erneuerung brauchte! ... Richtig werden also die Dinge verlaufen, wenn die Anthroposophische Gesellschaft bleibt, wie sie ist, wenn diejenigen, die sie verstehen wollen, wirklich auch ihr Wesen ergreifen und nicht glauben, daß sie es nötig haben, einer anderen Bewegung anzugehören ..." (GA 219/11/S.172)

Diese Äußerungen kann man nur mißverstehen, wenn man sie nicht auf dem gekennzeichneten Hintergrund sieht. Viele Anthroposophen hatten eben die Anthroposophische Gesellschaft nicht wirklich ergriffen und deshalb geglaubt,

die Christengemeinschaft nötig zu haben. Sie waren unmittelbar in ihr "untergetaucht". Dazu bemerkte Rudolf Steiner:
"Wenn er (der Anthroposoph; W.G.) dieses tut, so arbeitet er an zweierlei: erstens arbeitet er an der Zertrümmerung und Zerschmetterung der Anthroposophischen Gesellschaft, zweitens arbeitet er an der Fruchtlosigkeit der Bewegung für religiöse Erneuerung." (GA 219/11/S.171)

Diese Klarstellung war notwendig und ist auch heute noch gültig, denn alle Tochterbewegungen gedeihen auch heute nur richtig, wenn Anthroposophen nicht in ihnen untertauchen. Damals war die Zertrümmerung und Zerschmetterung der Anthroposophischen Gesellschaft nicht fern. Der Brand des Goetheanum war ein äußeres Zeichen. Die Anthroposophische Gesellschaft war "ohne innere Festigkeit, auch mit etwas Ruinenhaftem in sich". (GA 257/23.01.1923/S.27)

Zwei Worte sind in den genannten Äußerungen besonders zu beachten: "nötig haben" und "brauchen". Im Kapitel IV, 2 haben wir bereits dargelegt, daß Rudolf Steiner öffentlich sagte: "Die Seele *braucht* verschiedene Wege zur geistigen Welt." – "Der Mensch *braucht* Kultus und Sakrament." – "Anthroposophie ruft ein neues, vertieftes religiöses *Bedürfnis* hervor." – Und zu den Mitgliedern sprach er: "Anthroposophie ist kein Ersatz für religiöse Übung."

Einerseits also braucht jeder Mensch Religion. Aber in einem persönlich-egoistischen Sinne sollte der Mensch heute nicht mehr Religion brauchen, denn die Zeit, in der Luthers Frage, "Wie bekomme ich einen gnädigen Gott?", ein berechtigter Ausgangspunkt religiösen Lebens war, ist vorbei. Das neue, vertiefte religiöse Bedürfnis im Sinne der Bewußtseinsseele läßt sich nicht mehr mit "brauchen" und "nötig haben" beschreiben. Selbst für diejenigen, die zunächst mit dem ganz persönlichen Bedürfnis nach Kultus in die Christengemeinschaft kommen, gilt es, mit der Zeit ein objektives mittragendes Verhältnis zum Kultus zu gewinnen, das nicht *nur* empfangen will. Es gilt für das Mitglied der Gemeinde, zur "Säule im Tempel" zu werden, zum Mitträger und -vollbringer dessen, was die Christengemeinschaft ist und werden kann. Fernerhin gilt das christliche Ziel: "Einer trage des anderen Last" (Gal. 6, 2). Das gerade ist die bedeutsame Metamorphose der Messe – die der katholische Priester noch *für* die Gläubigen vollbringt – zum erneuerten Kultus, den alle Gläubigen *mit* dem Priester vollbringen, so daß eine bloße Empfängerhaltung, die aus einem "Brauchen" entspringt, diesem neuen Kultus nicht mehr angemessen ist, weil er als eine Tat-Handlung *gemeinsam* vollbracht wird.

Das neue, vertiefte religiöse Bedürfnis, das durch Anthroposophie hervorgerufen wird, entzündet sich an der Einsicht der objektiven Notwendigkeit des Kultus für die Menschheit, die Erde und die geistigen Wesen (siehe Kap. III, 4 und 5). Hat für den Gläubigen, der nicht Anthroposoph ist, das persönliche Bedürfnis nach Religion noch eine Berechtigung am Anfang des religiösen Weges, so sollte dies für einen Anthroposophen kein Anlaß mehr sein, im Kultus "unterzutauchen".

Man kann auch sagen: Für die persönliche Unzulänglichkeit, Schwäche, Sünde und Verfehlung sollte der Anthroposoph den Kultus der Christengemeinschaft nicht in Anspruch nehmen. Für das, was er selbst in seinem Karma aufzuarbeiten vermag, kann und sollte er selber sorgen durch das, was ihm die Anthroposophie als Hilfen bietet. In diesem Sinne braucht ein Anthroposoph den Kultus nicht, und er sollte ihn auch nicht dafür beanspruchen (vgl. Kap. VI, 1 und GA 155/ 16.07.1914/S.209 ff.). Das schließt aber nicht aus, daß er für den objektiven Teil seiner Verfehlungen, für die objektive Seite der Schuld, für die Heilung der Sündenkrankheit und für die Heilung und Durchchristung der Welt die besondere und unersetzbare Wirkung des religiösen Kultus und Sakramentes sucht.

Der Satz, "Diejenigen, die den Weg einmal in die Anthroposophische Gesellschaft gefunden haben, brauchen keine religiöse Erneuerung" (GA 219/11/ S.172), wurde kurz darauf folgendermaßen kolportiert: "Der Anthroposoph braucht keinen Kultus" (Dreißiger-Kreis vom 13.02.1923; GA 256/S.136). Bemerkenswert ist dabei zunächst, daß Rudolf Steiner zur Begründung des ursprünglichen Satzes fortfährt:

"Denn was wäre die Anthroposophische Gesellschaft, wenn sie erst religiöse Erneuerung brauchte!" (GA 219/11/S.172).

Das Subjekt wechselt von einem Satz zum anderen. Daß die Anthroposophische Gesellschaft die Christengemeinschaft nicht braucht – aber umgekehrt diese jene –, bedarf keiner weiteren Erläuterung (vgl. Dreißiger-Kreis vom 13.02.1923; GA 256/S.136). Aber wieso kann das der Grund dafür sein, daß der Anthroposoph keine religiöse Erneuerung braucht? Abgesehen von der Möglichkeit, daß der Vortrag weder wörtlich noch vollständig abgedruckt ist – was Rudolf Steiner gerade von diesem Vortrag Anfang April 1923 zu Gottfried Husemann sagte –, und abgesehen von der späteren Erläuterung dieses Satzes vor den Priestern (siehe Kap. V, 6) kann man noch eine mögliche Erklärung in folgendem finden: Derjenige Anthroposoph, der wirklich die Anthroposophie als Schulungsweg ergreift, geht einen besonderen geistigen Weg, der weder ein religiöses Leben, eine Beziehung zum Evangelium und zu Christus voraussetzt (wie es der christliche Weg des Johannesevangeliums tut; siehe GA 94/8/S.53 ff.; GA 94/32/ S.177 ff.; GA 94/34/S.203 ff.; GA 94/41/S.280 ff.; GA 97/1/S.16 ff.; GA 97/4/S.36 ff.; GA 97/5/S.46 ff.; GA 98/3/S.43; GA 100/12/S.156 ff.; GA 131/10/S.209 ff.), noch die Pflege eines feststehenden Kultus als einen Bestandteil, eine Stufe in sich schließt, wie die indische Schulung (vgl. GA 94/41/S.278 und GA 95/13/S.120). In diesem Sinne kann man sagen: Der Anthroposoph braucht als Anthroposoph für seinen geistigen Weg den Kultus und die religiöse Erneuerung nicht, denn es ist gerade ein besonderes Wesensmerkmal des anthroposophischen Geistesweges, daß er ohne Religion und Kultus gegangen werden kann. Gerade deshalb ist er der für unsere Zeit angemessene. So aufgefaßt bedeutet der Satz, "Der Anthroposoph braucht keinen Kultus" (GA 256/S.136), etwas ganz Positives. Und außerdem macht dieser Gedanke auch den seltsamen Subjektwechsel zwischen den Sätzen nachvollziehbar.

Was Rudolf Steiner später in bezug auf diesen Vortrag im Dreißiger-Kreis am 13.02.1923 sagt – "Es handelt sich niemals darum, daß man die negative Behauptung (der Anthroposoph brauche keinen Kultus; W.G.) allein hinstellt ..." (GA 256/S.136) –, das hat er selbst in diesem Vortrag praktiziert. Er schildert nämlich positiv die angemessene Haltung, sowohl die innere Einstellung gegenüber der Christengemeinschaft als auch das äußere praktische Verhalten dessen, der sich als Anthroposoph fühlen will.

"Denn die Anthroposophische Gesellschaft wird von demjenigen nicht verstanden, der sich nicht so auffaßt, daß er ein Rater und Helfer sein kann dieser religiösen Bewegung ..." (GA 219/11/S.171)

Im folgenden Wortlaut wird es noch deutlicher:

"Wenn es sich daher um die Stellung eines Anthroposophen zur religiösen Erneuerung handelt, so kann es nur diese sein, daß er Rater ist, daß er dasjenige gibt, was er geben kann an geistigem Gut, daß er, wenn es sich darum handelt, an den Kultushandlungen sich zu beteiligen, sich immer bewußt bleibt, daß er das tut, um diesen Kultushandlungen auf den Weg zu helfen. Ein geistiger Helfer allein für diese religiöse Erneuerungsbewegung kann derjenige sein, der sich als Anthroposoph versteht." (GA 219/11/S.175)

Zunächst sei festgehalten, daß es Rudolf Steiner also um eine Frage des Bewußtseins und der inneren Einstellung ging und nicht um eine äußere Regel wie: ein Anthroposoph sollte nicht am Kultus der Christengemeinschaft teilnehmen. Damit erscheint auch unsere Interpretation des vielleicht mißverständlichsten Satzes dieses Vortrags als berechtigt: "Diejenigen, die den Weg einmal in die Anthroposophische Gesellschaft gefunden haben, brauchen keine religiöse Erneuerung" (GA 219/11/S.172). Die Sätze vom Rater- und Helfersein des Anthroposophen gegenüber der Christengemeinschaft sind eine weitere Zurechtrückung der Mißverständnisse der Mitglieder über die Christengemeinschaft (vgl. Kap. V, 3).

In dem ersten dieser Sätze findet wieder ein ähnlicher Wechsel des Subjektes statt, wie wir ihn schon einmal bemerkt haben: "Denn die Anthroposophische Gesellschaft wird von demjenigen nicht verstanden, der sich (selbst als Anthroposoph; W.G.) nicht so auffaßt ..." (GA 219/11/S.171). Vom Selbstverständnis des Anthroposophen hängt es also ab, ob er die Anthroposophische Gesellschaft recht versteht! Im anderen Falle des Subjektwechsels war es genau umgekehrt: Aus dem rechten Selbstverständnis der Anthroposophischen Gesellschaft – die keine Erneuerung braucht – ergibt sich das rechte Verständnis des einzelnen Anthroposophen, der keine religiöse Erneuerung "braucht". In beiden Fällen wird gerade durch die ungewöhnliche Sprachform das Anliegen Rudolf Steiners besonders deutlich: die Anthroposophen aufzurufen, sich mit der Anthroposophischen Gesellschaft tätig zu identifizieren.

Mit Rater- und Helfersein ist positiv ausgedrückt, was negativ heißt: der Anthroposoph braucht keine religiöse Erneuerung und keinen Kultus. Der Anthroposoph sollte das Wesen der Anthroposophie so ergreifen, daß er einerseits zum Berater der Christengemeinschaft wird, d.h. ihr geistiges Gut geben kann, und andererseits, wenn er am Kultus teilnimmt, ein Helfer für diesen Kultus – ein geistmächtiger Mitvollbringer – wird.

Dieses Motiv klang schon im Gespräch mit den künftigen Oberlenkern der Christengemeinschaft an, in dem Rudolf Steiner am 07.08.1922 sagte: Die Gemeinde weist dem Gläubigen durch den gemeinsamen Gottesdienst den Weg zum Geist. Und die Gläubigen haben dann durch das Abendmahl ihre Verbindung mit der geistigen Welt. Die Anthroposophen werden ein besonderes Verhältnis zu dem Kultus haben, in dem sie ihn in dem Bewußtsein mitmachen, dabei als geistige Helfer zu wirken. –

Man kann sich gut vorstellen, daß Anthroposophen aus echter Helfergesinnung am Kultus der Christengemeinschaft teilnehmen, auch wenn sie persönlich nicht zur kirchlichen Form der religiösen Übung neigen. Wenn Menschen, die sich in Konzentration und Meditation üben, den Kultus mitvollbringen, so kann das diesem nur hilfreich sein. Eine Frage bleibt, was der Anthroposoph außer den Gaben und Ratschlägen, die die Christengemeinschaft von Rudolf Steiner erhalten hat, an weiterem "geistigen Gut" der Christengemeinschaft geben könnte. Auch wenn Rudolf Steiner gegenüber den Priestern einmal ausgesprochen hat, ältere Anthroposophen könnten durchaus Friedrich Rittelmeyer beraten – gemeint ist wohl in der Leitung der Christengemeinschaft –, so klingt dies eher wie eine Aufforderung als nach der Beschreibung einer Tatsache. Grundsätzlich aber sollte der Anthroposoph als Geistesschüler anstreben und in der Lage sein, alle Tochterbewegungen vom geisteswissenschaftlichen Gesichtspunkt aus zu "beraten". Das gehört zu den hohen Zielen eines jeden Anthroposophen, auch wenn es praktisch nicht oft möglich sein sollte.

Nach den Äußerungen, die sich auf das Verhältnis des einzelnen Anthroposophen zur Christengemeinschaft beziehen, sei noch auf diejenigen hingeschaut, die von dem Verhältnis der beiden Bewegungen zueinander handeln (siehe auch Kap. VI).

Wie eine Art Motto wird am Anfang von der Christengemeinschaft gesprochen, "die mit der anthroposophischen Bewegung allerdings viel zu tun hat, aber nicht mit ihr verwechselt werden sollte" (GA 219/11/S.163 f.). Dies ist die erste "Zurechtrückung" eines "Auffassungsfehlers" in dem Vortrag vom 30.12.1922. Anschließend an die Erwähnung der Tochterbewegungen, die aus der Anthroposophie hervorgegangen sind, heißt es:

Es bestehe durchaus die Notwendigkeit, "daß dadurch die Kraft und Energie des allgemein-anthroposophischen Impulses nicht abgeschwächt werde ... Das würde an den Lebensnerv der anthroposophischen Bewegung gehen. Es handelt sich darum, daß die anthroposophische Bewegung ihre spirituelle Reinheit, aber auch ihre spirituelle Energie bewahre." (GA 219/11/S.168)

Damit ist einer der wesentlichen Gründe für diesen Vortrag gegeben, auf den Rudolf Steiner später wieder zu sprechen kommt (siehe Kap. V, 5): die Sorge um die Anthroposophische Gesellschaft und den anthroposophischen Impuls in ihr.

"Daher ist es notwendig, daß ohne Rückhalt die Anthroposophische Gesellschaft mit ihrem Inhalt Anthroposophie bleibe, ungeschwächt durch die neuere Bewegung ..." (GA 219/11/S.172)

Und die Anthroposophische Gesellschaft war geschwächt worden, weil in manchen Zweigen der Kultus Inhalt der Zusammenkünfte der Mitglieder geworden war, und die Pflege der Geisteswissenschaft gelitten hatte (siehe Kap. V, 3):

"Gerade zum Gedeihen der beiden Bewegungen ist es notwendig, daß sie reinlich auseinandergehalten werden. Daher ist es ... durchaus notwendig ..., daß strenge darauf gesehen wird, daß die Bewegung für religiöse Erneuerung nach allen Richtungen in Kreisen wirkt, die außerhalb der anthroposophischen Bewegung liegen. Daß sie also weder in bezug auf die Beschaffung ihrer materiellen Mittel ... hineingreift in dasjenige, was die heute ohnedies sehr schwierig laufenden Quellen für die anthroposophische Bewegung sind, ihr also gewissermaßen nicht den materiellen Boden abgräbt, noch, daß sie aber auf der anderen Seite, weil es ihr nicht gleich gelingt, unter Nicht-Anthroposophen Bekenner zu finden, nun ihre Proselyten innerhalb der Reihe der Anthroposophen macht. Dadurch wird ein Unmögliches getan, ... was zum Untergang der beiden Bewegungen führen müßte." (GA 219/11/S.173)

Daß Rudolf Steiner damit eine Notwendigkeit für die damalige Zeit, für das Gedeihen der beiden Bewegungen in ihren Anfängen, ausgesprochen hat und nicht etwa prinzipiell für alle Zeiten Mitglieder von Anthroposophischer Gesellschaft und Christengemeinschaft getrennt halten wollte (siehe auch Kap. VI und VII), geht daraus hervor, wie er diesen ganzen Absatz einleitet. Wir haben das zunächst im Zitat ausgelassen. Es heißt dort nämlich: "Daher ist es für den Anfang durchaus notwendig ...", "es ist in der ersten Zeit durchaus notwendig ..." (GA 219/11/S.173). Unter dieser Einschränkung müssen auch die folgenden Sätze verstanden werden:

Die Christengemeinschaft müsse wissen, "daß sie bei ihrem Ausgangspunkt stehenbleiben müsse, daß sie versprochen hat, ihre Anhängerschaft außerhalb der Kreise der anthroposophischen Bewegung zu suchen, weil sie dort auf naturgemäße Weise zu finden ist und weil sie dort gesucht werden muß." (GA 219/11/S.173)

Die Christengemeinschaft "muß bei ihrem Ausgangspunkt stehenbleiben." (GA 219/11/S.174)

"Es kann nicht die Bewegung für religiöse Erneuerung gedeihen, wenn sie irgendwie die anthroposophische Bewegung beeinträchtigen wird." (GA 219/11/S.175)

Es handelte sich nicht darum, daß die Christengemeinschaft keine Mitglieder aufnehmen dürfe, die Anthroposophen sind, daß Anthroposophen nicht tätige Mitglieder der Christengemeinschaft sein dürften, sondern "nach jeder Richtung hin muß diese Bewegung für religiöse Erneuerung von Menschen getragen werden, die noch nicht den Weg in die Anthroposophische Gesellschaft hinein selber finden können ..." (GA 219/11/S.175)

Es mußte für die Christengemeinschaft eine neue geistig und materiell tragende Schicht von Mitgliedern gefunden werden, damit die Anthroposophische Gesellschaft nicht beeinträchtigt würde. In diesem Sinne ist auch der letzte zu diesem Thema gehörige Satz gesprochen:
"Es dürfen nicht etwa die anthroposophischen Zweige in Gemeinden für religiöse Erneuerung umgestaltet werden, weder in materieller noch in geistiger Beziehung." (GA 219/11/S.175)

Alle diese Äußerungen der "Abgrenzung" der beiden Bewegungen entsprangen der damals ganz realen Sorge um den Fortbestand der Anthroposophischen Gesellschaft, der anthroposophischen Bewegung und – langfristiger – auch um den Fortbestand der Christengemeinschaft (GA 257/23.01.1923/S.18 ff.; siehe Kap. V, 5).

Es gehört zu den zunächst auftretenden Widersprüchen, daß Rudolf Steiner in diesem Vortrag sagt:
"Dasjenige, was ich zu Ihnen gesprochen habe, habe ich nicht aus dem Grunde gesprochen, weil ich etwa besorgt bin, daß der anthroposophischen Bewegung irgend etwas abgegraben werden könnte ..." (GA 219/11/S.173)

Wahrscheinlich hat Rudolf Steiner betont: "weil *ich* etwa besorgt bin ...", denn er setzt ja dann fort: "... ich habe es gewiß nicht gesprochen aus irgendwelchen persönlichen Intentionen heraus, sondern aus der Notwendigkeit der Sache heraus." (GA 219/11/S.174)

Das verändert den Sinn schon erheblich. Es soll also nicht die Sorge verneint werden, sondern die persönliche Intention. Wir haben hier ein Beispiel dafür, wie das gesprochene Wort – unverändert gedruckt – mißverständlich werden kann, weil die Sprechnuancen nicht vermittelt werden können.

Das Anliegen Rudolf Steiners, diesen Vortrag zu halten, läßt sich also folgendermaßen zusammenfassen:

1. Er gab der Anthroposophischen Gesellschaft die notwendigen Informationen über die Gründung und die Aufgaben der Christengemeinschaft, die bis zu diesem Zeitpunkt unterblieben waren (siehe Kap. V, 2). Dabei kam es ihm besonders darauf an, daß bei den Mitglieder der Anthroposophischen Gesellschaft ein richtiges Bewußtsein über seinen eigenen Anteil an dieser Gründung und den der Anthroposophie entstehe (siehe Kap. IV, 6).

2. Er machte deutlich, daß die Christengemeinschaft die tragende Schicht ihrer Mitglieder zunächst nicht unter den Mitgliedern der Anthroposophischen Gesellschaft, sondern in Kreisen von Nicht-Anthroposophen suchen solle (siehe Kap. V, 1).

3. Er nannte die Voraussetzungen der inneren Einstellung und des Bewußtseins, unter denen ein Anthroposoph am Kultus der Christengemeinschaft teilnehmen kann, ohne darin "unterzutauchen" und damit die Anthroposophische Gesellschaft zu schwächen (siehe Kap. V, 3).

4. Aus Sorge betonte er die Gefahren, die der Anthroposophischen Gesellschaft und der anthroposophischen Bewegung drohen, wenn diese drei Dinge

nicht ganz klar erkannt und praktiziert werden. (Weitere Aspekte dieses Vortrags siehe unter Kapitel VI, 1 bis 4).

Rückblickend auf diesen Vortrag reflektiert Rudolf Steiner bei seiner ersten Konferenz mit den Lehrern der Waldorfschule nach dem Brand des ersten Goetheanum:

"Es ist notwendig, daß man etwas tut zur Hebung der Sache. Es haben nicht die Anthroposophen geredet, die nicht Religionserneuerer sind, und es wäre doch nötig gewesen, den anthroposophischen Standpunkt zu wahren, ohne Spitze. Sie können von der religiösen Erneuerung nicht verlangen, daß sie es den Anthroposophen bequem macht. Die grasen ab, ihrerseits, aber die Anthroposophische Gesellschaft muß ihren Mann stellen und ihre Frau. Das geht jeden einzelnen an. Es darf nur nicht die Schule glänzen dadurch, daß sich die Lehrerschaft nicht interessiert für allgemein anthroposophische Angelegenheiten. Sie müssen sich hier intensiv dafür interessieren." (GA 300b/S.227)

5. Die Ursachen für den Vortrag vom 30.12.1922

Man kann die Ursachen, die zum Vortrag vom 30.12.1922 geführt haben und die Rudolf Steiner nachträglich bezeichnete, thematisch in drei Punkten zusammenfassen, wie es auch mit den drei ersten Abschnitten schon gegeben ist. Die Ursachen liegen:

1. in der Tätigkeit und den Fehlern der Priester der Christengemeinschaft;
2. in dem Versagen der Anthroposophischen Gesellschaft und ihrer Vorstandsmitglieder und
3. in den Gefahren, die der anthroposophischen Bewegung aus beidem und aus der Haltung ihrer Mitglieder erwachsen.

Zu 1.:
Dreißiger-Kreis am 22.01.1923: "Jetzt kann man mit Recht furchtbar erstaunt sein über die Erfolge der religiösen Erneuerungsbewegung; man stutzt plötzlich, daß die Leute soviel Anklang finden." (GA 256/S.25)

"Wenn jetzt die religiöse Erneuerung sich der Zweige bemächtigt, so tut sie nichts anderes, als was die Dreigliederungsbewegung auch getan hat." (GA 256/S.25)

Dreißiger-Kreis am 07.02.1923: "... was die Gesellschaft überwucherte" (GA 256/S.88); gemeint ist die Christengemeinschaft.

Von dem Fehler der Priester im Finanziellen handeln folgende Stellen:
Dreißiger-Kreis am 13.02.1923: "Die Taktik war beim Geldsammeln ..." (GA 256/S.135). "Daß sie (die Christengemeinschaft; W.G.) also weder in bezug auf die Beschaffung ihrer materiellen Mittel ... hineingreift in dasjenige, was die heute ohnedies sehr schwierig laufenden Quellen für die anthroposo-

phische Bewegung sind, ihr also gewissermaßen nicht den materiellen Boden abgräbt ..." (GA 219/11/S.173)

Es gab aber auch Gefahren für die anthroposophische Bewegung, die sich aus dem Wesen der Christengemeinschaft und ihrer Träger ergaben und nicht direkt auf Fehler zurückzuführen sind:

Dreißiger-Kreis am 13.02.1923: "Denken Sie sich einen beliebigen Zweig, der geleitet wird von jemand sehr Bravem. Einer der bravsten Zweige ist der in Elberfeld. Nehmen wir an, eine der Persönlichkeiten, die jetzt innerhalb der Erneuerungsbewegung stehen, träte auch in Elberfeld auf. Nun ist es natürlich, daß diese Leute – und wenn es der Jüngste ist – eine Summe von Begriffen haben, die der andere gar nicht ahnt; man ist dann den geistigen Fragen anders gewachsen." (GA 256/S.135)

In der Christengemeinschaft lebt durch den Kultus eine starke, gemeinschaftsbildende Kraft, die der Anthroposophischen Gesellschaft durchaus gefährlich werden kann, weil sie anziehend auf deren Mitglieder wirkt. Demgegenüber braucht die Anthroposophische Gesellschaft ihre eigenen, anders gearteten Wege und Kräfte zur Gemeinschaftsbildung (siehe Vortrag vom 27.02.1923 in GA 257/6/S.112 ff.).

Noch deutlicher ist von dieser Gefahr im Parallelvortrag in Dornach am 03.03.1923 die Rede:

"... daß ja heute viele Menschen doch ... an die Anthroposophische Gesellschaft herankommen mit der Tendenz, den Anschluß an andere Menschen im Sinne einer solchen freien Gemeinschaftsbildung zu finden, daß mit der religiösen Färbung durch den Kultus dieses Gemeinschaftsleben gefunden wird, daß daher diejenigen Menschen, welche diese Sehnsucht nach dem Gemeinschaftsleben haben, sie zunächst befriedigen werden innerhalb der Bewegung für religiöse Erneuerung. Und die Anthroposophische Gesellschaft müßte daher, wenn sie da nicht einer Gefahr entgegengehen will, danach trachten, auch ein gemeinschaftsbildendes Element zu pflegen." (GA 257/9/S.168)

Diese Gefahr war eben im Dezember 1922 für die Anthroposophische Gesellschaft schon Wirklichkeit geworden! Denn das Mittel der Gemeinschaftsbildung – der Kultus – war in der Christengemeinschaft bereits wirksam und zog ganz selbstverständlich auch viele Anthroposophen an. Dagegen war der Weg zu einer Gemeinschaftsbildung in der Anthroposophischen Gesellschaft noch nicht einmal bekannt und wurde erst im Februar/März 1923 von Rudolf Steiner vor den Mitgliedern entwickelt und mußte erst erübt werden.

Noch eine andere Art von Gefahr konnte damals von der Christengemeinschaft für die Anthroposophische Gesellschaft ausgehen, dadurch daß ihre bloße Existenz die Gegnerschaft gegen die Anthroposophie, besonders die katholische, herausforderte. Davon sprach Rudolf Steiner in der Jugendansprache vom 08.02.1923, in der es unter anderem von den Gegnern heißt:

"Unsere Gegnerschaft wird in der nächsten Zeit in ganz furchtbarer Weise zum Ausdruck kommen. Ihr gegenüber ist es nötig, eine geschlossene Körperschaft zu bilden. Alle Dinge, die gut sind, gereichen der Gesellschaft zur Gefahr. Es ist schon so, die Bewegung für religiöse Erneuerung gereicht der Anthroposophischen Gesellschaft zur Gefahr. Es ist so, daß man sich nicht vorgestellt hat, daß auch noch auf diesem Gebiet von uns etwas zustande kommt." (GA 217a/ S.99)

Zu 2.:
Dreißiger-Kreis am 22.01.1923: Bezugnehmend auf die Probleme der Anthroposophischen Gesellschaft und die Erfolge der Christengemeinschaft heißt es: "Man muß zurückgehen auf die geistigen Ursachen der Dinge ... Aber man geht nicht auf die Ursachen zurück" (GA 256/S.25); gemeint ist der Vorstand der Anthroposophischen Gesellschaft.
Siebener-Kreis am 30.01.1923: Die Anthroposophische Gesellschaft "wird nicht geführt, weil sich die Persönlichkeiten, die führen sollten, nicht bewußt sind, daß sie führen sollten. ... Es wird nicht eigentlich gewirkt. ... So kam es, daß dieser ganze Fragenkomplex, der sich herausgebildet hat in bezug auf die religiöse Erneuerungsbewegung, ein Mißurteil ist. Man nahm keine Stellung dazu, bis Ende Dezember der Zentralvorstand kam und eine bloße Abwehrbewegung machen wollte, die viel zu spät kam. Und dies war nicht begleitet von dem wirklichen Bewußtsein: Was soll die anthroposophische Bewegung tun?" (GA 256/S.30)
Dreißiger-Kreis am 07.02.1923: "Und nun überträgt die Vertretung der Anthroposophischen Gesellschaft selbst die Reorganisation der Gesellschaft dem Führer der religiösen Erneuerung!" (GA 256/S.88)
Damit bringt Rudolf Steiner die Schwäche der Führung der Anthroposophischen Gesellschaft drastisch zum Bewußtsein. Er wollte diese Führung immerfort ermutigen, auch wirklich zu führen.
Wie eine Zusammenfassung dieses Problems kann man empfinden, was Rudolf Steiner am 06.02.1923 in Stuttgart dargelegt hat:
"Aber es muß die Führerschaft der Anthroposophischen Gesellschaft sich der Aufgabe bewußt werden, daß die Anthroposophische Gesellschaft, wenn sie sich Anthroposophische Gesellschaft weiterhin nennen will, eben ein Bewußtsein davon in sich tragen muß, daß sie die Trägerin der anthroposophischen Arbeit sei. In dem Augenblick, wo mit gutem Willen dieses Bewußtsein hinlänglich klar ausgesprochen wird, in dem Augenblick hören die Konflikte, die jetzt ausgebrochen sind, auf. In dem Augenblick ist auch die Krisis vorüber." (GA 257/3/S.68)

Zu 3.:
Am 30.12.1922 geht Rudolf Steiner auf die Gefahr ein, die sich aus der Haltung der Mitglieder der Anthroposophischen Gesellschaft für die anthroposophische Bewegung ergeben, wenn im Bewußtsein nicht sinngemäß auseinandergehalten werden Wesen und Bedeutung der Anthroposophie einerseits und der Christen-

gemeinschaft andererseits. Wer dies nicht tut, wird "für den eigentlichen Impuls der anthroposophischen Bewegung lässiger." (GA 219/11/S.172)
Denn es ist "notwendig, daß ohne Rückhalt die Anthroposophische Gesellschaft mit ihrem Inhalte Anthroposophie bleibe, ungeschwächt durch die neuere Bewegung." (GA 219/11/S.172)
Bei der Dreißiger-Kreis-Sitzung am 22.01.1923 bezeichnet Rudolf Steiner die Gefahr in einem drastischen Bild. Nachdem er die Untätigkeit der Führung der Anthroposophischen Gesellschaft besprochen hat, heißt es weiter:
"Wenn diese Methoden so weiter gehen, wird die Anthroposophische Gesellschaft dastehen wie ein gerupftes Huhn, weil ihr alle Federn ausgerupft werden." (GA 256/S.25)
Am deutlichsten sprach Rudolf Steiner wohl seine Sorge vor den Mitgliedern im ersten Vortrag nach dem Brand des Goetheanum in Stuttgart am 23.01.1923 aus (GA 257/1/S.18 ff.): Die Anthroposophische Gesellschaft hatte dadurch gelitten, daß diejenigen Anthroposophen, die in den Tochterbewegungen aktiv waren und auch Ausgezeichnetes leisten konnten, doch nicht genügend als Anthroposophen für die Anthroposophische Gesellschaft gewirkt hatten.
"Dadurch aber, daß man gewissermaßen der Mutter nicht gibt, was der Mutter sein muß, damit auch alle die Kinder in der richtigen Weise versorgt werden können, dadurch entsteht die allerschwerste Sorge für die anthroposophische Bewegung, wirklich die allerschwerste Sorge." (GA 257/1/S.20)
"... Es könnte ... geschehen, daß wiederum der Anthroposophischen Gesellschaft die Kräfte entzogen werden. Das ist dasjenige, was so schwer Sorge macht, gerade angesichts des unermeßlichen Unglücks (gemeint ist der Brand des Goetheanum; W.G.), das uns getroffen ..." (GA 257/1/S.23)
Und diese Sorge bezeichnet Rudolf Steiner als die Ursache für den Vortrag vom 30.12.1922:
Sie hat "mir das Wort aus dem Mund gepreßt ... bei meinem vorletzten im Goetheanum gehaltenen Vortrag ..." (GA 257/1/S.20)
Dieser ganze Vortrag vom 23.01.1923 ist eine der wichtigsten Ergänzungen zu dem vom 30.12.1922, ohne den dieser nur einseitig verstanden wird. Auf weitere Einzelheiten werden wir noch eingehen.
Rudolf Steiner hat aber nicht nur seine Sorge zum Ausdruck gebracht, sondern auch deutlich betont, was von allen Anthroposophen – auch denen in der Christengemeinschaft – geschehen müsse, damit die Anthroposophische Gesellschaft als Mutter ihre Aufgaben gegenüber den Tochterbewegungen erfüllen kann. Denn:
"Es handelt sich darum, daß die Anthroposophische Gesellschaft nicht bloß die Mutter ist, sondern auch die Mutter bleibt." (Dreißiger-Kreis vom 13.02.1923; GA 256/S.136)
Rudolf Steiners Anliegen war es, die Anthroposophie und die Anthroposophische Gesellschaft innerlich und äußerlich zu stärken. Dazu wollte er seine Mitarbeiter in der Anthroposophischen Gesellschaft anfeuern. Als Ziel nannte er in

bezug auf das Verhältnis der Anthroposophischen Gesellschaft zur Christengemeinschaft:
"Hier in Stuttgart wäre die Aufgabe, daß sich allmählich das richtige Verhältnis herauszubilden hätte. Das würde darin bestehen, daß dasjenige, was sich in der Landhausstraße 70 (im damaligen Haus der Anthroposophischen Gesellschaft; W.G.) abspielt, für die Theologen selbst so wichtig würde, daß sie immer selbst erscheinen würden. Dann werden die Gemeinde-Mitglieder schon miterscheinen." (Dreißiger-Kreis vom 13.02.1923; GA 256/S.136)

Rudolf Steiner meinte also nicht, daß Mitglieder der Christengemeinschaft und der Anthroposophischen Gesellschaft nicht dieselben Menschen sein können. Dies wird auch an einem Vorgang deutlich, der sich am 02.09.1923 bei der Gründung der Anthroposophischen Gesellschaft in Großbritannien abgespielt hat:

Als Generalsekretär für die zu bildende Landesgesellschaft war Mr. Collison vorgesehen. Dagegen waren Fragen aufgetaucht, weil dieser Freimaurer war. Kann ein Freimaurer eine leitende Aufgabe in der Anthroposophischen Gesellschaft übernehmen? Auf diese Frage ging Rudolf Steiner ausführlich ein:

"Es handelt sich wirklich nicht darum, was jemand in einer anderen Bewegung ist, sondern darum, daß, wenn er in diese anthroposophische Bewegung hereinkommt, er ein guter Anthroposoph ist." (GA 259/S.162)

In welcher anderen Bewegung ein Mensch sonst noch stehe, gehe die Anthroposophische Gesellschaft nichts an, sondern:

"Wenn er ein guter Anthroposoph ist, so ist das für die anthroposophische Bewegung das, worauf es ankommt." (GA 259/S.162)

Wenn jemand allerdings in einer anderen Bewegung als Anthroposoph "untertaucht", dann "arbeitet er an der Zertrümmerung ... der Anthroposophischen Gesellschaft" (GA 219/11/S.171). Arbeitet er aber auch für diese als "guter Anthroposoph", so kann die Tatsache seiner Mitgliedschaft in einer anderen geistigen Bewegung der anthroposophischen Bewegung nicht schaden. Denn:

"Es ist eine Art von Herabwürdigung der anthroposophischen Bewegung, wenn man sie so taxiert, daß man sagt, sie kann geschädigt werden dadurch, daß dieses oder jenes Mitglied aus dieser oder jener anderen Bewegung herkommt. Sie müßte doch furchtbar schwach sein, wenn sie geschädigt werden könnte durch solche Dinge." (GA 259/S.163 f.; siehe auch GA 265/S.60 ff.)

Aus dieser letzten Äußerung geht hervor, daß es sich sehr wohl mit der Mitgliedschaft in der Anthroposophischen Gesellschaft vereinbaren läßt, zugleich noch "dieser oder jener" anderen Bewegung anzugehören. Das gilt selbstverständlich auch für die Mitgliedschaft in der Christengemeinschaft und ist in den Statuten der Anthroposophischen Gesellschaft mit der Weihnachtstagung unter Punkt 4 verbindlich geregelt. Darüber hinaus sah er es als Ideal an, dafür zu wirken, daß der Übergang von Christengemeinschaft zu Anthroposophischer Gesellschaft und umgekehrt ermöglicht wird (Näheres siehe Kap. VI, 1 und 3).

Eine extreme Äußerung findet sich in der Sitzung des Dreißiger-Kreises vom 22.01.1923:
"Nun hat sich diese (religiöse; W.G.) Erneuerungsbewegung gebildet. Denken Sie, wenn Sie in der Anthroposophischen Gesellschaft die Kraft gehabt hätten, sie zu absorbieren! Rittelmeyer und Bock sind aber weggegangen." (GA 256/S.25)

Aus diesen Sätzen könnte man theoretisch konstruieren, Rudolf Steiner habe die Christengemeinschaft eigentlich nicht gewollt, die Anthroposophische Gesellschaft hätte das Bedürfnis danach "absorbieren" sollen. Aus dieser Studie geht aber wohl deutlich genug hervor, daß dies nicht der Sinn dieser Worte sein kann. Aus der Situation damals und dem Zuhörerkreis – über 30 bedeutende Anthroposophen! – wird deutlich, was gemeint ist: Die anthroposophische Arbeit und die Anthroposophische Gesellschaft müssen durch die individuelle Arbeit des einzelnen, besonders der führenden Anthroposophen, eine viel stärkere Kraft entfalten. Diese Kraft muß so stark wirken, daß alle Mitglieder und "Spezialisten" in den Tochterbewegungen sich zur Anthroposophischen Gesellschaft hingezogen fühlen.

Als letztes sei eine Äußerung Rudolf Steiners zu den Ursachen des Vortrags vom 30.12.1922 hinzugefügt, die dem am Anfang referierten Satz von den "Erfolgen" der Christengemeinschaft scheinbar widerspricht. In einem Gespräch mit Gottfried Husemann, damals Priester in Köln, Anfang April 1923 (auf das wir noch einige Male zurückkommen werden), sagte er sinngemäß:
Die ganzen Schwierigkeiten kommen einfach nur daher, daß einzelne der Seelenpfleger (der Priester) bisher nicht vermocht haben, genügend große Gemeinden von außenstehenden Menschen zu bilden, aber die beiden Dinge können ruhig miteinander gehen. –
Man sieht, wie genau man auf die Situation und den Wortlaut hören muß. Zu den führenden Anthroposophen sprach er von den Erfolgen der Christengemeinschaft; gemeint war: bei den Mitgliedern der Anthroposophischen Gesellschaft. Zu dem Priester sprach er von der Schwierigkeit, Menschen für die Gemeinden der Christengemeinschaft zu finden; gemeint waren Nicht-Anthroposophen.

In jenem Gespräch sagte Rudolf Steiner noch, daß es eigentlich mehr innere Schwierigkeiten in der religiösen Erneuerungsbewegung selbst seien. – Für ihn war Anfang April 1923 das Problem theoretisch, d.h. daß man darüber sprechen und sich auseinandersetzen mußte, gelöst. Er hatte alles Notwendige gesagt. Er ist direkt nicht mehr darauf eingegangen. Für die Priester war das Problem aber weder praktisch noch theoretisch gelöst. Deshalb erbaten sie bei ihrer Zusammenkunft im Juli 1923 von Rudolf Steiner Auskunft darüber. Wie ein Nachtrag, weise und fern aller überspitzten Formulierungen, die in einer Gefahrensituation in der Auseinandersetzung vorkommen, wirkt das, was Rudolf Steiner dann zu dem ganzen Problemkreis sagt. Wir kommen noch darauf zu sprechen.

6. Das Mißverstehen des Vortrags vom 30.12.1922 und Rudolf Steiners spätere Ergänzungen zu diesem

Der Vortrag vom 30.12.1922 hat die Menschen in der Anthroposophischen Gesellschaft und in der Christengemeinschaft sehr beschäftigt, seitdem er gehalten worden ist. Seine Inhalte wurden zuerst mündlich weitergegeben, bis er Anfang Januar 1923 vom Zentralvorstand der Anthroposophischen Gesellschaft in Stuttgart als Nr. 2 seiner Mitteilungen (nachdem die Nr. 1 dieser Mitteilungen ein Jahr vorher erschienen war) gedruckt wurde. Aber das trug nicht wesentlich zur Klärung der Situation bei. Es kam zum Beispiel zu Diskussionen, ob Rudolf Steiner gemeint habe, ein Anthroposoph solle am Leben der Christengemeinschaft teilnehmen oder nicht. Ein Priester der Christengemeinschaft, Emil Bock, fühlte sich gedrängt zu warnen, man müsse sich in bezug auf den Vortrag vom 30.12.1922 sein eigenes Urteil freihalten, und bekam eine scharfe Erwiderung von Rudolf Steiner zu hören (siehe GA 257/30.01.1923/S.34 ff.).

Der Vortrag führte "zu einem regelrechten Gezänk zwischen Anthroposophen und Religionserneuerern. Es ist jetzt eine gespannte Stimmung da und eine schwüle Atmosphäre. Wenn wir diese Dinge so lassen, geht die Anthroposophische Gesellschaft unweigerlich zugrunde. Aber dann stürzen die anderen Institutionen mit. Traurig ist es, daß sich dies unmittelbar an die Dornacher Ereignisse (Vortrag vom 30.12.1922 und Brand des Goetheanum; W.G.) angeschlossen hat. Davor hätte man die Sache behüten müssen." (GA 300b/ 17.01.1923/S.227)

Rudolf Steiner hat von da an durch viele Wochen versucht, die Stimmung zu entspannen und die Atmosphäre zu reinigen. Er hat den Vortrag vom 30.12.1922 von verschiedenen Seiten her erläutert und manche mißverständliche Schärfe gemildert. Besonders in den Vorträgen "Anthroposophische Gemeinschaftsbildung" (GA 257), die wir schon häufiger herangezogen haben und die auch im Kapitel VI noch weiter verarbeitet werden, finden wir vieles, was er damals zur Klärung der Situation ausgesprochen hat.

Zunächst kennzeichnet Rudolf Steiner seine eigene innere Lage, aus der der Vortrag vom 30.12.1922 entstanden ist. Er sagt von diesem Vortrag: "... den ich mir abringen mußte ..." (GA 300b/17.01.1923/S.227). Einige Tage später, vor den Mitgliedern in Stuttgart, wird er noch deutlicher:

"Dadurch aber, daß man gewissermaßen der Mutter nicht gibt, was der Mutter sein muß, damit auch alle die Kinder in der richtigen Weise versorgt werden können, dadurch entsteht die allerschwerste Sorge für die anthroposophische Bewegung, wirklich die allerschwerste Sorge.

Meine lieben Freunde, das war es, was auf einem besonderen Gebiete mir das Wort aus dem Munde gepreßt hat bei meinem vorletzten im Goetheanum gehaltenen Vortrag über die Bewegung für religiöse Erneuerung." (GA 257/ 23.01.1923/S.20)

Er mußte sich diesen Vortrag "abringen", und die Sorge um den Bestand der anthroposophischen Bewegung hat ihm seine Worte "aus dem Munde gepreßt". Damit ist mit scharfen Worten auf die Situation hingewiesen, die diesen Vortrag bestimmt hat und ohne deren Berücksichtigung der Vortrag mißverstanden werden muß. – Rudolf Steiner machte deutlich, daß die Mißverständnisse sich auch auf den Inhalt des Vortrags vom 30.12.1922 selbst erstreckten. In dem schon erwähnten Gespräch mit Gottfried Husemann, Anfang April 1923, sagte er, daß der Vortrag vom 30.12.1922 in den "Mitteilungen des Zentralvorstandes der Anthroposophischen Gesellschaft" (Nr. 2, Januar 1923) weder wörtlich noch vollständig abgedruckt worden sei. Es gehöre zu den vielen Unterlassungssünden, daß man ihm das Manuskript nicht gezeigt habe. – In diesem Abdruck des Vortrags vom 30.12.1922 durch den Zentralvorstand der Anthroposophischen Gesellschaft sind zum Beispiel die einschränkenden Formulierungen "für den Anfang" und "in der ersten Zeit" (GA 219/11/S.173), auf die wir bereits oben eingegangen sind, ausgelassen.

Die Mitglieder der Anthroposophischen Gesellschaft kannten also zu Rudolf Steiners Lebzeiten nur einen verfälschten Wortlaut des Vortrags vom 30.12.1922. Die Erstauflage in Buchform mit dem vollständigen Text erschien erst im Jahre 1927. Die Grundlage für die umfassende Beurteilung der Situation war für die Mitglieder nicht im Sinne Rudolf Steiners gegeben.

Am 06.02.1923 sagt er: In der Orientierung über die Christengemeinschaft "sind nur Schiefheiten ... zutage getreten" (GA 257/3/S.67). Leider wird durch diese Worte nicht ganz deutlich, ob er die Zeit nach dem 30.12.1922 mit einbezieht oder nicht.

Bei der Sitzung des Dreißiger-Kreises vom 13.02.1923 geht Rudolf Steiner jedenfalls auf einen Mißbrauch des Vortrags vom 30.12.1922 ein, der damals wohl auch hier und da getrieben wurde:

"Man kann alles sagen, aber man muß es mit dem Bewußtsein sagen, daß die Überlieferung des Kultus an die religiöse Erneuerung dieser religiösen Bewegung das Rückgrat gegeben hat. Wenn sie (gemeint sind wohl die Priester; W.G.) einfach meinen Vortrag vom 30.12.1922 interpretiert bekommen in der Weise, daß ihnen bloß negativ gesagt wird, der Anthroposoph brauche keinen Kultus, dann verlieren die Leute (in der Christengemeinschaft; W.G.) dieses Rückgrat." (GA 256/S.136)

Damit wird sogar darauf hingedeutet, daß ein einseitiges Interpretieren dieses Vortrags ("der Anthroposoph braucht keinen Kultus") den Menschen in der Christengemeinschaft und dieser selbst das Rückgrat nimmt.

Die wohl schärfste Charakterisierung für das Versagen der Anthroposophischen Gesellschaft gegenüber der Christengemeinschaft findet sich in den Erinnerungen von Karin Ruths-Hoffmann in dem Buch "Koberwitz 1924, Geburtsstunde einer neuen Landwirtschaft". Darin schreibt sie :

"Dabei erinnere ich mich einer Szene Anfang 1923 in Stuttgart, vor der Delegiertenversammlung. Nur wenige wissen heute noch, was Dr. Steiner damals zu uns sagte (wahrscheinlich am 8. oder 14. Februar zu einigen der Jugendlichen vor oder nach der Ansprache; siehe GA 217a; W.G.): 'Die Anthroposophische Gesellschaft hat sich zur Christengemeinschaft verhalten wie ein Vater, dem in seiner Abwesenheit ein Kind geboren wird; der dann nach Hause kommt, zuerst frühstückt und die Zeitung liest, dann einen Spaziergang macht und sich dann erst nach seinem Kind erkundigt.' ... Rudolf Steiner ... hat das Beispiel sogar fortgesetzt mit einem zweiten: ein Ehepaar habe sein Kind echt anthroposophisch auf den Namen Johannes getauft, – es aber dann doch auf dem Bahnsteig vergessen. Bei diesen Worten wandte er sich an Frau Doktor, und sie lachte, daß ihr die Tränen herunterliefen." (S.118 f.)

Diese Äußerung, die das Motiv Mutter – Tochter vom 23.01.1923 fortsetzt, zeigt vielleicht am deutlichsten, wie Rudolf Steiner der Anthroposophischen Gesellschaft auch eine Mitverantwortung für das Gedeihen der Christengemeinschaft zugedacht hat und daß sie dieser Verantwortung zunächst nicht gerecht geworden ist.

Ein weiteres Mißverständnis erwähnt Rudolf Steiner im Siebener-Ausschuß am 30.01.1923:

"Die Bewegung für religiöse Erneuerung ist entstanden. Eine Dame ist mit aller Leidenschaft hineingegangen; sie hat nichts anderes gefühlt, als daß sie dort hineingehen solle. Irgendwelche ihr plausible Direktive (von seiten der Anthroposophischen Gesellschaft; W.G.) ist nicht entstanden. Sie hat gehört von meinem Vortrag vom 30. Dezember; es ist ihr alles mögliche gesagt worden, wodurch sie irre geworden ist! Nun habe ich hier letzten Dienstag vorgetragen (23.01.1923, 'Worte des Schmerzes ...'; W.G.). Von dem Vortrag hat sie den Eindruck gehabt, sie werde ihre frühere Stellungnahme wiederfinden. Hinterher ist ihr gesagt worden, es gehe aus meinem Vortrag hervor, daß kein Anthroposoph sich an der religiösen Erneuerungsbewegung beteiligen solle. ... Ja nun, da ist sie nun völlig außer Rand und Band gekommen. Dieses 'soll' und 'soll nicht': fortwährend 'soll' man das tun, oder man 'soll' es nicht tun ..., was aber gar nicht vorkommt in dem, was ich vortrug." (GA 256/S.30)

Aus dem letzten Satz wird deutlich, daß Rudolf Steiners Worte aus dem Vortrag vom 30.12.1922 nicht so interpretiert werden dürfen, wie es oberflächlich betrachtet zunächst naheliegen mag, nämlich, daß ein Anthroposoph nicht am Kultus der Christengemeinschaft teilnehmen "solle". Es darf auf keinen Fall ein solches Dogma geben, wie es damals entstanden ist und leider bis heute noch nachwirkt.

An vier Tagen faßt Rudolf Steiner in aller Kürze zusammen, was er mit dem Vortrag vom 30.12.1922 sagen wollte:

Am 18.01.1923 bespricht er mit den Oberlenkern der Christengemeinschaft, daß er mit dem Vortrag vom 30.12.1922 beabsichtigt habe, den Anthroposophen ihre Aufgabe vor Augen zu führen und den maßgeblichen Vertretern der Anthroposophischen Gesellschaft nahezubringen, nicht bequem zu bleiben. – Fünf Tage später, am 23.01.1923, nennt er den Vortrag vom 30.12.1922 eine "Umschreibung" für das folgende Verhältnis: "Man freue sich der Tochter,

aber man vergesse der Mutter nicht, vergesse nicht, daß die Mutter auch gehegt und gepflegt sein muß." (GA 257/1/S.21)
Am 30.01.1923 formuliert er folgendermaßen: "Ob man nun das eine oder das andere tun soll, das steht durchaus im freien Ermessen eines jeden einzelnen; das wird man aus diesem Vortrag (vom 30.12.1922; W.G.) ersehen, und ich habe mich ja vor acht Tagen hier darüber mit aller Deutlichkeit ausgesprochen." (GA 257/2/S.33)
Anfang April 1923 schließlich erwähnt er Gottfried Husemann gegenüber: Mit seinem Vortrag vom 30.12.1922 wollte er nur den Anthroposophen klarmachen, daß sie nicht in der religiösen Erneuerung jetzt die Krone der Anthroposophie zu erblicken haben. –
Man kann sich fragen, warum Rudolf Steiner im Vortrag vom 30.12.1922 selber und danach, wenn er auf ihn zu sprechen kommt, wiederholt betont, daß er nicht an die Religionserneuerer, sondern an die Anthroposophen gerichtet sei: "Was ich ausspreche, ist selbstverständlich nur ausgesprochen, damit innerhalb der Anthroposophischen Gesellschaft die Dinge richtig verstanden werden." (GA 219/11/S.174)
Am 17.01.1923: "... dieser Vortrag, der an die Anthroposophen gerichtet war – das konnte man ihm auf zehn Schritte anmerken – er war nicht gerichtet an die Religionserneuerer selbst." (GA 300b/S.227)
Am 23.01.1923: "Dennoch aber mußte ich schon nach diesen dreieinhalb Monaten der Wirksamkeit (der Christengemeinschaft; W.G.) zu dem Wort greifen (am 30.12.1922; W.G.), das in Dornach dazumal an die Adresse nicht der religiösen Erneuerungsbewegung, sondern an die Adresse der Anthroposophen gerichtet war, natürlich auch der Anthroposophen, die innerhalb der religiösen Erneuerungsbewegung stehen." (GA 257/1/S.20 f.)
Am 30.01.1923: "... habe ich mich bei der Stilisierung (des Vortrags vom 30.12.1922; W.G.) nicht gerichtet an die Bewegung für religiöse Erneuerung, sondern an die Anthroposophische Gesellschaft. Aus dieser, ich möchte sagen, Adresse und aus meinem allgemeinen Grundsatz, soviel als möglich bei den Tatsachen stehenzubleiben, ist dieser Vortrag von damals verfaßt, und wer ihn liest, wird das empfinden." (GA 257/2/S.33)
Diesen Äußerungen entspricht die Tatsache, daß Rudolf Steiner gegenüber den Priestern nichts gesagt hat, was an Deutlichkeit und Schärfe dem vergleichbar wäre, was er den Lehrern der Waldorfschule, den Anthroposophen im Siebener-Ausschuß und Dreißiger-Kreis und schließlich den Mitgliedern der Anthroposophischen Gesellschaft im ganzen gesagt hat. Es hätte durchaus auch eine "Zurechtrückung" des "Urfehlers" im Kreise der Priester von Rudolf Steiner geben können. Aber er sagte nur nachträglich am 12.07.1923 zu ihnen:
Die Mißverständnisse kamen daher, weil auf beiden Seiten Fehler in der Handhabung gemacht worden sind. Denn es gab in der Christengemeinschaft viele, Anthroposophen und Priester, die nicht so recht wußten, wie sie sich verhalten sollten. –

Jedenfalls hat Rudolf Steiner sich mit dem Vortrag vom 30.12.1922 an die Anthroposophen gewandt – "natürlich auch" an die "Anthroposophen, die innerhalb der religiösen Erneuerungsbewegung stehen" (GA 257/23.01.1923/S.21). Der Widerspruch (nicht an die Religionserneuerer gerichtet – aber trotzdem an die Anthroposophen in der Christengemeinschaft) löst sich nur auf, wenn man die Grundaussage, daß der Vortrag für die Anthroposophen und die Anthroposophische Gesellschaft gehalten ist, betont und nicht die nur zur Verdeutlichung beigefügten Negationen.

In erster Linie war der Vortrag deshalb eine Notwendigkeit geworden, damit der Erkenntnisimpuls bei den Mitgliedern der Anthroposophischen Gesellschaft gerettet, gestärkt und damit auch die Aufgabe der Anthroposophischen Gesellschaft selbst wieder deutlich in das Bewußtsein gerückt werden konnte. Diesem Ziel dienten auch die Vorträge vom 29. und 31.12.1922 (siehe Kap. II, 1 und 2).

Der Vortrag hatte tatsächlich die Wirkung, daß viele Anthroposophen sich ihrer Aufgabe als Anthroposoph in der Anthroposophischen Gesellschaft wieder bewußt wurden. Viele sahen es aber als die einzige Möglichkeit an, diesem Vortrag gerecht zu werden, wenn sie der Christengemeinschaft ganz entsagten.

Jedenfalls konnte mit der Weihnachtstagung 1923 ein Neubeginn der Arbeit der Anthroposophischen Gesellschaft eingeleitet werden. Am 18.01.1923 hatten zwei Oberlenker der Christengemeinschaft ein Gespräch mit Rudolf Steiner über den Vortrag vom 30.12.1922, durch das unsere Interpretation dieses Vortrags eine Bestätigung erfährt und aus dem im folgenden referiert werden soll:

Der Vortrag vom 30.12.1922 ist für die Anthroposophen gehalten, nicht für die Priester. Er war notwendig geworden, weil sogar von älteren Anthroposophen zu hören war, durch den Kultus der Christengemeinschaft sei die anthroposophische Arbeit eigentlich überflüssig geworden.

Anthroposophische Erkenntnisarbeit und religiöser Kultus sind heute zwei notwendige, aber verschiedene Wege zum Geist. Wer den einen geht, sollte den anderen nicht überheblich geringer schätzen als den eigenen. Das geht schon aus dem Bild von Blut und Nerv aus dem Vortrag vom 30.12.1922 hervor. Denn wie diese im menschlichen Organismus säuberlich getrennt funktionieren müssen und sich nicht vermischen dürfen, so auch im sozialen Organismus die Erkenntnisgesellschaft und die Religionsgemeinschaft. Man soll aber nicht die beiden Bewegungen direkt mit Blut und Nerv vergleichen. Es ist töricht, wenn sich ein Anthroposoph über ein Mitglied der Christengemeinschaft erhaben dünkt.

Es gibt viele Menschen mit unbefriedigten religiösen Bedürfnissen, die durch den Kultus in ihrem Ich erkraftet werden können. Weit weniger Menschen kommen durch die Aufnahme der anthroposophischen Gedanken zu einem erkrafteten Ich. Aber da treffen sich die beiden Wege.

Auf dem Erkenntnisweg müßten besonders ältere Anthroposophen soviel Verständnis für den Kultus gewonnen haben, daß sie in kultischen Dingen die Priester beraten können sollten. Deshalb ist im Vortrag vom 30.12.1922 öfter davon die Rede, daß Anthroposophen den Priestern Helfer und Rater sein sollten.

Es ist auch zum Schaden der Priester, wenn die anthroposophische Arbeit durch die Christengemeinschaft geschwächt oder gar teilweise verschluckt wird. Denn bei aller Selbständigkeit der Christengemeinschaft würde ihr dadurch der Mutterboden entzogen. Aber daß diese Schwächung nicht eintrete, ist eine Aufgabe der Anthroposophen und nicht der Priester.

Denn die Priester dürfen natürlich niemanden zurückweisen, der zur Christengemeinschaft kommen will, weil sie alle gleich behandeln müssen, auch Anthroposophen. Ich meine nämlich nicht, daß diese am Kultus nicht teilnehmen sollten. Sondern es kommt auf die Gesinnung an, mit der sie teilnehmen. Da muß Klarheit herrschen.

Und die Priester müssen erwarten, daß diejenigen, die sich in der Christengemeinschaft trauen lassen, dieser nicht einfach nach der Trauung den Rücken kehren. Sie müssen zur Gemeinde gehören und die Sache der Christengemeinschaft tragen helfen. – Soweit aus dem Gespräch Rudolf Steiners mit den zwei Oberlenkern.

Trotz solcher Klärungen war für die Priester der Christengemeinschaft die Lage, die durch den Vortrag vom 30.12.1922 entstanden war, weder von der Erkenntnisseite des Problems noch von der praktischen Seite her gelöst. Die praktische Seite – genügend Mitglieder außerhalb der anthroposophischen Kreise zu finden – wurde im Laufe der Jahre gelöst. Für das Verstehen des Vortrags vom 30.12.1922 und für die Beurteilung einiger daraus von Anthroposophen abgeleiteten Folgerungen erbaten sie die Hilfe Rudolf Steiners am 12.07.1923.

Rudolf Steiner kam selbst auf ein Mißverständnis zu sprechen, bevor er die Fragen der Priester beantwortete:

Manche Anthroposophen behaupten, daß ein in der Geisterkenntnis Fortgeschrittener den Kultus nicht brauche. Aber diese Behauptung könnte gar nicht aufkommen, wenn man auf die Wirklichkeit hinschaute. Denn im speziellen Falle eines Begräbnisses ist die Christengemeinschaft mit dem Kultus aufgerufen. Und für das ganze Menschenwesen ist sie mit der Menschenweihehandlung aufgerufen. Diese ist nicht etwas Temporäres, von dem man meinen kann, es müsse durch etwas Höheres abgelöst werden. (Siehe auch Alfred Heidenreich: Growing point, S.101)

Wie nahe lag doch nach dem Vortrag vom 30.12.1922 die Folgerung, als Anthroposoph den Kultus entbehren zu können! Und doch entsteht sie aufgrund einer falschen Einstellung. Wie selbstverständlich rechnet Rudolf Steiner hier mit den menschlichen Lebenstatsachen, die auch für den Anthroposophen die religiöse Gemeinschaft aufrufen. Im Todesfall ist die Christengemeinschaft für die Bestattung aufgerufen sowie für das Ganze des Menschen durch die Menschenweihehandlung.

Selbstverständlich wollte Rudolf Steiner damit nicht sagen, daß sich der fortgeschrittene Anthroposoph durch die Christengemeinschaft bestatten lassen müsse, denn das hätte die religiöse Freiheit des einzelnen angetastet. Trotzdem hat er dies durch sein eigenes Verhalten als die Konsequenz hingestellt (siehe Kap. VII, 1 bis 3).

Auf die Frage der Priester nach der kosmischen Kommunion antwortet Rudolf Steiner mit einer kurzen Charakterisierung derselben (siehe Kap. II, 2) und fährt dann fort:

Wenn jemand in der Erkenntnis die Kommunion auf geistige Art empfängt, so schließt das nicht aus, daß er sie auch in religiös-kultischer Form als Abendmahl empfängt, wenn er in seiner Seele dazu neigt. Denn beides widerspricht sich gegenseitig nicht. (Siehe auch: Erinnerungen an Rudolf Steiner, S.310)

In bezug auf den problematischen Satz, "die Anthroposophen brauchen keinen Kultus", der aus dem Vortrag vom 30.12.1922 abgeleitet worden war, führte Rudolf Steiner nach einer Frage seitens der Priester aus, daß dieser Satz folgendermaßen heißen müsse:

Die Anthroposophie braucht die Christengemeinschaft nicht, denn sie besteht ja aus sich heraus. Aber die Christengemeinschaft braucht die Geisteswissenschaft. Wenn gesagt wurde, Anthroposophen bräuchten den Kultus nicht, so bezieht sich das auf die damals aufgetretene Meinung, man müsse sich prinzipiell für die Christengemeinschaft entscheiden. –

Die Aussage, "die Anthroposophen brauchen keinen Kultus", wird also als eine korrigierende Antwort auf eine konkret aufgetretene falsche Meinung bezeichnet. Die von der einzelnen Situation unabhängige geistige Tatsache lautet: Anthroposophie braucht keine religiöse Erneuerung.

Auf eine weitere Frage hin geht Rudolf Steiner auf einen Satz aus dem Vortrag vom 30.12.1922 ein, der von den Menschen spricht, die die Christengemeinschaft suchen (GA 219/11/S.165):

Man kann nicht bestreiten, daß es verschieden veranlagte Menschen in dieser Beziehung gibt: die einen haben einen Trieb nach Erkenntnis mit Hilfe des Denkens, die anderen haben einen dumpfen religiösen Trieb. Mit dem letzteren kann die Anthroposophie nichts anfangen, wohl aber kann die Christengemeinschaft etwas für sie tun. Denn bei diesen Menschen findet man nur einen Anknüpfungspunkt mit dem Kultus und nicht mit der Geisteswissenschaft. Das bedeutet aber nicht, daß sich die Christengemeinschaft vorwiegend oder gar ausschließlich in ihrer Arbeit auf diese Menschen beschränken soll. –

Damit ist deutlich gesagt, daß die Christengemeinschaft nicht nur für den Menschen da ist, die einen dumpfen religiösen Trieb haben, aber keinen denkerischen Erkenntnistrieb. Ja, durch den Kultus wird der Intellekt wieder in den Menschen hereingerufen (vgl. Kap. III, 4) und das Geistbewußtsein entzündet (siehe GA 175/20.02.1917/S.56 f.) und dadurch die Frage nach Geisterkenntnis, nach Anthroposophie, hervorgerufen (vgl. GA 300c/S.123 als Beispiel). Wenn man annimmt, daß Menschen, die zur Anthroposophie finden, nicht am Kultus der Christengemeinschaft teilnehmen dürfen, wie es bis heute bisweilen geschieht, dann müßten auch diejenigen Menschen, die den von Rudolf Steiner gesehenen Weg durch die Christengemeinschaft zur Anthroposophie finden und von denen es viele gibt, sich vom Kultus und der Christengemeinschaft nachträglich abwenden. Kultus und Religion wären eine Durchgangsstufe zur Anthroposophie und hätten keine Bedeutung in sich. Das aber ist ein Ungedanke – wenn er auch hier und da gedacht und praktiziert wird –, für den es in den Ausführungen Rudolf Steiners keinen Anhaltspunkt gibt.

Das wird in den beiden folgenden Kapiteln noch deutlicher werden.

Wenn man nun all dies im Zusammenhang überschaut und es deutlich wird, was Rudolf Steiner gemeint hat, bleibt noch die Frage: Warum hat er dann im Vortrag vom 30.12.1922 so scharf und mißverständlich formuliert, so daß dieser weithin allein das Urteil zu dem ganzen Fragenkreis bestimmt?

Vor den Priestern antwortete er am 12.07.1923 darauf, indem er gegen Ende seiner Erläuterungen zum Vortag vom 30.12.1922 sagte:

Man kann nicht so ernste Dinge in trivialen Worten ausdrücken. Es ist da notwendig, in ernsten Worten und mit scharfen Formulierungen zu sprechen. Die können dann allerdings leicht falsch ausgelegt werden. –

VI. Wie Rudolf Steiner das künftige Verhältnis von Anthroposophischer Gesellschaft und Christengemeinschaft veranlagte

In den Monaten vom Dezember 1922 bis zum März 1923 hat Rudolf Steiner nicht nur in zum Teil scharfen Worten Mißverständnisse zurechtgerückt, Unterlassenes nachgeholt und Fehlhaltungen korrigiert, sondern er hat auch positiv dargestellt, wie das Verhältnis der beiden Bewegungen im ganzen und für den einzelnen zu denken sei.

Er ging dabei davon aus, daß die beiden Bewegungen in ihren Aufgaben und Ansätzen verschieden sein müssen. Anthroposophie ist ein Erkenntnisweg, der ein Verhältnis der Menschenseele zu geistigen Wesen nicht voraussetzt. Die Darstellung anthroposophischer Erkenntnisse kann die Seele aber dazu führen, das Dasein und Wirken solcher Wesen zunächst zu denken. Und anthroposophische Meditationen, die immer bei Inhalten ansetzen, die für das normale Bewußtsein überschaubar sind, können den Geistesschüler allmählich zum Erleben dieser Wesen führen.

Anders ist das Wirken einer christlichen Kirche. Denn der religiöse Mensch setzt die Existenz geistiger Wesen voraus, weil er durch sein Gemüt ihres Daseins gewiß ist. Der Geistesschüler darf gerade nichts voraussetzen, wenn er zu einer irrtumsfreien Erkenntnis kommen will, weil sonst das Erkannte von den vorher gefaßten Vorstellungen geprägt sein würde. Rudolf Steiner hat dies als das systematisch leer gemachte Bewußtsein bezeichnet, das empfänglich wird. Dem Geistesschüler muß zum Beispiel in der Seele vollkommen gleichgültig sein, ob die Seele nach dem Tod weiterlebt oder nicht, wenn er zur Erkenntnis des nachtodlichen Lebens kommen will.

Der religiöse Mensch spricht in Gebet und Kultus sogar höchste göttliche Wesen unmittelbar an, ohne sie mit wachem Bewußtsein erlebt zu haben. Er setzt sich durch sein Tun in ein positives Verhältnis zu diesen Wesen, weil er durch den "Glauben", der kein bloßes "Für-wahr-Halten" ist, sondern eine höhere Art des Wissens (vgl. GA 215/06.09.1922/S.26), ihr Dasein erfühlt.

Entsprechend den verschiedenen Seelentätigkeiten sind die Ansätze der Erkenntnisbewegung und der Kultusbewegung verschieden. Anthroposophie knüpft an das Erkenntnisbedürfnis, die Christengemeinschaft an das Auferstehungsbedürfnis im Menschen an (vgl. Friedrich Rittelmeyer: Meine Lebensbegegnung mit Rudolf Steiner, S.149 f.).

Trotzdem greifen die Tätigkeiten, die der Mensch in beiden Bewegungen vollbringt, in den Bereich der jeweils anderen Bewegung über. Ein besonders eindrucksvolles Beispiel dafür gab Rudolf Steiner im Gespräch mit Vertretern der Christengemeinschaft Anfang April 1923, als die Wochen der Klärung des Verhältnisses der beiden Bewegungen zueinander vorüber waren:

Vieles von dem, was über den Unterschied der beiden Bewegungen gesagt wird, ist wesenloses Gerede. Und die Schwierigkeiten, die die Priester haben, sind ganz theoretischer Natur. Denn in der Wirklichkeit greifen die beiden Bewegungen ineinander über: Indem der Priester predigt, ist er, wie ein Anthroposoph, auf dem Felde der Erkenntnis tätig. Indem der Anthroposoph esoterische Übungen macht, ist er auf dem Felde des Religiösen tätig, entsprechend dem Priester, der den Kultus vollzieht. –
Damit schaut Rudolf Steiner auf die Funktionen innerhalb der beiden Bewegungen. Religion ist in erster Linie eine Angelegenheit des Willens, der Tätigkeit (siehe Kap. III, 1 und 2). Innerhalb des religiösen Lebens tritt mit der Predigt aber ein Element auf, das sich an das denkende Erkennen wendet. Anthroposophie als Geisteswissenschaft muß sich zunächst an das Denken des Menschen wenden. Aber sie kann und soll durch regelmäßige Tätigkeit in den Willen aufgenommen und vertieft werden, und zwar durch die Pflege (Kultur) der Meditation. Und das ist ein religiöses, ein "kultisches" Element (siehe Kap. II, 1 bis 4).

1. Wie die Bewegungen innerlich zusammengehören und zusammenwirken sollten

Obwohl die beiden Bewegungen in ihrem Ansatz unterschiedlich wirken müssen, gehören sie doch auch zusammen. Das liegt unter anderem daran, daß sie beide im 20. Jahrhundert von den fortschreitenden geistigen Mächten gewollt und inauguriert worden sind (siehe GA 236/16.04.1924/S.72).

Es ist ja die Aufgabe der Anthroposophie, von der Wissenschaft aus die Wege aufzuzeigen, die die Menschenseele zu Kunst und Religion führen können. Richtet sich die Geisteswissenschaft nach außen zum Erkennen der Natur, so führt sie schließlich zur Kunst; richtet sie sich in das menschliche Innere, so erweckt sie die Sehnsucht nach religiöser Verehrung.

Zum Abschluß des zweiten anthroposophischen Hochschulkurses, am 10.04.1921 in Dornach, hat Rudolf Steiner es so ausgesprochen:
"Und so finden wir nach außen in die Natur hineinschreitend den Weg zur Kunst, nach innen in den Menschen hineinschreitend durch Erkenntnis den Weg zur Religion. Was sich spezialisiert hat in diesen drei Gebieten, in der menschlichen Seele muß es doch einheitlich zusammenwirken. Es muß gefunden werden die Möglichkeit dieses einheitlichen Zusammenwirkens." (GA 76/S.236 f.)

Erst dann wird die Aufgabe der Anthroposophie in ihrem ganzen Umfang verwirklicht, wenn für die Menschenseele alle drei Bereiche des Geisteslebens erschlossen sind, wenn sie ihre verschiedenen geistigen Bedürfnisse in diesen drei Bereichen in zeitgemäßer Form befriedigen kann.

Anläßlich dieses Hochschulkurses trafen sich die beiden Persönlichkeiten, durch deren Aktivität zwei Monate später der erste Theologiekurs in Stuttgart

stattfand (siehe Kap. IV, 4). Während dieses Kurses sprach Rudolf Steiner am 13.06.1921 von der Bedeutung, die eine religiöse Bewegung auch für die anthroposophische Bewegung haben würde:
Die anthroposophische Bewegung ist heute in einer sehr schwierigen Situation. Denn einerseits muß sie dafür sorgen, daß gewisse geistige Erkenntnisse in die Welt getragen werden, die diese dringend braucht. Andererseits tritt unter den Anthroposophen das Bestreben auf, Gemeinden bzw. Zweige zu gründen. Aber diese Zweige schwanken hin und her zwischen einem mehr religiösen und einem mehr allgemein geistigen Charakter. Dadurch können sie die soziale Aufgabe, exemplarisch kleine soziale Gemeinschaften zu begründen, die dann ein Vorbild für die Menschheit sein würden, nicht erfüllen. Sondern sie entarten entweder zu Gemeinschaften, in denen lediglich die anthroposophischen Gedanken weitergegeben werden, oder sie zerstreiten sich in Meinungsrichtungen. Die Ursache zu diesen Fehlern liegt aber nicht in den Zweigen selbst, sondern in der Tatsache, daß ein Anthroposoph heute keine Möglichkeit für ein religiöses Leben findet. Bei aller Geisterkenntnis, die es schon gibt, finden die Anthroposophen religiöses Leben nicht. Dazu müssen eben erst die entsprechenden Gemeinschaften da sein. –
Rudolf Steiner sah also die Ursache für Fehler in den anthroposophischen Zweigen in dem Fehlen einer modernen, auf Geisterkenntnis gegründeten religiösen Gemeinschaft und versprach sich etwas Positives für die anthroposophische Bewegung von der neu zu gründenden religiösen Bewegung, weil dann die Anthroposophen ihre Bedürfnisse nach Religion und religiöser Gemeinde nicht mehr in die anthroposophischen Zweige hineinzutragen bräuchten.
Er hat es am gleichen Tag in demselben Zusammenhang noch einmal anders ausgedrückt:
Die Schwierigkeit bei einer Zweiggründung innerhalb der anthroposophischen Bewegung ist die, daß eine solche Begründung von den Menschen durch äußere Mittel angestrebt wird. Das widerspricht aber eigentlich der Anthroposophie, die nur durch ihren geistigen Gehalt wirken kann. Und so entsteht in den Zweigen ein Kampf zwischen dem Wirken mit den äußeren Mitteln der physischen Welt und dem Wirken aus inneren geistigen Impulsen. Aber dieser Kampf würde übergeführt in einen gesunden Prozeß, wenn tatsächlich die Bildung von religiösen Gemeinschaften möglich werden würde. –
Unbeschadet dessen, daß innerhalb der Anthroposophischen Gesellschaft ein eigenständiger Weg zur Gemeinschaftsbildung gefunden und gegangen werden muß (siehe Kap. VI, 4), zeigt diese Äußerung, daß Rudolf Steiner voller Hoffnung auf das Vorhaben der jungen Theologen blickte, weil er eine Vervollständigung des erneuerten Geisteslebens, und damit eine Gesundung auch der anthroposophischen Bewegung, von der Entstehung der Christengemeinschaft erwartete.
Am Ende dieses ersten Theologenkurses wünschte er den jungen Theologen eine ersprießliche Arbeit für ihren Teil der anthroposophischen Arbeit, von der er meinte, daß sie innerhalb des gesamten anthroposophischen Lebens etwas sehr

Bedeutsames werden könne. – Während des zweiten Theologenkurses kam Rudolf Steiner am 06.10.1921 auf die Beziehung der beiden Bewegungen, wie er sie sich erhoffte, zu sprechen:

Die anthroposophische Bewegung hat ihre Aufgabe hauptsächlich darin, übersinnliche Erkenntnisse zu erringen. Die muß sie in die Kultur hineintragen. Die Christengemeinschaft muß von anderer Seite her das praktische religiöse Leben pflegen. So sind die beiden Bewegungen voneinander verschieden. Aber sie sollen voneinander annehmen, was jede aus ihrem Bereich der anderen geben kann. So können beide Bewegungen absolut harmonisch zusammenwirken. –

In diesen Worten wird deutlich, daß Rudolf Steiner ein Zusammenwirken der beiden Bewegungen nicht nur für den einzelnen Menschen und das Kulturleben der Menschheit für richtig und notwendig hielt, sondern sogar auch füreinander. Wie ist das vorzustellen?

Verhältnismäßig leicht zu sehen ist, was die Christengemeinschaft von der anthroposophischen Bewegung annimmt: Die Kultusbewegung wäre gar nicht ohne eine lebendig wirkende Anthroposophie entstanden. Und zum Verständnis der Evangelien, der Wesenheit des Christus und seiner Taten sowie für die Erkenntnis und bewußte Handhabung der Sakramente ist die Christengemeinschaft auf die Hilfe der Geisteswissenschaft angewiesen. Was aber nimmt die anthroposophische Bewegung von der Christengemeinschaft an?

Indem die Kultusbewegung sich an das berechtigte religiöse Bedürfnis des Menschen wendet, wendet sie sich auch an solche, die innerhalb der anthroposophischen Bewegung stehen (vgl. GA 81/10.03.1922, in: Blätter für Anthroposophie, 1962, Nr. 7/8, S.245). Und diese Menschen brauchen seit Bestehen der Christengemeinschaft nicht mehr die Befriedigung ihrer religiösen Bedürfnisse in der Anthroposophischen Gesellschaft zu suchen. Deshalb kann diese ihre primäre Aufgabe, Geisteswissenschaft zu pflegen, besser erfüllen. Sie kann in Reinheit und ungestört von religiösen Impulsen und Voraussetzungen ihre Erkenntnisziele verfolgen (wie wichtig dies besonders für die Meditation ist, siehe GA 67/18.04.1918/S.316 f.). Denn sie darf eine strenge Erkenntnishaltung bei ihren Mitgliedern voraussetzen, weil diese die Möglichkeit haben, ihre religiöse Seelenhaltung in der anderen Bewegung zu betätigen. Daß dieses auch zur Gesundung des Lebens der anthroposophischen Bewegung beiträgt, hat Rudolf Steiner nach unserem Wissen nur zu den Theologen am 13.06.1921 gesagt (siehe oben).

Bei der Gründung der Christengemeinschaft im September 1922 sprach Rudolf Steiner davon, daß für diese Bewegung Anthroposophie die lehrende Seele sei und bleiben müsse (siehe: Erinnerungen an Rudolf Steiner, S.308). – Damit ist darauf hingedeutet, daß die Christengemeinschaft ohne die freie Aufnahme von Anthroposophie in Theologie und Lehre, Religionserkenntnis und Verkündigung, gar nicht bestehen kann. Es sind dies die Felder, auf denen sie sich am engsten mit der anthroposophischen Bewegung berührt, ja sogar mit ihr eines wird.

In dieselbe Richtung weisen die Ausführungen im Vortrag vom 30.12.1922: "... daß diese Bewegung bei der anthroposophischen Bewegung ihre Anlehnung sucht, daß sie die anthroposophische Bewegung als ihre Vorläuferin ansieht." "... aber die religiöse Erneuerungsbewegung, die sich selbst begründet hat, hat ihren Inhalt von der Anthroposophie hergenommen" (GA 219/11/S.171 f.). Die Christengemeinschaft soll die anthroposophische Bewegung als ihren Ursprung und Boden betrachten, und bei den Anthroposophen auch in Zukunft Rat und Hilfe suchen (vgl. GA 219/11/S.170 f.).

Noch deutlicher spricht Rudolf Steiner in diesem Zusammenhang vom Zusammenwirken der beiden Bewegungen:

"Denn innerhalb der Menschheit müssen doch alle diejenigen Bewegungen, welche in berechtigter Weise entstehen, wie in einem organischen Ganzen zusammenwirken. Das muß aber in der richtigen Weise geschehen. – Es ist für den menschlichen Organismus schlechterdings unmöglich, daß das Blutsystem Nervensystem werde und das Nervensystem Blutsystem werde. Die einzelnen Systeme müssen in reinlicher Trennung voneinander im menschlichen Organismus wirken. Dann werden sie gerade in der richtigen Weise zusammenwirken." (GA 219/11/S.171 f.)

Dadurch ist im Bilde gesagt, daß die beiden Bewegungen innerhalb des Geisteslebens eine in sich begründete spezifische, durch nichts – auch nicht durch die andere Bewegung – zu ersetzende Funktion für den Menschen haben; und daß diese Funktionen zusammenwirken *müssen* für den Fortgang der Menschheit. In der richtigen Weise geschieht dieses Zusammenwirken nur dann, wenn die Träger und verantwortlich Tätigen der beiden Bewegungen ihre speziellen Ansätze, Aufgaben und Wege bei all ihrer Tätigkeit beachten. Andererseits ist damit auch ausgesagt, daß beide Bewegungen ohne die andere nicht gesund existieren können, denn Blut kann nicht ohne Nerv, und Nerv nicht ohne Blut sein in einem Organismus.

Auf andere Weise hat Rudolf Steiner beim zweiten Theologenkurs am 28.09.1921 auf die Bedeutung und Notwendigkeit einer selbständigen religiösen Bewegung neben einer religiös gewordenen Wissenschaft und Kunst und auf deren gleiche Wertigkeit hingewiesen (siehe Einleitung zu Kap. III).

Wie eine Zusammenfassung dessen ist das, was Rudolf Steiner am 12.07.1923 zu den Priestern sagte: Wenn beide Bewegungen aus ihren Quellen und im Sinne ihrer Aufgaben wirken, dann können sie sich gegenseitig niemals stören, sondern nur befruchten. – Denn Rudolf Steiner sah in den Aufgaben der beiden Bewegungen so etwas wie eine Arbeitsteilung.

Ein weiteres Motiv für das Zusammenwirken der beiden Bewegungen können wir im Vortrag vom 30.12.1922 finden und in anderen Zusammenhängen weiterverfolgen: Die anthroposophische Erkenntnis kann innerhalb der einzelnen Individualität errungen werden. Aber aus dieser Erkenntnis muß "ganz durch innere Notwendigkeit jenes soziale Wirken, ethisch-religiös soziale Wirken folgen ..., welches die Zukunft der Menschheit braucht" (GA 219/11/S.167). Es darf also für das Geistesleben der Menschheit nicht bei der Geisterkenntnis stehengeblieben werden, sondern es muß das religiöse Wirken, das in das ethische und soziale Verhalten übergeht, aus ihr folgen. Wir haben schon gesehen (siehe Kap. IV, 2), wie Rudolf Steiner diese Forderung allgemein in öffentlichen Vorträgen erhob. In diesem Vortrag erscheint sie in bezug auf das Verhältnis von Anthroposophischer Gesellschaft und Christengemeinschaft.

Den Übergang von Geisterkenntnis zu religiöser Übung bezeichnet Rudolf Steiner noch intimer in einem Vortrag vor den Priestern am 12.07.1923:

Wenn jemand den anthroposophischen Erkenntnisweg geht, dann entsteht in ihm auf einer bestimmten Stufe das Bedürfnis, den religiös-sakramentalen Kultus so zu erleben, daß er ihn als etwas empfindet, was zu ihm gehört und in ihn übergeht. Er wird den Kultus nicht bloß üben, sondern wie ein Kleid anziehen, um nicht wie nackt herumzugehen. Denn der Kultus hängt mit dem Wesen des Menschen zusammen. Er ist aus dem religiösen Bedürfnis des Menschenwesens entstanden, und deshalb kann man ihn nicht entbehren. –

Es handelt sich hier also nicht so sehr um den Zusammenhang der beiden Bewegungen, sondern um den Übergang der einzelnen Seele aus der Tätigkeit innerhalb der Erkenntnisbewegung in eine der religiösen Bewegung. Das Suchen des religiösen Kultus ergibt sich im Verlaufe des anthroposophischen Weges selber. Damit ist deutlicher ausgeführt, was Rudolf Steiner in öffentlichen Vorträgen allgemein gesagt hatte (siehe Kap. IV):

"Geisteswissenschaft wird so den Menschen in wahrhaft modernem Sinne vorbereiten, religiöse Bedürfnisse zu haben." (GA 72/11.12.1918, in: Das Goetheanum, 1942, Nr. 38-43, S.338)

"Aber aus wirklich verstandener Anthroposophie wird auch ein wirklich echtes, wahres, ungeheucheltes religiöses Bedürfnis entstehen." (GA 72/ 19.10.1917, in: Gegenwart, 1950, Nr. 1/2, S.15)

"Das Verhältnis des religiösen Lebens zur Anthroposophie kann also nur dann klar werden, wenn man erfaßt, wie Anthroposophie den Menschen ergreift, wie Anthroposophie den Menschen erweckt für die geistige Welt und wie er dadurch gerade fähig wird, dasjenige wiederum zu empfinden, was er in Gemeinschaft, in der religiösen Gemeinschaft erleben kann." (GA 72/19.10. 1917, in: Gegenwart, 1950, Nr. 1/2, S.24)

Es muß aber auch umgekehrt einen Weg vom religiösen Erleben und Tun zur Geisterkenntnis geben. Für das religiöse Wirken ist aber nicht der einzelne Mensch der Ausgangspunkt, sondern für dieses kommt es auf das Gemeindebilden an, denn "religiöses Leben kann nicht ohne Gemeindebilden bestehen." (GA 257/03.03.1923/S.172)

Die Christengemeinschaft kann aber nicht allein und ausschließlich eine Sakramentsgemeinschaft sein. Sie ist auch zur Verkündigung und Lehre aufgerufen. Wenn der einzelne Gläubige sich mit dem Vollbringen des Kultus begnügt, so ist das seine Angelegenheit. Die Kultusbewegung aber ist darauf angewiesen, mit der Predigt den wahren Bedürfnissen nach Erkenntnis in den Seelen der Menschen im Bewußtseinsseelenzeitalter zu dienen. Und indem die Prediger der Christengemeinschaft mit der fortschreitenden Offenbarung durch die Anthroposophie rechnen, brauchen sie für ihre Predigt die Anthroposophie und die Anthroposophische Gesellschaft.

"Die Predigt wird immer das Fenster sein, durch das die Bewegung für religiöse Erneuerung wird aufnehmen müssen dasjenige, was ihr eine fortwährende lebendige Anthroposophische Gesellschaft wird geben müssen. Dazu bedarf es aber, ... daß, wenn wachsen soll diese Bewegung für religiöse Erneuerung, auch in aller Lebendigkeit die Anthroposophische Gesellschaft daneben sein muß, d.h. das lebendige Leben der Anthroposophie durch eine Anzahl von Menschen." (GA 257/03.03.1923/S.173)

Ohne solche Menschen, in denen lebendig das anthroposophische Erkennen lebt, würde der Christengemeinschaft bald das Wasser abgegraben.

Diesen notwendigen Zusammenhang des religiösen Lebens mit der Geisterkenntnis hat Rudolf Steiner schon im April 1908 ausgesprochen:

"Es darf niemals der Anschluß vom religiösen Leben zum Leben in der Erkenntnis verlorengehen." (GA 102/13.04.1908/S.132)

Beide Wege, von der Geisterkenntnis zur religiösen Übung und vom religiösen Erleben zur Erkenntnis, müssen für die Menschenseelen auch durch das Wirken der beiden Bewegungen ermöglicht werden. Am deutlichsten hat dies Rudolf Steiner am 14.06.1923 ausgesprochen:

"Aber auf der anderen Seite ist es einfach eine menschliche Forderung, daß, wenn auch Religion immer etwas Selbständiges, eine selbständige geistige Strömung in der Menschheit sein muß, doch ein Einklang bestehen muß zwischen dem, was Erkenntnis ist, und dem, was Religion ist. Man muß, ohne über einen Abgrund zu springen, hinüberkommen können in das Religiöse vom Erkennen aus, und man muß wiederum vom Religiösen in das Erkennen herüberkommen können, ohne über einen Abgrund springen zu müssen." (GA 258/5/S.103 f.; siehe auch GA 100/16.06.1907/S.18)

Und gerade dieses ist zwischen der Anthroposophischen Gesellschaft und der Christengemeinschaft möglich, denn "wir haben die Christengemeinschaft herauswachsen sehen aus der anthroposophischen Bewegung. Eine Diskrepanz zwischen beiden in inhaltlicher Beziehung kann es eigentlich nicht geben" (GA 300c/S.176). Nachdem Erkenntnis und Religion im Verlauf der vierten und zum Beginn der fünften Kulturepoche auseinandergefallen sind, muß wieder die Möglichkeit des Überganges von dem einen zum andern geschaffen werden. Das ist für das Geistesleben und die Kultur der Menschheit in der Zukunft notwendig. Es ist ein Element der Erneuerung der Mysterien, der Wiedervereinigung von Wissenschaft, Kunst und Religion.

Die anthroposophische Bewegung aber ist die Mutter aller von ihr ausgehenden Kulturbewegungen. Deshalb gilt:

"Alle einzelnen Strömungen innerhalb der anthroposophischen Bewegung müssen zusammenwirken ... Da darf es nicht geben abgesondert eine Waldorfschul-Bewegung, eine Bewegung für freies Geistesleben, eine Bewegung für religiöse Erneuerung, sondern das alles kann nur gedeihen, wenn es sich fühlt innerhalb der Mutterbewegung, der anthroposophischen Bewegung." (GA 257/06.02.1923/S.68)

Es ist oft versucht worden, die beiden Bewegungen zusammenzuschauen mit der sogenannten "Kain-" bzw. "Abelströmung" und die anthroposophische Bewegung mit der Kainsströmung, die Christengemeinschaft mit der Abelströmung gleichzusetzen. Das mag aufgrund von manchen Äußerungen Rudolf Steiners über die Tempellegende (siehe GA 93) naheliegen. In Kapitel II, 5 ist darüber ausführlich gesprochen worden. In diesen Zusammenhang gehört eine Äußerung Rudolf Steiners, die er im Mai 1923, nach der Gründung der Christengemeinschaft, in Oslo gemacht hat. Sie ist in einer Teilnehmernotiz dem Sinne nach festgehalten worden:

"In der Versammlung erzählte er sehr eindrucksvoll weiter die Tempellegende. Und er ging dazu über, darüber zu sprechen, wie die Abelsöhne sich zu den Kainssöhnen gefunden hatten, indem die Theologen (der Christengemeinschaft; W.G.) ihn um den neuen Kultus gebeten hatten. Das erregte gesteigerte Feindschaft von seiten der Abelsöhne und der Kainssöhne in der äußeren Welt. ... Und weiter sprach er dann, daß im selben Saal, wo den Theologen der neue Kultus gegeben wurde, das Feuer entzündet wurde, das das Goetheanum zerstörte." (GA 265/S.452)

Es erscheint in diesen spärlichen Notizen die Entstehung der Christengemeinschaft als ein Zeichen der Verbindung von Abel- und Kainsströmung, die gerade die alten Vertreter dieser beiden Strömungen, die sich streng getrennt halten wollten, mit Feindschaft beantworteten. Das geht auch aus Notizen von einer esoterischen Stunde am 27.05.1923 hervor, in denen es heißt:

"Beide Menschheitsströmungen blieben einander streng feindlich. Nur einmal vereinten sie sich in Eintracht: in ihrem Haß gegen die Strömung der Mitte. Das Ergebnis dieser einträchtigen Vereinigung beider sonst feindlicher Richtungen war die Vernichtung des Johannesbaues (Goetheanum)." (GA 265/S.460)

Man schaut dabei auf einen tragischen Aspekt des schicksalsschweren Zusammenhanges von anthroposophischer Bewegung und Christengemeinschaft. Damit fällt auch noch ein Licht auf die merkwürdige Tatsache, wie verschieden sich Rudolf Steiner vor und nach dem Brand des Goetheanum über den Anteil der anthroposophischen Bewegung an der Gründung der Christengemeinschaft geäußert hat. Wir haben diese zum Teil widersprüchlichen Äußerungen im Kapitel IV, 6 angeführt. Wollte Rudolf Steiner durch die Betonung der Trennung und Unabhängigkeit der beiden Bewegungen vor dem Brand einer gesteigerten Feindschaft der Gegner vorbeugen, die gerade den Zusammenhang von Wissenschaft und Religion befürchten und bekämpfen mußten? In diese Richtung weisen auch die Äußerungen Rudolf Steiners vom 01.12.1918 (GA 186/3/S.79 f.), zu den Theologen im Juni 1921 (siehe Kap. VI, 2), am 30.12.1922 (GA 219/11/

S.171; siehe Kap. VI, 2), am 08.02.1923 (GA 217a/S.99; siehe Kap. V, 5) und am 11.04.1924 zu den Mitgliedern der Ersten Klasse der Freien Hochschule für Geisteswissenschaft, in der er von der Gegnerschaft gegen Anthroposophie und Christengemeinschaft gesprochen hat.

Einen weiteren Aspekt des Zusammenhanges von Anthroposophie und Christengemeinschaft findet man in einer Angabe Rudolf Steiners für Hans Wohlbold in München, etwa aus dem Jahre 1923, die als Skizze mit kurzen Notizen überliefert ist: Zwölf kleine Kreise sind im Kreis angeordnet wie die Ziffern auf dem Ziffernblatt der Uhr. In den Kreisen stehen Farbbezeichnungen: oben in der Mitte Pfirsichblüt, links Rot, dann Orange und Gelb, unten in der Mitte Grün und rechts Blau. Oben bei Pfirsichblüt steht "Geistige Welt", unten bei Grün "Erdenwelt". Der Weg von der geistigen Welt links herunter zur Erdenwelt durch die warmen Farben wird als der Weg der Christengemeinschaft, als Sommerweg und als Abelweg bezeichnet. Es ist der Weg, der auf der Erinnerung an eine vorgeburtliche Gemeinschaft in der geistigen Welt beruht (siehe auch GA 257/6 und 9). – Der Weg von der Erdenwelt (grün) rechts herauf über die kalten Farben (blau) zur geistigen Welt wird als der Erkenntnisweg des Anthroposophen, als Winterweg und Kainsweg bezeichnet. Es ist der Weg, der durch kalte Einsamkeit zur Erkenntnis führt (vgl. GA 265/S.454).

An dieser Skizze und den dazugehörigen Notizen ist bemerkenswert, daß Rudolf Steiner bei aller deutlichen Differenzierung des religiösen und des Erkenntnisweges doch deren inneren Zusammenhang kennzeichnet: denn Sommer und Winter gehören schließlich zusammen. Der eine kann ohne den anderen nicht sein, sie ergänzen sich gegenseitig. Dieses Motiv des Sich-Ergänzens von Sommer und Winter findet sich häufig im Werk Rudolf Steiners, besonders in den Vorträgen über den Jahreslauf. Dieses Motiv ist zugleich auch eine Bestätigung und Ergänzung des anderen Bildmotives, das er am 30.12.1922 zur Charakterisierung des Zusammenhanges der beiden Bewegungen benutzt hat (GA 219/11/S.171 f.), welches wir oben in diesem Abschnitt schon angeführt haben: das Bild von Blut und Nerv.

Der höchste Aspekt des Zusammenhanges von Anthroposophischer Gesellschaft und Christengemeinschaft, der sich auf die Ebene der geistigen Wesen bezieht, welche diese Bewegungen inauguriert haben und leiten, findet sich in den "Erinnerungen an Rudolf Steiner" (S.312). Es handelt sich um ein Gespräch, das Rudolf Steiner Ende März/Anfang April 1923 mit den Leitern der Christengemeinschaft hatte, in dem er sagte:

> Die anthroposophische Bewegung und die Christengemeinschaft sind beide Michael-Bewegungen und dienen diesem Zeitgeist. Erst auf der nächst niederen Wesensebene, der Erzengel, kann man die Wesen, die das anthroposophische Erkenntnisstreben leiten, von denen unterscheiden, die das kultische Leben der Christengemeinschaft leiten. –
> Michael, der Zeitgeist und Inaugurator der neuen Mysterienzeit, ist für beide Bewegungen so etwas wie ein Schutzgeist, dem die Erkenntnisbewegung und die

Kultusbewegung dienen. Den Zusammenhang Michaels mit der anthroposophischen Bewegung hat Rudolf Steiner in den Karmavorträgen (siehe besonders GA 237 und GA 240) und in den Aufsätzen über das Michael-Mysterium (GA 26) charakterisiert. Und für die Christengemeinschaft heißt es in ihrem Kultus, daß Michael der Hüter des Weiheopfers und der Führer auf dem Wege zum Verstehen des Mysteriums von Golgatha ist.

Schon vor der eigentlichen Gründung der Christengemeinschaft hatte Rudolf Steiner am 24.07.1922 zu den künftigen Leitern der religiösen Bewegung über den Zusammenhang mit Michael gesagt:

Es ist richtig, diese neue Religionsgemeinschaft zu verstehen als eine Inkarnation Michaels, ja sie zu einer solchen zu machen. –

Wir dürfen uns vorstellen, daß zwei verschiedene – Michael dienende – christliche Erzengel als neue, die Freiheit achtende Gruppenseelen (vgl. GA 102/ 01.06.1908/S.194 ff.) die anthroposophische Bewegung und die Christengemeinschaft leiten. Beide aber sind Michael-Bewegungen.

2. Warum die Bewegungen zunächst getrennt sein müssen

Es gehört zu den scheinbaren Widersprüchen in den Äußerungen Rudolf Steiners zum Verhältnis der Anthroposophischen Gesellschaft und der Christengemeinschaft, daß nicht nur davon die Rede ist, wie die beiden Bewegungen zusammengehören, sondern auch davon, daß sie getrennt voneinander sein müssen.

Dieses Problem ist uns in einem Teilaspekt schon begegnet, als davon die Rede war (siehe Kap. IV, 6), wie verschieden Rudolf Steiner den Anteil charakterisiert, den er selbst und die anthroposophische Bewegung an der Gründung der Christengemeinschaft hat. Dabei ist deutlich geworden, wie genau wir unterscheiden müssen, ob im Hinblick auf die Mitglieder der Anthroposophischen Gesellschaft oder auf die Gegner, ob vor dem Brand des Goetheanum oder nachher gesprochen wird.

So können wir auch in den Aussagen, die sich auf die notwendige Trennung der beiden Bewegungen beziehen, das Motiv der Gegnerschaft wiederfinden. Schon in einem Brief an Günther Wagner, vom 14.09.1904, schrieb er:

"Es wird unsere Aufgabe gewiß sein, Prediger, sogar katholische Priester, für das esoterische Christentum zu gewinnen. An diesen wird es dann sein, die Esoterik einströmen zu lassen in ihre Lehren. Uns selbst würde man doch nur Opposition machen, wenn wir *direkt* an die christlichen Kreise herantreten wollten." (GA 264/S.83)

Rudolf Steiner sah von Anfang seines anthroposophischen Wirkens an, daß er die Kirchen, besonders die katholische, zu Gegnern haben würde. Er wollte diese Mächte, die durch seine esoterische christliche Verkündigung schon feindlich genug der Anthroposophie gegenüberstanden, nicht unnötig herausfordern. Aber weil sich die Kirchen ohnehin schon in ihrem Monopol auf Erkenntnis von Seele und Geist durch die Anthroposophie bedroht fühlten (vgl. GA 332a/28.10.1919/ S.118 f.), hielt er sich mit allem zurück, was dem Vorwurf, Anthroposophie wolle eine neue Religion, eine neue Kirche sein, auch nur den Schein einer Berechtigung gegeben hätte.

Aus diesem Grunde hat es Rudolf Steiner auch immer abgelehnt, religiöse rituelle Handlungen, zum Beispiel Taufen, zu vollziehen. Eine der wenigen Ausnahmen ist die Bestattung von Christian Morgenstern, die er ohne einen Geistlichen gestaltete.

Rudolf Steiner hat gleich beim ersten Theologenkurs deutlich gemacht, daß die anthroposophische Bewegung wegen der Gegnerschaft nicht in der Lage sei, aus sich heraus einen Zweig des religiösen Lebens zu begründen, sondern man müsse die religiöse Gemeinschaft selbständig bilden:

Sie müssen nun den Versuch machen, ganz freie Gemeinden zu begründen. Und ich muß Ihnen empfehlen, dies nicht aus den anthroposophischen Zweigen heraus zu versuchen. Das würde Sie am Anfang in Ihrer Arbeit sehr behindern. Denn die Anthroposophie wird in nächster Zeit unglaublich bekämpft werden. In diesen Kampf würden Sie mit hineingezogen werden und dadurch nicht zu ruhiger Gemeindebildung kommen. Selbst wenn Sie zehnmal mehr wären, der Zahl nach (es waren 18, die das hörten; W.G.), so würde Ihre Kraft nicht ausreichen, in diesem Kampf zu bestehen. Außerdem sind die sozialen Verhältnisse heute noch nicht so, daß es möglich wäre, zur Bildung von religiösen Gemeinschaften aus der anthroposophischen Bewegung selbst zu kommen. Deshalb müssen Sie die Begründung religiöser Gemeinden ganz selbständig vornehmen und erst dann sich zusammenschließen mit der anthroposophischen Bewegung. Diese wird einen solchen Zusammenschluß selbstverständlich immer fördern. Aber es wäre schädlich, wenn Sie aus den anthroposophischen Zweigen Kirchengemeinden bilden würden. (Erinnerungen an Rudolf Steiner, S.299)

Die Christengemeinschaft bedurfte wegen der Gegnerschaft gegen Anthroposophie der Trennung von der anthroposophischen Bewegung. Sie war noch nicht stark genug, in den Kämpfen um Anthroposophie zu bestehen und brauchte Ruhe für die ersten Gemeindebildungen.

Umgekehrt bedurfte die anthroposophische Bewegung der Trennung von der religiösen Erneuerungsbewegung, weil diese, wenn sie innerhalb der Anthroposophischen Gesellschaft begründet worden wäre, den kirchlichen Gegnern der Anthroposophie ungeheure Angriffsmöglichkeiten geboten hätte. Hierher gehört die deutliche Äußerung aus dem Vortrag vom 30.12.1922:

"Gerade mit Rücksicht darauf, daß die Gegnerschaft der anthroposophischen Bewegung heute so geartet ist, daß ihr jeder Angriffspunkt recht ist, müssen solche Dinge völlig klar sein. Und ich muß schon sagen, daß eigentlich jeder, der es ehrlich meint mit der anthroposophischen Bewegung, überall so etwas zurückweisen müßte, wenn etwa gesagt würde: In Dornach ist im Goetheanum und durch das Goetheanum die Bewegung für religiöse Erneuerung begründet worden –, wenn geradezu die anthroposophische Bewegung als Begründerin hingestellt würde. Denn das ist nicht der Fall." (GA 219/11/S.171)

Wie berechtigt die Sorge Rudolf Steiners war, zeigen die unglaublichen Haßtiraden, mit denen seine Arbeit zum Beispiel von seiten des Arlesheimer Pfarrers Max Kully überschüttet wurde:

"Geistige Feuerfunken, die Blitzen gleich nach der hölzernen Mausefalle (das Goetheanum; W.G.) zischen, sind also genügend vorhanden, und es wird schon einiger Klugheit Steiners bedürfen, 'versöhnend' zu wirken, damit nicht eines Tages ein richtiger Feuerfunke der Dornacher Herrlichkeit ein unrühmliches Ende bereitet." (GA 203/23.01.1921/S.127)

Einen Tag, nachdem er im Vortrag vom 30.12.1922 noch einmal wegen der Gegnerschaft von der Notwendigkeit der Trennung der beiden Bewegungen gesprochen hatte, ging das Goetheanum tatsächlich, und zwar durch Brandstiftung, in Flammen auf. Vorher war Rudolf Steiner sorgfältig darauf bedacht, daß die Tatsache der Begründung eines neuen Kultus für eine Kirche im Goetheanum selber nicht an die Öffentlichkeit käme, und zwar wegen der – besonders katholischen – Gegner der Anthroposophie. Aber schon drei Monate später, am 18.03.1923, schrieb er für die Öffentlichkeit von dieser Tatsache in der Wochenschrift "Das Goetheanum":

"Ende September und Anfang Oktober (1921; W.G.) versammelten sich im Goetheanum eine Anzahl deutscher Theologen, die den Impuls zu einer christlich-religiösen Erneuerung in sich trugen. Was hier erarbeitet wurde, fand einen Abschluß im September 1922. Ich selbst muß, was ich mit diesen Theologen in dem kleinen Saale des Südflügels, in dem später der Brand zuerst entdeckt worden ist, im September 1922 erlebt habe, zu den Festen meines Lebens rechnen. Hier konnte mit einer Reihe edelbegeisterter Menschen der Weg gegangen werden, der Geist-Erkenntnis in das religiöse Erleben hineinführt." (GA 36/S.332)

Mit dem Brand, der nicht abgewendet werden konnte, war offenbar der Grund entfallen, der Rudolf Steiner veranlaßt hatte, so stark zu betonen, daß die beiden Bewegungen getrennt sein müssen. Er hat dies nach dem Brand auch nie wieder mit der Gegnerschaft gegen Anthroposophie begründet.

Wie sehr er dagegen Veranlassung hatte, schon vor dem Brand im Jahre 1922 vor den Gegnern seiner Aufgabe und Tätigkeit zu warnen, zeigt die Tatsache, daß bestimmte nationalistische Kreise im Mai 1922 in München sogar einen Anschlag auf seine Person planten, der aber vereitelt werden konnte (siehe: Erinnerungen an Rudolf Steiner, S.323 ff.).

Es gibt nun vor dem Brand des Goetheanum zwei erstaunliche Äußerungen, die zu denken nahelegen, daß, wenn genügend Menschen dagewesen wären, die die anthroposophische Bewegung gewollt und getragen hätten, und auf der anderen Seite genügend, die die Christengemeinschaft begründet und getragen hätten (Mitglieder und Pfarrer), eine solche Trennung der Bewegungen, wie sie "für den Anfang" (siehe Kap. V, 4) notwendig gewesen ist, nicht mehr nötig gewesen wäre. Im Vortrag vom 30.12.1922 heißt es:

"Und ich bemerkte: Wenn eine genügend große Anzahl von Menschen heute schon aus ihrer Herzens- und Seelenanlage heraus den Weg zur anthroposophischen Bewegung fände, dann würde sich alles dasjenige, was für die religiösen Ziele und religiösen Ideale notwendig ist, mit der anthroposophischen Erkenntnis allmählich auch aus der anthroposophischen Bewegung heraus ergeben." (GA 219/11/S.166 f.)

Für die religiösen Ziele und Ideale sind nach Rudolf Steiners Äußerungen im wesentlichen zwei Dinge notwendig: Kultus und Gemeindebildung. Diese würden sich allmählich aus der anthroposophischen Bewegung ergeben. Kann man an dieser Stelle noch meinen, es könne sich um "das Religiöse in der Anthroposophie" handeln, wie es im Kapitel II behandelt worden ist, so macht die schon zitierte zweite Äußerung (aus dem ersten Theologenkurs) ganz deutlich, worum es sich handelt. Nachdem von der noch kleinen Zahl der zur religiösen Erneuerung entschlossenen Theologen die Rede war, heißt es:

Die sozialen Verhältnisse sind heute noch nicht so, daß es möglich wäre, zur Bildung von religiösen Gemeinschaften aus der anthroposophischen Bewegung selbst zu kommen. –

Das heißt doch wohl, daß, wenn Anthroposophie ein allgemeiner Kulturfaktor und beide Bewegungen groß und innerlich stark gewesen wären, religiöse Gemeinschaften auch direkt aus der anthroposophischen Bewegung hätten hervorgehen können, da sie an sich ein Teil von dieser sind. Dies ist aber nicht der Fall gewesen.

Das wirft ein Licht auf die Tatsache, daß alle Tochterbewegungen mit der Weihnachtstagung in der Allgemeinen Anthroposophischen Gesellschaft zusammengeschlossen wurden und "ihre" Sektion in der Freien Hochschule für Geisteswissenschaft bekamen – außer der Christengemeinschaft, die "souverän sein soll" (siehe GA 260a/S.600; und: Erinnerungen an Rudolf Steiner, S.299).

Es gab aber noch andere Gründe, warum die beiden Bewegungen zunächst getrennt sein mußten. Der eine ergibt sich aus dem vorher Dargestellten: Beide Bewegungen waren 1922/23 noch schwach. Die Anthroposophische Gesellschaft hatte etwas Ruinenhaftes; die äußeren wirtschaftlichen Verhältnisse und die unzulängliche Leitung der Anthroposophischen Gesellschaft, die Anfänglichkeit all ihrer Wirksamkeiten in der Welt durch die Tochterbewegungen und auch die trotz aller Aktivitäten noch kleine Schar der Träger des anthroposophischen Impulses machten die Konzentration der Kräfte notwendig. – Die Christengemeinschaft, selber noch ganz im Anfang ihrer Wirksamkeit, getragen von 47 Priestern, von denen 27 unter 28 Jahren und nur sieben über 40 Jahre alt waren, machte zwar erfreuliche Fortschritte, sowohl im Innern ("die Priester der Christengemeinschaft gehören als solche dennoch zu den Anthroposophen, die in kürzester Zeit die größten Fortschritte gemacht haben ..., die haben an innerer Entwicklung ungeheure Fortschritte gemacht." GA 300c/S.177) als auch in der

Wirksamkeit nach außen sowie in der Gemeindebildung, aber gemessen an der Aufgabe, eine neue christliche Kirche zu werden, war doch alles noch ein zarter Keim. Die Christengemeinschaft sollte und mußte in neue Menschenkreise vordringen (siehe Kap. V, 4), einerseits um die anthroposophische Bewegung nicht zu schwächen, andererseits um sich selber kraftvoll zu entwickeln.
Deshalb sagte Rudolf Steiner am 09.12.1922 zu den Religionslehrern der Waldorfschule: "Die Christengemeinschaft sollte sich aus sich selbst konstituieren ..." (Unveröffentlicht)
In den Vorgesprächen zur Gründung der Christengemeinschaft hatte er am 07.03.1922 folgendes dargestellt:
Der Impuls zur Gemeindegründung muß über die Menschenkreise innerhalb der anthroposophischen Bewegung hinausgehen. Denn Sie schwächen Ihren Impuls, wenn Sie innerhalb dieser Kreise mit Ihrer Arbeit bleiben, dies gilt auch für die finanzielle Seite der Sache. Wenn die neue Bewegung sich auf die beschränkt, die schon zur Anthroposophie gefunden haben, und sich auch finanziell nur auf diese Menschen stützt, dann ist das sehr bedenklich, weil sie dann nicht genug Substanz und Konsistenz haben wird. Es muß Ihnen unbedingt gelingen, in weitere Kreise vorzudringen. Sonst würde die anthroposophische Bewegung zu einer Sekte werden, und das wäre sowohl für sie als auch für die religiöse Bewegung schlimm. Es wäre ungesund für die Christengemeinschaft, wenn zu Anfang gleich die Anthroposophen die Kassen und die Kirchen füllen sollten. Gesund wird es nur, wenn Sie weitere Menschenkreise für die religiöse Bewegung gewinnen. –
Da die Christengemeinschaft mit dem Kultus die Möglichkeit hatte, ganz neue Menschenkreise zu erreichen, die für die anthroposophische Bewegung zunächst nicht erreichbar waren (siehe Kap. V, 4), hatte sie auch die Verpflichtung, andere Menschen zu finden.
Denn "nach jeder Richtung hin muß diese Bewegung für religiöse Erneuerung von Menschen getragen werden, die noch nicht den Weg in die Anthroposophische Gesellschaft hinein selber finden können durch die besondere Konfiguration und durch die Anlage ihres Geisteslebens." (GA 219/11/S.175)
Aber dieser Grund für die Trennung der beiden Bewegungen gilt "für den Anfang", "in der ersten Zeit" und vor allem wegen der damals schwierigen Zeit in bezug auf die Beschaffung der materiellen Mittel (siehe GA 219/11/S.173 und Kap. V, 4) und der noch kleinen Zahl der Träger der anthroposophischen Bewegung (siehe GA 219/11/S.175 und Kap. V, 4).
Man kann also sagen: Die beiden bisher genannten Gründe für die Trennung beider Bewegungen (Gegnerschaft sowie Gründungsschwierigkeiten und eigene Schwäche) galten nur für die damalige Anfangszeit. Und manche schon zitierte Bemerkung ("für den Anfang"; "in der ersten Zeit"; "daß angestrebt wird ein Sich-Zusammenschließen"; "Sie müssen die religiöse Gemeindebildung für sich vornehmen und dann den Zusammenschluß mit der anthroposophischen Bewegung suchen"; "die anthroposophische Bewegung wird niemals ermangeln,

diesen Zusammenschluß zu fördern") deutet darauf hin, daß ein "Zusammenschluß" der Bewegungen "später" von Rudolf Steiner als möglich angesehen wurde.

Aber es gibt noch einen dritten Grund für die Trennung und Selbständigkeit der beiden Bewegungen, der nicht im Äußeren liegt (Gegner und anfängliche Schwäche), sondern sich aus dem inneren Wesen der Bewegungen selber ergibt.

Eine erste Andeutung dieses Grundes finden wir gegenüber den Gründern der Christengemeinschaft am 09.09.1922, in der es heißt:

Diese neubegründete Bewegung kann die innigsten Beziehungen zur anthroposophischen haben. Sie muß aber trotzdem ganz auf sich selber stehen und darf nicht etwa wie ein Ast oder Zweig von dieser sein. Die anthroposophische Bewegung muß sich als Erkenntnisbewegung, die nicht religionsgründend sein darf, der religiösen Bewegung gegenüber ganz selbständig halten. Die Beziehungen zwischen den Bewegungen können sehr innig sein, man kann alles miteinander besprechen und tragen, aber in gewissen Punkten muß doch eine saubere Trennung da sein. (Siehe auch: Erinnerungen an Rudolf Steiner, S.310)

Andererseits hat Rudolf Steiner nach der Weihnachtstagung am 11.04.1924 in der Unterweisung für die Mitglieder der Freien Hochschule für Geisteswissenschaft die Christengemeinschaft positiv sogar als "Ast" der Anthroposophischen Gesellschaft bezeichnet.

Wie großzügig Rudolf Steiner diese "Linie der Scheidung" der Bewegungen zu handhaben bereit war, zeigt ein Aperçu während der Gründung der Christengemeinschaft im September 1922. Es wurde die Frage besprochen, welche Art von Räumen für das Vollziehen der kultischen Handlungen geeignet sei. Rudolf Steiner bemerkte dazu am 21.09.1922:

Wenn die Anthroposophische Gesellschaft in der Stadt selber Räume hat, könnten Sie die natürlich auch benutzen, sofern die örtlichen Vorstände der Gesellschaft es Ihnen gestatten. –

Selbst in diesen äußeren Dingen hielt Rudolf Steiner innigste Beziehungen der beiden Bewegungen für möglich, "wenn die Beziehung empfindungsgemäß richtig verstanden wird" (GA 257/27.02.1923/S.114). Aber es ist doch deutlich, daß die Erkenntnisbewegung und die religiöse Bewegung "ihrem Wesen nach" getrennt sein müssen. Der eigentliche Grund liegt also auf einer ganz anderen Ebene der Wirklichkeit. Dieser kommen wir schon näher, wenn wir noch einmal betrachten, was Rudolf Steiner am 30.12.1922 über die beiden Bewegungen in imaginativer Art gesagt hat:

"Denn innerhalb der Menschheit müssen doch alle diejenigen Bewegungen, welche in berechtigter Weise entstehen, wie in einem organischen Ganzen zusammenwirken. Das muß aber in der richtigen Weise geschehen.

Es ist für den menschlichen Organismus schlechterdings unmöglich, daß das Blutsystem Nervensystem werde und das Nervensystem Blutsystem werde. Die einzelnen Systeme müssen in reinlicher Trennung voneinander im menschlichen Organismus wirken. Dann werden sie gerade in der richtigen Weise zusammenwirken." (GA 219/11/S.171 f.)

Rudolf Steiner hat es abgelehnt, Anthroposophische Gesellschaft und Christengemeinschaft je einem der Organsysteme "zuzuordnen" (siehe Kap. V, 6), aber wir können doch festhalten, daß beide Bewegungen so in ihren Aufgaben und Funktionen getrennt sein müssen wie Blut- und Nervensystem im Organismus, denn sonst können sie nicht ihre Aufgaben erfüllen. Es gelten ganz verschiedene Bedingungen und Wirkungsarten für die beiden Bewegungen wie für die beiden Organsysteme. Wir haben in der Einleitung dieses Kapitels schon davon gesprochen.

Aber im Vortrag vom 30.12.1922 findet sich auch der Grund, der noch eine Schicht tiefer liegt, warum die religiöse Bewegung nicht aus der anthroposophischen Bewegung herauswachsen kann:

"... aus dem Grunde, weil außerhalb der Anthroposophischen Gesellschaft zahlreiche Menschen sind, die den Weg in die anthroposophische Bewegung hinein selber nicht finden, die später mit ihr zusammenkommen können. Daher muß streng unterschieden werden zwischen dem, was anthroposophische Bewegung ist, dem was Anthroposophische Gesellschaft auch ist, und demjenigen, was die Bewegung für religiöse Erneuerung ist." (GA 219/11/S.170)

In dem Karma der Menschen liegt der tiefste Grund für die notwendige Trennung der Bewegungen. Denn, um es kurz zu sagen, auch der gläubige Jude oder Moslem muß zur anthroposophischen Bewegung als Erkenntnisbewegung finden können, ohne gleich Christ werden zu müssen. Und umgekehrt: Auch derjenige muß Mitglied der Christengemeinschaft sein können, für den der Gedanke der Reinkarnation oder der der beiden Jesusknaben noch nicht denkbar ist. Oder anders ausgedrückt: Auch derjenige, der in seiner religiösen Übung in einem anderen als dem christlichen Zusammenhang der Religionsentwicklung steht, oder derjenige, der ohne Religion im Leben steht, müssen den Zugang zu der voraussetzungslosen Erkenntnisbewegung finden können. Und umgekehrt: Auch derjenige, der aus seinem religiösen Gemüte den erneuerten Kultus der Christengemeinschaft sucht und mitvollbringen will, muß dies tun können, ohne sich gleich auf anthroposophische Erkenntnisbemühungen oder -ergebnisse einlassen zu müssen.

Auf der anderen Seite haben die beiden Bewegungen die Aufgabe, die Weiterentwicklung des einzelnen von seinem karmischen Ausgangspunkt aus zu ermöglichen und zu fördern, damit die Möglichkeit des Überganges von der Religion zur Erkenntnisbewegung und umgekehrt entstehen kann (siehe Kap. VI, 1).

Der Vollständigkeit halber seien noch zwei weitere Äußerungen Rudolf Steiners angeführt, die von dieser notwendigen Trennung der beiden Bewegungen handeln, ohne sie allerdings näher zu begründen. – In der Sitzung des Dreißiger-Kreises vom 13.02.23 sagt er:

"Für die gegenwärtige Zivilisation ist es notwendig, daß eine abgesonderte Anthroposophische Gesellschaft besteht, die diese andere Bewegung speist. Die Anthroposophische Gesellschaft ist unabhängig von ihren Tochterbewegungen; die Tochterbewegungen aber nicht von der Anthroposophischen Gesellschaft." (GA 256/S.136)

Dies ist unmittelbar einleuchtend, weil es die Christengemeinschaft ohne die Anthroposophie und die anthroposophische Bewegung gar nicht gäbe. Es wird wieder auf "die gegenwärtige Zivilisation" abgehoben. Das erinnert an: Die sozialen Verhältnisse sind heute noch nicht so (siehe oben). Man kann sich vorstellen, daß dies für unsere Kulturepoche gilt und in der sechsten Kulturepoche anders werden wird.

Im Juni 1923 erwähnt Rudolf Steiner in einem Nebensatz: "... wenn auch Religion immer etwas Selbständiges, eine selbständige geistige Strömung in der Menschheit sein muß ..." (GA 258/14.06.1923/S.103). Die Zeiten, in denen aus den Religionen – hinter denen die Mysterien als Zentren der Geisterkenntnis standen – alle Kulturtätigkeiten hervorgingen, sind vorüber.

Die Arbeitsteilung, nicht nur im technisch-industriellen Bereich, ist eine fortschreitende, richtige, unumkehrbare Tatsache, dies gilt auch für das Geistesleben. Um so mehr müssen in Zukunft die einzelnen Strömungen, Bewegungen und einzelnen Menschen innerhalb des Geisteslebens und für die Gesamtheit des sozialen Lebens zusammenwirken (siehe Kap. VI, 5). Dem sollen die erneuerten Mysterien dienen, die in unserer Zeit durch Geisteswissenschaft, durch Anthroposophie, neu begründet worden sind. In diesem Sinne ist die Trennung der beiden Bewegungen nur eine Arbeitsteilung, wie er am 12.07.1923 zu den Priestern sagte.

Es gibt aber noch einen Grund, der in dem Karma der beteiligten führenden Persönlichkeiten liegt: Wir haben schon einmal jenes wichtige kurze Gespräch angeführt (Kap. IV, 3), das Friedrich Rittelmeyer in seinem Buch "Meine Lebensbegegnung mit Rudolf Steiner" erwähnt (S.95). Im Jahre 1917 kam Rudolf Steiner von sich aus auf seine und Friedrich Rittelmeyers Erdenaufgabe zu sprechen: "Ich muß mich in meiner Lebensaufgabe beschränken auf das Okkulte. Sonst komme ich nicht durch. Das Religiöse ist Ihre Aufgabe." Niemand anders als Rudolf Steiner hatte die Anthroposophie auf die Erde bringen können. Das war in diesem Leben die Aufgabe, die er zu erfüllen hatte, auf die er sich beschränken mußte. "Das Religiöse ist Ihre Aufgabe"; diesen Satz hat Friedrich Rittelmeyer erst viel später im Sinne einer Lebensmission – also eine neue Kirche zu gründen und zu führen – verstanden.

Wie sehr es aber für die Gründung der Christengemeinschaft karmisch auf Friedrich Rittelmeyer ankam, obwohl er nicht zu den ersten Initiatoren der religiösen Erneuerungsbewegung gehörte, offenbarte Rudolf Steiner den Mitgliedern der Anthroposophischen Gesellschaft im Nachrichtenblatt vom 05.10.1924:

"Aus der Anthroposophischen Gesellschaft heraus für die christliche Erneuerung etwas darreichen, fordert wie selbstverständlich die praktische Frage heraus: wie wird Rittelmeyer das Dargereichte aufnehmen? Wie wird er sich zu der Verwirklichung des Gewollten stellen? Denn die anthroposophische Bewegung mußte in Rittelmeyer das Vorbild einer Persönlichkeit sehen, die Christentum und Anthroposophie in der inneren Harmonie des Herzens und in der äußeren Harmonie des Wirkens vereint hatte.

Und Rittelmeyer sagte aus vollem Herzen heraus 'Ja'. Damit war für die selbständige Bewegung für christliche Erneuerung ein fester Ausgangspunkt gewonnen. Und es konnte, was geschehen sollte, hier im Goetheanum vor zwei Jahren inauguriert werden." (GA 260a/S.397 f.)

Das bedeutet nicht weniger, als daß der Entschluß Friedrich Rittelmeyers, bei der Gründung der Christengemeinschaft mitzumachen und eine leitende Aufgabe als Oberlenker zu übernehmen, diese Gründung erst ermöglichte. Sein Entschluß war ein "fester Ausgangspunkt" für die neue Kirche. Wie ernst es Rudolf Steiner damit war, geht auch daraus hervor, daß er Friedrich Rittelmeyer entgegen dessen anfänglichen Widerstand allmählich davon überzeugte, wie richtig und wichtig es sei, daß dieser als Erzoberlenker eine letzte individualisierte Verantwortung für die Leitung der Christengemeinschaft übernahm. Dies geschah dann im Februar 1925 (siehe Kap. VII, 8) sicherlich mit einem bedeutenden karmischen Hintergrund, den wir im Zusammenhang mit der Äußerung, "Das Religiöse ist Ihre Aufgabe", nur ahnen können.

Mit der Weihnachtstagung entstand in den "Statuten" der Allgemeinen Anthroposophischen Gesellschaft, die eine Schilderung der "Realität in ihrer Eigenart" sein sollten, eine neue Grundlage für das Wirken der Anthroposophischen Gesellschaft (siehe GA 260a/S.29 ff.). In diesen Statuten ist dreimal von der Religion die Rede, und jedesmal wird grundlegend das Verhältnis der Anthroposophischen Gesellschaft zur Religion beschrieben:

Unter 2. heißt es: Die Anthroposophische Gesellschaft "wird diese Aufgabe so zu lösen versuchen, daß sie die im Goetheanum zu Dornach gepflegte anthroposophische Geisteswissenschaft mit ihren Ergebnissen für die Brüderlichkeit im menschlichen Zusammenleben, für das moralische und religiöse sowie für das künstlerische und allgemein geistige Leben im Menschenwesen zum Mittelpunkt ihrer Bestrebungen macht." (GA 260a/S.30)

Die Anthroposophie und ihre Ergebnisse – auch für das religiöse Leben – sollen also von der Anthroposophischen Gesellschaft gepflegt und zum "Mittelpunkt ihrer Bestrebungen" gemacht werden. Damit ist zum Ausdruck gebracht, was wir im wesentlichen in Kapitel I besprochen haben: daß Anthroposophie das religiöse Leben befruchten und vertiefen kann und soll. Zugleich wird deutlich, daß das religiöse Leben als eigene Strömung innerhalb des gesamten sozialen Lebens angesehen wird.

Unter 3. heißt es: "Die im Goetheanum gepflegte Anthroposophie führt zu Ergebnissen, die jedem Menschen ohne Unterschied der Nation, des Standes, der Religion als Anregung für das geistige Leben dienen können." (GA 260a/S.30)

Hier wird der besondere Charakter der Anthroposophie hervorgehoben. Sie kann nicht nur für ein Volk oder eine Rasse, sondern für alle Menschen zur Anregung des geistigen Lebens dienen. Sie wendet sich nicht an Menschen einer bestimmten sozialen Schicht und hat kein religiöses Bekenntnis zur Voraussetzung, sie darf sogar ein bestimmtes religiöses Bekenntnis nicht einmal voraussetzen, denn sonst kann sie nicht Menschen aller Religionen und Bekenntnisse "als Anregung für das geistige Leben dienen". Die Anthroposophie wird ihrer Aufgabe im wesentlichen dadurch gerecht, daß sie weder für ihre Erkenntnisse, die Rudolf Steiner zum Beispiel in den Grundschriften dargelegt hat, noch für ihre Übungen und Meditationen auf dem Erkenntniswege religiöse Urkunden, Glaubenssätze, Anschauungen oder gar Praktiken voraussetzt.

Deshalb kann es unter 4. in den Statuten von der Anthroposophischen Gesellschaft heißen:

"Ihr Mitglied kann jedermann ohne Unterschied der Nation, des Standes, der Religion, der wissenschaftlichen oder künstlerischen Überzeugung werden, der in dem Bestand einer solchen Institution, wie sie das Goetheanum in Dornach als Freie Hochschule für Geisteswissenschaft ist, etwas Berechtigtes sieht." (GA 260a/S.31)

Für den Erwerb der Mitgliedschaft in der Anthroposophischen Gesellschaft muß es also völlig unwesentlich sein, welcher Religion oder welchem Bekenntnis ein Mensch angehört. Es sollte nicht einmal danach gefragt werden. Für Mitglieder der Christengemeinschaft gibt es auch keine Ausnahme, denn sie sind für die Anthroposophische Gesellschaft wegen ihrer Zugehörigkeit zur Christengemeinschaft weder bessere noch schlechtere Mitglieder.

Das gleiche gilt selbstverständlich auch für die Mitgliedschaft in der Ersten Klasse der Freien Hochschule für Geisteswissenschaft. Die Bedingungen für diese Mitgliedschaft stellt Rudolf Steiner in den Briefen an die Mitglieder vor (siehe GA 260a/S.107 bis S.146). Die Zugehörigkeit oder Nicht-Zugehörigkeit zu einer Religion oder Konfession gehört nicht zu diesen Bedingungen, auch wenn dies manchmal behauptet wird oder in vergangenen Jahren zeitweise die Handhabung beeinflußt hat. Denn man kann auch "Repräsentant der anthroposophischen Sache", ein "tätig sein wollendes Mitglied" und zur Zusammenarbeit mit dem Vorstand am Goetheanum bereit sein, wenn man auf der anderen Seite Mitglied einer Religionsgemeinschaft ist.

Zu fragen, wie dies dem einzelnen möglich ist, kann ebensowenig Aufgabe der Anthroposophischen Gesellschaft sein, wie sie auch nicht berechtigt ist zu fragen, wie ein gläubiger und praktizierender Jude, Moslem oder Katholik dies mit seinem Anthroposoph-Sein vereinbaren kann.

Ebenso wie der Anthroposophischen Gesellschaft Menschen aller Religionen und Konfessionen als Mitglieder gleich sein müssen, darf auch die Christengemeinschaft keine Unterschiede für ihre Mitglieder nach Nation, Rasse, Stand, wissenschaftlicher, künstlerischer, politischer oder auch weltanschaulicher Überzeugung machen. Da die Christengemeinschaft keine Bekenntniskirche ist, die ihre Mitglieder auf bestimmte Glaubenssätze verpflichtet, kann das einzige Kriterium für eine Mitgliedschaft nur sein, ob ein Mensch die Art des in der Christengemeinschaft gepflegten Kultus mitvollbringen will und fühlt, daß sein religiöses Streben in dieser Bewegung gefördert werden kann. Alles übrige – ob ein Mensch Kommunist oder Anthroposoph, Strafgefangener oder Hellseher ist – kann in der Frage der Mitgliedschaft in der Christengemeinschaft keine Rolle spielen.

In dem schon zitierten Gespräch vom 18.01.1923 (siehe Kap. V, 6) sagte Rudolf Steiner: Die Priester dürfen natürlich niemanden zurückweisen, der zur Christengemeinschaft kommen will. – Damit waren in dem Zusammenhang dieses Gespräches in erster Linie Anthroposophen gemeint. Rudolf Steiner fuhr aber fort: ... weil Sie alle gleich behandeln müssen. – Das heißt eben auch, daß Anthroposoph zu sein weder Voraussetzung noch Hindernis für eine Mitgliedschaft in der Christengemeinschaft sein darf.

Für den Empfang von Sakramenten ist also die Tatsache der Mitgliedschaft in der Anthroposophischen Gesellschaft ganz unwesentlich, selbst dann, wenn der Anthroposoph den Kultus als Helfer mitvollbringt. Wesentlich ist allein die Frage, ob ein Mensch das Sakrament in dieser Gemeinschaft tätig mitvollbringen will, und zwar nicht nur einmalig, sondern auch in Zukunft. Denn Rudolf Steiner sagte in dem schon erwähnten Gespräch mit Gottfried Husemann Anfang April 1923: Eine Gemeinschaft, die durch Sakramente und für Sakramente gebildet ist, kann natürlich nicht zulassen, wenn sie von jemandem in Anspruch genommen wird, der sich nachher nicht weiter um diese Gemeinschaft kümmert. – Ähnlich äußerte er sich im Gespräch vom 18.01.1923 (siehe Kap. V, 6): Und die Priester müssen erwarten, daß diejenigen, die sich in der Christengemeinschaft trauen lassen, dieser nicht einfach nach der Trauung den Rücken kehren. Sie müssen zur Gemeinde gehören und die Sache der Christengemeinschaft tragen helfen. –

Beide Bewegungen haben also ihre eigenen, von denen der anderen Bewegung verschiedenen Voraussetzungen bezüglich der Mitgliedschaft, und keine von beiden Mitgliedschaften erübrigt die Erfüllung der Voraussetzungen für die andere. Das ist der äußere Ausdruck dafür, daß beide Bewegungen für Menschen offen sein müssen, die aus ihren karmischen Voraussetzungen heraus nicht gleich auch der anderen Bewegung angehören können oder wollen. Das ist auch, wie wir gesehen haben, ein tiefer Grund für die Notwendigkeit der Trennung der beiden Bewegungen. Dem widerspricht aber nicht, daß beide Bewegungen (wie im Kap. VI, 1 dargestellt) die Aufgabe haben, den Übergang von einer zur anderen zu ermöglichen.

Dies alles ist notwendig, damit der einzelne gegenüber den beiden Bewegungen die volle Freiheit haben kann.

3. Die Stellung des einzelnen zu beiden Bewegungen

Aus allem, was im vorigen Abschnitt dargestellt worden ist, geht bereits hervor, daß sich der einzelne Mensch in voller Freiheit zu der einen und der anderen Bewegung in ein Verhältnis setzen muß, wenn er überhaupt eine Beziehung zu diesen Bewegungen begründen will.

Die alten Zeiten der Mysterien sind vorüber, in denen Menschen von den Eingeweihten ausgewählt und in die Weisheitsstätten berufen wurden, um den Pfad der Erkenntnis zu gehen. Im 20. Jahrhundert kann jeder diesen Pfad betreten, der es von sich aus will, denn die Wege der Geisterkenntnis sind öffentlich bekannt (siehe Einführung).

Gleichermaßen gehören die Zeiten der Vergangenheit an, in denen der Mensch durch seine Geburt in einem bestimmten Volk zugleich auch Angehöriger einer Religionsgemeinschaft wurde. Und das Prinzip der Reformation – cuius regio, eius religo –, nach dem der Landesfürst die Religion und das Bekenntnis seiner Untertanen bestimmte, wird mit Recht als unzeitgemäß empfunden.

Weltanschauung und Religion müssen heute, im Zeitalter der Bewußtseinsseele, durch freie Entscheidung des einzelnen gesucht und gefunden werden. Dies gilt selbstverständlich auch für die Beziehung des einzelnen Menschen zur Anthroposophischen Gesellschaft und zur Christengemeinschaft.

Neben den wiederholten Darlegungen Rudolf Steiners, daß Anthroposophie niemandes religiöses Bekenntnis störe (siehe Kap. I, 3), gibt es Äußerungen vor der Gründung der Christengemeinschaft, die sich auf die Freiheit des einzelnen – auch des Anthroposophen – beziehen, sich irgendeiner Religionsgemeinschaft anzuschließen.

Im öffentlichen Vortrag vom 16.10.1916 in Liestal, den Rudolf Steiner selbst für den Druck bearbeitete – "Das menschliche Leben vom Gesichtspunkte der Geisteswissenschaft (Anthroposophie)" –, lesen wir:

"Die Geisteswissenschaft stört niemanden in seinem religiösen Bekenntnis; und ob der eine zu dieser, der andere zu jener Glaubensrichtung gehört, das hängt nicht davon ab, was er über die geistige Welt weiß oder zu wissen vermeint, sondern von anderen Lebensverhältnissen." (GA 35/S.264)

Die Zugehörigkeit zu einer Religionsgemeinschaft hat ihre Ursachen also nicht im Wissen über die geistige Welt, das zum Beispiel Anthroposophie vermitteln kann, sondern diese Ursachen liegen in einem ganz anderen Bereich. Vollkommen andere Kräfte führen den Menschen in eine Religionsgemeinschaft als in eine Erkenntnisbewegung. Und es gehört zum Karma des Menschen, ob die eine oder die andere Kraft oder beide in ihm wirken.

Deshalb gilt, was Rudolf Steiner im öffentlichen Vortrag, "Geisteswissenschaft und religiöses Bekenntnis", am 20.11.1913 in Berlin ausgesprochen hat:

"Daher soll es auch heute nicht meine Aufgabe sein, mich mit dem religiösen Bekenntnis als solchem geisteswissenschaftlich auseinanderzusetzen, sondern zu zeigen, was Geisteswissenschaft sein will und was religiöses Bekenntnis sein kann, um es dann im Grunde genommen jedem selbst zu überlassen, was daraus in bezug auf das Verhältnis der beiden für Schlüsse zu ziehen sind." (GA 63/3/S.83 f.)

Schon im öffentlichen Vortrag vom 07.11.1912 wird die Möglichkeit betont, sowohl Geisteswissenschaft zu treiben und auch im Sinne einer Religionsgemeinschaft zu leben:

"Wer wirklich zu sehen vermag, der wird sehen, wie es für den Menschen durchaus möglich ist, Geistesforschung zu treiben, trotzdem er voll in einem für ihn naturgemäßen religiösen Bekenntnisse stehen bleibt." (GA 62/2/S.78)

Es muß also jedem selbst überlassen bleiben, wie für ihn in seinem Leben Anthroposophie und religiöses Bekenntnis und religiöse Übung zueinander stehen. Dem widerspricht aber nicht, daß Rudolf Steiner in dem Vortrag vom 20.11.1913 Religion als eine natürliche und gesunde Tätigkeit der Seele bezeichnet, weil ein Glied derselben, der Astralleib, seiner Natur nach religiös ist: der "Glaubensleib" (siehe auch GA 130/11/S.172 ff.). Es heißt:

"... wie das religiöse Leben das Leben im Astralleib ist, ... so wahr gehört es zum gesamten Menschenleben, daß der Mensch ein religiöses Leben entfaltet ..." (GA 63/3/S.104)

"Das religiöse Bekenntnis wurzelt in der menschlichen Natur. Wahre Wissenschaft, die sich zum Geistigen erhebt, wird nimmermehr eine Feindin, besonders nicht, wenn sie eben Geisteswissenschaft ist, des wahren, des echten, des dem Menschen notwendigen religiösen Erlebens sein können." (GA 63/3/S.107; siehe auch Kap. III, 1)

Wenn man die Äußerungen dieses grundlegenden Vortrags, "Geisteswissenschaft und religiöses Bekenntnis", zusammenschaut, ergibt sich das folgende: Religion als Haltung und Tätigkeit gehört zu einem dem Menschen notwendigen Erleben. *Welcher* Religion und *welchem* Bekenntnis aber der einzelne angehören will, muß seine freie Entscheidung sein.

Am 10.04.1914 spricht Rudolf Steiner zu den Mitgliedern über das nachtodliche Leben:

"Und während wir hier auf Erden das religiöse Leben so empfinden, daß es unsere freie Tat sein muß, daß wir es aus uns herausholen müssen, daß es dem materialistischen Sinn auch möglich ist, das Religiöse zu verleugnen, ist das Umgekehrte im Geisterland zwischen dem Tod und einer neuen Geburt der Fall." (GA 153/2/S.87)

Was dort der Religion entspricht, tritt mit Notwendigkeit ein.

Es ist gerade das Charakteristische des Erdenlebens, daß der Mensch irreligiös sein kann. Er kann die Hauptkraft seines Astralleibes, die Glaubenskraft, verleugnen. Aber das geschieht dann durch eine weitgehend materialistische Neigung und ist eine Art Krankheitserscheinung. Das für seine Seele Gesunde, das religiöse Leben, ist kein eigenständiger natürlicher Prozeß, sondern muß als freie Tat von dem Menschen errungen werden.

Daß Religion eine der Seele notwendige Tätigkeit ist, hat Rudolf Steiner in dem Vorwort zu Edouard Schurés Buch "Die großen Eingeweihten", das 1909 in der ersten Auflage erschien, in aller Deutlichkeit geschrieben:
"Das Bedürfnis nach Religion ist allgemein menschlich. Eine Seele, die vermeint, ohne Religion leben zu können, ist in einer schweren Selbsttäuschung befangen." (S.7)

Während des zweiten anthroposophischen Hochschulkurses, im April 1921, sprach Rudolf Steiner zweimal über Religion. Zunächst spricht er in der Eröffnungsrede am 03.04.1921 davon, daß Geisteswissenschaft "das menschliche Wissen in religiöse Verehrung des Höchsten" (GA 76/S.19) einmünden lassen wird. "Neue ... religiöse Vertiefungen werden aus einem solchen, das Innere des Menschen erfassenden Wissen kommen können." (GA 76/S.20)

Und dann heißt es:
"Und frei von allem bloß Traditionellen, das an den Menschen als ein Äußeres, als ein Unfreies herantritt, soll das religiöse Erleben werden: frei ergreifend, was sich als das Göttliche im Innern des Menschen selber enthüllt, frei im Innern sich verbindend mit derjenigen Kraft, die sich ihrer wahren Wesenheit nach doch nur in Freiheit mit diesem menschlichen Inneren wahrhaftig verbinden will: der Christuskraft" (GA 76/S.20). "Freiheit im religiösen Erleben, das ist das andere." (GA 76/S.21)

Wieder tritt uns die Doppelheit entgegen: einerseits muß das religiöse Erleben ganz frei von allem Äußeren und bloß Traditionellen sein, andererseits gehört es notwendig zum Seelenleben des Menschen dazu. Davon spricht er in der Schlußrede am 10.04.1921 dieses Hochschulkurses, nachdem er auf die drei Gebiete des Geisteslebens – Wissenschaft, Kunst und Religion – eingegangen ist:
"Was sich spezialisiert hat in diesen drei Gebieten, in der menschlichen Seele muß es doch einheitlich zusammenwirken. Es muß gefunden werden die Möglichkeit dieses einheitlichen Zusammenwirkens." (GA 76/S.237)

Den letzten Satz kann man auf die Aufgaben beziehen, die zum Beispiel die Anthroposophische Gesellschaft und die Christengemeinschaft, aber auch die künstlerischen Bewegungen haben, und den ersten Satz auf den einzelnen Menschen, in dessen Seele Wissenschaft, Kunst und Religion zu ihrer Gesundheit zusammenwirken müssen wie die drei Organsysteme in seinem Leibe.

Im folgenden werden wir uns in dieser Studie mit den Äußerungen beschäftigen, die in den Monaten der Auseinandersetzung im Verhältnis von Anthroposophischer Gesellschaft und Christengemeinschaft – Dezember 1922 bis März 1923 – gefallen sind.

Wir haben schon darauf hingewiesen, daß der Vortrag vom 30.12.1922 nicht so verstanden werden darf, als ob Rudolf Steiner die Ansicht vertreten hätte, daß ein Anthroposoph sich nicht am Kultus, am religiösen Leben der Christengemeinschaft beteiligen dürfe (siehe Kap. V, 4). Er hat vielmehr darauf hindeuten wollen, in welcher Gesinnung und Haltung sich ein Anthroposoph am Leben der

Christengemeinschaft (als Rater) und ihrem Kultus (als Helfer) beteiligen sollte, wenn er es will (vgl. GA 219/30.12.1922/S.175).

Am 23.01.1923 sagt er, "daß diejenigen, welche innerhalb der Bewegung für religiöse Erneuerung als Anthroposophen stehen", nicht "unzulängliche Mitglieder der Anthroposophischen Gesellschaft" werden dürften (GA 257/1/S.21). Er rechnete also mit der Tatsache, daß Anthroposophen als Mitglieder in der Christengemeinschaft stehen würden.

Zudem verneint er ausdrücklich, daß sein Vortrag vom 30.12.1922 als eine Beeinflussung des Urteils der Mitglieder der Anthroposophischen Gesellschaft angesehen werden könne (GA 257/30.01.1923/S.36), und stellt im Hinblick auf die Frage, ob sich ein Anthroposoph am Leben der Christengemeinschaft beteiligen dürfe bzw. solle oder nicht, klar:

"Ob man nun das eine oder das andere tun soll, das steht durchaus im freien Ermessen eines jeden einzelnen; das wird man aus diesem Vortrag (vom 30.12.1922; W.G.) ersehen, und ich habe mich ja vor acht Tagen hier darüber mit aller Deutlichkeit ausgesprochen." (GA 257/30.01.1923/S.33)

Gemeint sind wohl die Worte: "Man freue sich der Tochter, aber man vergesse der Mutter nicht", die eine Umschreibung für den Inhalt des Vortrags vom 30.12.1922 sein sollten (GA 257/23.01.1923/S.21).

Eine noch deutlichere Zurückweisung der Anschauung, ein Anthroposoph solle nicht am Kultus der Christengemeinschaft teilnehmen, findet sich in der Sitzung des Dreißiger-Kreises vom selben Tage (30.01.1923). Wir haben diese Passage bereits zitiert (siehe Kap. V, 4). In ihr wird ausdrücklich die Anschauung als falsch bezeichnet, "es gehe aus meinem Vortrag hervor, daß kein Anthroposoph sich an der religiösen Erneuerungsbewegung beteiligen solle, ... was aber gar nicht vorkommt in dem, was ich vortrug" (GA 256/S.30). Im Vortrag vom 30.01.1923 heißt es im weiteren Zusammenhang der Aufarbeitung des Vortrags vom 30.12.1922 entsprechend:

"Von einem Sollen oder Nichtsollen ist auf keinem Gebiete die Rede." (GA 257/2/S.33)

Rudolf Steiner hat also auch in den kritischen Monaten, in denen er um den Bestand der Anthroposophischen Gesellschaft ringen mußte, selbstverständlich die Freiheit eines jeden Anthroposophen in der Frage der Teilnahme am Leben der Christengemeinschaft betont.

In bezug auf das Bedürfnis nach Gemeinschaftsbildung – wir kommen im nächsten Abschnitt darauf zu sprechen – gibt es eine Äußerung im Vortrag vom 03.03.1923, die in diesem Zusammenhang wichtig ist:

"Es ist aber im Menschen der Gegenwart nicht bloß jene Tendenz zur Gemeindebildung vorhanden – sie ist stark vorhanden, aber nicht bloß vorhanden –, die durch den Kultus befriedigt werden kann, sondern es ist noch eine andere Art von Sehnsucht nach Gemeinschaftsbildung vorhanden. Und so kann es ganz gut sein, daß diesen zwei Arten von Sehnsucht nach Gemeinschaftsbildung, die in jedem Menschen heute vorhanden sind, für jeden einzelnen Menschen Rechnung getragen werden kann, so daß nicht nur in der Bewegung für religiöse Erneuerung ein gemeinschaftsbildendes Element vorhanden ist, sondern auch in der Anthroposophischen Gesellschaft." (GA 257/9/S.168 f.)

Mit diesen Worten geht Rudolf Steiner scheinbar darüber hinaus, jedem die Freiheit zu lassen, zu welcher Bewegung er gehören will, indem er feststellt, *daß beide Arten von Sehnsucht nach Gemeinschaftsbildung heute in jedem Menschen vorhanden sind*. Damit ist aber nicht gesagt, daß jeder an beiden Bewegungen teilnehmen soll, denn eine Sehnsucht haben und die Wege zu ihrer Befriedigung gehen ist zweierlei. Manchem Menschen ist eben nur die eine oder die andere Art von Sehnsucht oder gar keine bewußt. Rudolf Steiner stellt also nur eine Tatsache fest, ohne daraus eine Schlußfolgerung zu ziehen. Dies bleibt dem einzelnen überlassen.

Sogar in der Frage der finanziellen Mittel hat sich Rudolf Steiner später im Vergleich zum 30.12.1922 sehr moderat geäußert. Zu Gottfried Husemann sagte er in dem schon öfter referierten Gespräch von Anfang April 1923:

Es wird dann jemand, der hundert Mark zur Verfügung hat, der Anthroposophischen Gesellschaft fünfzig und der Christengemeinschaft fünfzig Mark geben.

In diesem Gespräch finden sich auch noch sehr aufschlußreiche Sätze zu dem ganzen Problem. Es heißt da:

Um in der Menschheitsentwicklung voranzukommen, müssen die Menschen verstehen, daß es notwendig ist, in Gedanken zu unterscheiden, was im Leben des Menschen als Einheit wirkt. So war es auch gemeint mit dem Gedanken der Dreigliederung des sozialen Organismus. Denn jeder Mensch steht natürlich in allen drei Gliedern dieses Organismus darinnen. Er kann aber jeweils nur richtig handeln, wenn er bewußt unterscheidet und weiß, innerhalb welches Gliedes er gerade mit einer Handlung steht. Sonst entstehen Schwierigkeiten. Ein Anthroposoph, der in einer Gemeinde darinnensteht, wird zum Beispiel die Predigt empfinden als Keim der anthroposophischen Erkenntnis, die er dann vollständig in der Gesellschaft findet. Dort braucht er keine Predigt, aber um so mehr den Kultus. –

Die letzten Worte dürfen nicht so aufgefaßt werden, als habe Rudolf Steiner gemeint, alle Anthroposophen bräuchten den Kultus, und als habe er damit die Freiheit des einzelnen angetastet. Gottfried Husemann betont ausdrücklich in seinem Bericht, er habe nicht von den Anthroposophen im allgemeinen gesprochen, sondern von denen, die am Leben der Gemeinden der Christengemeinschaft teilnehmen. Gottfried Husemanns direkte Fragen, ob Anthroposophen überhaupt in der Christengemeinschaft sein sollten, hat er nicht beantwortet! Konnte er beredter schweigen? Beide Antworten: "ja" oder "nein", wären bei einer solchen Fragestellung falsch gewesen.

Wesentlicher an dem wiedergegebenen Text des Gespräches ist aber der Gedanke, den wir schon, wenn auch in einfacherer Form, in der Schlußrede des zweiten anthroposophischen Hochschulkurses am 10.04.1921 gefunden haben:

"Was sich spezialisiert hat in diesen drei Gebieten (des Geisteslebens; W.G.), in der menschlichen Seele muß es doch einheitlich zusammenwirken." (GA 76/S.237)

Der Vergleich mit der Dreigliederung des sozialen Organismus, in dem jeder Mensch in allen drei Bereichen darinnensteht, wirft ein Licht auf unser Problem, für das der Vergleich ja auch benutzt wird: Wissenschaft, Kunst und Religion sind die drei Bereiche und Funktionen des Geisteslebens, an denen jeder Mensch Anteil haben sollte. Sie müssen aber in Gedanken streng voneinander getrennt gehalten werden. Denn man kann sich als Mensch innerhalb dieser drei Bereiche nur richtig verhalten, wenn man die Voraussetzungen, Gesetze und Funktionen des jeweiligen Bereiches kennt, bewußt handhabt und nicht die für den einen Bereich gültigen Haltungen und Tätigkeiten in den anderen hinein trägt.

Es klingt dies zusammen mit dem, was wir in Kapitel V, 4 über den Vortrag vom 30.12.1922 gefunden haben: Es kam Rudolf Steiner im wesentlichen darauf an, daß ein Anthroposoph, wenn er am Kultus der Christengemeinschaft teilnimmt, dies in der richtigen Gesinnung und Haltung tut, und nicht etwa – wie ein Laie, der von den Wegen der Anthroposophie nichts weiß – das Abendmahl "nur" dazu benutzt, für sich einen Zusammenhang mit dem Kosmos zu finden, sondern den Kultus als geistiger Helfer bewußt mitvollzieht.

Die letzten Äußerungen zu unserem Thema finden sich in dem Vortrag für die Priester vom 12.07.1923, aus dem wir schon öfter Inhalte wiedergegeben haben: Ein Geistesforscher und Eingeweihter wird in Zukunft niemals ablehnen, mit den Teilnehmern des Kultus Gemeinschaft zu halten, denn er hat selbst kein anderes Verhältnis zu dem Kultus als ein naiver Mensch. –

Das ist zunächst eine erstaunliche Feststellung. Der Eingeweihte hat kein anderes Verhältnis zum Kultus als der naive Mensch. Wie kann man das verstehen? Selbstverständlich hat ein Eingeweihter, aber auch schon ein strebender Anthroposoph ein anderes Verhältnis zum Kultus als ein "naiver" Mensch, insofern als er die kultischen Vorgänge mit einem wacheren und stärkeren Bewußtsein mitvollziehen und so helfend in ihnen mitwirken kann.

Aber in dem, was er durch Kultus und Sakrament empfängt, in dem, was diese für sein Leben und Karma bedeuten, ist er mit dem "naiven" Menschen gleich. Er hat nicht "mehr" davon. Im kultischen Bilde erscheint diese Tatsache dadurch, daß jeder im Abendmahl die eine Hostie und den einen Schluck Wein erhält – ohne Unterschied. Im Evangelium erscheint diese geistige Gesetzmäßigkeit im Gleichnis von den Arbeitern im Weinberg (Mt. 20, 1 bis 16): Jeder Arbeiter erhält unabhängig von seiner Leistung den gleichen Lohn. – So kann man sagen: Die größere Fähigkeit des Anthroposophen, im Kultus mitvollbringend mitzuarbeiten, begründet keine Sonderstellung, keine Vorrechte gegenüber dem Sakrament und seinen Segnungen. Die sind für alle Menschen gleich.

Eine ähnlich erstaunliche und ebenso schwer verständliche Tatsache ist, daß die anthroposophischen Erkenntnisse für das Karma des Geistesforschers, der sie findet, nicht mehr bedeuten als für das Karma dessen, der sie in das bewußte

Denken aufnimmt. Das geht aus einer Äußerung Rudolf Steiners zu den Theologen am 28.09.1921 hervor:
> Nur der Geistesforscher kann es wissen, und andere können es nur schwer verstehen, daß derjenige, der die geistigen Wahrheiten mitgeteilt bekommt, für sein Leben mehr davon hat als derjenige, der sie erforscht. Denn das Erforschen durch das Anschauen der geistigen Tatsachen nimmt viel für das Leben. –

Anthroposophen haben also als Erkenner der geistigen Welt keine grundlegend andere Stellung zum Kultus der Christengemeinschaft als andere Menschen, die nicht Anthroposophen sind. "Ihnen müssen alle gleich sein" (18.01.1923, siehe oben). Es kann also auch bei der Frage, ob ein Anthroposoph sich an einem Sakrament beteiligt – ob er sein Kind taufen läßt, Pate oder Trauzeuge wird oder sich trauen läßt –, sein Anthroposoph-Sein keine Rolle spielen. Er ist dadurch dem religiösen Vorgang, dem Mitvollziehen des Kultus, nicht von vornherein näher als andere, auch wenn er durch Anthroposophie ein bewußteres Verständnis sakramentaler Vorgänge haben kann. Ausschlaggebend ist allein die Tatsache, ob er einen solchen Kultus mitvollziehen und sich dadurch schicksalsmäßig mit dieser Sakramentsgemeinschaft, die die Christengemeinschaft ist, verbinden will. Denn eine Sakramentsgemeinschaft kann es sich nicht gefallen lassen, daß jemand sie in Anspruch nimmt und sich dann nachher nicht weiter um sie kümmert. Denn jede Teilnahme am Kultus, wenn sie nicht beim Kennenlernen als Zuschauer stehenbleibt, sondern zum Mitvollziehen wird, begründet eine karmische Verbindung zu der Gemeinschaft, deren wesentlicher Inhalt und wichtigstes Bindemittel das Vollbringen des Kultus ist. Rudolf Steiner meinte aber nicht, daß jeder Anthroposoph am Kultus teilnehmen soll. Er sagte am 12.07.1923 zu den Priestern, daß natürlich derjenige, der die Geisteswissenschaft sucht, die Erkenntnis einfach stärker pflegt und er selbst entscheiden muß, ob er auch den Kultus suchen wird. –

Ob jemand den Kultus sucht oder nicht, muß innerste, freieste und unantastbare Entscheidung des einzelnen sein. Und es muß auch zur Freiheit des einzelnen Anthroposophen gehören, wenn er sich mehr auf die Erkenntnisseite verlegt. Jeder Mensch, der sich aktiv, vielleicht sogar beruflich innerhalb eines der drei Gebiete des Geisteslebens betätigt, wird einen Schwerpunkt seiner Tätigkeit haben, ohne dabei die anderen Erlebnis- und Handlungsweisen unterlassen zu müssen. Denn anthroposophische Erkenntnis – auch in der Form der kosmischen Kommunion – schließt eine Teilnahme am Kultus und am Abendmahl ja nicht aus (siehe Kap. V, 6; und: Erinnerungen an Rudolf Steiner, S.310).

Rudolf Steiner sah aber in der Teilnahme einzelner Anthroposophen am Kultus Schwierigkeiten für die Priester der Christengemeinschaft voraus. In dem schon öfter erwähnten Gespräch mit Gottfried Husemann, Ostern 1923, erzählte er, wie er in zwei Fällen Anthroposophen an die Christengemeinschaft verwiesen habe (siehe Kap. VII, 1). Sodann fährt er fort:

Ich sagte, daß dafür wohl nur die Christengemeinschaft in Frage komme. Aber gerade bei Anthroposophen werden Sie Schwierigkeiten haben. Eine Gemeinschaft, die durch Sakramente und für Sakramente gebildet ist, kann natürlich nicht zulassen, wenn sie von jemandem in Anspruch genommen wird, der sich nachher nicht weiter um sie kümmert. Aber Sie werden eben, wie die anderen Kirchen auch, schlechte Kirchenbesucher haben. Trotzdem wird in Zukunft das Verhältnis zwischen anthroposophischer und religiöser Bewegung schon gesund werden. –

Dieses Wort von den schlechten Kirchenbesuchern kann natürlich nicht als Rechtfertigung für solche Menschen dienen, die zwar einzelne Sakramente in Anspruch nehmen, aber sich sonst nicht weiter um die Christengemeinschaft kümmern wollen. Es ist ein Wort der realistischen Einschätzung sozialer Vorgänge, aber nicht eines, das auf ein anzustrebendes Ideal hinweist.

Damit haben wir alle uns erreichbaren Aussagen angeführt, in denen Rudolf Steiner über das Verhältnis des einzelnen Menschen – ob Anthroposoph oder nicht – zur Religion gesprochen hat. Selbstverständlich hat Rudolf Steiner sich auch entsprechend freilassend den Anthroposophen gegenüber verhalten. Ein besonderes Beispiel ist der Waldorflehrer Karl Schubert. 1908 hatte dieser Rudolf Steiner kennengelernt, wurde 1920 Lehrer an der ersten Waldorfschule und war durch und durch Anthroposoph; er hielt sogar als Religionslehrer des freien christlichen Unterrichts die kultischen Handlungen (siehe Kap. II, 5), obwohl er ein praktizierender Katholik war und dies bis zu seinem katholischen Begräbnis geblieben ist (vgl. Gisbert Husemann/Johannes Tautz, Hg.: Der Lehrerkreis um Rudolf Steiner, S.150). Ein solches Leben und Verhalten ist nicht unvereinbar mit der Anthroposophie. – Rudolf Steiner hat es oft ausgesprochen und viele seiner Schüler haben es praktiziert.

Ein weiteres Beispiel ist der altkatholische Priester und Anthroposoph Hugo Schuster, der in seinen Bemühungen von Rudolf Steiner sogar aktiv unterstützt wurde, weil er ihn darum gefragt hatte. Rudolf Steiner hat ihn nicht etwa aufgefordert, aus seiner immer schwächer werdenden Kirche – was Rudolf Steiner durchaus bemerkte – auszutreten, sondern er hat gewartet, bis Hugo Schuster von sich aus an den Vorbereitungen zur Gründung der Christengemeinschaft teilnahm. Er erkrankte dann aber und konnte nicht mehr teilnehmen. Auch der evangelische Pfarrer Paul Klein aus Mannheim, der ab 1908 Anthroposophie studierte, bald Leiter des Zweiges der Anthroposophischen Gesellschaft in Mannheim wurde, der bei der Trennung von der Theosophischen Gesellschaft eine wesentliche Rolle auf seiten Rudolf Steiners spielte und persönlicher esoterischer Schüler Rudolf Steiners war, wurde sogar 1921, als die Gründung der Christengemeinschaft sich anbahnte, von Rudolf Steiner gefragt: "Sagen Sie mal, lieber Pfarrer, was wollen Sie eigentlich noch in der badischen Landeskirche?" Er blieb trotzdem evangelischer Pfarrer, obwohl sein zwanzigjähriger Sohn Gerhard Klein Priester und Mitbegründer der Christengemeinschaft wurde (siehe: Erinnerungen an Rudolf Steiner, S.136 ff.).

Es gab noch viele andere evangelische Pfarrer, die Anthroposophen waren, die sogar eine Vereinigung – den "Bund anthroposophischer Pfarrer" – gründeten und von denen nur wenige später Priester in der Christengemeinschaft wurden. Auch der Weg Friedrich Rittelmeyers ist ja so verlaufen, daß er als evangelischer Pfarrer lange Zeit Anthroposoph war, ohne deshalb auf die Idee zu kommen, daß sich beides nicht vereinbaren ließe. Er hat es gelebt, und Rudolf Steiner hat es gewürdigt: "In ihm war eine Persönlichkeit vorhanden, die christlicher Priester *und* Anthroposoph im wahrsten Sinne des Wortes war. Er hatte, zwar ohne den Kultus, aber in weitem Sinne dem Geiste nach, die christliche Erneuerung in dem Wirken seiner Person dargelebt ... Denn die anthroposophische Bewegung mußte in Rittelmeyer das Vorbild einer Persönlichkeit sehen, die Christentum und Anthroposophie in der inneren Harmonie des Herzens und in der äußeren Harmonie des Wirkens vereint hatte." (GA 260a/S.397 f.)

Es gibt noch viele Beispiele, aber diese mögen genügen. Noch aufschlußreicher wäre es, wenn wir von gläubigen und praktizierenden Juden, Moslems oder Buddhisten berichten könnten, die Anthroposophen sind oder waren. Aber wir kennen keine persönlich – obwohl es solche in zunehmendem Maße gibt –, deshalb unterbleibt es hier. In jedem Falle muß in der Anthroposophischen Gesellschaft gelten: Jeder Anthroposoph hat die Freiheit, dem Bekenntnis und der Religion anzugehören, die seinem religiösen Bedürfnis entspricht. Und niemand darf sagen: Wenn ein Anthroposoph religiös sein will, dann geht das eigentlich nur in der Christengemeinschaft; und auch nicht: Als Anthroposoph oder Mitglied der Ersten Klasse der Freien Hochschule für Geisteswissenschaft darf man keiner religiösen Gemeinschaft angehören.

Umgekehrt darf auch die Christengemeinschaft nicht den Anspruch erheben oder so angesehen werden, die Kirche der Anthroposophen zu sein. "Kirche der Anthroposophen" ist ein Unbegriff. Das kann es gar nicht geben. Gerade um das zu vermeiden, hat Rudolf Steiner auf der äußeren Trennung der beiden Bewegungen bestanden, auch nach der Weihnachtstagung (siehe GA 260a/S.397). Die Christengemeinschaft sollte "souverän" (siehe GA 260a/S.600; und: Erinnerungen an Rudolf Steiner, S.299) und "autonom" sein, denn es muß für die Zugehörigkeit zu beiden Bewegungen jeweils ein gesonderter freier Entschluß gefaßt werden und gefaßt werden können.

Damit sind wir in diesem Abschnitt – genau wie im vorigen – bei dem höchsten, dem karmischen Gesichtspunkt für diese Fragen angekommen. Es gibt in der anthroposophischen Bewegung Seelen, die aus den verschiedensten geistigen Strömungen der Vergangenheit herkommen. Und es gehört gerade zu den wesentlichen Aufgaben der Anthroposophie und der Anthroposophischen Gesellschaft, diese verschiedenen Seelen zu gemeinsamem Streben und Handeln zusammenzuführen. Für die Erfüllung dieser Aufgabe darf es keine religiösen Voraussetzungen geben.

Zur Frage der karmischen Strömungen in der Anthroposophischen Gesellschaft sei außer den Karmavorträgen Rudolf Steiners (besonders GA 237 und

GA 240) die ausführliche und grundlegende Studie von Hans Peter van Manen, "Christussucher und Michaeldiener", empfohlen. Aus beiden geht hervor, daß es in der Anthroposophischen Gesellschaft auch Seelen geben muß, die aus ihren karmischen Voraussetzungen nicht unmittelbar den Zug zum Christentum als Religion haben.

Deshalb muß die Christengemeinschaft anerkennen, daß nicht alle Anthroposophen die Neigung haben können, innerhalb der religiösen Erneuerungsbewegung religiös tätig zu sein. Man kann sich ja auch gut vorstellen, daß Seelen, die unter früheren kirchlichen Formen des Christentums gelitten haben, wie zum Beispiel die neuplatonische Philosophin Hypathia (siehe GA 126, 1. Vortrag vom 27.12.1910) oder viele sogenannte "Ketzer" und "Heiden", zwar in dieser Inkarnation einen tiefen Drang nach Anthroposophie, aber keine Neigung zu einer christlichen Kirche und Religionspraxis haben.

Auf der anderen Seite hat Rudolf Steiner erstens ganz deutlich gemacht, in welche Richtung die Entwicklung der Religionen verläuft, nämlich zum Christentum (siehe Kap. I); zweitens, daß Religion zum menschlichen Geistesleben als ein in sich begründeter und notwendiger Bereich dazugehört; und drittens hat er durch sein Verhalten in den Jahren 1923 und 1924 (von dem im nächsten Kapitel die Rede sein wird) klargestellt, daß, *wenn* Anthroposophen nach Religion, nach Taufe, Trauung, Bestattung etc. fragen, dann die Christengemeinschaft in Frage kommt. Wir können jetzt zusammenfassend sagen: Obwohl die anthroposophische Bewegung und die Bewegung für religiöse Erneuerung innerlich zusammengehören und sich ergänzen (Kap. VI, 1), müssen sie äußerlich als Bewegungen, als Institutionen voneinander getrennt sein. Das hat seinen tiefsten Grund in den karmischen Voraussetzungen und Notwendigkeiten derjenigen Menschen, die zu diesen beiden Bewegungen finden (Kap. VI, 2). Die innere Einheit, das Zusammenwirken der beiden Bewegungen in der Seele kann jeder einzelne nur aufgrund seines eigenen freien Entschlusses herbeiführen (Kap. VI, 3). Was um des Karma des einzelnen willen äußerlich getrennt ist, kann durch eine karma-schaffende Tat des einzelnen zusammengefügt werden.

Dies hat Rudolf Steiner veranlagt und ersehnt, aber nicht erwartet oder verlangt.

Eine Schwierigkeit entsteht allerdings, wenn Menschen nicht nur ihre persönliche Entscheidung vertreten, in dieser Inkarnation kein religiöses Leben in Gemeinschaft pflegen zu wollen, sondern darüber hinaus allgemein das sakramentale Leben einer Religionsgemeinschaft als etwas Minderwertiges, zu Überwindendes hinstellen wollen. Eine solche Meinung berücksichtigt nicht, was Rudolf Steiner im Vortrag vom 30.12.1904 in Berlin gesagt hat:

"Bei Melchior haben wir es zu tun mit dem Prinzip der Weisheit, der Intelligenz, der Aufgabe der fünften Wurzelrasse. Symbolisiert wird dies durch sein Opfer – das Gold. Daß wir es zu tun haben mit dem Prinzip des kultischen Opfers, das wird durch den Weihrauch ausgedrückt. Dieses Opfer ist das Prinzip der vierten Wurzelrasse, der Atlantier. Es wird dann weiter entwickelt, bis

das Christentum seine Aufgabe erfüllt haben wird in der sechsten Wurzelrasse. Diese wird wiederum einen Sakramentalismus haben, so daß sie das sinnliche Dasein mit Kultushandlungen, mit Opferhandlungen erfüllen wird. Die Sakramente haben ja heute größtenteils ihre Bedeutung verloren, der Sinn dafür ist nicht mehr da. Er wird wieder da sein für sie, wenn das eintritt, was durch den Weihrauch symbolisiert wird: wenn der höhere Mensch geboren sein wird."
(Beiträge zur Rudolf Steiner Gesamtausgabe, Nr. 60, S.6)

Wenn man auch nicht den Kultus der Christengemeinschaft mit dem hier gemeinten Sakramentalismus der sechsten Wurzelrasse gleichsetzen darf, so ist doch bemerkenswert, daß es auch in ferner Zukunft Kultushandlungen im sinnlichen Dasein geben wird – also nicht nur solche Kultusformen, die weitgehend im Übersinnlichen vor sich gehen, wie der kosmische und der umgekehrte Kultus –, und zwar gerade dann, "wenn der höhere Mensch geboren sein wird."

Eine Hilfe zum Verständnis der Ablehnung eines religiösen Kultus in den Seelen der Menschen hat Rudolf Steiner den Theologen am 07.10.1921 gegeben:

Es gibt in den Herzen vieler Menschen heute etwas, was nicht nur gegen das Kultisch-Sakramentale spricht, sondern sich dagegen sogar erbost. Auch aus "christlichem" Bewußtsein kommt solches Erbostsein gegen das Kultische. Aber in keinem Falle kommt dieses Erbostsein gegen das Sakramentale aus dem Guten, aus der Liebe der Seele, sondern es kommt immer aus dem, was als geheime Bosheit im Menschen lebt. Es ist dies zwar heute häufig zu beobachten, aber es kommt aus dem Teil der menschlichen Natur, der dem Heil des Menschen entgegenwirkt. Es ist eine Wirkung derjenigen Kräfte und Wesen, von denen im Evangelium berichtet wird, daß sie den Christus Jesus als den Gottessohn erkennen und ihn gerade deswegen bekämpfen. –

4. Die verschiedene Art der Gemeinschaftsbildung in Anthroposophischer Gesellschaft und Christengemeinschaft

Es gehört zu den Schwierigkeiten des Bewußtseinsseelenzeitalters, daß durch die Individualisierung des einzelnen Menschen Gemeinschaftsbildung immer problematischer wird. Die Entwicklung des intellektuellen Denkens stellt den Menschen auf die Spitze seiner Individualität. Gleichzeitig schwinden die gemeinschaftsbildenden Kräfte von Rasse, Volk, Familie, Stand und Klasse etc., d.h. das Wirken der alten Gruppenseelen hört allmählich auf. Ebenso läßt die gemeinschaftsbildende Kraft der alten Religionen und Bekenntnisse nach, so daß die Tendenz der Bewußtseinsseele zur Vereinzelung, zum Antisozialen sich immer stärker auswirken kann.

Hinzu kommt, daß seit dem Ablauf des Kali Yuga der Drang in den Seelen der Menschen immer stärker wird, eine in sich selbst geschlossene Persönlichkeit zu sein; das macht Gemeinschaftsbildung immer schwieriger. Diese Entwicklungstendenz wird sich in der Zukunft noch verstärken und schließlich im "Krieg aller gegen alle" kulminieren. Auf der anderen Seite "kann der Mensch einmal im irdischen Leben nicht ohne die anderen Menschen auskommen" (GA 257/03.03.1923/S.165), so daß nach neuen Quellen der Gemeinschaftsbildung gesucht werden muß, damit es in Zukunft noch eine positive menschliche Kultur geben kann.

Die Anthroposophie als Ganze ist eine solche Quelle, denn sie schafft für die Menschen Einsichten in die Wirklichkeit der Welt, die nicht mehr von Sympathie oder Antipathie getrübt werden können. Sie vermittelt die Wahrheit immer größerer Weltgebiete in einer Form, die so durchsichtig und einfach ist wie "zwei mal zwei vier ist". Darüber kann man nicht streiten. So schaffen anthroposophische Erkenntnisse Frieden zwischen den Menschenseelen, weil sie diese in eine gemeinsame geistige Wirklichkeit hineinstellen (vgl. GA 102/01.06.1908/S.194). Die Menschen, die durch ihren freien Willen solche klaren geistigen Wahrheiten aufnehmen, schaffen neue menschliche Zusammenhänge unter Wahrung der freien Individualität. Die Theosophische Gesellschaft war ein Beispiel eines solchen freiwilligen Zusammenhanges, der allein nach intellektuell-ethisch-moralischen Gesichtspunkten gebildet war (vgl. GA 102/11/S.195).

Durch geistgemäße Gedanken können Menschen auch ihre Gefühle freiwillig wieder zusammenstrahlen lassen.

"Aber dadurch, daß die Menschen sich in freiwilligen Zusammenhängen zusammenfinden, gruppieren sie sich um Mittelpunkte herum. Die Gefühle, die so zu einem Mittelpunkt zusammenströmen, geben nun wiederum Wesenheiten Veranlassung, wie eine Art von Gruppenseele zu wirken, aber in einem ganz anderen Sinne als die alten Gruppenseelen. Alle früheren Gruppenseelen waren Wesenheiten, die den Menschen unfrei machten. Diese neuen Wesenheiten aber sind vereinbar mit der völligen Freiheit und Aufrechterhaltung der Individualität der Menschen. Ja, wir dürfen sagen, sie fristen in einer gewissen Beziehung ihr Dasein von der menschlichen Einigkeit; und es wird in den Seelen der Menschen selbst liegen, ob sie möglichst vielen solcher höheren Seelen Gelegenheit geben, herunterzusteigen zu den Menschen, oder ob sie es nicht tun. Je mehr sich die Menschen zersplittern werden, desto weniger erhabene Seelen werden heruntersteigen in das Gebiet der Menschen. Je mehr Zusammenhänge gebildet werden, und je mehr die Gemeinschaftsgefühle bei völliger Freiheit ausgebildet werden, desto mehr erhabene Wesenheiten werden zu den Menschen heruntersteigen und desto schneller wird der Erdenplanet vergeistigt werden." (GA 102/11/S.195 f.)

Für die Zukunft der Menschheit und der Erde ist es also von entscheidender Bedeutung, daß sich durch Einigkeit im Denken geistiger Wahrheiten und in Gefühlen freiwillige Menschengemeinschaften bilden, so daß sie das Gefäß neuer, freilassender Gruppenseelen werden können. – Anthroposophische Zweige und die Anthroposophische Gesellschaft selbst wollen solche Gemeinschaften sein, ebenso alle Gemeinschaften, die auf dem Boden der Anthroposophie arbeiten, wie Schulen, Kliniken, Heime etc.

Jede Seele muß den Anschluß an eine solche Gemeinschaft finden, die von einer neuen, freilassenden Gruppenseele durchlebt wird. Denn wenn eine Menschenseele im Laufe der Erdenzukunft einen derartigen Anschluß nicht findet, wird sie zu einem Elementarwesen schlimmer Art (siehe GA 102/11/S.196).

Gemeinschaftsbildung ist aber nicht die erste und wesentliche Aufgabe der Anthroposophie, sondern die Vermittlung übersinnlicher Erkenntnisse. Und die Pflege entsprechender Erkenntnisse ist Aufgabe der Anthroposophischen Gesellschaft. Ja, das Bedürfnis nach Gemeindebildung war in der Anthroposophischen Gesellschaft sogar zu einem Problem geworden, wie wir im Kapitel VI, 3 gesehen haben.

Im Kapitel IV, 2 haben wir bereits dargestellt, wie Rudolf Steiner schon im Jahre 1906 davon gesprochen hat, daß kultisch-religiöse Formen für das Zusammenleben der Menschen auch in Zukunft notwendig sein werden (GA 95/03.09.1906/S.120 ff.). Er hat diese Notwendigkeit später noch stärker betont (GA 78/06.09.1921/S.166 ff.; GA 307/05.08.1923/S.25 ff.), indem er von der erneuerten Religion sprach, die allein ein ethisch-soziales Leben der Menschen ermöglicht.

Aber wir finden auch den umgekehrten Gedanken, daß Religion gar nicht ohne Gemeinschaftsbildung möglich ist. Ein erster Ansatz dafür findet sich interessanterweise im November 1916, also zu der Zeit, als er von der Notwendigkeit christlicher Erneuerung zu sprechen begann (siehe Kap. IV, 2):

"Der Christus mußte als historische Tatsache in die Menschheitsentwickelung eintreten, er mußte wie die Naturerscheinungen selber von außen wahrgenommen werden, er mußte auf einem ganz anderen Weg an die Menschen herantreten, als die Götter der alten Religionen an den Menschen herangetreten waren. 'Wo zwei in meinem Namen vereint sind, bin ich mitten unter ihnen' — das ist ein wichtiger Satz des Christentums, denn er bedeutet, daß man zwar auf dem Wege der bloß individuellen Mystik Angeloi, Archangeloi, auch noch Archai finden kann, daß man auf dem Weg der individuellen Mystik aber nicht den Christus finden kann. Diejenigen, die individuelle Mystik pflegen wollen, so wie das oftmals auch unter Theosophen geschildert wird, die kommen in der Regel auch nur bis zum Angelos. Sie verinnerlichen nur diesen Angelos mehr, machen ihn manchmal noch sogar um etwas egoistischer, als die anderen Menschen ihren Gott machen. Den Christus findet man auf andere Weise, nicht bloß durch Entwickelung des Innern, sondern dann, wenn man sich vor allen Dingen bewußt ist, daß der Christus der menschlichen Gemeinschaft angehört, der ganzen menschlichen Gemeinschaft angehört." (GA 172/27.11.1916/S.203 f.)

Es ist im Sinne des Christentums eine Tatsache, daß "wirkliche" Religion nur in Gemeinschaft möglich ist. Die zitierten Sätze weisen in diese Richtung.

Bei der Vorbereitung der Gründung der Christengemeinschaft hat Rudolf Steiner immer wieder auf die Notwendigkeit der Gemeindebildung für eine religiöse Erneuerung hingewiesen. Er referierte dies zum Beispiel im Vortrag vom 30.12.1922 mit den Worten: "Ich bemerkte, daß es dabei ankommt auf Gemeindebilden ..." (GA 219/11/S.167), und am 27.02.1923: "Es muß in rechtem Sinne gesucht werden nach Gemeinschaftsbildung, nach einem Elemente im religiösen und Seelsorgerwirken, das Menschen an Menschen bindet." (GA 257/6/S.109)

Am deutlichsten sprach Rudolf Steiner im Vortrag vom 03.03.1923: "Aber eine religiöse Erneuerung muß herbeiführen Gemeindebildungen, religiöse Gemeindebildungen. Der Mensch kann seine Erkenntnis als einzelner pflegen, wenn er sie erst durch die Gemeinschaft erhalten hat. Aber jenes unmittelbare, nicht so sehr denkerische als empfindungsgemäße Erleben der geistigen Welt, das als Religiöses bezeichnet werden kann, das Erleben der geistigen Welt als einer göttlichen, das kann nur sich ausleben im Gemeinschaftsbilden. Und so, sagte ich, muß eine Gesundung des religiösen Lebens durch eine gesunde Gemeinschaftsbildung entstehen." (GA 257/9/S.167)

Und weiter: "Und religiöses Leben kann nicht ohne Gemeindebildung bestehen." (GA 257/9/S.172)

Ein gesundes christliches religiöses Leben ist also ohne Gemeindebildung nicht möglich. Diese Gemeindebildung ist aber nicht mit einem religiösen Leben zu bewirken, das ganz auf die Predigt begründet ist, denn Predigt allein atomisiert die Gemeinschaften, weil sie die einzelne Seele dazu auffordert, sich ihre eigene Meinung zu bilden. Im Hinblick auf die evangelische Kirche, in der dies eingetreten sei, führt Rudolf Steiner im weiteren aus:

"Ein Atomisieren, ein Zersprengen der Gemeinde und ein Hinlenken des Religiösen auf die einzelne Persönlichkeit ist eingetreten. – Das würde aber nach und nach überhaupt zur Auflösung der sozialen Ordnung nach dem Seelischen hin führen, wenn nicht die Möglichkeit einer wirklichen Gemeindebildung wieder da wäre. Aber die wirkliche Gemeindebildung, sagte ich, ist nur in einem Kultus gegeben, der nun wirklich aus den heutigen Offenbarungen der geistigen Welt heraus gewonnen wird. Und so ist denn jener Kultus auch eingezogen in die Bewegung für religiöse Erneuerung, der innerhalb derselben nun eben da ist." (GA 257/9/S.167)

Wir können also sagen: Das Zusammenleben der Menschen im sozialen Organismus verlangt nach Religion, nach kultischen Formen der Verehrung des Göttlichen, denn wenn der Mensch den Umgang mit den Göttern verliert, verliert er auch den Umgang mit den Menschen (vgl. GA 198/17.07.1920/S.278 f.).

Kultische Formen des religiösen Lebens sind nur in der Gemeinschaft, nicht für den Einzelmenschen möglich, und sie sind gleichzeitig das einzige Mittel, durch das religiöse Gemeinschaft wirklich gebildet werden kann.

Ob ein Kultus überhaupt aus der geistigen Welt heraus gestiftet werden kann, hängt davon ab, ob es auf Erden eine in sich geschlossene Gemeinschaft gibt, die diesen Kultus und seine Bedingungen will. Das gilt sowohl für den Kultus in der Schulbewegung (siehe Kap. II, 5) als auch für den Kultus, der innerhalb von E.S.

und F.M. und in der Dritten Klasse der Freien Hochschule für Geisteswissenschaft übersinnliche Erkenntnisse "demonstrieren" sollte (siehe Kap. II, 3 und 4).

Als die Lehrer der Waldorfschule am 16.11.1921 die Frage äußerten, ob sie einen Kultus für sich haben könnten, sagte Rudolf Steiner: "Da muß ein tief einheitlicher Wille vorhanden sein" (GA 300b/S.55). "Dann müßte das Kollegium einig sein" (GA 300b/S.56). "Eine Kultushandlung ist nur in esoterischen Kreisen möglich, wenn sie etwas sein soll." (GA 300b/S.57)

Rudolf Steiner sah die Einigkeit des Willens im damaligen Kollegium für einen esoterischen Kultus nicht gegeben, und so ist dieser Kultus nie entstanden. Er verwies auf den gerade abgehaltenen Theologenkurs und sagte:

"Sie sehen, jetzt ist diese wunderbare Bewegung, die zum Theologenkurs geführt hat. Sie war sehr esoterisch gehalten. Sie schloß die Begründung des Kultusartigen, Kultushaften im höchsten Sinne des Wortes in sich. Daran können Sie sehen, daß man einig war." (GA 300b/S.58)

Eine solche im Willen einige Gemeinschaft war bei der Begründung der Christengemeinschaft vorhanden, und nur deshalb konnte ihr der Kultus anvertraut werden.

Eine esoterische Gemeinschaft ist die Voraussetzung, daß Kultus überhaupt entstehen kann, und Kultus ist die Voraussetzung dafür, daß exoterische Gemeinden, religiöse Menschengemeinschaften entstehen können. Wodurch geschieht das?

In den Vorträgen vom 27.02. und 03.03.1923 entwickelt Rudolf Steiner, wie religiöse Gemeinden und wie Gemeinschaften durch Anthroposophie entstehen (GA 257/6/S.104 bis S.124; GA 257/9/S.164 bis S.183). Diese Vorträge sind als ganze für unser Thema wichtig, können hier aber nur auszugsweise referiert und zitiert werden.

"Wenn wirkliche Gemeinschaftsbildung bei der Arbeit in der religiösen Erneuerung auftreten soll, dann braucht man einen für die Gegenwart anwendbaren und abgestimmten Kultus. Das gemeinsame Erleben des Kultus, das gibt etwas, was in der Menschenseele die Gemeinschaftsempfindung einfach durch seine eigene Wesenheit hervorruft. ... Denn in diesem Kultus (der Christengemeinschaft; W.G.) liegt ein ungeheuer bedeutsames Element der Gemeindebildung. Er bindet Mensch an Mensch. ... Dasjenige, was sich in den Kultformen ... ausspricht, das ist ein Abbild von wirklichen Erlebnissen, ... die der Mensch in seinem vorirdischen Dasein durchmacht, wenn er auf dem zweiten Teil des Weges zwischen dem Tode und einer neuen Geburt ist ... In dem Gebiete, das da der Mensch durchmacht, liegt die Welt, liegen die Ereignisse, liegen die Wesenhaftigkeiten, die ein wirkliches Abbild finden in den echten, wahren Kultformen. Was empfindet daher derjenige, der den Kultus miterlebt, mit dem andern, mit dem er von irgendeinem Karma zusammengeführt wird – und das Karma ist so verwickelt, daß man durchaus überall Karma voraussetzen darf, wo wir mit Menschen zusammengeführt werden? Gemeinsame Erinnerung an das vorirdische Dasein erlebt er mit ihm zusammen. Das taucht in den unterbewußten Tiefen der Seele auf. ... Deshalb bindet Kultus, weil im Kultus heruntergetragen ist aus den geistigen Welten dasjenige, was Kräfte dieser geistigen Welten sind, weil der Mensch das in seinem Erdenleben vor sich hat, was überirdisch ist. ... Eine umfassende, ins Geistige hinüberzielende gemeinsame Erinnerung, das ist es, was die gemeinschaftsbildende Kraft des Kultus ist." (GA 257/6/S.112 ff.)

Und wenige Tage später heißt es dann:
"Es ist im richtigen Kultus so, daß die Welt, die gewissermaßen da in das Sinnliche hereingebracht wird in Wort und Handlung, derjenigen entspricht, aus der wir Menschen aus unserem vorirdischen Leben heruntergezogen sind. ... So fühlt sich derjenige, der einen richtigen Kultus mit den anderen zusammen mitmacht – er weiß es nicht, es bleibt im Unterbewußten, aber dadurch lebt es sich um so mehr in das Fühlen und Empfinden ein –, versetzt in die Welt, in der sie ja gemeinsam waren, bevor sie auf die Erde heruntergestiegen sind. ... Und so fühlen diejenigen, die zu einer Kultgemeinde gehören ..., sich versetzt in eine Welt, die sie gemeinsam durchgemacht haben im Übersinnlichen. Das macht das Bindende in der Kultusgemeinde aus. ... Daher ist die Gemeinschaft, die auf diese Weise eine Erinnerungsgemeinschaft in bezug auf das Übersinnliche ist, auch eine Sakramentsgemeinschaft." (GA 257/9/S.171 f.)

Gegenüber diesem starken Mittel, der Sehnsucht der Menschenseelen nach Gemeinschaft im Bewußtseinsseelenzeitalter Befriedigung zu geben, braucht auch die Anthroposophische Gesellschaft Wege zur Gemeinschaftsbildung. Sonst droht ihr durch die Christengemeinschaft eine Gefahr (siehe GA 257/6/S.112 und GA 257/9/S.168). Während aber in der Christengemeinschaft das Gemeinschaftsbildende, der Kultus, als eine Stiftung aus der geistigen Welt am Ausgangspunkt des religiösen Lebens der Gemeinde steht, die Voraussetzung für dieses Leben ist, kann die Befriedigung der Sehnsucht nach Gemeinschaft nicht die erste Aufgabe einer Erkenntnisbewegung wie der Anthroposophischen Gesellschaft sein. Denn "dasjenige, was erreicht werden soll, (kann) von dem Anthroposophischen zunächst allerdings innerhalb der einzelnen Individualität erreicht werden ..." (GA 219/11/S.167). Und: "Der Mensch kann seine Erkenntnis als einzelner pflegen, wenn er sie erst durch die Gemeinschaft erhalten hat" (GA 257/9/S.167).

Anthroposophie aufnehmen und den Erkenntnisweg gehen, kann zunächst jeder einzelne für sich allein. Aber die Anthroposophische Gesellschaft braucht auch eine gemeinschaftsbildende Kraft, "damit in ihr Gemeinschaftswesen auftauchen kann. Aber anders geartet kann der Grund zur Gemeinschaftsbildung in der anthroposophischen Bewegung sein als in der Bewegung für religiöse Erneuerung." (GA 257/6/S.114)

Im Traum erleben wir isoliert für uns eine Bilderwelt, die wir mit keinem Menschen teilen, auch wenn jemand in demselben Raume ist, wo wir schlafen. Durch die Eindrücke der sinnlichen Welt, Licht und Ton etc., erwachen wir zum Tagesbewußtsein. Und dieses schafft ein gewisses Gemeinschaftsleben, weil wir mit anderen Menschen die gleichen sinnlichen Eindrücke haben können. So wie wir aus dem Traum in das Tagesbewußtsein erwachen können, so können wir in ein drittes Bewußtsein erwachen. "Aus dem zweiten erwachen wir in den dritten Zustand hinein durch den Ruf des Geistig-Seelischen am anderen Menschen. Aber wir müssen diesen Ruf erst vernehmen ..." Es gibt "ein höherstufiges Aufwachen, wenn wir in der richtigen Weise an dem Seelisch-Geistigen unseres Mitmenschen aufwachen, wenn wir ebenso in uns fühlen lernen das Geistig-Seelische des Mitmenschen, wie wir fühlen in unserem Seelenleben beim gewöhnlichen Aufwachen das Licht und den Ton." Dadurch, daß wir anthroposophische Ideen aufnehmen, verstehen wir noch nicht die geistige Welt. "Wir beginnen das erste Verständnis für die geistige Welt erst zu entwickeln, wenn wir am Seelisch-Geistigen des anderen Menschen erwachen. Dann beginnt erst das wirkliche Verständnis für Anthroposophie. Ja, es obliegt uns, auszugehen von jenem Zustande für das wirkliche Verständnis der Anthroposophie, den man nennen kann: Erwachen des Menschen an dem Geistig-Seelischen des anderen Menschen." (GA 257/6/S.116)

Die Kraft zu diesem Erwachen erlangt der Mensch, wenn "er etwas, das er im Irdischen erschaut, im Irdischen erkennen und verstehen gelernt hat, in das Übersinnlich-Geistige hinaufhebt, indem er es ins Ideal erhebt." So sollen wir mit den in der Anthroposophie gegebenen Ideen vom Geistigen in anthroposophischen Gemeinschaften umgehen. "Dasjenige, was du hier in der Welt der Sinne wahrgenommen hast, wird plötzlich lebendig, wenn du es zum Ideal erhebst, wenn du es in der richtigen Weise durchdringst mit Gemüt und Willensimpuls. Wenn du dein ganzes Inneres vom Willen durchstrahlst, Begeisterung auf es wendest, dann gehst du mit deiner sinnlichen Erfahrung, indem du sie idealisierst, den entgegengesetzten Weg, wie du ihn gehst, wenn du das Übersinnliche in die Kultusgestalt hineingeheimnißt. ... (So) daß das Ideal ein höheres Leben gewinnt, indem wir uns in es hineinleben, daß es das Gegenbild des Kultus wird, nämlich das Sinnliche ins Übersinnliche hinaufgehoben. Das können wir auf gefühlsmäßige Weise erreichen ..., daß durch den ganzen Prozeß des Aufnehmens anthroposophischer Ideen ein wirklich real-geistiges Wesen anwesend wird in dem Raume, in dem wir Anthroposophie treiben ..., daß wir uns so fühlen, als schaute herunter auf uns und hörte uns an ein Wesen, das über uns schwebt, das real-geistig da ist. ... So kann auch durch dasjenige, was wir gemeinsam erleben, indem wir gemeinsam Anthroposophisches aufnehmen ..., ein realer Gemeinschaftsgeist herangezogen werden. Vermögen wir diesen zu empfinden, dann binden wir uns als Menschen zu wahren Gemeinschaften zusammen." Wir müssen als Anthroposophen ein Bewußtsein davon hervorrufen, "daß, indem die Menschen sich finden zu gemeinsamer anthroposophischer Arbeit, der Mensch am Geistig-Seelischen des anderen Menschen erst erwacht." Dadurch, daß wir "hingehen in die anthroposophischen Gemeinschaften mit dem lebendigen Bewußtsein: Da werden wir erst zu so wachen Menschen, daß wir da erst Anthroposophie verstehen miteinander ..., dann senkt sich über Ihre Arbeitsstätte herunter die gemeinsame reale Geistigkeit." (GA 257/6/S.117 ff.)

Dieser ganze Vorgang ist ein Teil des Weges zu anthroposophischer Gemeinschaftsbildung und Rudolf Steiner nennt ihn einen "umgekehrten Kultus" (GA 257/6/S.119).

Dieser sogenannte umgekehrte Kultus darf nicht verwechselt werden mit dem, was Rudolf Steiner als die kosmische Kommunion, den kosmischen Kultus charakterisiert (siehe Kap. II, 1 und 2). Wenn man die beiden Schilderungen der inneren Vorgänge miteinander vergleicht, kann man sehen, daß es zwei verschiedene Dinge sind.

Die weitere Schilderung dieses "umgekehrten Kultus" – des Weges zur anthroposophischen Gemeinschaftsbildung – im Vortrag vom 03.03.1923 (GA 257/9/S.174 ff.) können wir auslassen und nur die Zusammenfassung anführen: "Durch das gemeinsame Erleben des Übersinnlichen wird eben gerade am intensivsten Menschenseele an Menschenseele erweckt, die Seele erwacht in ein höheres Verständnis hinein, und wenn diese Gesinnung da ist, bildet sich etwas heraus, das bewirkt, daß auf Menschen, die vereinigt sind im gegenseitigen Sich-Mitteilen und im Miteinander-Erleben anthroposophischer Ideen, ein gemeinsames, wirkliches Wesen sich herniedersenkt. ... So leben die Menschen unter den Fittichen eines höheren Wesens, wenn sie mit der richtigen idealistischen Gesinnung miteinander erleben die anthroposophischen Ideen." (GA 257/9/S.178)

Auf diese Weise kann die Menschenseele durch die Arbeit in einer anthroposophischen Gruppe wirklich im Erleben unter geistigen Wesen sein, auch wenn sie diesen Tatbestand noch nicht geistig schauen kann. Diesen Weg in die geistige Welt charakterisiert Rudolf Steiner gegenüber dem in "Wie erlangt man Erkenntnisse der höheren Welten?" aufgezeigten als eine "Durchgangsphase", die für den modernen Menschen, ganz abgegrenzt von der Anschauung der höheren Welt, notwendig ist (GA 257/9/S.179 ff.).

Interessant ist noch zu sehen, wie Rudolf Steiner in diesem Vortrag die beiden Arten der Gemeinschaftsbildung vergleichend charakterisiert: "Durch den Kultus (der Christengemeinschaft; W.G.) wird das Übersinnliche in Wort und Handlung heruntergeholt in die physische Welt. Durch den anthroposophischen Zweig werden die Gedanken und Empfindungen der Anthroposophengruppe hinaufgehoben in die übersinnliche Welt." Der "umgekehrte Kultus" in einem Zweig ist der "andere Pol" des Kultus in der Christengemeinschaft. "Man möchte sagen, wenn man bildlich sprechen will: die Kultgemeinde versucht, die Engel des Himmels zu veranlassen, herunterzugehen in den Kultraum, damit sie unter den Menschen seien. Die anthroposophische Gemeinde versucht, die Menschenseelen zu erheben in die übersinnliche Welt, damit sie unter die Engel kommen. Das ist in beiden das gemeinschaftsbildende Element." (GA 257/9/S.179)

In beiden Fällen entsteht die gemeinschaftsbildende Kraft dadurch, daß eine Gruppe von Menschen einen gegebenen geistigen Inhalt mit einem Gefühls- und Willensimpuls durchdringt und dadurch lebendig macht. In einer Kultusgemeinde ist dieser Inhalt als Kultusform gegeben und wird in erster Linie über die Sinne aufgenommen; in einer anthroposophischen Arbeitsgruppe ist er in der Form anthroposophischer Ideen gegeben und wird über das Gedankenverständnis aufgenommen. In beiden Fällen kann ein reales Zusammensein der Menschenseelen mit einem Engelwesen bewirkt und erlebt werden, und dadurch tritt die Gemeinschaftsbildung ein. Einmal ist es so, daß Engel zu den Menschen herabsteigen, einmal so, daß sich die Menschenseelen zu den Engeln erheben.

Wie sehr Rudolf Steiner jeweils von *einem* Gesichtspunkt aus charakterisierte und man daher seine Äußerungen nicht absolut setzen darf, zeigt eine kleine Ergänzung, die sich im Vortrag vom 12.07.1923 für die Priester findet. Rudolf Steiner hatte im zweiten Theologenkurs 1921 dargestellt, daß die Menschenweihehandlung den Weg der Menschenseele in die geistige Welt nach dem Tode nachbildet. – Das erschien als Widerspruch zu dem im Vortrag vom 27.02.1923 Gesagten, daß die Teilnehmer am Kultus in gemeinsamen Erinnerungen an das vorgeburtliche Dasein leben. Rudolf Steiner antwortete nun auf die diesbezügliche Frage:

Dies muß, wie alles, was mit der geistigen Welt zu tun hat, mit ganz genauen Begriffen erfaßt werden. Deswegen hat man im Mittelalter Dialektik getrieben. Aber das haben wir noch nicht wieder erreicht, weder in der Anthroposophie noch in der religiösen Bewegung. Die eine Seite des Kultus ist die, daß durch ihn die Menschenseele mit dem Christus durch den Tod hindurchgehen kann. Die andere Seite ist die, daß der Kultus für den Menschen etwas wie eine Erinnerung an das Leben vor der Geburt ist. Der Kultus stammt aus dem Vorgeburtlichen. Deshalb wirkt er so stark in die Zukunft, wenn man an ihm teilnimmt. –

Es ist also kein Widerspruch, aber wir können die beiden Aussagen über den Kultus nur durch scharf unterscheidende Begriffe, durch Dialektik, widerspruchsfrei denken.

Bei den Schilderungen der beiden Arten der Gemeinschaftsbildung hat Rudolf Steiner keine vergleichend-wertenden Urteile hinzugefügt, und wir wollen uns derselben ebenfalls enthalten. Dem entspricht, daß er das Bedürfnis nach diesen Wegen ganz gleichberechtigt behandelt:

"Und so gibt es außer jenem Bedürfnis nach Erinnerung an die übersinnliche Heimat, die durch den Kultus befriedigt werden kann, das andere Bedürfnis, sich erwecken zu lassen zum Geistig-Seelischen durch den anderen Menschen." (GA 257/03.03.1923/S.177)

"Es ist aber im Menschen der Gegenwart nicht bloß jene Tendenz zur Gemeindebildung vorhanden – sie ist stark vorhanden, aber nicht bloß vorhanden –, die durch den Kultus befriedigt werden kann, sondern es ist noch eine andere Art von Sehnsucht nach Gemeinschaftsbildung vorhanden. Und so kann es ganz gut sein, daß diesen zwei Arten von Sehnsucht nach Gemeinschaftsbildung, die in jedem Menschen heute vorhanden sind, für jeden einzelnen Menschen Rechnung getragen werden kann, so daß nicht nur in der Bewegung für religiöse Erneuerung ein gemeinschaftsbildendes Element vorhanden ist, sondern auch in der Anthroposophischen Gesellschaft." (GA 257/ 9/S.168 f.)

In den Briefen an die Mitglieder vom 03.02.1924 und 02.03.1924 finden wir das Motiv der anthroposophischen Gemeinschaftsbildung wieder. Rudolf Steiner gibt in diesen und den anderen Briefen Anregungen für die anthroposophische Arbeit in den Zweigen und kommt auch auf das Erwachen der Menschenseele durch Anthroposophie zu sprechen, das zum vollen Erleben der Gemeinschaft führt (siehe GA 260a/S.44 ff. und S.55 f.).

Nach allem, was wir damit vor uns haben, können wir nun sagen: Die beiden Wege zur Gemeinschaftsbildung schließen einander nicht aus, sondern ergänzen sich. Ja, sie sind sogar letztlich jedem Menschen, der sich selber recht versteht, ein Bedürfnis.

Wir haben mit diesen beiden Wegen die Möglichkeit, zu neuen gemeinschaftsbildenden Kräften zu kommen. Denn die alten Kräfte dieser Art, die über das Blut, die Sprache und die volksgebundenen Religionen wirkten, stammen alle aus der ersten Hälfte der Erdenentwicklung, vor dem Mysterium von Golgatha. Sie bewirkten Gemeinschaften, die sich von anderen Gemeinschaften abgrenzten und abschlossen. Dies entsprach der differenzierenden Wirkung der Schöpferwesen der Erde, der Geister der Form. Mit dem Wirken des Christus auf Erden beginnt die zweite Hälfte der Erdenevolution, in der die "Wiederbringung aller Dinge" (Apg. 3, 21) eine Zusammenführung aller differenzierten Gemeinschaften, geistigen Strömungen und schließlich auch der Völker und Rassen möglich und notwendig macht. Denn das Christentum ist eine Menschheitsreligion, die den einzelnen Menschen über seine aus alten Wirksamkeiten stammenden, abgegrenzten Gemeinschaften hinausführen kann und will. Und die Anthroposophie hat unter anderem das Ziel, dem zu dienen, weil sie in der Lage ist, Menschen verschiedener Völker und Rassen, volksgebundener Religionen und verschiedener geistiger Strömungen wieder zu vereinigen. Deshalb können die gemeinschaftsbildenden Kräfte der erneuerten christlichen Religionsübung und des anthroposophischen Erkenntnisstrebens nicht "exklusive", sich gegeneinander abgrenzende Gemeinschaften bilden, sondern diese Kräfte bringen, wenn sie richtig geübt werden, "inklusive" Gemeinschaften hervor, die sich befruchtend durchdringen. Solche Gemeinschaften ermöglichen dem einzelnen Menschen, im Gegensatz zu den alten Gemeinschaftsformen, in mehreren gleichzeitig zu leben.

Ein kleines Beispiel dafür, daß sich die neuen Gemeinschaften gegenseitig durchdringen und nicht voneinander abschließen, schildert Ernst Lehrs in seinen Erinnerungen: Junge Menschen aus der Christengemeinschaft wollten in die "Freie anthroposophische Gesellschaft", der besonders die anthroposophische Jugend angehörte, aufgenommen werden. Eine der wesentlichen Persönlichkeiten dieser Gesellschaft, Hans A. Büchenbacher, war dagegen, diese Menschen aufzunehmen, weil – so peinlich das auch heute klingt – dadurch ein "fremdes Element" in dieselbe hineinkomme. Man fragte aber Rudolf Steiner deswegen, und seine Antwort war: "Damit würde doch ein ausgezeichnetes Element in unsere Gemeinschaft kommen. Denn durch die Teilnahme am Leben der Christengemeinschaft sei Gelegenheit gegeben, Verehrung gegenüber dem Geist zu entwickeln." (Ernst Lehrs: Gelebte Erwartung, S.366)

So haben wir von einer anderen Seite wieder gefunden, was Rudolf Steiner an Zusammenwirken der beiden Bewegungen für nötig hielt und veranlagte (siehe Kap. VI, 1). Wie dieses Zusammenwirken auf speziellen Gebieten für den einzelnen Menschen fruchtbar werden kann, soll im folgenden dargestellt werden.

5. Die Zusammenarbeit beider Bewegungen für den einzelnen Menschen

Es ist ein besonderes Kennzeichen der modernen Zeit, daß die Spezialisierung menschlicher Tätigkeiten und die Arbeitsteilung immer weiter fortschreiten. Dieser Prozeß hat zwar manche Probleme hervorgebracht, er ist aber nicht umkehrbar. Gliederungen in verschiedene Tätigkeiten und Verantwortungsbereiche sind auch in Zukunft notwendig und richtig. So ist es zum Beispiel nicht mehr möglich, daß der Priester wie in alten Zeiten gleichzeitig Arzt ist. Aber für ein gedeihliches Wirken innerhalb des sozialen Organismus ist ein enges und lebendiges Zusammenwirken der einzelnen Tätigkeiten und Berufsgruppen unbedingt erforderlich.

Rudolf Steiner war auf diesem Felde schöpferisch tätig. Er schuf die Heileurythmie, die pädagogische Eurythmie, die Heilpädagogik. Er veranlagte eine lebendige Verbindung der medizinischen Wissenschaft und der pädagogischen Kunst in der Tätigkeit des Schularztes (siehe GA 314/07.04.1920/S.238) und er legte den Grund für eine neue Pastoralmedizin.

Mit der pädagogischen Eurythmie und in der Heilpädagogik entstanden sogar neue Berufe auf der Grenze zweier Berufsfelder. In der Heileurythmie, in der Tätigkeit des Schularztes und in der Pastoralmedizin handelt es sich vorwiegend um die Zusammenarbeit zwischen dem Arzt auf der einen und dem Eurythmisten, dem Lehrer oder dem Priester auf der anderen Seite.

Für unser Thema ist wichtig, daß Rudolf Steiner nach der Weihnachtstagung aus dem Geist der erneuerten Mysterien durch den Kursus über Pastoralmedizin die Grundlegung einer Zusammenarbeit anthroposophischer Ärzte und Priester gegeben hat.

Schon im ersten Vortrag betont er ganz streng, wie wichtig eine saubere Trennung der ärztlichen und priesterlichen Verantwortung und Tätigkeit ist, und daß nur auf der Grundlage einer solchen Trennung eine künftige Zusammenarbeit von Arzt und Priester für den einzelnen Menschen und für Menschengruppen in der Kultur der Zukunft fruchtbar und heilsam sein kann.

"Zusammenarbeiten heißt doch, daß man sich gegenseitig das gibt, in dem man tüchtig ist, nicht, daß der eine in die Sphäre des anderen eingreift. –

Gerade dadurch aber, daß ein solches Zusammenarbeiten stattfindet, gerade dadurch wird sich für die Kultur ein Allerwichtigstes ergeben ..." (GA 318/ 08.09.1924/S.19)

Der Priester soll mit dafür sorgen, daß die Menschen wirklich zu einem anthroposophischen Arzt gehen und nicht zu einem Dilettanten.

"Und der Arzt wird manches tun können, gerade am Krankenbett, um die Priesterwirkung da zur rechten Geltung zu bringen, wo sie oftmals in der allerrealsten Weise in das Leben einzugreifen hat: am Krankenbett." (GA 318/ 08.09.1924/S.20)

Damit haben wir den ersten Bereich für eine Pastoralmedizin. Ein zweiter ergibt sich durch das Auftreten von Krankheiten und abnormen Entwicklungen bei Menschen, die man gewöhnlich Psychopathen nennt. Bei diesen Krankheiten ist nicht nur der Arzt, sondern auch der Priester gefordert. Rudolf Steiner spricht darüber im 2. bis 5. Vortrag des Kurses:

"Erst dann beginnt Theologisch-Religiöses wirksam zu sein, wenn der Theologe solchen Erscheinungen gewachsen ist. Erst dann wird der Arzt zum Heiler der Menschen, wenn er auch solchen Erscheinungen gewachsen ist." (GA 318/ 09.09.1924/S.33)

Verschlechterungen solcher psychopathischen Entwicklungen sollten "verhindert werden ... durch die Verbreitung einer echten Pastoralmedizin" (GA 318/ 12.09.1924/S.72); daher "sollten wir sinnen auf Mittel, die dasjenige, was jetzt pathologisch ist, beheben können, psychische, spirituelle, physische Mittel. Wir werden davon noch sprechen" (GA 318/12.09.1924/S.75). Rudolf Steiner hatte also für die Therapie ganz konkrete verschiedenartige Mittel vor Augen. Leider ist es wegen seiner Erkrankung, die kurz nach dem Kurs eintrat, nicht mehr zu einer detaillierten Ausarbeitung solcher Mittel gekommen.

Ein dritter Bereich ist der der Genesung.

"Sehen Sie, es hat schon einen Sinn ..., daß in Ergänzung des physischen Heilungsprozesses für gewisse Menschen das Abendmahl nötig ist, wenn sie genesen sind, damit das, was im Karma in Unordnung gebracht ist, in Ordnung gebracht werde." (GA 318/13.09.1924/S.93)

Ganz eindeutig spricht Rudolf Steiner von der Zusammengehörigkeit von Medikament und Sakrament. Der Priester spendet das Sakrament als Heilmittel gegen die allgemeine Krankheit, in die der Mensch fortwährend zu versinken droht.

Und der Arzt gibt "das Arzneimittel als den anderen Pol des Sakramentes, wenn die Krankheit eintritt. ... Wenn wir so die Koordination erkennen, dann begreifen wir, wie der Zusammenhang ist des Pastoralen auf der einen Seite, der Medizin auf der anderen Seite. Dann umgreift Pastoralmedizin nicht nur eine theoretische Lehre, sondern ein menschliches Zusammenarbeiten." (GA 318/15.09.1924/S.119)

Rudolf Steiner hat deutlich davon gesprochen, daß dieser Kurs vom September 1924 erst ein Anfang einer "umfassendsten Pastoralmedizin" sein konnte (siehe GA 318/13.09.1924/S.93). Er hat sogar Andeutungen über eine spätere Einbeziehung der Lehrer gemacht.

"Es wird sich dann später ergeben, inwieweit wiederum beide, Arzt und Priester, im Zusammenwirken mit dem Pädagogen etwas Heilsames für die Menschheit wirken können." (GA 318/08.09.1924/S.19; siehe auch GA 318/12.09.1924/S.75 ff.)

Aus alldem geht deutlich hervor, daß Rudolf Steiner das Wirken der Christengemeinschaft als einen Teil des Wirkens der erneuerten Mysterien für die Menschheitskultur ansah (siehe Kap. VII, 8) und nicht auf einen Kreis von Menschen beschränken wollte, der außerhalb des anthroposophischen Wirkens steht. Arzt, Priester und Lehrer haben für jeden Menschen die Aufgabe, ihm bei der Gestaltung und Erfüllung seines Karmas und besonders bei der Überwindung karmischer Schwierigkeiten zu helfen. Jeder von ihnen hat dabei den spezifischen Anlaß und biographischen Ort seiner Wirksamkeit zu beachten und seine spezifischen Mittel einzusetzen.

Selbstverständlich muß es der freien Entscheidung überlassen bleiben, ob zum Beispiel Eltern, die ihre Kinder auf eine Waldorfschule geschickt haben, diese auch durch einen anthroposophischen Arzt betreuen oder in der Christengemeinschaft taufen und konfirmieren lassen wollen. Es ist aber kein Zweifel, daß Rudolf Steiner es als Ideal ansah, jedem Menschen alle Hilfen zuteil werden zu lassen, die aus den Bereichen der erneuerten Mysterien kommen können.

So werden heute schon oftmals Waldorflehrer Schuleltern auf einen anthroposophischen Arzt aufmerksam machen und ihnen für ihr Kind die anthroposophische Medizin empfehlen. Es gibt auch anthroposophische Ärzte, die ihre Patienten auf das religiöse Leben in der Christengemeinschaft aufmerksam machen, weil ihre therapeutischen Bemühungen dort eine sachgerechte Fortsetzung und Vertiefung erfahren können.

Da die meisten Menschen zunächst den Zugang zu einer Seite des anthroposophischen Wirkens finden, gehört es zu den Aufgaben der Träger dieses Wirkens, sie auch auf alles andere erneuerte Wirken aufmerksam zu machen. Ob es der einzelne dann aufgreift oder nicht, kann nur seine freie Entscheidung sein.

Bei einer längeren Wirkensmöglichkeit hätte Rudolf Steiner sicher nicht nur eine Erweiterung und Vertiefung der Pastoralmedizin gegeben, sondern auch weitere Anregungen auf anderen Feldern des sozialen Lebens, auf denen die Christengemeinschaft mit der erneuerten Religionsübung eine Aufgabe haben könnte, zum Beispiel in der Therapie für Kriminelle und in der Altenpflege.

Nur auf einem Gebiet sollten ausschließlich die Priester der Christengemeinschaft tätig sein; bei der Gründung der Christengemeinschaft sagte Rudolf Steiner am 20.09.1922:

Die individuelle Schicksalsberatung, die Seelsorge ist Ihre Aufgabe. Die Anthroposophie wird im wesentlichen Erkenntnis und Lehre sein und sollte nicht auf das Persönliche des einzelnen Menschen eingehen. –

Es ist die Aufgabe der "Sündenheilung", wie Rudolf Steiner es nannte, die in der Bewegung für religiöse Erneuerung wahrgenommen werden soll. So wie die Pädagogik, die Medizin und andere Tätigkeiten im sozialen Leben ihre notwendige und durch nichts zu ersetzende Funktion haben, so auch die erneuerte Religionsübung. Das kann auch dadurch nicht relativiert werden, daß man mit Recht sagt, alles Heilen, alles Lehren, sämtliche menschliche Arbeit solle Kultus, Sakrament werden (siehe Kap. II, 7). Das heißt nicht, daß dadurch der Kultus in der religiösen Übung überflüssig wird. Das wäre genauso verkehrt, als wenn man mit Recht sagen würde: Alle Krankheit hat ihren Ursprung in dem durch den Sündenfall veränderten Astralleib, wir bewirken mit dem Kultus die Sündenheilung, und dann den Schluß ziehen würde, daß man keine weitere Medizin bräuchte, weil wir die wahre Arznei in der Religion hätten.

Ein Zusammenwirken der verschiedenen Kulturbereiche, wie es Rudolf Steiner veranlagt hat, kann nur dann in fruchtbarer Art entstehen, wenn jeder dieser Bereiche seine eigene berechtigte Aufgabe und Wirksamkeit hat.

"Denn innerhalb der Menschheit müssen doch alle diejenigen Bewegungen, welche in berechtigter Weise entstehen, wie in einem organischen Ganzen zusammenwirken." (GA 219/30.12.1922/S.171)

6. Rudolf Steiners Ausblicke in die Zukunft

Wir haben gesehen, daß Rudolf Steiner in seinen Äußerungen ein Zusammenwirken von Anthroposophie und Religionsübung, von Erkenntnisbewegung und Bewegung für religiöse Erneuerung veranlagt hat. Er hat, solange es ihm noch möglich war, diese Zusammenarbeit auch durch sein praktisches Verhalten gefördert. Davon soll im folgenden Kapitel die Rede sein.

Hier sollen nun zum Schluß noch jene Stellen angeführt werden, in denen er – fast ausnahmslos zu den Priestern – über das Zusammenwirken hinaus von einer zukünftigen noch engeren Verbindung der beiden Bewegungen gesprochen hat.

Im Vortrag vom 14.06.1906 spricht Rudolf Steiner von der fünften Kulturepoche, in der Wissen und Glauben getrennt sind. Wissenschaft und Religion mußten auseinanderfallen. "Aber in der sechsten Epoche werden die beiden Strömungen sich vereinigen" (GA 94/18/S.123). Erkenntnisbewegung und religiöse Bewegung müssen also heute noch getrennt sein, aber in der nächsten Kulturepoche werden sie sich vereinigen.

Schon beim ersten Theologenkurs am 13.06.1921, als er von der Notwendigkeit einer freien Gemeindebildung unabhängig von den Zweigen der Anthroposophischen Gesellschaft sprach, sagte er:

Deshalb müssen Sie die Begründung religiöser Gemeinden ganz selbständig vornehmen und erst dann sich zusammenschließen mit der anthroposophischen Bewegung. Diese wird einen solchen Zusammenschluß selbstverständlich immer fördern. –

Man sieht daraus, daß Rudolf Steiner die strikte Trennung der beiden Bewegungen als eine Notwendigkeit des Anfangs sah (siehe Kap. VI, 2), die später über eine verstärkte Zusammenarbeit zu einem "Zusammenschluß" – was immer er damit 1921 meinte, jedenfalls zu einer engeren Verbindung als am Anfang – führen sollte.

Am 06.10.1921, während des zweiten Theologenkurses, brachte er dann den denkbar weitesten Aspekt für das Verhältnis von Anthroposophischer Gesellschaft und Christengemeinschaft. Auf die Frage, ob eine Fühlungnahme anthroposophischer Zweige mit den zu gründenden freien religiösen Gemeinden denkbar und möglich sei, sprach er von einer fernen Zukunft, vom sechsten oder siebten Jahrtausend – also von der letzten Kulturepoche unserer nachatlantischen Zeit – und führte aus: Dann wird eine Trennung von Anthroposophie und Religion undenkbar geworden sein. –

Am Anfang beider Bewegungen müssen diese getrennt sein. Auch wenn wir meinen, daß die ersten Gründe für diese Trennung seit 1922/23 schon hinfällig geworden sind, so bleiben die tieferen Gründe, die im Karma der einzelnen Menschen liegen, sicher noch lange bestehen (siehe Kap. VI, 2). Und erst in Zukunft werden auch diese Gründe soweit überwunden sein, daß eine Trennung der beiden Bewegungen unnötig sein wird.

Für diese ferne Zukunft wurden noch zu Rudolf Steiners Lebzeiten – seit Beginn des Jahres 1922 – wichtige Schritte gemacht. Die von uns schon dargestellten Klärungen sowie Rudolf Steiners Verhalten selber geben die notwendigen Voraussetzungen für uns, auf der Grundlage einer sauberen Trennung eine immer engere Zusammenarbeit zu leisten.

Die letzte Äußerung, die in diesen Zusammenhang gehört, fiel im Februar 1924 bei einem Gespräch Rudolf Steiners mit zwei Oberlenkern in der Christengemeinschaft. Es war das erste dieser Gespräche nach der Weihnachtstagung und man sprach über die veränderte Situation, unter anderem in bezug auf die Christengemeinschaft. Es war die Frage entstanden, ob es eine theologische Sektion am Goetheanum geben könne. Rudolf Steiner erklärte, eine theologische Sektion könnte in Dornach nicht begründet werden, weil die Christengemeinschaft souverän sein solle (dies ergänzte Rudolf Steiner im Mai 1924 im Gespräch mit Friedrich Rittelmeyer; siehe Kap. VII, 8), jedoch könne sich ein immer engerer Zusammenhang mit Dornach ergeben. "Die Verbindung mit der Anthroposophie werde sehr viel enger auf die Dauer werden." (GA 260a/S.600; siehe auch: Erinnerungen an Rudolf Steiner, S.311)

Mit der Weihnachtstagung war die Allgemeine Anthroposophische Gesellschaft gegründet worden. Die Anthroposophische Gesellschaft war mit der anthroposophischen Bewegung eins geworden, und es konnten schon damit nicht mehr dieselben Gründe für eine Trennung der Bewegungen gelten wie Anfang 1923. Die Anthroposophische Gesellschaft wurde dadurch stark, daß der Eingeweihte selbst ihr Vorsitzender wurde. In dem zitierten Gespräch mit den beiden Oberlenkern zeichnete er selber die Richtung vor, in der sich das Verhältnis der beiden Bewegungen künftig entwickeln sollte. Nach seinem Tode nahm dann alles einen anderen, tragischen Verlauf, auch in der Anthroposophischen Gesellschaft selber.

Wir brauchen hier darauf nicht einzugehen. Nur auf eines sei hingewiesen. Es war damals allgemein bekannt, daß Marie Steiner ein distanziertes Verhältnis zur Christengemeinschaft hatte. Das soll hier nicht beurteilt werden. Aber es war der Grund, warum Rudolf Steiner einmal zu Ita Wegman sagte: "Es wäre gut, wenn Frau Doktor ein positives Verhältnis zur Bewegung für religiöse Erneuerung bekäme." (Dies berichtete Ita Wegman 1939 in einem Gespräch mit dem Vater des Verfassers, Friedrich Gädeke, der es in seinem Tagebuch festhielt). Um so wichtiger ist, daß Marie Steiner am 05.11.1948, wenige Wochen vor ihrem Tode, an den Priester Wilhelm Salewski schrieb:

"Das wird sich auf die Dauer nicht durchführen lassen, die beiden Bewegungen werden einander wieder finden müssen. Sie konnten drei Jahrzehnte nebeneinander bestehen und ihre Möglichkeiten aneinander abtasten, sie werden ineinander einmünden müssen. Das ist die Antwort, die ich mir geben muß, wenn ich mich mühe, in den Geist Dr. Steiners einzudringen. Denn er hat nicht das Dogma gewollt, sondern das Leben ... Ich kann mir nicht denken, daß es sich noch darum handelt, welche unserer Bewegungen über die andere siegt und wie wir unsere Arbeitsgebiete voneinander abgrenzen sollen. Ich denke, wir müssen die Wege der Verschmelzung suchen ..." (Marie Steiner – Briefe und Dokumente, S.342 f.)

Diese Worte sind gerade von Marie Steiner von besonderem Gewicht, weil sie dieselbe Tendenz für die Entwicklung der Beziehungen zwischen Anthroposophischer Gesellschaft und Christengemeinschaft zeigen wie die angeführten Worte von Rudolf Steiner selbst.

Dieser hat es aber nicht bei Worten gelassen, sondern er hat selber in seinen letzten zwei Lebensjahren durch sein praktisches Verhalten, durch die Tat, beredt gesprochen. Diesen Tatäußerungen wollen wir im folgenden Kapitel nachgehen.

VII. Das Verhalten Rudolf Steiners 1923 und nach der Weihnachtstagung

Nachdem wir im vorigen Kapitel darauf hingeschaut haben, wie Rudolf Steiner das Verhältnis von Anthroposophischer Gesellschaft und Christengemeinschaft durch seine Äußerungen im Worte veranlagt hat, wollen wir nun betrachten, wie er sich zu diesem ganzen Problemkreis durch sein Verhalten und sein praktisches Tun "geäußert" hat. Denn diese Art der "Äußerung" wiegt mindestens ebenso schwer wie die durch das Wort.

Es ist bemerkenswert, daß Rudolf Steiner nach vielen Wochen intensiver Auseinandersetzungen über das Verhältnis von Anthroposophischer Gesellschaft und Christengemeinschaft, von denen in den beiden vorigen Kapiteln die Rede war, nach dem 03.03.1923 (GA 257/9/S.166 ff.) nicht mehr über dieses Thema gesprochen hat. Wir haben bereits in Kapitel V, 6 darauf hingewiesen, daß die damaligen Priester der Christengemeinschaft Rudolf Steiner bei ihrer Zusammenkunft mit ihm im Juli 1923 noch einmal auf dieses Problem angesprochen haben. Gegen Ende der Aussprache am 12.07.1923 kam man auf die Mißverständnisse zu sprechen, die sich aufgrund des Vortrags vom 30.12.1922 in der Anthroposophischen Gesellschaft gebildet hatten (siehe Kap. V, 6). Rudolf Steiner stellte dazu folgendes klar:

> Es muß über die Sache ein richtiges Urteil herrschen. Das bestehende Fehlurteil kann auf vielerlei Art berichtigt werden, zum Beispiel durch die aktive Mitarbeit von Dr. Rittelmeyer im Vorstand der deutschen Anthroposophischen Gesellschaft, die ja schon seit Monaten besteht. Ich selber werde bei sozialen Anlässen, bei denen das Leben durch den Kultus geheiligt wird, nie wieder mitwirken, ohne daß einer von Ihnen mitwirkt. Ich werde zum Beispiel bei Begräbnissen nicht mehr sprechen, ohne daß ein Priester dabei ist, der den Kultus vollzieht. Denn der muß vollzogen werden. Auf diese Art werden wir die Tatsachen sprechen lassen. Wenn man diskutiert, dann mißverstehen sich die Menschen. Aber so muß sich das richtige Urteil durch die Handhabung nach und nach herausbilden. –

Es war also Rudolf Steiners Wille, nicht mehr zu diskutieren, sondern Tatsachen sprechen zu lassen, besonders durch sein eigenes Verhalten. Sein Verhalten sollte ein Fehlurteil rektifizieren, das damals umlief. Dieses Fehlurteil hatte Rudolf Steiner vorher selber charakterisiert:

> Manche Anthroposophen behaupten, daß ein in der Geisterkenntnis Fortgeschrittener den Kultus nicht brauche. Aber diese Behauptung könnte gar nicht aufkommen, wenn man auf die Wirklichkeit hinschaute. Denn im speziellen Fall eines Begräbnisses ist die Christengemeinschaft mit dem Kultus aufgerufen. Und für das ganze Menschenwesen ist sie mit der Menschenweihehandlung aufgerufen. (Vgl. Alfred Heidenreich: Growing point, S.67 f.)

Rudolf Steiner wollte also bei Taufen, Trauungen und Bestattungen, bei denen die sozialen Verhältnisse geheiligt werden sollen, durch sein Verhalten das Fehlurteil rektifizieren, ein Anthroposoph könne den Kultus entbehren. Als Beispiel nannte er dabei Bestattungen, die er nicht mehr ohne einen Geistlichen vollziehen wollte, wie er es vor der Gründung der Christengemeinschaft gelegentlich getan hatte. Schon vom Frühjahr 1923 an hat er Menschen, die ihn um Bestattung oder Taufe fragten, an die Christengemeinschaft verwiesen.

Zur Quellenlage für die folgenden Abschnitte muß gesagt werden: Da es sich um Ereignisse handelt, die im Persönlichen liegen, finden sich naturgemäß in Mitgliedervorträgen oder gar für die Öffentlichkeit geschriebenen Texten keine Hinweise darauf. Deswegen sind wir auf die Erinnerungen der Zeitzeugen von damals angewiesen. Wir stützen uns im folgenden hauptsächlich auf die Berichte, die die beteiligten Priester geschrieben haben, sowie auf eine Zusammenfassung aller bekannten diesbezüglichen Tatsachen von Rudolf Frieling aus dem Jahre 1975.

1. Rudolf Steiners Empfehlungen an Anthroposophen, sich an die Christengemeinschaft zu wenden

Im März 1923 haben sich Anthroposophen, die nicht zur Christengemeinschaft gehörten, an Rudolf Steiner wegen der Taufe ihres Kindes gewandt. Sie hatten offensichtlich den Vortrag vom 30.12.1922 so verstanden, wie er heute noch vielfach verstanden wird, und wollten sich nicht an die Christengemeinschaft wenden. In dem Bericht von Gertrud Spörri darüber heißt es: "Rudolf Steiner hat auf die Bedeutung der Taufe für die Seele des Kindes aufmerksam gemacht und die Eltern zu uns gewiesen." Ob diese Taufe dann auch stattgefunden hat, ist nicht ganz sicher, aber wahrscheinlich.

Ende März 1923 starb die Eurythmistin Elisabeth Maier: "Als R. Steiner von Anthroposophen gebeten wurde, eine Begräbnisfeier zu halten, lehnte er es ab: es solle die Handlung von uns geleitet werden" (d.h. durch die Christengemeinschaft). Diese Bestattung fand am 29.03.1923 statt. Rudolf Steiner hielt eine Ansprache. Gertrud Spörri vollzog die Handlung.

Ein anderer Bericht über diesen Vorgang findet sich in dem schon öfter zitierten Gespräch zwischen Rudolf Steiner und Gottfried Husemann von Ostern 1923. Dort hat sich Rudolf Steiner folgendermaßen geäußert:

Neulich wurde ich gebeten, das Begräbnis für Elisabeth Maier zu halten. Aber ich habe es nicht getan. Früher habe ich es in einigen Fällen bei Dissidenten getan, zum Beispiel bei Morgenstern. Sonst habe ich immer darauf geachtet, daß der religiöse Ritus von einem Geistlichen gehalten wurde. Bei Elisabeth Maier hat nun Gertrud Spörri (Priesterin der Christengemeinschaft; W.G.) das Ritual zelebriert und ich habe eine Ansprache gehalten (siehe GA 261/S.259 ff.).

Hier wird schon die Haltung deutlich, die Rudolf Steiner dann am 12.07.1923 gegenüber den Priestern bekundete und die er auch einhielt.
In demselben Gespräch mit Gottfried Husemann heißt es dann weiter:
Vor kurzem wollte der N.N. getraut werden. Er fragte mich um Rat, wo das geschehen sollte. Und ich meinte, da käme wohl nur die Christengemeinschaft in Betracht. –
Wahrscheinlich handelt es sich hierbei um die Trauung von Joseph Polzer-Hoditz und Ilona Bögel, die am 04.06.1923 in Dornach stattfand (siehe Ludwig Polzer-Hoditz: Erinnerungen an Rudolf Steiner, S.188).

Wir sehen also: Wenn Rudolf Steiner von Anthroposophen um Taufe, Trauung oder Bestattung gefragt wurde, verwies er die Betreffenden an die Christengemeinschaft. Wenn er selber die Dinge zu entscheiden hatte, wandte er sich ebenfalls an die Christengemeinschaft. Dies geschah zum Beispiel im Falle des Todes von Edith Maryon am 02.05.1924. Da die Verwandten in England nicht abkömmlich waren, hatten sie Rudolf Steiner bevollmächtigt, in ihrem Auftrag alles mit dem Begräbnis Zusammenhängende zu regeln (siehe GA 261/S.309). Rudolf Steiner telegrafierte am 04.05. an Friedrich Doldinger in Freiburg: "Können Sie Dienstag 11 Uhr Einäscherung Maryon hierher kommen? Rudolf Steiner". Er rief also selber den Priester der Christengemeinschaft für die Bestattung herbei (siehe GA 260a/S.617).

Aus all dem kann man aber nicht den Schluß ziehen, daß Rudolf Steiner meinte, es müsse sich jeder Anthroposoph von der Christengemeinschaft bestatten lassen. Selbstverständlich respektierte er die freie Entscheidung des einzelnen auf religiösem Felde. Aber wenn er gefragt wurde oder selber zu entscheiden hatte, war für ihn ab März 1923 ganz selbstverständlich die Christengemeinschaft "für das Kultuelle" aufgerufen.

Es gibt nun noch ein Beispiel, bei dem Rudolf Steiner seine gewohnte Zurückhaltung aufgab und ein Brautpaar nachdrücklich auf die Trauung der Christengemeinschaft aufmerksam gemacht hat. Anfang 1924 heirateten Emil Leinhas, Vorstandsmitglied der Deutschen Landesgesellschaft, und die Eurythmistin Flossy Sonklar. Rudolf Steiner bemerkte sinngemäß zu Emil Leinhas: Werden Sie sich in der Christengemeinschaft trauen lassen? Emil Leinhas erwiderte: Nein, Herr Doktor, daran haben wir nicht gedacht. Darauf Rudolf Steiner: Aber Herr Leinhas, Sie werden sich doch in der Christengemeinschaft trauen lassen. Und als Emil Leinhas abermals verneinte, wiederholte Rudolf Steiner seine Aufforderung ein drittes Mal. Dies war für Emil Leinhas so eindrucksvoll, daß er sich am 09.02.1924 in Stuttgart von Gertrud Spörri mit dem Ritual der Christengemeinschaft trauen ließ.

2. Seine Mitwirkung bei Sakramenten

Rudolf Steiner hat nicht nur fragende Anthroposophen auf die Christengemeinschaft verwiesen, sondern selber an den sakramentalen Handlungen der Christengemeinschaft teilgenommen, wenn es seine Zeit erlaubte, und darüber hinaus auch durch Ansprachen, einmal sogar als Trauzeuge, mitgewirkt. Was er den Mitgliedern am 30.12.1922 empfohlen hatte, als Helfer und Rater am Kultus der Christengemeinschaft teilzunehmen, das hat er selber praktiziert. Davon soll nun berichtet werden.

Am 04.06.1923 wurden Joseph Polzer-Hoditz und Ilona Bögel in Dornach im Atelier des Hauses de Jaager von Friedrich Doldinger getraut. Albert Steffen und Max Schuurmann waren die Trauzeugen. Rudolf Steiner nahm mit Marie Steiner an dieser Trauung teil und hielt nach dem Vollzug des Sakramentes eine Ansprache an das Brautpaar und die Festgemeinde, welche in den Erinnerungen des Vaters des Bräutigams, Graf Ludwig Polzer-Hoditz, erhalten ist (Ludwig Polzer-Hoditz: Erinnerungen an Rudolf Steiner, S.188 ff.).

An der von ihm selbst angeregten Trauung von Emil Leinhas und Flossy Sonklar am 09.02.1924 konnte Rudolf Steiner nicht teilnehmen, weil er an diesem Tage bereits wieder in Dornach weilte, nachdem er in jener Woche zwei Tage in Stuttgart gewesen war (siehe GA 260a/S.598). – Am 18.05.1924 taufte Friedrich Rittelmeyer in Dornach Christward Johannes Polzer-Hoditz. Von diesem Ereignis liegen uns mehrere Schilderungen vor (Albert Steffen in: Begegnungen mit Rudolf Steiner, S.325; Willy Kux in: Erinnerungen an Rudolf Steiner, S.429 ff.; von der Mutter des Täuflings, Ilona Schubert, in: Selbsterlebtes im Zusammensein mit Rudolf Steiner und Marie Steiner, S.107 f.; und von dem Großvater, Graf Ludwig Polzer-Hoditz: Erinnerungen an Rudolf Steiner, S.198).

Für unseren Zusammenhang ist an diesem Taufereignis wichtig, daß Rudolf Steiner alle Mitglieder des esoterischen Vorstandes der Allgemeinen Anthroposophischen Gesellschaft zu dieser Taufe mitnahm, mit Ausnahme von Marie Steiner, die an diesem Tage zu einer Eurythmie-Tournee aufbrach. Das ist eine Geste, die dasselbe zum Ausdruck bringt, was er am 27.06.1924 in den Worten "unsere Christengemeinschaft" aussprach (GA 236/19/S.361). Was in der Christengemeinschaft vorgeht, ist etwas, was auch die Anthroposophische Gesellschaft angeht. Denn Rudolf Steiner wünschte, daß die Träger der Anthroposophischen Gesellschaft die Bewegung für religiöse Erneuerung als "unsere Christengemeinschaft" empfinden.

Zwei wichtige Vertreter der Anthroposophischen Gesellschaft, Helene Röchling und Albert Steffen, waren Paten, also noch in einem engeren Sinne Mitvollbringer des Sakramentes und Vertreter der Taufgemeinde.

Am 15.07.1924 fand im Beisein von Rudolf Steiner die Silbertrauung von Herrn und Frau Molt in Stuttgart durch Friedrich Rittelmeyer statt.

Am 05.08.1924 hat Alfred Heidenreich in Dornach die Trauung von William Scott-Pyle und Mieta Waller vollzogen. Er hat darüber selbst in "Growing Point" berichtet (S.68). Diesmal war Rudolf Steiner selber Trauzeuge, zusammen mit dem Vorstandsmitglied Guenther Wachsmuth. Alfred Heidenreich hat immer wieder geschildert, wie merkwürdig es ihn berührt hat, die streng mahnenden Worte des Traurituals Rudolf Steiner zusprechen zu müssen. Es ist ein weiteres Beispiel, wie Rudolf Steiner sich ganz selbstverständlich mithandelnd in das sakramentale Leben der Christengemeinschaft hineingestellt hat. Außerdem hielt Rudolf Steiner wieder eine Ansprache (siehe GA 260a/S.640).

3. Seine Mitwirkung bei Bestattungen

Rudolf Steiner hat oft in Mitgliedervorträgen und Zweigveranstaltungen Gedenkworte für verstorbene Freunde gesprochen. Er hat aber auch Ansprachen während oder nach einer Bestattungsfeier verschiedener Konfessionen gehalten. Soweit diese mitgeschrieben worden sind, sind sie in dem Band "Unsere Toten" (GA 261) enthalten. Manchmal, wie 1914 im Falle Christian Morgensterns, hat er ohne einen Geistlichen die Trauerfeier gestaltet. Was wir in der Einleitung dieses Kapitels wiedergegeben haben, weist uns darauf hin, daß Rudolf Steiner dieses nach der Gründung der Christengemeinschaft nicht mehr tun wollte.

Man kann seine oben bereits wiedergegebenen Worte in der Aussprache mit den Priestern vom 12.07.1923 leicht mißverstehen:

Ich selber werde bei sozialen Anlässen, wo das Leben durch den Kultus geheiligt wird, nie wieder mitwirken, ohne daß einer von Ihnen mitwirkt. Ich werde zum Beispiel bei Begräbnissen nicht mehr sprechen, ohne daß ein Priester dabei ist, der den Kultus vollzieht. Denn er muß vollzogen werden. –

Das klingt so, als wolle er nur noch bei Bestattungen eine Gedenkrede halten, die von der Christengemeinschaft vollzogen werden. Das ist aber nicht gemeint. Er wollte nur zeigen, daß er den eigentlichen religiösen Akt der Bestattungsfeier nicht mehr selber ohne einen Geistlichen vollziehen werde. Und wenn ein Mitglied der Anthroposophischen Gesellschaft keine Beziehung mehr zu einer bestehenden Kirche hatte, dann empfahl er die Christengemeinschaft, wie wir gesehen haben. Bestand aber eine solche Beziehung, so hat er diese selbstverständlich respektiert und auch am Grabe solcher Freunde gesprochen, die zum Beispiel von einem evangelischen Geistlichen bestattet wurden.

Die erste Bestattung durch die Christengemeinschaft, die in Gegenwart Rudolf Steiners vollzogen wurde, war die von Elisabeth Maier, die Gertrud Spörri am 29.03.1923 in Stuttgart vollzogen hat. Rudolf Steiner hielt eine Ansprache (siehe GA 261/S.259 ff.) und sprach hinterher zu den Priestern davon, wie so die beiden Bewegungen zusammengehen könnten. –

Die Bestattung von Hermann Linde am 29.06.1923 in Basel, von der wir nicht wissen, auf wessen Veranlassung sie zustande kam, vollzog Friedrich Doldinger. Wieder hielt Rudolf Steiner eine Ansprache (siehe GA 261/S.263 ff.). Später sagte er darüber zu den Priestern:

Vor einiger Zeit hatten wir die Bestattungsfeier anläßlich der Kremation von Hermann Linde, einem alten Mitglied der Gesellschaft. In ihr lebte ein starker Strom wahrhaftiger innerlicher Andacht. –
Am 06.01.1924 starb Georga Wiese in Dornach. Rudolf Steiner sprach davon am gleichen Tag zu den Mitgliedern. Wann die Bestattung sein würde, war noch ungewiß. "Es wird erst dafür gesorgt werden müssen, die Verwandten aus Norwegen entweder hierher zu bekommen oder ihre Anordnungen zu hören." (GA 261/ S.282 f.)

Nach allem, was wir erfahren konnten, ist Georga Wiese nicht durch die Christengemeinschaft bestattet worden. Rudolf Steiner begann seine Ansprache bei der Kremation nicht mit dem Hinweis auf das priesterliche Wort, wie er es im Falle von Elisabeth Maier und Hermann Linde getan hatte, und flocht auch viele mantrisch gebundene Worte in seine Ansprache ein, so als wollte er die fehlende mantrische Sprache des Bestattungsrituals ersetzen.

Wenn Georga Wiese nach den "Anordnungen" der Verwandten aus Norwegen, wahrscheinlich lutherisch, bestattet worden ist, so ist das ein Beispiel dafür, wie Rudolf Steiner auch bei Bestattungen sprechen wollte, die nicht von der Christengemeinschaft vollzogen wurden. Das widersprach seiner Willensbekundung an die Priester nicht.

Wahrscheinlich ist auch Admiral E.H. Grafton nicht durch die Christengemeinschaft bestattet worden, und doch hat Rudolf Steiner Heywood-Smith gedankt, daß er bei der Totenfeier für den Verstorbenen Gedenkworte gesprochen hat. Wenn er nicht in England gewesen wäre, so hätte er sie selber gesprochen (siehe GA 261/S.319).

Die letzte Bestattung, die in Gegenwart Rudolf Steiners durch die Christengemeinschaft vollzogen wurde, war die von Edith Maryon, die Friedrich Doldinger am 06.05.1924 in Basel zelebrierte (siehe GA 261/S.308 ff.). Rudolf Steiner erwähnte diese Feier später in einem Gespräch mit Friedrich Rittelmeyer und bemerkte, es sei diesmal noch eine Steigerung in der spirituellen Wirksamkeit zu beobachten gewesen.

Als Rudolf Steiner zur Verabredung dieser Bestattung mit Friedrich Doldinger telefonierte, fielen Worte, die seither oft in einem bestimmten Sinne zitiert worden sind:

Den Bestattungskultus vollziehen Sie als Priester für die Verstorbene, insofern sie ein Glied der Menschheit ist. Zuerst geschieht der Kultus und dann werde ich über die persönlichen Lebenszusammenhänge sprechen, die ja anthroposophische waren. (Siehe Alfred Heidenreich: Growing point, S.69)

Dieser Wortlaut besagt nicht, daß die Tatsache, ein Glied der Menschheit zu sein, den Anspruch auf Bestattung durch die Christengemeinschaft begründet. Sondern es kann aus der Polarität von Kultus (als feststehendes Ritual) und Gedenkansprache (als freie, individuell geformte Rede) deutlich werden, daß der Bestattungskultus etwas mit dem allgemeinen Menschsein, mit unserer heutigen Art des Sterbens und dem Tod als Menschheitsschicksal zu tun hat.

Elisabeth Maier, Hermann Linde und Edith Maryon waren keine Mitglieder der Christengemeinschaft. Manche ziehen daraus den Schluß, Rudolf Steiner habe für eine Bestattung durch die Christengemeinschaft eine Mitgliedschaft in der Anthroposophischen Gesellschaft als ausreichende Voraussetzung angesehen. Abgesehen von dem, was wir im vorigen Kapitel (VI, 2 und 3) ausgeführt haben, muß man eben bedenken, daß Rudolf Steiner seine Handhabung als eine Rektifizierung eines Fehlurteils ansah. Indem er Mitglieder der Anthroposophischen Gesellschaft an die Christengemeinschaft verwies, wollte er sie darauf aufmerksam machen, daß diese auch für sie durch den Kultus aufgerufen ist, wenn die sozialen Verhältnisse geheiligt werden sollen und sie nicht einer anderen Religionsgemeinschaft angehörten. Er machte sie dadurch auf die Christengemeinschaft aufmerksam, konnte also eine Mitgliedschaft in dieser gar nicht voraussetzen. Außerdem wäre es im ersten und zweiten Jahr der Wirksamkeit der Christengemeinschaft nicht realistisch gewesen, eine Mitgliedschaft in der Christengemeinschaft für den Empfang von Ritualien vorauszusetzen, weil die Menschen in Dornach gar nicht am Leben der Christengemeinschaft teilnehmen konnten, denn die nächste Gemeinde bestand damals in Freiburg i.Br. Außerdem muß man das schon zitierte Wort an Gottfried Husemann vom Frühjahr 1923 mitberücksichtigen, das die oben gekennzeichnete Meinung berichtigt:

Eine Gemeinschaft, die durch Sakramente und für Sakramente gebildet ist, kann natürlich nicht zulassen, daß sie von jemandem in Anspruch genommen wird, der sich nachher nicht weiter um diese Gemeinschaft kümmert. –

Rudolf Steiner unterschied in dieser Beziehung das Bestattungsritual nicht von den Sakramenten, durch welche die sozialen Verhältnisse geheiligt werden sollen.

Und zuletzt sei gesagt: Die oben gekennzeichnete Meinung widerspricht auch den Statuten der Allgemeinen Anthroposophischen Gesellschaft, die auf der Weihnachtstagung beschlossen wurden. Denn wenn die Mitgliedschaft in der Allgemeinen Anthroposophischen Gesellschaft unabhängig ist von der Zugehörigkeit zu irgendeiner Religionsgemeinschaft, so kann umgekehrt die Mitgliedschaft in der Anthroposophischen Gesellschaft keine Bedeutung haben oder gar eine, womöglich ausreichende, Voraussetzung für den Empfang von Sakramenten einer Religionsgemeinschaft sein.

4. Praktische Einrichtungen

Rudolf Steiner hat innerhalb der Anthroposophischen Gesellschaft Einrichtungen getroffen, die unmittelbar das Verhältnis der Anthroposophischen Gesellschaft zur Christengemeinschaft berühren. Soweit sie nicht in den folgenden Abschnitten behandelt werden, sollen sie hier dargestellt werden.

Eine Einrichtung ist nach dem Tode Rudolf Steiners nicht überall so weitergeführt worden, wie er es durch sein Verhalten veranlagt hat, und ist deshalb an manchen Orten zu einer Schwierigkeit geworden. Wir meinen die Lesung der Klassenstunden der Freien Hochschule für Geisteswissenschaft. An manchen Orten hat es sich eingebürgert, am Sonntagvormittag die Klassenstunden abzuhalten. Das ist seit alters her die Zeit, in der der christliche Gottesdienst gefeiert wird.

Es ist nun interessant zu sehen, daß Rudolf Steiner in Dornach, wenn nichts Außergewöhnliches vorlag, am Sonntagvormittag überhaupt keine Veranstaltung durchführte. Meistens gab es sonntags um 17 Uhr eine Eurythmieaufführung und um 20 Uhr einen Vortrag (siehe Chronik 1924 bis 1925 in GA 260a/S.589 bis S.641).

Bei Besuchen in anderen Städten und während der letzten, sehr arbeitsintensiven Septemberwochen 1924 wurden meistens auch die Sonntagvormittage für Veranstaltungen genutzt.

Die Klassenstunden hielt Rudolf Steiner zunächst bis zum 02.05.1924 freitags um 20.30 Uhr, mit einer Ausnahme (Dienstag, 22.04.1924, zu einer nicht mehr feststellbaren Stunde). Beginnend mit dem 17.05.1924 hielt er sie samstags um 20.30 Uhr. Davor liegt die einzige Ausnahme von dieser Regelung: am Sonntag, dem 11.05.1924, hielt er die 15. Klassenstunde (die Zählung schließt die auswärts gehaltenen ein) um 11 Uhr. An anderen Orten als in Dornach hielt er sie nachmittags oder abends, aber nie an einem Sonntag. Wenn sie am Vormittag stattfand, wie in Bern und Paris, dann also nicht an einem Sonntag. In den letzten Septemberwochen 1924 fanden die Klassenstunden in Dornach in sehr kurzen Abständen, alle zwei bis drei Tage, statt, dadurch an fast allen Wochentagen, aber immer um 20 Uhr und nie am Sonntag (siehe GA 260a/S.599 bis S.654).

Rudolf Steiner hat unseres Wissens nicht über den Zeitpunkt gesprochen, an dem die Klassenstunden gehalten werden sollten. Aber sein eigenes Verhalten in dieser Hinsicht spricht eine deutliche Sprache, und es gibt eigentlich keinen Grund, eine andere Praxis als die Rudolf Steiners überall einzuhalten. Das könnte zur Überwindung der Hindernisse für eine Zusammenarbeit der beiden Bewegungen, wie sie Rudolf Steiner für notwendig hielt, sicherlich viel beitragen.

Die andere Einrichtung, die Rudolf Steiner nach der Weihnachtstagung traf, ist heute nur noch selten und an wenigen Orten von praktischer Bedeutung. Sie ist aber doch für eine Erkenntnis der Zusammenhänge interessant, weil Rudolf Steiner sie ausführlich begründet hat. Wir meinen das Verhältnis von Jugendfeier im Schulkultus (siehe Kap. II, 5) und Konfirmation in der Christengemeinschaft. In der Konferenz der Waldorflehrer mit Rudolf Steiner vom 19.06.1924 ist von dem freichristlichen Religionsunterricht und dem der Christengemeinschaft die Rede. Davon ist für uns der Satz Rudolf Steiners wichtig:

"Eine Diskrepanz zwischen beiden in inhaltlicher Beziehung kann es eigentlich nicht geben." (GA 300c/S.176)

Dann wird von Lehrern die Frage gestellt: Wie soll man sich bei in die Schule neu Eingetretenen verhalten? Die Kinder sind schon in der Christengemeinschaft konfirmiert. Sollen die Kinder gleich in die Jugendfeier kommen? Rudolf Steiner antwortet:

"Ja, aber das geht nicht gut. Dann würde für sie ja die Jugendfeier nicht bei einem Osterfest beginnen. Und das ist doch von eminenter Wichtigkeit, daß die Jugendfeier bei einem Osterfest beginnt. Das soll man ihnen nur klarmachen, daß sie die Jugendfeier etwas später bekommen. Sie als Zuschauer teilnehmen lassen, das könnte man noch, aber nicht ein ganzes Jahr vorher. Die Jugendfeier sollte sein das Ostern, wenn die Kinder die 8. Klasse absolvieren. Aber, nicht wahr, die ganze Jugendfeier ist doch auf Ostern hinorientiert."
(GA 300c/S.177)
Frage: "Wie soll es mit denen gehandhabt werden, die schon evangelisch konfirmiert oder gefirmt sind?"
Rudolf Steiner: "Zunächst handelt es sich prinzipiell um folgendes: Diese Kinder sind konfirmiert oder gefirmt. Jetzt nehmen sie teil am freien Religionsunterricht. Damit fällt der ganze Sinn der Konfirmation und Firmung weg. Sie negieren ihn, streichen ihn aus aus ihrem Leben. Wenn man konfirmiert oder gefirmt ist, kann man nicht nun einfach am freien Religionsunterricht teilnehmen. Konfirmiert sein heißt, tätiges Mitglied in der evangelischen Kirche sein. Dann kann man nicht am freien Religionsunterricht teilnehmen, denn damit streicht man seine Konfirmation. Bei der Firmung ist es erst recht so. Man hätte die Aufgabe, in einer zarten Weise die Kinder darauf hinzuweisen, daß sie sich erst in das Neue einleben müssen. Dann ist es auch gar nicht so schlimm, wenn sie erst nächste Ostern an der Jugendfeier teilnehmen sollten. Man muß sie doch erst vorbereiten auf das 'Abtrünnigwerden' und sie hinwenden auf ganz etwas anderes. Diese Dinge sollte man sehr ernst nehmen. Diese sieben könnten höchstens zu früh, aber nicht zu spät teilnehmen, wenn sie erst Ostern teilnehmen. Wir könnten es höchstens überlegen, wenn ein Dissident da ist."
(GA 300c/S.178)
"Es wird eine Frage gestellt."
Rudolf Steiner: "Ich sehe ganz und gar nicht ein, wie jemand, der bei dem Priester K. konfirmiert ist, wie der nicht dazu erzogen werden soll, ein Jahr noch die Sonntagshandlung durchzumachen, da er sie ja früher gar nicht durchgemacht hat. Bei ihm kann es doch nur die Frage sein, daß er ein Jahr die Sonntagshandlung mitmacht. Wenn Sie den inneren Sinn nehmen unserer Jugendfeier und der Jugendfeier der Christengemeinschaft, so sind sie vereinbar. Der innere Sinn unserer Jugendfeier ist, daß der Mensch ganz allgemein in die Menschheit hineingestellt wird, nicht in eine bestimmte Religionsgemeinschaft. Die Christengemeinschaft aber stellt in eine bestimmte Religionsgemeinschaft hinein. Also innerlich ist es durchaus vereinbar. Wenn sie es nachträglich tut, ist es kein Widerspruch. Es ist nur nicht das andere vereinbar. Wenn sie dort früher konfirmiert würden, bevor sie bei uns die Jugendfeier durchgemacht haben, so wäre das ein Widerspruch. Aber so nicht. Ich bin von der Christengemeinschaft gefragt worden, von Eltern gefragt worden. Zuerst hier die Jugendfeier, dann von der Christengemeinschaft nachher eine Art von Konfirmation. Wenn ein Kind hier die Jugendfeier durchgemacht hat, brau-

chen wir keinen Anstoß daran zu nehmen. Es ist vereinbar, weil wir ja die Kinder nicht in die Christengemeinschaft hereinstellen. Ich habe nicht gesagt, sie müssen noch in der Christengemeinschaft konfirmiert werden, sondern, sie können. Unsere Jugendfeier ersetzt nicht die Jugendfeier der Christengemeinschaft, weil sie nicht in die Christengemeinschaft einführt. Wenn sie in der Christengemeinschaft konfirmiert sind, müssen sie hier warten bis zum nächsten Ostern." (GA 300c/S.178 f.)

Ganz klar ist diese Einrichtung Rudolf Steiners: Wenn die Eltern außer der Konfirmation in der Christengemeinschaft noch die Jugendfeier wollen, dann müssen die Kinder ein Jahr warten. Aber eigentlich sollte das nach Rudolf Steiners Worten überhaupt nicht vorkommen. Denn er hat gesagt: "Wenn sie dort (in der Christengemeinschaft; W.G.) früher konfirmiert würden, bevor sie bei uns die Jugendfeier durchgemacht haben, so wäre das ein Widerspruch. Aber so nicht. ... Zuerst hier die Jugendfeier, dann von der Christengemeinschaft nachher eine Art von Konfirmation." Also ist die Einrichtung Rudolf Steiners noch deutlicher: Wenn die Eltern beide Feiern wollen, dann soll erst die Jugendfeier in der Schule und dann die Konfirmation in der Christengemeinschaft stattfinden.

Aber warum ist die umgekehrte Reihenfolge ein Widerspruch? Warum ist der Sinn beider Feiern nur in dieser Reihenfolge miteinander vereinbar und kein Widerspruch? Das ist die eigentliche Erkenntnisfrage in bezug auf das Problem.

Wenn man auf Rudolf Steiners Worte genau eingeht, dann findet man die Lösung: Mit der Jugendfeier wird der junge Mensch "ganz allgemein in die Menschheit hineingestellt ... Die Christengemeinschaft aber stellt (mit der Konfirmation den jungen Menschen; W.G.) in eine bestimmte Religionsgemeinschaft hinein." Sie tut dasselbe wie die evangelische Kirche mit der Konfirmation und die katholische mit der Firmung. Es ist seit urchristlichen Zeiten der Sinn dieses Sakramentes. Die Jugendfeier in der Schule führt den Jugendlichen aus der Kirche, der Religionsgemeinschaft, heraus, macht ihn "abtrünnig", wie es Rudolf Steiner in bezug auf die evangelische und katholische Konfirmation bezeichnet. Das wird noch eindeutiger, wenn man bedenkt, daß der freie Religionsunterricht und der Kultus in der Schulbewegung gerade für die Kinder gemeint sind, die keiner Religionsgemeinschaft oder Kirche angehören. Man kann nur vom "Allgemein-Christlichen" übergehen in eine bestimmte Religionsgemeinschaft, in das "Speziell-Christliche". Umgekehrt ist es ein Widerspruch, ein "Abtrünnigwerden".

Praktisch tritt dieses Problem heute kaum noch auf. Denn die meisten Eltern haben sich längst vorher, bei der Taufe oder bei der Einschulung der Kinder und der Frage nach dem Religionsunterricht, entschieden, ob sie zu einer Religionsgemeinschaft gehören wollen oder nicht. In den Anfangsjahren, als die Christengemeinschaft noch nicht in den Waldorfschulen Religionsunterricht gab, war es verständlich, wenn sich Eltern noch nicht eindeutig entscheiden konnten. Und es war auch äußerlich die Möglichkeit, an beiden Arten von Religionsunterricht und am Kultus in der Schule und in der Christengemeinschaft teilzunehmen.

Die Anthroposophische Gesellschaft verantwortet den freichristlichen Religionsunterricht und den Kultus in der Schule. Dieser aber führt nicht in eine Religionsgemeinschaft, sondern ganz allgemein in die Menschheit. Damit ist gewahrt, was Rudolf Steiner oft ausgesprochen hat, nämlich daß Anthroposophie nicht religionsbildend, gemeindebildend auftreten will.

5. Beispiele praktischer Zusammenarbeit von Anthroposophischer Gesellschaft und Christengemeinschaft

Wir haben schon gesehen (Kap. VI, 1), daß Rudolf Steiner ein Zusammenwirken bzw. ein Zusammengehören der beiden Bewegungen für richtig und notwendig hielt. Wir brauchen uns nur den Schluß des Vortrags vom 06.02.1923 in Erinnerung zu rufen, wo es heißt:

"... Es handelt sich darum, ganz und gar ernst zu machen mit der anthroposophischen Arbeit. Alle einzelnen Strömungen innerhalb der anthroposophischen Bewegung müssen zusammenwirken, um diesen Ernst herbeizuführen. Da darf es nicht geben abgesondert eine Waldorfschul-Bewegung, eine Bewegung für freies Geistesleben, eine Bewegung für religiöse Erneuerung, sondern das alles kann nur gedeihen, wenn es sich fühlt innerhalb der Mutterbewegung, der anthroposophischen Bewegung." (GA 257/3/S.68)

Damit ist klar ausgesprochen, daß die Christengemeinschaft ein Teil der anthroposophischen Bewegung ist und sich als solcher auch fühlen soll. Sie ist eine Tochter, die zur "Familie" gehört, auch wenn sie organisatorisch ganz selbständig sein muß. In diesem Sinne hat sich Rudolf Steiner auch verhalten.

Im März 1922 fand in Berlin ein anthroposophischer Hochschulkurs statt. Diese Vorträge Rudolf Steiners sind bisher nicht in der Gesamtausgabe erschienen. Über diesen Kurs findet sich aber in den Erinnerungen von Emil Leinhas folgende Bemerkung:

"In der Zeit vom 5. – 12.3.22 fand unter Führung von Dr. Friedrich Rittelmeyer in den Räumen der Singakademie in Berlin ein 'Anthroposophischer Hochschulkurs' statt. Bei dieser Gelegenheit trat die 'Bewegung für religiöse Erneuerung' im Rahmen einer anthroposophischen Veranstaltung zum erstenmal vor die Öffentlichkeit. Dr. Rittelmeyer hielt die Eröffnungsrede." (Emil Leinhas: Aus der Arbeit mit Rudolf Steiner, S.111)

Guenther Wachsmuth berichtet ebenfalls von diesem Kurs für die Öffentlichkeit und erwähnt besonders die Vorträge von Friedrich Rittelmeyer, Emil Bock und Christian Geyer, die damals leitende Aufgaben in der werdenden Christengemeinschaft hatten (siehe Guenther Wachsmuth: Rudolf Steiners Erdenleben und Wirken, S.463).

Wichtig ist für uns, daß innerhalb einer Veranstaltung, die die Anthroposophie vor die Öffentlichkeit hinstellen sollte, auch die Vertreter der religiösen Erneuerung mit ihrem Anliegen als Teil der anthroposophischen Weltaufgabe auftraten.

Das gleiche geschah drei Monate später beim sogenannten Ost-West-Kongreß in Wien. Dort sprach Friedrich Rittelmeyer am Pfingstsonntag über "Pfingstgeist und religiöse Erneuerung" (siehe Guenther Wachsmuth: Rudolf Steiners Erdenleben und Wirken, S.476).

Rudolf Steiner behandelte die religiöse Erneuerung also schon vor ihrer eigentlichen Gründung bei öffentlichen Darstellungen der Anthroposophie ganz selbstverständlich als Teil derselben, denn sie ist ein Arbeitsfeld der Anthroposophie.

Als dann die Gründung der Christengemeinschaft im engeren Sinne stattfinden sollte, lud Rudolf Steiner die Theologen nach Dornach in das Goetheanum ein. Wenn er es gewollt und für richtig gehalten hätte, dann hätten diese Ereignisse – äußerlich sogar leichter – in Stuttgart stattfinden können, wo auch zwei der sogenannten Theologenkurse stattgefunden hatten. Trotz der Devisen- und Visumschwierigkeiten hat er die Gründer der Christengemeinschaft nach Dornach gerufen und dort im Goetheanumbau, der der Erneuerung und Wiedervereinigung von Wissenschaft, Kunst und Religion gewidmet war, alles das getan, was zur Gründung einer neuen christlichen Kirche führen konnte. Anthroposophische Freunde haben mit Quartieren, mit Geldmitteln (siehe Kap. IV, 6) und mit praktischer Tätigkeit (siehe Ilona Schubert: Selbsterlebtes im Zusammensein mit Rudolf Steiner und Marie Steiner, S.47 f.) geholfen, damit dieses Ereignis stattfinden konnte. Und Rudolf Steiner hat mit seiner Tat ein Zeichen gesetzt, daß die Christengemeinschaft ein Teil der ganzen anthroposophischen Bewegung ist.

Im Juni 1924 fanden in Breslau und Koberwitz drei Versammlungen der Jugend mit Rudolf Steiner statt (siehe GA 217a). Die Jugendlichen, die dort zusammenkamen, hatten sich im wesentlichen um den Priester der Christengemeinschaft, Kurt von Wistinghausen, geschart und bildeten den Jugendkreis der Christengemeinschaft, wie dieser uns auf Anfrage bestätigte. Sie waren fast alle keine Mitglieder der Anthroposophischen Gesellschaft. Die erste Versammlung fand am 09.06.1924 in den damals von der Christengemeinschaft gemieteten Räumen statt (siehe GA 217a/S.212). Rudolf Steiner nannte diese Jugendlichen trotzdem eine "Jugendgruppe der Anthroposophischen Gesellschaft" (GA 217a/S.137), sprach zu ihnen von der "Freien Anthroposophischen Gesellschaft" (GA 217a/S.146), der Jugendsektion am Goetheanum (GA 217a/S.149) und betrachtete sie als zur anthroposophischen Bewegung zugehörig. Zu den Waldorflehrern sagte er einige Tage später in der Konferenz vom 19.06.1924:

"In Breslau haben sie (die Priester; W.G.) eine Jugendversammlung gehabt, da haben zwei von den Theologen gearbeitet. Das wirkte außerordentlich gut. Der junge Wistinghausen ist ein Segen für die Jugend dort." (GA 300c/S.177)

Rudolf Steiner sah also durchaus, daß diese Jugend von der Christengemeinschaft zusammengeführt worden war, sprach sie aber dennoch als anthroposophische Jugendgruppe an. Er unterschied gar nicht zwischen "Jugend in der Christengemeinschaft" und "Jugend in der Anthroposophischen Gesellschaft".

Als Rudolf Steiner im September 1924 für die Priester der Christengemeinschaft – "im strengsten Sinne nur auf diesen Kreis beschränkt. Nur die Mitglieder des Vorstandes am Goetheanum waren die einzigen Teilnehmer außerhalb dieses Kreises" – einen Kursus über die Apokalypse des Johannes hielt, da machte er den Mitgliedern der Anthroposophischen Gesellschaft am 05.10.1924 Mitteilung über diesen Kurs, und zwar mit der Begründung:

"... fühle ich mich doch verpflichtet, hier das zu sagen, was Anthroposophen über einen Vorgang wissen sollten, der sich innerhalb der Anthroposophischen Gesellschaft abspielt." (GA 260a/S.396 f.)

Damit ist der Kurs über die Apokalypse, der für die Priester der Christengemeinschaft gehalten wurde, als ein Ereignis bezeichnet, das sich innerhalb der Anthroposophischen Gesellschaft abspielt.

Wie nach der Weihnachtstagung noch zu Rudolf Steiners Lebzeiten die Zusammenarbeit von Anthroposophischer Gesellschaft und Christengemeinschaft gefördert wurde, zeigt auch die Tatsache, daß die Dornacher Eurythmiegruppe unter Leitung von Marie Steiner innerhalb von Tagungen der Christengemeinschaft Eurythmieaufführungen darbot. Das erste Mal geschah das während der Sommertagung der Christengemeinschaft in Stuttgart am 05.08.1924, und während der folgenden Tage noch zweimal. Gertrud Spörri berichtet darüber im Nachrichtenblatt vom 14.09.1924:

"Die unmittelbarste Verbindung mit der Arbeit am Goetheanum war geschaffen durch das Wirken von Frau Dr. Steiner und der Dornacher Eurythmiegruppe im Rahmen unserer Veranstaltung selbst. Wir betrachten es als ein besonderes Zeichen wärmsten Interesses für den Fortgang unserer Arbeit, das uns unserer Bitte folgend durch diese aktive Mitbeteiligung vom Goetheanum aus entgegengebracht wurde. Für uns ist es sehr bedeutungsvoll, daß wir uns auf diese Weise zu dem bekennen konnten, was vom Goetheanum ausgeht." (Nachrichtenblatt, 1924, Nr. 36, S.143)

Während der Michaelitagung der Christengemeinschaft, Anfang Oktober 1924 in Hannover, fanden ebenfalls zwei Aufführungen der Dornacher Eurythmiegruppe statt (siehe Nachrichtenblatt, 1924, Nr. 36, S.144; GA 260a/S.661)

6. Berichte von der Christengemeinschaft im Nachrichtenblatt

Rudolf Steiner hat nach der Weihnachtstagung ein Organ für die Bewußtseinsbildung innerhalb der neu gegründeten Anthroposophischen Gesellschaft ins Leben gerufen, das sogenannte "Nachrichtenblatt", das den Titel trägt: "Was in der Anthroposophischen Gesellschaft vorgeht – Nachrichten für deren Mitglieder". Am 27.01.1924 hat er die Aufgabe dieses Organs beschrieben:

"Dieses Nachrichtenblatt trägt den Titel 'Was in der Anthroposophischen Gesellschaft vorgeht'. Dieser Titel ist ihm gegeben worden, um anzudeuten, daß in der Zukunft die einzelnen Mitglieder geistig in reger Art teilnehmen sollten an allem, was in der Gesellschaft vorgeht ... Und diese soll wissen, wo an Anthroposophie gearbeitet wird, wie das geschieht, wie die Arbeit aufgenommen wird und so weiter. Das Leben, das sich in den einzelnen Gruppen abspielt, soll vor dem Bewußtsein der ganzen Gesellschaft aufleben können." (GA 260a/S.163)

Unter diesem Vorzeichen ist es sehr interessant zu sehen, daß sich in den ersten beiden Jahrgängen des Nachrichtenblattes, also 1924 und 1925, immer wieder Berichte und Ankündigungen von Tagungen der Christengemeinschaft finden. Unter dem Titel "Was in der Anthroposophischen Gesellschaft vorgeht" wird von Ereignissen innerhalb der Christengemeinschaft berichtet!

Der erste Bericht dieser Art findet sich am 10.02.1924 in der Nr. 5 als Brief eines ungenannten Teilnehmers der Jugendtagung der Christengemeinschaft in Kassel, die vom 02.01. bis 08.01.1924 unter dem Thema "Christentum und Kultur" stattgefunden hatte.

Rudolf Steiner hatte bereits elf Tage vorher, im Vortrag vom 30.01.1924 (GA 260a/S.120 ff.), auf diesen Bericht aufmerksam gemacht und dabei besonders hervorgehoben, daß der Kultus, die Menschenweihehandlung, die Frage nach Anthroposophie hervorgerufen habe. In der Konferenz mit den Waldorflehrern vom 05.02.1924 kommt er auch auf diese Tagung zu sprechen:

Die Leute "haben teilgenommen an der Messe. Dann trat die freie Diskussion auf, von der man voraussetzen mußte, daß sie ginge über das, was vorher erlebt worden ist. Statt dessen ergibt sich, daß durch alles, was erlebt worden war, die Sehnsucht nach weiterem erweckt wurde. Da sprachen die, die Anthroposophen waren darunter, über Anthroposophie. Und es zeigte sich, daß all das doch schon Anthroposophie als letztes Ziel haben wollte. Das ist eine sehr charakteristische Tagung, weil sie ein Beweis dafür ist, daß der Anschluß an die Anthroposophie das ist, was sachlich angestrebt werden muß." (GA 300c/S.123)

Am 08.06.1924 gibt Friedrich Rittelmeyer in der Nr. 22 – unter dem Titel "Über die religiöse Bewegung" – einen ausführlichen Bericht über die Arbeit der Christengemeinschaft seit September 1922, ihren Fortgang und ihre Hindernisse, ihre Vorhaben und Erwartungen. In diesem Artikel ist besonders bemerkenswert, wie der Erzoberlenker der religiösen Bewegung die Schwierigkeiten der ersten Monate beschreibt, die wir im Kapitel V dargestellt haben. Es heißt dort: "Als wir im August (1922; W.G.) in Breitbrunn zusammenkamen, meinten noch die meisten, daß sie auf eine Kultusgemeinde von 40 – 70 Menschen für den Anfang bestimmt rechnen dürften. Daß die Mehrzahl dieser Menschen der Anthroposophischen Gesellschaft angehörten, darüber war man sich klar. Die Vorstellung war in dem Mitarbeiterkreis wohl meist die, daß ein Teil der Anthroposophischen Gesellschaft, bei dem das speziell religiöse Interesse stärker vorhanden ist, neben der anthroposophischen Zweigarbeit, bei der religiösen Bewegung mittun werde, während ein anderer Teil sich in freundlicher Gesinnung fernhält, daß durch die von Anthroposophen geleistete Hilfs-

arbeit und vor allem durch die eigene Tätigkeit unserer Freunde, die sich auf die nicht-anthroposophischen Kreise zu richten hat, eine Art Stammbildung vor sich geht, wobei das Übergewicht der Nicht-Anthroposophen größer und größer wird, da ja die Grenze der mitmachenden Anthroposophen bald erreicht, die Zahl der Außenstehenden aber unermeßlich ist.
Die Mißlichkeit, daß dann die Anfangsgemeinde doch stark aus Anthroposophen bestand, wurde so lebhaft empfunden, daß in Dornach (September 1922; W.G.) in unserem Kreis sogar der Antrag gestellt und besprochen wurde, man solle sich grundsätzlich von *jeder* Fühlungnahme mit den Anthroposophen in den Städten, wo unsere Arbeit begonnen wird, fernhalten. Dieser Antrag konnte deshalb nicht zum Beschluß erhoben werden, weil fast in allen Städten von Dr. Heisler gegründete Komitees bestanden (zur finanziellen Unterstützung des Beginns der Arbeit; W.G.), aus Anthroposophen zusammengesetzt, die man nun nicht einfach ignorieren konnte. Der Wirkenswille der Mitarbeiter war nach außen gerichtet, aber es war schwer, bei der lebhaften Anteilnahme, die die Anthroposophen zum großen Teil der religiösen Bewegung von sich aus entgegenbrachten, und bei der Leichtigkeit, mit der unter ihnen zu wirken war, sich nicht in den schon bestehenden Kreisen zu verfahren und durch Scheinerfolge täuschen zu lassen.
Auch in Stuttgart haben sich damals mehrere hundert Anthroposophen der Christengemeinschaft angeschlossen, obwohl in steter Besprechung mit dem Vorstand des einen Zweiges, Dr. Unger – Frl. Völker war krank –, zur Orientierung der Anthroposophen geschehen war, was man damals wußte und als verantwortlicher Träger des Kultus tun durfte, und obwohl sicherlich auch *mit* durch die für Anthroposophen und Nicht-Anthroposophen ganz gleichmäßig erhobene Forderung der Teilnahme an einem Einführungskurs für die *ersten* Gemeindeglieder sich wenigstens die führenden Anthroposophen fast ausnahmslos hatten abhalten lassen. Daß es in mehreren Städten durch die Tätigkeit unserer Mitarbeiter zu Störungen des ruhigen Fortganges der anthroposophischen Arbeit gekommen war, hat die Oberlenkerschaft außer einigen ungreifbaren Andeutungen erst durch den Dornacher Vortrag von Sylvester (30.12.; W.G.) 1922 erfahren. Seit diesem Vortrag haben sich fast überall die Anthroposophen allmählich mehr und mehr zurückgezogen, bis auf einige wenige, die meist besonders wertvolle Mitglieder der Christengemeinschaft geworden sind. Wo der anthroposophische Stamm der Gemeinden größer ist, dürfte die Ursache vielfach liegen in Mängeln der Zweigarbeit oder auch in einer mehr religiösen Orientierung der bisherigen anthroposophischen Tätigkeit in der betreffenden Stadt." (Nachrichtenblatt, 1924, Nr. 22, S.86)
Außer der Beschreibung der Vorgänge zwischen Christengemeinschaft und Anthroposophischer Gesellschaft in den schwierigen ersten Monaten der Jahre 1922/23 durch einen Hauptbeteiligten und -verantwortlichen ist besonders bemerkenswert, daß diese offene Schilderung und Beurteilung der Vorgänge im Nachrichtenblatt sozusagen unter Rudolf Steiners Augen und unter seiner Ver-

antwortung erschienen ist. Sie kann also nach Rudolf Steiners Ansicht nicht falsch sein, sonst hätte er sie so nicht erscheinen lassen.

In der Nr. 23, am 15.06.1924, schrieb Friedrich Rittelmeyer über die Jugendtagung der Christengemeinschaft zu Ostern 1924 in Nürnberg:
"Da sie (die Tagung; W.G.), wie uns scheint, auch für die anthroposophische Gesamtbewegung ihre nicht zu übersehende Bedeutung hat, sei in Kürze einiges von ihr berichtet." Und gegen Schluß der Schilderung heißt es dann: "Das Verhältnis zur Anthroposophie war wie der selbstverständliche Hintergrund überall in diesen Tagen lebendig, und manche Hindeutung der Redner auf diesen Hintergrund lenkte das Auge der Teilnehmer auf ihn. Zweimal kam es auch bedeutsam in den Vordergrund. Einmal als Fritz Kübler im Namen der jungen anthroposophischen Pädagogen einen Vortrag hielt und sich im Anschluß daran mit seinen Freunden über die neue Schule aussprach. Dann als Schülerinnen der Stuttgarter Eurythmieschule am Sonntagnachmittag eine von wahrhaft leuchtendem guten Willen und sympathisch eindrucksvollem Gelingen getragene Aufführung vor die Hörer brachten. In beiden Fällen tauchte in der Ferne die neue Kultur auf, die den verschiedensten Lebensgebieten wieder einen einheitlichen, lebensschöpferischen und zukunftsfreudigen Geist einflößen wird." (Nachrichtenblatt, 1924, Nr. 23, S.91 und S.92)

In der Nr. 26 vom 06.07.1924 erschien im Nachrichtenblatt ein Artikel "Von anthroposophischer Jugendbewegung. (Aus dem Mitgliederkreis)". Darin heißt es: "Man kann der Jugendbewegung nicht gerecht werden, wenn man sie nicht als eine religiöse Bewegung versteht. Das leidenschaftliche Ablehnen aller überkommenen religiösen Institutionen durch junge Menschen entsprang doch gerade dem innersten Suchen nach wahrer Religion. Daher fand die Bewegung für religiöse Erneuerung so viele Mitarbeiter gerade unter den Menschen, welche den Weg aus der Jugendbewegung zur Anthroposophie gefunden hatten. Nachdem ein neuer Kultus Wirklichkeit geworden ist, zeigten sich plötzlich von ihm aus nach allen Seiten hin Möglichkeiten zur Erneuerung der Kultur. Vor allem mußte die religiöse Bewegung bedeutsam werden in den Kreisen der Jugendbewegung. Darum waren es auch die Priester der Christengemeinschaft, die, ergriffen von der Botschaft der Anthroposophie, hinaustraten, um öffentlich den Freunden Kunde zu geben von dem, was sie gefunden hatten, um zu zeigen, wie sie gewagt hatten, aus neuem Geist Neues zu gestalten. Vor einem Jahr, zu Pfingsten, hielten sie in Hamburg eine erste religiöse Jugendtagung, im Oktober folgte eine zweite in Rostock, in Kassel wurde zu Weihnachten eine dritte Jugendbewegung gefeiert und jetzt in Nürnberg das Osterfest wiederum als Fest junger Menschen.

Warum hat die Anthroposophie noch so wenig Kreise der Jugendbewegung ergriffen, obwohl sie doch die Erfüllung bringt auf das tiefe Streben, das dort lebt?" Es folgt dann eine Schilderung der Nürnberger Tagung, die mit den Worten ausklingt: "Es konnte und mußte immer wieder von Anthroposophie gesprochen werden; und man kann wohl sagen, daß dies die erste öffentliche anthroposophische Jugendtagung war; es war wirklich ein Fest anthroposophischer Jugendbewegung. Aus vielen Menschen, zu denen bisher die Anthroposophie nicht hatte dringen können, kam es wie ein erstauntes Geständnis: Ja, wenn Anthroposophie so aussieht!" Der Artikel schließt dann: "Ein freudiges Erlebnis hat mir die Nürnberger Tagung gebracht: Durch die Arbeit der Christengemeinschaft ist ein mächtiges Tor geöffnet hinein in die Anthroposophie. Viele junge Menschen stehen schon vor dem offenen Tore, voller Bereitwilligkeit hindurchzuschreiten und voller Erwartung, was sie dahinter finden werden. Eine bange Frage konnte ich nicht unterdrücken: Werden sie in der Anthroposophischen Gesellschaft die Menschen finden, die sie suchen?" (Nachrichtenblatt, 1924, Nr. 26, S.103 f.)

Hier haben wir aus dem unmittelbaren Erleben eines Teilnehmers geschildert, wie nach der Weihnachtstagung Anthroposophie und Christengemeinschaft zusammengewirkt haben, besonders für die Jugend. In demselben Sinne hatte sich Rudolf Steiner in Breslau und Koberwitz verhalten, und dem entspricht seine Äußerung gegenüber den Priestern vom 12.07.1923, daß in der Jugendarbeit Anthroposophische Gesellschaft und Christengemeinschaft zusammenwirken sollten.

In der Nr. 29 des Nachrichtenblattes vom 27.07.1924 wird unter dem Titel "Sommertagung in Stuttgart" die schon erwähnte Tagung der Christengemeinschaft ausführlich vorangekündigt. Darin heißt es unter anderem: "An einem Abend und einem Nachmittage bringt die Dornacher Eurythmieschule auf Bitten der Christengemeinschaft Eurythmieaufführungen dar." (Nachrichtenblatt, 1924, Nr. 29, S.116)

In der Nr. 36 vom 14.09.1924 wurde dann ein ausführlicher Bericht über diese Tagung von Gertrud Spörri veröffentlicht. Außer einer Schilderung dieser Tagung finden sich auch Bemerkungen darin über die Zusammenarbeit mit dem Goetheanum, die wir im vorigen Abschnitt zitiert haben. In derselben Ausgabe wird die Michaelitagung der Christengemeinschaft in Hannover ausführlich angekündigt (Nachrichtenblatt, 1924, Nr. 36, S.142 ff.).

In der Nr. 41 vom 19.10.1924 findet sich ein Bericht von Eugen Kolisko über den "Pastoral-Medizinischen Kurs" vom September 1924, der mit den Worten beginnt:

"Im September 1920, bei der provisorischen Eröffnung des unvergeßlichen Goetheanum-Baues, sprach Rudolf Steiner über die *Wiedervereinigung von Religion, Kunst und Wissenschaft* durch die neue Mysterien-Weisheit, durch Anthroposophie. Wie eine Erfüllung dieser Geistes-Botschaft konnte man erleben, was sich jetzt im September 1924 in Dornach abgespielt hat ..." (Nachrichtenblatt, 1924, Nr. 41, S.162)

Am 02.11.1924 erschien dann in der Nr. 43 ein Bericht von der "Michaelstagung der Christengemeinschaft" in Hannover von Ludwig Köhler. Darin werden unter anderem voll Dankbarkeit die Eurythmieaufführungen unter Leitung Marie Steiners erwähnt (Nachrichtenblatt, 1924, Nr. 43, S.171 f.).

Der letzte Bericht einer Tagung der Christengemeinschaft, der zu Rudolf Steiners Lebzeiten im Nachrichtenblatt erschien, war der von Johannes Perthel über die Berliner Tagung der Christengemeinschaft Ende Februar/Anfang März 1925. In dem Bericht wird von den christlichen Mysteriengeheimnissen gesprochen und dann ausgeführt:
"Vor den heutigen Menschen treten sie hin in der Menschenweihehandlung der Christengemeinschaft und in dem Erkenntnisweg, den Anthroposophie eröffnet." (Nachrichtenblatt, 1925, Nr. 12, S.46 f.)
Zum Schluß sei noch bemerkt, daß nach dem Tode Rudolf Steiners in den Nrn. 40 und 41, am 04.10. und 11.10.1925, eine Schilderung von Johannes Werner Klein erschien: "Vom Werden der Christengemeinschaft". Sie beginnt mit den Worten: "Am 15. September waren es drei Jahre, daß die Christengemeinschaft ihren Auftrag erhielt. Da in ihr eine Bewegung dasteht, die aus dem Mysterienquell der Anthroposophie schöpfend auf ihrem Gebiet eine Erneuerungskraft in die Welt praktisch hinausträgt, soll an dieser Stelle von ihrer inneren Entwickelung während dieser Zeit erzählt werden." In bezug auf die Schwierigkeiten des Jahres 1922/23 heißt es dort: "Man erkannte damals nicht, daß zwischen der anthroposophischen Bewegung und der Christengemeinschaft keine sachlichen oder formalen Probleme liegen, sondern lediglich Bewußtseins- und Gesinnungsprobleme. An Gesinnung und Bewußtsein aber fehlte es nach der einen oder anderen Seite sowohl bei den Gutmeinenden wie auch bei den Andersmeinenden." (Nachrichtenblatt, 1925, Nr. 40, S.155)
In der Fortsetzung dieses Berichtes heißt es von der Entwicklung der Christengemeinschaft im Jahre 1924 unter anderem:
"Wir konnten in immer engere Fühlung treten mit anderen Bewegungen, die von der großen Mutter Anthroposophie ausgehend auf ihrem Gebiet Kulturaufgaben zu erfüllen hatten. Von der Beziehung zur Eurythmie wurde schon gesprochen. Aber auch mit der Pädagogenbewegung der Jüngeren und dem Kollegium der Waldorfschule pflegten wir Gemeinschaft. Zu der Ärztebewegung wies uns immer wieder Inneres und Äußeres hin. Beziehungen, die nachfolgend zu dem Pastoral-Medizinischen Kurs in Dornach führten. Mit den Landwirten verbanden uns längere Zeit schon persönliche und sachliche Schicksale ... Am stärksten aber und ausschlaggebend wichtig für uns war die Verbindung mit Dornach. Dort war inzwischen durch die immer noch nicht zu ermessende Größe der Weihnachtstagung das Ereignis eingetreten, daß die Michaelschule die Erde erreicht hatte. In Karmavorträgen und Leitsätzen strömte neues, sittlich verantwortungsstarkes Leben durch die anthroposophische Bewegung und Gesellschaft. Und wenn wir die stärkere Gemeinschaftskraft zu unseren Nachbarbewegungen spürten, so sahen wir auch darin einen Abglanz jener gewaltigen Ereignisse von Dornach." (Nachrichtenblatt, 1925, Nr. 41, S.159 f.)
Wir haben hier aus diesen Beiträgen die Stellen ausgewählt, die zu unserem Thema einen Bezug haben. Wichtiger noch als der Inhalt dieser Beiträge ist die

Tatsache, daß sie überhaupt im Nachrichtenblatt erschienen sind. Rudolf Steiner hat damit durch die Tat zum Ausdruck gebracht, daß das Leben der Christengemeinschaft etwas ist, "was in der Anthroposophischen Gesellschaft vorgeht" und von dem die Mitglieder dieser Gesellschaft ein Bewußtsein haben sollten. Es ist nichts von vorsichtig-ängstlicher Abgrenzung oder gar Ignoranz zu spüren. Die Weihnachtstagung hatte ein Leben entfacht, in dem tatsächlich für einige Monate Wissenschaft, Kunst und Religion durch die neue Mysterienstätte und ihren Leiter wiedervereinigt waren.

7. Priester in Funktionen der Anthroposophischen Gesellschaft und ihre Aufnahme in die Erste Klasse der Freien Hochschule

Wir haben gesehen, warum die Anthroposophische Gesellschaft und die Christengemeinschaft zwei getrennte Bewegungen sein müssen (Kap. VI, 2), daß sie aber auch zusammengehören und zusammenwirken sollen (Kap. VI, 1). Alle "Spezialisten", die auf den verschiedenen von Anthroposophie befruchteten Lebensgebieten arbeiten, müssen nach Rudolf Steiners Willen in der Anthroposophischen Gesellschaft zusammenarbeiten (siehe GA 257/23.01.1923/S.28 f.), damit diese ein starker und gesunder Mutterboden für die "Tochterbewegungen" sein kann.

Dementsprechend hat Rudolf Steiner die Mitwirkung der Priester der Christengemeinschaft in der Anthroposophischen Gesellschaft für selbstverständlich gehalten. Wir sprachen schon davon, welchen Anteil die werdenden Priester am anthroposophischen Hochschulkurs im März 1922 in Berlin hatten, wie Friedrich Rittelmeyer im Rahmen des Ost-West-Kongresses in Wien einen Vortrag hielt und wie Kurt von Wistinghausen mit seinem Jugendkreis der Christengemeinschaft eine "anthroposophische Jugendgruppe" führte. Hier sollen noch einige Beispiele angeführt werden, wie Rudolf Steiner die Priester in die Arbeit der Anthroposophischen Gesellschaft einbezog.

Friedrich Rittelmeyer, der schon 1917 für Rudolf Steiner öffentlich eingetreten war und 1921 zu seinem 60. Geburtstag den Sammelband "Vom Lebenswerk Rudolf Steiners" herausgegeben hatte, wurde nicht nur der Leiter der Bewegung für religiöse Erneuerung und auf Anregung Rudolf Steiners deren erster "Erzoberlenker" (siehe Kap. IV, 6 sowie den Schluß dieses Kapitels), sondern er wurde mit der Zustimmung Rudolf Steiners während der krisenhaften Beratungen im Dreißiger-Kreis und der Delegiertentagung im Februar 1923 in den Vorstand der deutschen Landesgesellschaft, die aus der alten Anthroposophischen Gesellschaft durch Umwandlung hervorgegangen war, berufen. Er war damit nicht nur als anthroposophischer Redner und Schriftsteller tätig, sondern war einer der verantwortlichen Träger der Arbeit der Anthroposophischen Gesellschaft in Deutschland. Damit war neben einem Lehrer (Walter Johannes Stein), Ärzten

(Otto Palmer und Eugen Kolisko), Männern aus der Wirtschaft (Carl Unger und Emil Leinhas) und anderen auch ein Priester der Christengemeinschaft in dem obersten Organ der Anthroposophischen Gesellschaft in Deutschland vertreten. Rudolf Steiners Verlangen, daß "Spezialisten" aus den Tochterbewegungen auch für die "Mutter" sorgen sollten, war damit der Anlage nach erfüllt.

Nach der Begründung der Allgemeinen Anthroposophischen Gesellschaft zu Weihnachten 1923 benannte Rudolf Steiner einzelne Personen, die als autorisierte Redner in den Ankündigungen ihrer Vorträge den Namen "Anthroposophische Gesellschaft" führen durften (siehe GA 260a/S.494 f.). Zu diesen sogenannten "Goetheanum-Rednern" wurde auch Friedrich Rittelmeyer berufen. Damit gehörte er auch nach der Weihnachtstagung zu den von Rudolf Steiner bestimmten Vertretern der Anthroposophischen Gesellschaft in der Öffentlichkeit.

Schon vor der Gründung der Christengemeinschaft hatten auch andere von den späteren Priestern innerhalb der Anthroposophischen Gesellschaft als Vortragsredner mitgearbeitet. Bei dem das erste Goetheanum eröffnenden anthroposophischen Hochschulkurs sprachen zum Beispiel neben vielen anderen anthroposophischen Rednern auch Rudolf Meyer, damals von Hamburg kommend (über: "Geschichtsphilosophische Probleme des Christentums im Lichte anthroposophischer Forschung"), und Hermann Beckh (über: "Indologie und Geisteswissenschaft"), die dann beide zu den Mitbegründern der Christengemeinschaft gehörten (siehe Walter Kugler: Rudolf Steiner und die Anthroposophie, S.61).

Ein ehemaliger protestantischer Theologe, Karl Ludwig, der 1923 Priester in der Christengemeinschaft wurde, hatte während des landwirtschaftlichen Kurses, 1924, ein Gespräch mit Rudolf Steiner, in dem dieser ihn ausdrücklich ermunterte, neben seiner priesterlichen Tätigkeit auch in der Anthroposophischen Gesellschaft zu arbeiten. Karl Ludwig war dann ab Januar 1925, also noch zu Lebzeiten Rudolf Steiners, Leiter des einen Zweiges in Nürnberg.

Von besonderer Bedeutung ist auch, daß Rudolf Steiner in zwei Ausnahmefällen sogar Priester zu Lehrern für den freichristlichen Religionsunterricht berufen hat, der von der Anthroposophischen Gesellschaft verantwortet wird. Er versuchte, es so lange wie möglich zu vermeiden (siehe GA 300c/S.177). In dem einen Fall, bei dem ehemaligen evangelischen Pastor Wilhelm Ruhtenberg, war es so, daß er bereits seit Frühjahr 1921 Lehrer für den freichristlichen Unterricht an der Waldorfschule war, es aber nach seiner Priesterweihe im Jahre 1922 auch weiterhin blieb. Dabei ist interessant zu hören, was Rudolf Steiner in bezug auf die "Doppelrolle" Wilhelm Ruhtenbergs als Priester und Religionslehrer während der Konferenz mit den Lehrern des freichristlichen Religionsunterrichts am 09.12.1922 gesagt hat:

"Der Pastor Ruhtenberg muß, wenn er hier ist (in der Schule als Lehrer des freichristlichen Unterrichtes; W.G.) vollständig vergessen, daß er Priester ist." (unveröffentlicht)

Man sieht daran, daß Rudolf Steiner das Problem des Zusammenwirkens der beiden Bewegungen als eine Bewußtseins- und Gesinnungsfrage ansah und nicht als ein sachlich-inhaltlich-formales Problem. In demselben Sinn hat sich später Johannes Werner Klein im Nachrichtenblatt geäußert (1925, Nr. 40, S.155; siehe vorigen Abschnitt). – In Köln wurde noch zu Rudolf Steiners Lebzeiten eine Waldorfschule begründet, die aber nach kurzer Zeit wieder aufgegeben werden mußte. Für diese Schule benannte Rudolf Steiner den damals in Köln arbeitenden Priester der Christengemeinschaft, Gottfried Husemann, zum Lehrer für den freichristlichen Religionsunterricht. An diesen beiden Fällen sieht man, gerade weil es Ausnahmen sind, daß Rudolf Steiner im Priestersein keinen sachlichen Hinderungsgrund sah, Religionslehrer im Auftrag der Anthroposophischen Gesellschaft zu werden.

Am deutlichsten brachte Rudolf Steiner zum Ausdruck, daß er die Priester der Christengemeinschaft als Mitarbeiter der anthroposophischen Bewegung und Gesellschaft, die seit der Weihnachtstagung 1923 eins geworden waren, ansah, indem er sie alle auf ihren Antrag hin geschlossen in die Erste Klasse der Freien Hochschule für Geisteswissenschaft aufnahm (siehe: Erinnerungen an Rudolf Steiner, S.311), und zwar auch diejenigen, die noch nicht zwei Jahre oder überhaupt noch nicht Mitglieder der Anthroposophischen Gesellschaft waren. Alle Priester hatten um die Mitgliedschaft in der Hochschule nachgesucht, weil sie sich ganz selbstverständlich bereit fanden, "Repräsentanten sein zu wollen für die Pflege der Anthroposophie in der Welt." (GA 260a/S.133)

Damit nahm Rudolf Steiner die Priester der Christengemeinschaft in die neue Mysterienschule auf.

8. Die Christengemeinschaft als wesentlicher Teil der erneuerten Mysterien

Wir haben schon aus allem Vorangehenden gesehen, wie Rudolf Steiner nach der Weihnachtstagung – und schon vorher – nicht mehr durch das Wort, sondern durch die Tat von dem Verhältnis von Anthroposophischer Gesellschaft und Christengemeinschaft sprach. Davon gibt es nur ganz wenige Ausnahmen.

Im Gespräch mit den Oberlenkern Emil Bock und Johannes Werner Klein im Februar 1924 wurde auch über eine theologische Sektion in der Hochschule gesprochen. In dem ersten Bericht über dieses Gespräch von Johannes Werner Klein heißt es, eine theologische Sektion werde nicht eingerichtet, die sollten die Priester der Christengemeinschaft machen. In dem zweiten, ausführlicheren Bericht heißt es dann, eine theologische Sektion könne in Dornach nicht begründet werden, weil die Christengemeinschaft souverän sein solle (siehe Kap. VI, 2 und GA 260a/S.600). Ein immer engerer Zusammenhang mit Dornach könne sich aber ergeben. Die Verbindung mit der Anthroposophie werde auf die Dauer sehr viel enger werden. –

Im Mai 1924 sprach Friedrich Rittelmeyer in Dornach noch einmal über diese Frage mit Rudolf Steiner. Aus seinem Bericht erfahren wir:

Wir sprachen dann auch über die theologische Sektion der Freien Hochschule für Geisteswissenschaft in Dornach. Er sagte, es könne ja niemand an dieser Hochschule lehren, der nicht in Dornach sei. Aber die theologische "Fakultät" sei ja schon in Stuttgart vorhanden und man könne sie zur Hochschule in Dornach gehörig betrachten. – (Einen ähnlichen Status hatte damals das biologische Forschungslabor von Frau Lili Kolisko "am Goetheanum in Stuttgart"; siehe GA 260a/S.713).

Diese wichtige Ergänzung zeigt, daß Rudolf Steiner es zwar für notwendig hielt, daß die Christengemeinschaft gegenüber der Anthroposophischen Gesellschaft "souverän" ist, aber trotzdem die Christengemeinschaft – oder einen Teil von ihr, die theologische Sektion – als zu Dornach gehörig ansah.

Im Juli 1924 nahm Emil Bock in Dornach an den Kursen und Vorträgen Rudolf Steiners teil. In dieser Zeit erzählte ihm der Pädagoge Fritz Kübler von einem Gespräch, das er mit Rudolf Steiner hatte. Emil Bock notierte damals von diesem Gespräch:

Kübler und die anderen Pädagogen sprachen mit Dr. Steiner über das Verhältnis, in dem die pädagogische Bewegung zu Dornach stehen würde. Dr. Steiner stellte ihnen dann nachdrücklich das Verhältnis des Priesterkreises der Christengemeinschaft zu Dornach als Beispiel hin. Kübler sagte, er habe gerade gedacht, daß die Christengemeinschaft durch die Selbständigkeit der Führung in einer Sonderstellung sei. Dr. Steiner sagte daraufhin: 'Gewiß ist die Beziehung zu Dornach nicht eine äußere, aber darum ist sie nicht weniger real. Und so müssen Sie es auch machen.' –

Diese Äußerung bestätigt wohl noch einmal von einer anderen Seite, daß die Christengemeinschaft trotz ihrer äußeren "Souveränität" von Rudolf Steiner als "zu Dornach gehörig" betrachtet wurde.

Wie er die Verbindung zur Christengemeinschaft empfand, klingt in der einzigartigen Formulierung des Karmavortrags vom 27.06.1924 durch, die wir schon öfter angeführt haben:
"... dieser Kultus, ausgebildet im Sinne unserer Christengemeinschaft ..." (GA 236/19/S.361)

Die innere Zugehörigkeit der Christengemeinschaft zur Anthroposophie und zur Anthroposophischen Gesellschaft ist hier mehr seelisch, im herzlichen Klang des Wortes ausgedrückt. – Ähnlich herzlich klingt – bei aller Betonung der Selbständigkeit der Christengemeinschaft gegenüber der Anthroposophischen Gesellschaft –, was Rudolf Steiner im Nachrichtenblatt am 05.10.1924 schrieb:
"Seither ist die Priesterschaft der christlichen Erneuerung ihren Weg in der energischsten Weise gegangen. Sie entfaltet eine segensreiche und heilsame Tätigkeit." (GA 260a/S.398)

Aber die für das Verhältnis von Anthroposophischer Gesellschaft und Christengemeinschaft entscheidende letzte Äußerung Rudolf Steiners war kurze Zeit vorher, während des Kurses über die Apokalypse des Johannes, gefallen. Rudolf Steiner sprach während der ersten Vorträge über die Entwicklung der Mysterien seit den ältesten Zeiten und über den Zusammenhang der späteren Messe mit diesen Mysterien. Er kam dann am 06.09.1924 auf die durch Anthroposophie erneuerten Mysterien und auf die Menschenweihehandlung zu sprechen. Dann führte er aus, daß die Priester der Christengemeinschaft berufen sind, die jetzt beginnende Mysterienepoche der Menschheitsentwickelung mitzugestalten. (Erinnerungen an Rudolf Steiner, S.311)

Bei diesen Worten kann man noch denken, Rudolf Steiner habe nur die Priester als Anthroposophen innerhalb der Anthroposophischen Gesellschaft gemeint. Der ganze Zusammenhang aber macht deutlich, daß der Kultusvollzug innerhalb der Gemeinde, insbesondere durch die Menschenweihehandlung gemeint ist. Das kommt dann besonders klar zum Ausdruck, wenn Rudolf Steiner am 07.09.1924 die Schilderung der Mysterien- und Messeentwicklung mit der Charakterisierung des Neuen in der Menschenweihehandlung abschließt und dann sagt:

Damit ist das beschrieben, was die Bewegung für religiöse Erneuerung zum Vollbringer eines wesentlichen Teils der mit der Weihnachtstagung erneuerten Mysterien machen kann. (Erinnerungen an Rudolf Steiner, S.311)

Das heißt nicht, daß die Christengemeinschaft von selber ein Teil der Neuen Mysterien *ist*, sondern daß sie es *werden kann*, wenn die Priester die spirituellen Hilfen aufnehmen und anwenden, die ihnen Rudolf Steiner gegeben hat.

Jedenfalls ist mit diesem Worte Rudolf Steiners ganz klar ausgesprochen, daß die Christengemeinschaft ein Aufgabenfeld innerhalb der erneuerten Mysterien ist. Insofern die Anthroposophische Gesellschaft und das Goetheanum die Pflegestätte dieser Neuen Mysterien sind, gehört sie zu ihnen.

Die Tat, die dieses Wort noch bekräftigt hätte, konnte nicht mehr geschehen, weil Rudolf Steiner erkrankte. Bei der Einsetzung Friedrich Rittelmeyers in das von Rudolf Steiner empfohlene Erzoberlenkeramt wollte dieser selber unmittelbar mitwirken. Was er vor der Weihnachtstagung streng vermieden und immer wieder als nicht in seiner Aufgabe und Absicht liegend bezeichnet hatte, das hatte er zugesagt, nämlich bei einer inneren Angelegenheit der Christengemeinschaft nicht nur ratend und helfend, sondern unmittelbar mitwirkend tätig zu sein. Wahrscheinlich hängt das damit zusammen, daß er nach der Weihnachtstagung in einer ganz anderen, unmittelbar verantwortlichen Beziehung zu allem stand, was durch Anthroposophie befruchtet in der Welt geschah. Er konnte aber noch dafür sorgen, daß der Vorgang zu seinen Lebzeiten durch die Priesterschaft der Christengemeinschaft geschah und entsandte vom Vorstand Marie Steiner und Guenther Wachsmuth als offizielle Vertreter der Allgemeinen Anthroposophischen Gesellschaft nach Berlin, wo am 24.02.1925 die Einsetzung Friedrich Rittelmeyers zum ersten Erzoberlenker der Christengemeinschaft stattfand (siehe Emil Bock in: Wir erlebten Rudolf Steiner, S.51 f.; und Guenther Wachsmuth: Rudolf Steiners Erdenleben und Wirken, S.623 f.). Rudolf Steiner hat auch den Nachfolger Friedrich Rittelmeyers im Amt des Erzoberlenkers der Christengemeinschaft, Emil Bock, bestätigt (siehe GA 260a/S.679).

Aus der Tochterbewegung, als die er die Christengemeinschaft neben den anderen Bewegungen in ihrer Beziehung zur Anthroposophischen Gesellschaft als die Mutter Anfang 1923 bezeichnet hatte, ist nach der Weihnachtstagung ein Teil der Neuen Mysterien geworden, auch wenn dieser Teil äußerlich eine relativ selbständige Stellung hat. Innerlich gehörte und gehört er doch ganz dazu.

Dies wird immer wieder bestritten, zum Teil mit der Behauptung, es sei kein Priester der Christengemeinschaft bei der Weihnachtstagung anwesend gewesen, und mit dem Hinweis darauf, daß der Vortrag am Vormittag des 30.12.1923, "Anthroposophie und Religion", von dem Lehrer Karl Schubert mit dem Thema "Anthroposophie, ein Führer zu Christus" gehalten worden sei und eben nicht von einem Priester (siehe GA 260/S.25). Beides sei doch ein Zeichen dafür, daß die Christengemeinschaft nicht zur anthroposophischen Bewegung gehöre und daß letztere eine eigenständige Aufgabe auf dem Felde der Religion habe.

Wenn man die Tatsachen von damals genauer ins Auge faßt, lassen sie derartige Schlüsse nicht zu. Die erste Behauptung ist ohnehin unzutreffend. Aus den Aufzeichnungen von Friedrich Rittelmeyer und anderen Priestern für den Priesterkreis, die damals verbreitet wurden, geht folgendes hervor: Es war zwar keiner der drei Oberlenker bei der Weihnachtstagung anwesend, aber die Priester Hermann Beckh, Wolfgang Schickler und Rudolf von Koschützki haben die ganze Tagung mitgemacht. Der letztere war von Friedrich Rittelmeyer als dessen Stellvertreter mit seiner Teilnehmerkarte nach Dornach gemeldet worden. Außerdem war einer der Lenker, Friedrich Doldinger, vom 26.12. an in Dornach dabei. Friedrich Rittelmeyer hatte vor der Tagung dem Zentralvorstand in Stuttgart und später auch Rudolf Steiner schriftlich mitgeteilt, daß er wegen seiner Gemeindeverpflichtungen zu Weihnachten in Stuttgart nicht nach Dornach kommen könne und daß Rudolf von Koschützki ihn vertreten werde.

Was den Vortrag "Anthroposophie und Religion" betrifft, hat Rudolf Frieling die Erinnerung festgehalten, daß in der ursprünglichen Planung der Weihnachtstagung Friedrich Rittelmeyer diesen halten sollte. Erst nach seiner Absage hat Rudolf Steiner Karl Schubert gebeten, diesen Vortrag zu halten. Angesichts dieses Vorganges und der übrigen in diesem Kapitel dargestellten Sachverhalte erscheint es etwas gewagt, aus der Tatsache, daß Karl Schubert diesen Vortrag gehalten hat, den Schluß zu ziehen, die Anthroposophische Gesellschaft habe eine eigenständige Aufgabe auf dem Felde der Religion.

Epilog

Die letzten vier Kapitel dieser Studie können als eine Verengung des Themas "Anthroposophie und die Fortbildung der Religion" auf die Christengemeinschaft erscheinen. Ist diese Spezialisierung des Themas sachgemäß?

Einerseits haben wir gesehen, daß Religion eine spezifische Form des Geisteslebens der nachatlantischen Menschheit ist (Einführung, 6 bis 8), die in der Natur des Menschen liegt (Kap. III, 1). Andererseits wurde deutlich, daß es andere Wege der Seele zur geistigen Welt gibt, die wir nicht Religion nennen können, obwohl sie auch religiös sein können (Einführung, 1 bis 5 und Kap. II). Deren Fortbildung und Erneuerung im Bereich von Geisteswissenschaft und Kunst kann nicht die Fortbildung der Religion sein, wenn wir unter Religion die praktische Ausübung und Pflege eines religiösen Lebens verstehen, so wie wir unter Kunst das wirkliche Erleben und Pflegen zum Beispiel von Eurythmie oder Musik verstehen.

So ergibt sich aus Kapitel I, 1 bis 5 daß durch Anthroposophie die nichtchristlichen Religionen zwar besser verstanden, aber nicht als praktische Religionsübung erneuert werden können. Wenn wir zum Beispiel den Buddhismus als geistige Strömung ansehen, so kann diese durch Metamorphosen sehr wohl in die weitere Menschheitsentwicklung positiv einwirken, wie es Rudolf Steiner im Zyklus über das Lukasevangelium schildert (zum Beispiel GA 114/5). Von der Möglichkeit einer Fortbildung des buddhistisch-religiösen Lebens spricht Rudolf Steiner aber nicht. Vielmehr hat er deutlich die besondere Stellung des Christentums unter allen Religionen hervorgehoben (siehe Kap. I, 4 und 5) und von seiner Entwicklungsmöglichkeit gesprochen (siehe Kap. I, 6 und 7). Da das Christentum als geistige Strömung größer und umfassender als alle Religionen ist – auch in bezug auf alle Religionen als spezielle Form des Geisteslebens (siehe Kap. I, 5) –, so ist dessen Fortbildung von der des praktischen christlich-religiösen Lebens zu unterscheiden. Die Fortbildung des Christentums als geistige Wirklichkeit ist in einem umfassenden Sinn durch die Gesamtheit der Anthroposophie eingeleitet und wird sich in Zukunft immer mehr bis zu dem Ziel verwirklichen, daß alle Arbeit des Menschen Sakrament sein (siehe Kap. II, 7) und die Erde sich zum Weltzustand des Jupiters verwandeln wird.

Die Fortbildung eines christlichen religiösen Lebens in Gemeinschaft durch Anthroposophie ist durch die kultischen Feiern gegeben, die in den Waldorfschulen und heilpädagogischen Heimen für Kinder und Jugendliche gepflegt werden (siehe Kap. II, 5) und die christlich-religiöses Leben in Gemeinschaft pflegen, insoweit dies ohne Priestertum möglich ist; und vor allem natürlich durch das kultisch-sakramentale Leben in der Christengemeinschaft. Beide Kulte haben die gleichen menschenkundlichen Voraussetzungen wie alle Religion (siehe Kap. III, 1), und beide haben ihre kultischen Formen aus dem lebendigen Wirken der

Anthroposophie so erhalten, wie sie für die Gegenwart und eine weitere Zukunft notwendig sind. In ihnen ist Religion durch Anthroposophie fortgebildet.

In beiden wird ein christlicher Kultus gepflegt, der dem Bewußtsein der gegenwärtigen Kulturepoche angemessen ist. Aber nur in der Christengemeinschaft kann das christliche Sakrament, das bis in die irdischen Substanzen hineinwirkt, in seiner siebenfältigen Ausgestaltung vollzogen werden, während die Kultushandlungen, die den freichristlichen Religionsunterricht begleiten und ergänzen, mehr eine pädagogische Aufgabe haben und nicht für eine christliche Gemeindebildung bestimmt sind, sondern durch den begrenzten Teilnehmerkreis keinen öffentlichen, jedermann zugänglichen, sondern einen mehr "esoterischen" Charakter haben.

So gesehen ist die Christengemeinschaft die einzige durch Anthroposophie fortgebildete Form allgemein zugänglichen christlich-religiösen Lebens mit allen das menschliche Leben begleitenden und durchdringenden Kultushandlungen und Sakramenten.

In diesem Sinne kann die Spezialisierung unseres Themas "Anthroposophie und die Fortbildung der Religion" in den letzten vier Kapiteln als berechtigt erscheinen.

Zum Schluß sei noch auf einiges hingewiesen, was der Anerkennung dieser Berechtigung entgegenstehen könnte.

In den Menschengruppen, die sich innerhalb und außerhalb der Allgemeinen Anthroposophischen Gesellschaft um Anthroposophie bemühen, finden sich Menschen unterschiedlicher karmischer Herkunft, so daß das Streben nach gemeinsamer Erkenntnis und gemeinsamem Handeln immer mit Hindernissen kämpfen muß, die sich aus dieser Tatsache ergeben.

So gibt es auch Anthroposophen, die aus tiefen Seelengründen heraus einen Widerstand gegen alles empfinden, was Kirche, Priestertum, Sakrament (besonders Beichte) und Hierarchie ist. Und das ist auch verständlich, wenn man nur bedenkt, was in der Vergangenheit unter Hinweis auf diese Einrichtungen und in ihrem Namen geschehen ist und was sich nicht mit einem freien, auf die Individualität sich gründenden Streben nach Geisterkenntnis verträgt.

Wenn mit der Christengemeinschaft eine christliche Kirche in die Welt tritt, in der einer hierarchisch gegliederten Priesterschaft die Verantwortung für die Sakramente anvertraut ist, so zieht sie zunächst auch Empfindungen auf sich, die sich aus Erlebnissen in der Vergangenheit gebildet haben. Der Christengemeinschaft werden auch von manchen Anthroposophen Vorstellungen und Empfindungen entgegengebracht, die auf Begriffen von Kirche, Priester, Sakrament und Hierarchie beruhen, welche ganz anders sind als diejenigen, die aus der Anthroposophie der Bewegung für religiöse Erneuerung zugrunde liegen.

Eine Kirche, die sich als irdische Institution mit der Gemeinschaft aller Christen, der "Christenheit" gleichsetzt, die andere christliche Gemeinschaften bestenfalls als "getrennte Brüder" ansehen kann, die seit mehr als einundhalb Jahrtausenden "salus extra ecclesiam non est" – außerhalb der Kirche gibt es kein

Heil, d.h. keine Beziehung zu dem Christus und damit keine Erlösung (Cyprian, um 250 n. Chr.) – als Glaubensinhalt postuliert, die schließlich dem einzelnen Menschen die geistige Souveränität in Erkenntnis- und Moralfragen abspricht, eine solche Kirche kann schwerlich die religiöse Heimat von Menschen sein, die in Freiheit nach Geisterkenntnis streben und aus ihr zu handeln bestrebt sind. Wenn diese Merkmale für den Begriff "Kirche" konstitutiv wären, so müßte dieser Mensch Kirche überhaupt ablehnen.

In der Christengemeinschaft haben wir es aber mit einer Kirche zu tun, die diese vier Merkmale nicht hat. In ihrem Bekenntnis ist deutlich zum Ausdruck gebracht, daß sie als Religionsgemeinschaft nicht mit der "einen Kirche", der unsichtbaren Wirklichkeit "Christenheit", identisch ist, daß es auch andere Gemeinschaften gibt, die zu dieser einen Kirche gehören, und daß auch ein Mensch, der keiner Religionsgemeinschaft angehört, durch eine individuelle Beziehung zu Christus zu dieser einen Kirche gehören kann. Außerdem ist es ein konstitutives Merkmal in der Christengemeinschaft, daß der einzelne Gläubige in der Gemeinde in Erkenntnis- und Moralfragen frei ist, d.h. es gibt keine von der Religionsgemeinschaft für alle verbindlichen Glaubenssätze und Moralvorschriften. In diesen Bereichen muß das individuelle Erkenntnisstreben und die persönliche Bemühung um moralisches Handeln selbstverantwortlich gepflegt werden.

Auch die Anschauung vom Priester und der Hierarchie, wie sie sich anhand der katholischen Tradition gebildet hat, läßt sich nicht auf die Christengemeinschaft übertragen. In der katholischen Kirche ist der Priester der Vermittler zwischen dem Gläubigen und Christus. Er bringt in der Messe das Opfer "für" alle Gläubigen dar, wodurch diese vor allem Empfänger des Sakramentes werden. Dabei spielt allein eine Rolle, daß er rechtmäßig geweiht ist und die Kultushandlungen "rite", d.h. den Vorschriften gemäß, vollzieht. Ihre geistige Wirklichkeit und Wirksamkeit erhalten sie allein dadurch, daß sie so vollzogen werden (ex opere operato). Die persönliche Würdigkeit des Priesters oder sein geistiger Entwicklungsstand spielen dafür keine Rolle, denn er hat durch die Priesterweihe einen "Character indelebilis" eingeprägt bekommen, der durch nichts aufgehoben werden kann. Er untersteht dem Bischof, dem er in allen Dingen Gehorsam gelobt hat. Besonders in Fragen der Lehre, d.h. der Verkündigung der Tatsachen des Christentums, und in Fragen der Ethik und Moral ist er an die Weisungen des Bischofs, der Bischofsgemeinschaft (Konzil) und des Papstes gebunden. Dadurch ist er einerseits allen Gläubigen gegenüber erhoben und andererseits dem Bischof, der einen höheren Weihegrad hat, unterstellt.

In der Christengemeinschaft ist der Priester nicht der Vermittler zu Christus. Er bringt auch nicht das Opfer "für" alle Anwesenden, sondern vielmehr *mit* ihnen und sie mit ihm. Die Gemeinde vollbringt mit dem geweihten Priester zusammen alle Kultushandlungen. Ein geistiger Rangunterschied ist damit nicht gegeben. Vielmehr kann ein mitfeiernder Gläubiger in seiner persönlichen geistigen Entwicklung viel weiter sein als der zelebrierende Priester. Beide haben ständig neu um die Würdigkeit des Kultusvollzugs zu ringen. Eine automatische Wirksamkeit der Sakramente bloß durch ihren richtigen Vollzug gibt es nicht. Vielmehr kommt es für ihre Realität entscheidend auf die Bemühung um ein bewußtes Mit-Beten an.

Auch die Hierarchie ist in der Christengemeinschaft etwas ganz anderes als in der katholischen Kirche: alle Priester haben ein und dieselbe Weihe. Lenker und Oberlenker haben keinen höheren Weihegrad als der Priester. Auch das Ritual zur Einsetzung des Erzoberlenkers ist keine Weihe. Die Gliederung der Priesterschaft in Pfarrer, Lenker, Oberlenker und Erzoberlenker ist keine "pyramidale" Hierarchie, sondern eine Differenzierung in Verantwortungsbereiche: Gemeinde-, Regional- und Gesamtverantwortung. Sie bezieht sich nicht auf Fragen der Religionserkenntnis und der Lehre, auch nicht auf eine Weisungsbefugnis in moralischen Fragen. Ihre Aufgabe ist auf die Verwaltung im irdischen und sozialen Bereich der Gemeinschaft beschränkt. Eine "geistige Leitung" kann es nach Rudolf Steiners Worten in der Christengemeinschaft nicht geben.

Aus all dem ergibt sich, daß die Anschauung nicht zutrifft, für das kultisch-sakramentale Leben der Christengemeinschaft genüge das passive Aufnehmen von Segnungen ("in dumpfem Bewußtsein", wie oft gesagt wird), die der Priester im Kultus der Gemeinde spendet. Die alte lateinische Messe wirkte als geistige Wirklichkeit tatsächlich durch den magisch-mantrischen Charakter ihrer Sprache. Es kam nicht auf das Bewußtsein der Gläubigen und des Priesters an. Für die fünfte Kulturepoche ist das nicht mehr zeitgemäß. Vielmehr bedarf es des bewußten Zusammenklingens der Gedanken und Empfindungen aller Beteiligten, damit die notwendige geistige "Anziehungskraft" entsteht (siehe GA 112/ 07.09.1909/S.268).

Und auf ein letztes Hindernis zum Verstehen des Sakramentalismus in der Christengemeinschaft sei noch hingewiesen, das allerdings nicht aus der katholischen Tradition, sondern aus der Verbürgerlichung des religiösen Lebens entstanden ist. Es ist die Konvention, man müsse sein Kind in einer christlichen Gemeinde taufen und konfirmieren, sich trauen und bestatten lassen, auch wenn man sonst keinen Bezug zu deren Leben hat. Wir haben schon gesehen, daß zum Beispiel ein Taufen-"Lassen" durch den Priester gar nicht mehr dem erneuerten Taufritual entspricht, daß vielmehr der Priester mit den Seelenkräften der versammelten Gemeinde zusammen das Taufgeschehen vollzieht.

Und so ist es auch bei den anderen sakramentalen Handlungen. Paten, Eltern, Brautleute und Trauzeugen sind keine Zuschauer oder Empfänger des Sakramentes, sondern dessen Mitvollbringer. Es entsteht durch dieses Mitvollbringen innerhalb der christlichen Gemeinde eine Verbindung zu derselben, ein geistiges Lebensband, das weiter gepflegt werden muß, damit auch das einmalig vollzogene Sakrament durch das Leben hindurch seine Wirklichkeit erneuernd bewahren kann. Wir können die Wirkung eines Sakramentes nicht mehr als einen statischen "Character indelebilis" betrachten, der auf jeden Fall auf ewig wie ein Siegel-Eindruck bestehen bleibt, sondern für einen spirituellen Lebensprozeß ist ein

Anfang, ein "Initium", gesetzt worden, der für seine weitere Realität der fortwährenden übenden Erneuerung bedarf. Auch die Meditation darf nie als ein fertiges Erreichnis betrachtet werden, das nicht fortzusetzen wäre, weil sie vielleicht ein großartiges geistiges Erlebnis vermittelt hat. Dies widerspricht nicht der für den Menschen auf religiösem Felde absolut nötigen Freiheit. Die Tatsache, daß auch das erneuerte Sakrament nicht ohne Priester vollzogen werden kann, widerspricht der persönlichen Freiheit ebensowenig wie die andere Tatsache, daß ein Mitglied der Freien Hochschule für Geisteswissenschaft die Inhalte der Klassenstunden nur durch einen von der Leitung dieser Hochschule autorisierten Klassenleser hören kann. Und ebenso wie derjenige, der Mitglied der Ersten Klasse der Freien Hochschule für Geisteswissenschaft wird, seine Freiheit in eine verpflichtende Bindung an eine Gemeinschaft, ja sogar an eine Institution umwandelt, und damit aus Freiheit Verbindlichkeit schafft, so vollbringt das in einem anderen Bereich auch derjenige, der ein Sakrament mitvollziehend empfängt.

In beiden Fällen entsteht letztlich eine Vereinigung der Menschenseele mit einer neuen freilassenden Gruppenseele, d.h. in unserem Beispiel mit dem leitenden Gruppengeist der Hochschule oder dem der Christengemeinschaft. Das besondere solcher freilassenden Gruppenseelen, zu denen wir uns in Zweigarbeit und Gottesdienst zu erheben suchen, damit sie in unsere Gemeinschaften herabsteigen können, ist, daß sie nicht wie die alten, an das Blut gebundenen Gruppenseelen ausschließend wirken (ein Hebräer konnte nicht zugleich Grieche sein); sie ermöglichen es dem einzelnen Angehörigen einer Gemeinschaft, auch anderen Gemeinschaften anzugehören (siehe GA 102/01.06.1908/S.195 f.).

alte Gruppenseelen   freilassende Gruppenseelen

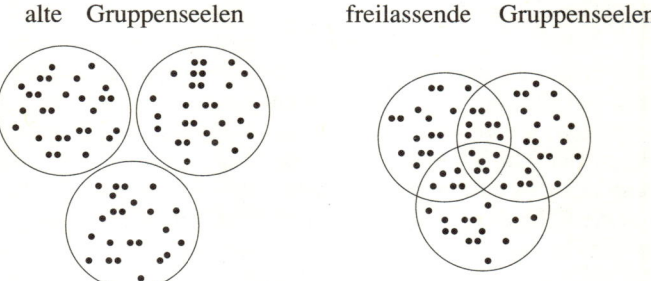

Wenn auch jede der neuen Gruppenseelen durch verschiedene Tätigkeiten der beteiligten Menschen herbeigerufen wird, so kann der einzelne Mensch den verschiedenen Gemeinschaften durch seine Mittätigkeit angehören und dadurch in Verbindung mit den verschiedenen freilassenden Gruppenseelen treten. Dieses liegt als geistige Wirklichkeit auch den Statuten der Allgemeinen Anthroposophischen Gesellschaft, besonders den Paragraphen 3 und 4, zugrunde, in denen ausdrücklich anerkannt wird, daß die Zugehörigkeit zu anderen Gruppierungen und Gemeinschaften der Mitgliedschaft in dieser Gesellschaft nicht zuwiderläuft.

Für unser Thema heißt das: objektiv gibt es kein Hindernis, daß jemand, der zu einer Religionsgemeinschaft gehört, auch Mitglied der Anthroposophischen Gesellschaft wird; wie es objektiv auch kein Hindernis für einen Anthroposophen gibt, Mitglied der Christengemeinschaft zu werden. Ob jemand aber das eine oder das andere tut oder unterläßt, muß seine ganz persönliche freie Entscheidung sein.

Wenn wir nicht nur das Verhältnis der einzelnen Menschen zu den beiden Bewegungen betrachten, sondern noch einmal auf das Verhältnis von Anthroposophie zu der Christengemeinschaft schauen wollen, so müssen wir zunächst fragen: Was ist eigentlich Anthroposophie? Um eine einseitige Antwort zu vermeiden, wollen wir versuchen, nach Rudolf Steiners Empfehlung, "Schichtenurteile" zu fällen, vorzugehen (Ernst Lehrs: Gelebte Erwartung, S.11):

1. Zunächst tritt uns Anthroposophie als Werk Rudolf Steiners entgegen: seine schriftlichen Werke und Vorträge als Bücher der Gesamtausgabe, seine Bauten und andere künstlerische Werke und seine im Sozialen wirkenden Gründungen, bis hin zu den "Statuten" der Allgemeinen Anthroposophischen Gesellschaft. Man kann sagen, das alles sei der "physische Leib" der Anthroposophie.

2. Es bleibt aber "toter Buchstabe", wenn es nicht von dem studierenden, lesenden, erlebenden Menschen zu seinem eigentlichen Leben erweckt wird. Auf dieser Ebene liegt die erste Hauptaufgabe der Anthroposophie: das Denken zu verlebendigen, den Intellekt zu spiritualisieren. Darin liegt das eigentliche *Leben* der Anthroposophie sowie der Arbeit in den Gruppen und Zweigen der Anthroposophischen Gesellschaft.

3. Wer sich durch ein entsprechendes Studium in den Ideen-Kosmos der Anthroposophie einlebt, wird irgendwann zu dem Erlebnis kommen, daß die verschiedenen Aspekte der anthroposophischen "Welterkenntnis und Menschenbestimmung" (Untertitel der "Theosophie", GA 9) seiner Seele Antworten auf ihre existentiellen Fragen geben und sie mit Sicherheit und Kraft erfüllen. Im "Gewahrwerden der Idee in der Wirklichkeit" (GA 1/S.126), im Erleben, daß die anthroposophischen Ideen "eine befriedigende Erklärung des Lebens" (GA 9, Einleitung) geben und die Seele tüchtiger für die Anforderungen des Alltags machen, findet eine erste "geistige Kommunion" (siehe Kap. II, 2) statt. Auf der Ebene der Anthroposophischen Gesellschaft, deren Aufgabe die Pflege des *seelischen Lebens* "im einzelnen Menschen und in der menschlichen Gesellschaft auf der Grundlage einer wahren Erkenntnis der geistigen Welt" ist (Statuten 1; GA 260a/S.29), entspricht dem das "Erwachen am Seelisch-Geistigen des anderen Menschen" im sogenannten "umgekehrten Kultus" (GA 257/6. und 9. Vortrag vom 27.02. und 03.03.1923). Darin zeigt sich die Seele der Anthroposophie. So wie sich die Sterne gegenseitig tragen, obwohl sie frei im Raume schweben, so tragen sich die anthroposophischen Erkenntnisinhalte gegenseitig und bilden so einen Ideen-Sternen-Kosmos.

4. Das aber ist noch nicht das eigentliche *Wesen* der Anthroposophie. Erst derjenige, der von der Ebene einer auch Geist und Seele befriedigenden Weltanschauung zum Zentrum der Anthroposophie, dem Schulungsweg, aufsteigt, findet dieses Wesen. Denn: "Anthroposophie ist ein Erkenntnisweg, der das Geistige im Menschenwesen zum Geistigen im Weltenall führen möchte" (1. Leitsatz; GA 26/S.14). In Meditation und Selbsterziehung, in dem Streben, die eigenen Seelenkräfte zu Organen der Geisterkenntnis umzuschaffen, finden wir erst "das Ich", das eigentliche Wesen der Anthroposophie. Auf der Ebene der Anthroposophischen Gesellschaft entspricht dem die Freie Hochschule für Geisteswissenschaft als "Zentrum" der Anthroposophischen Gesellschaft, deren Aufgabe die Forschung auf geistigem Gebiete ist (Statuten 9; GA 260a/S.32). Dort finden sich die "tätig sein wollenden Mitglieder" mit dem Initiativ-Vorstand zu gemeinsamer Bemühung um Geisterkenntnis und zu gemeinsamer Verantwortung für die Anthroposophie in der Welt zusammen.

5. Die Aufgabe der Anthroposophie erschöpft sich aber nicht in der Geisterkenntnis. Diese ist zwar ihr Hauptanliegen, ihre Wurzel, aber aus ihr erwächst, daß sie alle Bereiche des geistigen Lebens der Menschheit – Wissenschaft, Kunst und Religion – erneuert und wieder vereinigt. Rudolf Steiner nannte diesen Aspekt der Anthroposophie "die Erneuerung der Mysterien" (siehe Einführung, 5). Mit den Sektionen der Hochschule wurde ein Anfang gemacht, dieser Aufgabe, die weit in die Zukunft hineinreicht, eine Grundlage zu geben.

6. Anthroposophie will aber nicht nur das Geistesleben der Menschheit erneuern, sondern das gesamte kulturelle Leben, d.h. auch das Rechtsleben und das Wirtschaftsleben. In der Idee der Dreigliederung des sozialen Organismus und in den Versuchen, diese Ideen in entsprechenden Einrichtungen und Betrieben zu verwirklichen, liegen die Keime zur Verwirklichung dieser umfassenden Zukunftsperspektive der Anthroposophie, deren Ziel es ist, daß alle Arbeit Gottesdienst, Sakrament werden kann.

7. Zuletzt kann man sagen: Anthroposophie ist ein geistiges Wesen. Sie ist eine Tätigkeit von Geistwesen im Verein mit Menschenseelen. Christus dienende Wesen unter der Führung Michaels wollen durch weit entwickelte Individualitäten (Meister, Eingeweihte) mit Menschenseelen zur Rettung der Menschheitsentwicklung zusammenarbeiten.

So können wir sehen, was Rudolf Steiner ausgesprochen hat: *Anthroposophie ist ein Mensch* (siehe Kap. III, Einleitung). Sie hat Wesensglieder wie ein Mensch. Erst von einer solchen unterscheidenden Betrachtungsweise her können wir das Verhältnis von Anthroposophie und Christengemeinschaft sachgemäß bestimmen: In dem unter 1. bis 4. Charakterisierten finden wir das Wesen der Anthroposophie als *Geisteswissenschaft*. Dazu gehört die Christengemeinschaft gewiß nicht. Sie hat einen eigenen physischen Leib (zum Beispiel Ritualtexte, Kirchenbauten, Rechtsformen etc.), ein eigenes Leben (zum Beispiel im Vollzug der Sakramente), eine eigene Aufgabe (zum Beispiel in der Bildung der Seelengemeinschaft der Gemeinde, in der Seelsorge und der spezifischen Seelennahrung des religiösen Lebens) und ein eigenes Wesen (zum Beispiel der besondere Weg zum höheren Ich im Kultus, der besondere Schulungsweg des Priesters und das Michael dienende führende Wesen; siehe Kap. VI, 1). Man kann sagen: In diesen vier unteren Wesensgliedern ist die Christengemeinschaft von der Anthroposophie verschieden, im 1. und 2. Bereich muß sogar eine deutliche Trennung sein. Im 3. Bereich sind schon Ähnlichkeiten zu bemerken (zum Beispiel die Pflege der Gemeinschaft und der Seele). Im 4., im Bereich der Schulung und des Ich, berühren sich beide Bewegungen noch stärker, sind aber noch klar unterscheidbar.

Ein gleiches gilt auch für die anderen "Tochterbewegungen", zum Beispiel die aus der Anthroposophie impulsierte Pädagogik, Medizin und Kunst. Auch sie haben im 4. Bereich noch verschiedene, eigene Schulungselemente und sind in den Bereichen 1 bis 3 ganz eigenständig.

In den Bereichen 5 bis 7 ist die Anthroposophie mehr als Geisteswissenschaft. Hier umfaßt sie alle anderen Bewegungen. In bezug auf die Christengemeinschaft (wie für alle anderen Töchter) gilt in diesen Bereichen das Wort: "dem Michael dienen beide Bewegungen" (siehe Kap. VI, 1). Da sind alle "Töchter" in der "Mutter" "aufgehoben", Teil von ihr.

Jetzt können wir die verschiedenen Äußerungen Rudolf Steiners zum Verhältnis der beiden Bewegungen, wie sie besonders in den Kapiteln IV, 6, VI und VII behandelt sind, noch einmal besser zuordnen und verstehen: alle, die auf Unterscheidung und Trennung zielen (zum Beispiel unabhängig, selbständig, nichts miteinander zu tun), beziehen sich auf die Bereiche 1 bis 3 bzw. 4; alle, die von Zusammengehörigkeit sprechen, beziehen sich auf die Bereiche 5 bis 7. –
Als Zusammenfassung aller Äußerungen können wir folgendes ansehen: die Christengemeinschaft ist "Tochterbewegung" der Anthroposophie (in den Bereichen 1 bis 4) auf der einen und "wesentlicher Teil der erneuerten Mysterien" und damit der Anthroposophie (in den Bereichen 5 bis 7) auf der anderen Seite.

Daraus ergibt sich: Nach außen, durch die Verantwortung in der Welt und für die einzelnen Menschen müssen die beiden Bewegungen institutionell – weitgehend auch personell – getrennt sein. Das allerdings schließt eine Zusammenarbeit nach außen in die Welt nicht aus.

Nach innen aber, im Innenverhältnis gehören die beiden Bewegungen zusammen. Denn auf dieser Seite ist die Christengemeinschaft "Tochterbewegung" und "wesentlicher Teil der erneuerten Mysterien". Man kann auch sagen: In ihrem Wirken für die jeweilige Mitgliedschaft sind die beiden Bewegungen getrennt, aber in ihren Repräsentanten sind sie füreinander mitverantwortlich. Oder: Auf der Ebene der äußeren Organisation leben die beiden Bewegungen in getrennten Institutionen; auf der spirituellen Ebene der Hochschule ist die Christengemeinschaft ein Teil der anthroposophischen Bewegung.

Die Aufgaben der beiden Bewegungen sind verschieden. In der Anthroposophischen Gesellschaft sollen der kosmische Kultus (siehe Kap. II, 2), der umgekehrte Kultus (siehe Kap. VI, 4) und ein Demonstrationskultus (siehe Kap. II, 3 und 4) zur Vertiefung der Erkenntnisbemühung gepflegt werden. In der Christengemeinschaft wird der erneuerte christlich-religiöse Kultus der Sakramente zur Gründung und Pflege neuer christlicher Gemeinschaften vollbracht. Beide Aufgaben dienen dem einen Ziele, daß in Zukunft alle menschliche Tätigkeit und Arbeit "Sakrament" werden kann (siehe Kap. II, 7).

Wenn aus derartigen Gedanken Gesinnungen entstehen, können alle Hindernisse allmählich überwunden werden, die einem Zusammenwirken der beiden Bewegungen, das angesichts des Zeitschicksals der Jahrtausendwende nötiger denn je erscheint, derzeit noch im Wege stehen.

Im Bereich theoretischer Gedanken ist das Problem des Verhältnisses der beiden Bewegungen nicht zu lösen. Es muß auch richtig empfunden werden; ähnlich wie das Problem der göttlichen Trinität, die sowohl Dreifaltigkeit als auch Dreieinigkeit ist. Rudolf Steiner hat das im Vortrag vom 02.04.1923 folgendermaßen ausgedrückt:

"So daß eigentlich der anthroposophische Impuls darin bestehen würde, in der Osterzeit zu empfinden Einheit von Wissenschaft, Religion und Kunst; in der Michaelizeit zu empfinden, wie die Drei – die *eine* Mutter haben, die Ostermutter –, wie die Drei Geschwister werden und nebeneinanderstehen, aber sich gegenseitig ergänzen." (GA 223/02.04.1923/S.55)

Das Problem des Verhältnisses der beiden Bewegungen ist aber in einer noch tieferen Schicht auch ein Willensproblem: Wollen die Verantwortlichen in beiden Bewegungen, daß diese wie Blutsystem und Nervensystem im menschlichen Organismus zum Heile der Menschheit zusammenwirken, wie es Rudolf Steiner im Vortrag vom 30.12.1922 als notwendig postuliert hat? (GA 219/11/S.171 f.). Haben wir die Gesinnung, voneinander abhängig zu sein wie Blut und Nerv? Wollen wir zusammenwirken wie Blut und Nerv?

Wenn durch diese Studie nicht nur die Erkenntnis-Möglichkeit über das Verhältnis der beiden Bewegungen, sondern auch die angedeuteten Empfindungen und Willensimpulse gefördert sein sollten, dann ist die Intention, aus der heraus sie geschrieben wurde, erfüllt.

Zusammenfassung von "Anthroposophie und die Fortbildung der Religion" in Kernsätzen

E – 1

Rudolf Steiners Ausgangspunkt – auch in der Religionsforschung – ist immer das Denken, die Wissenschaft, er macht nie religiöse Prämissen.

E – 2/3

Die Erlangung übersinnlicher Erkenntnis beginnt mit einer Verlebendigung der Begriffe und mit Inhalten, die dem gesunden Gegenwartsbewußtsein zugänglich sind. Dem widerspricht nicht die von Rudolf Steiner angeführte Forderung nach Devotion am Anfang seines Buches "Wie erlangt man Erkenntnisse der höheren Welten?" (GA 10), weil sie sich nicht auf Personen oder gar geistige Wesen, sondern auf die Wahrheit bezieht.

E – 4

Anthroposophische Forschungsergebnisse sollen gedacht, erkannt, bezweifelt und selber mit dem gesunden Menschenverstand an den Tatsachen des Lebens geprüft und nicht blind geglaubt oder auf Autorität hin angenommen werden.

E – 5

Aus den Forschungsergebnissen erwachsen befruchtende Wirkungen für alle Probleme und Aufgabenbereiche des Lebens. Kulturerneuerung ist die Konsequenz von Geisterkenntnis. Stätten, in denen diese gepflegt wird und aus denen jene erwächst, heißen Mysterien. Ihre Erneuerung ist eine Zeitnotwendigkeit und die höchste Aufgabe der Anthroposophie. Sie verwirklicht sich durch Erneuerung und Wiedervereinigung von Wissenschaft, Kunst und Religion.

E – 6

Religion ist die durch Handlungen des Menschen gepflegte Verbindung zu göttlichen Wesen, die der Mensch nicht mit vollem Bewußtsein erleben kann, die er aber traumhaft im Gemüte fühlt.

E – 7

Religion ist mit dem Ende der atlantischen Zeit entstanden, als die göttlichen Wesen sich vom unmittelbaren Umgang mit den Menschen zurückzogen und diese in der heute gegebenen Leiblichkeit geboren wurden und starben. Sie macht im Laufe der Kulturepochen vielfältige Wandlungen durch und wird mit dem Ende der nachatlantischen Zeit vergehen, indem sie zunehmend mit der Spiritualisierung allen menschlichen Lebens und Tuns zusammenfließen wird.

E – 8

Alle vorchristliche Religion ist ein Zurücksehnen nach der verlorenen Gottverbundenheit und eine Prophetie und Hinführung auf den kommenden Christus.

Das Christentum kann und soll alle Religionen in sich vereinigen und kann, durch die erneuerten Mysterien spiritualisiert, seine bisherige nur religiöse Form überschreiten und Kulturfaktor, Lebenswirklichkeit werden.

I – 1/2
Anthroposophie führt zum Verständnis aller Religionen und Bekenntnisse und macht dem modernen Bewußtsein die in den religiösen Urkunden überlieferten Tatsachen verstehbar.

I – 3
Anthroposophie stört niemandes religiöses Bekenntnis, kann es vielmehr vertiefen und die religiöse Übung beleben.

I – 4/5
Ungeachtet dessen erkennt Anthroposophie in dem Ereignis von Golgatha die entscheidende Mitte der Evolution und zeigt, daß das Christentum größer ist als alle Religionen und als alle Religion.

I – 6
Diese Tatsache ist in der Geschichte dadurch verdeckt, daß die bisherigen Formen des Christentums nur vorläufige und einseitige Stufen seines Werdens darstellen.

I – 7
Daraus ergibt sich die Notwendigkeit, eine Zukunftsentwicklung des Christentums ins Auge zu fassen. Anthroposophie zeigt die Bedingungen solcher Entwicklung und hat die Aufgabe, dieser zu dienen.

II – 1
Anthroposophie ist selber keine Religion, aber ihre Erkenntnis kann und soll religiös vertieft werden, indem geistige Inhalte, die zunächst gedacht werden müssen, auch in das Gefühl und in den Willen und damit in regelmäßige Übung überführt werden.

II – 2
Auf diese Weise kann sich der Anthroposoph mit der geistigen Welt real vereinigen, er kann mit ihr kommunizieren.

II – 3
Dieser Vorgang kann in Bildern – ausgedrückt durch Worte – oder in bildhaften Handlungen oder in beidem für das sinnliche Bewußtsein dargestellt werden. In Kultformen geschah dies in der E.S. und F.M. der Theosophischen Gesellschaft vor dem Ersten Weltkrieg.

II – 4
Etwas Entsprechendes sollte auch in der Freien Hochschule für Geisteswissenschaft nach der Weihnachtstagung 1923 in der Anthroposophischen Gesell-

schaft eingerichtet werden. Alle diese Stufen des anthroposophischen Erkenntnisweges sind keine Religion, können aber mit religiösen Begriffen charakterisiert werden.

II – 5
Religion und religiöse Übung aber ist, was aus der Anthroposophischen Gesellschaft für die religiöse Erziehung der Kinder im freichristlichen Religionsunterricht an Waldorfschulen und besonders durch die dort gepflegten Kultushandlungen geschieht. Diese bilden zwar keine Religionsgemeinschaften, bewirken aber für Kinder und Jugendliche, die keiner Kirche angehören, was nur durch Kultus bewirkt werden kann.

II – 6
Die Möglichkeit eines Kultus, der nicht innerhalb einer Religionsgemeinschaft gefeiert wird, läßt sich auch aus Andeutungen Rudolf Steiners für die esoterische Gemeinschaftsbildung anthroposophischer Berufsgruppen innerhalb der erneuerten Mysterien erschließen.

II – 7
Schließlich leuchtet in der anthroposophischen Welterkenntnis das Ziel auf, daß einmal alles menschliche Erleben und Handeln wieder vollständig geistdurchdrungen und damit sakramental werden soll.
Außer dem in Kapitel II, 5 Geschilderten ist alles Genannte keine Religion im engeren Sinne, sondern religiöse Vertiefung der Anthroposophie.

III – 1
Religion im engeren Sinne ist die Hinwendung des Menschen in wiederholten Handlungen zur Welt geistiger Wesen, deren Dasein ihm durch Nachwirkung eines leibfreien Erlebens im Schlaf als Gefühl innerhalb des Tagesbewußtseins gewiß ist.

III – 2
Die individuelle Form dieser Hinwendung ist das Gebet als die direkte Anrufung geistiger Wesen.

III – 3
Die gemeinschaftliche Form dieser Hinwendung ist Gottesdienst in Gestalt eines Kultus, der selber wirkliches und wirksames Abbild geistiger Wesen und Vorgänge ist.

III – 4
Übt der Mensch wiederholt, sich mit ganzer Seele mitvollbringend in einen solchen geistig-physischen Vorgang hineinzustellen, so hat dies vielfältige Wirkungen für ihn selbst und für das Zusammenleben der Menschen untereinander.

III – 5
Aber auch für die Erde, für die Materie und für die Welt der geistigen Wesen hat solche Übung positiv verwandelnde Wirkungen.

III – 6
Eine Hauptwirkung der religiösen Übung für den einzelnen Menschen ist die Läuterung, Verwandlung und Vergeistigung seines Ätherleibes.

III – 7
Dieser kann nur dann im Vorgeburtlichen gesund gebildet werden, wenn zuvor der Menschengeist in der rechten Art die "Sonnensphäre" durchlebt hat. Das wiederum kann nur als Folge einer realen Verbindung zum Mysterium von Golgatha eintreten, wie sie durch ein echtes religiöses Üben im vorigen Leben begründet werden konnte.

III – 8
Es gibt noch andere Wirkungen des religiösen Lebens für den Menschen in allen seinen Wesensgliedern.

IV – 1
Es stand Rudolf Steiner nicht immer vor dem geistigen Auge, daß es auch in Zukunft eine Religionsgemeinschaft geben müsse, in der durch einen exoterischen Kultus und ohne die Voraussetzung anthroposophischer Geisterkenntnis ein spirituelles Christentum gepflegt werden kann.

IV – 2
Vom Herbst 1916 an gab er Hinweise darauf, daß aus der Anthroposophie eine neue Form religiöser Übung durch Kultus hervorgehen kann und soll, auch für den Menschen, der zur Geisterkenntnis gefunden hat.

IV – 3
Keiner der Menschen, die diese Hinweise hörten – auch nicht Friedrich Rittelmeyer, der noch persönliche Anstöße bekam –, hat daraufhin an Rudolf Steiner die Fragen gestellt, die zur Neubegründung von Kultusgemeinden notwendig waren.

IV – 4
Schließlich fanden sich 1920 und 1921 doch junge Theologen, die diese Fragen stellten, und Rudolf Steiner gab ihnen nicht nur reiche und umfassende Antworten, sondern spornte sie auch zu rascher Verwirklichung an.

IV – 5
Er gab nicht nur die Erkenntnisgrundlagen für das Verständnis des Christentums und des Kultus, sondern er vermittelte diesen selbst aus der geistigen Welt heraus.

IV – 6
Dabei legte er großen Wert darauf, daß die neu entstandene christliche Kirche zwar mit seiner Hilfe durch Anthroposophie ihren Inhalt empfangen hat, aber auf Erden nicht durch ihn begründet ist und verantwortet wird, sondern durch den Kreis der Priester selber.

V – 1
Die Begründung der Christengemeinschaft fiel in eine kritische Phase in der Entwicklung der Anthroposophischen Gesellschaft. An mehreren Orten wurde die Arbeit der Zweige dadurch geschwächt, daß die Priester sich in erster Linie an die Anthroposophen hielten, anstatt hauptsächlich völlig neue Menschen zu suchen, die die Gemeinden innerlich und auch finanziell tragen wollten.

V – 2
Die Anthroposophische Gesellschaft wurde von ihrem Vorstand in Stuttgart nicht über die Begründung der Christengemeinschaft und die damit verbundenen Bedingungen informiert, obwohl dieser Vorstand den Auftrag dazu von Rudolf Steiner erhalten hatte.

V – 3
So konnten sich vielfältige Mißverständnisse einschleichen, zum Beispiel, daß Rudolf Steiner mit der Christengemeinschaft das Eigentliche gegeben habe und daß die Christengemeinschaft die Krone der Anthroposophie sei. Mitglieder der Anthroposophischen Gesellschaft tauchten in der Christengemeinschaft unter und wurden lässig in ihrem anthroposophischen Streben.

V – 4
Diese Mißverständnisse und die daraus folgenden Fehlhandlungen mußten berichtigt werden, um die Anthroposophische Gesellschaft zu retten. Da es kein anderer tat, mußte es Rudolf Steiner selber tun.

V – 5
So kam es zum Vortrag vom 30.12.1922, der in seinen zum Teil scharfen Formulierungen nur verständlich ist, wenn man die damalige Situation der Anthroposophischen Gesellschaft berücksichtigt.

V – 6
Damals wie heute kann der Vortrag mißverstanden werden, wenn man nicht seine Formulierungen ergänzt und durch das beleuchtet, was Rudolf Steiner in den folgenden Wochen und bis zum Juli 1923 über das Verhältnis von Anthroposophischer Gesellschaft und Christengemeinschaft außerdem noch gesagt hat.

VI – 1
Die beiden Bewegungen gehören innerlich zusammen, weil sie aus derselben geistigen Quelle stammen, und sie sollen zum Heile der Menschen zusammen-

wirken, weil beide ihre spezifische, durch die jeweils andere Bewegung nicht zu ersetzende Aufgabe und Funktion haben.

VI – 2
Trotzdem müssen beide Bewegungen getrennte Gemeinschaften bilden, die sich zwar überschneiden können, aber nicht decken sollten, weil für die Zugehörigkeit zu jeder der beiden ein gesonderter freier Entschluß des einzelnen Menschen notwendig ist.

VI – 3
Rudolf Steiner hat es für selbstverständlich gehalten, daß jeder Mensch ein religiöses Leben führt. In welcher Religion oder Konfession er dies tut, muß aber sein ganz freier Entschluß sein. Nur wenn er gefragt wurde, hat er die Fragenden seit 1923 an die Christengemeinschaft verwiesen.

VI – 4
In der Christengemeinschaft wirkt der Kultus als gemeinschaftsbildende Kraft. Er ist selbst nur in und mit der Gemeinde vollziehbar. Gemeindebildung durch den Kultus ist die Hauptaufgabe der Christengemeinschaft. In der Anthroposophischen Gesellschaft muß auch eine gemeinschaftsbildende Kraft wirken. Sie entsteht durch das sogenannte Erwachen am Geistig-Seelischen des anderen Menschen. In jedem Menschen ist heute die Sehnsucht nach beiden Arten der Gemeinschaftsbildung vorhanden.

VI – 5
Die beiden Bewegungen haben aber auch gemeinsame Aufgaben für den einzelnen Menschen. Ein Beispiel dafür ist die Pastoralmedizin, die zum Heile des einzelnen in Grenzsituationen der Gesundheit und des Schicksals wirksam werden soll.

VI – 6
Die Zusammenarbeit der beiden Bewegungen soll in die Zukunft hinein immer stärker werden, und in fernen Zeiten werden sie nicht mehr getrennt sein.

VII – 1
Rudolf Steiner hat auch durch Taten zum Verhältnis von Anthroposophischer Gesellschaft und Christengemeinschaft gesprochen. Er empfahl nach Ritualen und Kultushandlungen für die Heiligung des sozialen Lebens fragenden Anthroposophen, sich an die Christengemeinschaft zu wenden.

VII – 2
Er selbst war bei Taufen und Trauungen, zum Teil mit dem ganzen Vorstand, zugegen und war einmal auch als Trauzeuge bestellt.

VII – 3
Bei Bestattungen von Anthroposophen wirkte er mehrmals dadurch mit, daß er nach dem Kultus eine Ansprache hielt.

VII – 4
Bei praktischen Handhabungen gab er Vorbilder, indem er zum Beispiel die Klassenstunde bis auf eine Ausnahme nie am Sonntagvormittag hielt. Er regelte auch das Verhältnis von Jugendfeier und Konfirmation.

VII – 5
Noch zu seinen Lebzeiten gab es Beispiele praktischer Zusammenarbeit der beiden Bewegungen, indem zum Beispiel die Dornacher Eurythmiegruppe innerhalb von Tagungen der Christengemeinschaft auftrat.

VII – 6
Nach der Weihnachtstagung erschienen im sogenannten Nachrichtenblatt unter dem Titel "Was in der anthroposophischen Gesellschaft vorgeht – Nachrichten für deren Mitglieder" Ankündigungen und Berichte von Tagungen der Christengemeinschaft.

VII – 7
Rudolf Steiner sah die Priester selbstverständlich als Repräsentanten der Anthroposophie an und nahm sie alle in die Erste Klasse der Freien Hochschule für Geisteswissenschaft auf. In Funktionen der Gesellschaft berief er ebenfalls Priester, wenn es ihm richtig erschien, so zum Beispiel in den Vorstand der deutschen Landesgesellschaft, als Zweigleiter oder Lehrer des freichristlichen Religionsunterrichtes.

VII – 8
Trotz der äußeren Selbständigkeit der Christengemeinschaft gegenüber der Anthroposophischen Gesellschaft bezeichnete er die Christengemeinschaft als eine Bewegung, die der Träger eines wesentlichen Teiles der erneuerten Mysterien werden kann.

Kernsätze

Nachweis der Zitate und Hinweise auf Textstellen aus dem Werk Rudolf Steiners

( ) = noch nicht in der Gesamtausgabe im Rudolf Steiner Verlag, Dornach, erschienen. Andere benutzte Ausgaben sind ausgewiesen.

GA 1
Goethes Naturwissenschaftliche Schriften, Dornach 1973, S.125 f.: E–1, E–8, II–2, IV–1, Epilog
GA 3
Wahrheit und Wissenschaft, Dornach 1980, S.9: E–2; S.13 f.: E–2
GA 4
Die Philosophie der Freiheit, Dornach 1962, S.250: E–1; S.271: E–2
GA 6
Goethes Weltanschauung, Weimar 1897, S.13 f.: E–2; S.25: E–2;
und Dornach 1963, S.25: E–2; S.44 f.: E–2; S.76: E–2
GA 7
Die Mystik im Aufgange des neuzeitlichen Geisteslebens und ihr Verhältnis zur modernen Weltanschauung, Dornach 1960, S.61 ff.: E–5
GA 8
Das Christentum als mystische Tatsache, Dornach 1959, S.105 ff.: I–4; S.150 f.: E–5
GA 9
Theosophie, Dornach 1961, S.56 ff.: III–8; S.135 ff.: E–6, III–7; S.172: E–3
GA 10
Wie erlangt man Erkenntnisse der höheren Welten? Dornach 1972, S.19 f.: III–8; S.53 f. und S.60 f.: III–2; S.158: III–3
GA 13
Die Geheimwissenschaft im Umriß, Dornach 1962, S.72 ff.: III–1, III–6; S.258–81: I–4; S.290–298: I–4; S.309–313: III–2
GA 14
Vier Mysteriendramen, Dornach 1962, S.81, S.138, S.258, S.275, S.296, S.475: II–3
GA 15
Die geistige Führung des Menschen und der Menschheit, Dornach 1963, S.22–86: I–4; S.66: I–7
GA 18
Die Rätsel der Philosophie, Dornach 1968: E–2
GA 22
Goethes Geistesart in ihrer Offenbarung durch seinen Faust und durch das Märchen "Von der Schlange und der Lilie", Dornach 1956: E–2
GA 25
Kosmologie, Religion und Philosophie, Dornach 1956, S.12 ff.: IV–2; S.42: III–7; S.44: III–1; S.52: III–1; S.77 f.: III–7; S.86 f.: III–7
GA 26
Anthroposophische Leitsätze, Dornach 1962, S.54 ff.: Vorwort; S.14: Epilog

GA 28
Mein Lebensgang, Dornach 1962, S.363 ff.: E–2, I–2, I–6, III–7; S.367: E–2; S.446 ff.: II–3
GA 30
Methodische Grundlagen der Anthroposophie 1884 – 1901, Dornach 1967, S.99 f.: E–2
GA 33
Biographien und biographische Skizzen 1894 – 1905, Dornach 1967: E–2
GA 34
Luzifer-Gnosis, Dornach 1960, S.272–275: E–6, E–7, I–1, I–3; S.283: I–1; S.306: I–2; S.318: III–6; S.476 ff.: I–6
GA 35
Philosophie und Anthroposophie. Gesammelte Aufsätze 1904 – 1923, Dornach 1965, S.114: E–4; S.136: E–4, E–5; S.197–203: I–3, I–4; S.207: I–5; S.264: VI–3
GA 36
Der Goetheanumgedanke inmitten der Kulturkrisis der Gegenwart, Dornach 1961, S.239–242: E–7, IV–6; S.260 f.: E–7, II–1; S.332: IV–6, V–2, VI–2
GA 38
Briefe Band 1: 1881 – 1890, Dornach 1985, S.49 ff.: IV–Vorbem.
GA 39
Briefe Band 2: 1891 – 1924, Dornach 1953, Nr. 153, S.297 und Anm. S.426: I–2
GA 40
Wahrspruchworte, Dornach 1961, S.73: III–3; S.95 ff.: III–2; S.201: E–2; S.244 f.: III–2; S.274 f.: E–1, IV–2; S.78, S.88, S.104, S.110, S.112, S.121, S.129: III–2
GA 52
Spirituelle Seelenlehre und Weltbetrachtung, Dornach 1972, 4/S.62 f. und S.83 f.: I–2
GA 53
Ursprung und Ziel des Menschen. Grundbegriffe der Geisteswissenschaft, Dornach 1981, 7/S.159: III–7; 20/S.444 ff.: I–6, IV–1
GA 54
Die Welträtsel und die Anthroposophie, Dornach 1966, 7/S.155 ff.: I–1; 7/S.163 ff.: I–2; 7/S.177 f.: I–1, IV–1; 11/S.256: I–4
GA 57
Wo und wie findet man den Geist? Dornach 1961, 16/S.388: IV–1
GA 58
Pfade der Seelenerlebnisse, Dornach 1957, 7/S.221–237: III–2, III–8; S.241 f.: III–2, III–5, III–8
GA 59
Metamorphosen des Seelenlebens, Dornach 1971, 3/S.88–105: III–1, III–8; 4/S.133 f.: III–6
GA 62
Ergebnisse der Geistesforschung, Dornach 1960, 2/S.78: VI–3
GA 63
Geisteswissenschaft als Lebensgut, Dornach 1959, 3/S.83–110: E–6, I–1, I–3, I–5, III–1, IV–1, IV–2, VI–3

GA 67
Das Ewige in der Menschenseele. Unsterblichkeit und Freiheit, Dornach 1962, 9/S.316: III–2, VI–1

(GA 71)
06. 10. 1916, in: Die Menschenschule, Hg. Hans Rudolf Niederhäuser, Basel, 36. Jg., 1962, Nr. 8/9, S.233: IV–2

09. 10. 1916, in: Die Menschenschule, Hg. Hans Rudolf Niederhäuser, Basel, 40. Jg., 1966, Nr. 10/11, S.298: IV–2

(GA 72)
19. 10. 1917, in: Gegenwart, Hg. Friedrich Eymann, Bern, 12. Jg., 1950, Nr. 1/2, S.12 ff., S.15 und S.18: I–3, IV–2, VI–1; S.24 ff.: IV–1, VI–1

11. 12. 1918, in: Das Goetheanum, Hg. Allgemeine Anthroposophische Gesellschaft, Dornach, 21. Jg., 1942, Nr. 38–43, S.337 f.: IV–2, VI–1

GA 73
Die Ergänzung heutiger Wissenschaften durch Anthroposophie, Dornach 1973, 7/S.321–329: I–3, I–6, IV–2

GA 76
Die befruchtende Wirkung der Anthroposophie auf die Fachwissenschaften, Dornach 1977, S.19 ff.: I–7, VI–3; S.236 f.: VI–1, VI–3

GA 78
Anthroposophie, ihre Erkenntniswurzeln und Lebensfrüchte, Dornach 1968, 8/S.166–168: IV–2, VI–4

GA 79
Die Wirklichkeit der höheren Welten, Dornach 1962, 1/S.38 f.: I–3

(GA 81)
10. 03. 1922, in: Blätter für Anthroposophie, Hg. Hans-Erhard Lauer, Basel, 14. Jg., 1962, Nr. 7/8, S.237–246: E–1, E–4, I–1, I–5, V–1, VI–1

GA 83
Westliche und östliche Weltgegensätzlichkeit, Dornach 1981, 2/S.76 f.: I–3; 3/S.106 f.: IV–1

GA 84
Was wollte das Goetheanum und was soll die Anthroposophie? Dornach 1961, 10/S.263–267: IV–2

( )
30. 12. 1904, "Das Dreikönigsfest", in: Nachrichtenblatt, Was in der Anthroposophischen Gesellschaft vorgeht – Nachrichten für deren Mitglieder, Hg. Allgemeine Anthroposophische Gesellschaft, Dornach, 19. Jg., 1942, Nr. 1 (auch in: Beiträge zur Rudolf Steiner Gesamtausgabe, Hg. Rudolf Steiner-Nachlaßverwaltung, Dornach, Nr. 60, 1977): VI–3

( )
17. 03. 1905, "Die Bedeutung der Messe" (unveröffentlicht): III–3

GA 93
Die Tempellegende und die Goldene Legende, Dornach 1979: II–3; 13/S.157: II–5; 19/S.279–286: I–7, II–7

GA 93a
Grundelemente der Esoterik, Dornach 1972, 8/S.66: I–6; 17/S.135: III–7; 25/S.197: I–6; 27/S.219 ff.: III–5; 30/S.246 f.: III–3

GA 94
Kosmogonie, Dornach 1979, 6/S.43: I–7; 8/S.53 ff.: V–4; 10/S.69: III–3; 18/S.122 f.: IV–1, VI–6; 26/S.158: III–6; 32/S.177 ff.: V–4; 34/S.203 ff.: V–4; 37/S.240: III–6; 40/S.270: III–4; 41/S.278: III–3, V–4; S.280 ff.: V–4

GA 95
Vor dem Tore der Theosophie, Dornach 1964, 13/S.120 ff.: I–6, I–7, III–3, III–4, IV–2, V–4, VI–4; 14/S.134: I–6

GA 96
Ursprungsimpulse der Geisteswissenschaft, Dornach 1974, 14/S.202–220: III–2; 15/S.234: III–2

GA 97
Das christliche Mysterium, Dornach 1968, 1/S.16 ff.: V–4; 4/S.36 ff.: V–4; 5/S.46 ff.: V–4; 6/S.56: I–4; 8/S.83: III–2; 11/S.114: III–2

GA 98
Natur- und Geistwesen – ihr Wirken in unserer sichtbaren Welt, Dornach 1983, 3/S.43: V–4; 4/S.63 f.: I–5; 8/S.139: II–7

GA 100
Menschheitsentwickelung und Christus-Erkenntnis, Dornach 1967, 1/S.12–19: I–1, I–7, VI–1; 11/S.141 f.: I–4, I–7; 12/S.156 ff.: V–4; 17/S.209: I–4; 20/S.232–235: I–7

GA 101
Mythen und Sagen. Okkulte Zeichen und Symbole, Dornach 1987, 13/S.214: II–7

GA 102
Das Hereinwirken geistiger Wesenheiten in den Menschen, Dornach 1974, 6/S.114 ff.: E–8, I–5, I–7; 7/S.117: I–7; 7/S.119: E–8; 7/S.128–136: E–6, I–7, VI–1; 9/S.152 ff.: I–2; 9/S.157–161: E–7, I–5, III–6; 11/S.194–196: II–6, III–5, IV–6, VI–1, VI–4, Epilog

GA 103
Das Johannes-Evangelium, Dornach 1962, 1/S.21–25: I–6; 7/S.126 ff.: I–4; 7/S.131: I–4, III–5

GA 104
Die Apokalypse des Johannes, Dornach 1960, 0/S.11 f.: I–3; 0/S.15: E–6, I–3; 0/S.20 f.: E–7; 0/S.28 ff.: I–5; 10/S.199 f.: II–7; 11/S.232: III–5

GA 105
Welt, Erde und Mensch, Dornach 1960, 2/S.35 f.: III–8

GA 106
Ägyptische Mythen und Mysterien, Dornach 1960, 2/S.34 ff.: E–8

GA 109
Das Prinzip der spirituellen Ökonomie im Zusammenhang mit Wiederverkörperungsfragen, Dornach 1965, 1/S.16 f.: V–4

GA 112
Das Johannes-Evangelium im Verhältnis zu den drei anderen Evangelien, Dornach 1975, 12/S.231 ff.: III–6; 14/S.267 f.: III–3, IV–1; Epilog

GA 113
Der Orient im Lichte des Okzidents, Dornach 1960, 7/S.135: III–6
GA 114
Das Lukas-Evangelium, Dornach 1955, 5/ganz: Epilog
GA 117
Die tieferen Geheimnisse des Menschheitswerdens im Lichte der Evangelien, Dornach 1966, 11/S.189: I–7; 12/S.210: I–4
GA 118
Das Ereignis der Christus-Erscheinung in der ätherischen Welt, Dornach 1965, 5/S.88 f.: II–7; 14/S.194: II–3
GA 119
Makrokosmos und Mikrokosmos, Dornach 1962, 11/S.271 f.: II–1
GA 121
Die Mission einzelner Volksseelen im Zusammenhange mit der germanisch-nordischen Mythologie, Dornach 1962, 7/S.119 ff.: I–2
GA 124
Exkurse in das Gebiet des Markus-Evangeliums, Dornach 1963, 9/S.171 ff.: I–2
GA 126
Okkulte Geschichte, Dornach 1956, 1/ganz: VI–3; 5/S.102: V–4
GA 127
Die Mission der neuen Geistesoffenbarung, Dornach 1975, 1/S.19–27: E–6, I–6, I–7, IV–1; 11/S.155 f.: I–4
GA 129
Weltenwunder, Seelenprüfungen und Geistesoffenbarungen, Dornach 1960, 1/S.10 f.: II–6, II–7; 1/S.24: II–6
GA 130
Das esoterische Christentum und die geistige Führung der Menschheit, Dornach 1962, 11/S.172 ff.: III–1, VI–3; 12/S.194 f.: Vorwort, III–1; 20/S.319: V–4
GA 131
Von Jesus zu Christus, Dornach 1958, 9/S.202–205: I–5, II–2, III–1, III–4, III–5, IV–1; 10/S.209 ff.: V–4
GA 133
Der irdische und der kosmische Mensch, Dornach 1964, 4/S.76 ff.: I–1
GA 135
Wiederverkörperung und Karma, Dornach 1959, 4/S.74 f.: III–1
GA 137
Der Mensch im Lichte des Okkultismus, Theosophie und Philosophie, Dornach 1973, 1/S.21–31: I–1; 4/S.67–71: E–6, E–7, I–6; 7/S.130 ff.: I–2; 8/S.155: I–2
GA 139
Das Markus-Evangelium, Dornach 1976, 2/S.30: I–7; 2/S.47: I–5
GA 140
Okkulte Untersuchungen über das Leben zwischen Tod und neuer Geburt, Dornach 1970, 1/S.15–21, 2/S.27: III–7; 3/S.52 ff.: I–5, III–7; 3/S.58: III–7; 5/S.90–97: III–7; 5/S.93 ff.: I–5; 7/S.145: II–1

GA 141
Das Leben zwischen dem Tode und der neuen Geburt im Verhältnis zu den kosmischen Tatsachen, Dornach 1964, 1/S.28: III–7; 2/S.38 ff.: III–7; 2/S.42–50: E–7, I–5, I–6, III–7; 5/S.96: V–4; 10/S.180 ff.: III–7

GA 142
Die Bhagavad Gita und die Paulusbriefe, Dornach 1960, 5/S.115 f.: I–5

GA 143
Erfahrungen des Übersinnlichen. Die Wege der Seele zu Christus. Dornach 1970, 7/S.126–130: E–6, E–8; 8/S.132 ff.: E–7, I–1, IV–1; 8/S.137 f.: I–5; 8/S.141–145: I–5; 8/S.148: I–5; 12/S.211: I–5

GA 153
Inneres Wesen des Menschen und Leben zwischen Tod und neuer Geburt, Dornach 1959, 2/S.87: VI–3

GA 154
Wie erwirbt man sich Verständnis für die geistige Welt? Dornach 1973, 1/S.17 ff.: IV–1; 3/S.56 ff.: E–6, I–5

GA 155
Christus und die menschliche Seele. Über den Sinn des Lebens. Theosophische Moral. Anthroposophie und Christentum, Dornach 1960, 2/S.56: I–4; 9/S.202: I–5; 9/S.205–211: E–6, I–5, IV–1, V–4

GA 156
Okkultes Lesen und okkultes Hören. Wie bekommt man das Sein in die Ideenwelt hinein? Dornach 1967, 8/S.138 ff.: E–5

GA 157
Menschenschicksale und Völkerschicksale, Dornach 1960, S.11: III–2

GA 159/160
Das Geheimnis des Todes. Wesen und Bedeutung Mitteleuropas und die europäischen Volksgeister, Dornach 1967, 10/S.237 f.: I–6, I–7

GA 167
Gegenwärtiges und Vergangenes im Menschengeiste, Dornach 1962, 4/S.81: II–3; 5/S.105: II–3; 6/S.139: II–3; 9/S.209: III–6; 10/S.244 ff.: I–2

GA 168
Die Verbindung zwischen Lebenden und Toten, Dornach 1976, 4/S.102 ff.: I–6, I–7

GA 169
Weltwesen und Ichheit, Dornach 1963, 2/S.44: II–2, IV–1; 6/S.138 f.: I–7

GA 172
Das Karma des Berufes des Menschen in Anknüpfung an Goethes Leben, Dornach 1964, 9/S.179: I–6; 10/S.200 ff.: E–7, I–2, VI–4; 10/S.213 ff.: II–2, II–7

GA 173
Zeitgeschichtliche Betrachtungen. Erster Teil, Dornach 1966, 8/S.223: II–3; 10/S.271 f.: II–7

GA 174a
Mitteleuropa zwischen Ost und West, Dornach 1971, 11/S.244 ff.: I–6

GA 175
Bausteine zu einer Erkenntnis des Mysteriums von Golgatha. Kosmische und menschliche Metamorphose, Dornach 1961, 1/S.27 ff.: IV–3; 3/S.56 f.: III–4, III–8, IV–2, IV–3, V–6; 4/S.77: IV–3; 10/S.218: E–8; 15/S.318 f.: III–3

GA 178
Individuelle Geistwesen und ihr Wirken in der Seele des Menschen, Dornach 1966, 1/S.46: IV–1; 9/S.226: II–7

GA 180
Mysterienwahrheiten und Weihnachtsimpulse. Alte Mythen und ihre Bedeutung, Dornach 1966, 16/S.322 f.: I–6

GA 181
Erdensterben und Weltenleben. Anthroposophische Lebensgaben. Bewußtseins-Notwendigkeiten für Gegenwart und Zukunft, Dornach 1967, 3/S.65: I–3, III–4; 14/S.258 f.: IV–3; 17/S.337: I–7; 18/S.339 ff.: II–3; 19/S.370 f.: I–1, I–6; 20/S.387 f.: I–6

GA 182
Der Tod als Lebenswandlung, Dornach 1976, 3/S.67: II–7; 4/S.84: I–6; 6/S.141 f.: I–6, II–7, IV–1; 7/S.170: I–2

GA 184
Die Polarität von Dauer und Entwickelung im Menschenleben, Dornach 1968, 15/S.308–314: I–7, II–7, III–3, IV–2

GA 185
Geschichtliche Symptomatologie, Dornach 1962, 8/S.179 ff.: E–8; 9/S.218 ff.: E–8, I–6; 9/S.223–227: I–6

GA 186
Die soziale Grundforderung unserer Zeit – In geänderter Zeitlage, Dornach 1979, 2/S.44 f.: I–6; 3/S.79 f.: I–7, III–4, VI–1

GA 187
Wie kann die Menschheit den Christus wiederfinden? Dornach 1968, 2/S.28: II–3; 2/S.37: I–6; 5/S.98: I–6

GA 188
Der Goetheanismus, ein Umwandlungsimpuls und Auferstehungsgedanke, Dornach 1967, 5/S.113 f.: III–3

GA 191
Soziales Verständnis aus geisteswissenschaftlicher Erkenntnis, Dornach 1972, 10/S.185 ff.: I–6

GA 196
Geistige und soziale Wandlungen in der Menschheitsentwickelung, Dornach 1966, 10/S.151–164: IV–4

GA 197
Gegensätze in der Menschheitsentwickelung, Dornach 1967, 3/S.49 f.: III–3; 6/S.96: I–6

GA 198
Heilfaktoren für den sozialen Organismus, Dornach 1969, 16/S.278 ff.: E–6, II–2, VI–4

GA 201
Entsprechungen zwischen Mikrokosmos und Makrokosmos, Dornach 1958, 12/S.174 f.: I–6

GA 202
Die Brücke zwischen der Weltgeistigkeit und dem Physischen des Menschen, Dornach 1970, 1/S.27: IV–1
GA 203
Die Verantwortung des Menschen für die Weltentwickelung durch seinen geistigen Zusammenhang mit dem Erdplaneten und der Sternenwelt, Dornach 1978, 7/S.127: VI–2
GA 204
Perspektiven der Menschheitsentwickelung, Dornach 1979, 9/S.148 f.: I–6; 9/S.161: I–6
GA 207
Anthroposophie als Kosmosophie – Erster Teil, Dornach 1972, 2/S.44: I–5
GA 210
Alte und neue Einweihungsmethoden, Dornach 1967, 3/S.36–48: E–8
GA 211
Das Sonnenmysterium und das Mysterium von Tod und Auferstehung, Dornach 1963, 8/S.135–138: I–3, III–3, III–4, III–5
GA 212
Menschliches Seelenleben und Geistesstreben im Zusammenhange mit Welt- und Erdentwickelung, Dornach 1978, 5/S.100 ff.: II–7, IV–1
GA 215
Die Philosophie, Kosmologie und Religion in der Anthroposophie, Dornach 1962, 1/S.26 f.: IV–2, VI–1; 5/S.84 f.: III–7; 5/S.90: III–1; 6/S.101: III–1; 9/S.158 f.: III–7; 10/S.177 f.: III–7; 10/S.180 f.: I–7, III–1, IV–2
GA 216
Die Grundimpulse des weltgeschichtlichen Werdens der Menschheit, Dornach 1965, 5/S.76 ff.: I–6; 6/S.94–102: I–6, II–7, III–4, III–5, IV–2
GA 217a
Die Erkenntnis-Aufgabe der Jugend, Dornach 1981, S.99: V–5, VI–1; S.114: V–2; S.137, S.146 ff. und S.212: VII–5
GA 218
Geistige Zusammenhänge in der Gestaltung des menschlichen Organismus, Dornach 1976, 11/S.221: II–7
GA 219
Das Verhältnis der Sternenwelt zum Menschen und des Menschen zur Sternenwelt, Dornach 1966, 10/S.160 f.: II–2; 11/ganz: Vorwort, E–6, II–1, II–3, III–4, IV–1, IV–2, IV–5, IV–6, V–1, V–3, V–4, V–5, V–6, VI–1, VI–2, VI–3, VI–4, VI–5, Epilog; 12/S.190ff.: II–2
GA 220
Lebendiges Naturerkennen. Intellektueller Sündenfall und spirituelle Sündenerhebung, Dornach 1966, 9/S.128 ff.: IV–2; 9/S.143 ff.: II–1, V–3
GA 223/229
Der Jahreskreislauf als Atmungsvorgang der Erde und die vier großen Festeszeiten, Dornach 1966, 3/S.55: Epilog; 8/S.134: II–7; 12/S.209 ff.: II–6
GA 226
Menschenwesen, Menschenschicksal und Welt-Entwickelung, Dornach 1966, 3/S.45: III–1; 3/S.46–50: III–7

GA 233
Die Weltgeschichte in anthroposophischer Beleuchtung und als Grundlage der Erkenntnis des Menschengeistes, Dornach 1962, 16/S.252 ff.: III–3

GA 236
Esoterische Betrachtungen karmischer Zusammenhänge. – Zweiter Band, Dornach 1965, 3/S.51: V–0; 4/S.71 f.: IV–6, VI–1; 7/S.139 ff.: III–4; 19/S.359 ff.: III–3, III–5, IV–5, VII–2, VII–8

GA 238
Esoterische Betrachtungen karmischer Zusammenhänge. – Vierter Band, Dornach 1965, 11/S.173 f.: II–4, V–4

GA 245
Anweisungen für eine esoterische Schulung, Dornach 1968: II–3; S.35 und S.48 ff.: III–2; S.121 ff.: II–6, IV–Vorbem.; S.132: IV–2

GA 254
Die okkulte Bewegung im neunzehnten Jahrhundert und ihre Beziehung zur Weltkultur, Dornach 1969, 12/S.231 f.: E–6, I–1, III–6

(GA 256)
Aus den Sitzungen des Dreißiger-Kreises, private Vervielfältigung, 1947: IV–6, V–1, V–2, V–3, V–4, V–5, V–6, VI–2, VI–3

GA 257
Anthroposophische Gemeinschaftsbildung, Dornach 1965, 1/S.13: II–1, II–2; 1/S.18 ff.: IV–2, IV–6, V–3, V–4, V–5, V–6, VI–3, VII–7; 1/S.27: V–4; 2/S.33 ff.: V–6, VI–3; 2/S.35: V–2; 2/S.36: VI–3; 2/S.46: II–1, II–3, III–3, IV–2; 3/S.59 f.: Vorwort; 3/S.67 ff.: IV–6, V–5, V–6, VI–1, VII–5; 5/S.88: I–7; 5/S.97 f.: I–7, II–1; 6/S.109–120: III–3, V–3, V–5, VI–2, VI–4, Epilog; 8/S.148: IV–6, V–0; 9/S.164–181: I–6, I–7, II–2, III–2, III–3, III–4, III–5, III–8, IV–6, V–5, VI–1, VI–3, VI–4, Epilog

GA 258
Die Geschichte und die Bedingungen der anthroposophischen Bewegung im Verhältnis zur Anthroposophischen Gesellschaft, Dornach 1959, 5/S.103 f.: VI–1, VI–2; 5/S.106: E–5

(GA 259)
Rudolf Steiner und die Zivilisationsaufgaben der Anthroposophie, Privatdruck, Dornach 1943, S.162 ff.: V–5

GA 260
Die Weihnachtstagung zur Begründung der Allgemeinen Anthroposophischen Gesellschaft 1923/24, Dornach 1963, S.25: VII–8; S.29 f.: II–1, II–2; S.89 f.: II–3

GA 260a
Die Konstitution der Allgemeinen Anthroposophischen Gesellschaft und der Freien Hochschule für Geisteswissenschaft. Der Wiederaufbau des Goetheanum, Dornach 1966, S.29 ff.: VI–2, Epilog; S.44 ff.: VI–4; S.47 f.: E–8; S.55 f.: VI–4; S.89 f.: II–3, II–4; S.107–146: VI–2; S.120 ff.: III–8, IV–6, VII–6; S.133 f.: VII–7; S.163: VII–6; S.395–398: IV–3, IV–6, VI–2, VI–3, VII–5, VII–8; S.494 f.: VII–7; S.598–654: VII–4; S.598: VII–2; S.600: VI–2, VI–3, VI–6, VII–8; S.617: VII–1; S.640: VII–2; S.661: VII–5; S.667: II–4; S.679: VII–8; S.713 ff.: II–6, VII–8

GA 261
Unsere Toten, Dornach 1963, S.220 und S.225: IV–5; S.259 ff.: VII–1, VII–3; S.263 ff.,
S.282 f.: VII–3; S.308 f.: VII–1, VII–3; S.319: VII–3

GA 262
Rudolf Steiner / Marie Steiner-von Sivers: Briefwechsel und Dokumente 1901 – 1925,
Dornach 1967, S.17 f.: I–4; S.55: E–4; S.73, S.120, S.122 f. und S.208 ff.: II–3; S.73 f.:
E–4, III–3; S.120: II–4; S.286: II–3

GA 264
Zur Geschichte und aus den Inhalten der Esoterischen Schule von 1904 – 1914,
Dornach 1984: II–3; S.83: VI–2; S.357: IV–1; S.421–435: II–6, IV–6

GA 265
Zur Geschichte und aus den Inhalten der erkenntniskultischen Abteilung der Esoterischen Schule von 1904 – 1914, Dornach 1987, S.34 f.: II–4; S.37 ff.: II–5, II–6; S.42:
II–5; S.53: II–5; S.60 ff.: V–5; S.94 f.: E–7; S.135 f.: II–3; S.145: II–5; S.147: E–7; S.154,
S.158, S.161 ff., S.196, S.208 ff., S.212 ff., S.221, S.235, S.293 f., S.297, S.314: II–3;
S.350, S.365, S.399, S.406, S.419, S.420, S.428, S.440: II–5; S.441: II–6; S.443 f.: II–4;
S.445: E–6; S.452 ff.: II–5, VI–1; S.455: E–6, II–6; S.459: II–5; S.460: II–3, VI–1; S.485:
II–4, II–5

GA 276
Das Künstlerische in seiner Weltmission, Dornach 1961, 4/S.65 f.: IV–1; 7/S.111: III–8;
7/S.130 f.: IV–1

GA 281
Die Kunst der Rezitation und Deklamation, Philosophisch-Anthroposophischer Verlag,
Dornach 1928 (die zitierte Ansprache ist noch nicht in der Gesamtausgabe erschienen;
vorgesehen für GA 250 ff.), S.111 f.: E–5

GA 284
Bilder okkulter Siegel und Säulen, Dornach 1977, S.113: II–6

GA 286
Wege zu einem neuen Baustil, Dornach 1982, S.28 f.: E–4; 7/S.97: II–7

GA 293
Allgemeine Menschenkunde als Grundlage der Pädagogik, Dornach 1960, S.10: II–7

GA 300a
Konferenzen mit den Lehrern der Freien Waldorfschule 1919 bis 1924, Band 1, Dornach
1975, S.37: II–5; S.79: II–5; S.81: III–2; S.102 f.: E–6; S.120: II–5; S.130: I–2; S.137 f.,
S.201, S.238, S.251 f.: II–5

GA 300b
Konferenzen mit den Lehrern der Freien Waldorfschule 1919 bis 1924, Band 2, Dornach
1975, S.19: II–5; S.55 ff.: II–5, II–6, IV–5, VI–4; S.113, S.167, S.197 f.: II–5; S.199: V–1,
V–3, V–4; S.227: V–1, V–2, V–4, V–6; S.305: II–5

GA 300c
Konferenzen mit den Lehrern der Freien Waldorfschule 1919 bis 1924, Band 3, Dornach
1975, S.119: II–5; S.123: III–8, V–6, VII–6; S.176 ff.: II–5, IV–6, VI–1, VI–2, VII–4,
VII–5, VII–7

GA 303
Die gesunde Entwickelung des Leiblich-Physischen als Grundlage der freien Entfaltung des Seelisch-Geistigen, Dornach 1969, S.49 f.: III–6
( )
09. 12. 1922, Religionslehrerkonferenz, unveröffentlicht: IV–6, V–1, V–4, VII–7
GA 306
Die pädagogische Praxis vom Gesichtspunkte geisteswissenschaftlicher Menschenerkenntnis, Dornach 1975, 3/S.52: III–1
GA 307
Gegenwärtiges Geistesleben und Erziehung, Dornach 1973, 1/S.26 ff.: III–8, IV–2, VI–4; 4/S.83: II–7; 11/S.209: II–7
GA 314
Physiologisch-Therapeutisches auf Grundlage der Geisteswissenschaft. Zur Therapie und Hygiene, Dornach 1965, 12/S.238: VI–5
GA 318
Pastoral-Medizinischer Kurs, Dornach 1973, 1/S.10: II–7; 1/S.17: III–5, III–6; 1/S.19 f.: VI–5; 2/S.33: VI–5; 5/S.72: VI–5; 5/S.75 ff.: VI–5; 6/S.92 ff.: II–7, VI–5; 8/S.118 f.: III–5, VI–5; 9/S.128 f.: III–5
GA 324
Naturbeobachtung, Mathematik, wissenschaftliches Experiment und Erkenntnisergebnisse vom Gesichtspunkte der Anthroposophie, Dornach 1972, 5/S.92 f.: III–3
GA 332a
Soziale Zukunft, Dornach 1977, 4/S.118 f.: I–6, VI–2; 4/S.131 f.: E–6; 4/S.133: I–7
GA 349
Vom Leben des Menschen und der Erde. Über das Wesen des Christentums, Dornach 1961, 14/S.269 f.: I–5
GA 350
Rhythmen im Kosmos und im Menschenwesen. Wie kommt man zum Schauen der geistigen Welt? Dornach 1962, 15/S.263: II–3; 15/S.278–282: I–7, III–4
GA 353
Die Geschichte der Menschheit und die Weltanschauungen der Kulturvölker, Dornach 1968, 6/S.100–109: I–2; 16/S.264: II–3

Weiterer Literaturnachweis

Arenson, Adolf: Leitfaden durch 50 Vortragszyklen Rudolf Steiners, Stuttgart 1984: I–4

Beiträge zur Rudolf Steiner Gesamtausgabe, Hg. Rudolf Steiner-Nachlaßverwaltung, Dornach, Nr. 60, 1977, S.3 ff.: VI–3; Nr. 99/100, 1988, S.15 ff.: I–2

Benesch, Friedrich: Das Religiöse in der Anthroposophie, Basel 1985: Vorwort, II–2

Benesch, Friedrich: Ideen zur Kultusfrage, Basel 1986: Vorwort, II–2

Blätter für Anthroposophie, siehe unter GA 81

Bock, Emil: Beiträge zur Geistesgeschichte der Menschheit, Stuttgart 1977 bis 1981: I–2

Bock, Emil: Rudolf Steiner, Studien zu seinem Lebensgang und Lebenswerk, Stuttgart 1967, 17. Kap.: IV–3

Bock, Emil, in: Wir erlebten Rudolf Steiner, Hg. M.J. Krück von Poturzyn, Stuttgart 1957, S.51 f.: IV–6, VII–8

Erinnerungen an Rudolf Steiner, Hg. Erika Beltle/Kurt Vierl, Stuttgart 1979, S.136 ff.: VI–3; S.299: VI–2, VI–3; S.305: IV–5, IV–6; S.308 f.: IV–6, V–3, VI–1; S.310 f.: V–6, VI–2, VI–3, VI–6, VII–7, VII–8; S.312: IV–6, VI–1; S.323 ff.: VI–2; S.429 ff.: VII–2

Deventer, M.P. van: Die anthroposophisch-medizinische Bewegung in den verschiedenen Etappen ihrer Entwicklung, Arlesheim 1982: II–6

Das Goetheanum, siehe unter GA 72

Die Christengemeinschaft, Hg. Die Christengemeinschaft, Stuttgart, Nr. 5, 1986, S.220: IV–4

Die Menschenschule, siehe unter GA 71

Frieling, Rudolf: Christentum und Islam, Stuttgart 1977: I–2

Gegenwart, siehe unter GA 72

Goethe, Johann Wolfgang v.: Sämtliche Werke, Bd. II, München/Zürich 1966, S.404: II–1

Grosse, Rudolf: Die Weihnachtstagung als Zeitenwende, Dornach 1976, S.21 ff.: II–6

Heidenreich, Alfred: Growing point, London 1965, S.67 ff.: VII–0, VII–2, VII–3; S.83: V–3; S.86–f.: V–1; S.101: V–6

Hemleben, Johannes: Rudolf Steiner, Reinbek b. Hamburg 1963, S.66 f.: E–1

Husemann, Gisbert /Tautz, Johannes (Hg.): Der Lehrerkreis um Rudolf Steiner, Stuttgart 1977, S.75: II–5; S.150: VI–3; S.210 und 223: II–5

Kleeberg, Ludwig: Wege und Worte, Stuttgart 1961, S.156: IV–1

Kugler, Walter: Rudolf Steiner und die Anthroposophie, Köln 1978, S.61: VII–7

Lehrs, Ernst: Gelebte Erwartung, Stuttgart 1979, S.11: Epilog; S.366: VI–4

Leinhas, Emil: Aus der Arbeit mit Rudolf Steiner, Basel 1950, S.111: VII–5

Leinhas, Emil: Einige Gesichtspunkte zum Verständnis der Vorgänge in der Anthroposophischen Gesellschaft und Bewegung nach Rudolf Steiners Tod, Stuttgart 1965, S.60 f.: II–4

Lindenberg, Christoph: Individualismus und offenbare Religion, Stuttgart 1970: I–2, IV–Vorbem.

Lindenberg, Christoph: Rudolf Steiner. Eine Chronik, Stuttgart 1988: II–6

Manen, Hans Peter v.: Christussucher und Michaeldiener, Dornach 1980: VI–3; S.148: II–4

Mitteilungen aus der anthroposophischen Arbeit in Deutschland, Hg. Anthroposophische Gesellschaft in Deutschland, Stuttgart, Nr. 43, 1953: II–3; Nr. 139, 1982, S.10 und S.68: II–6

Nachrichtenblatt: Was in der Anthroposophischen Gesellschaft vorgeht – Nachrichten für deren Mitglieder, Hg. Allgemeine Anthroposophische Gesellschaft, Dornach,

1. Jg., 1924, 22/S.86: VII–6; 1. Jg., 23/S.91 f.: VII–6; 1. Jg., 26/S.103 f.: VII–6; 1. Jg., 29/S.116: VII–6; 1. Jg., 36/S.142 ff.: VII–5, VII–6; 1. Jg., 41/S.162: VII–6; 1. Jg., 43/S.171 f.: VII–6; 2. Jg., 1925, 12/S.46 f.: VII–6; 2. Jg., 40 und 41/S.155 ff.: VII–6, VII–7; 19. Jg., 1942, 1: VI–3; 45. Jg., 1968, 41–44: II–3

Polzer-Hoditz, Ludwig: Erinnerungen an Rudolf Steiner, Dornach 1985, S.188 ff. und S.198: VII–2

Rittelmeyer, Friedrich: Aus meinem Leben, Stuttgart 1937: IV–3

Rittelmeyer, Friedrich: Meine Lebensbegegnung mit Rudolf Steiner, Stuttgart 1983: I–3; S.54: IV–3; S.83: IV–Vorbem.; S.95: IV–3, VI–2; S.145: IV–4, IV–5; S.148 ff.: II–2, VI–1

Rittelmeyer, Friedrich: Warum bleiben wir in der Kirche? Ulm 1913, S.38: IV–3

Ruths-Hoffmann, Karin, in: Koberwitz 1924, Geburtsstunde einer neuen Landwirtschaft, Stuttgart 1974, S.118 f.: V–6

Schmidt, Hans: Das Vortragswerk Rudolf Steiners, Dornach 1978: I–2

Schöffler, Heinz-Herbert (Hg.): Das Wirken Rudolf Steiners 1917 – 1925, Dornach 1987, S.246 ff.: II–6

Schubert, Ilona: Selbsterlebtes im Zusammensein mit Rudolf Steiner und Marie Steiner, Basel 1977, S.47 f.: VII–5; S.107 f.: VII–2

Schühle, Erwin: Entscheidung für das Christentum der Zukunft, Stuttgart 1969, S.116 ff.: IV–3

Schuré, Edouard: Die großen Eingeweihten, Weilheim/Obb. 1965, S.7: III–1, IV–2, VI–3

Smit, Jørgen: Geistesschulung und Lebenspraxis, Dornach 1987: II–2

Smith, Morton: Auf der Suche nach dem historischen Jesus, Frankfurt 1974: E–7

Steffen, Albert: Begegnungen mit Rudolf Steiner, Dornach 1975, S.325: VII–2

Rudolf Steiner-Nachlaßverwaltung (Hg.): Marie Steiner – Briefe und Dokumente, Dornach 1981, S.342 f.: VI–6

Rudolf Steiner-Nachlaßverwaltung (Hg.): Übersichtsbände zur Rudolf Steiner Gesamtausgabe, Bd. II, Sachwort- und Namenregister, erstellt von Emil Mötteli, Dornach 1989: I–4

Tautz, Johannes: Walter Johannes Stein, Dornach 1989, S.117 ff. und S.170 f.: IV–3

Wachsmuth, Guenther: Rudolf Steiners Erdenleben und Wirken, Dornach 1964, S.463: VII–5; S.476: VII–5; S.623 f.: VII–8

Woloschin, Margarita: Die grüne Schlange, Stuttgart 1954, S.200: IV–2

Wehr, Gerhard: Rudolf Steiner. Wirklichkeit, Erkenntnis und Kulturimpuls, Freiburg 1982, S.336 ff.: V–0

Personenregister

Abel 71, 146 f., 331 f.
Abraham 53, 147
Adam 96
Angelus Silesius (Johannes Scheffler) 24
Arenson, Adolf 82, 144
Augustinus, Aurelius 21, 36, 54
Augustus 104

Bacon, Francis 20
Bauer, Michael 248, 265, 298
Baumann, Paul 144
Beckh, Hermann 389, 393
Beltle, Erika 278
Benesch, Friedrich 12, 128
Besant, Annie 132
Bock, Emil 63, 72, 132 f., 136, 145, 268, 271, 274, 276, 285, 290, 315 f., 380, 390 ff.
Bögel, Ilona 372 f.
Böhme, Jakob 24
Boos, Roman 269
Borchart, Martin 271-274, 276
Buddha 21, 53, 71, 80
Büchenbacher, Hans 363
Bürgi, Professor 270

Clemens von Alexandrien 54
Collison, Harry 314

Descartes, René 20
Deussen, Frl. 272
Deventer, M. P. van 151
Doldinger, Friedrich 372-375, 393

Eckart, Meister 24, 267
Elias 71, 301
Eusebius 54

Fichte, Johann Gottlieb 18, 253
Franck, Johannes 274
Franke, Otto 274
Franz von Assisi 107
Frieling, Rudolf 72, 294, 371, 393

Gabert, Erich 133, 135
Gädeke, Friedrich 369

Geyer, Christian 265 f., 380
Geyer, Johannes 277, 280
Gitzke, Richard 274
Goethe, Johann Wolfgang von 17 f., 20 ff., 24, 26, 28, 60, 65, 112, 120 f., 123 f., 236-242, 244-247, 268
Gottesfreund vom Oberland 34 f., 54
Grafton, Admiral 375
Grosse, Rudolf 154
Grünewald, Matthias 153

Haeckel, Ernst 96
Hahn, Herbert 141-144, 146, 152
Hahn, Marie 280
Hardenberg, Friedrich von siehe Novalis
Harnack, Adolf von 94
Heidenreich, Alfred 295, 321, 370, 373 ff.
Heimeran, Martha 196
Heisler, Hermann 276 f., 384
Hemleben, Johannes 297
Hermes 53, 80
Hieronymus 54
Hiram 146 f.
Hublow, Karl 297
Hübbe-Schleiden, Wilhelm 69, 133
Hume, David 20
Husemann, Gisbert 142, 351
Husemann, Gottfried 271, 274 f., 278, 305, 315, 317, 319, 343, 348, 350, 371 f., 376, 390
Hypathia 353

Jesus von Nazareth 35 f., 40, 54 f., 57, 70, 72, 80, 89, 91, 94, 96, 158, 187, 189, 190, 207
Johannes der Täufer 91, 301
Julian Apostata 267 f., 272

Kain 71, 146, 147, 331, 332
Kant, Immanuel 18, 20 f., 36, 231
Kleeberg, Ludwig 235
Klein, Gerhard 351
Klein, Johannes Werner 272-276, 387, 390
Klein, Paul 277, 280, 351
Knauer, Ilse 151
Köhler, Ludwig 274 f., 386
Kolisko, Eugen 386, 389

Kolisko, Lili 391
Konstantin 268
Kopernikus, Nikolaus 301
Koschützki, Rudolf von 268, 274, 393
Krishna 21, 53, 90 f.
Krück von Poturzyn, M. J. 290
Kübler, Fritz 385, 391
Kues, Nikolaus von 301
Kugler, Walter 389
Kully, Max 335
Kurras, Eberhard 268, 274
Kux, Willy 373

Lazarus 35, 301
Lehrs, Ernst 363 f., 399
Leinhas, Emil 138 f., 274, 372 f., 380, 389
Leyh, Marie 280
Linde, Hermann 374 ff.
Lindenberg, Christoph 68, 151, 224
Ludwig, Karl 389
Luther, Martin 231, 267 f., 304

Mackay, John Henry 23
Maier, Elisabeth 371, 374 ff.
Maikowski, René 140 f., 143
Manen, Hans Peter van 138, 353
Markus 54
Maryon, Edith 372, 375 f.
Melchior 353
Melchisedek 53, 147
Meyer, Rudolf 389
Michelangelo 153
Mötteli, Emil 82
Mohammed 71
Molt, Emil 142, 248, 373
Moltke, Helmuth von 189, 268
Morgenstern, Christian 334, 371, 374
Moses 21, 53, 71, 147, 179, 186, 281
Mücke, Johanna 22

Neuhaus, C. 277
Nietzsche, Friedrich 19 f., 42
Nikolaus I. 268
Novalis (Friedrich von Hardenberg) 254

Oehlschlegel, Friedrich 141-144
Ormus 54

Palmer, Otto 389
Paracelsus, Philippus Aureolus Theophrastus (Theophrastus Bombastus von Hohenheim) 159
Parmenides 20
Parzival 34
Paulus 39, 71, 87, 90
Perthel, Johannes 387
Petrus 39
Pickert, Siegfried 146
Plato 20 f.
Polzer-Hoditz, Christward 373
Polzer-Hoditz, Joseph 372 f.
Polzer-Hoditz, Ludwig Graf 138, 141, 372, 373
Post, Laurens van der 157

Rittelmeyer, Friedrich 76, 128, 145, 224 ff., 245, 248, 251 f., 265-269, 271, 274, 276 f., 279, 281, 284 f., 290 f., 307, 315, 324, 340 f., 352, 368, 370, 373, 375, 380 f., 383, 385, 388 ff., 392 f., 406
Röchling, Helene 373
Röschl-Lehrs, Maria 142, 144 f.
Romulus 104
Rosenkreutz, Christian 66, 154
Ruthenberg, Wilhelm 144, 277, 280, 284, 389
Ruths-Hoffmann, Karin 317

Salewski, Wilhelm 369
Salomo 146 f.
Sauerwein, Jules 259
Scheffler, Johannes siehe Angelus Silesius
Schelling, Friedrich Wilhelm von 272
Schickler, Wolfgang 393
Schiller, Friedrich von 245
Schmidt, Hans 69
Schöffler, Heinz-Herbert 151
Schröer, Karl Julius 244
Schubert, Ilona 373, 381
Schubert, Karl 144, 351, 393
Schühle, Erwin 265, 270
Schuré, Edouard 81, 164, 263, 346
Schuster, Hugo 188, 277, 279 f., 351
Schuurmann, Max 373

Scott-Pyle, William 373
Siegfried 71
Sivers, Marie von (ab 24. 12. 1914 Marie Steiner) 32, 133, 138, 141, 180, 285, 294, 299, 369, 373, 381 f., 386, 392
Smith, Morton 54
Smit, Jørgen 128
Smits, Lory 248
Sonklar, Flossy 372 f.
Spengler, Oswald 102
Spinoza, Baruch de 20
Spörri, Gertrud 132, 273 ff., 371 f., 374, 382, 386
Steffen, Albert 139, 283, 288, 295, 373
Stein, Walter Johannes 268, 388
Steiner, Marie siehe Sivers, Marie von
Steiner, Rudolf pass.
Stirner, Max 22 f.

Tauler, Johannes 24, 34 f., 54
Tautz, Johannes 142, 268, 351
Thomas 39
Thomas von Aquin 21

Uehli, Ernst 144, 283, 295
Unger, Carl 274, 384, 389

Vierl, Kurt 278
Völker, Toni 384
Vreede, Elisabeth 139, 276

Wachsmuth, Guenther 139, 290, 374, 380 f., 392
Wagner, Günther 333
Wagner, Richard 62, 167
Waller, Mieta 373
Wegman, Ita 138, 146, 151, 369
Wehr, Gerhard 292
Wiesberger, Hella 9, 141
Wiese, Georga 375
Wistinghausen, Kurt von 381, 388
Wohlbold, Hans 332
Wohlrab, Johanna 143
Wolffhügel, Max 144
Woloschin, Margarita 247 f.

Zarathustra 53, 71

Ortsregister

Alexandria 54
Arlesheim 146, 151, 335

Basel 249, 252, 273 f., 375
Berlin 16, 22, 69, 132, 164, 232, 248, 250 f., 265 f., 268, 273 f., 276, 344, 353, 380, 387 f., 392
Bern 256, 270, 288 f., 377
Bielefeld 297
Breitbrunn 383
Bremen 265
Breslau 381, 386
Brügge 153

Chartres 153
Colmar 153

Den Haag 78
Dornach 9, 11, 44, 122, 130, 138, 140, 149, 152, 154, 161, 226, 235, 247, 249, 254, 270, 272 f., 275 f., 278 f., 281, 283 f., 286, 295, 297, 311, 316, 319, 325, 334 f., 341 f., 368, 372 f., 375 ff., 381 f., 384, 386 f., 390 f., 393, 409
Düsseldorf 272 f.

Elberfeld 311
Ephesus 150

Flensburg 425
Frankfurt 276, 295
Freiburg 376
Fulda 153

Gondishapur 254

Hamburg 81, 96, 247, 297, 385, 389
Hannover 382, 386
Heidenheim 297

Ilkley 223, 261

Jerusalem 147

Karlsruhe 123, 228

Kassel 70, 180, 204, 221, 226, 287 f., 383, 385
Koberwitz 160, 317, 381, 386
Köln 178, 315, 390
Konstanz 297

Lauenstein b. Jena 145
Leipzig 294
Liestal 75, 344

Malsch 154, 181
Mannheim 41. 230, 276 f., 280, 351
Marburg 271 ff., 276
München 153, 181, 265, 272, 297, 332, 335

Neudörfl 225
Norrköping 233
Nürnberg 164, 265, 385 f., 389

Oslo 77, 170, 207, 331

Paris 377

Reichenau 153
Rostock 385

Stockholm 232
Straßburg 34
Stuttgart 10, 129, 141 f., 151, 154, 248, 273-276, 278 f., 284, 289, 295 ff., 299 f., 302, 312 ff., 316 f., 325, 372 ff., 381 f., 384 ff., 391, 393, 407

Tübingen 274, 276

Weimar 21, 69
Wien 14, 119 f., 243 f., 262, 381, 388

Zürich 249, 255

> Begriffe und Namen, die aufgrund ihrer durchgängigen Präsenz in der Studie im Register nicht mit Seitenangaben nachgewiesen werden, sind durch "pass." gekennzeichnet.

Sachwortregister

Abelströmung 146 f., 331 f.
Abendland 20, 24, 36, 40, 87 f., 102, 105, 174, 179, 193
Abendmahl 47, 70, 82, 96, 128, 132, 179 f., 183 f., 186-190, 197, 200, 202, 205 f., 226-230, 307, 322, 349 f., 365
— geistiges 124, 230
— Einsetzung 179 f., 184, 189 f., 197, 229
Aberglaube 167, 169
Abschieds-Kultus 185, 197
Achtgliedriger Pfad des Buddha 21
Adonis 184
— Adoniskult 184
Afrika 157
Ägypten 24, 35, 49, 54 f., 58, 71, 88, 101 f., 189
— ägyptische Einweihung 178, 260
Ahnenreligion 71
— Ahnenkult 55, 71, 77
Ahriman 192
— ahrimanische Geister 18
Akademie von Gondishapur 254
Alchemist 267
Allah 72
Allgemeine Anthroposophische Sektion (Hochschule) 148 f.
Altar 48, 62, 135, 137, 139, 155 f., 158, 160
— Altardienst 156, 160
— Altarsakrament 124, 128, 188
Alter 221
Altertum 24, 35
Altes Testament 67, 71 f.
Altkatholizismus 225
— altkatholische Kirche 279
— altkatholischer Priester 277, 279, 351
— Ritus 280
Amerikaner 53
Anbetung 42 f., 162, 164, 206, 208
— Selbstanbetung 63
Andacht 60, 122, 142, 168 f., 171, 175, 197, 217-222, 255
— andächtige Bitte 122, 130
— Andachtsgesten (Händefalten, Kniebeugen, Kopfneigen) 169, 222
Angelobung 151 f., 154

Angeloi (s. auch Engel) 55 f., 102, 140, 356
Anschluß
— an das Götterwalten 59
— an das Mysterium von Golgatha 39
— an eine freiwillige Gemeinschaft 356
— vom religiösen Leben zum Leben in der Erkenntnis 110
Anthropologie 50
Anthroposophie pass.
— als Werkzeug des religiösen Lebens 73 f., 119
Anthroposoph (siehe auch unter Mitglied) 10, 13, 66, 75, 121, 126, 132, 134, 141, 177, 187, 189, 192 ff., 225, 228, 271, 277, 279 f., 285 f., 292-311, 313-322, 325 f., 328, 332, 336 f., 343 f., 346-353, 360 f., 370-373, 382 ff., 392, 395, 399, 404, 407 f.
anthroposophische Bewegung 19, 122, 130 f., 146, 150, 261, 271, 274, 278, 283-290, 294, 296-299, 301 f., 307-314, 316 f., 326 ff., 330-341, 352 f., 359, 367 f., 380 f., 387, 390, 401
— Erkenntnisbewegung 283, 329, 332, 338 f., 344, 359, 367
Anthroposophische Gesellschaft 10, 13, 75 f., 84, 121 f., 127, 129, 133 f., 136-141, 144-148, 150 f., 175, 261, 271, 273, 277, 283 f., 286-289, 292-299, 301-306, 308-320, 324, 326 f., 329 f., 333 f., 336-344, 346 ff., 351-356, 359, 363, 367-370, 373 f., 376, 380-384, 386, 388-393, 395, 398-401 f., 404 f., 407 ff.
— Allgemeine Anthroposophische Gesellschaft (AAG) 10, 13, 122, 134, 138, 148, 151, 336, 341, 368, 373, 376, 389, 392, 395, 398 f.
— Freie anthroposophische Gesellschaft 363, 381
— Krise der Anthroposophischen Gesellschaft 285, 292
— Zertrümmerung der Anthroposophischen Gesellschaft 304, 314
Antipathie 218, 355
Antireligiöse 267
Anziehung des Christus-Geistes 180, 183, 226 f., 397

Apokalypse 35, 69 f., 88, 199, 281, 289, 382, 391
Apostel 36
Archai, Geister der Persöhnlichkeit 55 f., 140, 356
Archangeloi, Erzengel 55 f., 139 f., 151, 228, 332 f., 356
Architektenhaus 69, 232
Architektur 31, 153 f., 181, 246
Arzt (siehe auch Medizin) 12, 62, 148, 151 f., 159, 235, 273, 364 ff., 387 f.
Asien 179
Asklepios-Mysterien 151
Astralleib 45, 157, 163-167, 171 f., 202 ff., 217, 234 f., 258 f., 345, 367
— Glaubensleib, -seele 165, 167 f., 171, 175, 345
Atheismus 45, 58, 112
— Atheist 218
Ätherleib 45, 47, 110, 163 f., 185 f., 191, 197, 202-205, 207, 212 f., 216 f., 223, 258 f., 291, 406
Atlantis 52, 58 f., 71
Auferstehung 31, 37, 40, 62, 70, 80, 91 f., 94, 153, 201, 205
— Auferstehungsbedürfnis 324
— Auferstehungsleib 205
— Auferstehungsreligion 91 f.
Australier 88

Babylon 199 f.
Bedürfnis 15 f., 42, 54, 56, 60, 167, 171, 191, 204 f., 218, 246, 255, 263, 294, 315, 325, 329, 356, 362 f.
— der Empfindungsseele 167
— der Gemütsseele 16, 42
— des Ich 56
— nach Geisterkenntnis 191
— nach Gemeindebildung 356
— Geistbedürfnis 54
— religiöses Bedürfnis 162, 170 f., 252, 257, 263 f., 266, 294, 299, 320, 326 f., 329, 346, 352
Begriff 14, 16, 18, 21, 25, 27, 29-33, 37, 43 ff., 56, 62, 68, 98, 123, 207, 224 f., 242, 253, 267, 286, 291, 311, 362, 395 f., 403

427

— Glaubensbegriff 102 f.
— Lebensbegriff 67 f.
— Religionsbegriff Kap. E–1, 6; 16, 40 ff., 45
— religiöse Begriffe 123 ff., 405
Beichte 233 f., 280, 395
Bekenntnisfreiheit 235, 281
Berufsgruppe, Kultus für eine Kap. II–6, 128, 147 ff., 151 f., 263, 358, 405
— Kultus für die Lehrerschaft 149, 151
— Kultus für die Priesterschaft 152
Bestattung 185, 194 f., 197, 280 f., 321, 334, 353, 371 f., 374 ff., 397, 408
— Abschieds-Kultus 185, 197
— Bestattungsritual für Kinder 280
— Empfangs-Kultus 185, 197
Bewegung für religiöse Erneuerung, Christengemeinschaft (siehe auch religiöse Erneuerung) 9 f., 12 f., 103, 108, 114, 121, 131, 134, 136, 140 f., 143, 145 ff., 152, 159, 173, 175, 183 f., 188 f., 191 f., 194-197, 201, 215 f., 221, 223 f., 226, 235 f., 245, 248, 250 f., 257 ff., 261, 268 f., 271, 278, 280-292, 294-312, 314-324, 326-344, 346-354, 356-359, 361-364, 366-399, 401 f., 407 ff.
— Fruchtlosigkeit der Bewegung 304
Bewußtsein pass.
— Bewußtseinsstufen (siehe Imagination, Inspiration und Intuition) 120, 123, 262
— Geistbewußtsein 32, 187, 191, 221, 251, 267, 274, 285, 322
— Ich-Bewußtsein 33, 48, 207, 215 f.
— religiöses Bewußtsein 51, 108, 169 f., 216
— Selbstbewußtsein 17, 29, 33, 43, 48, 51, 168 f., 217 f.
Bewußtseinsseele 30, 32, 60, 99, 109, 118, 167, 217 ff., 223, 227, 255, 304, 354
Bewußtseinsseelenzeitalter (siehe auch Kulturepoche, fünfte) 149, 158, 255, 284, 330, 344, 354, 359
Bhagavad Gita 71, 90
Bibel 56, 68, 96, 103, 184
Bild, Kultus als Kap. III–3
— Abbild 178 f., 181

— Spiegelbild 185
— wirksames Bild 180
Bindemittel, Kultus als 113, 176, 193, 248 f.
Biographie 22 f., 28, 221
Blut 81 f., 87, 96, 100, 128, 146 f., 179 f., 186, 190, 227, 285, 320, 328, 332, 363, 398, 402
— Blutsverwandtschaft 186
— Blutsystem 169, 328, 338 f., 402
Bodhisattvas 71
Brand des ersten Goetheanum 10, 129, 132, 137, 261, 287, 304, 310, 313, 316, 331, 333, 335
Brevier 279
Brot 96, 100, 124 f., 128, 132, 145, 147, 179 f., 186, 188, 190, 204, 227, 229 f., 349
Brüderlichkeit 60, 341
Buddhismus 53, 68, 394
— Buddhisten 66, 352
Bühnenkunst (siehe auch Mysteriendramen) 155, 181
Bund anthroposophischer Pfarrer 277, 352
Bund für anthroposophische Hochschularbeit 273
byzantinische Kultur 53

Cäsaren 63
— Cäsarenkult 47, 55
chaldäische Kultur 49
chinesische Kultur 71
— Chinese 88
Christentum 19 ff., 24, 35 ff., 45, 47, 50, 53-56, 61 f., 64-72, 79 ff., 84-96, 99, 102, 104, 107-111, 114 f., 117, 170, 182, 186, 197, 211 ff., 215 f., 224 f., 230, 239, 250, 256, 268, 271 f., 281 f., 289, 333, 341, 352 ff., 356, 363, 383, 394, 396, 404, 406
— Erneuerung Kap. I–7; 107-110, 114 f., 117, 215, 256, 271 f., 282
— esoterisches 70, 86, 89, 333
— Formen Kap. I–6,7; 35, 93-96, 99 ff., 104, 118, 181 f. 230, 255, 353, 404
— Christ 36, 39, 47, 66, 84, 86, 88, 157, 172, 174, 186, 209, 230, 289, 312, 339, 395

— Christengemeinden 54
— Urchristentum 40, 54, 94
Christengemeinschaft (siehe Bewegung für religiöse Erneuerung)
— Hierarchie in der Christengemeinschaft 395 ff.
Christian Science 107
Christologie 49, 64, 111, 170
Christus 15, 18, 31, 36 f., 46, 52, 54, 56 ff., 61, 63, 67, 70 f., 78-85, 87-92, 94, 100, 106, 108, 114, 117 f., 128 f., 132, 139 f., 156 ff., 160, 173 f., 179 f., 183 f., 186-190, 192, 197, 200 f., 204-208, 211 ff., 215 f., 224-230, 233 f., 251, 266 f., 272, 277, 282-285, 291, 305, 327, 346, 354, 356, 362 f., 396, 400, 403
— Christus-Auffassung 109
— Christus-Erfahrung 47
— Christus-Erkenntnis 9, 106
— Christus-Gedanke 93
— Christus-Geist 118, 180, 183
— Christus-Hilfe 207 f.
— Christus-Impuls 63, 82 f., 90, 114, 186, 207, 213, 230
— Christus-Kraft 113
— Christus-Offenbarung 114 f., 129
— Anziehung des Christus-Geistes 180, 183, 226 f., 397
— Beziehung zu Christus 234, 305, 396
— Nachfolge Christi 40
— Tat des Christus 49, 53
— Verbindung mit Christus 37, 47, 92, 129, 191, 207, 211
— Vereinigung mit Christus 188, 226 f., 229
— Verhältnis zu Christus 92, 207 f., 210 ff., 215, 281 f.
— Verständnis des Christus 210 ff.
chymische Hochzeit 267
Clairvouyance 15, 258
Credo 36, 51, 86, 103, 105, 137, 173, 216, 241, 281
Credo. Der Einzelne und das All 16, 253, 264

Delegiertentagung 317, 388
Demonstrationskultus (siehe auch Kult-Symbolik) Kap. II–2; 123, 128, 132, 134-137, 141, 143, 146, 155, 184, 357 f., 402
Denken 15, 17-21, 23, 25 ff., 30, 38, 40, 44, 62, 72 f., 86, 102, 106, 110, 115, 117, 119 f., 123, 125, 127 f., 140, 156, 158, 167 ff., 171, 180, 191, 203, 205, 217 ff., 224, 231, 234, 252, 255 f., 262, 322, 324 f., 350, 355, 399, 403
Devotion 27, 221 f., 236, 403
Dogma 15, 40 f., 97, 99 f., 102 f., 105, 109, 114, 193, 240, 268, 281, 286, 291, 318, 369
Dreieinigkeit, Dreifaltigkeit (siehe auch Trinität) 72, 247, 402
Dreigliederung 194, 266, 273, 276, 310, 348 f., 400
Dreißiger-Kreis 285, 294 ff., 301, 305 f., 310-315, 317, 319, 339, 347, 388
Druidenkultur 157
— Druide 71
Drusenvolk 53
Durchchristung 83, 91 f., 126, 156-159, 187, 200, 229 f., 233, 305

Egoismus 23, 87, 95, 99, 102, 105, 174, 227 f., 253, 267, 304, 356
Ehrfurcht 27, 221 f., 236, 403
Einsetzung des Abendmahles 179 f., 184, 189 f., 197, 229
Einweihung 27 f., 34-40, 51-54, 66 f., 81, 86, 89 f., 178, 182, 184, 204, 228, 232, 260
— Eingeweihter 12, 34 f., 39, 51 f., 54, 57, 67, 87 ff., 140, 149, 157, 179, 184, 189, 195, 215, 223 f., 260, 284, 344, 349, 368, 400
Elementarwesen 189, 198, 200 f., 226, 235, 260 f., 264, 356
Eleusinien 150, 181
Elohim 56, 234
Empfangs-Kultus 185, 197
Empfindung 16, 22, 25, 27, 31 f., 35, 39, 42, 44 ff., 58, 86, 96, 115, 162, 172, 174, 176, 193, 210, 219, 230, 250, 252 f., 290, 359, 361, 395, 402
— künstlerische 31, 73

— religiöse 58, 74, 78 f., 119, 203, 208, 251 f., 255
Empfindungsseele 30 f., 60, 167, 218, 254, 255
Engel 40, 55 f., 100, 102, 140, 157, 197, 228, 234 f., 356, 361 f.
— Engellehre 47
Epistel 280
Erbostsein gegen den Kultus 354
Erdenentwicklung 81-84, 87, 90, 92, 107, 205, 213, 363
Ergebenheit 168 f., 171, 176, 217 f., 220
Erkenntnis 9, 14 ff., 18, 21, 23 f., 26 f., 29, 31 ff., 35 ff., 41, 43, 45, 50, 59, 61-64, 67 ff., 71, 73 f., 76-79, 81, 85 f., 91, 98, 103, 105 f., 108, 110, 115 f., 119 ff., 123-131, 133, 135 ff., 156 f., 159, 161, 168, 170, 172, 177, 183, 201, 205 f., 214, 217, 219 f., 224 f., 227, 229, 236, 239 f., 242, 246 f., 250-253, 257 ff., 262 ff., 266 f., 281, 285, 290, 292, 320 ff., 324-330, 332, 334, 336, 339, 342, 348 ff., 355 ff., 359, 366, 377, 395 f., 399, 402 ff., 406
— Erkenntnis-Feier 214
— Erkenntnisbemühung 120 ff., 127, 137, 146, 264, 301, 402
— Erkenntnisbewegung (siehe auch anthroposophische Bewegung) 283, 329, 332, 338 f., 344, 359, 367
— Erkenntniskultus (siehe auch Demonstrationskultus, Kult-Symbolik) Kap. II–2, 3; 123 f., 136 f., 141, 230
— Erkenntnisstreben 9, 36, 120 f., 162, 228, 332, 363, 396
— Erkenntnistheorie 15 ff., 156
— Erkenntnisweg Kap. E–2, 3, II–1-4; 9, 12, 26 f., 77, 120 f., 123-126, 161, 167, 177, 192, 194, 213, 221, 227, 233, 252, 256, 289, 305, 320, 324, 329, 332, 342, 344, 359, 387, 400, 405
— Gotteserkenntnis 50, 95
— Ich-Erkenntnis 24, 258
— Kreuz der Erkenntnis 31, 33, 37, 62
— künstlerisches Erkennen 127
— Mißtrauen gegen das Erkennen 37
— religiöse Erkenntnis Kap. II-1, 2; 127, 169

— Religionserkenntnis 10, 64, 68 f., 73, 79 f., 215, 256, 258, 327, 397
— sakramentales Erleben der Erkenntnis, allgemeines Kap. II–2; 124
— Selbsterkenntnis 22, 24, 29, 86, 172, 192 f.
— übersinnliche Erkenntnis bes. Kap. E–2, II–1-4
— Verbindung von Erkenntnis und Glauben 112, 281
— Anschluß des religiösen Lebens an die Erkenntnis 110
— Vertiefung der Erkenntnis Kap. II–1; 119, 121, 125, 135 ff., 146, 156
— Wiedererkennen der geistigen Welten und Wesen 16
Erleben 32, 109, 115, 135 f., 139, 162 ff., 170 f., 241, 257, 259, 281, 287, 289, 298, 324, 357, 361, 363, 394, 399, 405
— religiöses Erleben 79, 113, 120 f., 123, 158, 164, 232, 244, 250, 258, 263, 287, 297, 302, 329, 330, 335, 345, 346
Erlösung 91 f., 126, 396
— Erlösungsreligion 91 f.
Erneuerung der Mysterien (siehe auch Neue Mysterien) Kap. E–5, VII–8; 33 ff., 64, 127, 147 ff., 226, 330, 340, 364, 366, 390 ff., 400 f., 404 f., 409
Erneuerung der Religion Kap. E–8, I–7, IV–1, 2; 12, 61, 69, 113, 226, 235, 265, 394 f.
— der Religionserkenntnis 258
— der Religionsübung Kap. IV–1, 2; 232 f., 259, 266, 281, 331, 339, 366
— des religiösen Lebens Kap. I–3, IV–1, 2; 75, 79, 94, 108 f., 258 f., 261, 265
Erneuerung des Christentums Kap. I–7; 107-110, 114 f., 117, 215, 256, 271 f., 282
Erneuerung von Wissenschaft, Kunst und Religion (siehe auch Vereinigung) 226
Erzengel, Archangeloi 55 f., 139 f., 151, 228, 332 f., 356
Erziehung 124, 131, 147, 149, 159 f., 194, 204, 221, 247, 367, 395, 401, 405
Erzoberlenker 280, 290, 341, 383, 388,

392, 397
Esoterik 81, 86, 95, 138 f., 142, 146-153, 155, 230, 278, 333
— anthroposophischer Berufe (siehe esoterischer Kultus) Kap. II–6; 147 ff.
— esoterisch 26, 35 ff., 90, 133, 138, 140, 148, 150, 154 ff., 184, 279, 281, 288, 290, 292, 358, 395
— esoterischer Kultus Kap. II–6, 128, 147 ff., 151 f., 263, 358, 405
— esoterischer Vorstand der AAG 139, 148, 155, 373
— esoterischer Weg 188, 228
— esoterisches Christentum 70, 86, 89, 333
Esoterische Schule, E.S. (siehe auch Hochschule) Kap. II–3; 133-137, 141, 143, 249, 357, 404
— esoterische Schulung 134, 151, 155 f., 279, 325
— esoterische Stunden (siehe auch Klassenstunden) 134 f., 150, 331
Esoterischste, das 143, 150 ff., 155
Ethik 23, 261 f., 264, 328 f., 356, 396
— ethischer Individualismus 23
Europa 88, 107, 111, 245
— Europäer 106
Eurythmie 31, 142, 152-156, 181, 247 f., 252, 364, 373, 377, 382, 385 ff., 394, 409
— kultische 142, 152, 156
— pädagogische 364
— Eurythmist 364, 371, 372
— Heileurythmie 364
Evangelien 35, 45, 49, 70, 79, 88 f., 94, 111, 114, 178 f., 187 f., 305, 349, 354, 394
— Evangelien-Sprache 35
— Evangelienlesung 142
Evangelium, Fünftes 70
evangelisch (siehe auch Protestantismus) 141, 374
— evangelische Bekenntnisse 103 f., 231
— Kirche 102, 249 f., 269, 357, 378 f.
— Konfirmation 378 f.
— evangelischer Pfarrer 144, 276 f., 280, 351 f., 389
— Religionsunterricht 141

Evolution (siehe auch Erdenentwicklung) Kap. I–4; 63, 79-85, 87, 90, 92, 107, 205, 213, 363, 404
exoterisch 26, 35 ff., 95, 149, 235, 358, 406
— exoterischer Weg 187, 228, 230
Exusiai, Geister der Form (siehe auch Elohim) 56, 363

Fähigkeit 37, 57, 64, 83, 85, 191, 208, 216, 221, 235, 349
— Fragefähigkeit 34, 271
Faust 240
Form 32, 40, 43 f., 48, 66 f., 70, 93, 95, 103 f., 109, 111, 113, 118, 129, 137, 139, 180 f., 183, 185, 194, 199, 245 f., 248-251, 255, 260 f., 263, 267 f., 325, 356 f., 362, 395, 404 ff.
— Formen des Christentums Kap. I–6, 7; 35, 93-96, 99 ff., 104, 118, 181 f. 230, 255, 353, 404
— Religionsformen Kap. E–6, 8, I–6, 7; 20 f., 44, 47, 53, 55, 57, 68, 85, 89, 93, 97, 102, 108, 111, 225, 249
— religiöse Formen 162, 181
Fortentwicklung
— alter Kulte 181 f.
— der Religion (Erneuerung) Kap. E–8, I–7, IV–1, 2; 12, 61, 69, 113, 226, 235, 265, 394 f.
— des Christentums (Erneuerung) Kap. I–7; 107-110, 114 f., 117, 215, 256, 271 f., 282
Freie anthroposophische Gesellschaft 363, 381
Freie Hochschule für Geisteswissenschaft (siehe Hochschule)
Freiheit 16, 19 f., 22 f., 100, 113 f., 132, 148, 199, 216, 231, 240, 265, 281 ff., 322, 333, 343 f., 346 ff., 350, 352, 355, 396, 398
— Bekenntnisfreiheit 235, 281
— Glaubensfreiheit 281
— Lehrfreiheit 235, 281
Freimaurerei 135 ff.
— Freimaurer 136, 179, 198, 249, 280, 314
— F.M. Kap. II–3; 136, 146, 358, 404

431

— Logen 101, 260
Frieden 86, 355
— zwischen den Religionen 67, 75
Frömmigkeit 38, 43, 78 f., 87, 110, 112, 123, 153, 209, 240, 253, 267
Fruchtlosigkeit der Bewegung für religiöse Erneuerung 304
Fühlen (siehe auch Gefühl) 23, 31, 43, 96, 105, 119 f., 126 f., 129, 140, 161, 167, 170, 203, 215, 219, 252, 359

Gebet, Beten Kap. III–2; 111, 114, 119 ff., 123, 129 f., 137, 156, 158, 162, 167, 169, 171-177, 197, 202 ff., 217, 219 f., 222, 237, 250, 253, 282, 324, 397, 405
Gedanke 14 f., 18, 26 f., 29, 33, 43, 47, 57, 62, 93, 105, 109, 117, 125, 128 f., 158, 165, 167 f., 172, 174, 177, 183, 190, 208, 211, 226, 230, 246, 253, 320, 326, 348 f., 355, 361 f., 397, 402
— Gedankenbild 30, 180, 226 f.
— Gedankenfreiheit 43, 100, 106, 109 f., 114, 281
— Gedankenmantram (Vaterunser) 177
Gefühl (siehe auch Fühlen) 21, 23, 31, 33, 41-44, 51, 55, 57, 60 f., 66, 74, 82, 88, 96, 105, 110, 119 f., 126-129, 140, 153, 161-164, 166 ff., 170 ff., 174 f., 190, 199, 203 f., 209, 215-220, 222, 230, 232, 239, 243, 252, 355, 359, 361, 404 f.
— religiöses 43, 74, 76, 97, 101 f., 110, 114, 169, 281, 293
Gegnerschaft
— gegen Anthroposophie 63, 68, 120 f., 292, 311, 331-335, 337 f.
— katholische Gegner 311, 335
— gegen das Christus-Verständnis 106
— gegen Religion 257
— gegen Kultus 354
Geist pass.
— Geist-Bringer 61
— der Erde 82, 139, 180, 190
— der Natur 22
— der Wahrheit 39
Geistbewußtsein 32, 187, 191, 221, 251, 267, 274, 285, 322

Geisterkenntnis 21, 23, 27, 31, 37, 43, 47, 75, 77 f., 95, 99, 102, 110, 120, 124 ff., 133 f., 137, 164, 167, 172, 179, 181, 183 f., 191, 220 f., 223, 251, 253, 256 f., 259, 264, 267, 282, 284 f., 287, 290, 297, 303, 321 f., 326 f., 329 f., 335, 340, 344, 370, 395 f., 400, 403, 406
Geister der Form, Exusiai (siehe auch Elohim) 56, 363
Geister der Persönlichkeit, Archai 55 f., 140, 356
Geisterland Kap. III–7; 32, 45 f., 208, 214 ff., 345
Geistesforschung bes. Kap. E–2, 4; 16 f., 30, 32 f., 220, 345
— Geistesforscher 17, 28, 50, 74, 84, 163 f., 241, 349, 350
Geistesleben 24, 31, 97, 115, 119-122, 127, 130 f., 157, 162, 190, 226, 236, 238, 243, 246 f., 253, 258, 303, 325 f., 328-331, 337, 340, 346, 349 f., 353, 380, 394, 400
Geistesschüler 33 f., 39, 178, 204, 217, 260, 307, 324, 351
Geisteswege 9, 15, 25, 27 ff., 32, 39, 91, 192
Geisteswissenschaft pass.
geistige Kommunion (kosmische) 123 ff., 128, 131 f., 156, 230, 261, 322, 350, 361, 399
geistige Welt 23, 25-30, 34, 40, 43 f., 46, 49-52, 56, 65, 67, 73 f., 76 ff., 81 ff., 85 f., 89 f., 96 ff., 100, 111 f., 114-117, 119 f., 122, 124, 129 ff., 133, 136, 147 ff., 151, 154 f., 162-165, 167, 169-174, 178 f., 182, 185, 191, 195 ff., 200, 202, 206, 215, 218, 229, 231 f., 240 f., 245, 252 ff., 256 f., 261, 268, 280 ff., 289 f., 303 f., 329, 332, 344, 350, 357, 359-362, 394, 399, 404, 406
— Zusammenhang von geistiger und irdischer Welt 78, 105, 106
geistige Wesen 15, 18, 29, 32, 39, 43, 49 f., 55, 58 f., 63, 65, 85, 88, 90, 92, 101 f., 120, 128, 131, 137, 147 ff., 151, 154, 156, 164, 172 f., 177 f., 180, 183, 185, 189, 196, 198-201, 209, 223, 259 f., 264,

288, 304, 324 f., 332, 360 f., 400, 403, 405 f.
geistiges Abendmahl 124, 230
Geistmensch 18, 259
Geistselbst 118
Gemeinde 54, 103, 143, 195, 197, 199, 222, 275 ff., 280, 283, 293 ff., 297 f., 304, 307, 309, 314 f., 321, 326, 334, 343, 348, 358 f., 361, 368, 376, 383 f., 392 f., 396 f., 401, 406 ff.
— Gemeindebildung 115, 178, 195, 226, 272, 282, 302, 329, 334, 336 f., 347, 356 ff., 367, 395, 408
— Gemeindegebet 197, 222
— Gemeindegründung Kap. V–1; 292 ff., 337
Gemeinschaft 16, 34, 56, 103, 114 f., 127, 131 f., 137, 148, 150 f., 177 f., 195 f., 199, 221, 228, 251, 279, 283, 311, 321, 326, 329, 334, 336, 343, 349-353, 356-360, 363 f., 376, 387, 394-398, 401 f., 408
— vorgeburtliche Gemeinschaft 332
Gemeinschaftsgeist, Gruppenseele 55, 84 f., 140, 148 f., 199, 283, 333, 354 ff., 360, 398
Gemeinschaftsbildung Kap. VI–4; 12, 103, 115, 127 f., 147, 184, 190 ff., 195, 311, 316, 326, 347, 354-359, 361 ff., 405
— Sehnsucht nach Gemeinschaftsbildung 347 f., 359, 362, 408
Gemüt 21, 31 f., 36 ff., 41 f., 44, 49, 52, 60 f., 106, 116, 130, 134, 167, 174, 211, 253, 258, 302, 324, 339, 360, 403
— Gemütsseele 30, 42
— Gemütsvertiefung 42
Genesis 21, 56, 69, 71, 94, 96, 234
Geosophie 57
germanisches Volk 53, 55
— Germane 58
— germanische Mythologie 71
Gesamtausgabe der Werke Rudolf Steiners 9 ff., 22, 70, 82, 226, 259, 300, 380, 399
Gesamtkunstwerk 31 f., 155
Gesellschaft für theosophische Art und Kunst 154

Gesinnung 202, 225, 236, 278, 298, 321, 346, 349, 361, 383, 387, 389, 402
— heidnisch-gnostische Gesinnung 126
Gesundheit 164, 165 f., 218, 408
Gewahrwerden der Idee 14, 62, 123, 399
— Gewahrwerden des Geistes 62
Giordano Bruno-Bund 132
Glauben, Glaube 14, 21, 24, 27, 36 f., 44, 50, 52, 54, 58, 61, 72, 74, 85, 87, 89, 94, 97, 103, 108, 110, 114, 146 f., 164-169, 171, 205, 228, 231 f., 235, 238, 258, 281, 324, 344 f., 367, 396
— blinder Glaube 27
— Glaubensbegriff 102 f.
— Glaubensbekenntnis 36, 51, 86, 103, 105, 137, 173, 216, 241, 281
— Glaubensfreiheit 281
— Glaubensinhalt 50, 72
— Glaubenskraft 165, 167
— Glaubensleib, -seele (Astralleib) 165, 167 f., 171, 175, 345
— Glaubensreligion 85, 109
— Glaubenssätze 342 f.
— Glaubensweg 78
— Glaubenszwang 235
— Verbindung von Erkenntnis und Glauben 281
Gnade 43
— gnädiger Gott 228, 304
Gnosis 37, 103
Goetheanismus 11, 60 f., 112
Goetheanum 10, 38, 115, 122, 125 f., 129, 132, 134, 137, 140, 145, 149, 153 ff., 226, 235 f., 243, 247, 249, 259, 261, 271 ff., 281, 286-289, 292, 297, 304, 310, 313, 316, 331, 333 ff., 341 f., 368, 381 f., 386, 389, 391 f.
— Goetheanumkunst 31 f.
— Goetheanum-Redner 389
— Brand des ersten Goetheanum 10, 129, 132, 137, 261, 287, 304, 310, 313, 316, 331, 333, 335
Gott 15, 23, 37 f., 40, 42 f., 46 ff., 52 f., 55 f., 58, 69, 72, 88, 90 f., 100, 102, 116, 120, 126, 131, 158, 170, 172-176, 220, 224 f., 231, 234, 251, 253, 258, 261, 281, 291, 356, 403

433

— Gottesbegriff 69
— Gotteserkenntnis 95
— Gottessohn 40, 91, 239, 354
— Gottgemeinschaft 124
— Gottmensch 36, 55
— Gottnatur 22
— göttliche Individualität 46
— Menschengott 36, 61
— Nationalgott 88
— Verhältnis zu Gott und zur göttlichen Welt 102, 162
Gottesdienst (siehe auch Kultus) 104, 122, 124, 126 f., 130 ff., 143, 157, 159 f., 173, 178, 196 f., 235, 255, 261, 267, 277, 307, 377, 398, 400, 405
— Götterdienst 122, 130 f.
— Gottesdienstformen (siehe auch Kultusformen) 102, 266, 267, 269
Götter 24, 47-50, 52, 55-59, 88, 90, 122, 131, 157, 160, 197, 236, 245, 255, 356, 357
— Anschluß an das Götterwalten 59
— Götterbilder 52, 59
— Götterdämmerung 71
— Göttererkenntnis 50
— Göttertat 89
— Umgang mit den Göttern 47, 50
— Verbindung mit der göttlichen Welt 52, 74, 161, 307
— Vereinigung mit dem göttlichen Ursprung 174, 177
— Wiedervereinigung mit den Göttern 59
Gral 36, 40, 53, 111
Griechenland 35
— Grieche 58, 115, 116, 398
— griechisch-lateinische Kulturepoche (siehe auch Kulturepoche, vierte) 57
— griechisch-orthodoxe Kirche 53
— griechische Kultur 21, 24, 49, 55, 57, 100, 115, 150, 245
— griechische Mythologie 71
Großbritannien 112, 314
— britische Kultur 112
— anglikanische Kirche 53
Grundstein
— Grundsteinlegungen 154 f., 226, 249

— Grundsteinmeditation 138, 148, 173
Gründung der Christengemeinschaft Kap. IV ganz, V–1; 9, 108, 114, 140, 145, 152, 159, 183, 189, 215, 221, 223 f., 226, 236, 245, 248, 250, 257 ff., 271, 276-279, 281-290, 292, 295, 297, 302 f., 309, 327, 331, 333, 335, 337 f., 340 f., 344, 351, 356, 358, 366, 371, 374, 381, 389, 406 f.
— Gründer der Christengemeinschaft 136, 141, 152, 261, 268 f., 271, 276 ff., 283, 285, 287, 290 f., 293 f., 338, 351, 389
Gruppenreligion 99
Gruppenseele 55, 84 f., 140, 148 f., 199, 283, 333, 354 ff., 360, 398

hebräisches Volk 53
— hebräische Religion 70
— Hebräer 398
Heidentum 37
— Heide 87, 353
— heidnisch-gnostische Gesinnung 126
— heidnische Mysterien 182
Heileurythmie 364
Heilpädagogik 12, 364, 394
— Heilpädagoge 62
— heilpädagogische Einrichtungen 145, 158, 173, 356, 394
Heilung der Sündenkrankheit (siehe auch Sünde) 305
Helfer, helfen (Rater und Helfer) bes. Kap. IV–5; 55, 79, 85, 109, 228, 258, 264, 277 f., 280-283, 285, 291, 298 f., 306 f., 321, 328, 343, 347, 349, 373, 392
Heliand 53
Hellsichtigkeit 15, 258
— Hellseher 179, 343
Hertha-Mysterien 157
Hierarchie in der Christengemeinschaft 395 ff.
Hierarchien 12, 55, 88, 140, 197, 200, 224, 228
— Hierarchienlehre 70
himmlischer Kultus (übersinnlicher) 126 f., 185, 197
Hindureligion 87, 193

434

— Hindu 87, 193, 209
Hingabe 16, 57, 62, 78, 87, 120, 129, 162, 171, 176, 206, 220, 253
Hochschule, Freie Hochschule für Geisteswissenschaft (siehe auch Esoterische Schule, Klasse und Sektion) Kap. II–4, VII–7; 134 f., 137-141, 147 ff., 151 f., 155, 263, 287, 332, 336, 338, 342, 352, 358, 377, 388, 390 f., 398, 400 f., 404, 409
Hochschulkurs 16, 38, 113, 115, 273, 276, 325, 346, 348, 380, 388 f.
Hochzeit zu Kana 70
Hoffnung 39, 164, 167 f., 220

Ich 18 ff., 22 ff., 32 f., 35, 37, 45-49, 51, 56, 58, 90, 126, 140, 163 ff., 167 f., 178, 202 ff., 217-220, 222 f., 237, 258 f., 264, 266 f., 269, 283, 320, 400 f.
— höheres 26, 140, 148, 176, 191, 267, 401
— Ich-Bewußtsein 33, 48, 207, 215, 216
— Ich-Einheit 51
— Ich-Erkenntnis 24, 258
— Ich-Mängel 46
— Ich-Mystik 23
— Ich-Verlust 169
— Nicht-Ich 18
— Selbstausprägung des Ich 22
Ideal 20, 56, 115, 120, 122, 157 ff., 180, 234, 314, 360
— Ideale der Religion 20
— künstlerisches Ideal 115
— religiöses Ideal 115 f., 122 f., 336
— wissenschaftliches Ideal 115
Idee 17 f., 23 f., 30, 33, 40 f., 43, 45, 54, 58 f., 62, 68, 123 f., 129, 134, 163, 167, 176, 218, 248, 360 ff., 399 f.
Imagination 15, 18, 43, 50, 120, 125, 135 f., 153, 163, 216 f., 252
Impuls pass.
Indien 49, 58, 71
— Inder 84
— indische Geheimlehre 71
— indische Schulung 178 f., 193 f., 305
Individualismus 23, 61, 112 f., 224, 231, 354
— ethischer Individualismus 23

— individuelle Religionswirklichkeit 45
Individualität 22, 43, 46, 56, 99, 111, 138, 147, 154, 166, 199, 328, 354, 355, 395
Individuum 90, 111, 114, 120, 123, 195, 282
Initiation 28, 34, 35, 36, 37, 40, 51-54, 66 f., 81, 86, 89, 90, 178, 182, 184, 204, 228, 232
— Initiationswissenschaft 28, 54, 170, 215
— Initiierte 12, 34 f., 39, 51 f., 54, 57, 67, 87 ff., 140, 149, 157, 179, 184, 189, 195, 215, 223 f., 260, 284, 344, 349, 368, 400
Inkarnation 92, 165 f., 212 ff., 216 f., 282, 353
— des Christus 70, 83, 91
— Michaels 333
Inspiration 15, 18, 50, 120, 125, 135, 149, 155, 163, 170, 207, 252, 262
Intellekt 15, 27, 31, 33, 50, 104, 112, 246, 252, 298, 322, 354, 399
— Intellektualität 24, 28, 32, 34
Intuition 15, 18, 50, 74, 120 f., 123, 125, 132, 135, 137, 164, 169, 170, 223, 237, 252, 258, 261 f.
Islam (siehe auch Mohammedanismus und Moslem) 71 f.
Israel 82

Jahwe 53, 147
— Jahwe-Religion 53
Japan 53
Jesuiten 104, 205
johanneische Kirche 272
Johannesevangelium 70, 81, 96, 173, 180, 186, 204, 226, 247, 278, 305
Judentum 87
— Jude 87, 339, 342, 352
— jüdischer Kultus 179
Jugend 25, 145, 221, 297, 311, 318, 363, 379, 381, 383, 385 f., 388, 394, 405
Jugendfeier (Kultus in der Schulbewegung) Kap. II–5, VII–4; 143 ff., 279 f., 377 ff., 409
Jugendsektion (Hochschule) 381
Jüngling von Sais 34
Jupiter 84, 92, 190, 200 f., 394

435

Jupitersphäre 214
Jütland 157

Kabbala 71
Kainsströmung 146, 147, 331 f.
Karma (siehe auch Schicksal) 34, 92, 133, 146, 198, 211, 224 f., 234 f., 257, 268 ff., 292, 305, 339 f., 343 f., 349, 352 f., 358, 365 f., 368, 395
Katholizismus (siehe auch Altkatholizismus) 53, 104, 113, 182, 236, 237, 254, 255, 300
— Jesuiten 104, 205
— Katholik 342, 351
— katholisch 141, 397
— katholische Gegner der Anthroposophie 311, 335
— Hierarchie 396 f.
— Kirche 53, 102, 104 ff., 182, 225, 236, 249, 333, 396
— Kommunions-Auffassung 124
— katholischer Priester 304, 333
— Kultus 106, 124, 236, 254, 255
— Religionsunterricht 141
Ketzerei 37, 105
— Ketzer 353
Kirche 10, 34, 37, 41, 53, 72, 93 f., 97, 100 ff., 104-107, 110 f., 114, 118, 124, 141, 143 f., 155, 159, 182, 194, 196, 212 f., 225, 230, 234 ff., 248 ff., 257, 260, 266, 269, 272 f., 275, 279, 282, 286, 300 f., 324, 333 f., 335, 337, 351 ff., 357, 374, 378 f., 395 f., 400, 405, 407
— altkatholische 279
— anglikanische 53
— erneuerte christliche (siehe auch Christengemeinschaft) 79, 118, 189, 194, 226, 293 f., 300, 337, 340 f., 381
— evangelische 102, 249, 250, 269, 357, 378 f.
— griechisch-orthodoxe 53
— johanneische 272
— katholische 53, 102, 104 ff., 182, 225, 236, 249, 333, 396
— russisch-orthodoxe 53
— Kirchenbesucher 351
— Kirchenreform 111

— Kirchenväter 21, 24, 36, 37
— Menschheitskirche 286
Klassen der Esoterischen Schule und der Freien Hochschule   Kap. II–3, 4; 134 f., 138, 140, 147
— Erste Klasse 134, 138 ff., 148, 332, 342, 352, 388, 390, 398, 409
— Zweite Klasse 134, 138, 139, 140
— Dritte Klasse 134, 138 ff., 140, 358
— Klassenstunden 138 f., 148, 377, 398, 409
Kleinhirn 114, 192
Kommunion 62, 123-126, 128, 131 f., 137, 145, 156, 161, 178 f., 182 f., 188, 227, 228, 230, 322
— geistige (kosmische) Kap. II–2; 123 ff., 128, 131 f., 156, 230, 261,, 322, 350, 361, 399
— "wahre" 14, 62, 123
Konfession 42, 45, 50, 57, 100, 141, 159, 224, 235, 281, 301, 342, 374, 408
— Konfessionsfreiheit 235, 281
Konfirmation 143, 280, 366, 377 ff., 397, 409
— evangelische 378 f.
Koran 71
kosmischer Kultus   Kap. II–2; 125-128, 141, 261, 354, 361, 401
Kosmologie 69, 80, 170, 258
Kosmos 81, 116, 126, 170, 183, 198, 242 f., 259 f., 349
Kosmosophie 57
Krankheit 12, 46, 218
Kreuz der Erkenntnis 31, 33, 37, 62
Krise der Anthroposophischen Gesellschaft 285, 292
Krone der Anthroposophie 298, 300, 319
Kulte (siehe auch Kultus) 48, 100, 137, 149, 159, 179, 184, 263
— Kult-Symbolik (siehe auch Demonstrationskultus) Kap. II–3; 134-137, 141, 143, 233, 237, 255, 272, 394
— F.M. 136, 146, 358, 404
— Fortentwicklung alter Kulte 181 f.
— Kultformen 100 f., 135 f., 153, 156, 184
— Totenkult (Ahnenkult) 51, 55, 77
kultische Eurythmie 142, 152, 156

kultische Handlungen 61, 100 ff., 113, 127, 130, 137 ff., 144 f., 155, 160, 178, 191, 197 f., 202, 225, 229, 234 f., 246, 254 f., 259 ff., 264, 334, 338, 359, 361, 371, 373, 397, 403 ff.
Kultur 9, 24, 34, 36-39, 44, 47, 49, 53, 55, 59, 62 f., 65, 71, 79, 81, 83, 89, 93, 95, 100, 102, 104, 112 f., 115, 153, 157, 160, 167, 173, 183, 188, 194, 196, 204, 225 f., 231, 236, 248 f., 263, 302, 325, 327, 330, 340, 355, 364 f., 367, 383, 385, 387, 403
— Anthroposophie als Kulturfaktor 118, 336, 404
— Kulturentwicklung 19, 117, 118
Kulturepochen (siehe auch einzelne Kulturen) 42, 52 f., 57, 59, 65, 117, 403
— erste 57
— zweite 57
— dritte 49, 57, 291
— vierte 57 ff., 99 f., 109, 117, 179, 291, 330
— fünfte 58-61, 99 f., 103, 109 f., 116 ff., 149, 158, 167, 255, 284, 330, 340, 344, 354, 359, 367, 395, 397
— sechste 111, 117 f., 231, 235 f., 340, 367
— siebte 368
Kultus bes. Kap. III–3-8; 12, 32, 45, 53 f., 68, 75 f., 79, 101, 103-106, 111, 113 ff., 123, 125-130, 135 ff., 139-152, 155, 157, 160 ff., 167, 171, 177 ff., 181-185, 188-206, 208, 217, 221, 226 ff., 230, 232, 235 ff., 248, 250, 252-257, 260 f., 265, 268, 271, 273, 275, 278-282, 285, 290 ff., 297, 299, 303-309, 311, 317 f., 320-325, 327, 329, 332 f., 335 ff., 343, 346-350, 352, 354, 357-362, 367, 370 f., 373-376, 379, 383 ff., 391 f., 395, 397, 401 f., 405 f., 408
— Abschieds-Kultus 185, 197
— Bestattungskultus (siehe auch Bestattung) 185, 194 f., 197
— Demonstrationskultus (siehe auch Kult-Symbolik) Kap. II–3; 123, 128, 132, 134-137, 141, 143, 146, 155, 184, 357 f., 402
— Empfangs-Kultus 185, 197
— Erbostsein gegen den Kultus 354

— Erkenntniskultus (siehe auch Demonstrationskultus) Kap. II–2; 123 f., 136 f., 141, 230
— Erneuerung des Kultus (siehe auch Kultus der Christengemeinschaft) 232, 259, 281, 339, 366
— himmlischer Kultus (übersinnlicher) 126 f., 185, 197
— jüdischer Kultus 179
— katholischer Kultus 106, 124, 236, 254 f., 351
— kosmischer Kultus Kap. II–2; 125-128, 141, 261, 354, 361, 401
— Kultus als Bindemittel, Weise und Unweise verbindend 113, 176, 193, 248 f.
— Kultus brauchen 187, 192, 227, 303-306, 317, 321 f., 370
— Kultus der Christengemeinschaft (Menschenweihehandlung) 103, 128, 143, 145 f., 180, 184 f., 188, 190 ff., 205, 259, 261, 276, 279, 280 f., 283, 290, 294 f., 297, 299, 321, 331, 339, 362, 370, 383, 387, 392
— Kultusformen 32, 43, 52, 101 f., 128, 137, 141, 143, 148 f., 152, 154 f., 196, 198, 225, 255, 263, 266 f., 269, 272, 278 ff., 354, 360 f., 394
— Kultus für eine Berufsgruppe (esoterischer) Kap. II–6; 128, 147 ff., 151 f., 263, 358, 405
— Kultushandlungen 32, 47 f., 135 f., 145, 147, 149 f., 152, 156, 158 ff., 171, 173, 182 f., 189 f., 200 f., 205, 219, 260 ff., 264, 271, 299, 306, 354, 358, 395 f., 405, 408
— Kultus in der Schulbewegung (im einzelnen unter Schulbewegung) Kap. II–5; 128, 140-146, 150, 152, 160, 236, 278 ff., 351, 357, 377-380, 394, 409
— Kultuswirkungen Kap. III–4-7; 186, 190, 192, 194
— Messe 104, 125-128, 132, 136 f., 141, 143-146, 178, 182 ff., 188, 268, 279 ff., 304, 392, 396 f.
— umgekehrter Kultus Kap. VI–4; 127 f., 132, 261, 354, 361, 399

Kunst 16, 18, 31 f., 34, 37 f., 43, 59, 62, 73, 115, 119, 120 ff., 125, 127, 135 ff., 142, 146, 152-157, 159, 162, 181, 190, 198, 203, 226, 232, 235-243, 245-249, 252 f., 256, 262 ff., 302, 325, 328, 346, 349, 364, 388, 394, 399-402
— Künstler 12, 62, 154, 246, 302
— künstlerisch 22, 30, 32, 43, 108, 121 f., 135, 137, 156, 158, 163, 184, 241, 246, 261, 264, 341 f.
— künstlerische Empfindung 31, 73
— Offenbarung 155
— Erkennen 127
— künstlerisches Ideal 115
— Schaffen 31, 37, 61, 120, 157, 257
— Schauen 164, 244
— Kunstwerk 31 f., 59, 115, 119, 135, 154 f., 203, 246, 399
— pädagogische Kunst 364
— Verbindung von Kunst und Wissenschaft (siehe unter Wissenschaft) 244

Laboratorium 62, 158, 160
— Labortisch 62, 158
lateinische Ritualtexte 279 f., 397
Leben pass. (siehe auch religiöses und soziales Leben)
— Lebensbegriff 67 f.
— Lebensgehalt der Religionen 67 f.
— Lebenskräfte 165, 167
— Lebensnahrung für die Seele 44 f., 47, 68, 163, 401
Leben nach dem Tod 206, 210, 214 ff., 223, 233, 268, 324, 345
Leben vor der Geburt 105 f., 184, 192, 359, 362, 406
Leben zwischen Tod und neuer Geburt 83, 170, 184, 210, 212, 216, 345, 358
Lebensleib (siehe Ätherleib)
Lebensgeist 117 f., 186, 204
lehrende Seele der Christengemeinschaft 278, 327
Lehrer 42, 62, 143 ff., 148-152, 159, 171, 205, 235, 277-280, 284, 296, 299 f., 310, 319, 351, 358, 364, 366, 377, 381, 383, 385, 387-391, 393
Lehrfreiheit 235, 281

Lehrgehalt der Religionen 41, 54, 67, 97
Leib (siehe auch physischer Leib) 30, 46, 51, 61, 88, 92, 96, 100, 117, 128, 132, 171, 178 ff., 186, 190, 218, 227, 403
— leibliche Religion 171
Lenker 393, 397
Letzte Ölung 280
Liebe 16, 85, 90, 116, 129, 130, 164, 167 ff., 171, 217, 222, 253, 264, 354
Logen 101, 260
Logik 23, 33, 38, 46, 50 f., 166, 224
Logoi 249
Logos 35, 82, 92, 190
Lucifer-Gnosis 43, 80, 96, 133, 178
Lukasevangelium 70, 394
Luzifer 89 f., 98, 212
— luziferisch 99, 110, 183
— luziferische Geister 18, 90

Macht 95, 99, 105, 107, 114, 203, 267, 282
— des Ich 20
— geistige 17, 20, 104, 292
— Machtsprüche 14, 17
Magazin für Literatur 22
Magie 200
Malerei 31, 119, 153 f., 246
Mantram 134, 138 f., 148, 172, 174, 177, 188, 375, 397
— Gedankenmantram 177
Märchen 25 f., 28, 34, 60
Markusevangelium 70, 88
Materialismus 44, 48, 73, 95 f., 102, 105, 117, 124, 130, 180, 187, 191, 229, 345
Materie 30, 81 f., 91, 117, 166, 187, 198, 200, 202, 228 f., 406
Meditation 26, 28 f., 32, 123, 128 f., 134, 138, 148, 150, 153 167, 172-175, 177, 193, 204, 229 f., 233, 279, 307, 324 f., 327, 342, 398, 400
Medizin (siehe auch Arzt) 151, 364-367, 401
— Medikament 365, 367
— Medizinische Sektion (Hochschule) 151
Meister 34, 35, 39, 134, 137, 140, 155, 400
Meister-Klasse (siehe auch Klasse, Dritte) 138, 139

438

Menschengott 36, 61
Menschensohn 86
Menschenweihehandlung (Kultus der Christengemeinschaft) 103, 128, 143, 145 f., 180, 184 f., 188, 190 ff., 205, 259, 261, 276, 279, 280 f., 283, 290, 294 f., 297, 299, 321, 331, 339, 362, 370, 383, 387, 392
Messe 104, 125-128, 132, 136 f., 141, 143-146, 178, 182 ff., 188, 268, 279 ff., 280, 281, 304, 392, 396 f.
— lateinische 279, 397
— Meßopfer 101, 113, 150, 178, 181 f., 184, 188, 254
Methode dieser Studie 10, 11, 64
Michael 48, 192, 255, 269, 283 f., 332 f., 387, 400 f.
— Michael-Bewegungen 333
— Michael-Mysterium 333
— Inkarnation Michaels 333
Mißverständnisse in bezug auf Ausführungen Rudolf Steiners Kap. V–3-6; 10, 236, 285, 297-300, 303, 306, 316-319, 321, 323 f., 370, 407
Mitglied der Anthroposophischen Gesellschaft 59, 82, 121, 129, 133 f., 138 f., 141, 144, 148, 164, 194, 259, 266, 273, 276 f., 284 f., 287 ff., 292 f., 295-301, 303 ff., 308-317, 319 f., 327, 332 f., 335, 338, 340, 342 f., 345, 347, 352, 363, 373-376, 381 ff., 385, 388, 390, 398-401, 407, 409
Mitglied der Christengemeinschaft 281, 294, 308 f., 314, 320 f., 339, 342 f., 347, 376, 384, 399, 401
Mithras-Mysterien 181
Mittelalter 24, 37, 40, 57, 76, 106, 111, 175, 238, 267, 362
Mohammedanismus 53, 71
Mondenreligionen 71
Monopolansprüche auf geistiges Wissen 98, 104, 106, 334
Monotheismus 55, 71
Moral 23, 39, 69, 208 f., 223, 262, 267, 396
— moralisch 30, 172 f., 218 f., 263 f., 341, 397
— moralische Phantasie 237

Moslem 339, 342, 352
Mumie 101 f., 189, 260
Münchner Kongreß 153, 181
Musik 119, 142, 246, 252, 394
Mutterbewegung (Mutter) 313, 316, 318 f., 321, 330 f., 347, 380, 387 ff., 393, 401 f.
Mysterien 25, 29, 33-38, 40, 54, 65, 71, 80, 82, 86, 113, 126, 148, 150, 153 f., 182, 184, 188, 228, 254, 267 f., 287, 291, 332, 344, 386 ff., 390 ff., 403
— Asklepios-Mysterien 151
— Eleusinien 150, 181
— erneuerte und Neue Mysterien Kap. E–5, VII–8; 33 f., 37 f., 64, 127, 140, 147 ff., 155, 226, 330, 340, 364, 366, 390, 392 f., 400 f., 404 f., 409
— heidnische Mysterien 182
— Hertha-Mysterien 157
— Mithras-Mysterien 181
— Mysterien-Wandlungen Kap. E-5; 37
— Mysterienverrat 150
— palästinensische Mysterien 267
— Raphael-Mysterien 151
Mysteriendramen 28 f., 31, 135, 137, 153 ff.
— Mysterienbühne 155
Mysterium 36 f., 82, 91, 178, 183, 188, 291
— Michael-Mysterium 333
Mysterium von Golgatha 31, 35 f., 39 f., 45, 48 f., 54-57, 62 f., 67, 70, 78-84, 87, 89, 91 f., 94, 106, 109 ff., 113, 182 f., 188, 206 ff., 210-216, 233, 250, 254, 256, 260, 266 f., 333, 363, 406
— Anschluß an das Mysterium von Golgatha 39
— Verhältnis zum Mysterium von Golgatha 210 f., 213, 215
— Verständnis des Mysteriums von Golgatha 210, 212
Mystik 23 f., 34 f., 56, 112, 175, 177 f., 220, 226 f., 267, 356
— Ich-Mystik 23
— Mystiker 23 f., 35, 175, 220
— mystische Hochzeit 267
— mystische Tatsache 19, 35, 54, 65, 69, 94, 182

— mystische Vereinigung mit Christus 226 f.
— mystische Versenkung 56, 175, 220
Mythen 24 ff., 44, 52, 233
— mythische Sprache 29

nachatlantische Zeit (siehe auch Kulturepochen) 52, 58, 71, 80, 82, 118, 394, 403
Nachfolge Christi 40
Nachrichtenblatt Kap. VII–6; 133, 259, 288 f., 340, 382-388, 390 f., 409
Nationalität 47, 53 f., 87 f., 341 f.
— Nationalgott 88
— nationalistische Kreise 335
Natur 14, 19, 21, 23-26, 30, 36, 48, 53, 57, 75, 96, 115 f., 157, 178, 190, 243, 245, 261, 267, 325, 356
— Naturbeobachtung 21, 29, 50, 122
— Naturwesen (siehe auch Elementarwesen) 116, 122, 200
Naturwissenschaft 14 ff., 22-25, 28, 36, 46, 50, 75, 77, 96, 116, 156, 158, 161, 187, 224 f., 238, 249 ff., 254 f., 257, 262
Neigung 345, 353
Nerv 285, 320, 328, 332, 402
— Nervensystem 328, 338, 339, 402
Neue Mysterien (siehe auch erneuerte Mysterien) 33 f., 37 f., 140, 155, 392 f.
Neues Testament 72, 83, 200
Neuzeit 16, 36, 42, 44, 49 f., 60, 58, 130 f., 238

Oberlenker 282, 307, 318, 320 f., 341, 368, 384, 390, 393, 397
Offenbarung 14, 15, 25 ff., 36 f., 40, 43, 46, 51 ff., 57, 66 f., 81, 97, 103 f., 114 f., 129 ff., 183, 188, 190, 195, 225 f., 232, 237, 252, 257, 272, 279, 283, 291, 330, 357
Ohnmacht 40, 168 f.
Okkultismus 80, 110 ff., 154
— Okkulte 32, 269, 340
Opfer 31, 37, 90, 126 f., 131, 147, 155, 158 f., 183, 186, 188, 197, 333, 353 f., 396
— Meßopfer 101, 113, 150, 178, 181 f., 184, 188, 254
— Opferung 178 f., 182, 188

Opferfeier (Kultus in der Schulbewegung) Kap. II–5; 140 f., 143-146, 150
Orient 61, 71, 81, 91, 105 f., 115 f., 193, 248
— orientalischer Schulungsweg 248
— orientalisches Bekenntnis 106
Orthodoxie 41
Ost-West-Kongreß 78, 243, 245, 381, 388
Osten 112 f., 196, 244

Pädagogik 124, 131, 147, 149, 159 f., 194, 204, 221, 247 f., 367, 395, 401, 405
— Pädagogen (siehe auch Lehrer) 62, 366, 385, 387, 391
— pädagogische Eurythmie 364
— pädagogische Kunst 364
— Pädagogische Sektion (Hochschule) 149
Palästina 21, 158, 267
— palästinensische Mysterien 267
Pantheismus 47, 71, 77
Papsttum 106
— Papst 268, 396
Parzivalmotiv 271
Pastoral-Medizin 159, 364 f., 408
— Pastoral-Medizinischer Kurs 201, 206, 281, 386, 387
Paulusbriefe 71, 90
Persien 49, 57 f., 71
— Perser 84
Persönlichkeit 14, 27 f., 33, 35 f., 52, 89 f., 103, 117, 134, 139, 154, 195, 208, 254 ff., 271, 295, 311 f., 354, 357
Pfarrer 13, 101, 131, 134, 144 f., 159, 177, 235, 276 f., 279 ff., 284, 297, 335, 351 f., 389, 397
— evangelischer 144, 276, 277, 280, 351, 352, 389
Pfleger 62
Phantasie 22, 38, 47 ff., 163
— moralische Phantasie 237
Philosophie 15-23, 57, 60, 170, 225, 258, 272
— philosophische Vorurteile 21
physischer Leib (siehe auch Leib) 47, 74, 89, 110, 163, 166, 178, 185 f., 190 f., 197, 202, 205 f., 399 f.
Plastik 31, 153 f., 246

440

Platonismus 21, 24, 353
Polytheismus 55, 71
Pontifex 28
Predigt 103 f., 137, 195, 253, 280, 325, 329 f., 348, 357
— Predigtgottesdienst 103, 195
Priester 34, 148, 150, 152, 182, 185, 191 f., 196 ff., 202, 257, 271, 274, 278, 284, 289 f., 293-297, 299 f., 302 f., 305, 307, 310, 315 ff., 319-323, 325, 328 f., 336, 340, 343, 349-352, 362, 364-367, 369-372, 374 f., 378, 381 f., 385 f., 388-398, 401, 407, 409
— altkatholischer 277, 279, 351
— katholischer 304, 333
Priesterweihe 152, 280, 284, 389, 396
Prometheus 71
Protestantismus (siehe auch evangelisch) 103 f., 225, 254, 256
— Protestant 102, 254, 267
— protestantische Gottesvorstellung 102
— protestantische Kirche 102, 249 f.
— protestantischer Pfarrer 277, 389
— Predigtgottesdienst 103, 195
Psychologie 15, 30, 78 f.

Quäker 300
Quellen dieser Studie 9-12, 64, 72, 133, 138, 140, 142, 146 f., 371

Raphael 153
— Raphael-Kultus 48, 151
— Raphael-Mysterien 151
Rasse 52 ff., 65, 85 ff., 199, 217, 342, 354, 363
— Rassenreligionen 84
Rater (Rater und Helfer) bes. Kap. IV-5; 55, 228, 277 f., 281-285, 291, 298 f., 306 f., 320 f., 328, 347, 373, 392
Raumweiheworte 280
Reformation 36, 228, 267, 344
Reinkarnation 68, 166, 339
Religion pass.
— Religion begründen 66, 72, 77, 108, 161, 194, 257, 282, 338, 380
— Erlösungsreligion 91 f.
— Glaubensreligion 85, 109
— Gruppenreligion 99
— Hindureligion 87, 193
— Ideale der Religion 20, 336
— individuelle Religionswirklichkeit 45
— Lebensgehalt der Religionen 67 f.
— Lehrgehalt der Religionen 41, 54, 67, 97
— leibliche Religion 171
— Menschheitsreligion 84
— Mondenreligion 71
— Rassenreligion 84
— Sonnenreligion 71
— Staatsreligion 268
— Stammesreligion 53, 84, 87
— Sternenreligion 71
— Tao-Religion 71
— Verbindung von Wissenschaft und Religion (siehe unter Wissenschaft) 112
— Volksreligion 53 f., 65, 87, 363
— Wandlung der Religion Kap. E-7, 8; 57 ff.
— Weltenreligion 87
Religionsbegriff Kap. E–1, 6; 16, 40 ff., 45
Religionsbekenntnis 10, 15, 21, 24, 42 f., 62, 64-69, 72-76, 79, 86 ff., 92 ff., 97-102, 105 f., 161, 163 f., 203 f., 209 ff., 214, 231 f., 234 f., 239 ff., 249, 252, 257, 290, 342, 344 f., 352, 354, 396, 404
— evangelisch 103 f., 231
— orientalisch 106
Religionserkenntnis 10, 64, 68 f., 73, 79 f., 215, 256, 258, 327, 397
Religionserneuerung Kap. E–8, I–7, IV–1; 12, 61, 69, 113, 226, 235, 265, 394 f.
Religionsformen Kap. E–6, 8, I–6, 7; 20 f., 44, 47, 53, 55, 57, 68, 85, 89, 93, 97, 102, 108, 111, 225, 249
Religionsforschung Kap. E–1; 14, 16, 403
Religionsgemeinschaft 53, 76, 87, 98, 100, 107, 137, 140, 145, 147, 245, 249, 281, 283, 320, 333, 342, 344, 345, 353, 376, 378 f., 380, 396, 399, 405 f.
Religionsgeschichte Kap. E–7; 36, 57, 61
Religionsgesellschaften 41 f.
Religionssprache 61

441

Religionsstifter 48 f., 51 f., 66, 87 ff., 216 f., 232 f., 257
Religionsübung (siehe auch religiöse Übung und religiöses Leben) bes. Kap. III ganz; 119-123, 126 ff., 136, 146, 149, 204, 215, 225 f., 228, 233 ff., 237, 247, 250, 252, 263, 266, 268, 272, 281, 363, 366 f., 394
— erneuerte Kap. IV–1, 2; 232 f., 259, 266, 281, 331, 339, 366
Religionsunterricht 12, 14, 45, 141, 143 ff., 160, 289, 301, 378 f.
— evangelischer 141
— freichristlicher 141-144, 149, 173, 280, 284, 289, 301, 351, 377, 379 f., 389 f., 395, 405, 409
— katholischer 141
— Religionslehrer 14, 144, 284, 300, 337, 351, 389 f., 409
Religionsvorstellungen 67
Religionswesen Kap. E–6; 9, 14, 284
Religionszeitalter Kap. E–7; 52
Religionszwang 100, 157, 234
Religiöse 12, 119, 121, 123, 128, 134, 136, 160 ff., 193, 195, 226, 232 f., 246, 250, 253, 263, 269, 325, 330, 336, 340 f., 345, 357, 365
— der Anthroposophie Kap. II–1, 2; 11 f., 128
religiös pass.
— religiöse Begriffe 123 ff., 405
— Empfindung 58, 74, 78 f., 119, 203, 208, 251 f., 255
— Erkenntnis Kap. II–1,2; 127, 169
— Fesseln 62
— Formen 162, 181
— Gebräuche 14, 193 f., 248 f.
— Ideale 20, 115 f., 122 f., 336
— Ideen 30
— Impulse 157, 174
— Innigkeit Kap. II–1; 121 f.
— Sehnsucht 169
— Stimmung 50, 120
— Urkunden Kap. I–2; 68-72, 74, 79, 96, 231, 342, 404
— Vertiefung Kap. II–1; 119, 121, 125, 256 f., 264, 404

— Vorstellungen 44, 73, 97, 112, 205, 210, 218
— Vorurteile 19, 21, 36
— religiöser Trieb 302, 322
— Weg 76 f., 242, 289, 304
— religiöses Bedürfnis 162, 170 f., 252, 257, 263 f., 266, 294, 299, 320, 326 f., 329, 346, 352
— Bewußtsein 51, 108, 169 f., 216
— Erleben 79, 113, 120 f., 123, 158, 163 f., 232, 244, 250, 258, 263, 287, 297, 302, 329, 330, 335, 345, 346
— Gefühl 43, 74, 76, 97, 101 f., 110, 114, 169, 281, 293
— Schauen 79, 238
— Tun 20, 50, 62, 76, 79
religiöse Erneuerung (siehe auch Bewegung für religiöse Erneuerung) 10, 19, 99, 113, 115, 121, 159, 195, 232, 235 ff., 237, 248 f., 255, 257, 259, 263 f., 273, 277 f., 280 f., 285 f., 288, 296 f., 300, 303, 305 f., 309 f., 312, 315, 317-320, 322, 326, 328 f., 335 f., 340, 347, 353, 357 f., 380 f.
religiöse Übung (siehe auch Religionsübung und religiöses Leben) bes. Kap. III ganz; 12, 113, 118 f., 127, 135, 160 f., 171, 217, 219 f., 222, 249 ff., 265, 267, 274, 303 f., 307, 329 f., 339, 345, 367, 404 ff.
religiöses Leben 9, 12, 43, 45, 48, 57, 60, 64, 68, 72-79, 85, 94, 96 f., 99 ff., 103, 105, 108 ff., 114 f., 118 f., 130, 157, 161 f., 164, 167 ff., 171, 178, 186, 194 ff., 202 f., 205 f., 208 f., 212-217, 219, 221, 223, 225, 234 f., 237 ff., 242, 245, 247, 249 ff., 256-259, 261-265, 282, 285, 304 f., 325 ff., 329 f., 334, 341, 345 f., 353, 357, 359, 366, 394 f., 397, 401, 406, 408
— Anschluß vom religiösen Leben zum Leben in der Erkenntnis 110
— Anthroposophie als Werkzeug des religiösen Lebens 73 f., 119
— erneuertes religiöses Leben Kap. I–3, IV–1, 2; 75, 79, 94, 109, 258 f., 261, 265
Religiosität 34, 75, 123

Repräsentant der Anthroposophie 148, 342, 390, 409
Riten 49, 54, 134 f., 139 f., 143 f., 178 f., 193 f., 248 f., 259, 263 f., 334, 371
— altkatholischer Ritus 280
Ritual 28, 101, 136 f., 141, 143, 152, 159, 173, 178, 182, 193, 201, 249, 260 f., 280, 371 f., 375 f., 397, 400, 408
— Ritualtexte 279 f., 281, 397
römische Kultur 47, 49, 53, 55, 63, 100, 104, 160
— Römer 58
Rosenkreuzer 66, 81, 85, 108, 154, 280
— Rosenkreuzertempel 154
— Rosenkreuzmeditation 172
Rußland 112
— Russe 53, 61, 112
— russisch-orthodoxe Kirche 53

Sakrament 49, 62, 100, 113, 122, 124, 128, 152, 156-160, 178, 188, 191, 201 f., 206, 234 f., 255, 257, 277, 279 f., 284, 304 f., 327, 343, 349 ff., 354, 365, 367, 373, 376, 379, 394-398, 400 ff.
— Sakramentsgemeinschaft 329, 350, 359
Sakramentalismus bes. Kap. II–7, 62, 113, 119, 157 ff., 201, 205 f., 235, 254 f., 264, 353 f., 373 f., 394, 397, 405
— allgemeines sakramentales Erleben der Erkenntnis Kap. II–2; 124
— sozialer Sakramentalismus 157
Schauen 15, 57, 85 f., 88, 94, 238, 255
— der Götter 57
— künstlerisches Schauen 164, 244
— religiöses Schauen 79, 238
Schicksal 23, 26, 28, 34, 37, 39, 55 f., 139, 175, 253, 276 f., 294, 366, 408
Schlaf Kap. III–7; 51, 74, 103, 163, 169 ff., 206 ff., 258, 405
— Adams 96
— Einweihungsschlaf 178
Schleier der Isis 34
Schmerz 31 f., 40, 90
Schöpfungsgeschichte 21, 56, 69, 71, 94, 96, 234
Schuld 46, 70, 92, 233, 305

Schule (siehe auch Waldorfschule) 141-144, 235 f., 279, 289, 299, 310, 356, 366, 377, 379, 385, 389 f.
— Schularzt 364
Schulbewegung, Kultus in der Kap. II–5; 128, 140 f., 144 ff., 236, 351, 357, 377, 379 f., 394
— Jugendfeier 143 ff., 279 f., 377 ff., 409
— Opferfeier 140 f., 143-146, 150
— Sonntagshandlung 142-145, 152, 160, 278, 280, 378
— Weihnachtshandlung 143 f., 279 f.
Schulung 104, 133 f., 151, 155 f., 279, 292, 325, 401
— indische 178 f., 193 f., 305
— Geistesschüler 33 f., 39, 178, 204, 217, 260, 307, 324, 351
— Schulungsweg bes. Kap. E–3; 16, 25, 91, 147, 151, 155, 193 f., 203, 227 f., 248, 253, 279, 305, 400 f.
— orientalischer 248
Schwäche 20, 39, 42, 46, 63, 305
Schwärmerei 168 f.
schwarze Magie 200
Seele pass.
— Seelengesundheit 166
— Seelenkämpfe 23 ff., 36, 39, 269
— Seelenkräfte 16, 166, 185, 218 f., 397
— Seelenleben 28, 37 f., 43 f., 163, 170, 174, 203, 253, 346, 360
— Seelennahrung 44 f., 47, 68, 163, 401
— Seelensubstanz 124 f.
— Seelenwege zum Geist 23 f., 252 f., 264, 304
— seelische Erkrankungen 12
— seelisches Werkzeug 29
Seelenkalender 142, 148
Seelenwelt 214 ff.
Seelsorge 42, 253, 278, 357, 366, 401
Sehnsucht 91, 103, 169, 232, 241, 244, 251, 311, 325, 347 f., 362
— nach Gemeinschaftsbildung 347 f., 359, 362, 408
Sektiererei 73, 77, 81, 121, 194, 297 f., 337
Sektionen der Freien Hochschule für Geisteswissenschaft 139, 148, 151, 336, 400

— Allgemeine Anthroposophische Sektion 148 f.
— Jugendsektion 381
— Medizinische 151
— Pädagogische 149
— "Theologische" 368, 390 f.
Selbst 17, 23, 29, 33, 43, 87, 222
— höheres 52, 179
— niederes 179
Selbstanbetung 63
Selbstausprägung des Ich 22
Selbstbewußtsein 17, 29, 33, 43, 48, 51, 168 f., 217 f.
Selbsterkenntnis 22, 24, 29, 86, 172, 192 f.
Selbsterziehung 49, 217 ff., 400
Selbstlosigkeit 150, 158, 160
Selbsttäuschung 164, 263, 267, 346
Selbstverleugnung 17
Selbstweihe 284
Siebener-Kreis 285, 296, 312, 318 f.
Sinne 15 f., 22, 37 f., 89, 163, 240, 260, 361
— Mißtrauen gegen die Sinne 20 f.
— Versinnlichung 137, 282
Sinneswelt (physische Welt) 15, 23, 25 f., 33, 43, 48 ff., 63, 74, 89, 91, 98, 163, 166, 185, 187, 191, 196 ,200, 202, 231, 243, 245, 256 f., 261, 354, 359 f., 404
— Verachtung der Sinneswelt 21
sinnlich-schöne Form 32, 180
— sinnliche Formen 185
— Handlungen 160, 225
Sittlichkeit 16, 223, 257, 261 ff., 387
Sohn 40, 91, 239, 354
— Menschensohn 86
Sommerweg 332
Sonne 44, 81 f., 86, 88, 172, 181, 202, 207, 212-216
— Sonnendämon 199 f.
— Sonnenreligionen 71
— Sonnensphäre 210-217, 406
Sonntagshandlung (Kultus in der Schulbewegung) Kap. II–5; 142-145, 152, 160, 278, 280, 378
Sorat 199 f.
soziales Leben 30, 38, 60, 101 f., 113, 157 f., 162, 181, 185, 192, 194 ff., 209, 223, 249, 257, 340 f., 356, 366 f., 405, 408

Sozialismus 60 f.
Sozialtherapeut 62
Sport 205 f.
Sprache 14 f., 24, 28-33, 43, 53 f., 61 f., 181, 191, 225, 267, 278, 363
— des Christus 267, 278
— Evangelien-Sprache 35
— mythische Sprache 29
— Religionssprache 61
— Sprachgebrauch 29, 32, 36, 131 f.
— Sprachkunst 31, 153
Staatsreligion 268
Stammesreligionen 53, 84, 87
Statuten der AAG 249, 314, 341 f., 376, 398 ff.
Sternenreligionen 71
Substanz 44 ff., 135, 137, 202, 206, 267, 395
— Substantiierung 45 f.
Sünde 46, 56, 92, 233, 305
— Sündenfall 69, 89, 91, 252, 367
— Sündenheilung 305, 367
— Sündenvergebung 46, 233
Surrogat 132
Symbol 28, 111, 124 f., 158, 179-183, 201 f., 205, 226 f., 267
Sympathie 218, 355

Tagungen der Christengemeinschaft Kap. VII–5, 6; 221, 288, 382-387, 409
Tao-Religion 71
Taufe 159, 280, 334, 350, 353, 366, 371 ff., 379, 397, 408
— Erwachsenentaufe 159
— Kindertaufe 159
— lateinischer Taufspruch 280
— Taufpate 350, 373, 397
Tempel 24 f., 34, 36 f., 39, 52 f., 126, 135, 137, 147, 155
— Tempellegende 135, 146, 331
— ägyptische Tempelszene (Mysteriendramen) 135
Theologie 15 f., 24, 78, 94-97, 197, 238 f., 272-275, 277 f., 282, 327
— Theologe (siehe auch Priester und Pfarrer) 94, 161, 224, 259, 271, 273, 277 f., 283, 285, 287, 289 f., 292 f., 314, 326

f., 331, 335 f., 350, 354, 365, 381, 406
Theologenkurse 161, 195 f., 223, 275 f., 278 ff., 293, 325-328, 334, 336, 358, 362, 367 f., 381
— Theologenvorträge 9, 11, 267, 278
"Theologische Sektion" (Hochschule) 368, 390 f.
Theosophie 22, 26 f., 30, 45, 66, 69 f., 73, 94, 117, 132, 180, 193, 208, 229, 231, 237 ff., 248
— Gesellschaft für theosophische Art und Kunst 154
— Theosoph 356
— Theosophie der Rosenkreuzer 66
— theosophische Bewegung 64, 69, 72, 81, 238
— Theosophische Bibliothek 69
— Theosophische Gesellschaft 64, 81, 84, 121, 132 f., 248, 265, 292, 351, 355, 404
Tibet 53
Tochterbewegungen ("Töchter") 304, 307, 313, 315, 318, 336, 340, 347, 380, 388 f., 393, 401
Tod (siehe auch Leben nach dem Tod) 31, 33, 37, 40, 43, 45 f., 62, 80, 87, 89-92, 99, 136, 150, 184, 186, 189, 192, 207, 209-212, 214 ff., 232, 258 f., 275, 321, 324, 362, 375
— Todesgefahr 136
— Todespforte 136, 192
— Todesstrafe 150
— Totenkult (Ahnenkult) 51, 55, 77
Toleranz 66 ff., 79, 109, 234, 249
Transsubstantiation 104, 125 f., 183, 188
Trauung 280, 321, 343, 350, 353, 371-374, 397, 406
— Trauzeuge 350, 373 f., 397, 408
Trennung der beiden Bewegungen bes. Kap. VI-2; 328, 331, 333-340, 343, 352 f., 368, 401, 408
Trennung von Wissenschaft, Kunst und Religion 228, 244, 249
Trinität 12, 72, 197, 247, 249, 267, 402
Triviallinge 282 ff., 291, 323

Überlieferung bes. Kap. I-2; 14 ff., 21, 45, 48, 51, 58, 65, 68-72, 97, 165, 231, 317, 404
überreligiöser Prozeß 52
— Weg 232
Übersinnliche 30, 77, 97, 100, 127, 166, 168 f., 205 f., 217, 231, 234, 242, 255, 354, 359-362
— Verhältnis zum Übersinnlichen 44, 73, 256
übersinnlicher Kultus 126 f., 185, 197
Übung (siehe auch religiöse und Religionsübung) 17, 19, 26, 59, 110, 133, 134, 139, 151, 174, 192, 225, 267, 270, 279, 325, 329, 342
umgekehrter Kultus Kap. II-2, VI-4; 127 f., 132, 261, 354, 361, 399, 401 f.
Umweg 232, 235, 241, 252 f.
Unglaube 44, 73
Urchristentum 40, 54, 94
Urfehler Kap. V-1; 292, 302, 319
Urteil 20, 22, 24, 39, 120, 123, 162, 167, 218 f., 300, 316, 323, 347, 362, 370
— anschauende Urteilskraft 20, 24

Vater 40, 84, 173 f., 177, 239
— Vaterwelt 90, 126
Vaterunser 95, 172 f., 176 f., 228
Vater, "wie ein Vater", Gleichnis 318
Venussphäre 209 f., 214
Verbindung
— mit Christus 37, 39, 47, 92, 129, 191, 207, 211
— mit der göttlich-geistigen Welt 52, 74, 161, 307
— von Erkenntnis und Glauben 281
— von Kunst und Wissenschaft 244
— von Wissenschaft und Religion 112
Verehrung 42 f., 55, 61, 77, 114, 120, 162, 164, 166 f., 171, 206, 208, 221, 228, 232, 241, 255 f., 264, 282, 325, 346, 357, 364
Vereinigung 126, 128, 132, 137, 147, 178 f., 201, 227
— mit Christus 188, 226 f., 229
— mit dem göttlichen Ursprung 174, 177
— von Wissenschaft, Kunst und Religion 38, 155, 240, 247, 249, 263, 330, 381, 386, 403

445

— Wiedervereinigung mit den Göttern 59
Verhältnis
— des Anthroposophen zur Christengemeinschaft 307
— des Geistigen zum Materiellen 105
— Rudolf Steiners zur Religion 12, 14, 21, 68, 225
— von Anthroposophie und Christengemeinschaft bes. Kap. IV–6; 10, 301 f., 400
— von Anthroposophie und Religion Kap. I ganz; 9, 11, 64, 73, 76, 128, 242, 345
— von Anthroposophischer Gesellschaft und Christengemeinschaft Kap. VI ganz; 300 ff., 314, 324 ff., 329 f., 332 f., 368, 370, 376, 390 f., 407 f.
— von Anthroposophischer Gesellschaft und Religion 341
— von anthroposophischer und religiöser Bewegung 307, 351, 401 f.
— Trennung der beiden Bewegungen bes. Kap. VI–2; 328, 331, 333-340, 343, 352 f., 368, 401, 408
— Zusammenwirken der beiden Bewegungen 12, 325, 327 f., 330, 333, 338 ff., 349, 353, 364, 367, 380, 386, 388 f., 402
— Zusammenschluß der beiden Bewegungen 334, 337 f., 367 f.
— Verhältnis von Wissenschaft und Religion (siehe auch unter Wissenschaft) 119
— zu Christus (siehe auch dort) 92, 207, 208, 210 ff., 215, 281 f.
— zu Gott und zur göttlichen Welt (siehe auch unter Gott und Götter) 102, 162
— zum Mysterium von Golgatha (siehe auch dort) 210 f., 213, 215
— zum Übersinnlichen 44, 73, 256
Verkündigung 51, 89, 126, 178 f., 182, 237, 247, 263, 278, 282, 327, 329, 333, 396
Verstand 14-18, 21 f., 25 ff., 30-33, 37, 40 f., 43, 49, 54, 58-62, 254
Verstandesseele 30 f. 31, 42, 44, 49, 167, 217, 218
— Verstandeszeitalter 103

Vertiefung 38, 155 f.
— der Erkenntnis Kap. II–1; 119, 121, 125, 135 ff., 146, 156
— des Gefühls 42
— des Gemüts 42
— des religiösen Lebens 76 f., 258
— im Fühlen und Handeln 120
— religiöse Vertiefung 119, 121, 125, 256 f., 264, 404
— vertieftes religiöses Bedürfnis 304
Vertrauen 28, 39, 51 f., 90, 120, 166, 171
Verwandlung 92, 100, 125, 154 f., 187, 200 f., 203, 219, 229 f., 406
Volk, Völker 34, 36, 39, 48 f., 52-55, 60 f., 65, 67, 82, 84 f., 87 f., 112, 149, 157, 186, 196, 199, 225, 342, 344, 354, 368
— Volksgötter 88
— Volksreligionen 53 f., 65, 87, 363
— Volksseele, -geist 48, 61, 149
vorchristliche Zeit 40, 53, 82, 84, 179, 214
— Götter 57
— Religionen 52, 70 f., 79 f., 85, 89, 91, 403
Vorderasien 35
vorreligiöse Zeit 52
Vorschule 220, 226 f., 235, 251
Vorstand der Anthroposophischen Gesellschaft 13, 138, 145, 284, 295 ff., 302, 310, 312, 316 f., 342, 370, 372, 374, 382, 384, 388, 392 f., 400, 407 ff.
— esoterischer Vorstand der AAG 139, 148, 155, 373
Vorstellung 24, 28 f., 42, 46, 48 f., 51, 53 f., 56, 77, 91, 97, 98, 104, 121, 165, 172, 174 f., 193, 207, 212, 224, 232 f., 251, 267, 324, 395,
— religiöse Vorstellungen 44, 73, 97, 112, 205, 210, 218
— Religionsvorstellungen 67
Vorurteil 18 f., 21, 36, 120, 210, 238, 240
— religiöse Vorurteile 19, 21, 36

Wahrheit 20, 25, 27 f., 32-35, 37, 39 f., 44, 50, 64-68, 70, 72 f., 77, 79, 86, 88 f., 93, 105, 110, 114, 117, 179, 185 f., 194, 197, 199, 220 f., 224 f., 239, 248, 261, 281, 302, 350, 355, 403

— Wahrheitskern aller Religionen Kap. I–1,2; 64 ff., 239
Wahrnehmung 30, 52, 120, 123, 163 f., 170, 172
— geistige 17, 21, 33, 192, 225
Waldorflehrer 42, 62, 143 ff., 148-152, 159, 171, 205, 235, 277-280, 284, 296, 299 f., 310, 319, 351, 358, 364, 366, 377, 381, 383, 385, 387-391, 393
Waldorfschulbewegung (Kultus unter Schulbewegung) 147, 149, 161, 379 f.
Waldorfschule 12, 131, 141, 147, 149, 151 f., 159 f., 171 ff, 248, 271, 278, 280, 284, 286 f., 296, 299 ff., 310, 319, 337, 351, 358, 366, 379, 387, 389 f., 394, 405
Wandlung 35, 126 f., 158, 178 f., 182, 188
Wasser des Lebens 45
Weg (siehe auch Erkenntnis- und Schulungsweg)
— esoterischer 188, 228
— exoterischer 187, 228, 230
— Geisteswege 9, 15, 25, 27 ff., 32, 39, 91, 192
— Glaubensweg 78
— religiöser Weg 76 f., 242, 289, 304
— Seelenwege zum Geist 23 f., 252 f., 264, 304
— Sommerweg 332
— überreligiöser 232
— Umweg 232, 235, 241, 252 f.
— Winterweg 332
Weihnachtstagung 10, 122, 130, 137-140, 144, 148 f., 151 f., 154, 156, 184, 249, 263, 287 f., 292, 314, 320, 336, 338, 341, 352, 364, 368, 370, 376 f., 382, 386-390, 392 f., 404, 409
Wein 96, 100, 128, 132, 145, 147, 179 f., 188, 190, 229 f., 349
Weinberg, Gleichnis 349
Weisheit 32, 34 f., 39, 44, 65, 67, 71, 73, 77, 80 f., 83, 85 f., 89, 94 f., 100, 108, 110, 117, 146-149, 176, 179, 181, 205, 219, 238 ff., 243, 256, 353, 386
— Weisheitskern in den Religionen Kap. I–1,2; 65, 71, 239
— Weisheitsreligion 85, 108
weiße Magie 200

Weltkrieg, Erster 54, 59, 135, 137, 141 f., 146, 150, 177, 233, 266, 292, 404
Westen 61, 112, 196, 244
— westliche Geheimzirkel 112
Widersacher (siehe auch Ahriman, Luzifer und Sorat) 12, 200
Widersprüche im Werk Rudolf Steiners (scheinbare) 11, 131, 224, 284, 286, 291, 301, 309, 320, 331, 333, 362
Wiederbringung aller Dinge 83, 93, 363
Wille (siehe auch Wollen) 22, 42 f., 47, 55, 61, 86, 121, 127, 129, 148, 150 f., 154 f., 158, 162, 167 ff., 171, 175, 190, 218 f., 228, 250, 253, 255, 257, 267, 278 f., 291, 325, 355, 358, 360 f., 402, 404
Winterweg 332
Wirklichkeit 14 f., 25, 29 f., 35, 41, 45, 49 f., 58, 62, 70, 74, 78, 83, 88, 92, 96, 98, 102, 106, 114, 123, 132, 171 f., 178, 180, 183, 185, 187, 196, 198, 201 f., 223, 226 f., 240, 281, 283, 301, 303, 321, 325, 338, 355, 370, 394, 396-399
Wirkungen der religiösen Übung und des religiösen Lebens Kap. III ganz; 14, 44, 103, 118, 146, 161, 169, 176 f., 181 f., 185-189, 191 ff., 194, 196-206, 208 f., 211 f., 215-223, 252, 305, 397, 405 f.
Wissen 23, 36 f., 41 f., 44, 50 f., 57, 68, 85, 94, 97, 99, 103 f., 106, 110-114, 120, 146, 162, 165 f., 188 f., 217, 231, 235, 238, 240, 243, 258, 324, 344, 346, 367
— Zusammenwirken von Wissen und Glauben 112
Wissenschaft 9, 14, 16, 19 f., 27-30, 32, 34, 36-39, 41, 45, 49 ff., 61 f., 64, 69, 73 f., 81, 96 ff., 102-105, 108, 111 ff., 115, 119 ff., 123, 127, 129, 156 f., 159, 162, 164, 196, 205, 225, 231 f., 235-244, 246 f., 249, 253, 255, 257 f., 263, 290, 293, 325, 328, 342, 345 f., 349, 364, 367, 388, 400, 402 f.
— Einheit von Wissenschaft, Kunst und Religion 235 f., 243-246
— Erneuerung von Wissenschaft, Kunst und Religion 226
— Harmonie mit Religion 81
— Synthese mit Religion 112

— Trennung von Wissenschaft, Kunst und Religion 228, 244, 249
— Verbindung mit Kunst 244
— Verbindung mit Religion 112
— Vereinigung von Wissenschaft, Kunst und Religion 38, 155, 240, 247, 249, 263, 330, 381, 386, 403
— Verhältnis zur Religion 119
— Zusammenhang mit Religion 331
— Zusammenwirken von Wissenschaft, Kunst und Religion 97, 111, 115, 346
— wissenschaftliches Ideal 115
Wollen (siehe auch Wille) 43, 119 f., 126 f., 140, 167, 203, 219, 252, 254, 402
Wortkunst 31, 153

Zehn Gebote 21
Zeitgeist 55, 149, 283, 332
Zeremonien 47, 105 f., 137
Zertrümmerung der Anthroposophischen Gesellschaft 304, 314
Zukunft 9, 26, 28, 32, 38 f., 44, 48, 50, 57-62, 64, 72, 85, 93, 95, 100, 107 ff., 111-118, 124 f., 127, 148, 152 f., 156-160, 162, 179 f., 189 f., 195, 199 ff., 204 f., 213, 216, 220, 223, 226 ff., 230, 232 ff., 236, 239, 242, 249 f., 255, 259 ff., 282, 328, 330, 340, 349, 351, 354 ff., 364, 367 f., 394 f., 400, 402, 404, 406, 408
Zusammenschluß der beiden Bewegungen 334, 337 f., 367 f.
Zwang 47, 49, 114, 235
— Glaubenszwang 235
— Religionszwang 100, 157, 234
Zweifel 39, 44, 73, 224, 403
Zweig 154, 251, 266 ff., 271 ff., 275, 283, 288, 292 f., 295, 297 f., 308-311, 326, 334, 351, 355, 361 ff., 367 f., 374, 383 f., 389, 398 f., 407, 409